CHAPITRE IV

DES DONATIONS ENTRE-VIFS.

Emprunté presque littéralement à l'ancien droit (1) dans la p upart de ses dispositions, le présent chapitre organise *le système de l'actualité et de l'irrévocabilité de la donation entre-vifs.*

On se rappelle que, dans l'ancien droit, ce système reposait sur la distinction des propres et des acquêts, et que la règle de l'actualité et de l'irrévocabilité était, à l'égard de la donation entre-vifs, le pendant de celle de la réserve à l'égard des legs.

L'anachronisme est donc flagrant.

Il y a, en particulier, lieu de regretter dans ce chapitre les dispositions de la section II, qui, pour corriger dans certains cas les effets de la règle de l'actualité et de l'irrévocabilité, ont rétabli *trois causes de résolution* (inexécution par le donataire des charges sous lesquelles la donation a été faite, ingratitude du donataire, survenance d'enfants au donateur) formellement abrogées par le Code de la Convention (V. *supra*, p. 377, et art. 37, liv. II, tit. III, § 3, Code de la Convention).

On remarquera, dans la section première, *les formalités relatives à la publicité de certaines donations entre-vifs par voie de transcription;* bien moins compréhensives et bien moins efficaces que les dispositions de même sorte consacrées par le Code de la Convention (V. *supra,* p. 377), ces formalités ont cependant une importance capitale.

SECTION PREMIÈRE.

DE LA FORME DES DONATIONS ENTRE-VIFS.

Les auteurs distinguent :

1° *La forme extrinsèque;*
2° *La forme intrinsèque.*

Ils appliquent le nom de forme *extrinsèque aux règles qui concernent l'acte instrumentaire, et en général toutes les formalités extérieures exigées pour la donation entre-vifs.*

Ils qualifient de forme *intrinsèque* les *conditions requises pour l'existence et pour la validité de la donation entre-vifs.*

Cette distinction, toute subtile, n'aurait aucune raison d'être dans une législation qui ne méconnaîtrait point *le droit de l'individu.*

931. — Tous actes portant donation entre-vifs seront passés devant notaires, dans la forme ordinaire des contrats ; et il en restera minute, sous peine de nullité.

---

(1) Ordonnance sur les donations, février 1731.

Cet article reproduit, en les combinant, les art. 1 et 2 de l'ordonnance de 1731 sur les donations.

Dans la pensée des auteurs de l'ordonnance, l'intervention des *notaires* avait pour but principal d'empêcher le donateur de retenir par devers lui l'acte qui contenait la donation, ou de le mettre entre les mains d'une personne tierce, qui aurait pu le lui rendre ; en d'autres termes, elle se rattachait d'une manière directe à *la règle féodale de l'actualité et de l'irrévocabilité de la donation entre-vifs.*

D'où la conséquence que, lorsque cette formalité avait manqué, la donation était *nulle* (1).

Les compilateurs napoléoniens ont suivi les mêmes errements ; la rédaction d'un *acte notarié* est, en principe, la condition *sine quâ non* de l'existence de la donation entre-vifs ; aussi, dans le Code Napoléon, l'acte de donation figure-t-il exceptionnellement parmi les contrats *solennels* (2).

Remarquons, en outre, que non-seulement l'acte de donation doit être passé « dans la forme ordinaire des contrats », c'est-à-dire, en un langage plus exact, *des actes notariés* (comparer C. 25 ventôse an XI) ; mais encore que, d'après l'art. 2 de la loi du 21 juin 1843, *il doit être reçu à peine de nullité, conjointement par deux notaires, ou par un notaire en présence de deux témoins.*

On admet, en général, que la procuration nécessaire pour faire une donation doit être *expresse* et *spéciale*, et que, comme la donation elle-même, *elle est soumise à l'art. 2 de la loi du 21 juin 1843* ; mais c'est un point controversé de savoir s'il en doit rester *minute* (3).

Du reste, la règle que la donation entre-vifs doit, à peine de nullité, être faite par acte notarié, comporte *plusieurs* exceptions ; elle ne s'applique pas :

1° *Aux dons manuels ;*

2° *Aux donations consistant dans la remise purement abdicative d'un droit ;*

3° *Aux donations qui sont la condition d'un contrat que le donateur fait avec une autre personne que le donataire* (art. 1121 et 1973) ;

---

(1) Pothier, *Introd. au titre XV de la coutume d'Orléans*, nº 28.

(2) Un légiste sur lequel désormais la flatterie va se taire et dont le nom sera vite restitué au néant, feu M. le premier président Troplong, a écrit que, dans le droit moderne, une donation faite par acte sous seing privé serait une *monstruosité.* (M. Troplong, t. III, nº 1063.)

Évidemment, cette parole ne mérite pas une réfutation ; l'actualité et l'irrévocabilité de la donation entre-vifs, telles que les a comprises et organisées la codification napoléonienne, sont, nous le répétons, un débris de l'ancien régime.

(3) V. dans le sens de l'affirmative M. Bayle-Mouillard sur Grenier, t. II, nº 159, note 6. — Dans le sens de la négative, MM. Zachariæ, Aubry et Rau, t. V, p. 476. — M. Demolombe, t. XX, p. 24.

4° Enfin, d'après la jurisprudence et d'après un grand nombre d'auteurs, *aux donations déguisées sous la forme d'un contrat à titre onéreux.*

Les auteurs fondent les trois premières exceptions sur les traditions anciennes et sur la formule même de l'art. 931 : « tous actes portant donations entre-vifs ».

Sauf le cas des dons manuels, les traditions anciennes ne sont rien moins que sûres.

Quant à la formule de l'art. 931, les auteurs l'entendent en ce sens :

1° *Qu'elle ne s'applique pas aux donations faites sans acte;*

2° *Qu'elle ne s'applique pas non plus aux donations faites par un acte, lorsque cet acte n'a pas la donation pour objet direct* (1).

En ce qui concerne la quatrième exception, c'est, comme nous l'avons dit à plusieurs reprises (V. *supra*, p. 294 et 405), une fort grosse question doctrinale, que de savoir si l'on doit l'admettre, ou, en d'autres termes, *si les donations déguisées sous la forme d'un contrat à titre onéreux sont valables.*

DEUX SYSTÈMES.

1er SYSTÈME (2). — *Les donations déguisées sous la forme d'un contrat à titre onéreux sont valables.*

1er *Arg.* — Cette solution était celle du Droit romain, de l'ancienne jurisprudence et du Droit de la Révolution (comparer, l. 36, D., liv. XVIII, tit. I; l. 3 et 9, C., liv. IV, tit. XXXVIII; l. 46, D., liv. XIX, tit. II; l. 6, D., liv. XLI, tit. VI. — Furgole, sur l'art. 1er de l'ordonnance de 1731. — Art. 26, l. 17 nivôse an II, et art. 7, l. 18 pluviôse an V).

2° *Arg.* — Il doit être permis de faire par un acte simulé tout ce qu'on pourrait faire par un acte non simulé.

3e *Arg.* — Plusieurs textes du Code Napoléon supposent la validité de la donation déguisée.

Tel est notamment l'art. 911, qui semble bien ne prononcer la nullité de la donation déguisée, que tout autant que cette donation est faite à un incapable (ajouter art. 853 et 1099).

4e *Arg.* — Au surplus, il serait fort difficile, en pratique, d'admettre la doctrine contraire.

---

(1) M. Demante, t. IV, n° bis, vi. — MM. Zachariæ, Aubry et Rau, t. V, p. 478 note. — M. Demolombe, t. XX, p. 50.

(2) Merlin, *Répert.*, v° Donation, sect. ii, § 6; v° Simulation, § 5; et *Quest. de Droit*, v° Donation. — Toullier, t. II, p. 474, et t. III, n° 176. — Grenier, t. II, n° 180, et Bayle-Mouillard, sur Grenier, note a. — Zachariæ, Aubry et Rau, t. V, p. 481.

Une jurisprudence constante a d'ailleurs consacré cette opinion.

2ᵉ SYSTÈME (1). — *Les donations déguisées sous la forme d'un contrat à titre onéreux ne sont pas valables.*

1ᵉʳ *Arg.* — La raison historique n'a pas la moindre portée en ce qui concerne le Droit romain ; elle se retourne contre le premier système, en ce qui concerne l'ancienne jurisprudence.

En droit romain, la donation n'était soumise à aucune solennité, et par conséquent rien ne s'opposait à ce qu'elle pût être faite sous la forme d'un contrat à titre onéreux.

Dans l'ancienne jurisprudence, Pothier déclarait en termes exprès que « *la donation faussement qualifiée de vente est sujette à toutes les formalités des donations* (2) », et l'on abuse de Furgole en lui faisant dire le contraire.

2ᵉ *Arg.* — Ce qui fait, dans le cas présent, que l'acte simulé ne doit pas être permis, c'est que la simulation, dans ce cas, a précisément pour but d'éluder les formalités si nombreuses prescrites par la loi, à titre de mesures de protection.

3ᵉ *Arg.* — La donation déguisée est d'ailleurs sous le coup d'un dilemme :

Elle ne peut valoir comme contrat à titre onéreux, car l'intention des parties n'a pas été de faire un contrat de cette sorte ;

Elle ne peut valoir comme donation, car elle manque des formes requises.

Donc, elle ne peut valoir à aucun titre.

4ᵉ *Arg.* — Les textes du Code Napoléon ne fournissent au premier système que des arguments *à contrario*, et l'on sait que les arguments de cette nature sont, en général, peu décisifs.

5ᵉ *Arg.* — Le législateur s'est proposé de mettre un *frein* aux manœuvres captatoires et aux libéralités immorales; le premier système détruit ce *frein*.

Rationnellement, la *première* solution est indéniable;

Légalement, la *seconde* eût dû l'emporter.

La vérité est que, dans les quatre cas d'exception susmentionnés, et, en particulier, dans ceux des dons manuels et des donations déguisées, la force des choses a fait violence à l'esprit de prohibition.

Aux *quatre* exceptions précédentes, il faut encore ajouter :
Les donations résultant d'une assurance sur la vie au profit d'une personne déterminée.

_____

(1) M. Demante, t. IV, n° 3 *bis*, vi. — M. Gabriel Demante, dissertation insérée dans le *Recueil de l'Académie de législation* de Toulouse, t, I, p. 4 et suiv.— M. Lafontaine, *Revue crit. de jurispr.*, 1857, t. X. — M. Vernet, *Revue prat. de Droit français*, 1863, t. XV, p. 193 et suiv. — M. Demolombe, t. XX, p. 101.

(2) Pothier, *Du contrat de vente*, n° 19.

L'assurance sur la vie n'est, en effet, dans aucun cas, soumise à aucune forme (1).

932. — La donation entre-vifs n'engagera le donateur, et ne produira aucun effet, que du jour qu'elle aura été acceptée en termes exprès. — L'acceptation pourra être faite du vivant du donateur, par un acte postérieur et authentique dont il restera minute ; mais alors la donation n'aura d'effet, à l'égard du donateur, que du jour où l'acte qui constatera cette acceptation lui aura été notifié.

Cet article contient *trois* propositions principales :

1° *La donation entre-vifs ne se forme que par l'acceptation du donataire, en d'autres termes elle constitue un contrat ;*

2° *L'acceptation du donataire peut être faite par un acte postérieur, pourvu que cet acte soit passé du vivant du donateur, et devant notaire en minute.*

Il faut même ajouter aujourd'hui : *conformément à la teneur de l'art. 2 de la loi du 21 juin 1843.*

3° *Lorsque l'acceptation du donataire est faite par un acte postérieur, elle n'a d'effet, à l'égard du donateur, que du jour où l'acte qui la constate lui a été notifié.*

La *première* proposition ne fait que répéter en partie l'art. 894 ; nous savions déjà que, d'après la codification napoléonienne, la donation entre-vifs est un contrat (**V.** *supra*, p. 301).

Les auteurs examinent spécialement ici ce qu'il faut entendre par les *termes exprès* exigés pour l'acceptation.

Les anciens légistes allaient jusqu'au bout et déclaraient *sacra-*

---

(1) A part toute vue philosophique sur le rôle social que la disposition à titre gratuit est appelée à remplir, qui ne comprendrait à quel point est, aujourd'hui, dénuée de raison la règle restrictive édictée par l'art. 931 ?

Sommes-nous donc menacés de voir les propriétaires se dépouiller témérairement entre-vifs à titre gratuit, et n'est-il pas manifeste que les quatre exceptions que nous avons dites ont pour résultat de transformer la prohibition napoléonienne en un défi impuissant au droit individuel et en une formule qui n'existe en définitive que pour être violée ?

Dans un état social où se multiplient, de jour en jour, les titres au porteur et les titres transmissibles par voie d'endossement, si la légomanie ne cède pas d'elle-même devant les besoins qui réclament la liberté, il n'est pas difficile de prévoir que ce ne sont pas les besoins qui seront vaincus.

Cependant les auteurs résistent de leur mieux ; ils sont extrêmement gênés par l'invasion des valeurs mobilières, mais ils professent énergiquement que les dons manuels, tout en étant dispensés des formalités extrinsèques prescrites en matière de donation, sont soumis aux formalités intrinsèques et aux règles qui concernent la capacité de disposer et de recevoir, et la quotité de bien disponible. (MM. Zachariæ, Aubry et Rau, t. V, p. 479, note 17. — M. Demolombe, t. XX, p. 55.)

Le tout, ô légistes, est de constater la trace du don manuel !

mentel le mot *accepter* (1). C'était là, au moins, une doctrine nette. Les nouveaux requièrent une déclaration *formelle* et *spéciale* (2).

La *seconde* proposition dérive de l'idée que la donation est un contrat et que l'acceptation du donataire en est une partie *intégrante*.

Il est clair, d'ailleurs, que, même en matière de donation, le législateur napoléonien n'eût pas pu, sans outrer par trop les choses, exiger que l'acceptation du donataire eût lieu en même temps que l'offre du donateur.

La *troisième* proposition implique qu'à l'égard du donateur la notification de l'acceptation est aussi une partie *intégrante* de la donation.

Cette injustifiable idée est repoussée, comme nous l'avons dit (V. *supra*, p. 407, notes 1 et 2), par un certain nombre d'auteurs; mais le texte de l'art. 932 ne comporte pas le moindre doute.

On professe, en général, que la notification ne peut résulter que d'un exploit d'huissier; cependant, on consent à regarder comme équivalente la déclaration faite par le donateur dans un acte authentique qu'il tient l'acceptation pour notifiée (3).

933. — Si le donataire est majeur, l'acceptation doit être faite par lui, ou, en son nom, par la personne, fondée de sa procuration, portant pouvoir d'accepter la donation faite, ou un pouvoir général d'accepter les donations qui auraient été ou qui pourraient être faites. — Cette procuration devra être passée devant notaires; et une expédition devra en être annexée à la minute de la donation, ou à la minute de l'acceptation qui sera faite par acte séparé.

L'art. 933 signifie d'abord que *lorsque le donataire est majeur, il n'y a que lui-même ou son mandataire qui puisse faire l'acceptation de la donation.*

Les anciens légistes discutaient pour savoir si l'on devait admettre à faire l'acceptation :

1° Les héritiers du donataire décédé avant d'avoir accepté;

2° Les créanciers du donataire, lorsque celui-ci ne se met pas en devoir d'accepter;

3° Les notaires ou tabellions pour les donataires absents;

---

(1) Rousseau de la Combe.
(2) M. Demante, t. IV, n° 74 *bis*, III. — MM. Zachariæ, Aubry et Rau, t. V, p. 474. — M. Demolombe, t. XX, p. 128.
(3) MM. Zachariæ, Aubry et Rau, t. V, p. 475 et 476, texte et notes 3 et 4. — M. Demolombe, t. XX, p. 151.
On ne saurait reprocher aux auteurs d'être entrés dans ces déraisonnables détails, puisque les textes les y condamnent, mais comment comprendre qu'ils n'aient pas un seul mot de censure pour un système de codification qui leur impose un tel examen?

4° Les codonataires, les uns pour les autres ;

5° Le tiers qui se porterait fort pour le donataire (1).

L'ordonnance de 1731 avait résolu la plupart de ces questions par la négative ; les compilateurs napoléoniens, qui suivaient pas à pas l'ordonnance, ont cru utile de généraliser ici législativement cette solution.

L'art. 933 signifie, en outre, que la procuration pour accepter une donation doit être :

1° *Passée devant notaire comme l'acceptation elle-même ;*

2° *Spéciale, sinon en ce qui concerne telle donation en particulier, au moins les donations en général ;*

3° *Annexée, soit en brevet, soit en expédition à la minute de l'acte de donation, ou à celle de l'acte d'acceptation si l'acceptation a lieu par acte séparé* (2).

Tous ces points sont prescrits à peine de *nullité.*

Notons qu'en cette seconde partie de l'art. 933, les compilateurs napoléoniens ont innové ; le vieux droit lui-même n'avait soumis à aucune condition la validité de la procuration à l'effet d'accepter une donation (3).

936. — Le sourd-muet qui saura écrire, pourra accepter lui-même ou par un fondé de pouvoir. — S'il ne sait pas écrire, l'acceptation doit être faite par un curateur nommé à cet effet, suivant les règles établies au titre *De la minorité, de la tutelle et de l'émancipation.*

Cet article divise les sourds-muets donataires majeurs et capables en *deux* classes :

1° *Ceux qui savent écrire ;*

2° *Ceux qui ne savent pas écrire.*

Les premiers, en matière d'acceptation de donation, sont assimilés aux autres personnes majeures et capables.

Les *seconds* doivent être représentés par un curateur, qui est nommé par le conseil de famille.

A l'égard des sourds-muets donataires *mineurs* ou *interdits*, il y a lieu à l'application des mêmes règles que pour toutes les autres personnes *mineurs* ou *interdites* (**V.** *infra*, p. 456) (4).

_____

(1) Furgole, sur l'art. 7 de l'ordonnance de 1731. — Ricard, 1re partie, nos 856, 865, 866, 871, 872.

(2) M. Demante, t. IV, 72 *bis*, III. — M. Zachariæ, Aubry et Rau, t. V, p. 476, texte et note 6. — M. Demolombe, t. XX, p. 159.

Certains auteurs, argumentant du texte, font dériver du mot *expédition* qui s'y trouve la nécessité d'une procuration en *minute*. (V. notamment M. Troplong, t. III, n° 1113.)

Ces auteurs aggravent gratuitement le non-sens historique et rationnel commis en cette matière par les compilateurs napoléoniens.

(3) Furgole, sur l'art. 5 de l'ordonnance de 1731.

(4) On ne conteste pas que le sourd-muet, majeur et capable, qui peut parler par signes, ne soit apte à faire une donation, tout en ne sachant pas écrire, mais

934. — La femme mariée ne pourra accepter une donation sans le consentement de son mari, ou, en cas de refus du mari, sans autorisation de la justice, conformément à ce qui est prescrit par les articles 217 et 219, au titre *du Mariage*.

Ce texte nous remet en face de l'*incapacité de la femme mariée* (1); il n'est qu'une mauvaise redite, et il ne sert, comme nous le verrons, qu'à appuyer une controverse.

935. — La donation faite à un mineur non émancipé ou à un interdit, devra être acceptée par son tuteur, conformément à l'article 463, au titre *De la minorité, de la tutelle et de l'émancipation*.

Le mineur émancipé pourra accepter avec l'assistance de son curateur.

Néanmoins les père et mère du mineur émancipé ou non émancipé, ou les autres ascendants, même du vivant des père et mère, quoiqu'ils ne soient ni tuteurs ni curateurs du mineur, pourront accepter pour lui.

Le *premier* alinéa de cet article n'est encore qu'une redite (2).

Le *second* alinéa précise le vague renvoi de l'art. 484; le mineur émancipé doit accepter lui-même la donation qui lui est faite; il a, du reste, besoin d'*être assisté par son curateur*, mais non pas d'*être autorisé par le conseil de famille* (3).

Quant au *troisième* alinéa, il attribue le pouvoir de faire l'acceptation au nom du mineur émancipé ou non émancipé :

1° *Aux père et mère du mineur, quoiqu'ils ne soient ni ses tuteurs, ni ses curateurs;*

2° *Aux autres ascendants du mineur, quoiqu'ils ne soient non plus ni ses tuteurs, ni ses curateurs, et même du vivant de ses père et mère.*

Les auteurs sont fort embarrassés pour trouver une raison au mandat établi par cette disposition (4).

---

on soutient et non sans probabilité, à cause des termes de l'art. 936, que le même sourd-muet n'est pas apte à accepter par lui-même une donation! (Comparer M. Demante, t. IV, n° 75 *bis*. — M. Demolombe, t. XX, p. 163.)

(1) *Manuel de droit civil*, t. I, p. 224 et 232.

Les élèves ne doivent pas oublier qu'à l'Ecole ils sont tenus de dire que l'autorisation du mari est requise *dans le double intérêt de la puissance maritale et des bonnes mœurs*.

Exemple de circonstance, au point de vue spécial des bonnes mœurs, Bonaparte autorisant Joséphine ou Marie-Louise.

(2) V. *Manuel de droit civil*, t. I, p. 456 et 507.

(3) M. Demante, t. IV, n° 74 *bis*, I. — MM. Zachariæ, Aubry et Rau, t. V, p. 160. — M. Demolombe, t. XX, p. 168.

(4) Dans l'ancien droit, Furgole disait, sur l'art. 7 de l'ordonnance de 1731, qui contenait la même règle :

« Le lien du sang et de l'affection tient lieu d'un mandat aux père et mère et aux autres ascendants. »

Puis il ajoutait que les père et mère et les autres ascendants étant obligés de

Remarquons qu'au point de vue de l'application du troisième alinéa de l'art. 935 il n'y a d'ailleurs pas à distinguer :

1° *Entre les donations faites avec charges et les donations faites sans charges;*

2° *Entre la mère et le père, entre l'aïeule et l'aïeul.*

Si bien que, même du vivant du père et malgré le refus du père, même du vivant de l'aïeul et malgré le refus de l'aïeul, la mère et l'aïeule ont le droit d'accepter la donation faite au mineur (1).

Remarquons encore que le même troisième alinéa de l'art. 935 doit être appliqué :

1° *Aux père et mère ou autres ascendants de l'interdit;*

2° *Aux père et mère de l'enfant naturel.*

C'était là, en effet, la double décision de l'ancien droit (2).

937. — Les donations faites au profit d'hospices, des pauvres d'une commune, ou d'établissements d'utilité publique, seront acceptées par les administrateurs de ces communes ou établissements, après y avoir été dûment autorisés.

---

fournir des aliments à l'enfant, lorsqu'il se trouve dans le besoin, ils ont par conséquent intérêt à ce que sa fortune s'accroisse.

Au Conseil d'État, Tronchet s'attacha particulièrement à justifier le mandat conféré aux ascendants autres que le père et la mère et il le fit en ces termes :

« Le père peut être absent, il peut repousser la donation par un motif de haine contre son fils ou bien par le motif non moins odieux de son intérêt personnel, comme dans le cas où lui-même est héritier du donateur. Pourquoi priver le mineur de l'appui de son aïeul, surtout lorsqu'il s'agit d'un acte qui ne peut être qu'avantageux ? »

D'autres conseillers résistaient au nom de l'idée de la puissance paternelle. (Locré, *Législation civile*, t. XI.)

Il est fort clair, en effet, que le troisième alinéa de l'art. 935 ne concorde ni avec cette idée, ni avec la théorie de la tutelle.

(1) Comment comprendre que les rédacteurs napoléoniens aient pu consacrer un pareil échec au double intérêt du maintien de la puissance maritale et de la conservation des bonnes mœurs?

Les légistes répondent en essayant d'appliquer l'art du *distinguo* : « La mère et l'aïeule n'agissent point alors pour elles-mêmes, ni dans leur propre intérêt; elles ne font que remplir, dans l'intérêt du mineur, le mandat que la loi leur a confié. »

(M. Demolombe, t. XX, p. 180. — V. aussi M. Demante, t. V, n° 74 *bis*, v. — MM. Zachariæ, Aubry et Rau, t. V, p. 458, texte et note 2.)

Comme une foule d'autres, cette prétendue explication n'a qu'un seul défaut ; elle n'explique absolument rien.

D'une part, en vertu du présent texte, la femme peut dire oui, alors que le mari juge qu'il y a lieu de dire non ;

D'autre part, en vertu du même texte, la femme qui, comme on le sait, est *malesanæ mentis*, par comparaison avec l'homme, peut trouver le moyen, par l'interposition de son enfant, de se faire faire personnellement une donation, sans être munie de l'autorisation de son mari, ou au moins de celle de la justice.

En vérité, le législateur napoléonien n'a qu'une seule excuse : sans y réfléchir, il a reproduit la *doctrine* ancienne et copié l'ordonnance.

(2) Art. 7 de l'ordonnance. — Furgole, sur l'art. 7. — M. Demolombe t. XX, p. 182.

Les lois dites administratives déterminent les personnes qui ont qualité pour *accepter* les donations mentionnées dans cet article.

A l'égard de l'*autorisation* nécessaire à ces personnes, V. *supra*, art. 910, p. 396.

Dans les divers cas réglés par les art. 934, 935 *et* 936, *si l'acceptation a eu lieu sans les autorisations ou assistances requises, la nullité de la donation est-elle absolue, c'est-à-dire peut-elle être proposée par le donateur lui-même, par ses héritiers ou ayants cause, ou n'est-elle, au contraire, que relative, c'est-à-dire ne peut-elle être proposée que par l'incapable, par ses héritiers ou ayants cause?*

Dans le cas de l'art. 937, la sanction de la nullité *absolue* doit être incontestablement admise; *dans le cas des art.* 934 *et* 935, la question est débattue.

DEUX SYSTÈMES.

1er SYSTÈME (1). — *La nullité de l'acceptation faite sans les autorisations ou assistances requises est absolue.*

1er *Arg.* — La donation est un acte solennel;

Or, la capacité d'accepter dans la personne qui fait l'acceptation est un des éléments de la solennité;

Donc, lorsque cette capacité manque, la donation ne se forme pas.

2e *Arg.* — L'intitulé de la section dans laquelle sont placés les art. 934 et 935 et le texte de ces mêmes articles prouvent que les autorisations ou assistances sont requises à peine d'inexistence de la donation.

3e *Arg.* — M. Jaubert a dit dans son rapport au Tribunat: « L'acceptation qui ne lierait pas le donataire ne saurait engager le donateur. Ainsi, il est naturel que la femme mariée ne puisse accepter sans le consentement de son mari ou de l'autorisation de la justice, que la donation faite à un mineur ne soit acceptée que par son tuteur ou par un de ses ascendants (2). »

4e *Arg.* — Dans les actes ordinaires concernant les incapables, la nullité relative forme une sanction suffisante;

Dans le cas des art. 934 et 935, elle serait une sanction presque illusoire, puisque l'action n'appartiendrait qu'à ceux qui n'ont point, en général, d'intérêt à l'intenter.

2e SYSTÈME (3). — *La nullité de l'acceptation faite sans les autorisations ou assistances requises est relative.*

---

(1) Merlin, *Répert.*, v° Donation, sect. iv, n° 4 et v° Mineur, § 7, n°s 1 et 2. — Delvincourt, t. II p. 69, note 4. — M. Demante, t. IV, n° 73 *bis*. — MM. Zachariæ, Aubry et Rau, t. V, p. 461, texte et note 11.

(2) Locré, *Législ. civ.*, t. XI, p. 206 et 207, n° 17; p. 456 et 457, n° 42.

(3) M. Valette, *Sur Proudhon*, t. II, p. 479, note a, — M. Demolombe, t. XX, p. 202.

Ce système invoque :

1° La règle générale de nullité relative inscrite dans les art. 225 et 1125 ;

2° Le sens commun qui s'oppose, autant que l'équité, à ce qu'on retourne contre un incapable la protection qu'on a estimé lui être due.

Nous ne sommes pas sûr qu'au point de vue de la compilation napoléonienne le *second* système ait raison contre le *premier*.

938. — La donation dûment acceptée sera parfaite par le seul consentement des parties; et la propriété des objets donnés sera transférée au donataire, sans qu'il soit besoin d'autre tradition.

Cet article mal fait doit être traduit de la façon suivante :

La donation offerte et acceptée régulièrement engendre, par la seule force du consentement des parties, au profit du donataire :

1° Un droit *personnel contre le* donateur ou ses héritiers ;

2° *Un droit réel sur l'objet donné, si cet objet est un corps certain* (1).

Le droit *personnel* du donataire consiste *dans la faculté de contraindre le donateur ou ses héritiers à l'exécution de la donation.*

Le droit *réel* du donataire est tantôt *le droit de propriété*, tantôt *un démembrement de la propriété*, selon que la donation porte sur le droit de propriété ou sur un démembrement de la propriété.

Dans l'ancien droit coutumier, la donation n'était parfaite, c'est-à-dire ne produisait à la fois au profit du donataire le droit personnel et le droit réel, qu'après *un fait de tradition* ou *en vertu d'une clause par laquelle le donateur, dès le moment même de la donation, se constituait possesseur de l'objet donné au nom du donataire.*

Le fait de tradition ou *tradition de fait* était une *tradition réelle; la clause* appelée *constitut possessoire, précaire, clause de dessaisine et de saisine,* était une tradition sans *réalité, une tradition feinte* (2).

Le législateur napoléonien semble avoir voulu que dorénavant *la clause de tradition feinte fût en quelque sorte sous-entendue dans tous les contrats portant sur un corps certain,* et c'est ce qu'il a exprimé en particulier dans l'art. 938, en disant que *la donation serait parfaite et la propriété transférée par le seul consentement des parties,* sans qu'il fût besoin d'*autre* tradition. (Comparer *supra*, art. 711, p. 4, et *infra*, art. 1138) (3).

Cet effet de translation de la propriété par le seul consentement des

_____

(1) Nous rappelons que le corps certain est tout objet individuellement déterminé, ou, comme l'on dit encore, pour lequel il est certain *quid, quale, quantum sit ;* ainsi, tel cheval, tel tas de blé.

(2) Comparer : art. 275 de la Coutume de Paris et 273 et 276 de la Coutume d'Orléans.— Furgole, quest. 39 sur les donations.— Ricard, 1re part., nos 900, 902 et 945.

(3) Comparer Fenet, t. II, p. 285.

parties est-il absolu ou relatif? En d'autres termes, ou a-t-il lieu même à l'égard des tiers ou seulement entre les parties?

Sur ce point, il faut distinguer entre les corps certains *mobiliers* et les corps certains *immobiliers.*

Pour les meubles, l'effet de translation de la propriété par le seul consentement des parties a lieu tant à l'égard des tiers qu'entre les parties, sauf toutefois l'application du principe de la *prescription instantanée* (V. *infra,* art. 1141 et 2279).

Pour les immeubles, l'effet de translation de la propriété par le seul consentement des parties n'a lieu qu'entre les parties, comme nous allons le voir (art. 939, 942, et l. 23 mars 1855); pour qu'il se produise à l'égard des tiers, il faut, en outre, l'accomplissement d'une formalité qui se nomme la *transcription.*

Remarquons :

1° *Que lorsque l'objet donné n'est pas un corps certain, la donation n'engendre par elle-même au profit du donataire que le droit personnel ; relativement à une chose indéterminée, le droit réel ne peut être transféré que par la tradition ou plus exactement par la détermination de l'objet donné* (V. *supra,* art. 711, p. 4, et surtout *infra, De l'obligation de donner,* tit. III, chap. III, sect. II);

2° *Qu'en ce qui concerne les effets mobiliers, l'art. 938 est défectueux, car l'art. 948 exige pour la validité de la donation la rédaction d'un état estimatif et l'annexion de cet état à la minute de la donation* (V. *infra,* art. 948, p. 477).

Remarquons encore que l'art. 938 est inapplicable aux meubles *incorporels,* c'est-à-dire *aux créances.*

Pour les créances, le droit passe bien du donateur au donataire par le seul consentement des parties ; mais, à l'égard des tiers, le donataire n'est saisi que par la signification de la donation faite au débiteur, ou par l'acceptation faite par ce débiteur dans un acte authentique ou sous seing privé ayant date certaine (art. 1689, 1690).

939. — Lorsqu'il y aura donation de biens susceptibles d'hypothèques, la transcription des actes contenant la donation et l'acceptation, ainsi que la notification de l'acceptation qui aurait eu lieu par acte séparé, devra être faite aux bureaux des hypothèques dans l'arrondissement desquels les biens sont situés.

Nous avons dit comment le Code de la Convention avait pourvu à la publicité de toute donation entre-vifs ou à cause de mort (testament), mobilière ou immobilière, en enjoignant au notaire « de faire afficher et publier l'acte de donation sur la place publique, au lieu du domicile du donateur et de la situation des biens, dans la huitaine de l'acceptation » (art. 33, liv. II, tit. III, § 3, Code de la Convention).

Pour que cet excellent mode fût de tous points irréprochable, il eût suffi d'y ajouter la rédaction et la conservation d'un procès-verbal reproduisant l'acte de donation et constatant l'accomplissement des formalités de publicité.

La compilation napoléonienne a laissé de côté les errements du Code de la Convention, et elle a consacré pour les seules donations immobilières une formalité qui porte le nom de transcription.

Pour se rendre un compte aussi exact que possible de cette dernière institution, un court historique est indispensable.

Nous indiquerons, en conséquence, sous cet article :

1° *Quelle a été l'organisation de la publicité des donations entre-vifs aux différentes époques de l'histoire du droit;*

2° *Quelles donations entre-vifs sont sujettes à transcription, d'après l'art. 939;*

3° *Quelles donations entre-vifs nouvelles et quels actes se référant aux donations entre-vifs sont sujets à transcription, d'après la loi du 23 mars 1855.*

1° ORGANISATION DE LA PUBLICITÉ DES DONATIONS ENTRE-VIFS AUX DIFFÉRENTES ÉPOQUES DE L'HISTOIRE DU DROIT.

Au temps de la République romaine, aucune formalité de publicité ne s'appliquait aux donations. Le peuple qui a le plus nettement fondé la propriété sur le droit de la force devait être, en effet, médiocrement enclin à pratiquer la disposition entre-vifs à titre gratuit.

Ce n'est qu'à l'époque du Bas Empire qu'on voit apparaître dans le droit romain la nécessité d'insinuer, c'est-à-dire de transcrire la donation entre-vifs sur des registres publics.

Il n'est pas facile de dire quel fut le but précis de cette innovation. Le point de vue économique des Romains était trop essentiellement différent du nôtre pour ne pas influer d'une manière directe sur leurs idées juridiques, et ce n'est assurément pas le souci du droit des tiers qui porta successivement Constance Chlore, Constantin et Justinien à décréter l'insinuation de la donation. Il semble qu'on ait vu surtout dans cette formalité un moyen d'empêcher que les donations importantes ne fussent faites sans mûres réflexions, un instrument de preuve, et peut-être aussi, car cette cause n'est jamais à dédaigner dans l'histoire juridique du Bas-Empire, une occasion d'impôt.

Quoi qu'il en soit, l'insinuation était exigée sous Justinien pour la perfection même de toute donation entre-vifs mobilière ou immobilière qui dépassait cinq cents solides.

De là, la conséquence que le donateur pouvait, aussi bien que ses héritiers ou les tiers, se prévaloir du défaut d'insinuation, afin de ramener sa libéralité à la somme de cinq cents solides.

Au XVIᵉ siècle, les vieux légistes français, de plus en plus fascinés par l'ordre apparent et par les pompes du Bas-Empire, importèrent une foule d'institutions romaines dans le droit féodal, et c'est ainsi qu'avec le secours des ordonnances l'insinuation s'introduisit parmi les formalités requises en matière de donations entre-vifs.

En droit romain, l'idée d'origine était confuse ; naturellement, dans l'ancien droit français, la confusion ne fit qu'augmenter.

Cependant Ricard indique qu'en établissant l'insinuation les ordonnances se proposèrent de porter à la fois remède aux donations immenses qu'encourageait le secret, ainsi qu'à l'abus des traditions feintes (1).

L'insinuation parut ainsi être requise tant dans l'intérêt des tiers acquéreurs et créanciers du donateur que dans l'intérêt de sa famille.

L'ordonnance de 1731 déclara, en conséquence, que le défaut d'insinuation pourrait être opposé par tous les ayants cause du donateur ; mais elle exclut le donateur lui-même (2)..

Le Code de la Convention ne resta malheureusement, comme nous le savons, qu'à l'état de projet ; toutefois, vers la fin de la Révolution, la célèbre loi du 11 brumaire an VII vint poser d'une manière générale *le principe rationnel et démocratique de la publicité de la transmission des droits réels* (3).

L'idée de la loi de brumaire était de favoriser l'extension du crédit, et la libre circulation de la propriété. Par là, cette loi faisait subir au point de vue romain une transformation radicale et à celui de l'ancien droit français une modification profonde.

Cependant, l'insinuation ne disparut pas, et soit négligence, soit manque d'esprit de suite de la part des auteurs de la loi de brumaire, le vieux débris resta debout à côté de la nouvelle institution (4).

---

(1) Ricard, part. 1, nᵒ 1084.

(2) Ordonnance de 1731 (art. 27).

L'art. 27 de l'ordonnance portait :

« Le défaut d'insinuation des donations, qui y sont sujettes à peine de nullité, pourra être opposé tant par les tiers acquéreurs et créanciers du donateur que par ses héritiers, donataires postérieurs, des légataires et généralement par tous ceux qui y auront intérêt, autres néanmoins que le donateur... »

Comparer ordonnance de Villers-Cotterets du mois d'août 1539 (art. 132, 133). — Ordonnance de Moulins du mois de février 1566 (art. 57, 58).

(3) L'art. 26 de la loi du 9 brumaire an VII était conçu dans les termes suivants :

« Les actes translatifs de biens et droits susceptibles d'hypothèques doivent être transcrits sur les registres du bureau de la conservation des hypothèques dans l'arrondissement duquel les biens sont situés. — Jusque-là, ils ne peuvent être opposés aux tiers qui auraient contracté avec le vendeur et qui se seraient conformés aux dispositions de la présente. »

(4) TABLEAU DES PRINCIPALES DIFFÉRENCES ENTRE L'INSINUATION DE L'ANCIEN DROIT FRANÇAIS ET LA TRANSCRIPTION DE LA LOI DU 11 BRUMAIRE AN VII :

1ᵒ *L'insinuation s'appliquait aux donations entre-vifs tant mobilières qu'immobilières ;*

Si les compilateurs napoléoniens eussent eu le moindre esprit législatif, la tâche leur eût été facile; ils eussent, en effet, supprimé l'insinuation, complété le système du Code la Convention par la transcription de la loi de brumaire et proclamé à leur tour *le principe de la publicité de la transmission des droits réels.*

Au lieu de comprendre ainsi leur rôle, ils s'engagèrent dans des discussions dont le fond même leur échappait, et finalement, ne sachant à quoi se résoudre, ils adoptèrent pour certaines donations entre-vifs une idée de transcription d'une nature indéfinissable, en même temps qu'ils abrogeaient par sous-entendu pour toute autre aliénation le régime de la publicité (1).

2° DONATIONS ENTRE-VIFS SUJETTES A TRANSCRIPTION, D'APRÈS L'ART. 939.

La transcription est la copie littérale de l'acte de donation ou de tous les actes constitutifs de la donation, offre, acceptation, notification, *sur un registre spécial tenu par le conservateur des hypothèques, et que toute personne peut consulter.*

La transcription est requise, d'après l'art. 939, pour la donation de *biens susceptibles d'hypothèques.*

De là il résulte que cette formalité est inapplicable :

1° *Aux donations de biens meubles corporels ou incorporels* (art. 2118);

La transcription, aux seuls biens et droits susceptibles d'hypothèque.

2° *L'insinuation se faisait au greffe des tribunaux ;*

La transcription au bureau des hypothèques.

3° *L'insinuation devait être faite dans les quatre mois à compter de la date de la donation pour les personnes et biens qui étaient dans le royaume, et dans les six mois pour ceux qui étaient hors du royaume.*

Lorsque l'insinuation était pratiquée dans ces délais, la donation avait son effet du jour de sa date, à l'égard de toutes personnes.

Lorsqu'elle était pratiquée en dehors de ces délais, la donation n'avait effet que du jour de l'insinuation.

La transcription n'avait aucun effet rétroactif.

4° *Le défaut d'insinuation pouvait être opposé au donataire par toute personne qui y avait intérêt, même par les héritiers du donateur.*

Le défaut de transcription ne pouvait être opposé par les héritiers du donateur.

(1) Fenet, t. II, p. 285. — Locré, *Législ. civ.,* t. XI, p. 209-242, 393 et 457.

Le dernier mot de la doctrine, aujourd'hui prépondérante, est que la transcription du Code napoléonien a le caractère d'une institution *sui generis.*

(M. Demante, t. IV, n° 82 *bis.* — MM. Zachariæ, Aubry et Rau, t. VI, p. 79, 80. — M. Demolombe, t. XX, p. 224.)

Nous nous garderons bien de contredire cette formule, d'abord parce qu'elle nous paraît tout à fait appropriée à cette partie de la législation napoléonienne et qu'ensuite, comme on le verra, elle joint, à l'immense avantage de rallier à peu près toutes les opinions, celui de n'en gêner aucune.

2° *Aux donations de biens immeubles non susceptibles d'hypothèques.*

Les biens immeubles susceptibles d'hypothèques sont :

1° *Ceux qui sont dans le commerce et leurs accessoires réputés immeubles ;*

2° *L'usufruit sur les biens de même nature* (art. 2118 et 2204).

3° *Les actions de la banque de France immobilisées ;*

4° *Le droit de superficie, d'emphytéose et de domaine congéable* (1).

A l'inverse, les biens immeubles non susceptibles d'hypothèques sont :

1° *Les servitudes réelles, et, parmi les servitudes personnelles, le droit d'usage sur les immeubles, et le droit d'habitation ;*

2° *Les actions qui tendent à revendiquer un immeuble* (art. 526).

Toutefois, nonobstant les termes très-positifs de l'art. 939, on débat la question de savoir si ce texte ne concerne pas quand même ces deux dernières catégories d'immeubles.

1re CONTROVERSE. — *L'art. 939 est-il applicable aux servitudes réelles, au droit d'usage sur les immeubles et au droit d'habitation ?*

DEUX SYSTÈMES.

1er SYSTÈME (2). — *Aff.*

1er *Arg.* — D'après la législation napoléonienne, le but de la transcription est de prévenir les fraudes qui peuvent résulter, au préjudice des tiers, de la clandestinité des donations les plus propres par elles-mêmes à demeurer secrètes.

Ce but ne serait pas atteint, et la législation napoléonienne serait tombée en pleine contradiction avec elle-même, si elle ne prescrivait pas la transcription des donations de servitudes, de droits d'usage sur les immeubles ou de droits d'habitation.

2e *Arg.* — Du reste, les droits de servitudes, d'usage sur les immeubles et d'habitation sont susceptibles d'hypothèques :

Du côté du donateur, comme faisant partie intégrante d'un droit de propriété qui ne pourra plus dorénavant être hypothéqué entre ses mains que pour une valeur réduite;

Du côté du donataire, comme devenant une qualité active du fonds dominant, laquelle qualité sera dorénavant frappée d'hypothèque conjointement avec ce fonds.

2e SYSTÈME (3). — *Nég.*

Ce système réplique qu'aux termes de l'art. 939, la transcription n'est

---

(1) V. *Manuel de droit*, t. III, art. 2118.

(2) M. Demante, t. IV, n° 80 *bis*, II. — M. Bugnet, *Sur Pothier, Des donations entre-vifs*, n° 102, note 2.

(3) MM. Zachariæ, Aubry et Rau, t. VI, p. 81, texte et note 9. — M. Demolombe, t. XX, p. 231.

requise que pour les donations de biens susceptibles d'hypothèques, c'est-à-dire évidemment susceptibles par eux-mêmes d'être hypothéqués.

Cette *seconde* solution est en dehors de toute logique, mais elle ne comporte aucun doute.

2ᵉ CONTROVERSE. — *L'art. 939 est-il applicable aux actions qui tendent à revendiquer un immeuble?*

Cette controverse est une sorte de dépendance de la précédente.

L'*affirmative* est professée par les auteurs qui enseignent que, d'après l'art. 939, toutes les donations immobilières doivent être transcrites.

La *négative* est, en général, admise par les interprètes qui s'en tiennent à la formule de l'art. 939 (1).

NOTA. — La transcription doit être faite au bureau des hypothèques dans l'arrondissement duquel les biens sont situés, et lorsque la donation comprend des biens situés dans différents arrondissements, elle doit être faite dans les bureaux respectifs de leur situation.

De plus, le Code Napoléon n'a fixé aucun délai pour y procéder ; elle peut, par conséquent, être accomplie à toute époque, même après la mort du donateur, sauf à ce qu'elle ne produise effet que du jour où elle a eu lieu.

3° DONATIONS ENTRE-VIFS NOUVELLES ET ACTES SE RÉFÉRANT AUX DONATIONS ENTRE-VIFS SUJETS A TRANSCRIPTION, D'APRÈS LA LOI DU 23 MARS 1855.

D'après l'art. 11 de la loi du 23 mars 1855, *les dispositions du Code Napoléon sur la transcription doivent continuer à recevoir leur exécution.*

Pris à la lettre, ce texte pourrait porter à penser que le *système* du Code Napoléon sur la transcription est encore aujourd'hui exclusivement applicable aux donations.

Toutefois, on est, en général, d'avis que, même en matière de donation, il faut compléter la compilation napoléonienne par la loi du 23 mars.

De là, la conséquence que l'on doit aujourd'hui transcrire :

1° *Les donations de servitudes réelles, de droits d'usage portant sur des immeubles, et de droits d'habitation* (alin. 1, art. 2, l. 23 mars 1855).

2° *Les jugements prononçant la nullité ou la révocation d'une donation transcrite* (art. 4) ;

3° *Les actes entre-vifs ou jugements constatant la remise ou la ces-*

(1) Comparer M. Demante, t. IV, n° 80 *bis*, III. — MM. Zachariæ, Aubry et Rau, t. VI, p. 81, texte et note 10. — M. Demolombe, t. XX, p. 235.

sion à titre gratuit de loyers ou de fermages non échus, à moins que
la remise n'ait été consentie pour moins de trois années (1).

Du reste, les effets du défaut de transcription, d'après la loi du 23 mars,
ne sont pas *les mêmes* que les effets du défaut de transcription, d'après
les art. 939 et suivants (V. *infra.* art. 941) (2).

940. — Cette transcription sera faite à la diligence du mari, lorsque les
biens auront été donnés à sa femme; et si le mari ne remplit pas cette formalité, la femme pourra y faire procéder sans autorisation. — Lorsque la donation
sera faite à des mineurs, à des interdits, ou à des établissements publics, la
transcription sera faite à la diligence des tuteurs, curateurs ou administrateurs.

942. — Les mineurs, les interdits, les femmes mariées, ne seront point restitués contre le défaut d'acceptation ou de transcription des donations; sauf
leur recours contre leurs tuteurs ou maris, s'il y échet, et sans que la restitution puisse avoir lieu, dans le cas même où lesdits tuteurs et maris se trouveraient insolvables.

Ces articles mal rédigés et incomplets indiquent :

1° *Certaines personnes qui ont la faculté de faire faire la transcription;*

2° *Certaines personnes qui sont tenues de faire faire la transcription.*

Ont la faculté de faire faire la transcription :

1° *Le donateur;*

2° *Le donataire, capable ou même incapable, et, dans le cas où il est
incapable, sans qu'il ait besoin d'aucune autorisation ni assistance;*

3° *Les successeurs universels ou particuliers et les créanciers du
donataire* (art. 724, 1009, 1012, 1166, 2192, 2193);

4° *Les parents ou amis de la femme mariée, du mineur ou de
l'interdit donataire, et le procureur impérial* (argument d'analogie,
art. 2139 et 2194);

5° *Le mari non administrateur des biens de sa femme* (V. *infra*, le
cas du mari administrateur), *le curateur du mineur émancipé, les ascendants du mineur* (argument d'analogie, art. 935) (3).

(1) Lesenne, *De la transcription*, n° 162. — MM. Aubry et Rau, t. VI,
p. 91. — M. Demolombe, t. XX, p. 325 et suiv.

(2) M. Flandin, *De la transcription*, t. I, n° 684. — M. Grosse, *De la
transcription*, n° 352. — M. Demolombe, t. XX, p. 328.

Les auteurs disent que la transcription de la loi du 23 mars est *d'une tout
autre nature* que celle du Code Napoléon.

Ce qu'il y aurait de plaisant en moins grave matière, c'est de voir que ceux
qui s'expriment ainsi ne peuvent pas plus définir la transcription de la loi du
23 mars que la transcription de la compilation napoléonienne.

Nous nous trouvons donc en face d'une nouvelle institution *sui generis*.

(3) Comparer M. Demante, t. IV, n° 81 *bis*, II. — MM. Zachariae, Aubry et
Rau, t. VI, p. 82, texte et note 11. — M. Coin-Delisle, art. 940. — M. Demolombe, t. XX, p. 244.

De ce que les différentes personnes sus-indiquées ont le droit de requérir la transcription de la donation, il en résulte qu'elles ont aussi par là même le droit de se procurer l'acte de donation, afin de requérir la transcription (1).

Sont tenus de faire faire la transcription :

D'après l'art. 940, *les maris, les tuteurs, curateurs ou administrateurs, lorsque la donation a été faite à des femmes mariées, à des mineurs, à des interdits ou à des établissements publics.*

On est, en général, d'accord pour retrancher de cette formule les *curateurs.*

C'est, en effet, par inadvertance que les curateurs ont été compris dans l'art. 940, au nombre des personnes chargées de faire faire la transcription ; d'abord les curateurs n'administrent pas ; ensuite, ils correspondent dans le texte, non aux *mineurs émancipés* qui n'y sont même pas nommés, mais aux *interdits* qui étaient autrefois en curatelle, et qui, comme l'on sait, sont aujourd'hui en tutelle ; enfin l'art. 942 ne parle plus des curateurs, lorsqu'il prononce la sanction de l'obligation décrétée par l'art. 940 (2).

Lorsque les maris ou tuteurs n'ont pas requis la transcription, ils sont passibles de dommages-intérêts envers les femmes, mineurs ou interdits, *s'il y échet,* c'est-à-dire à la fois s'ils ne présentent pas une excuse plausible, et si le défaut de transcription a effectivement causé un préjudice au donataire.

Quant aux administrateurs qui ne sont pas rappelés dans l'art. 942, certains auteurs concluent de cette omission que leur responsabilité n'est engagée que tout autant qu'en négligeant de requérir la transcription ils ont commis une faute grave (3).

Remarquons :

1° *Que l'art. 942 impose aux maris ou tuteurs la même responsabilité, en ce qui concerne l'acceptation des donations offertes aux femmes, mineurs ou interdits, qu'en ce qui concerne la transcription ; ce qui est une disposition erronée à l'égard du mari, ce dernier n'ayant pas qualité pour accepter les donations offertes à sa femme ;*

2° *Que les femmes mariées, mineurs, interdits ou établissements publics ne sont pas restituables contre le défaut de transcription, et*

---

(1) M. Demante, t. IV, n° 81 *bis*, II. — M. Demolombe, t. XX, p. 246.

(2) M. Valette, à son cours. — MM. Zachariæ, Aubry et Rau, t. VI, p. 82, texte et note 12.

En sens contraire, M. Demolombe, t. XX, n° 252.

(3) MM. Zachariæ, Aubry et Rau, t. VI, p. 83, texte et note 15. — Comparer M. Demolombe, t. XX, p. 255.

les mineurs, interdits ou établissements publics contre le défaut d'acceptation, lors même que les personnes tenues de requérir pour eux la transcription ou de faire pour eux l'acceptation se trouvent insolvables.

941. — Le défaut de transcription pourra être opposé par toutes personnes ayant intérêt, excepté toutefois celles qui sont chargées de faire faire la transcription, ou leurs ayants cause, et le donateur.

Par suite de l'idée *sui generis* du législateur napoléonien sur la transcription, cet article a donné lieu à un nombre indéfini de controverses.

Nous examinerons :

1° *Quelles personnes peuvent opposer au donataire le défaut de transcription, d'après l'art.* 941 ;

2° *Quelles personnes ne peuvent opposer au donataire le défaut de transcription, d'après l'art.* 941 ;

3° *Quelles personnes peuvent opposer au donataire le défaut de transcription, d'après la loi du* 23 *mars* 1855.

Être en droit d'opposer le défaut de transcription, c'est, comme on le conçoit, être en droit de regarder la donation non transcrite comme non avenue.

1° PERSONNES QUI PEUVENT OPPOSER AU DONATAIRE LE DÉFAUT DE TRANSCRIPTION, D'APRÈS L'ART. 941.

Le texte porte que « *le défaut de transcription pourra être opposé par toutes personnes ayant intérêt* ».

Les termes de cette règle sont aussi larges que possible.

Toutefois, il est d'abord évident qu'on n'y doit pas comprendre les ersonnes que la *seconde partie* du texte range elle-même dans l'excep-on.

Cette déduction faite (V. *infra*, p. 473), *doit-on en demeurer là?*

Il reste encore parmi les personnes pouvant avoir intérêt à ce que la donation soit regardée, en ce qui les concerne, comme non avenue:

1° *Les héritiers ou autres successeurs universels ou à titre universel du donateur ;*

2° *Ses créanciers chirographaires ;*

3° *Les tiers qui de son chef ont acquis des droits réels à titre particulier et gratuit (donataires à titre particulier postérieurs et légataires à titre particulier) ;*

4° *Les tiers qui de son chef ont acquis des droits réels à titre particulier et onéreux (créanciers privilégiés et hypothécaires, et, dans le sens usuel, tiers acquéreurs);*

La controverse règne sur ces *quatre* classes.

Dans l'état actuel de la législation, si l'on veut présenter une théorie consistante, on doit logiquement refuser aux personnes de la *première* classe le droit d'opposer le défaut de transcription, et, au contraire, reconnaître ce même droit aux personnes des *trois* autres classes.

Examinons rapidement ce qui concerne chacune des *quatre* classes.

1° Héritiers ou autres successeurs universels ou à titre universel du donateur.

Les héritiers ou autres successeurs universels ou à titre universel du donateur sont-ils en droit d'opposer le défaut de transcription ?

DEUX SYSTÈMES.

1er SYSTÈME (1). — *Aff.*

1er *Arg.* — L'art. 941 est la reproduction abrégée de l'art. 27 de l'ordonnance de 1731 ;

Or, l'art. 27 de l'ordonnance comprenait formellement les héritiers du donateur parmi les personnes qui pouvaient se prévaloir du défaut de transcription.

2e *Arg.* — L'art. 941 ne range pas les héritiers du donateur parmi les personnes exceptées.

3e *Arg.* — Avant de faire une acceptation pure et simple ou même bénéficiaire, les héritiers peuvent avoir un intérêt considérable à connaître les donations qui ont diminué le patrimoine de leur auteur.

2e SYSTÈME (2). — *Nég.*

1er *Arg.* — La donation offerte et acceptée régulièrement engendre, par la seule force du consentement des parties, au profit du donataire un droit personnel contre le donateur ;

Donc, par là même, contre les héritiers du donateur, puisque les héritiers représentent la personne du donateur ;

Or, l'art. 941 refuse au donateur, et par conséquent à ses héritiers, le droit d'opposer le défaut de transcription.

2e *Arg.* — Il n'y a rien à conclure :

Ni de l'art. 27 de l'ordonnance de 1731, qui, s'appliquant à l'insinuation, exigeait, à peine de nullité, l'accomplissement de cette formalité ;

Ni du silence de l'art. 941 à l'égard des héritiers du donateur, parce qu'il est de principe que les héritiers représentent la personne de leur auteur ;

Ni de l'intérêt que les héritiers du donateur peuvent avoir à opposer le

---

(1) M. Demante, t. IV, n° 82 *bis*, I. — M. Bugnet, *Sur Pothier*, t. VIII, p. 389.

(2) M. Valette, à son cours. — MM. Zachariæ, Aubry et Rau, t. VI, p. 85.

défaut de transcription, car, si le législateur a su être conséquent dans la circonstance, il n'a pas pu prendre cet intérêt en mains.

D'après l'ensemble de la législation napoléonienne, ce *dernier* système n'est pas contestable.

2° Créanciers chirographaires.

Les créanciers chirographaires sont-ils en droit d'opposer le défaut de transcription?

DEUX SYSTÈMES.

1er SYSTÈME (1). — *Nég.*

1er *Arg.*—Les créanciers chirographaires ne sont que des ayants cause de leur débiteur, car ils n'ont sur les biens de celui-ci aucun droit propre ; donc, non plus que lui, ils ne peuvent opposer le défaut de transcription des donations qu'il a faites.

2e *Arg.* — L'art. 939 ne soumet à la transcription que les biens susceptibles d'hypothèques ; ces termes indiquent suffisamment que la transcription n'est requise que dans le seul intérêt des créanciers hypothécaires.

3e *Arg.* — La transcription du Code Napoléon est d'ailleurs issue de la transcription de la loi du 11 brumaire an VII ;

Or, cette dernière loi n'avait trait qu'au régime hypothécaire.

2e SYSTÈME (2). — *Aff.*

1er *Arg.* — Dans l'espèce, les créanciers chirographaires ont un droit propre qui résulte de ce qu'ils ont un intérêt propre.

2e *Arg.* — De ce que l'art 939 emploie des termes restrictifs pour déterminer les donations sujettes à la nécessité de la transcription, il n'y a absolument rien à conclure, car l'art. 941 se sert, au contraire, de la formule la plus compréhensive pour indiquer les personnes qui peuvent opposer le défaut de transcription.

3e *Arg.* — Il n'est point démontré que la loi de brumaire entendit refuser aux créanciers chirographaires le droit de se prévaloir du défaut de transcription.

Ce *second* système nous paraît fort probable.

Il en résulte la conséquence suivante :

Tant que la transcription de la donation n'a pas eu lieu, les créanciers chirographaires du donateur ont le droit de regarder le bien donné

---

(1) Merlin, *Répert.*, transcription, § VI, n° 2. — M. Coin-Delisle, art. 941. Marcadé, art. 941, n° 1.

(2) M. Demante, t. IV, n° 82 *bis*, VIII. — MM. Zachariæ, Aubry et Rau, t. VI, p. 87, texte et note 26. — M. Demolombe, t. XX, p. 270.

comme continuant à faire partie du patrimoine de leur débiteur et de le frapper de saisie.

Du reste, on ne doit évidemment admettre aucune distinction entre les créanciers dont les titres sont *antérieurs* à la donation et ceux dont les titres y sont *postérieurs* (1).

3° Tiers qui du chef du donateur ont acquis des droits réels à titre particulier et gratuit (donataires à titre particulier postérieurs et légataires à titre particulier).

Nous distinguerons :
a. *Le cas des donataires à titre particulier postérieurs ;*
b. *Le cas des légataires à titre particulier.*

a. *Les donataires à titre particulier postérieurs peuvent-ils opposer le défaut de transcription ?*

DEUX SYSTÈMES.

1re SYSTÈME (2). — *Nég.*

1er *Arg.* — Le rapporteur Jaubert s'est prononcé dans ce sens; il disait au Tribunat :

« Le défaut de transcription peut être opposé par toutes personnes ayant intérêt. Il n'y a d'exception que pour celles qui sont chargées de faire faire la transcription ou leurs ayants cause et le donateur, ce qui comprend aussi nécessairement les donataires postérieurs, les cessionnaires et les héritiers du donateur (Locré, *Législ. civ.*, t. XI, p. 457). »

2e *Arg.* — L'art. 1072 refuse aux donataires de l'auteur d'une substitution le droit de se prévaloir du défaut de transcription de la substitution, et par conséquent de la donation qui la renferme.

3e *Arg.* — D'après la loi du 11 brumaire an VI, les donataires postérieurs n'eussent pas pu être admis à opposer aux antérieurs le défaut de transcription ;

Or, le Code Napoléon a reproduit en ce point l'idée de la loi de brumaire.

2e SYSTÈME (3). — *Aff.*

1er *Arg.* — L'art. 941 admet à opposer le défaut de transcription « toutes personnes ayant intérêt »;

_____

(1) MM. Zachariæ, Aubry et Rau, t. VI, p. 88, texte et note 27. — M. Demolombe, t. XX, p. 275.
(2) Merlin, *Rép.*, v° Donation, section vi, § 3. — M. Troplong, t. III, n° 1177-1179. — M. Marcadé, art. 941, n°4 .
(3) M. Maleville, sur l'art. 941. — M. Valette, à son cours. — MM. Zachariæ, Aubry et Rau, t. VI, p. 86, texte et note 25. — M. Demolombe, t. XX, p. 264.

Or, les donataires postérieurs ont intérêt, et ils ne sont pas tenus des engagements du donateur ;

Donc, ils sont compris dans la règle posée par l'art. 941.

2ᵉ *Arg.* — Les paroles de Jaubert ne constatent que l'opinion de Jaubert.

Ces paroles ne peuvent l'emporter sur le texte formel de l'art. 941, et Maleville les a d'ailleurs contredites dans son commentaire.

3ᵉ *Arg.* — L'art. 1072 ne contient pas la conséquence qu'on y veut voir relativement à la donation.

Cet article a été presque littéralement emprunté à l'art. 34 de l'ordonnance de 1747 ;

Or, bien que ce dernier texte refusât aux donataires de l'auteur d'une substitution le droit de se prévaloir du défaut d'insinuation de la substitution, néanmoins l'art. 27 de l'ordonnance de 1731 leur attribuait le droit de se prévaloir du défaut d'insinuation des donations.

La corrélation n'est donc point forcée.

4ᵉ *Arg.* — L'un des partisans du 1ᵉʳ système a lui-même écrit qu'il n'était point douteux que, d'après la loi de brumaire, *on ne dut préférer un second donataire dont le titre serait transcrit à un premier donataire qui n'aurait pas fait revêtir le sien de la formalité de la transcription* (1).

Le *premier* argument du *second* système est péremptoire.

b. *Les légataires à titre particulier peuvent-il opposer le défaut de transcription ?*

DEUX SYSTÈMES.

1ᵉʳ SYSTÈME (2). — *Nég.*

1ᵉʳ *Arg.* — Le donataire est à la fois un créancier du donateur et un propriétaire de la chose donnée en face du légataire particulier, et, par conséquent, il ne peut pas être exclu par ce légataire.

2ᵉ *Arg.* — La loi du 11 brumaire an VII n'avait institué la transcription qu'en faveur *des personnes* qui avaient contracté avec le vendeur (art. 26); donc, les légataires n'étaient pas compris dans ses termes.

2ᵉ SYSTÈME (3). — *Aff.*

1ᵉʳ *Arg.* — La généralité de la formule de l'art. 941 forme par elle-même une raison décisive.

---

(1) Merlin, *Quest. de droit*, vᵒ Transcription, § 6, nᵒ 3.

(2) Merlin, *Quest. de droit*, vᵒ Transcription, § 6, nᵒ 4. — M. Troplong, t. III, nᵒ 1178. — M. Marcadé, art. 941, nᵒ 4. — M. Demolombe, t. XX, p. 286.

(3) MM. Zachariæ, Aubry et Rau, t. VI, p. 86. — M. Flandin, t. II, nᵒˢ 947 et suiv.

2ᶜ *Arg.* — La disposition de la loi de brumaire a, en effet, l'apparence de ne pas être applicable aux légataires; mais les considérations fondées sur cette loi n'ont qu'une importance toute secondaire pour l'interprétation de l'art. 941.

Nous adhérons au *second* système, en ajoutant que le *premier* argument du *premier* système est, à nos yeux, une pétition de principe évidente.

4° Tiers qui du chef du donateur ont acquis des droits réels à titre particulier et onéreux. (Créanciers privilégiés et hypothécaires, et, dans le sens usuel, tiers acquéreurs.)

Dans les premiers temps de la publication du Code Napoléon, certains auteurs ont enseigné que, d'après ce Code, la publicité de la transmission des droits réels n'avait pas plus été organisée en matière de donation entre-vifs qu'en matière de vente, et que, dans les donations entre-vifs comme dans les ventes, la transcription n'était requise qu'à titre de formalité préparatoire de la purge des hypothèques (1).

Cette doctrine avait pour but de sauver la compilation napoléonienne d'une incohérence flagrante; mais, en présence des articles 941 et 942, elle n'était pas soutenable.

Aussi les auteurs, les moins portés à entendre dans un sens large la formule de l'art. 941, admettent-ils sans difficulté les personnes de cette *quatrième* classe à opposer le défaut de transcription, et il y a lieu d'ajouter : sans que ces personnes aient elles-mêmes besoin de transcrire, nonobstant la disposition nouvelle de la loi du 23 mars 1855 (V. *infra,* p. 476) (2).

On professe unanimement que ni le donataire, ni ses créanciers et ayants cause ne seraient recevables à se prévaloir du défaut de transcription dans les cas, d'ailleurs exceptionnels, où ils pourraient avoir intérêt à le faire (3).

2° PERSONNES QUI NE PEUVENT OPPOSER AU DONATAIRE LE DÉFAUT DE TRANSCRIPTION, D'APRÈS L'ART. 941.

Aux termes de l'art. 941, ces personnes sont :

1° *Les personnes chargées de faire faire la transcription ;*

---

(1) V. notamment Toullier, t. V, p. 236 et suiv.
(2) Merlin, *Répert.,* v° Donation, sect. VI, § 3, et v° Transcription, § 3, n° 5. Comparer MM. Zachariæ, Aubry et Rau, t. VI, p. 85, texte et note 21. — M. Demolombe, t. XX, p. 262.
(3) MM. Zachariæ, Aubry et Rau, t. VI, p. 88, texte et note 30. — M. Demolombe, t. XX, p. 290.

2° *Les ayants cause de ces mêmes personnes;*
3° *Le donateur.*

1° Personnes chargées de faire faire la transcription.

En ce qui concerne ces personnes, l'exception a un motif évident; elle est fondée sur l'idée qu'*on* ne peut soi-même être l'auteur de l'éviction dont on serait responsable, si *un autre* en était l'auteur : *Quem de evictione tenet actio, eumdem agentem repellit exceptio.*

2° Ayants cause des personnes chargées de faire faire la transcription.

S'agit-il des héritiers et des autres successeurs universels ou à titre universel des personnes chargées de faire faire la transcription, il est clair qu'ils doivent être identifiés avec ces personnes.

S'agit-il des successeurs particuliers, à titre onéreux ou gratuit, et des créanciers privilégiés, hypothécaires ou chirographaires de ces mêmes personnes, on ne s'entend pas sur le point de savoir s'ils doivent être déclarés dans tous les cas non recevables à opposer le défaut de transcription.

Deux cas sont, en effet, possibles :

Ou la donation ayant été faite par un tiers à une femme mariée, à un mineur, à un interdit ou à un établissement public, le mari, le tuteur ou l'administrateur a lui-même ensuite acquis des droits sur le bien donné, et les successeurs particuliers ou les créanciers du mari, du tuteur ou de l'administrateur, voudraient se prévaloir du défaut de transcription;

Ou la donation ayant été faite à une femme mariée par son mari, à un mineur ou à un interdit par son tuteur, ou à un établissement public par son administrateur, les successeurs particuliers ou les créanciers du mari, du tuteur ou de l'administrateur donateur voudraient se prévaloir du défaut de transcription.

Dans le *premier* cas, on est, en général, d'accord pour déclarer que les successeurs particuliers ou les créanciers de la personne, chargée de faire faire la transcription, sont les ayants cause de cette personne et ne peuvent, par conséquent, opposer le défaut de transcription.

Dans le *second* cas, il y a controverse.

DEUX SYSTÈMES.

1ᵉʳ SYSTÈME (1). — *Même dans le cas où le mari, le tuteur ou l'ad-*

---

(1) Merlin, *Quest. de dr.*, v° Transcription, § VI, n° 3. — M. Demante t. IV, n° 82 *bis*, IX. — MM. François et Rivière, Explication de la loi du 23 mars 1855, 1ᵉʳ appendice, n° 22.

ministrateur est le donateur, les successeurs particuliers et les créan-ciers privilégiés, hypothécaires ou chirographaires du mari, du tuteur ou de l'administrateur, doivent être déclarés non recevables à opposer le défaut de transcription.

1er *Arg.* — L'art. 941 déclare en termes absolus non recevables à opposer le défaut de transcription les ayants cause des personnes char-gées de la requérir.

2e *Arg.* — Les art. 30 et 31 de l'ordonnance de 1731 consacraient solution.

3e *Arg.* — Les successeurs particuliers et les créanciers privilégiés, cette hypothécaires ou chirographaires du mari, du tuteur ou de l'admi-nistrateur donateur, sont, il est vrai, compris à la fois dans la règle et dans l'exception formulées par l'art. 941;

Mais lorsqu'il y a concours entre la règle et l'exception, c'est toujours l'exception qui doit l'emporter sur la règle.

2e SYSTÈME (1). — *Dans le cas où le mari, le tuteur ou l'adminis-trateur est le donateur, les successeurs particuliers et les créanciers privilégiés, hypothécaires ou chirographaires du mari, du tuteur ou de l'administrateur doivent être déclarés recevables à opposer le défaut de transcription.*

1er *Arg.* — L'expression *ayant cause* a un sens relatif, et la même per-sonne peut être considérée tantôt comme un ayant cause de son débiteur, tantôt comme un tiers, selon la nature du droit qu'elle est apte à invoquer.

2e *Arg.* — La solution de l'ancien droit dérivait d'une tout autre pré-misse que celle de la doctrine actuelle.

L'ancien droit ne refusait la faculté de se prévaloir du défaut d'insi-nuation qu'aux seuls successeurs particuliers du mari ou du tuteur qui se seraient trouvés eux-mêmes hypothécairement tenus des dommages-intérêts résultant du défaut qu'ils eussent opposé (2).

La doctrine actuelle laisse en dehors la question de l'hypothèque et fonde sa décision sur l'idée que tous les successeurs particuliers de la personne chargée de faire faire la transcription sont les ayants cause de cette personne.

3e *Arg.* — Les successeurs particuliers et les créanciers privilégiés, hypothécaires ou chirographaires du mari, du tuteur ou de l'adminis-trateur donateur, sont *compris seulement* compris dans la règle, et non pas à la fois dans la règle et dans l'exception formulées par l'art. 941.

Lorsqu'ils opposent le défaut de transcription de la donation faite par

_____

(1) MM. Zachariæ, Aubry et Rau, t. VI, p. 89, texte et note 31. — M. De-molombe, t. XX, p. 307.

(2) Pothier, Introd. au titre XV de la Coutume d'Orléans, n° 63; *Des dona-tions entre-vifs*, sect. II, art. 3, § 3. — Furgole, Sur les art. 30 et 31 de l'or-donnance de 1731.

leur auteur ou par leur débiteur, ils arguent, en effet, d'un droit propre.

Légalement, les deux systèmes nous paraissent atteindre le même degré de probabilité.

Rationnellement, nous ne nous prononcerions non plus pour aucun des deux.

Selon nous, les successeurs particuliers et les créanciers de la personne chargée de faire faire la transcription ne devraient, dans aucun cas, porter la responsabilité d'une faute qui leur est étrangère.

Remarquons, du reste, que *la décision du second système n'en laisse pas moins subsister intact le recours hypothécaire des incapables;* ce qui atténue considérablement la portée de ce système (1).

3° Donateur.

Quelque peu net que soit le caractère de la transcription dans la compilation napoléonienne, cette formalité y joue incontestablement le rôle d'une mesure de publicité.

Il est donc tout simple que le donateur ne puisse se prévaloir de son inaccomplissement.

3° PERSONNES QUI PEUVENT OPPOSER AU DONATAIRE LE DÉFAUT DE TRANSCRIPTION, D'APRÈS LA LOI DU 23 MARS 1855.

La loi du 23 mars 1855 ayant ajouté une nouvelle théorie de transcription *sui generis* à la théorie de transcription *sui generis* de la compilation napoléonienne, il résulte de l'art. 3 de cette loi qu'à l'égard des donations auxquelles elle est applicable, le défaut de transcription ne peut être opposé que *par les tiers qui ont des droits sur l'immeuble, et qui les ont conservés en se conformant aux lois.*

De là, *deux* différences entre l'art. 941 de la compilation napoléonienne et l'art. 3 de la loi du 23 mars 1855 :

1° *D'après l'art. 941, les créanciers chirographaires du donateur ont le droit d'opposer au donataire le défaut de transcription* (V. supra, p. 470);

D'après l'art. 3 de la loi du 23 mars 1855, ces créanciers n'ont pas ce droit.

2° *D'après l'art. 941, l'acquéreur à titre onéreux qui n'a pas transcrit, a le droit d'opposer au donataire le défaut de transcription* (V. supra, p. 473);

---

(1) MM. Zachariæ, Aubry et Rau, t. VI, p. 93, texte et note 2. — M. Demolombe, t. XX, p. 316.

V. cep. en sens contraire les conclusions de l'avocat-général Tarbé, affaire de Laugrenière, *Dev.*, 1840, t. I, p. 221-223.

D'après l'art. 3 de la loi du 23 mars 1855, cet acquéreur n'a pas ce droit (1).

948. — Tout acte de donation d'effets mobiliers ne sera valable que pour les effets dont un état estimatif, signé du donateur et du donataire, ou de ceux qui acceptent pour lui, aura été annexé à la minute de la donation.

Ce texte a pour origine l'art. 15 de l'ordonnance de 1731.

Les auteurs disent qu'en exigeant un état estimatif pour les donations d'effets mobiliers, le législateur napoléonien a eu en vue :

1° *De protéger l'intérêt du donataire contre les changements de volonté du donateur.*

L'art. 948 apparaît ainsi principalement comme une application de la vieille maxime : « Donner et retenir ne vaut ».

2° *De protéger l'intérêt du donateur qui peut être fondé à se faire rendre les meubles donnés* (V. *infra*) ;

3° *De protéger l'intérêt des héritiers qui peuvent avoir le droit de demander le rapport ou la réduction de la donation* (V. *supra*, p. 287 et p. 433).

4° *De protéger l'intérêt des tiers qui peuvent avoir besoin de connaître la quotité de la donation.*

De ces *quatre* intérêts, il n'y en a qu'un seul, le dernier, qui méritât d'être pris législativement en considération, et l'art. 948 le sert aussi mal que possible (2).

L'état estimatif dont parle l'article, est requis pour toute donation d'effets mobiliers faite par un *acte* (3).

---

(1) Comparer M. Bressolles, *De la transcription*, n°s 25 à 52. — M. Mourlon, *De la transcription*, t. I, n° 113. — M. Lesenne, *De la transcription*, n° 166. — MM. Aubry et Rau, t. VI, p. 90 et suiv. — M. Demolombe, t. XX, p. 321 et suiv.

Il est impossible d'imaginer un désordre législatif plus complet que celui qu'engendre le rapprochement de la loi du 23 mars 1855 et du Code Napoléon.

Le élucubrations juridiques des Rouher et des Baroche sont venues s'ajouter à celles des Cambacérès et des Portalis, et du tout il est sorti, en matière de transcription, une énigme indéchiffrable.

Notre exposé suffit pour mettre en relief les principales inconséquences et les principales contradictions commises par les légistes du premier et du second empire ; mais il importe de rappeler qu'à la différence même de l'ordonnance de 1731, la compilation napoléonienne et la loi du 23 mars 1855 ne se sont nullement préoccupées d'organiser la publicité des donations mobilières.

(2) Quelle publicité efficace peut-il résulter d'un état estimatif caché dans une étude de notaire !

Qu'on rapproche le Code de la Convention (art. 33 et 34, liv. II, tit. III, § 3) de ces plagiats de l'ancien droit aussi inintelligents qu'ils sont répétés.

(3) La tradition réelle ne couvrirait pas le vice résultant du défaut d'état estimatif. (Fenet, t. XII, p. 370 et 373.)

L'ancien droit en décidait autrement ; sur ce point donc, la codification napoléonienne a innové !

Lorsqu'il s'agit de créances ou de rentes, comme on ne peut spécifier ces sortes de meubles sans les estimer, une estimation spéciale n'est pas nécessaire.

Par *exception*, la disposition de l'article ne concerne pas les institutions contractuelles, ni les donations de biens à venir faites entre époux pendant le mariage.

Elle est *inapplicable* aux dons *manuels*.

Les objets donnés doivent être décrits et estimés un à un (1), soit dans l'acte même de donation, soit dans un état signé des parties, et annexé à la minute de cet acte, soit dans un acte authentique antérieur auquel les parties se sont référées.

De l'avis général des interprètes, le défaut d'état estimatif entraîne la *nullité absolue* de la donation ; aussi le *donateur lui-même* et *ses héritiers* doivent-ils être admis à l'invoquer, soit par voie d'exception si la délivrance des objets donnés n'a pas encore été faite, soit par voie d'action en restitution, si la délivrance a déjà eu lieu (2).

943. — La donation entre-vifs ne pourra comprendre que les biens présents du donateur ; si elle comprend des biens à venir, elle sera nulle à cet égard.

Par une méthode et par un procédé de codification qui leur sont propres, les compilateurs napoléoniens sont revenus, dans cet article et dans les trois suivants (art. 943-946), sur la règle féodale de l'*actualité et de l'irrévocabilité de la donation entre-vifs ;* ils en ont présenté *quatre* applications.

Ces quatre applications constituent ce que les auteurs appellent *la forme intrinsèque des donations entre-vifs*.

La *première* est formulée par l'art. 943 en *deux* propositions :

1° *La donation entre-vifs ne peut comprendre que des biens présents ;*

---

(1) M. Bayle-Mouillard s'est posé le cas de donation d'une collection, par exemple, de numismatique ou d'entomologie, et il décide qu'une estimation en bloc est seule nécessaire parce que l'ensemble des objets donnés acquière, par la réunion, un prix bien supérieur à celui de chaque objet pris isolément. (M. Bayle-Mouillard sur Grenier, t. II, n° 170, note 6.)

M. Demolombe réplique ; il veut qu'on estime, et sans doute qu'on décrive, chaque objet un à un. (M. Demolombe, t. XX, p. 344.)

Ce dernier enseignement nous paraît tout à fait conforme à l'esprit de la règle de l'état estimatif.

(2) M. Demante, t. IV, n° 90 *bis*, II. — MM. Zachariæ, Aubry et Rau, t. V, p. 484. — M. Demolombe, t. XX, p. 344.

Encore un point sur lequel la compilation napoléonienne a exagéré la vieille doctrine de l'actualité et de l'irrévocabilité.

Dans l'ancien droit, Ricard (part. I, n° 966) et Furgole (sur l'art. 15 de l'ord. de 1731) professaient que le défaut d'état estimatif produit un simple refus d'action.

Ce qui nous étonne, c'est que la doctrine de l'action en restitution, admise par le Code Napoléon, n'ait pas lassé l'éternel panégyrique de l'éminent doyen de Caen. (V. M. Demolombe, t. XX, p. 344.)

2° *Si elle comprend à la fois des biens présents et des biens à venir, elle est valable à l'égard des biens présents et nulle à l'égard des biens à venir.*

Ces *deux* propositions reviennent, comme on le voit, à distinguer le *biens présents* des *biens à venir.*

Ce n'est point là chose tout à fait simple, et depuis la promulgation de l'ordonnance de 1731 jusqu'au temps actuel, les auteurs ont, ce semble, médiocrement réussi à tracer la ligne de démarcation précise entre ces deux sortes de biens.

En général, on dit qu'on reconnaît les biens présents à ce signe qu'*ils sont transmis au donataire dès l'instant de la donation, de manière que le donateur ne puisse plus désormais les lui reprendre par aucun acte de sa volonté.*

Par antithèse, *les biens à venir sont ceux sur lesquels le donataire n'acquiert actuellement et irrévocablement aucun droit contre le donateur.*

Ainsi, d'après cette définition, sont, par exemple, des biens présents :

Les fruits à provenir d'un bien dont le donateur est propriétaire, usufruitier ou fermier (1);

La part de bénéfices que le donateur retirera d'une société dans laquelle il est intéressé.

A l'inverse, d'après la même définition, sont des biens à venir :

Le bien que le donateur se propose d'acheter;

La part de bénéfices que le donateur retirera d'une société dans laquelle il se propose de prendre un intérêt.

Voici maintenant *l'écueil* de cette doctrine :

Soit, par exemple, une donation de 100 000 francs faite par une personne qui ne possède pas cette somme; la donation porte-t-elle sur un *bien présent* ou sur un *bien à venir?*

Tous les auteurs enseignent qu'une pareille donation doit être regardée comme une donation de *biens présents*, et la plupart maintiennent cette solution, lors même que le payement de la somme donnée a été renvoyé au décès du donateur (2).

Mais il n'est pas difficile de démontrer qu'au moins dans les donations de cette dernière sorte, la règle de *l'actualité et de l'irrévocabilité* disparaît absolument.

<hr>

(1) M. Demolombe, t. XX, p. 359.
Nous reproduisons cette formule comme étant la plus compréhensive de toutes celles que fournissent les auteurs; mais l'éminent doyen a eu beau s'en tenir aux termes les moins caractéristiques et par conséquent les meilleurs, dans une circonstance où il s'agit de définir une chimère, cette prudence de doctrine ne l'a point sauvé, comme nous allons le voir, de la contradiction.
(2) M. Demante, t. IV, n° 85 *bis*, II. — MM. Zachariæ, Aubry et Rau, t. V, p. 533, 534, texte et note 4. — M. Demolombe, t. XX, p. 368.

Comme nous l'avons dit (V. *supra*, p. 382), le donataire de choses indéterminées est et ne peut être en principe qu'un *créancier* ordinaire. Supposons qu'à la suite de la première donation payable au décès du donateur, celui-ci ait fait une seconde donation affectée de la même modalité que la première. Le second donataire a exactement le même droit que le premier, car, à part toute cause d'hypothèque existant au profit de l'un ou de l'autre, l'un et l'autre sont des créanciers chirographaires ; d'où, la conséquence que si le patrimoine de leur débiteur est insuffisant pour les payer en totalité tous les deux, ils viendront ensemble *au marc le franc* sur le patrimoine de ce débiteur.

Ce qu'il y a de plus étrange, et ce qui est un résultat tout aussi forcé, c'est que si le donateur, qui n'a pas constitué d'hypothèque, nous le supposons, au profit du premier donataire, en constitue une au profit du second, ce sera le second qui l'emportera sur le premier.

Il est évident que le créancier à titre onéreux dont le droit naît postérieurement à celui du donataire d'une somme payable au décès du donateur, acquiert *à fortiori* le droit de venir au marc le franc avec ce donataire sur les biens du donateur, ou même de le primer, selon les cas, en vertu d'une cause de privilége ou d'hypothèque.

Il est tout aussi évident que le donataire créancier acquiert le droit de venir au marc le franc avec le créancier chirographaire dont le droit est né antérieurement à la donation, ou même de primer ce créancier, si le donateur constitue une hypothèque à son profit (1).

Les auteurs sont, du reste, à peu près unanimes pour considérer comme une donation de *biens à venir*, la donation d'une somme à pren-

---

(1) Comparer M. Demante, IV, n° 85, *bis*, ii. — MM. Zachariæ, Aubry et Rau, t. V, p. 533, 534. — M. Labbé, *Journal du palais*, 1860, p. 353 et suiv. — M. Demolombe, t. XX, p. 363 et suiv.

Pour une doctrine véritablement scientifique, c'est-à-dire se piquant de mettre de la logique dans ses déductions, aucune des propositions précédentes ne serait contestable ; il est loin d'en être ainsi et la discorde règne, chose assez fréquente, au camp d'Agramant. (V. M. Coin-Delisle, art. 943, n°s 8 et 9. — M. Arnault, *Revue de législation*, 1851, p. 356 et suiv. — M. Nicias-Gaillard, *Revue crit. de législat.*, 1860, t. XVI, p. 193 et suiv. — M. Bonnet, *ibid.*, p. 412-444.)

Ce qu'il importerait cependant de comprendre, c'est qu'après la profonde révolution qui a commencé à mobiliser la propriété, la règle « donner et retenir ne vaut » ne peut, dans une foule de cas, conserver aucun sens ; nous voulons dire qu'elle est logiquement inapplicable à toutes les donations de choses indéterminées.

Sans oser l'écrire en termes exprès, M. Demolombe partage fort clairement cet avis ; il explique à merveille que lorsqu'on donne un droit de créance, on donne ce droit *avec les avantages et avec les inconvénients qui y sont attachés et qu'une dette contractée antérieurement ne fait pas obstacle à ce qu'on en contracte ensuite une nouvelle* (t. XX, p. 382).

Comment se fait-il donc que l'éminent professeur hésite *in extremis* sur les conséquences de sa propre doctrine et qu'il y apporte un correctif injustifiable

dre *sur les biens que le donateur laissera à son décès ;* dans ce cas, disent-ils, le donateur, au lieu de s'engager lui-même actuellement et irrévocablement, n'a entendu conférer au donataire qu'une créance éventuelle contre la succession, et, par conséquent, il a contrevenu à la défense de donner des biens à venir (1).

Lorsque la donation comprend à la fois des *biens présents* et *des biens à venir*, le législateur napoléonien, comme il a déjà été indiqué, la décompose en *deux* éléments, et, au risque de fausser complétement la volonté du donateur, il *sanctionne* la donation pour la partie des *biens présents* et il *l'annule* pour la partie des *biens à venir* (2).

Remarquons qu'en définitive un des principaux résultats de l'art. 943 est *d'annuler* en principe la donation de *l'universalité* ou *d'une quote part de l'universalité des biens* (V. toutefois, *infra*, art. 947, 1082 et 1093).

944. — Toute donation entre-vifs faite sous des conditions dont l'exécution dépend de la seule volonté du donateur sera nulle.

Quoique présenté par les compilateurs napoléoniens comme une application de la règle de *l'actualité et de l'irrévocabilité de la donation entre-vifs*, cet article contient, à vrai dire, la formule même de cette règle ; seulement, il la contient en des termes défectueux.

Dans les contrats en général, comme nous le verrons, on distingue *deux espèces de conditions dépendant de la volonté* : l'une est *la condition purement* potestative (art. 1174), l'autre *la condition potestative consistant dans un événement qu'il est au pouvoir de l'une ou l'autre des parties de faire arriver ou d'empêcher* (art. 1170) (3).

La *première* est la condition : *si je veux.*

La *seconde* serait, par exemple, la condition : *si je vais à Paris* (V. *infra*, art. 1174 et 1170).

Dans les contrats en général, *la condition purement potestative annule l'obligation lorsqu'elle est imposée au débiteur* (art. 1174).

---

en enseignant que le premier donataire a le droit d'invoquer, le cas échéant, l'art. 1167 contre le second donataire (t. XX, p. 383).

Est-ce qu'un créancier antérieur est jamais armé de l'action révocatoire contre un créancier postérieur?

(1) M. Demante, t. IV, n° 85 *bis*, IV. — MM. Zachariæ, Aubry et Rau, p. 534, texte et note 6. — M. Demolombe, t. XX, p. 389.

(2) Comparer Ricard, 1re partie, n° 1024. — M. Demolombe, t. XX, p. 392.

(3) V. *infra*, art. 1170 et 1174, l'appréciation philosophique de cette distinction.

Au contraire, *la condition potestative, mais qui n'est pas purement potestative, n'invalide jamais l'obligation* (art. 1170).

Si l'on consulte la lettre de l'art. 944, il semble bien qu'il y ait lieu de transporter dans les donations la précédente distinction, car le texte ne prohibe que les conditions « dont l'exécution dépend de la seule volonté du donateur ».

Si l'on consulte le sens commun, la solution ne variera pas, car, selon le sens commun, s'il y avait à établir sur ce point une différence entre les *contrats à titre gratuit* et *les contrats à titre onéreux, ce serait à l'égard des contrats à titre onéreux* que la sévérité devrait être plus grande.

Cependant, telle n'est pas la véritable interprétation de l'art. 944 ; le mot « seule » y est de trop ; le législateur napoléonien a prohibé à la fois dans les donations *la condition purement potestative* (art. 1174), *et la condition potestative, mais qui n'est purement potestative* (art. 1170).

C'est ce qui résulte :

1° De la comparaison de la formule de l'art. 944 avec celle de l'art. 16 de l'ordonnance de 1731, et du sens que Ricard et Pothier attribuaient à ce dernier texte (1).

2° De ce que l'art. 944 qui a pour but de déroger à l'art. 944 ne reproduit pas le mot « *seule* » et n'entend permettre que la condition potestative qui ne dépend pas de la pure volonté du donateur (2).

945. — Elle sera pareillement nulle, si elle a été faite sous la condition d'acquitter d'autres dettes ou charges que celles qui existaient à l'époque de la donation, ou qui seraient exprimées, soit dans l'acte de donation, soit dans l'état qui devrait y être annexé.

Ce texte obscur constitue la *troisième* application de la règle : « Donner et retenir ne vaut » ; il prévoit :

1° *Le cas où le donataire est chargé d'une manière générale d'acquitter les dettes qui existent à l'époque de la donation, en d'autres termes, les dettes présentes du donateur;*

2° *Le cas où le donataire est chargé d'acquitter d'autres dettes que celles qui existent à l'époque de la donation, en d'autres termes, les dettes futures du donateur.*

A *l'égard des dettes présentes,* le donataire est valablement chargé de les acquitter, lors même que le donateur n'aurait pas présenté et fait annexer à l'acte un état détaillé de ces dettes.

---

(1) Ricard, 1ʳᵉ partie, n° 1038. — Pothier, *Des donations entre-vifs,* sect. II, art. 11, § 3.

(2) M. Demante, t. IV, note 86 *bis,* I. — MM. Zachariæ, Aubry et Rau, t. VI, p. 64, 65, texte et notes 5, 6 et 7. — M. Demolombe, t. XX, p.

Le texte manque de netteté sur ce point ; mais, dès le moment qu'il s'agit de dettes déjà existantes à l'époque de la donation, c'est-à-dire que le donateur n'a nul pouvoir d'augmenter après coup, ce n'est pas violer la règle « donner et retenir ne vaut » que de charger le donataire de les acquitter (1).

A l'égard des dettes futures, le donataire n'est valablement chargé de les acquitter que tout autant qu'*elles ont été exprimées, soit dans l'acte de donation, soit dans l'état qui devrait y être annexé.*

La donation qui imposerait au donataire la charge d'acquitter en tout ou en partie *les dettes futures et non déterminées* du donateur serait *nulle* pour le tout.

Quant à la donation qui imposerait au donataire la charge d'acquitter *certaines dettes futures exprimées, soit dans l'acte de donation, soit dans un état y annexé*, c'est surtout en ce qui la concerne que la rédaction de l'art. 945 est défectueuse ; cette donation est sans doute *valable*, comme l'indique *à contrario* l'article, *mais elle n'est valable que pour ce qui excède le montant des dettes exprimées dans l'acte de donation ou dans l'état y annexé* (comparer, art. 946).

946. — En cas que le donateur se soit réservé la liberté de disposer d'un effet compris dans la donation, d'une somme fixe sur les biens donnés, s'il meurt sans en avoir disposé, ledit effet ou ladite somme appartiendra aux héritiers du donateur, nonobstant toutes clauses et stipulations à ce contraires.

Cet article renferme la *quatrième* application de la règle *de l'actualité et de l'irrévocabilité de la donation entre-vifs.*

Lorsque le donateur s'est réservé la faculté de disposer, soit d'un ou de plusieurs objets compris dans la donation, soit d'une somme fixe à prendre sur les biens donnés, *la donation n'est valable que pour le surplus.*

Les auteurs professent, en général, que si la réserve est soumise à une condition indépendante de la volonté du donateur, elle ne réduit pas *hic* et *nunc* le montant de la donation ; en d'autres termes, l'objet ou la somme dont le donateur s'est réservé la faculté de disposer aura toujours fait partie de la donation si la condition ne se réalise pas (2).

L'article ajoute que la nullité qu'il décrète s'applique :

« Nonobstant toutes clauses et stipulations à ce contraire. »

Mieux inspirés, les compilateurs napoléoniens eussent sous-entendu ce dernier trait. Est-ce que la règle « donner et retenir ne vaut »

---

(1) M. Demante, t. IV, n° 87 *bis*, II. — MM. Zachariæ, Aubry et Rau, t. VI, p. 99, texte et note 10. — M. Demolombe, t. XX, p. 416.

(2) M. Demante, t. IV, n° 88 *bis*, II. — M. Coin-Delisle, art. 946, n° 5. — M. Demolombe, t. XX, n° 447. — En sens contraire, M. Troplong, t. III, n°s 1225, 1226.

n'appartient pas assez clairement à l'ordre public.... aristocratique et féodal ?

947. — Les quatre articles précédents ne s'appliquent point aux donations dont est mention aux chapitres VIII et IX du présent titre.

La règle « donner et retenir ne vaut » n'est pas applicable, comme nous le verrons (art. 1081 et suiv.), aux donations qui sont faites, soit, *dans le contrat de mariage, par des tiers au profit des futurs époux ou des enfants à naître du mariage, ou par l'un des futurs époux au profit de l'autre*, soit, *pendant le mariage, par l'un des époux au profit de l'autre*.

L'art. 947 n'a d'ailleurs que la valeur d'un renvoi.

949. — Il est permis au donateur de faire la réserve à son profit, ou de disposer au profit d'un autre, de la jouissance ou de l'usufruit des biens meubles ou immeubles donnés.

Cet *intéressant* texte signifie que ce n'est pas donner et retenir que de se réserver l'usufruit à soi-même, en donnant à un autre la nue propriété, ou bien encore de donner l'usufruit à l'un et la nue propriété à l'autre.

Réagissant en ce point contre l'esprit féodal, les Coutumes de Paris et d'Orléans avaient déjà consacré législativement cette remarque (1).

Les rédacteurs du Code Napoléon l'ont reproduite, en l'augmentant d'un pléonasme (« réserve de la jouissance ou de l'usufruit »).

950. — Lorsque la donation d'effets mobiliers aura été faite avec réserve d'usufruit, le donataire sera tenu, à l'expiration de l'usufruit, de prendre les effets donnés qui se trouveront en nature, dans l'état où ils seront; et il aura action contre le donateur ou ses héritiers, pour raison des objets non existants, jusqu'à concurrence de la valeur qui leur aura été donnée dans l'état estimatif.

Lorsque la donation, *faite avec réserve d'usufruit*, porte sur des *effets mobiliers*, il faut distinguer *deux* cas :

1° *Celui où les effets mobiliers existent encore à l'époque de l'extinction de l'usufruit;*

2° *Celui où les effets mobiliers n'existent plus à cette même époque.*

Dans le *premier* cas, le donataire est tenu, à l'expiration de l'usufruit, de prendre les effets donnés qui se trouvent en nature, *dans l'état où ils sont*, sauf, bien entendu, l'obligation du donateur usufruitier, de répondre des détériorations provenant *de sa faute ou de son dol* (art. 589) (2).

Dans le *second* cas, malgré la vicieuse généralité du texte, il y a lieu

---

(1) Art. 275, Coutume de Paris, et 284, Coutume d'Orléans.
(2) V. *Manuel de droit civil*, t. I, p. 618.

de distinguer si la perte des effets donnés provient *d'un cas fortuit* ou bien *de la faute ou du dol du donateur usufruitier*.

Si la perte provient *d'un cas fortuit*, le donateur usufruitier n'en est évidemment pas responsable (1);

Si elle provient *de la faute ou du dol du donateur usufruitier*, le texte porte que « le donataire aura action contre le donateur ou ses héritiers pour raison des objets non existants, jusqu'à concurrence de la valeur qui leur aura été donnée dans l'état estimatif ».

Cette formule signifie qu'*à quelque époque que le donateur usufruitier ait fait périr les effets donnés*, fût-ce même à la veille du jour où son usufruit doit s'éteindre, *il devra au donataire une somme égale à la valeur qu'avaient ces effets au moment de la donation*.

Dans la circonstance, les compilateurs napoléoniens ont évidemment poussé jusqu'à l'excès le culte de l'actualité et de l'irrévocabilité de la donation entre-vifs.

951.— Le donateur pourra stipuler le droit de retour des objets donnés, soit pour le cas du prédécès du donataire et de ses descendants. — Ce droit ne pourra être stipulé qu'au profit du donateur seul.

952. — L'effet du droit de retour sera de résoudre toutes les aliénations des biens donnés, et de faire revenir ces biens au donateur, francs et quittes de toutes charges et hypothèques, sauf néanmoins l'hypothèque de la dot et des conventions matrimoniales, si les autres biens de l'époux donataire ne suffisent pas, et dans le cas seulement où la donation lui aura été faite par le même contrat de mariage duquel résultent ces droits et hypothèques.

DROIT DE RETOUR CONVENTIONNEL.

Le droit de retour conventionnel est la faculté que se réserve le donateur de reprendre les objets donnés, s'il survit, soit au donataire seul, soit au donataire et à ses descendants.

Par antithèse au droit de *retour légal*, qui est une *succession* (V. *supra*, p. 113), le droit de *retour conventionnel* constitue une *condition résolutoire*.

Comme le font remarquer les interprètes, cette condition ne déroge pas d'ailleurs à la règle de *l'actualité et de l'irrévocabilité de la donation entre-vifs*, car elle n'a rien de *potestatif*, elle est purement *casuelle* (2).

Cependant, si elle ne heurte pas le vieux droit, elle blesse profondément le droit nouveau *qui condamne et rejette toutes les résolutions de propriété, sans qu'il y ait à distinguer les résolutions que la volonté*

---

(1) M. Demante, t. IV, n° 92 *bis*, ii.— MM. Zachariæ, Aubry et Rau, p. 67, texte et note 14. — M. Demolombe, t. XX, p. 466.
En sens contraire, Proudhon, *De l'usufruit*, t. V, n°s 2644-2646.
(2) Ricard, 1re part., n° 960. — M. Demolombe, t. XX, p. 468.

*de l'homme établit de celles que la loi sous-entend, car les deux por-
tent une égale atteinte à la liberté de la propriété.*

Le droit de retour ne peut être stipulé *qu'au profit du donateur seul.*

S'il a été stipulé *cumulativement au profit du donateur et de ses
héritiers, ou d'un tiers,* la clause est *valable* en ce qui concerne *le
donateur;* elle est *illicite* en ce qui concerne *les enfants du donateur,
ou le tiers,* et elle doit être réputée *non écrite à l'égard de ces derniers
ou du tiers* (art. 900, V. *supra,* p. 384).

Si le droit de retour a été stipulé *exclusivement au profit des héritiers du donateur, ou d'un tiers,* il constitue, comme nous le verrons
(*infra,* chap. VI), *une substitution fidéicommissaire,* et, à ce titre, il
est *nul* (1).

Lorsque le droit de retour a été stipulé *pour le cas où le donateur
survivrait au donataire seul,* ou, selon le texte, « pour le cas de prédécès du donataire seul », il est clair *qu'il suffit du prédécès du donataire pour y donner ouverture, quoique le donataire laisse des enfants.*

Lorsqu'il a été stipulé *pour le cas où le donateur survivrait au donataire et à ses descendants,* ou, selon le texte, « pour le cas du prédécès
du donataire et de ses descendants », il est non moins clair *qu'il ne
s'ouvre que par le décès, avant le donateur, de tous les descendants du
donataire.*

C'est une pure question d'interprétation de convention, que de savoir
si, dans ce dernier cas, l'existence d'un enfant *naturel* ou d'un enfant
adoptif forme obstacle à l'ouverture du droit de retour.

Enfin lorsque le droit de retour a été stipulé *pour le cas du prédécès
du donataire sans enfants, l'existence d'enfants au décès du donataire
l'éteint immédiatement d'une manière irrévocable.*

De ce que le droit de retour conventionnel constitue une *condition
résolutoire,* il s'ensuit, conformément au fameux brocard « *soluto jure
dantis, solvitur jus accipientis* » (2), que le droit de retour conventionnel a pour effet *de résoudre toutes les aliénations de biens donnés
consenties par le donataire ou ses enfants, et de faire revenir ces biens
au donateur, francs et quittes de toutes charges et hypothèques du chef
du donataire ou de ses enfants ou des tiers acquéreurs* (3).

---

(1) M. Demante, t. III, n° 10 *bis,* IX. — MM. Zachariæ, Aubry et Rau, t. VI,
p. 23 et 24, texte et note 38 et p. 68. — M. Demolombe, t. XVIII, p. 119 et
suiv. et t. XI, p. 469.

(2) V. *supra,* p. 308, note 3, et *infra,* art. 1184, l'appréciation de ce brocard.

(3) Cette formule signifie en langage économique *que les biens donnés avec
une clause de retour sont retirés de la circulation et dérobés au crédit.*

V. d'ailleurs *supra,* p. 126, la comparaison entre les effets du retour légal et
les effets du retour conventionnel.

Par *exception* à la règle qui vient d'être dite, la femme du donataire a le droit de faire valoir son hypothèque légale sur les biens donnés, mais à *deux* conditions ; il faut :

1° *Que la donation ait été faite au mari par le contrat de mariage duquel résultent les droits et hypothèques de la femme ;*

2° *Que les autres biens de l'époux donataire ne suffisent pas pour assurer à la femme la restitution de sa dot, et l'exécution des conventions matrimoniales.*

Cette hypothèque *subsidiaire* est fondée sur une présomption ; l'article 952 suppose que la femme et sa famille ont pu, malgré la clause de retour, compter sur la donation pour la garantie des reprises de la femme ; mais il est loisible au donateur d'exclure cette hypothèque subsidiaire par une déclaration formelle inscrite dans le contrat de mariage (1).

APPENDICE

DROITS ET OBLIGATIONS RÉSULTANT DE LA DONATION ENTRE-VIFS POUR LE DONATAIRE.

Outre le *droit réel*, qui peut selon les circonstances appartenir au donataire, celui-ci est fondé à exiger *personnellement* du donateur ou de ses héritiers l'exécution de la donation.

Cette créance du donataire se résout logiquement en dommages-intérêts, lorsque par leur fait le donateur ou ses héritiers manquent de l'acquitter.

Du reste, le donateur n'est point tenu, en principe, de la garantie envers le donataire.

La question des *obligations* du donataire soulève des difficultés.

D'abord, comme nous le verrons (*infra*, art. 955), le donataire doit dans tous les cas des *aliments* au donateur ; mais, *à supposer que la donation porte sur l'ensemble ou sur une quote-part des biens présents du donateur, le donataire est-il de plein droit obligé, dans la proportion de la quotité des biens donnés, au payement des dettes que le donateur avait au jour de la donation ?*

La question est controversée.

---

(1) Comparer M. Demante, t. IV, n° 94 *bis*, I. — MM. Zachariæ, Aubry et Rau, t. VI, p. 72 et 73, texte et notes 18-20. — M. Demolombe, t. XX, p. 492 et suiv.

L'école aime à opposer les uns aux autres les art. 952, 963, 1054 ; quoique nous ne voyions dans cette comparaison qu'un intérêt de rencontre, nous la signalons aux élèves.

DEUX SYSTÈMES.

1er SYSTÈME (1). — *Aff.*

1er *Arg.* — L'ancienne jurisprudence française admettait cette solution et plusieurs coutumes l'avaient formellement consacrée (2).

2e *Arg.* — Dans son rapport au Tribunat, Jaubert a déclaré expressément :

1° *Que le donataire de tous les biens est tenu de droit de toutes les dettes et charges qui existent à l'époque de la donation;*

2° *Que le donataire d'une quotité de biens doit supporter les dettes et charges en proportion de son émolument* (3).

3e *Arg.* — Une donation faite dans les conditions supposées et qui n'entraînerait pas de plein droit pour le donataire l'obligation de payer les dettes du donateur dans une proportion corrélative au *quantum* de la donation serait contraire à la justice et constituerait l'acte d'un *fripon ou d'un fou.*

2° SYSTÈME (4). — *Nég.*

L'*argument* de ce système consiste surtout à dire que le successeur à titre particulier n'est pas tenu de plein droit des dettes de son auteur ;

Or, le donataire de biens présents ne peut jamais être qu'un successeur à titre particulier ;

Donc, il ne peut jamais être tenu de plein droit des dettes du donateur.

Comme le dit M. Demolombe, ce syllogisme est péremptoire (5).

Du reste, il est rationnel d'admettre que, dans de pareilles donations, le donateur qui n'a point encore fait la délivrance des biens donnés a entendu se réserver la faculté de faire, au moment de la délivrance, la déduction des dettes sur les biens (V. en outre, *infra*, art. 1167).

SECTION II.

DES EXCEPTIONS A LA RÈGLE DE L'IRRÉVOCABILITÉ DES DONATIONS ENTRE-VIFS.

Ces exceptions sont au nombre de *trois :*

1° *L'inexécution des conditions, ou, en termes plus exacts, des charges de la donation;*

---

(1) Pothier, *Des donations entre-vifs*, sect. III, art. 1, § 2. — Grenier, t. I, nos 86 et suiv. — Merlin, *Rép.*, n° 8. v° Tiers détenteur. — M. Taulier, t. IV, p. 83-85.

(2) V. Coutumes de Normandie, art. 421; de Bourbonnais, art. 209; de Bretagne, art. 219.

(3) Locré, *Législ. civ.*, t. XI, p. 333.

(4) M. Demante, t. V, n° 87 *bis*, III. — MM. Zachariæ, Aubry et Rau, t. VI, p. 96 et suiv., texte et notes 2-5. — M. Demolombe, t. XX, p. 432.

(5) M. Demolombe, t. XX, p. 432.

2° *L'ingratitude du donataire ;*

3° *La survenance d'un enfant au donateur, si celui-ci n'en avait pas à l'époque de la donation.*

Certains auteurs font remarquer, avec raison, que ces trois causes de révocation sont *indépendantes de la volonté du donateur*, et que ce n'est que par abus de mots qu'elles peuvent être qualifiées d'*exceptions à la règle* « donner et retenir ne vaut » (1).

Nous avons déjà dit qu'à l'instar du Code de la Convention, il y aurait lieu de supprimer les *deux* dernières ; quant à *l'inexécution des charges*, il suffirait qu'elle fût sanctionnée par une peine de dommages-intérêts.

953. — La donation entre-vifs ne pourra être révoquée que pour cause d'inexécution des conditions sous lesquelles elle aura été faite, pour cause d'ingratitude, et pour cause de survenance d'enfants.

En droit romain et dans l'ancien droit français, on ne distinguait que *deux* causes de révocation de la donation entre-vifs :

1° *Du côté du donataire, l'ingratitude ;*

2° *Du côté du donateur, la survenance d'enfants* (2).

Le droit romain et l'ancien droit français avaient rangé *l'inexécution des conditions parmi les faits d'ingratitude ;* cependant, en droit romain, on appliquait à la donation *sub modo*, outre l'action en révocation pour cause d'ingratitude (*condictio ex lege*), les deux actions des contrats innommés (action *præscriptis verbis* et *condictio causâ datâ, causâ non secutâ*) (3), et, dans l'ancien droit français, Bourjon présentait l'inexécution des conditions comme une cause particulière de révocation (4).

Remarquons que les expressions « inexécution des conditions » sont défectueuses, et qu'elles doivent être remplacées par celles d'*inexécution des charges*.

La *condition*, en effet, *peut* avoir le caractère *suspensif* ou *résolutoire ;*

La *charge* ne suspend jamais ni l'existence, ni même *l'exécution de la donation ;* elle a *seulement* le caractère *résolutoire* pour le cas où elle n'est pas acquittée.

---

(1) Comparer, entre autres, M. Demolombe, t. XX, p. 520.

(2) L. 8 et 10 C., *De revoc. don.*, Ricard, 3ᵉ part., nᵒˢ 694, 699. — Furgole, *Des testam.*, ch. II, sect. II, nᵒˢ 26, 48. — Pothier, *Des donat. entre-vifs*, sect. III, art. 3, § 3.

Cependant tout porte à croire qu'en droit romain la révocation pour cause de survenance d'enfants ne s'appliquait qu'aux donations faites par le patron à son affranchi.

(3) Molitor, t. III, p. 134. — Maynz, t. II, p. 350.

(4) Bourjon, *Droit commun de la France*, 5ᵉ part., *Des donations*, chap. II.

La *condition* peut être *casuelle*, c'est-à-dire échapper entièrement au pouvoir de celui à qui elle est imposée ;

La charge doit toujours être « *conférée à la puissance de celui qui est tenu de l'acquitter* » (1).

954. — Dans le cas de la révocation pour cause d'inexécution des conditions, les biens rentreront dans les mains du donateur, libres de toutes charges et hypothèques du chef du donataire ; et le donateur aura, contre les tiers détenteurs des immeubles donnés, tous les droits qu'il aurait contre le donataire lui-même.

Cet article concerne la *première* cause de révocation de la donation entre-vifs, c'est-à-dire *l'inexécution des charges imposées par le donateur au donataire.*

Il se borne à consacrer en termes exprès l'application à ce cas du brocard : « *soluto jure dantis, solvitur jus accipientis* » (2).

On enseigne que si la donation est résolue pour cause d'inexécution des charges, le donataire doit indemniser le donateur des *détériorations* qu'il a commises sur les biens donnés, tandis que le donateur doit de son côté, suivant le droit commun, tenir compte au donataire des *impenses nécessaires ou utiles* que celui-ci a faites (3).

A *l'égard de la restitution des fruits,* les textes sont muets en ce qui concerne la révocation pour cause d'inexécution des charges ; aussi y a-t-il lieu de décider, conformément à la règle, que le donataire n'est, dans ce cas, tenu de les rendre, qu'à compter du jour de la *demande* en révocation (4).

Le donataire peut-il, par l'abandon des biens donnés, se soustraire à l'exécution des charges de la donation ?

---

(1) Furgole, *Des testam.*, chap. VII, sect. III, n° 4.

La charge, appelée aussi *mode* par les auteurs, peut être définie : *Une obligation non équivalente à la donation et imposée par le donateur au donataire, sans que l'existence ou l'exécution même de la donation soit rendue dépendante de l'accomplissement de cette obligation, quoique en cas de non-accomplissement la donation puisse être révoquée.*

La charge peut consister :

1° *Dans une prestation à faire au donateur ;*

2° *Dans une prestation à faire à un tiers ;*

3° *Dans un acte qui ne constitue aucun droit et qui ne présente aucun intérêt particulier, pour une personne déterminée ; par exemple, l'érection d'un monument, la fondation d'une institution publique.*

(2) V. *supra*, p. 308, note 3, et *infra*, art. 1184.

(3) Ricard, 3ᵉ part., n° 738. — M. Demolombe, t. XX, p. 573.

(4) Dumoulin, sur la Coutume de Paris, § 43, gl. I, n° 44. — Furgole, *Des testam.*, chap. XI, sect. XXXIII, n° 48. — M. Coin-Delisle, art. 953, n° 22. — M. Demolombe, t. XV, p. 574.

En sens contraire, M. Valette qui astreint le donataire à rendre les fruits perçus même avant la demande.

Cette question a beaucoup embarrassé les légistes de l'ancien droit.

Le point difficultueux consiste en ce que dans les contrats synallagmatiques, « la partie envers laquelle l'engagement n'a point été exécuté a le choix ou de forcer l'autre à l'exécution de la convention, lorsqu'elle est possible, ou d'en demander la résolution avec dommages-intérêts » (art. 1184).

TROIS SYSTÈMES.

1er SYSTÈME (1). — *Le donataire peut toujours, par l'abandon des biens donnés, se soustraire à l'exécution des charges de la donation.*

1er *Arg.* — La donation étant un acte de libéralité, il serait contraire à sa nature qu'elle devînt jamais onéreuse pour le donataire.

« *Donatarius non debet remanere damnificatus* », disait un ancien auteur (2).

2e *Arg.* — Au surplus, le donateur n'a pas l'intention d'obliger le donataire envers lui, et le donataire n'a pas non plus l'intention de s'obliger envers le donateur.

C'est en ce sens que l'art. 894 qualifie la donation d'*acte* et non de *contrat.*

3e *Arg.* — A la différence de l'art. 1184, l'art. 953 ne mentionne pas au profit du donateur le droit de demander l'*exécution*; il ne mentionne que le droit de demander la *révocation.*

2e SYSTÈME (3). — *Le donataire ne peut jamais, par l'abandon des biens donnés, se soustraire à l'exécution des charges de la donation.*

1er *Arg.* — En tant que la donation comporte des charges, elle revêt plus ou moins le caractère d'un contrat synallagmatique;

Or, les conventions légalement formées tiennent lieu de loi à ceux qui les ont faites, et elles ne peuvent être révoquées que de leur consentement mutuel ou pour les causes que la loi autorise.

2e *Arg.* — Il est inexact de prétendre *à priori* que l'intention commune du donateur et du donataire ne s'applique pas aux charges.

C'est là une assertion qui se trouvera souvent en contradiction manifeste avec les faits.

3e *Arg.* — De ce que l'art. 953 ne mentionne pas au profit du donateur le droit de demander l'exécution, il n'y a absolument rien à conclure.

---

(1) Ricard, *Des dispositions conditionnelles,* chap. IV, sect. I, n°s 101 et 113. — Furgole, sur l'ordonnance de 1731, question 8. — Pothier, *De la communauté,* n° 439. — Casaregis, *Disc.* 82, n° 44. — M. Demante, t. IV, n° 96 *bis,* I.

(2) Casaregis, *Disc.* 82, n° 44.

(3) MM. Zachariæ, Aubry et Rau, t. VI, p. 100 et 101, textes et notes 10-11. — Ferry, *Revue étrangère et française,* 1843, t. X, p. 769 et suiv.

Le législateur n'a entendu s'occuper, dans la section II, que des *exceptions à la règle de l'irrévocabilité des donations entre-vifs.*

4e *Arg.* — Plusieurs articles appuient cette solution.

Tels sont :

1° Les art. 463 et 935 qui soumettent l'acceptation de la donation faite au mineur à la nécessité de la double autorisation du tuteur et du conseil de famille (1);

2° L'art. 1052, qui déclare que le donataire ne peut, par l'abandon des biens donnés, se soustraire à l'exécution d'une certaine charge (V. *infra*, art. 1052);

3° L'art. 1086, qui attribue, à titre exceptionnel, au donataire par contrat de mariage, la faculté d'abandonner les biens donnés pour se soustraire à l'exécution des charges (V. *infra*, art. 1086).

5e *Arg.* — Enfin, le légataire qui accepte un legs grevé de certaines charges est tenu de les exécuter.

Donc, au moins *à simili*, le donataire entre-vifs qui accepte une donation est tenu d'exécuter les charges que comporte cette donation.

3e SYSTÈME (2). — *Le donataire peut, par l'abandon des biens donnés, se soustraire à l'exécution des charges inhérentes à la donation;*

Il ne peut se soustraire à l'exécution des charges expressément imposées par le donateur au donataire.

Ce système allègue à titre d'*argument spécial* qu'entre *les charges inhérentes à la donation*, telles par exemple que l'obligation pour le donataire de fournir des aliments au donateur, et *les charges, proprement dites*, il y a une différence capitale :

Les charges inhérentes à la donation sont des conséquences purement accessoires de la donation.

Donc, le donataire en doit être exonéré par l'abdication de son titre.

Les charges, proprement dites, constituent des obligations principales et directes du donataire.

Donc, celui-ci ne peut s'en affranchir à sa volonté.

Posée en termes abstraits, cette question nous paraît devoir être tranchée dans le sens du *premier* système;

Posée d'après l'espèce, elle donnera fréquemment lieu à l'application du *troisième* système, car il apparaîtra fréquemment que l'intention des parties a été conforme à la solution présentée par ce système.

955. — La donation entre-vifs ne pourra être révoquée pour cause d'ingratitude que dans les cas suivants : 1° Si le donataire a attenté à la vie du donateur; — 2° S'il s'est rendu coupable envers lui de sévices, délits ou injures graves; — 3° S'il lui refuse des aliments.

---

(1) V. *Manuel de droit civil*, t. I, p. 456, et *supra*, p. 456.
(2) MM. Massé et Vergé, *Sur Zachariæ*, t. III, p. 214 et 225. — M. Demolombe, t. XX, p. 538.

Cet article se rapporte à la *seconde* cause de révocation de la donation entre-vifs, en d'autres termes, *à l'ingratitude du donataire envers le donateur*.

Cette cause de révocation repose sur une *idée de pénalité* qui en domine toute la théorie, et qui la rapproche de *l'exclusion de la succession pour cause d'indignité*.

Cependant, comme nous allons le voir, la législation napoléonienne a déployé une réserve beaucoup plus grande contre l'ingratitude du donataire que contre l'ingratitude de l'héritier; aussi, quoiqu'il soit impossible de donner une raison satisfaisante de ce désaccord entre les deux sanctions, doit-on se garder de compléter l'art. 955 par l'art. 727.

La révocation pour cause d'ingratitude peut être prononcée :

1° *Si le donataire a attenté à la vie du donateur;*

2° *S'il s'est rendu coupable envers lui de sévices, délits ou injures graves;*

3° *S'il lui refuse des aliments.*

Cette énumération est, bien entendu, *limitative*, puisqu'elle s'applique à une matière *pénale;* mais les termes dans lesquels elle est conçue n'en confèrent pas moins aux tribunaux une grande latitude d'appréciation.

On fait remarquer :

Sur le *premier* cas,

Que le donataire qui a attenté à la vie du donateur peut être réputé ingrat, quoiqu'il n'ait point été *condamné* pour les faits dont il s'est rendu coupable, et lors même que ces faits ne constituent pas une *tentative*, d'après la loi criminelle ;

Sur le *second* cas,

Qu'il comprend les différents actes qui s'attaquent à la *sûreté, à la propriété et à l'honneur de la personne;*

Sur le *troisième* cas,

Qu'en général, le refus d'aliments de la part du donataire n'est point une cause de révocation, *lorsque le donateur a des parents ou alliés auxquels il est en droit de réclamer des aliments, et qui sont en état de lui en fournir* (1).

956. — La révocation pour cause d'inexécution des conditions ou pour cause d'ingratitude, n'aura jamais lieu de plein droit.

Dans la pensée des compilateurs napoléoniens, cet article qui règle le *mode* de la révocation *pour cause d'inexécution des charges* ou *pour cause d'ingratitude*, a eu pour but de faire *antithèse* avec le mode de la révocation *pour cause de survenance d'enfants* (V. *infra*, art. 960).

_____

(1) Comparer M. Demante, t. IV, n° 98 *bis*, III. — MM. Zachariæ, Aubry et Rau, t. VI, p. 104-106; texte et notes. — M. Demolombe, t. XX, p. 586.

Conformément à la règle générale posée par l'art. 1184 en matière de condition résolutoire tacite, l'art. 956 porte que « la révocation pour cause d'inexécution des conditions ou pour cause d'ingratitude n'aura jamais lieu *de plein droit* ».

Ces dernières expressions signifient :

1° *Que, dans ces deux cas, la révocation n'a lieu qu'en vertu de la décision des tribunaux ;*

2° *Qu'elle n'a lieu que tout autant que le donateur ou ses ayants cause la demandent.*

De la *première* proposition, il résulte :

Que la révocation pour cause d'inexécution des charges ou pour cause d'ingratitude ne prend date qu'à partir du jugement qui la prononce ;

Que notamment, dans le cas d'inexécution des charges, le tribunal a en principe le droit d'accorder au donataire un délai de grâce (art. 1184, V. *infra*).

De la *seconde* proposition, il résulte :

Que le donateur ou ses ayants cause peuvent renoncer à demander la révocation pour cause d'inexécution des charges ou pour cause d'ingratitude ;

Que les tiers intéressés ne sont pas recevables à invoquer ces deux causes de révocation.

A l'égard de l'action en révocation pour cause d'inexécution des charges, il faut remarquer :

1° *Que cette action appartient, en général, au donateur, à ses héritiers ou autres successeurs universels et à ses créanciers, en vertu de l'art.* 1166 ;

2° *Qu'elle peut être, en général, exercée contre le donataire et contre ses héritiers ou autres successeurs universels ;*

3° *Qu'elle est soumise aux règles du droit commun sur la prescription* (art. 2262, 2265 et 2279) (1).

A l'égard de l'action en révocation pour cause d'ingratitude, ces *trois* derniers points sont réglés par l'article suivant.

957. — La demande en révocation pour cause d'ingratitude devra être formée dans l'année, à compter du jour du délit imputé par le donateur au donataire, ou du jour que le délit aura pu être connu par le donateur. — Cette révocation ne pourra être demandée par le donateur contre les héritiers du donataire, ni par les héritiers du donateur contre le donataire, à moins que, dans ce dernier cas, l'action n'ait été intentée par le donateur, ou qu'il ne soit décédé dans l'année du délit.

---

(1) Comparer M. Demante, t. IV, n° 96 *bis*, III. — MM. Zachariæ, Aubry et Rau, t. VI, p. 102 et suiv. — M. Demolombe, t. XX, p. 558.

D'après le *premier* alinéa de cet article, *l'action en révocation pour cause d'ingratitude se prescrit par le legs d'une année,* « *à compter du jour du délit imputé par le donateur au donataire ou du jour que le délit aura pu être connu par le donateur* ».

La seconde partie de cette formule est certainement défectueuse ; pour que la présomption de pardon résultant de l'expiration d'une année, à dater du jour du délit, ait une raison d'être, il ne suffit pas que le délit *ait pu être connu par le donataire,* il faut qu'il *ait été effectivement connu par lui*.

Ce délai d'une année constitue-t-il une prescription véritable à laquelle il faille appliquer les causes de suspension qui sont applicables à la prescription, d'après le droit commun, ou au contraire une déchéance qui, à ce point de vue, serait sui generis ?

Les auteurs discutent (1) ; l'art. 1352 appuie la *seconde* partie de l'alternative, car il s'agit, dans le cas présent, d'une de ces présomptions « sur le fondement desquelles la loi dénie en action en justice », et qui, par conséquent, excluent *toute preuve contraire*.

D'après le *second* alinéa de l'art. 957, l'action en révocation pour cause d'ingratitude ne peut être intentée :
1° *Contre les héritiers du donataire ;*
2° *Par les héritiers du donateur,* « à moins, porte l'art. 957, *que, dans ce dernier cas, l'action n'ait été intentée par le donateur, ou qu'il ne soit décédé dans l'année du délit* ».
Examinons successivement ces *deux* points :

En ce qui concerne la première disposition, il n'y a qu'un mot à dire ; l'action en révocation pour cause d'ingratitude est *pénale ;* donc, elle doit logiquement s'éteindre par la mort du coupable.
Si la demande a été formée contre le donataire, et que celui-ci vienne à mourir durant l'instance, le procès peut-il être continué contre ses héritiers ?
On débat la question.

DEUX SYSTÈMES.

1ᵉʳ SYSTÈME (2). — *Aff.*
1ᵉʳ *Arg.* — Cette décision a toujours été admise, suivant le principe romain : « *actiones, quæ tempore vel morte pereunt, semel inclusæ judicio, salvæ permanent* ».

_____

(1) Dans le *premier* sens, M. Troplong, t. III, n° 1342.
Dans le *second* sens, MM. Zachariæ, Aubry et Rau, t. VI, p. 111 et 112 texte et notes 22-23. — M. Demolombe, t. XX, p. 619 et suiv.
(2) MM. Zachariæ, Aubry et Rau, t. II, p. 110, texte et note 20.

2ᵉ *Arg.* — L'art. 957 dit bien que l'action ne pourra pas être *commencée* contre les héritiers du donateur, mais il ne dit pas qu'elle ne pourra pas être *continuée* contre eux.

3ᵉ *Arg.* — Si la négative était admise, le donateur perdrait le bénéfice de son action par suite d'un fait qui lui serait étranger.

2ᵉ SYSTÈME (1). — *Nég.*

1ᵉʳ *Arg.* — Le droit actuel n'a rien à démêler avec le brocard : *actiones, quæ tempore vel morte pereunt, semel inclusæ judicio, salvæ permanent* (2).

2ᵉ *Arg.* — Aux termes de l'art. 957, la révocation ne peut être demandée,

Ni par le donateur contre les héritiers du donataire;

Ni par les héritiers du donateur contre le donataire.

Or, en indiquant une dérogation pour le *second* cas, l'article exclut par là même toute idée semblable pour le *premier*.

3ᵉ *Arg.* — L'action en révocation pour cause d'ingratitude a pour but de punir le donataire, et non de procurer un bénéfice au donateur ;

Or, toute peine est personnelle.

Même légalement, cette solution ne comporte pas le plus léger doute.

En ce qui concerne la seconde disposition, elle signifie justement le *contraire* de ce qu'elle paraît exprimer; après avoir, en effet, déclaré que l'action n'appartient pas aux héritiers du donateur, elle la leur accorde :

1° *Lorsqu'elle a été intentée par le donateur;*

2° *Lorsque le donateur est décédé dans l'année du délit.*

Or, à supposer que le donateur fût vivant, il ne pourrait avoir lui-même l'action que dans ces deux cas;

Donc, ses héritiers l'obtiennent par transmission avec la même étendue qu'il l'avait lui-même;

Donc, les deux exceptions qui la leur attribuent annulent la règle qui la leur refuse (3).

Malgré la mauvaise rédaction du texte, il paraît d'ailleurs évident :

1° *Qu'en ce qui concerne les héritiers du donateur, comme en ce qui*

---

(1) M. Demante, t. IV, n° 100 *bis*, IV et V. — M. Valette, à son cours. — M. Demolombe, t. XX, p. 631.

(2) V. *Manuel de droit*, t. I.

(3) M. Demolombe avoue que la rédaction de l'art. 957 eût pu être plus satisfaisante (t. XX, p. 640); nous demandons pour notre part comment elle eût pu l'être moins.

Dans la présente hypothèse, la distraction des compilateurs napoléoniens a été d'autant plus étrange qu'ils commettaient une innovation ; le droit romain et l'ancien droit français refusaient absolument aux héritiers du donateur le droit d'intenter l'action en révocation pour cause d'ingratitude.

concerne le donateur lui-même, le délai d'une année qui éteint l'action en révocation pour cause d'ingratitude, ne court qu'à compter du jour où ce dernier a connu le délit ;

2° Que le délai soit d'une année, lorsque le donateur est mort sans avoir connu le délit, soit du reste de l'année, lorsqu'il est mort après l'avoir connu, ne court contre les héritiers du donateur qu'à compter du jour où ils ont eux-mêmes connu le délit (1).

Les auteurs se demandent si l'on ne doit comprendre ici sous la qualification d'*héritiers* que *les héritiers qui ont la saisine légale.*

Cette question n'en est pas une : les compilateurs napoléoniens ayant rendu *transmissible* l'action en révocation pour cause d'ingratitude, il en résulte logiquement, *que tous ceux qui recueillent l'universalité des biens du défunt recueillent par là même cette action* (2).

958. — La révocation pour cause d'ingratitude ne préjudiciera ni aux aliénations faites par le donataire, ni aux hypothèques et autres charges réelles qu'il aura pu imposer sur l'objet de la donation, pourvu que le tout soit antérieur à l'inscription qui aurait été faite de l'extrait de la demande en révocation en marge de la transcription prescrite par l'article 939. — Dans le cas de révocation, le donataire sera condamné à restituer la valeur des objets aliénés, eu égard au temps de la demande, et les fruits, à compter du jour de cette demande.

_____

(1) Certains auteurs soutiennent au contraire :

1° *Qu'en ce qui concerne les héritiers du donateur, et à la différence de ce qui a lieu pour le donateur lui-même, le délai d'une année court à compter du jour du délit, même inconnu du donateur.*

2° *Que le délai, soit d'une année lorsque le donateur est mort sans avoir connu le délit, soit du reste de l'année lorsqu'il est mort après l'avoir connu, court, contre les héritiers du donateur, à compter du jour du décès du donateur, quoique ces héritiers n'aient pas eux-mêmes connu le délit.*

Comparer M. Demante, t. IV, n° 100 *bis*, vi. — MM. Zachariæ, Aubry et Rau, t. VI, p. 110, texte et note 21. — M. Coin-Delisle, art. 957, n° 13. — M. Duvergier, *Sur Toullier*, t. III, n° 336, note *a*. — M. Demolombe, t. XX, 638 et 641.

(2) M. Demante, t. IV, n° 100 *bis*, viii. — M. Demolombe, t. XX, p. 644.

MM. Zachariæ, Aubry et Rau se prononcent en sens contraire ; ils arguent de ce que l'action en révocation pour cause d'ingratitude figure au nombre de celles que la *haute* philosophie du droit romain qualifiait d'actions *vindictam spirantes.* Or, une action qui respire la vengeance est, comme le font remarquer les honorables auteurs, éminemment personnelle ; si donc, ajoutent-ils, les rédacteurs du Code Napoléon ont cru devoir autoriser les héritiers du donateur à demander la révocation pour cause d'ingratitude, c'est qu'ils ont considéré les héritiers du donateur *comme représentant sa personne.*

Représenter pour la vengeance, la fiction est un peu forte, et nous pensons qu'elle dépasse le degré moyen de la susceptibilité de certains ordres d'héritiers pour les injures faites à leur auteur.

L'explication probable est beaucoup plus simple ; les compilateurs napoléoniens ont changé dans la personne des héritiers du donateur la nature de l'action en révocation pour cause d'ingratitude ; ils en ont fait une action pécuniaire.

Ce vicieux article a pour but de régler :

1° *Les effets de la révocation pour cause d'ingratitude à l'égard des tiers;*

2° *Les effets de la même révocation à l'égard du donataire.*

Au point de vue des effets de la révocation pour cause d'ingratitude à l'égard des tiers, il faut distinguer si les droits constitués par le donataire sur les biens donnés sont *antérieurs* ou *postérieurs à la demande en révocation.*

Sont-ils antérieurs à la demande en révocation, ils subsistent nonobstant le succès de cette demande ;

Sont-ils postérieurs à la demande en révocation, il faut, malgré l'étrange lacune que présente le texte, commencer par établir une sous-distinction.

En ce qui concerne les meubles corporels, les droits constitués sur ces meubles depuis le jour de la demande en révocation *sont résolus* par l'effet du succès de cette demande, sauf bien entendu le droit qu'ont les tiers de se protéger *au moyen de la prescription instantanée,* lorsqu'ils se trouvent dans les conditions nécessaires pour pouvoir l'invoquer (art. 2279).

C'était là, en effet, la doctrine de l'ancien droit ; le Code napoléonien est muet sur la question ; or, la loi du 30 ventôse qui a réuni les trente-six lois dont il est composé n'abroge l'ancien droit que dans les matières que le Code napoléonien a lui-même réglées (1).

En ce qui concerne les meubles incorporels, c'est-à-dire les créances, la cession de cette sorte de meubles *est résolue* par l'effet du succès de la demande en révocation, lorsque d'ailleurs la signification ou l'acceptation de la cession est *postérieure* à la demande, et sauf le cas où le cessionnaire *ignorait l'existence de la demande,* au moment où a eu lieu la signification ou l'acceptation (art. 1690) (2).

Cette dernière restriction revient à dire, qu'afin de pouvoir opposer au cessionnaire l'effet de la demande en révocation, le donateur doit avoir fait notifier cette demande à son ancien débiteur, avant que le cessionnaire ait lui-même signifié à ce débiteur ou ait fait accepter par lui la cession opérée à son profit (3).

---

(1) V. *Manuel de droit civil,* t. I, intr. p. XXVI.
Demante, t. IV, n° 104 *bis,* IV. — M. Valette, à son cours. — MM. Zachariæ, Aubry et Rau, t. VI, p. 112 texte et note 27. — M. Demolombe, t. XX, p. 649 et 655.
(2) V. *Manuel de droit civil,* t. III, art. 1690.
(3) M. Demante, t. IV, n° 104 *bis,* v. — M. Valette, à son cours. — M. Demolombe, t. XX, p. 655. — MM. Zachariæ, Aubry et Rau, t. VI, p. 112, texte et note 27, *in fine,* repoussent implicitement ce correctif.

En ce qui concerne les immeubles, il s'agit ou de donations « de biens susceptibles d'hypothèques » ou de donations de tous autres immeubles (art. 939, V. *supra,* p. 463).

S'il s'agit de donations « de biens susceptibles d'hypothèques », et *que, conformément à l'art.* 939, *ces donations aient été transcrites,* l'effet *rétroactif* de la révocation *remonte,* non pas *jusqu'au jour de la* demande, mais *seulement jusqu'au jour où, sur les diligences du donateur, un extrait de cette demande a été inscrit en marge de la transcription.*

À l'égard des donations d'immeubles de la même sorte, mais dont la transcription n'aurait pas été effectuée, le donateur devrait, pour assurer l'effet rétroactif de la révocation, requérir lui-même l'accomplissement de cette formalité, et faire inscrire ensuite sa demande en marge de la transcription.

S'il s'agit de donations d'immeubles « non susceptibles d'hypothèques », on eût dû décider, sous le pur empire de la compilation napoléonienne, que l'effet *rétroactif* de la révocation *remontait au jour de la donation;* il semble bien que, pour ces donations comme pour les précédentes, on doive décider, sous l'empire de la compilation napoléonienne amendée par la loi du 23 mars 1855 (V. *supra,* p. 465), que dorénavant l'effet *rétroactif* de la révocation ne *remonterait* plus qu'*au jour de l'inscription par extrait de la demande en révocation en marge de la transcription de la donation* (1).

Au point de vue des effets de la révocation pour cause d'ingratitude à l'égard du donataire, le second alinéa de l'art. 858 décide :

1° Que « *le donataire sera condamné à restituer la valeur des objets aliénés, eu égard au temps de la demande* »;

2° « *Qu'il sera condamné à restituer les fruits, à compter du jour de cette demande* ».

La *première* disposition doit être entendue, en ce sens que le donataire est obligé :

D'abord de restituer tous les biens donnés qu'il possède encore;

Ensuite d'indemniser le donateur, d'après la base d'évaluation établie par l'article, des aliénations, des hypothèques ou autres charges qu'il a consenties (comparer, *supra,* p. 310, art. 860) (2).

La *seconde* disposition applique le droit commun (art. 549).

_____

(1) Il n'est pas, en vérité, concevable que l'on rencontre dans un législateur un pareil manque d'aptitude à embrasser l'ensemble d'une matière et à suivre une idée jusqu'au bout !

V. Locré, *Législ. civ.,* t. XI, p. 225 et 318.

(2) M. Demante, t. IV, n° 104 *bis,* v. — MM. Zachariæ, Aubry et Rau, t. VI, p. 113. — M. Demolombe, t. XX, p. 637.

959. — Les donations en faveur de mariage ne seront pas révocables pour cause d'ingratitude.

Cet article est fondé sur ce que les donations faites en faveur de mariage ont pour but *l'avantage des deux époux et des enfants issus du mariage;* or, l'action en révocation pour cause d'ingratitude a un caractère *pénal;* donc, elle ne doit atteindre que le *coupable;* donc aussi, ajoutent les auteurs, il serait injuste que parce que l'époux donataire est en faute, la loi punit l'autre époux et les enfants issus du mariage (1).

Ne doit-on appliquer cette exception qu'aux donations faites par des tiers aux futurs époux ou à l'un d'eux? Doit-on, au contraire, l'étendre aux donations entre époux?

D'après une terminologie usuelle, on désigne ici spécialement sous le nom de donations *entre époux*, les donations faites *entre futurs époux.*

Cette question est fort controversée.

DEUX SYSTÈMES.

1er SYSTÈME (2). — *Les donations entre époux ne sont pas révocables pour cause d'ingratitude.*

1er *Arg.* — La formule : « *les donations faites en faveur de mariage* » (art. 959) est aussi générale que possible.

2e *Arg.* — Les art. 960 et 1088 qualifient précisément les donations entre époux de *donations en faveur du mariage.*

3e *Arg.* — Les faits sont d'ailleurs en rapport avec la qualification ; est-ce qu'à notre très-morale époque, la plupart des mariages ne se contractent pas sur la foi des donations que l'un des futurs fait à l'autre ou qu'ils se font réciproquement ?

4e *Arg.* — Il pourrait y avoir de graves inconvénients à permettre aux héritiers de l'époux donateur de demander la révocation contre l'époux survivant.

2e SYSTÈME (3). — *Les donations entre époux sont révocables pour cause d'ingratitude.*

1er *Arg.* — La raison sur laquelle repose l'exception consacrée par l'art. 959 pour le cas des donations faites par des tiers aux futurs époux ou à l'un d'eux n'est pas applicable au cas des donations entre époux.

2e *Arg.* — Les erreurs de terminologie se rencontrent à peu près dans chaque article de la compilation napoléonienne, et l'art. 960

---

(1) M. Demolombe, t. XX, p. 620.
(2) Merlin, *Rép.*, t. XVI, v° *Sép. de corps*, § 4, n° 5 et *Quest. de droit*, t. VII, v° *Sép. de corps*. — M. Demante, *Programme*, t. I, n° 285. — M. Coin-Delisle, sur l'art. 959, n° 4 et suiv.
(3) M. Valette, à son cours. — MM. Aubry et Rau, *Sur Zachariæ*, t. VI, p. 107, texte et note 10. — M. Demolombe, t. IV, p. 641 et t. XX, p. 610.

en particulier en fournit de très-probants exemples (**V.** *infra* (1).

3ᵉ *Arg.* — Lorsqu'après le jugement de séparation de corps, l'époux demandeur se rend à son tour coupable d'ingratitude envers l'époux défendeur, il est logique, sous la législation actuelle, que l'époux défendeur puisse enlever à l'époux demandeur la donation qu'il lui a faite.

Nous admettons le *second* système.

Selon la remarque déjà faite (2), cette solution présente un intérêt :

1° *Lorsque les héritiers du donateur se trouvent dans les termes des art. 955 et 957* ;

2° *Lorsqu'après le jugement de séparation, l'époux demandeur se rend à son tour coupable d'ingratitude envers l'époux défendeur* (3).

960. — Toutes donations entre-vifs faites par personnes qui n'avaient point d'enfants ou de descendants actuellement vivants dans le temps de la donation, de quelque valeur que ces donations puissent être, et à quelque titre qu'elles aient été faites, et encore qu'elles fussent mutuelles ou rémunératoires, même celles qui auraient été faites en faveur du mariage par autres que par les ascendants aux conjoints, ou par les conjoints l'un à l'autre, demeureront révoquées de plein droit par la survenance d'un enfant légitime du donateur, même d'un posthume, ou par la légitimation d'un enfant naturel par mariage subséquent, s'il est né depuis la donation.

Ce texte renferme la *troisième* cause de révocation de la donation entre-vifs, c'est-à-dire *la survenance d'un enfant au donateur, si celui-ci n'en avait pas à l'époque de la donation.*

Les légistes de l'ancienne France avaient cru trouver cette cause de révocation dans le droit romain (l. 8 C., Liv. VIII, tit. LVI); c'en fut assez pour qu'ils l'adoptassent.

Cependant, les rares interprètes du droit romain qui conservaient quelque liberté d'esprit, Doneau, Voet, Vinnius, résistèrent à la doctrine générale ; ils remontrèrent que le moindre tort des autres était de ne pas entendre le texte qu'ils invoquaient, que la loi 8 au Code n'avait d'application que dans les rapports du patron avec l'affranchi, et que, texte à part, il n'y avait en définitive *rien de plus absurde*, comme le disait en termes propres le Hollandais Vinnius (4), que de suspendre indéfiniment une pareille cause de résolution sur la tête du donataire et des tiers.

Non-seulement l'ordonnance de 1731 consacra cette *absurdité*, mais

_____

(1) M. Demolombe, t. IV, p. 646.
(2) *Manuel de droit civil*, t. I, p. 284.
(3) Rapprocher la controverse relative au point de savoir *si la séparation de corps révoque de plein droit tous les avantages que le demandeur avait fait au défendeur, soit par contrat de mariage, soit pendant le mariage.* (V. *Manuel de droit civil*, t. I, p. 282.)
(4) « *Quo nihil absurdius dici potest.* » Vinnius, *Select. juris quæst.* Lib II cap. XXII.

elle lui attribua une énergie tout exceptionnelle (art. 39-45, de l'ordonnance de 1731) (1).

Lors de la rédaction de l'œuvre législative, issue du 18 brumaire, Tronchet appuya l'abolition de la révocation pour cause de survenance d'enfants, mais il rencontra comme adversaires Portalis, l'auteur de l'*Abus de l'esprit philosophique*, et Cambacérès, l'ex-rapporteur du Code de la Convention. Grâce à l'éloquence de l'un faisant écho à la conviction de l'autre, la révocation pour cause de survenance d'enfants sortit victorieuse de l'épreuve ; le conseil d'État ratifia la *doctrine* des anciens légistes (2).

Sous l'empire de la compilation napoléonienne, on professe, en conséquence, d'après Pothier, que *celui qui n'ayant pas d'enfants fait une donation, ne la fait qu'à cause de la persuasion où il est qu'il n'aura pas d'enfants ; que s'il prévoyait en avoir, il ne la ferait pas, et qu'ainsi il n'a entendu donner que sous la condition implicite de révocation en cas de survenance d'enfants* (3).

De date ancienne, les légistes se demandent *dans l'intérêt de qui* cette cause de révocation a été admise. Il semblerait qu'il n'y a même pas matière à question sur un pareil point, et que tout naturellement, on devrait répondre que la révocation pour cause de survenance d'enfants, existe dans l'intérêt des enfants.

La chose n'est pas aussi simple qu'elle paraît l'être ; l'ordonnance de 1731, et à la suite la compilation napoléonienne, ont voulu que cette cause de révocation agît *de plein droit ;* de là, comme nous le verrons, plusieurs conséquences juridiquement inconciliables avec la seule idée qui pût permettre à la doctrine de se couvrir d'au moins l'ombre d'une raison.

---

(1) Comparer M. Aubépin, *Revue critique de législation*, 1855, t. VII, p. 145.
(2) Le procès-verbal porte :
« Le conseil adopte le droit établi par l'ordonnance de 1731. » (V. Locré, *Lég. civ.*, t. XI, p. 227, n° 13, et Fenet, t. XII, p. 372-375.)
(3) Pothier, *Des donations entre-vifs*, sect. III, art. 2. — Discussion au Conseil d'État, exposé de motifs par Bigot-Préameneu, et discours de Favard (Locré, *Lég. civ.*, t. XI, p. 227, n° 13, p. 397, n° 51, p. 462, n° 51).
Cependant cette explication a bien l'air d'être en contradiction flagrante avec l'art. 44 de l'ordonnance de 1731 et avec les art. 965 et 963 du Code Napoléon, mais les légistes ne se laissent pas embarrasser pour si peu ; ils appellent à leur aide, à titre d'*ultima ratio*, l'idée de la tutelle sociale, et ils disent avec le naïf Pothier que *les donateurs, dans ce cas, sont comme des mineurs et qu'il ne doit pas leur être permis pendant qu'ils n'ont pas encore d'enfants, pendant qu'ils sont dans l'erreur contre laquelle la loi a voulu subvenir, de renoncer au droit que la loi a établi en leur faveur* (Pothier, *ibid*).
Avec un pareil point de vue, ce n'est que pure inconséquence, si les légistes n'emmaillottent pas l'homme du berceau jusqu'à la tombe.

D'après Furgole, *la révocation pour cause de survenance d'enfants, n'a eu en vue que l'intérêt du donateur ; l'intérêt des enfants n'y entre pour rien* (1).

D'après Ricard, reproduit par Pothier, *cette même révocation n'a pas été consacrée seulement en considération du donateur, mais aussi en considération des enfants* (2).

Les auteurs contemporains se retranchent, en général, derrière l'explication de Ricard (3).

Conformément à l'art. 960, nous examinerons :

1° *Les conditions d'application de la règle de la révocation pour cause de survenance d'enfants ;*

2° *L'étendue de la règle de la révocation pour cause de survenance d'enfants et les exceptions qu'elle comporte ;*

3° *Les effets de la révocation pour cause de survenance d'enfants.*

Au surplus, les mérites de rédaction du texte, comme on le constatera surabondamment, en égalent la valeur au fond.

1° CONDITIONS D'APPLICATION DE LA RÈGLE DE LA RÉVOCATION
POUR CAUSE DE SURVENANCE D'ENFANTS.

Ces conditions sont au nombre de *deux :*

1° *Il faut qu'à l'époque de la donation, le donateur n'eût pas d'enfants ni de descendants ;*

2° *Il faut que, postérieurement à la donation, il soit survenu au donateur un enfant.*

1° IL FAUT QU'A L'ÉPOQUE DE LA DONATION LE DONATEUR N'EUT PAS D'ENFANTS
NI DE DESCENDANTS.

A l'égard de cette *première* condition, il y a lieu de remarquer :

Que, bien que l'art. 960, à l'instar de la loi romaine (l. 8, C., liv. VIII, tit. LVI), emploie le mot « enfants » ou « descendants », au pluriel, il suffit de l'existence, à l'époque de la donation, d'un *seul* enfant légitime ou légitimé, pour faire obstacle à la révocation :

Que dans ce cas, l'enfant simplement conçu ne doit pas être considéré comme existant (art. 961, V. *infra*, p. 510).

Les interprètes sont, d'ailleurs, en pleine divergence sur une série de points.

---

(1) Furgole, Question 16, n° 11.
(2) Ricard, 3e partie, n° 572. — Pothier, *Donations entre-vifs*, sect. III, art. 2.
(3) V. notamment MM. Zachariæ, Aubry et Rau, t. VI, p. 115. — M. Demolombe, t. XX, p. 720.

1° L'existence à l'époque de la donation d'un enfant naturel reconnu fait-elle obstacle à la révocation?

DEUX SYSTÈMES.

1er SYSTÈME (1). — *Aff.*

Voici comment raisonne ce système :

La révocation pour cause de survenance d'enfants est fondée sur cette présomption que le donateur ne se serait pas dépouillé au profit d'étrangers, si, au moment de la donation, il avait déjà connu le sentiment de la paternité ; or, l'affection des père et mère pour leur enfant naturel est tout aussi vive et tout aussi profonde que celle qu'ils éprouvent pour un enfant légitime ; donc, le motif légal de la révocation manque aussi bien dans le cas où le donataire, à l'époque de la donation, avait un enfant naturel, que dans le cas où, à cette même époque, il avait un enfant légitime.

2e SYSTÈME (2). — *Nég.*

1er *Arg.* — Les anciens auteurs étaient unanimes pour trancher la question dans ce sens (3).

2e *Arg.* — Si le terme d'*enfants*, employé seul, comprend parfois les enfants naturels aussi bien que les enfants légitimes, il ne peut plus recevoir ce sens large, lorsqu'il est joint au mot *descendants*.

3e *Arg.* — Les expressions finales de l'article, « s'il est né depuis la donation » sont inexplicables dans le système contraire.

En effet, ce n'est que tout autant que l'on commence par admettre que l'existence d'un enfant naturel à l'époque de la donation n'empêche pas la révocation, qu'il y a ensuite lieu de se demander si la légitimation de cet enfant doit avoir pour résultat de l'opérer.

Légalement, ce dernier système est incontestable ;

Rationnellement, il ne dépare pas l'ensemble.

Certains auteurs exceptent de cette solution le cas où la donation aurait été faite à l'enfant naturel lui-même par son père ou par sa mère (4), mais les *raisons* précédentes ne permettent point d'accueillir un pareil tempérament (5).

---

(1) M. Troplong, t. III, n° 1381. — M. Pont, *Revue de législ.*, 1844, t. XIX, p. 624. — MM. Devilleneuve et Carette, 1844, II, 49.

(2) M. Demante, t. IV, n° 103 *bis*, VII. — M. Valette à son cours. — MM. Zachariæ, Aubry et Rau, t. VI, p. 118-120, texte et note 17. — M. Demolombe, t. XX, p. 679.

(3) Comparer Ricard, 3e partie, chap. II, sect. IV, n° 699 et suiv. — Prévost de la Jannès, *Principes de la jurisprudence française*, t. II, n° 465. — Pothier, *Des donations entre-vifs*, sect. III, art. 2, § 2.

(4) MM. Zachariæ, Aubry et Rau, t. VI, p. 119 et 120, texte et note 18.

(5) M. Demolombe, t. XX, p. 682.

2° L'existence à l'époque de la donation, d'un enfant adoptif fait-elle obstacle à la révocation ?

DEUX SYSTÈMES.

1ᵉʳ SYSTÈME (1). — *Aff.*
Ce système se fonde sur le caractère général des rapports que l'adoption fait naître entre l'adoptant et l'adopté.
2ᵉ SYSTÈME (2). — *Nég.*
Ce système s'appuie sur le texte (V. *supra*, 2ᵉ arg.), et sur l'*esprit* de l'art. 960.
Nous acceptons pour notre part l'argument de texte.

3° L'existence, à l'époque de la donation, d'un enfant né d'un mariage putatif, fait-elle obstacle à la révocation, même lorsque le mariage a déjà été déclaré nul, et même à l'égard de l'époux de mauvaise foi?

Cette insignifiante controverse, qui n'est cependant pas beaucoup plus insignifiante que celles qui l'ont précédée ou qui vont la suivre, porte sur le point de savoir *si le donataire peut s'abriter derrière l'art.* 202 *pour soutenir qu'à l'époque de la donation le donateur avait un enfant légitime.*
L'*affirmative* est généralement admise (3).

4° L'absence, à l'époque de la donation, de l'enfant unique du donateur rend-elle la donation susceptible de révocation?

Cette question est très-controversée.
Certains auteurs la décident d'une manière absolue par la négative ; ils disent que la disposition de l'art. 960 étant d'une nature exceptionnelle, il n'est point permis d'appliquer la présomption légale qui lui sert de base à des hypothèses autres que celle que la compilation napoléonienne a entendu régler (4).
La majorité des auteurs résout ce même point par une distinction :
L'enfant se trouve-t-il dans la période de présomption ou de déclaration d'absence, il doit être réputé existant ;

(1) M. Zachariæ, édition Massé et Vergé, t. III, p. 241. — M. Taulier, t. IV, p. 104.
(2) M. Demante, t. IV, n° 103 *bis*, VIII. — MM. Aubry et Rau, *Sur Zachariæ*, t. VI, p. 120, texte et note 19. — M. Demolombe, t. XX, p. 684.
(3) Comparer M. Demante, t. IV, n° 103 *bis*, x. — M. Demolombe, t. XX, p. 685.
(4) MM. Zachariæ, Aubry et Rau, t. VI, p. 120 et 121, texte et notes 21-23.

Se trouve-t-il, au contraire, dans la période où a lieu l'envoi en possession définitif, il doit être considéré comme n'existant plus (1). Selon nous, la question est de pur fait.

Afin d'achever cette esquisse, ajoutons que si le donateur a eu un enfant à une époque antérieure à la donation, et que cet enfant soit mort à l'époque de la donation, la révocation n'en reste pas moins possible (2).

2° IL FAUT QUE, POSTÉRIEUREMENT A LA DONATION, IL SOIT SURVENU AU DONATEUR UN ENFANT.

A l'égard de cette *seconde* condition, le texte admet formellement la révocation :

« Par la survenance d'un enfant légitime du donateur, même d'un posthume »;

« Par la légitimation d'un enfant naturel par mariage subséquent, s'il est né depuis la donation. »

Les auteurs font observer :

1° *Que la naissance d'un enfant n'opère la révocation que tout autant que cet enfant est né vivant et viable ;*

De là, un *intéressant* rappel des deux questions de l'opération césarienne et du part monstrueux (V. *supra*, p. 64).

2° *Que, par suite d'une innovation de la compilation napoléonienne, il faut, lorsqu'il s'agit d'un enfant naturel, que la naissance et la légitimation de cet enfant soient toutes les deux postérieures à la donation ;*

Ne plus habeat luxuria quam castitas, selon l'adage de Dumoulin chaleureusement invoqué par le Tribunat (3).

On fait encore remarquer que la révocation aurait lieu *pour cause de survenance d'un petit-enfant*, si le donateur avait disposé postérieurement à la mort de son fils unique, et qu'un enfant naquît de la veuve de ce fils dans les dix mois qui suivraient la mort de son mari (4).

---

(1) M. Demante, t. IV, n° 103 *bis*, XI. — M. Demolombe, t. II, p. 164, et t. XX, p. 688.

(2) Cependant, le donateur n'est pas *mineur à l'égard de l'affection paternelle;* il la connaît bien cette affection, puisqu'il a été père ; d'où vient donc que, dans ce cas, l'inepte règle continue de s'appliquer? Cela vient de ce que, pour les vieux légistes, elle s'harmonisait à merveille avec l'esprit féodal, avec l'idée nobiliaire de la conservation des biens dans les familles.

Et c'est avec de pareils débris qu'après la Révolution française les hommes de brumaire ont fait la législation de la France !

(3) Locré, *Législ. civ.*, t. XI, p. 318 et 319, n° 40. — Fenet, t. XII, p. 425 et 455.

(4) Comparer Pothier, *Des donations entre-vifs*, sect. III, art. 3, § 3.

Ici recommence le désaccord des interprètes sur *trois* points corréla-tifs à ceux qui ont été examinés précédemment (**V.** *supra*, 2°, 3° et 4°, p. 505).

1° L'adoption d'un enfant par le donateur opère-t-elle la révocation?

La *négative* prévaut; « en effet, dit-on, ni l'art. 960, ni aucun autre n'attache à l'adoption ce résultat exorbitant de la révocation immédiate et de plein droit » (1).

2° La survenance d'un enfant né d'un mariage putatif opère-t-elle la révocation même de la donation faite par l'époux de mauvaise foi?

Dans le cas où l'époux donateur est de bonne foi, il n'y a pas de question, *l'affirmative* est incontestable.

Dans le cas où l'époux donateur est de mauvaise foi, les interprètes sont très-divisés.

Toutefois, la *négative* doit être admise, car la révocation pour cause de survenance d'enfants est essentiellement fondée sur l'intérêt du do-nateur, et l'on ne comprendrait pas que, dans le cas présent, cet intérêt fût pris en considération (2).

3° Le retour de l'enfant unique du donateur, absent à l'époque de la donation, opère-t-il la révocation?

Ce retour plonge les auteurs dans de cruelles perplexités; la *négative* est généralement admise, « car, dit-on, puisque l'enfant revient, c'est qu'il a toujours existé » (3).

2° ÉTENDUE DE LA RÈGLE DE LA RÉVOCATION POUR CAUSE DE SUR-VENANCE D'ENFANTS ET EXCEPTIONS QU'ELLE COMPORTE.

La révocation pour cause de survenance d'enfants est, en principe, applicable à toutes les donations entre-vifs, en quelque forme, à quelque titre et sous quelques modalités qu'elles aient été faites.

(1) M. Demolombe, t. VI, p. 148.
(2) M. Demante, t. IV, n° 103 *bis*, x. — M. Demolombe, t. XX, p. 691. En sens contraire, M. Delvincourt, t. II, n° 77, note 4. — MM. Zachariæ, Aubry et Rau, t. VI, p. 122, texte et note 25.
V. aussi, *Manuel de droit civil*, t. I, p. 202.
(3) Comparer, M. Demante, t. IV, n° 103 *bis*, XIII. — MM. Zachariæ, Aubry et Rau, t. VI, p. 122 et note 25. — M. Demolombe, t. XX, p. 697.
Est-il possible d'exposer sérieusement de pareilles raisons, mais n'est-il pas en même temps déplorable de voir une science qui s'y complaît et qui de parti pris répudie l'esprit critique?

Ainsi, elle atteint les donations déguisées, les donations mutuelles, les donations rémunératoires (1), les donations faites en faveur du mariage par des tiers.

De même, elle atteint les donations, de quelque valeur qu'elles puissent être.

Par *exception*, l'art. 960 déclare non révocables pour cause de survenance d'enfants :

1° *Les donations faites en faveur du mariage par les ascendants aux conjoints ;*

2° *Les donations faites en faveur du mariage par les conjoints l'un à l'autre.*

La *première* exception embarrasse beaucoup les auteurs ; elle est, en effet, bien propre à mettre à la torture même l'esprit d'un légiste, car, comme le constate M. Demolombe, « un ascendant qui donne à son enfant n'est pas apparemment sans enfant » (2) !

L'explication réputée la plus plausible consiste en ceci :

Certains vieux auteurs considéraient comme étant sans enfants à l'époque de la donation le donateur qui n'avait pas d'autre enfant que celui auquel il faisait la donation ; à leurs yeux, la qualité de donataire absorbait, en pareil cas, celle d'enfant (3).

C'est cette merveilleuse doctrine que d'abord les rédacteurs de l'ordonnance de 1731, et après eux les compilateurs napoléoniens auraient entendu abroger.

La *seconde* exception est formulée incomplétement par l'art. 960 ; l'art. 1096 y ajoute *les donations faites entre époux pendant le mariage.*

D'où vient, en particulier, que la révocation pour cause de survenance d'enfants n'atteigne pas les donations faites en faveur du mariage par les conjoints l'un à l'autre?

Les anciens légistes en balbutiaient *deux* raisons ; ils disaient que les donations de cette sorte « *étaient précisément faites avec un esprit de prévoyance sur les enfants qui proviendraient du mariage,* » et que *d'ailleurs il devait être indifférent à ces enfants de trouver les biens*

---

(1) D'après les auteurs, *les donations mutuelles sont celles que deux ou plusieurs personnes se font réciproquement par un seul et même acte.*

Les donations rémunératoires sont celles qui ont pour but de récompenser certains services rendus par le donataire au donateur.

C'est une question de fait, comme on le comprend, que de discerner la donation *mutuelle* de la donation *faite avec charges,* et la donation *rémunératoire* de l'acte *à titre onéreux.*

(2) M. Demolombe, t. XX, p. 704.

(3) Cujas, nov. 92. cap. I. — Balde, l. I, C. liv. III, tit. XVIII. — Arnauld de la Rouvière, à la suite du Traité des donations entre-vifs de Ricard, chap. XIII.

donnés dans la succession du donateur, ou dans celle du donataire (1).

Prises en elles-mêmes, ces raisons ont peu de sens ; rapprochées des textes (art. 39 de l'ordonnance, et 960 C. N.), elles cessent d'être intelligibles, et voici pourquoi :

Les donations faites en faveur du mariage par l'un des conjoints à l'autre, non-seulement ne sont pas révoquées par la survenance d'un enfant commun aux deux conjoints, mais elles ne le sont même pas *par la survenance à l'époux donateur d'un enfant que celui-ci, veuf sans enfant de son mariage avec l'époux donataire prédécédé, aurait eu d'un nouveau mariage.*

Reste la ressource de dire, comme font certains auteurs, que cette seconde exception est fondée *sur la nature du lien qui va unir le donateur au donataire* (2).

Remarquons que, bien que la révocation pour cause de survenance d'enfants atteigne les donations même les plus modiques, la loi n'a pu cependant aller jusqu'à y soumettre *les petits présents d'usage ou de circonstance* (comparer art. 852 et 1083).

3° EFFETS DE LA RÉVOCATION POUR CAUSE DE SURVENANCE D'ENFANTS.

La révocation pour cause de survenance d'enfants s'opère *de plein droit.*

Ces expressions signifient :

1° *Que cette révocation a lieu par suite du seul fait qu'il survient un enfant au donateur ;*

2° *Que cette révocation a lieu même malgré la volonté du donateur.*

De la *première* proposition, il résulte :

Que la révocation pour cause de survenance d'enfants prend date à partir de la survenance de l'enfant qui produit la révocation ;

Qu'en cas de litige, les tribunaux n'ont à intervenir que pour vérifier le fait et pour enjoindre au donataire, s'il y échet, de restituer la chose donnée.

De la *seconde* proposition, il résulte :

Que le donateur ne peut renoncer à demander la révocation pour cause de survenance d'enfants (comparer art. 1339 et 1340) ;

Qu'à défaut du donateur, toute personne intéressée peut la demander.

---

(1) Arnauld de la Rouvière, chap. xi. — Pothier, *Des donations entre-vifs,* sect. iii, art. 2, § 1.

(2) Comparer M. Demante, t. IV, n° 103 *bis,* vi. — MM. Zachariæ, Aubry et Rau, t. VI, p. 117. — M. Demolombe, p. 707 et suiv.

À part l'art. 961, les articles suivants ne font d'ailleurs que développer et amplifier *l'effet de plein droit* qui sert de couronnement à l'art. 960.

961. — Cette révocation aura lieu, encore que l'enfant du donateur ou de la donatrice fût conçu au temps de la donation.

Cet article procède à la fois d'une idée juridique et d'une idée morale.

L'idée *juridique* est qu'un enfant conçu ne doit être réputé né que tout autant qu'il s'agit de ses intérêts : « *infans conceptus pro nato habetur, quoties de commodis ejus agitur*, dit le brocard.

L'idée *morale* est que le père et la mère ne connaissent le sentiment paternel ou maternel que lorsque leur enfant est né.

L'idée juridique, ou, en d'autres termes, le brocard est la généralisation du § 4, liv. I, tit. XIII, aux Instituts, et de la loi 7, liv. I, tit. V, au Digeste (V. *supra*, p. 62).

L'idée morale est en contradiction flagrante avec les faits aussi bien pour le père que pour la mère (1).

962. — La donation demeurera pareillement révoquée, lors même que le donataire serait entré en possession des biens donnés, et qu'il y aurait été laissé par le donateur depuis la survenance de l'enfant ; sans néanmoins que le donataire soit tenu de restituer les fruits par lui perçus, de quelque nature qu'ils soient, si ce n'est du jour que la naissance de l'enfant ou sa légitimation par mariage subséquent lui aura été notifiée par exploit ou autre acte en bonne forme ; et ce quand même la demande pour rentrer dans les biens donnés n'aurait été formée que postérieurement à cette notification.

Ce verbeux article contient *deux* dispositions ; il veut dire :

1° *Que la confirmation tacite ne peut, non plus que l'expresse,* comme nous le verrons (*infra*, art. 964), *réparer la résolution qu'entraîne la survenance d'enfants ;*

2° *Que le donataire est tenu de restituer les fruits de quelque nature qu'ils soient, qu'il a perçus ou qu'il est réputé avoir perçus, à partir du jour où il a été constitué de mauvaise foi par la notification en forme de la naissance ou de la légitimation de l'enfant.*

Il n'importe pas que la *demande* en délaissement des biens compris dans la donation ne soit formée que *postérieurement*.

On décide d'ailleurs, en général, que la règle relative à la restitution des fruits, est applicable aux *tiers détenteurs* comme au donataire lui-même (2).

_____

(1) Il est peu surprenant que les Bonaparte et les Cambacérès n'aient rien compris au sentiment paternel.

(2) Comparer M. Demante, t. IV, n° 106 *bis*, I. — MM. Zachariæ, Aubry et Rau, t. VI, p. 125 et 126, texte et notes 32-35. — M. Demolombe, t. XX, p. 723 et suiv.

963. — Les biens compris dans la donation révoquée de plein droit, rentreront dans le patrimoine du donateur, libres de toutes charges et hypothèques du chef du donataire, sans qu'ils puissent demeurer affectés, même subsidiairement, à la restitution de la dot de la femme de ce donataire, de ses reprises ou autres conventions matrimoniales ; ce qui aura lieu quand même la donation aurait été faite en faveur du mariage du donataire et insérée dans le contrat, et que le donateur se serait obligé comme caution, par la donation, à l'exécution du contrat de mariage.

Cet article nous remet une nouvelle fois en face du brocard : « *resoluto juris dantis, resolvitur jus accipientis* », et l'application dans la présente hypothèse en est si complète, qu'il serait assurément difficile d'y ajouter.

Comme le donateur sans enfant est réputé n'être qu'un *mineur en ce qui concerne le sentiment paternel* (V. *supra*, p. 205, note 3), la compilation napoléonienne, à la suite de l'ordonnance, déclare révoquée *non-seulement l'hypothèque de la femme du donataire*, lors même que la donation a été faite en faveur du mariage du donataire et insérée dans le contrat, *mais encore l'obligation de cautionnement que le donateur aurait contractée expressément envers la femme du donataire.*

Cependant les compilateurs napoléoniens n'ont pas pris garde qu'ils excédaient en ce point même le système de la révocation pour cause de survenance d'enfant tel que l'avait organisé l'ancien régime !

A cette époque, en effet, toute obligation passée par-devant notaires emportait une hypothèque générale; il eût donc été impossible de maintenir l'obligation de cautionnement contractée par le donateur et de déclarer en même temps anéantie l'hypothèque de la femme du donataire sur les biens donnés (1).

964. — Les donations ainsi révoquées ne pourront revivre ou avoir de nouveau leur effet, ni par la mort de l'enfant du donateur, ni par aucun acte confirmatif ; et si le donateur veut donner les mêmes biens au même donataire, soit avant ou après la mort de l'enfant par la naissance duquel la donation avait été révoquée, il ne le pourra faire que par une nouvelle disposition.

Cet article est la généralisation de l'idée en vertu de laquelle la loi repousse *toute confirmation* de la donation révoquée par la survenance d'un enfant.

C'est là évidemment une disposition sans raison, et qu'il faut se borner à enregistrer.

Au surplus, le donateur recouvre la propriété absolue des biens donnés, et il est libre d'en disposer comme bon lui semble, soit au profit de l'ancien donataire, soit au profit d'un tiers.

Les auteurs qui soutiennent que la révocation pour cause de surve-

(1) M. Demante, t. IV, n° 107 *bis*, iv. — MM. Zachariæ, Aubry et Rau, t. VI, p. 125. — M. Demolombe, t. XX, p. 732 et suiv.

nance d'enfant n'est établie qu'au profit du donateur se font argument
de ce dernier point (1).

965. — Toute clause ou convention par laquelle le donateur aurait renoncé
à la révocation de la donation pour survenance d'enfant, sera regardée comme
nulle, et ne pourra produire aucun effet.

Cet article place dans tout son jour le vrai caractère de la présomption
qui forme la base de la révocation pour cause de survenance d'enfant.

Comme nous l'avons dit (V. *supra*, p. 502, note 3), le donateur sans enfant
est réputé n'être qu'un mineur, en ce qui touche au sentiment paternel.

966. — Le donataire, ses héritiers ou ayants cause, ou autres détenteurs des
choses données, ne pourront opposer la prescription pour faire valoir la donation révoquée par la survenance d'enfant, qu'après une possession de trente
années, qui ne pourront commencer à courir que du jour de la naissance du dernier enfant du donateur, même posthume, et ce, sans préjudice des interruptions,
telles que de droit.

Cet article n'est susceptible d'être soumis à aucune théorie ; il heurte
non-seulement l'intérêt économique et la raison, mais même les règles
ordinaires de la législation et de la science juridique actuelle.

Contentons-nous de constater d'après ce texte :

1° *Que l'action du donateur ou de ses héritiers à fin de restitution
des biens donnés n'est prescriptible que par trente ans, non-seulement
à l'égard du donataire ou de ses successeurs universels, mais encore
à l'égard des tiers détenteurs même de bonne foi* (comparer, art. 2265);

2° *Que cette prescription de trente ans commence à courir non pas
du jour de la naissance du premier enfant du donateur ou de la légitimation par mariage subséquent, mais du jour de la naissance du
dernier enfant même posthume, et ce, sans préjudice des interruptions
ou suspensions telles que de droit.*

Les auteurs se demandent si après l'accomplissement de cette prescription, le donataire, ses héritiers ou ayants cause conservent les biens
*à titre de donataires, ou en vertu d'un nouveau titre qui ne serait autre
que la prescription elle-même.*

On tient en général, *pour le titre de donataire,* et l'on invoque surtout dans ce sens l'art. 2240 qui déclare que « l'on ne peut prescrire
contre son titre, c'est-à-dire qu'on ne peut se changer à soi-même la
cause et le principe de sa possession ».

De là, il résulte en particulier, qu'après l'accomplissement de la prescription *sui generis* établie par l'art. 966, la donation demeure :

1° *Rapportable ;*

2° *Réductible ;*

---

(1) Furgole, question 16, n° 11. — Toullier, t. V, n° 302. — Grenier, t. I,
n° 203.

3° *Révocable pour cause d'inexécution des charges ou pour cause d'ingratitude.*

Tel est le non-sens que, pour clore cette *théorie*, les compilateurs napoléoniens ont emprunté à l'ancien régime (1).

CHAPITRE V

DES DISPOSITIONS TESTAMENTAIRES.

Au point de vue philosophique, la disposition testamentaire est l'exercice du droit le plus considérable, et l'accomplissement du devoir le plus grave du propriétaire. Comme nous l'avons dit (V. *supra*, p. 371), c'est surtout par le règlement que fait le propriétaire des fruits de son travail, pour le temps où il n'existera plus, que l'idée morale pénètre dans la théorie de la propriété.

Au point de vue économique, la disposition testamentaire est l'acte par lequel le détenteur de capitaux peut influer de la manière la plus notable sur la production ; car c'est l'acte par lequel ce détenteur est le mieux à même de mettre l'instrument de travail entre les mains de l'activité la plus méritante.

Le progrès des mœurs serait donc que le testament remplaçât de plus en plus la succession *ab intestat*.

La première condition de ce progrès est, évidemment, que la législation n'y fasse pas obstacle, c'est-à-dire qu'elle se borne à soumettre le testament aux mesures de publicité que réclame l'intérêt des tiers.

La compilation napoléonienne a suivi des errements tout opposés ; elle a déterminé limitativement les formes de la disposition testamentaire, et, à la différence du Code de la Convention (art. 33, liv. II, tit. III, § 3), elle n'en a point prescrit la publicité.

---

(1) Comparer art. 45, ordonnance de 1731, et Furgole sur ce même article. C'est vainement que la raison de M. Demante s'est efforcée de dissiper les ombres qui enveloppent cette matière (tit. IV, n° 110 *bis*, I, à 110 *bis*, V). Les anciens légistes ne s'y sont jamais reconnus eux-mêmes ; il suffit pour s'en convaincre de se reporter à Furgole (art. 45 de l'ord.) et à Pothier, *Des donations entre-vifs*, sect. III, art. 2, § 5.

Quant aux rédacteurs de l'œuvre informe de 1804, ils ont renouvelé ici ce qu'ils ont fait tant de fois ; ils ont copié sans comprendre.

V. MM. Zachariæ, Aubry et Rau, t. VI, p. 127, texte et notes 36-38. — M. Demolombe, t. XX, p. 735 et suiv.

SECTION PREMIÈRE.

DES RÈGLES GÉNÉRALES SUR LA FORME DES TESTAMENTS.

967. — Toute personne pourra disposer par testament, soit sous le titre d'institution d'héritier, soit sous le titre de legs, soit sous toute autre dénomination propre à manifester sa volonté.

Cet article ne se rapporte qu'à une pure question de terminologie; il veut dire que, *de quelque expression que le testateur se soit servi pour désigner ceux qu'il entend gratifier*, cette circonstance n'influe en rien sur la validité du testament.

Pour comprendre le motif de cette disposition, il faut savoir que dans l'ancien droit, les pays coutumiers *prohibaient l'institution d'héritier*, et que, par une conséquence exagérée de cette doctrine, certaines coutumes déclaraient *nul* le testament où se rencontrait *le mot d'institution d'héritier*.

Les pays de droit écrit, au contraire, appliquaient le droit romain, et ne reconnaissaient comme *valable* que le testament qui renfermait *une institution d'héritier*.

Bien que l'art. 967 n'ait trait, nous le répétons, qu'à une question de langage, il importe :

1° *De noter que les auteurs du Code Napoléon n'ont pas reproduit la doctrine romaine sur la nécessité de l'institution d'héritier dans le testament ;*

2° *De rappeler que c'est aujourd'hui une des questions les plus confuses de savoir si le testament peut faire des héritiers, c'est-à-dire des continuateurs de la personne du défunt* (V. supra, p. 58 et 323, et *infra*, art. 1002).

968. — Un testament ne pourra être fait dans le même acte par deux ou plusieurs personnes, soit au profit d'un tiers, soit à titre de disposition réciproque et mutuelle.

Cet article concerne ce que la doctrine appelle les *testaments conjonctifs.*

La jurisprudence des parlements avait admis cette forme de disposition testamentaire ; l'art. 77 de l'ordonnance de 1735 sur les testaments la prohiba ; les compilateurs napoléoniens ont reproduit l'ordonnance.

« Le motif de cette loi, selon les expressions de Pothier, paraît avoir été, afin que les testateurs eussent plus de liberté, et ne fussent pas exposés aux suggestions de la personne avec qui ils feraient conjointement leur testament (1). »

_____

(1) Pothier, *Des donations testamentaires*, chap. I, art. 1.

D'après M. Bigot-Préameneu, « il fallait éviter la difficulté qu'aurait fait naître la question de savoir si après le décès de l'un des testateurs conjoints, le testament pourrait être révoqué par le survivant. Permettre de le révoquer, c'eût été violer la loi de la réciprocité ; le déclarer irrévocable, c'eût été changer la nature du testament, qui alors eût cessé d'être réellement un acte de dernière volonté. »

On enseigne, du reste, que l'art. 968 ne forme pas obstacle à ce que plusieurs personnes fassent des dispositions testamentaires au profit les unes des autres, ou au profit d'un tiers, à la même date et sur la même feuille de papier, pourvu que ces dispositions constituent des testaments distincts (1).

969. — Un testament pourra être olographe, ou fait par acte public ou dans la forme mystique.

D'après l'art. 969, il existe *trois* sortes de testaments :

1° *Le testament olographe ;*
2° *Le testament public ;*
3° *Le testament mystique.*

Ces *trois* sortes de testaments jouissent, en principe, de la *même* efficacité ; nous verrons cependant que les art. 1007 et 1008 attribuent *un effet propre au testament public.*

Comme l'énumération de l'art. 969 est limitative, il en résulte que la législation napoléonienne a proscrit implicitement le testament verbal (2).

Cependant, outre les *trois testaments ordinaires,* il y a des *testaments privilégiés ;* ce sont :

1° *Le testament militaire ;*
2° *Le testament fait en temps de peste ;*
3° *Le testament fait sur mer.*

Ces testaments sont privilégiés en ce sens qu'ils sont soumis à des formes plus simples que celles qui sont requises dans les testaments ordinaires (V. *infra,* art. 981 et suiv.).

970. — Le testament olographe ne sera point valable, s'il n'est écrit en entier, daté et signé de la main du testateur : il n'est assujetti à aucune autre.

D'après ce texte combiné avec les art. 892 et 969, le testament olographe (de ὅλος et γραφω), doit être défini :

Un acte solennel de dernière volonté, écrit en entier, daté et signé de la main du testateur (3).

(1) MM. Zachariæ, Aubry et Rau, t. X, p. 494 et 495. — M. Demolombe, t. XXI, p. 17.
(2) Comparer sur le testament verbal ou nuncupatif du droit romain et de l'ancienne jurisprudence française, §, 14, liv. II, tit. X. *Inst.,* et Ricard, *Des Donations,* 1ʳᵉ partie, I, n° 1326.
(3) A part son caractère solennel, qui en implique la nullité toutes les fois

C'est dans les pays coutumiers que s'est développé le testament olographe. Le chancelier Michel de Marillac eut beau faire effort pour en étendre l'usage aux pays de droit écrit ; l'inféodation des parlements à tradition romaine paralysa cette tentative (1).

Le Code de la Convention déclara, comme nous l'avons dit (V. *supra*, p. 377), que *toutes donations entre-vifs ou à cause de mort pourraient être écrites de la main du donateur, à la condition que, dans ce cas, elles fussent déposées chez un notaire* (art. 33, liv. II, tit. III, § 3).

Le Code Napoléon a reproduit la disposition du chancelier Marillac.

Le principal motif qui recommande le testament olographe est qu'il présente toutes les chances possibles d'être l'expression de la volonté libre et réfléchie du propriétaire.

Reprenons une à une les conditions requises pour la validité de ce testament, et qui, aux termes de la définition ci-dessus formulée, sont au nombre de *trois :*

1° *L'écriture en entier de la main du testateur ;*
2° *La date de la main du testateur ;*
3° *La signature de la main du testateur.*

1° ÉCRITURE EN ENTIER DE LA MAIN DU TESTATEUR.

Cette condition implique que *le testateur doit tracer seul de sa propre main les caractères du testament olographe.*

On enseigne, toutefois, que l'assistance d'un tiers qui n'aurait fait qu'aider le testateur dans la disposition matérielle de son écriture sur le papier ne rendrait pas le testament nul.

Mais la majorité des auteurs professent avec Pothier que l'addition d'un seul mot, écrit par une main étrangère, rend le testament nul pour le tout, quand même ce mot serait superflu, si d'ailleurs il fait partie du testament et qu'il ait été ajouté de l'aveu du testateur (2).

---

que les formes requises n'ont pas été observées et qui est ainsi tout à fait contraire à l'esprit du droit moderne, le testament olographe est une excellente manière de tester ; c'est celle qui se généralisera de plus en plus, à mesure que le système légal de la propriété se simplifiera et que l'instruction propagée égalisera les conditions.

(1) L'ordonnance du mois de janvier 1629, connue sous le nom de *Code Michaud* validait d'une manière générale, dans son article 126, le testament olographe ; la plupart des parlements des pays de droit écrit refusèrent d'enregistrer cette ordonnance, ou ne l'enregistrèrent en ce qui concernait l'art. 126, qu'en la restreignant aux partages d'ascendants, selon la disposition de la novelle 107 de Justinien.

(2) Pothier cite une curieuse application de sa *doctrine :* une dame ayant légué tous ses biens à son beau-frère, par un testament écrit de sa main, ce testament fut annulé pour l'unique raison que le mot *beau* s'y trouvait écrit en interligne d'une autre main, et sans que l'intention de la testatrice fût, du reste, douteuse.

V. Pothier, *Des donations testamentaires*, chap. I, art. II, § 2. — Comparer

Au surplus, le testament olographe peut être fait sous la forme d'une lettre missive ou inséré dans un livre domestique.

Il peut être écrit au crayon (1).

2° DATE DE LA MAIN DU TESTATEUR.

La date du testament consiste dans l'indication du jour, du mois et de l'année où cet acte a été rédigé.

Ces énonciations peuvent, du reste, être remplacées par d'autres équivalentes.

Les auteurs assimilent, en général, l'inexactitude de la date au défaut de date, et ils enseignent que la rectification d'une date inexacte ne peut avoir lieu que tout autant qu'elle résulte avec certitude du testament lui-même (2).

3° SIGNATURE DE LA MAIN DU TESTATEUR.

La signature consiste dans l'apposition sur le testament, soit du nom de famille, soit du nom dont le testateur avait l'habitude de signer (3).

Il nous reste à exposer *la grave question de la force probante du testament olographe.*

Zachariæ, Aubry et Rau, t. V, p. 496. — M. Coin-Deliste, art. 970, n° 11.— M. Demolombe, t. XXI, p. 64.

La raison de M. Demante a refusé de souscrire sur ce point à l'enseignement général; l'éminent professeur est d'avis que la règle la plus simple et la plus conforme à la lettre et à l'esprit de la loi consisterait à considérer purement et simplement comme ne faisant point partie du testament tout ce qui n'y est point écrit de la main du testateur (t. IV, n° 115 *bis*, i.)

Joindre M. Bayle-Mouillard, sur Grenier, t. II, n° 228, note *A.*

(1) MM. Zachariæ, Aubry et Rau, t, V, p. 498, texte et notes, 11-14. — M. Coin-Delisle, sur l'art. 970, n° 23.

(2) Merlin, *Rép. de test.*, sect. ii, § 1, art. 16, n° 1. — M. Troplong, t. III, n°s 1484 et 1489. — MM. Zachariæ, Aubry et Rau, t. V, p. 498, texte et notes, 5-9. — M. Demolombe, t. XXI, p. 73.

Il est difficile d'imaginer quelque chose d'aussi puéril, d'aussi empreint de l'esprit formaliste et légiste que l'enseignement des auteurs et les décisions des tribunaux français sur la date du testament.

De quoi s'agit-il dans cette matière, sinon uniquement d'assurer son plein effet à la volonté du testateur, et, en dehors de cette idée, en est-il une autre qui ne conduise à la déraison et à l'injustice?

Au surplus, pour apprécier si notre censure est fondée, on n'a qu'à parcourir les recueils d'arrêts.

V. dans le même sens que nous, en ce qui concerne la date du testament. — Toullier, t. III, n° 362. — M. Bayle-Mouillard sur Grenier, t. II, n° 226, note *c.* — M. Coin-Delisle, art. 970, n°s 26-28.

(3) M. Demante, t. IV, n°s 115 *bis*, iii et v. — MM. Zachariæ, Aubry et Rau, t. V, p. 497. — M. Demolombe, t. XXI, p. 99.

Cette question est complexe :

1° *Lorsque l'héritier dénie la sincérité du testament olographe, c'est-à-dire l'écriture et la signature du défunt, est-ce à l'héritier ou au légataire qu'incombe la charge de la preuve?*

2° *Lorsque la sincérité du testament olographe n'est pas en question, ce testament fait-il foi de sa date?*

Examinons successivement ces *deux* points.

1° QUESTION DE LA PREUVE EN CE QUI CONCERNE LA SINCÉRITÉ DU TESTAMENT OLOGRAPHE, C'EST-A-DIRE L'ÉCRITURE ET LA SIGNATURE DU DÉFUNT.

Le testament olographe est un acte *sous seing privé;* c'est ce qui résulte à la fois de la manière dont il est rédigé et de la qualification que lui applique l'art. 969 ; or, il suffit que la personne à laquelle on oppose un acte sous seing privé, dénie la sincérité de cet acte pour que la personne qui en fait argument en sa faveur ait la charge de la preuve; l'acte sous seing privé n'a pas, à proprement parler, de force probante ; *sa valeur, au point de vue de la preuve, est uniquement de ramener la preuve du droit à celle de l'écriture;* c'est cette théorie qui gouverne le testament olographe comme tous les autres actes sous seing privé ; de là finalement la conséquence que *lorsque l'héritier dénie la sincérité du testament olographe, la charge de la preuve incombe au légataire.*

Ce dernier doit, en pareil cas, faire procéder à la vérification de l'écriture et de là signature du défunt, conformément aux règles tracées par les art. 193 et suiv. du Code de procédure.

La plupart des auteurs enseignent avec raison que *la solution ne doit pas changer lorsque le testament olographe a été déposé chez un notaire par le testateur lui-même, et que le notaire a dressé un acte de ce dépôt;* car le notaire ne peut, dans cette hypothèse, certifier qu'une seule chose, à savoir que le déposant lui a déclaré qu'il avait écrit et signé acte déposé; d'où il suit que le testament olographe déposé chez un notaire n'en demeure pas moins un acte sous seing privé, et que *la charge de la preuve continue à incomber au légataire* (1).

Il en est évidemment *de même, lorsque le dépôt chez un notaire a eu lieu après le décès du testateur en vertu* d'une ordonnance du président du tribunal (art. 1007, V. *infra*), car le président du tribunal se borne alors à constater l'état matériel du testament (2).

---

(1) MM. Zachariæ, Aubry et Rau, t. V, p. 500. — M. Demolombe t. XXI, p. 142.
En sens contraire. — M. Coin-Delisle, art. 1008, n° 3.
(2) M. Demante, t. IV, n° 15 *bis*, VII.— MM. Zachariæ, Aubry et Rau, t. V, p. 500-501. — M. Marcadé, *Revue de droit français et étranger*, 1847, t. IV, p. 433-436. — M Demolombe, t. XXI, p. 147.

Cependant, cette doctrine est contestée pour le cas où un légataire universel se trouve en présence d'un héritier non réservataire ; dans ce cas, est-ce au légataire universel, même envoyé en possession par une ordonnance du président du tribunal (art. 1008, V. infra), qu'incombe la charge de faire vérifier l'écriture et la signature du testateur ?

DEUX SYSTÈMES.

1er SYSTÈME (1). — *En matière de testament olographe, lorsqu'un légataire universel envoyé en possession par une ordonnance du président du tribunal (art. 1008) se trouve en présence d'un héritier non réservataire, c'est à l'héritier non réservataire et non au légataire universel qu'incombe la charge de faire vérifier l'écriture et la signature du testateur.*

1er Arg. — Lorsqu'il n'existe pas d'héritier réservataire, le légataire universel a d'abord la *saisine*, c'est-à-dire *la possession de droit*, en vertu de l'art. 1006 ;

Après l'envoi en possession, prononcé à son profit, conformément à l'art. 1008, il en a, en outre, *la possession de fait ;*

Donc, il est *défendeur ;* donc, il n'a aucune preuve à fournir.

2e Arg. — Les testaments vrais sont d'ailleurs plus communs que les testaments faux.

Donc aussi, à ce nouveau point de vue, la charge de la preuve doit incomber à l'héritier.

3e Arg. — L'ordonnance d'envoi en possession établit, au surplus, une présomption de sincérité en faveur du testament olographe.

2e SYSTÈME (2). — *En matière de testament olographe, même lorsqu'un légataire universel, envoyé en possession par une ordonnance du président du tribunal (art. 1008), se trouve en présence d'un héritier non réservataire, c'est au légataire universel et non à l'héritier non réservataire qu'incombe la charge de faire vérifier l'écriture et la signature du testateur.*

1er Arg. — Dans la présente hypothèse, le légataire universel réunit *deux* qualités parfaitement distinctes ; en droit et en fait, il est *possesseur ;* il est, en outre, *légataire.*

En tant que possesseur, le légataire universel est incontestablement

---

(1) M. Bonnier, *Traité des preuves*, n° 575. — M. Troplong, t. III, n° 1500. — M. Coin-Delisle, *Revue crit. de législ.*, 853, t. III, p. 369. — M. Girard de Vasson, *ibid.*, 1860, t. XVI, p. 254.

De nombreux arrêts de cassation ont consacré cette décision.

(2) MM. Demante et Colmet de Santerre, t. IV, n° 154 *bis*, III. — M. Valette, à son cours. — MM. Zachariæ, Aubry et Rau, t. V, p. 504, texte et note 6. — M. Marcadé, *Revue critique*, 1853, t. III, p. 946 et suiv. — M. Demolombe, t. XXI, p. 152.

défendeur, ce qui revient à dire que, si le légataire l'exige, l'héritier demandeur doit d'abord établir contre lui son titre d'héritier.

En tant que légataire, le légataire universel est incontestablement *demandeur,* car une fois que l'héritier a établi son titre d'héritier, le légataire n'invoquant contre ce titre qu'un acte sous seing privé, il est tenu à son tour, conformément au droit commun, de prouver la sincérité de cet acte.

2° *Arg.* — Sans doute, les testaments vrais sont plus communs que les testaments faux, mais cet argument va trop loin, car, si on l'admettait, il en faudrait conclure que, à part même la condition de l'envoi en possession prescrit par l'art. 1008, le testament olographe a en sa faveur une présomption de sincérité.

3° *Arg.* — L'ordonnance d'envoi en possession ne saurait non plus faire naître cette présomption, car elle ne change pas le caractère d'acte sous seing privé du testament olographe.

Au point de vue de la compilation napoléonienne, le *second* système est certain ;

Au point de vue juridique exact, la solution du *premier* système devrait l'emporter, si le législateur napoléonien, à l'instar de la Convention, eût organisé d'une manière générale la publicité du testament (V. *supra*, p. 376), et s'il eût ainsi attribué au testament olographe la présomption de sincérité qui lui manque.

Il est clair, du reste, que, même dans l'état actuel de la législation, l'héritier *ab intestat,* qui aurait implicitement reconnu la sincérité d'un testament olographe, ne pourrait plus, par une simple dénégation ultérieure, mettre la vérification à la charge du légataire (1).

2° QUESTION DE LA PREUVE EN CE QUI CONCERNE LA DATE DU TESTAMENT OLOGRAPHE.

A la différence des autres actes sous seing privé pour lesquels le principe est qu'ils ne font point par eux-mêmes foi de leur date à l'égard des tiers (art. 1328), le testament olographe fait foi de la sienne à l'égard de tous ceux auxquels il est opposé, lorsque d'ailleurs la sincérité de ce testament n'est pas en question.

Cette solution résulte :

1° Des termes de l'art. 970, qui, après avoir indiqué les formes du testament olographe, ajoute que *ce testament n'est assujetti à aucune autre forme ;*

2° De ce que, dans les cas où il existe plusieurs testaments olographes

---

(1) MM. Zachariæ, Aubry et Rau, t. V, p 501 et suiv., texte et note 7. — M. Demolombe, t. XXI, p. 167.

dont les uns révoquent implicitement les autres (art. 1036), ce sont les derniers qui doivent naturellement l'emporter sur les premiers, et qu'alors il est au moins utile de s'attacher à la date respective de ces divers testaments pour déterminer les époques respectives auxquelles ils ont été faits (1).

De quelle manière la date du testament olographe peut-elle être combattue ?

Il règne sur ce point une grande confusion.

Certains auteurs admettent que la date du testament olographe ne peut, en général, être combattue que *par la voie de l'inscription de faux.*

Toutefois, ces auteurs professent que *la preuve testimoniale et les présomptions judiciaires* sont suffisantes dans les *trois* cas suivants :

1° *Lorsque les énonciations mêmes du testament ou son état matériel sont de nature à provoquer des doutes sur la sincérité de la date;*

2° *Lorsque le testament est attaqué pour cause de suggestion ou de captation;*

3° *Lorsqu'il est attaqué pour cause d'incapacité du testateur* (2).

D'autres auteurs enseignent que ces trois cas sont précisément les seuls où la date du testament olographe puisse être combattue, et, en conséquence, *ils érigent en règle l'admissibilité de la preuve testimoniale et des présomptions judiciaires.*

Ce *dernier* avis nous paraît le meilleur (3).

971. — Le testament par acte public est celui qui est reçu par deux notaires, en présence de deux témoins, ou par un notaire, en présence de quatre témoins.

D'après l'art. 971, combiné avec les art. 893 et 969, le testament par acte public, ou, plus simplement, le testament public est :

Un acte solennel de dernière volonté qui est reçu par deux notaires en présence de deux témoins, ou par un notaire en présence de quatre témoins.

Les dispositions de la loi du 25 ventôse an XI, sur les actes notariés sont applicables au testament public, sauf en ce qui concerne les points que la compilation napoléonienne a réglés explicitement ou implicitement d'une manière différente (4).

(1) M. Demante, t, IV, n° 115 *bis*, ix.
(2) M. Zachariæ, Aubry et Rau, t. V. p. 504.
(3) M. Demante, t. IV, n° 115 *bis*, ix. — M. Valette, à son cours.— M. Demolombe, t. XXI, p. 176.
(4) M. Demante, t. IV, n° 116 *bis*, ii. — M. Valette, à son cours. — MM. Zachariæ, Aubry et Rau, t. V, p. 511 et 512, texte et note 30.
Il est plus facile de poser cette prémisse que de l'appliquer; c'est ce dont

Voici *deux* de ces points :

1° *Le testament public doit être reçu par deux notaires en présence de deux témoins, ou par un notaire en présence de quatre témoins, tandis que la loi du 25 ventôse an XI (art. 9), se contente de deux notaires sans témoins, ou d'un notaire en présence de deux témoins.*

2° *Les conditions de capacité requises dans la personne des témoins, ne sont pas aussi rigoureuses pour le testament public que pour les autres actes notariés* (1) (comparer *infra*, art. 980, avec l. 25 ventôse an XI, art. 9).

Ajoutons que les formalités requises par la loi du 25 ventôse an XI, pour les actes notariés ordinaires, le *sont tantôt à peine de nullité, tantôt sous une autre sanction qui ne porte pas atteinte à la validité de l'acte;* celles que la compilation napoléonienne exige pour les divers testaments *doivent toutes être observées à peine de nullité* (art. 1001, V. *infra*).

Les auteurs font remarquer que le testament public est utile à ceux qui ne savent pas écrire, et qu'il présente au testateur l'avantage de l'authenticité légale pour ses dernières volontés (2).

Rien, en définitive, de moins certain que les règles qui gouvernent le testament public; rien de plus abusif que la jurisprudence qui en est issue; rien de plus propre que ces règles et que cette jurisprudence à priver d'effet la volonté du propriétaire (3).

972. — Si le testament est reçu par deux notaires, il leur est dicté par le testateur, et il doit être écrit par l'un de ces notaires, tel qu'il est dicté. — S'il n'y a qu'un notaire, il doit également être dicté par le testateur, et écrit par ce notaire. — Dans l'un et l'autre cas, il doit en être donné lecture au testateur, en présence des témoins. — Il est fait du tout mention expresse.

973. — Ce testament doit être signé par le testateur : s'il déclare qu'il ne

---

on peut se convaincre en parcourant les écrits des auteurs et les recueils de jurisprudence.

Là, comme ailleurs, les compilateurs napoléoniens n'ont su ce qu'ils voulaient établir.

(1) Cette différence, de pur hasard, embarrasse singulièrement les interprètes qui parlent de l'idée que le Code Napoléon est autre chose qu'un ramassis de textes. Ces interprètes s'imaginent donner une raison en disant que le législateur a jugé convenable de laisser dans la circonstance une certaine latitude au testateur.

Plutôt que de commettre de telles explications, que les auteurs prennent enfin le bon parti; qu'ils se résignent à abdiquer l'esprit légiste, à sortir de la vérité de convention, à s'avouer à eux-mêmes et à déclarer aux autres ce que révèle chaque ligne du Code Napoléon

(2) Comparer M. Demolombe, t. XXI, p. 187.

(3) Les choses en sont à ce point qu'en rédigeant un testament public les notaires les plus expérimentés ne sont pas toujours sûrs d'éviter les pièges que, sans s'en douter, ont multipliés sous leurs pas les incapables rédacteurs du Code Napoléon.

sait ou ne peut signer, il sera fait dans l'acte mention de sa déclaration, ainsi que de la cause qui l'empêche de signer.

974. — Le testament devra être signé par les témoins; et néanmoins, dans les campagnes, il suffira qu'un des deux témoins signe, si le testament est reçu par deux notaires, et que deux des quatre témoins signent, s'il est reçu par un notaire.

Les formalités prescrites par le Code Napoléon pour le testament public se rapportent :

1° *A la dictée qui doit en être faite par le testateur au notaire ou aux notaires ;*

2° *A l'écriture qui doit en être faite par l'un des notaires ;*

3° *A la lecture qui doit en être faite par l'un des notaires au testateur et aux témoins ;*

4° *A la mention de l'accomplissement de ces formalités ;*

5° *A la signature du testament par le testateur et par les témoins.*

1° DICTÉE.

La dictée, comme disent les auteurs, *consiste dans la prononciation mot à mot de ce qu'un autre écrit en même temps.*

La dictée du testament public par le testateur ne peut être remplacée ni par les signes les plus expressifs et les moins équivoques, ni par des notes manuscrites, ni par des interrogations suivies de réponses.

La dictée peut, d'ailleurs, être faite en une langue quelconque, pourvu que cette langue soit comprise par le notaire et par les témoins.

Lorsque le testament est reçu par deux notaires, il suffit qu'il soit dicté à l'un d'eux en présence de l'autre.

Il est également indispensable que les témoins concourent à cette opération (**V.** *supra,* art. 971).

2° ÉCRITURE.

L'écriture doit être de la main de l'un des notaires ou du notaire, s'il n'y en a qu'un (1) ; et cette formalité est tellement rigoureuse aux yeux des auteurs, que, selon eux, les tribunaux doivent déclarer nul le testament public, dans lequel le testateur aurait écrit de sa main une seule disposition, et lors même que le testateur aurait prononcé à haute voix devant les notaires et les témoins ce qu'il écrivait (2).

_____

(1) Dans les autres actes, il suffit que l'acte écrit par une personne quelconque soit lu aux parties par le notaire ou en présence du notaire.

(2) M. Coin-Delisle, art. 972, n° 7. — M. Demolombe, t. XXI, p. 274.

Veut-on juger du progrès de l'esprit légiste? Que l'on compare cette décision avec le passage suivant de Furgole : « Comme cet inconvénient (celui d'insérer dans le testament des dispositions que le testateur n'aurait pas dictées) ne serait

On admet, au surplus, que lorsqu'il y a deux notaires, ils peuvent tenir alternativement la plume, pourvu, ajoutent les auteurs actuels, que l'on fasse mention de cette circonstance (1).

On admet encore que le notaire qui tient la plume n'est pas obligé :

1° De reproduire les incorrections de langage commises par le testateur, ni les tours de phrase vicieux ou obscurs employés par lui;

2° De reproduire les dispositions du testateur dans l'ordre exact où celui-ci les a dictées (2).

Lorsque le testateur dicte en langue étrangère, le notaire n'en doit pas moins écrire en français, c'est-à-dire qu'il doit faire une traduction instantanée de la dictée, et c'est cette traduction qui constitue le véritable testament (3).

Notons enfin que l'écriture doit avoir lieu en présence du testateur et des témoins.

3° LECTURE.

D'après le texte, « *il doit être donné lecture du testament au testateur en présence des témoins* ».

On discute gravement sur le double point de savoir :

1° *Si la lecture peut, en général, être faite par un autre que par le notaire, d'ailleurs en présence du notaire ou des notaires et des témoins;*

2° *Si elle peut, en particulier, être faite par le testateur lui-même à haute voix, avec l'assistance qui vient d'être indiquée (4).*

---

pas à craindre, si le testateur écrivait lui-même sa disposition, elle ne pourrait pas être regardée comme nulle, pour n'être pas écrite de la main d'un des notaires; cela est conforme à l'esprit de la loi. » (*Des Testam.*, chap. II, sect. III, n° 7).

(1) MM. Zachariæ, Aubry et Rau, t. V, p. 513, note 41. — M. Demolombe, t. XXI, p. 255.

Pothier se contentait de dire : « Il importe que l'un des notaires l'ait écrit seul, ou qu'il ait été écrit en partie par l'un d'eux et en partie par l'autre. » *Introduct.*, au tit. XVI de la Coutume d'Orléans, n° 14. — Dans le même sens, Furgole, *Des Testam.*, chap. II, sect. III, n° 8.)

(2) M. Demante, t. IV, n° 117 *bis*, I. — M. Demolombe, t. XXI, p. 262.

M. Demante veut que le notaire remplisse le rôle d'un secrétaire habile et intelligent; grâce à l'esprit, qui corrompt à la fois la jurisprudence et la doctrine, ce rôle est plein de dangers, ou, pour mieux dire, il est à peu près impossible à remplir (Comp. Cass., 12 mars 1838, Saint-Martin, Dév., 1838, I, 206. — Cass., 20 janv. 1840, Julien, Dév., 1840, I, 107. — Cass., 19 juin 1841, Boissonnet, Dév., 1841. I, 333. — Cass., 15 janv. 1845, Miquel, Dév., 1845, I, 303).

(3) MM. Zachariæ, Aubry et Rau, t. V, p. 493, texte et note 10.

(4) Le bon sens de M. Demante tranche ces deux questions par l'affirmative (t. IV, n° 177 *bis*, 11); mais, comme l'indique si bien M. Demolombe (t. XXI, p. 284), où donc M. Demante a-t-il pris que les solennités légales aient quelque chose à démêler avec le bon sens? Où a-t-il pris que l'interprète soit autorisé à mettre sa raison à la place de la déraison napoléonienne?

4° MENTION DE L'ACCOMPLISSEMENT DES FORMALITÉS PRÉCÉDENTES.

Cette mention doit comprendre chacune des trois formalités précédentes.

Elle doit être expresse, déclare l'art. 972.

Quand la mention est-elle expresse ?

Sur ce point, les auteurs et les arrêts tombent de nouveau en pleine confusion.

Le système, assez peu net, qui paraît prévaloir, est que *la mention, entendue dans son sens naturel, doit exprimer d'une manière certaine l'accomplissement des trois formalités précédentes.*

Ainsi, sont admises, en général, comme *suffisantes :*

En ce qui concerne la dictée, la mention que *le testament a été dicté par le testateur, et écrit par le notaire,* bien qu'il ne soit pas dit expressément que « *c'est au notaire que la dictée a été faite* »;

En ce qui concerne l'écriture, la même mention que nous venons de dire, bien qu'elle ne soit pas suivie des mots : « *tel qu'il a été dicté* »;

En ce qui concerne la lecture, la mention qu'*après lecture du testament, le testateur a déclaré persévérer dans ses volontés,* bien qu'il ne soit pas indiqué expressément que « *la lecture a été donnée au testateur.* »

Au contraire, sont regardées comme *insuffisantes :*

En ce qui concerne la dictée, la mention que *le testateur a dit......,* parce qu'elle ne constate pas d'une manière certaine *le fait de la dictée;*

En ce qui concerne l'écriture, la mention que *l'acte a été passé et rédigé par le notaire...,* parce qu'elle ne constate pas d'une manière certaine, *l'écriture de la main du notaire.*

En ce qui concerne la lecture, la mention que *la lecture a été donnée dans l'appartement du testateur et à côté de son lit...,* parce qu'elle ne constate pas d'une manière certaine que *la lecture a été donnée au testateur* (1).

De semblables exemples, il y a lieu de conclure que le seul parti prudent pour les notaires est de se servir des expressions mêmes employées par l'art. 972.

La mention de l'accomplissement des formalités testamentaires peut d'ailleurs être mise, soit à la fin, soit au milieu, soit au commencement de l'acte, pourvu qu'elle soit placée avant les signatures.

Rappelons qu'une déclaration mensongère exposerait le notaire *à la peine du faux.*

---

(1) MM. Zachariæ, Aubry et Rau, t. V, p. 514 et suiv. — M. Demolombe, t. 21, p. 294 et suiv.

5° SIGNATURE.

Le testament public doit être signé :
1° *Par le notaire ou les notaires ;*
2° *Par le testateur ;*
3° *Par les témoins.*

1° *A l'égard du notaire ou des notaires*, la nécessité de sa signature ou de leur signature dérive de l'art. 14 de la loi du 25 ventôse an XI.

2° *A l'égard du testateur*, l'art. 973 porte que « s'il ne sait ou ne peut signer, il doit être fait dans l'acte mention expresse de sa déclaration, ainsi que de la cause qui l'empêche de signer ».

On répute, en général, *insuffisante*, la mention que *le testateur a déclaré ne savoir écrire*, parce que, tel qui ne sait pas écrire, sait signer.

On répute de même *insuffisante*, la mention que *le testateur a fait tous ses efforts pour signer, mais qu'il en a été empêché par sa faiblesse*, parce que la mention ne porte pas sur une déclaration d'impossibilité de signer, faite par le testateur lui-même (1).

On discute le point de savoir s'il faut regarder comme suffisante la mention : *lequel n'a pas su ou n'a pas pu signer*, de ce requis et *interpellé.* Ce qui produit le doute, c'est que, dit-on, il ne résulte pas clairement de cette mention que le testateur ait fait la déclaration que la loi exige (2).

On est, d'ailleurs, d'accord pour admettre que le testament serait nul, si le testateur avait faussement déclaré qu'il ne sait ou ne peut signer (3).

3° *A l'égard des témoins*, la règle est que tous doivent signer.

Par exception, « *dans les campagnes* », il suffit qu'un des témoins signe, si le testament est reçu par *deux* notaires, et que *deux* des quatre témoins signent, s'il est reçu par un *seul* notaire.

Il n'est, d'ailleurs, pas nécessaire que le testament fasse mention que les témoins ont déclaré ne savoir ou ne pouvoir signer ; il n'est même pas nécessaire, d'après l'opinion la plus générale, que le notaire, de son chef, fasse mention de ce défaut de signature, et de la cause qui l'a produit.

_____

(1) Comparer MM. Zachariæ, Aubry et Rau, t. V. p. 518, et suiv. — M. Demolombe, t. XXI, p. 310 et suiv.

(2) Comparer M. Coin-Delisle, art. 973, n° 6. — M. Demolombe, t. XXI, p. 312

Que, par ce qui précède, on juge à la fois de la valeur des discussions auxquelles conduit le formalisme légal, et de la sûreté des solutions que ce formalisme peut commander.

(3) MM. Zachariæ, Aubry et Rau, t. V, p. 519, texte et note, 71. — M. Coin-Delisle, art. 973, n° 3. — M. Demolombe, t. XXI, p. 309.

Quant aux mots : « *dans les campagnes* », il appartient aux tribunaux d'en déterminer le sens.

976. — Lorsque le testateur voudra faire un testament mystique ou secret, il sera tenu de signer ses dispositions, soit qu'il les ait écrites lui-même, ou qu'il les ait fait écrire par un autre. Sera le papier qui contiendra ses dispositions, ou le papier qui servira d'enveloppe, s'il y en a une, clos et scellé. Le testateur le présentera ainsi clos et scellé au notaire, et à six témoins au moins, ou il le fera clore et sceller en leur présence; et il déclarera que le contenu en ce papier est son testament écrit et signé de lui, ou écrit par un autre et signé de lui; le notaire en dressera l'acte de suscription, qui sera écrit sur ce papier ou sur la feuille qui servira d'enveloppe; cet acte sera signé tant par le testateur que par le notaire, ensemble par les témoins. Tout ce que dessus sera fait de suite et sans divertir à autres actes; et en cas que le testateur, par un empêchement survenu depuis la signature du testament, ne puisse signer l'acte de suscription, il sera fait mention de la déclaration qu'il en aura faite, sans qu'il soit besoin, en ce cas, d'augmenter le nombre des témoins.

Le testament mystique est issu du droit du Bas-Empire, et il a été pratiqué autrefois en France dans les pays de droit écrit. Les compilateurs napoléoniens en ont presque textuellement emprunté les règles à l'ordonnance de 1735 (art. 9-12, 38, 43).

Embarrassé dans une foule de complications et en profond désaccord avec les mœurs modernes, le testament mystique est de moins en moins usité.

Les dispositions auxquelles il est soumis, d'après l'art. 976, ont pour but :

D'une part, de constater que ce testament a été présenté par le testateur au notaire et aux témoins, et que le testateur a déclaré que le papier qu'il présentait était son testament;

D'autre part, de garantir ce testament entre les mains du notaire contre toute espèce de fraudes.

De là les dispositions qui, dans l'art. 976, concernent, en matière de testament mystique :

1° *L'écriture;*

2° *La clôture et le scel;*

3° *La présentation au notaire et aux témoins, avec la déclaration du testateur;*

4° *L'acte de suscription;*

5° *L'unité de temps et de lieu.*

1° ÉCRITURE

Le testament mystique peut être *écrit, soit par le testateur lui-même, soit par un autre*, et cet autre peut être indifféremment le notaire qui dressera l'acte de suscription, l'une des personnes que le testateur se propose d'y appeler comme témoins, l'une même de celles au profit desquelles il veut disposer.

Que le testament mystique ait été écrit par le testateur, ou qu'il l'ait été par un autre, *il doit, en principe* (V. *infra,* art. 977), *être signé par le testateur,* mais il n'a pas besoin d'être *daté,* car la date du testament mystique est celle de la suscription, et non celle de la disposition (1).

2° CLOTURE ET SCEL.

L'écrit qui contient les dispositions ou le papier qui enveloppe cet écrit doit être clos et scellé.

Que veut dire le mot « scellé » ? signifie-t-il que le testament mystique doit être clos au moyen d'un cachet portant une empreinte ?

Les auteurs discutent.

Les uns disent qu'il appartient au juge du fait d'apprécier si, toute question d'empreinte à part, le scellement qui a été pratiqué atteint le but que la loi a eu en vue (2).

Les autres invoquent les traditions, et sont d'avis que le scellement requis dans l'espèce suppose l'application d'un cachet portant une empreinte (3).

D'après l'esprit de la compilation napoléonienne, cette seconde opinion doit être préférée.

Cependant, ceux qui la professent concèdent eux-mêmes au testateur le droit de se servir d'un cachet autre que le sien (4).

3° PRÉSENTATION AU NOTAIRE ET AUX TÉMOINS AVEC LA DÉCLARATION DU TESTATEUR.

Le testateur doit présenter le testament mystique, ainsi clos et scellé, au notaire et aux témoins, ou le faire clore et sceller en leur présence.

Il doit leur déclarer que le papier qu'il leur présente contient son testament écrit et signé par lui, ou écrit par un autre et signé par lui.

Cette déclaration sert à constater l'identité de l'écrit présenté au notaire et aux témoins avec celui sur lequel la suscription est rédigée.

Il faut remarquer que, dans le cas présent, le nombre des témoins doit être de six au minimum (comparer art. 976 et 977).

---

(1) Comparer M. Demante, t. IV, n° 121 *bis,* I.— MM. Zachariæ, Aubry et Rau, t. V, p. 522. — M. Demolombe, t. XXI, p. 333.

(2) M. Demante, t. IV, n° 121 *bis.* — M. Valette, à son cours. — M. Mimerel, *Revue crit. de législat.,* 1856, t. I, p. 252.

(3) M. Nicias-Gaillard, *Revue crit. de législat.* 1857, t. X. — MM. Zachariæ, Aubry et Rau, t. V, p. 523. M. Demolombe, t. XXI, p. 343.

(4) MM. Zachariæ, Aubry et Rau, t. V, p. 523. — M. Demolombe, t. XXI, p. 348.

4º ACTE DE SUSCRIPTION.

L'acte de suscription est le procès-verbal rédigé par le notaire, qui constate la présentation du testament et la déclaration du testateur.

L'acte de suscription doit être écrit sur le papier même qui contient le testament ou sur l'enveloppe (1).

Il doit être signé par le testateur, par le notaire et par tous les témoins.

D'après le texte même de l'article, « *en cas que le testateur, par un empêchement survenu depuis la signature du testament, ne puisse signer l'acte de suscription, il doit être fait mention de la déclaration qu'il en aura faite, sans qu'il soit besoin en ce cas d'augmenter le nombre des témoins* ».

On discute, d'ailleurs, sur une foule de points, et notamment sur les suivants :

1º *Est-il nécessaire que l'acte de suscription soit rédigé en minute ?*

2º *Lorsque l'acte de suscription a été dressé par le notaire qui a lui-même écrit le testament intérieur, et que, dans ce testament, il se trouve des dispositions, soit au profit des parents ou alliés du notaire, soit au propre profit du notaire, le testament mystique est-il valable ?*

3º *Peut-on admettre comme témoins de l'acte de suscription :*

Soit le légataire qui aurait écrit le testament ;

Soit les parents et alliés et les serviteurs du testateur ;

Soit les parents et alliés, les serviteurs et les clercs du notaire ?

4º *Suffirait-il que l'acte de suscription constatât la clôture, sans mentionner le scel (2) ?*

5º UNITÉ DE TEMPS ET DE LIEU.

L'art. 976 porte :

« *Tout ce que dessus sera fait de suite et sans divertir à d'autres actes.* »

C'est l'*unus contextus* des Romains (§ 3, *Inst.* liv. II, tit. X).

_____

(1) MM. Zachariæ, Aubry et Rau, t. V, p. 324. — M. Demolombe, t. XXI, p. 352.

(2) V. pour les solutions MM. Zachariæ, Aubry et Rau, t. V, p. 324 et suiv. — M. Coin-Delisle, art. 976. — M. Demolombe, t. XXI, p. 355 et suiv.
Nous n'en finirions pas si nous voulions entrer dans le détail de toutes les difficultés qu'ont engendrées, dans cette matière, l'esprit légiste et le formalisme romain, joints à l'incapacité et à la négligence des auteurs de la compilation napoléonienne.
Se fût-on proposé de semer de chausse-trapes la législation du testament mystique, il eût été impossible d'y mieux réussir.

On sait qu'à Rome, le testament se faisait à l'origine dans les comices (*calatis comitiis*) ; or, lorsque les comices étaient interrompus, tout à recommencer ; il était donc forcé que le testament se fît alors *uno contextu*.

Le droit romain maintint et développa cette règle, tout en en supprimant la raison d'être ; l'ancienne jurisprudence copia le droit romain (ordonnance de 1735, art. 5) ; les rédacteurs du Code Napoléon ont copié l'ancienne jurisprudence.

Voilà pourquoi, sous l'empire de la codification napoléonienne, l'acte de suscription du testament mystique doit être dressé dans une seule séance ; voilà aussi pourquoi, sous ce même empire, on ne doit pas le suspendre pour faire un autre acte.

975. — Si le testateur ne sait signer, ou s'il n'a pu le faire lorsqu'il a fait écrire ses dispositions, il sera appelé à l'acte de suscription un témoin, outre le nombre porté par l'article précédent, lequel signera l'acte avec les autres témoins ; et il y sera fait mention de la cause pour laquelle ce témoin aura été appelé.

Cet article est la reproduction de l'art. 10 de l'ordonnance de 1735.

Lorsque, par une cause quelconque, le testateur n'a pu signer son testament fait en forme mystique, le nombre des témoins doit être porté à sept.

On ne voit pas ce que la présence d'un septième témoin vient ajouter ici à celle des six autres ; mais, dans la fausse science juridique, il est de tradition qu'on ne saurait trop multiplier les causes de nullité des testaments ; et la législation napoléonienne a soigneusement conservé cette tradition.

976. — Ceux qui ne savent ou ne peuvent lire, ne pourront faire de dispositions dans la forme du testament mystique.

Cet article est la reproduction de l'art. 11 de l'ordonnance de 1735.

C'est *au moment où il présente son testament au notaire et aux témoins que le testateur doit être en état de lire,* car c'est à ce moment qu'il doit être en état de vérifier si le papier qu'il présente est bien son testament (1).

977. — En cas que le testateur ne puisse parler, mais qu'il puisse écrire, il pourra faire un testament mystique, à la charge que le testament sera entièrement écrit, daté et signé de sa main, qu'il le présentera au notaire et aux témoins, et qu'au haut de l'acte de suscription, il écrira en leur présence, que le papier qu'il présente est son testament ; après quoi le notaire écrira l'acte de suscription, dans lequel il sera fait mention que le testateur a écrit ces mots en présence du notaire et des témoins, et sera, au surplus, observé tout ce qui est prescrit par l'article 976.

---

(1) M. Demolombe, t. XXII, p. 379.

Cet article est la reproduction de l'art. 12 de l'ordonnance de 1735.

C'est *au moment où l'acte de suscription est dressé, qu'il est néces-saire que le testateur soit en état de parler,* car c'est à ce moment qu'il doit être en état de déclarer au notaire et aux témoins que le papier qu'il présente est bien son testament.

Celui qui ne peut parler au moment que nous venons d'indiquer, mais qui, d'ailleurs, peut écrire, est admis à faire un testament mystique à *trois* conditions :

1° *Que le testament soit entièrement écrit, daté* (1) *et signé de sa main;*

2° *Qu'au haut de l'acte de suscription, il écrive devant le notaire et les témoins que le papier qu'il présente est son testament;*

3° *Que le notaire fasse mention dans l'acte de suscription que le testateur a écrit ces mots en présence du notaire et des témoins.*

Remarquons que la personne qui peut écrire n'est jamais réduite à la seule ressource du testament mystique, et qu'elle a toujours à sa dis-position celle du testament olographe.

1er APPENDICE

Depuis plusieurs siècles, les auteurs examinent la question de savoir si le testament, qui est nul en la forme mystique, peut être valable en la forme olographe, lorsque d'ailleurs il remplit toutes les conditions requises en matière de testament olographe.

Les partisans de la *négative* invoquent (2) :

1° Les lois romaines (L. Ult, C., liv. VI, tit. XXXVI; l. 19, C., liv. VI, tit. XLII);

2° La combinaison des art. 979 et 1001.

Selon eux, il ressort clairement de ces derniers textes, *que le testa-ment, même écrit en entier, daté et signé de la main du testateur,* n'en est pas moins *nul si les formalités nécessaires pour qu'il vaille comme testament mystique n'ont pas été observées.*

Les partisans de *l'affirmative* opposent (3) :

---

(1) Le mot *daté* ne figure dans l'art. 979 que par suite d'une inadvertance des compilateurs napoléoniens. L'ordonnance de 1735 exigeait, en principe, (art. 387) la date de l'écriture intérieure du testament mystique; et, par consé-quent elle exigeait aussi cette date, dans le cas particulier prévu par l'art. 979 (art. 12 de l'*Ord.*). Les compilateurs napoléoniens qui retranchaient, en principe, la nécessité de la date l'ont maintenue sans y prendre garde, dans l'hypothèse qui nous occupe.

(2) Ricard, part. 1, n°s 1669 et suiv. — M. Coin-Delisle, art. 976; n° 15.

(3) Henrys, liv. V. chap. I, quest. 2 et 3, et chap. IV; quest. 67. — M. De-

1° A l'argument romain une réfutation romaine (l. 3, D., liv. XXIX, tit. I);

2° A l'argument fondé sur la combinaison des art. 979 et 1001 une réfutation déduite de la distinction suivante :

Veut-on faire valoir comme mystique le testament dans lequel les formalités requises pour le testament mystique n'ont pas été observées, l'art. 1001 ne le permet pas;

Veut-on faire valoir comme olographe ce même testament, s'il remplit d'ailleurs les conditions requises pour le testament olographe, l'art. 1001 ne le défend pas.

Les partisans de l'affirmative allèguent enfin *l'intention probable du testateur qui paraît bien être avant tout d'avoir un testament.*

2ᵉ APPENDICE

Remarquons que, d'après la codification napoléonienne :

1° *Le muet qui sait écrire peut tester, soit dans la forme olographe soit dans la forme mystique* (V. supra, art. 970 et 979);

2° *Le sourd qui sait écrire, peut, comme le muet, tester dans la forme olographe ou dans la forme mystique, et même, à la différence du muet, le sourd qui sait lire sans savoir écrire peut tester dans la forme mystique;*

3° *Le muet et le sourd ne peuvent jamais tester dans la forme publique* (V. supra, art. 972, p. 522 et suiv.).

4° *Le muet et le sourd qui ne savent ni écrire ni lire, ne peuvent tester en aucune forme.*

980. — Les témoins appelés pour être présents aux testaments devront être mâles, majeurs, sujets du roi, jouissant des droits civils.

975. — Ne pourront être pris pour témoins du testament par acte public, ni les légataires, à quelque titre qu'ils soient, ni leurs parents ou alliés jusqu'au quatrième degré inclusivement, ni les clercs des notaires par lesquels les actes seront reçus.

Ces articles se réfèrent *aux conditions de capacité requises dans la personne des témoins.*

Il existe à l'égard des témoins *deux* sortes d'incapacités :

1° *Les incapacités absolues, privant celui qui en est atteint du droit de figurer comme témoin dans aucun testament;*

2° *Les incapacités relatives, privant celui qui en est atteint du droit de figurer comme témoin dans certains testaments.*

mante; n° 121 *bis;* vii. — MM. Zachariæ, Aubry et Rau, t. V, p. 527, texte et note 30. — M. Demolombe, t. XXI, p. 392.

Les incapacités *absolues* sont communes au testament public et au testament mystique (art. 980).

Les incapacités *relatives* ne s'appliquent qu'au testament public (art. 975) (1).

Voyons successivement ces *deux* sortes d'incapacités :

1° INCAPACITÉS ABSOLUES DES TÉMOINS TESTAMENTAIRES.

D'après les auteurs, les incapacités absolues sont elles-mêmes de *deux* sortes :

Les incapacités dites *légales ;*

Les incapacités dites *naturelles* (2).

Les incapacités, dites *légales*, ont été déterminées par l'art. 980 ; elles sont au nombre de *quatre :*

1° *Les témoins doivent être mâles.*

L'origine de cette incapacité tient à ce que, chez les Romains, le testament se faisait dans les comices, et que les femmes n'étaient pas admises à faire partie des comices.

Les auteurs modernes disent plaisamment que *la pudeur du sexe s'oppose à ce qu'une femme comparaisse comme témoin testamentaire devant un notaire ou devant deux notaires* (3).

2° *Les témoins doivent être majeurs.*

Autrefois, pour avoir la capacité d'être témoin testamentaire, il suffisait, dans les pays de droit écrit, d'être pubère ; il fallait, dans les pays coutumiers, avoir vingt ans.

L'idée des pays de droit écrit, empruntée au droit romain, était que le même individu qui est capable d'être testateur est également capable d'être témoin dans les testaments.

D'ailleurs, incomplétement appliquée à Rome et dans les pays de droit écrit, cette idée était bonne ; on ne voit pas pourquoi les compilateurs napoléoniens ne s'y sont pas tenus (4).

3° *Les témoins doivent être « républicoles »*, selon l'expression em-

---

(1) Locré, *Législat. civ.*, t. XI, p. 236 et 466, — MM. Zachariæ, Aubry et Rau, t. V, p. 506 et suiv., et p. 525. — M. Demolombe, t. XXI, p. 362.

(2) Qu'on la considère comme idée au fond ou comme simple point de terminologie, cette antithèse de la *loi* et de la *nature* est tout ce qu'il y a de plus inexact, et, en se complaisant à la reproduire, les légistes ne fournissent pas la moindre preuve de leur absence d'esprit scientifique.

Il n'existe point deux vérités, l'une d'ordre légal, et l'autre d'ordre naturel; il n'existe qu'une vérité toujours naturelle et qui seule devrait être légale.

(3) Merlin, *Répert.*, v° *Témoin instrumentaire*, § 11, n° 3. — M. Demolombe, t. XXI, p. 198.

(4) Comparer Daguesseau, Plaidoyer du 5 mars 1698.

ployée dans la rédaction primitive (13 floréal an XI), « *sujets de l'empereur* », selon le changement opéré dans l'édition de 1807, « *sujets du roi* », selon la nouvelle modification introduite dans l'édition de 1816.

Bien que, sous le second empire, il n'ait point été fait de nouvelle édition de la compilation napoléonienne, les interprètes contemporains se sont empressés de rétablir la formule *sujets de l'empereur*.

En quoi ces interprètes ont commis un *triple manquement*.

1° *Ils ont fourni une preuve de servilité dont les anciens légistes eux-mêmes s'étaient abstenus dans la circonstance ; la formule de l'ancien régime était, en effet, le mot* « régnicoles » (V. Ordonnance de 1735, art. 40).

2° *Ils ont travesti la notion fondamentale du droit politique, qui est que toutes les fonctions publiques ont pour base l'idée de mandat, et que tous les fonctionnaires publics sont les serviteurs de la nation.*

3° *Ils ont consenti à une substitution restrictive et arbitraire, en admettant comme équivalente de l'expression* républicoles, *celle de* sujets de l'empereur.

Le mot *républicoles* signifie vaguement et généralement tous les individus *français ou même étrangers qui habitent le territoire ; le honteux et irrationnel mot* sujets de l'empereur *ne pourrait s'appliquer qu'aux* Français.

Finalement, il est clair qu'il n'existe aucune raison de refuser aux étrangers la capacité d'être témoins dans les testaments (1).

4° *Les témoins doivent jouir des droits civils.*

Cette dernière condition exclut aujourd'hui :

1° *Ceux qui ont encouru la dégradation civique* (art. 34 et 35 C. P., art. 2, l. 31 mai 1854) ;

2° *Ceux qui ont encouru l'interdiction des droits civiques, civils et de famille.*

Les auteurs sont, en général, d'avis qu'en dehors des *quatre* conditions de capacité absolue requises par l'art. 980, on ne saurait en exiger d'autres dans la personne des témoins testamentaires, *ce qui revient à dire qu'il n'y a point lieu d'appliquer ici l'art. 9 de la loi du 25 ventôse an XI* (2).

Les incapacités, dites naturelles, sont rapportées par les auteurs aux

---

(1) Comparer Delvincourt, t. II, p. 83, note 1. — M. Demante, t. IV, n° 125 *bis*, II. — MM. Zachariæ, Aubry et Rau, t. V, p. 100, texte et note 11. — M. Demolombe, t. XX, p. 199.

(2) Comparer MM. Zachariæ, Aubry et Rau, t. V, p. 507, texte et note 13. — M. Demolombe, t. XX, p. 204.

qualités physiques et morales que les témoins doivent réunir pour être en état de s'acquitter de leur fonction.

C'est ainsi que les sourds, les aveugles et les idiots sont incapables d'être témoins (1).

2° INCAPACITÉS RELATIVES DES TÉMOINS TESTAMENTAIRES.

Ces incapacités, qui, comme nous l'avons déjà dit, ne s'appliquent qu'au testament *public*, sont indiquées par l'art. 975 ; elles sont au nombre de *trois :*

1° *Les légataires, à quelque titre qu'ils soient, ne peuvent figurer comme témoins dans le testament public.*

Les mots, « *à quelque titre qu'ils soient* », ont pour but d'écarter toute distinction entre les légataires universels à titre universel, ou à titre particulier.

2° *Les parents ou alliés des légataires jusqu'au quatrième degré inclusivement ne peuvent non plus figurer comme témoins dans le testament public.*

On fait remarquer que l'incapacité résultant de l'alliance continue à subsister dans le cas présent, bien que le conjoint par lequel l'alliance s'est formée soit mort sans postérité (2).

3° *Les clercs du notaire ou des notaires par lequel ou par lesquels l'acte est reçu, ne peuvent enfin figurer comme témoins dans le testament public.*

Cette dernière incapacité a causé la nullité d'un grand nombre de testaments.

Les auteurs professent, en général, qu'en dehors des *trois* causes d'incapacités relatives édictées par l'art. 975, on ne saurait en admettre d'autres ; *ce qui exclut l'application des incapacités décrétées par l'art. 10 de la loi du 25 ventôse an XI* (3).

---

(1) MM. Zachariæ, Aubry et Rau, t. V, p. 506. — M. Demolombe, t. XXI, p. 207.

A des hommes doués de quelque sens philosophique un peu de réflexion eût suffi à la fois pour indiquer d'une manière exacte la capacité requise dans les témoins testamentaires, et pour ne pas commettre la ridicule antithèse des incapacités légales et des incapacités naturelles.

(2) MM. Zachariæ, Aubry et Rau, t. V, p. 508, texte et note 16. — M. Demolombe, t. XXI, p. 219.

(3) M. Demante, t. IV, n° 120 *bis*, i. — MM. Zachariæ, Aubry et Rau, t. V, p. 509. — M. Demolombe. t. XXI, p. 213.

De là, il résulte notamment que, tandis que les clercs des notaires par lesquels les testaments publics sont reçus ne peuvent être témoins dans ces actes, les parents, les alliés et les domestiques des notaires sont parfaitement aptes à y remplir la même fonction.

Il suffit de constater de pareils détails législatifs.

SECTION II.

DES RÈGLES PARTICULIÈRES SUR LA FORME DE CERTAINS TESTAMENTS.

Cette section s'occupe :

1° *Des testaments privilégiés* (testament militaire, testament fait en temps de peste, testament fait sur mer) ;

2° *Du testament fait par un Français en pays étranger.*

1° TESTAMENTS PRIVILÉGIÉS.

981. — Les testaments des militaires et des individus employés dans les armées pourront, en quelque pays que ce soit, être reçus par un chef de bataillon ou d'escadron, ou par tout autre officier d'un grade supérieur, en présence de deux témoins, ou par deux commissaires des guerres, ou par un de ces commissaires en présence de deux témoins.

982. — Ils pourront encore, si le testateur est malade ou blessé, être reçus par l'officier de santé en chef, assisté du commandant militaire chargé de la police de l'hospice.

983. — Les dispositions des articles ci-dessus n'auront lieu qu'en faveur de ceux qui seront en expédition militaire, ou en quartier, ou en garnison hors du territoire français, ou prisonniers chez l'ennemi ; sans que ceux qui seront en quartier ou en garnison dans l'intérieur puissent en profiter, à moins qu'ils ne se trouvent dans une place assiégée, ou dans une citadelle et autres lieux dont les portes soient fermées et les communications interrompues à cause de la guerre.

984. — Le testament fait dans la forme ci-dessus établie sera nul six mois après que le testateur sera revenu dans un lieu où il aura la liberté d'employer les formes ordinaires.

Ces textes se rapportent au testament *militaire*.

Il en résulte :

1° *Que les formes du testament militaire peuvent être employées non-seulement par les militaires en activité de service, mais aussi par tous les individus qui se trouvent à la suite des armées à cause de leurs fonctions, tels que les chirurgiens militaires et leurs aides, tout le corps de l'intendance, les fournisseurs, etc.* (art. 981) ;

2° *Que le testament militaire peut être reçu :*

En premier lieu, soit par un chef de bataillon ou d'escadron, ou par tout autre officier d'un grade supérieur, en présence de deux témoins, soit par deux sous-intendants militaires, ou par un sous-intendant (les sous-intendants militaires ont remplacé les commissaires des guerres), en présence de deux témoins (art. 981);

En second lieu, si le testateur est malade ou blessé, par l'officier de santé en chef, assisté du commandant militaire chargé de la police de l'hospice (art. 982);

3° *Que le bénéfice du testament militaire n'est attribué aux personnes sus-indiquées que dans les cas déterminés par l'art.* 983 ;

4° *Que le testament militaire cesse d'être valable six mois après que le testateur est revenu dans un lieu où il a recouvré la liberté de tester par acte public ou dans la forme mystique* (art. 984).

Le *privilège* du testament militaire consiste :

1° *En ce que, comme nous venons de le dire, supra* 2°, *les notaires sont remplacés dans le testament militaire par des officiers de l'armée;*

2° *En ce que, comme nous le verrons infra* (art. 998), *le testament militaire est dispensé de plusieurs des solennités auxquelles est soumis le testament ordinaire.*

A l'égard des conditions de capacité absolue et relative requises dans la personne des témoins, comme cette section ne renferme aucun article qui s'y rapporte, on professe, en général, qu'il y a lieu d'appliquer les art. 980 et 975 (1).

985. — Les testaments faits dans un lieu avec lequel toute communication sera interceptée à cause de la peste ou autre maladie contagieuse, pourront être faits devant le juge de paix, ou devant l'un des officiers municipaux de la commune en présence de deux témoins.

986. — Cette disposition aura lieu, tant à l'égard de ceux qui seraient attaqués de ces maladies, que de ceux qui seraient dans les lieux qui en sont infectés, encore qu'ils ne fussent pas actuellement malades.

987. — Les testaments mentionnés aux deux précédents articles deviendront nuls six mois après que les communications auront été rétablies dans le lieu où le testateur se trouve, ou six mois après qu'il aura passé dans un lieu où elles ne seront point interrompues.

Ces articles concernent le testament *fait en temps de peste.*

Ils décident :

1° *Que ce testament ne peut être fait que par ceux qui se trouvent dans un lieu avec lequel toute communication est interceptée à cause de la peste ou de quelque autre maladie contagieuse, sans qu'il y ait d'ailleurs lieu de distinguer entre les personnes malades et les personnes non malades* (art. 985 et 986);

2° *Que ce testament peut être reçu par le juge de paix ou par l'un des officiers municipaux de la commune, en présence de deux témoins;*

3° *Que ce testament, comme le testament militaire, devient nul six mois après que le testateur s'est trouvé replacé dans les conditions ordinaires* (art. 987).

Le *privilège* du testament fait en temps de peste comprend les *deux* mêmes points que le privilège du testament militaire (**V.** *supra*).

---

(1) M. Demante, t. IV, n° 127 *bis*, I. — M. Valette, à son cours. — M. Demolombe, t. XXI, p. 411.
Comparer, MM. Zachariæ, Aubry et Rau, t. V, p. 529, texte et notes 3 et 4.

Il faut aussi appliquer à ce testament ce qui a été dit sur la capacité des témoins en matière de testament militaire (V. *supra*).

Notons enfin que la loi du 3 mars 1822 (art. 19) a déclaré les art. 985, 985 et 987 applicables dans les lazarets et autres lieux où le régime sanitaire est établi.

988. — Les testaments faits sur mer, dans le cours d'un voyage, pourront être reçus, savoir : — A bord des vaisseaux et autres bâtiments du roi, par l'officier commandant le bâtiment, ou, à son défaut, par celui qui le supplée dans l'ordre du service, l'un ou l'autre conjointement avec l'officier d'administration ou avec celui qui en remplit les fonctions. — Et à bord des bâtiments de commerce, par l'écrivain du navire ou celui qui en fait les fonctions, l'un ou l'autre conjointement avec le capitaine, le maître ou le patron, ou, à leur défaut, par ceux qui les remplacent. — Dans tous les cas, ces testaments devront être reçus en présence de deux témoins.

989. — Sur les bâtiments du roi, le testament du capitaine ou celui de l'officier d'administration, et sur les bâtiments de commerce, celui du capitaine, du maître ou patron, ou celui de l'écrivain, pourront être reçus par ceux qui viennent après eux dans l'ordre du service, en se conformant pour le surplus aux dispositions de l'article précédent.

990. — Dans tous les cas, il sera fait un double original des testaments mentionnés aux deux articles précédents.

991. — Si le bâtiment aborde dans un port étranger dans lequel se trouve un consul de France, ceux qui auront reçu le testament seront tenus de déposer l'un des originaux, clos ou cacheté, entre les mains de ce consul, qui le fera parvenir au ministre de la marine ; et celui-ci en fera faire le dépôt au greffe de la justice de paix du lieu du domicile du testateur.

992. — Au retour du bâtiment en France, soit dans le port de l'armement, soit dans un port autre que celui de l'armement, les deux originaux du testament, également clos et cachetés, ou l'original qui resterait, si, conformément à l'article précédent, l'autre avait été déposé pendant le cours du voyage, seront remis au bureau du préposé de l'inscription maritime ; ce préposé les fera passer sans délai au ministre de la marine, qui en ordonnera le dépôt, ainsi qu'il est dit au même article.

993. — Il sera fait mention sur le rôle du bâtiment, à la marge, du nom du testateur, de la remise qui aura été faite des originaux du testament, soit entre les mains d'un consul, soit au bureau d'un préposé de l'inscription maritime.

994. — Le testament ne sera point réputé fait en mer, quoiqu'il l'ait été dans le cours du voyage, si, au temps où il a été fait, le navire avait abordé une terre, soit étrangère, soit de la domination française, où il y aurait un officier public français ; auquel cas, il ne sera valable qu'autant qu'il aura été dressé suivant les formes prescrites en France, ou suivant celles usitées dans les pays où il aura été fait.

995. — Les dispositions ci-dessus seront communes aux testaments faits par les simples passagers qui ne feront point partie de l'équipage.

996. — Le testament fait sur mer, en la forme prescrite par l'art. 988, ne sera valable qu'autant que le testateur mourra en mer, ou dans les trois mois après qu'il sera descendu à terre, et dans un lieu où il aura pu le refaire dans les formes ordinaires.

997. — Le testament fait sur mer ne pourra contenir aucune disposition au profit des officiers du vaisseau, s'ils ne sont parents du testateur.

Ces articles ont trait au testament *fait sur mer.*

Ils disposent :

1° *Que ce testament peut être fait dans le cours d'un voyage, par tous ceux qui sont en mer* (art. 988);

2° *Que ce testament ne peut être fait lorsque le navire a abordé une terre où il y a un officier public français;*

Sans qu'il y ait lieu de distinguer si cette terre est étrangère ou française (art. 994) (1);

3° *Que ce testament peut être reçu par des officiers ou employés spéciaux* (art. 988-989);

4° *Que diverses mesures doivent être prises pour assurer la conservation de ce testament* (art. 990-993);

5° *Que ce testament n'est valable que tout autant que le testateur meurt en mer, ou dans les trois mois après qu'il est descendu à terre, et dans un lieu où il a pu tester devant un fonctionnaire français par acte public, ou dans la forme mystique* (art. 996);

6° *Que ce testament, même fait en la forme olographe, ne peut contenir aucune disposition au profit des officiers du vaisseau, s'ils ne sont parents du testateur* (art. 997).

On est d'accord pour admettre que le défaut d'accomplissement des mesures qui doivent être prises pour assurer la conservation du testament fait sur mer n'entraîne pas la nullité de ce testament (2).

Quant à la sanction de la défense qui concerne les dispositions faites au profit des officiers du vaisseau, il y a lieu de décider que cette sanction est tantôt celle d'une nullité limitée à la disposition elle-même, tantôt celle d'une nullité étendue au testament tout entier, selon que l'officier bénéficiaire du legs est demeuré étranger à la confection du testament, ou qu'au contraire, il a lui-même reçu le testament ou qu'il y a figuré comme témoin (3).

Le *privilége* du testament fait sur mer est exactement de *même sorte* que le privilége du testament militaire et du testament fait en temps de peste (V, *supra*).

_____

(1) M. Valette, à son cours. — M. Colmet de Santerre, t. IV, n° 132 *bis*. — M. Demolombe, t. XXI, p. 429.

D'après MM. Duranton, t. IX, n° 159, et Troplong, t. III, n° 1749, les mots « où il y aurait un officier public français » ne concernent que la terre de la domination française : selon ces auteurs, la faculté de se servir pour tester des formes maritimes cesse dès que le navire aborde une terre étrangère, encore qu'il ne se trouve pas sur cette terre d'officier public français.

(2) MM. Zachariæ, Aubry et Rau, t. V, p. 532, texte et note 1. — M. Coin-Delisle, sur l'art. 990, n° 1.

(3) MM. Zachariæ, Aubry et Rau, t. V, p. 532. — M. Demolombe, t. XXI, p. 436.

M. Colmet de Santerre enseigne que, dans tous les cas, la nullité n'est que partielle.

Il faut aussi appliquer à ce testament ce qui a été dit sur la capacité des témoins, en matière de testament militaire et de testament fait en temps de peste (**V.** *supra*).

998. — Les testaments compris dans les articles ci-dessus de la présente section seront signés par les testateurs et par ceux qui les auront reçus. — Si le testateur déclare qu'il ne sait ou ne peut signer, il sera fait mention de sa déclaration, ainsi que de la cause qui l'empêche de signer. — Dans les cas où la présence de deux témoins est requise, le testament sera signé au moins par l'un d'eux, et il sera fait mention de la cause pour laquelle l'autre n'aura pas signé.

Cet article règle les formes applicables aux *trois* testaments privilégiés. Il exige :

1° *Que les testaments privilégiés soient signés par les testateurs et par ceux qui les auront reçus ;*

2° *Que, si le testateur ne signe pas, il déclare lui-même son empêchement de signer ainsi que la cause qui l'empêche, et qu'il soit fait mention de cette déclaration ;*

3° *Que ces testaments soient, en outre, signés au moins par l'un des deux témoins, et que, si l'un des deux en effet ne signe pas, il soit fait mention de la cause pour laquelle ce témoin ne signe pas.*

Les auteurs sont fort embarrassés, et il y a de quoi, pour savoir *si les règles particulières posées par la section II, relativement à la forme de certains testaments, doivent être complétées par les règles générales posées par la section II, relativement aux formes des testaments.*

On s'accorde à admettre que les art. 967, 968 et 969 de la section I, sont applicables aux situations exceptionnelles prévues par la section II (1).

A l'égard des autres articles de la section I, il existe *deux* opinions :

La *première* repousse d'une manière absolue l'application de ces articles (2).

La *seconde* repousse l'application des articles relatifs aux formes de la rédaction ; elle admet l'application des articles relatifs à la capacité des témoins (3).

Nous avons pris d'avance parti pour cette *seconde* opinion (**V.** *supra*, p. 537) (4).

---

(1) M. Demante, t. IV, n° 127. — M. Demolombe, t. XXI, p. 407.
(2) M. Duranton, t. IX, n° 150. — M. Marcadé, art. 998, n° 2.
(3) M. Demante, t. IV, n° 127 *bis*, i. — M. Demolombe, t. XXI, p. 413.
(4) L'enseignement qui se dégage de l'ensemble, c'est que l'émiettement et l'incohérence de la législation ont engendré ici une foule de menus embarras pour la doctrine.

2° TESTAMENT FAIT PAR UN FRANÇAIS EN PAYS ÉTRANGER.

999. — Un Français qui se trouvera en pays étranger pourra faire ses dispositions testamentaires par acte sous signature privée, ainsi qu'il est prescrit en l'art. 970, ou par acte authentique, avec les formes usitées dans le lieu où cet acte sera passé.

1000. — Les testaments faits en pays étranger ne pourront être exécutés sur les biens situés en France, qu'après avoir été enregistrés au bureau du domicile du testateur, s'il en a conservé un, sinon au bureau de son dernier domicile connu en France; et dans le cas où le testament contiendrait des dispositions d'immeubles qui y seraient situés, il devra être, en outre, enregistré au bureau de la situation de ces immeubles, sans qu'il puisse être exigé un double droit.

Rédigé à l'aventure, comme la plupart des textes qui composent la compilation napoléonienne, l'art. 999 a fait naître plusieurs difficultés dans une matière qui n'en comporterait aucune, si elle était abandonnée au pur enseignement doctrinal.

Il résulte de la lettre de cet article :

1° *Qu'un Français, en pays étranger, peut tester dans la forme olographe ;*

2° *Qu'un Français, en pays étranger, peut tester par acte authentique, avec les formes usitées dans le pays où il se trouve.*

Doit-on généraliser ces deux dispositions, et admettre :

1° *Qu'un Français, en pays étranger, peut tester selon les formes françaises (olographe, publique et mystique), le chancelier du consulat faisant fonction de notaire dans les formes publique et mystique ;*

2° *Qu'un Français, en pays étranger, peut tester selon les formes quelconques usitées dans le pays où il se trouve ?*

C'est évidemment là ce qui serait logique.

Cependant l'opinion qui prévaut est :

Sur le *premier* point,

Qu'un Français, en pays étranger, ne peut tester selon les formes françaises, que dans les formes olographe et publique, et encore faut-il, lorsqu'il teste dans la forme publique, qu'il observe les formes spéciales prescrites par l'art. 24 du liv. I du tit. II de l'ordonnance de 1681, c'est-à-dire qu'il teste devant le chancelier du consulat en présence du consul et de deux témoins (1).

Sur le *deuxième* point,

Qu'un Français, en pays étranger, peut tester selon toutes les formes

---

(1) MM. Zachariæ, Aubry et Rau, t. V, p. 485, texte et note 2. — M. Colmet de Santerre, t. IV, n° 138 *bis*, II. — M. Demolombe, t. XXI, p. 447.

considérées comme authentiques par les lois du pays où le testament est fait, mais seulement selon ces formes (1).

Le testament fait par un Français en pays étranger doit d'ailleurs toujours être enregistré au bureau du domicile du testateur, si le testateur a conservé un domicile, sinon au bureau de son dernier domicile connu en France ; en outre, dans le cas où le testament contient des dispositions d'immeubles qui sont situés en France, il doit être enregistré au bureau de la situation de ces immeubles, sans qu'il puisse être exigé un double droit.

APPENDICE

TESTAMENT FAIT PAR UN ÉTRANGER.

Distinguons :
1° Le testament fait par un étranger en France ;
2° Le testament fait par un étranger en pays étranger.

Nous examinerons successivement, pour ces deux hypothèses, si le testament fait par un étranger est valable à l'égard des biens dont cet étranger serait propriétaire en France.

1° TESTAMENT FAIT PAR UN ÉTRANGER EN FRANCE.

Un étranger qui se trouve en France peut y tester selon toutes les formes admises par la loi française.

Cependant, on conteste qu'il ait le droit de se servir de la forme *olographe*, lorsque sa législation nationale ne la reconnaît pas (2).

Un étranger qui se trouve en France peut-il tester aussi selon les formes admises par sa loi nationale?

Ce point est controversé.

Les auteurs qui enseignent l'*affirmative* disent que la règle « *locus regit actum* », doit être considérée comme simplement *facultative* (3).

_____

(1) MM. Zachariæ, Aubry et Rau, t. V, p. 485, texte et note 1. — M. Coin-Delisle, art. 999, n° 7. — M. Troplong, t. II, n°s 1734, 1735. — M. Bayle-Mouillard, *Sur Grenier*, t. II, n° 280, note b.

M. Valette, à son cours, et M. Demolombe t. XXI, p. 443, professent qu'un Français, en pays étranger, peut faire son testament selon les formes usitées dans le pays où cet acte est passé, quelles que soient d'ailleurs ces formes, authentiques ou sous signature privée.

(2) Admettent la forme olographe :
MM. Zachariæ, Aubry et Rau, t. V, p. 486. — M. Colmet de Santerre, t. IV, n° 128 *bis*, IV. — M. Demolombe, t. XXI, p. 452.

Repoussent la forme olographe : M. Demante, t. IV, n° 138. — M. Coin-Delisle, l'art. 999, n° 6.

(3) MM. Zachariæ, Aubry et Rau, t. V, p. 486, texte et notes 4 et 5. — M. Fœlix, *Droit international*, n° 59.

Les auteurs qui se prononcent pour la *négative* allèguent que la règle « *locus regit actum* » est *obligatoire* (1).

2° TESTAMENT FAIT PAR UN ÉTRANGER EN PAYS ÉTRANGER.

Le testament fait par un étranger en pays étranger est valable en France, s'il a été fait :

Soit d'après la loi nationale de cet étranger ;

Soit d'après la loi du lieu où cet étranger se trouvait lorsqu'il a testé (2).

On est d'accord pour appliquer au testament fait par un étranger en pays étranger la *seconde* disposition de l'art. 1000 (3).

1001. — Les formalités auxquelles les divers testaments sont assujettis par les dispositions de la présente section et de la précédente, doivent être observées à peine de nullité.

La nullité que prononce cet article est une dérivation de l'idée qui a porté le législateur napoléonien à faire du testament un acte solennel (V. *supra*, p. 379).

Il résulte de la même prémisse que le testateur ne peut pas plus réparer par un acte confirmatif les vices de son testament que ceux de sa donation entre-vifs (4).

SECTION III.

DES INSTITUTIONS D'HÉRITIER ET DES LEGS EN GÉNÉRAL.

Dans un système de codification scientifique, c'est-à-dire s'en tenant

---

(1) M. Coin-Delisle, art. 999, n° 6. — M. Colmet de Santerre, t. IV, n° 128 *bis*, IV. — M. Demolombe, t. XXI, p. 454.

(2) Comparer, MM. Zachariæ, Aubry et Rau, t. V, p. 486. — M. Demolombe, t. XXI, p. 450 et 455.

(3) M. Duranton, t. IX, n° 172. — M. Demolombe, t. XXI, p. 455.

(4) C'est à l'histoire qu'il faut demander le secret de l'existence de cette multitude de textes que nous venons d'examiner un à un, et qui sacrifient d'une manière si constante la volonté de l'individu à la volonté du législateur.

Tant que l'idée de la propriété n'a point été reliée à celles de la personnalité et de la liberté de l'individu, tant qu'il a existé une copropriété familiale, un arrangement aristocratique, un ordre de choses où le travail était vil, et où la propriété ne reposait pas sur l'effort propre, le droit de tester a pu continuer à passer pour une concession faite par l'État à l'individu, et l'on conçoit que la loi, afin de protéger la famille, ait entouré la disposition à cause de mort d'une foule de restrictions et de piéges.

C'est faute de rattacher l'histoire de la loi civile à l'histoire générale que les légistes ont reproduit en cette matière tant de traditions surannées, *et qu'à leur insu même ils ont fourni un appui à ces doctrines de justice distributive qui substituent l'autorité et l'irresponsabilité de l'État à la liberté et à la responsabilité de l'individu.*

Le mauvais socialisme est né de l'esprit légiste.

aux formules les plus générales et aux divisions essentielles, cette section et les cinq suivantes jusqu'au chapitre VI eussent dû ou disparaître, ou être considérablement abrégées et fondues les unes dans les autres.

C'est ce qui ressortira de l'exégèse qui va suivre (1).

1002. — Les dispositions testamentaires sont ou universelles, ou à titre universel, ou à titre particulier. — Chacune de ses dispositions, soit qu'elle ait été faite sous la dénomination d'institution d'héritier, soit qu'elle ait été faite sous la dénomination de legs, produira son effet suivant les règles ci-après établies pour les legs universels, pour les legs à titre universel, et pour les legs particuliers.

Cet article divise les dispositions testamentaires en *trois* classes :

1° *Les legs universels ;*
2° *Les legs à titre universel ;*
3° *Les legs à titre particulier.*

Il déclare, par double emploi et dans un langage sans netteté, que ce n'est pas d'après la dénomination dont le testateur s'est servi qu'il faut caractériser les dispositions testamentaires, mais bien d'après la nature de ces dispositions ; en d'autres termes, il ne tranche qu'une question de mots, et n'a pas trait au point de savoir si le testament peut faire au fond des *héritiers*, c'est-à-dire *des continuateurs de la personne* (2).

SECTION IV.

DU LEGS UNIVERSEL.

1003. — Le legs universel est la disposition testamentaire par laquelle le testateur donne à une ou plusieurs personnes l'universalité des biens qu'il laissera à son décès.

La définition contenue dans cet article, doit être rectifiée de la manière suivante :

Le legs universel est la disposition testamentaire par laquelle le testateur donne éventuellement à une ou plusieurs personnes l'universalité des biens qu'il laissera à son décès.

Le mot *éventuellement* doit être ajouté au texte, car ce qu'il faut considérer pour savoir si un legs est universel, *ce n'est pas le résultat que produit ce legs, c'est l'étendue de la vocation du légataire.*

Ainsi, d'une part, pour qu'un legs soit universel, il faut qu'il puisse, le cas échéant, embrasser l'universalité du patrimoine ;

(1) La matière est, en effet, presque exclusivement doctrinale, quand elle n'est pas de pure jurisprudence.
Comparer, *Code de la Convention*, liv. II, tit. III, § 3.
(2) Comparer, *supra*, p. 58.

D'autre part, un legs peut être universel, quoique par le fait, le légataire se trouve ne recueillir aucune part du patrimoine.

Voici un exemple qui éclaircira cette double proposition :

Une personne meurt laissant 100 000 francs de biens, un légataire universel et dix légataires particuliers, chacun de 10 000 francs.

Si tous les legs particuliers sont caducs, le légataire universel recueillera l'universalité du patrimoine ;

Si tous les legs particuliers produisent leur effet, comme le légataire universel est tenu d'acquitter tous les legs (art. 1009, V. *infra*), le légataire universel ne recueillera aucune part du patrimoine.

Ajoutons que la présence d'un héritier à réserve ne fait pas perdre au legs universel son caractère.

Entre autres cas sur lesquels les auteurs se demandent si la disposition constitue un legs universel, se trouve celui où le testateur a déclaré léguer son disponible ou sa quotité disponible.

On professe, en général, qu'il faut voir dans cette disposition *un legs universel*, mais il est clair que, pour la qualifier, on doit consulter avant tout *l'intention du testateur* (1).

Quant au legs universel d'usufruit, il est évident qu'il n'est pas universel, car, dans aucune éventualité, il ne peut conférer au légataire le droit de prétendre à l'universalité des biens.

Nous savons déjà (2), et nous aurons occasion de redire que la doctrine la plus accréditée considère ce legs comme un legs particulier.

Le légataire universel acquiert, si le legs est pur et simple, ou à terme, dès le jour du décès du testateur, s'il est affecté d'une condition suspensive, du moment de l'accomplissement de la condition :

1° *Un droit réel à l'universalité des biens héréditaires, lorsque le de cujus ne laisse pas d'héritiers à réserve, ou à la quotité disponible lorsque le de cujus laisse des héritiers à réserve* (V. *infra*, art. 1014) ;

2° *Un droit personnel à la délivrance contre les héritiers à réserve, lorsque le de cujus en laisse.*

(1) Comparer, MM. Zachariæ, Aubry et Rau, t. VI. p. 145. — MM. Massé, et Vergé, t. III, p. 247. — M. Colmet de Santerre, t. IV, n° 144 *bis*, III. — M. Demolombe, t. XXI, p. 494.

Ce point de vue de l'intention du testateur est capital, et la question de savoir si un legs est ou non universel, devrait même être regardée comme existant toute en fait, si le législateur napoléonien n'avait jugé bon de définir le legs universel et de régler les effets qu'il doit produire.

Dans l'état actuel, cette question de fait se trouve transformée en une question de droit (V. Cass., 5 mai, 1835, *Dev.*, 1835, J, 466 ; Cass., 4 août 1851, Manent, *Dev.*, 1851, I, 662 ; Cass., 5 mai 1852, Tanquerel, *Dev.* 1852, I, 522 ; Cass., 9 août 1858, Mercier, *Dev.*, 1858, I, 789 ; Cass., 28 janvier 1862, Chauvin, *Dev.*, 1862, I, 572).

(2) V. *Manuel de Droit civil*, t. I, p. 639.

Le droit réel du légataire universel étant un droit d'hérédité, il comprend :

1° *Le droit d'agir en revendication contre les tiers détenteurs des biens héréditaires;*

2° *Le droit d'agir en payement contre les débiteurs héréditaires;*

3° *Le droit d'agir en partage contre les héritiers à réserve, lorsque le de cujus en laisse.*

Toutefois, l'exercice du droit réel du légataire universel est subordonné, tantôt à la délivrance que ce légataire est tenu de demander aux héritiers à réserve, lorsque le *de cujus* en laisse (V. *infra*, art. 1004), tantôt même, lorsque le *de cujus* ne laisse pas d'héritiers à réserve, et que le légataire universel a la saisine, à l'envoi en possession que ce légataire doit demander au président du tribunal, dans les cas où le testament est olographe ou mystique (V. *infra*, art. 1007 et 1008).

Il y a en outre, comme nous le verrons (art. 1005), à tenir compte d'un nouveau point de vue, en ce qui concerne le droit du légataire universel aux fruits de son legs.

Le droit personnel à la délivrance qui appartient au légataire universel, dans le cas où le *de cujus* laisse des héritiers à réserve, n'est que le corrélatif de l'obligation qui lui est imposée dans le même cas (V. *infra*, art. 1004) (1).

Lorsque le legs universel est affecté d'une condition suspensive et que cette condition n'est pas encore accomplie, le légataire universel peut néanmoins exercer dans l'intervalle *tous les actes conservatoires* de son droit;

Pareillement, le légataire universel peut exercer *tous ces mêmes actes* avant toute demande en délivrance, dans le cas où l'obligation de demander la délivrance lui est imposée.

Il faut ranger notamment parmi les actes conservatoires les *interruptions de prescription contre les tiers détenteurs des biens héréditaires.*

---

(1) La vieille tradition de la copropriété familiale a fait ici tituber les compilateurs napoléoniens d'un article à l'autre ; elle les a conduits à placer, comme toujours, l'idée de la réserve avant celle de la liberté de tester, et, comme toujours aussi, à admettre une série de règles compliquées et arbitraires.

Il faut rendre au droit romain cette justice qu'il n'avait point subordonné l'exercice du droit des légataires à la nécessité d'une demande préalable en délivrance de leur legs; c'est au vieux droit français que remonte l'origine de cette théorie (Comparer, Locré, *Législ. civ.*, t. IX, p. 245 à 255. — Pothier, *Des donations testamentaires*, chap. v, sect. II, § 2. — Ricard, *Des donations*, partie II, chap. I, sect. I et II).

Pour toute réfutation, contentons-nous de rappeler aux légistes le mot du philosophe Kant : l'héritier (et il n'importe point qu'il s'agisse d'un héritier testamentaire ou d'un héritier *ab intestat*), acquiert par son seul silence (stillschweigend) le droit à la succession (V. *supra*, p. 44).

1004. — Lorsqu'au décès du testateur il y a des héritiers auxquels une quotité de ses biens est réservée par la loi, ces héritiers sont saisis de plein droit par sa mort de tous les biens de la succession; et le légataire universel est tenu de leur demander la délivrance des biens compris dans le testament.

1005. — Néanmoins, dans les mêmes cas, le légataire universel aura la jouissance des biens compris dans le testament, à compter du jour du décès, si la demande en délivrance a été faite dans l'année, depuis cette époque ; sinon, cette jouissance ne commencera que du jour de la demande formée en justice, ou du jour que la délivrance aurait été volontairement consentie.

Ces deux articles règlent le cas où le légataire universel se trouve en présence d'héritiers à réserve.

Dans cette hypothèse, l'art. 1004 attribue *la saisine aux héritiers réservataires.*

D'où, la nécessité pour le légataire universel de demander alors la délivrance à ces héritiers.

Les auteurs assignent *deux* motifs à cette disposition :

Le *premier* est que les héritiers réservataires ont une qualité privilégiée ;

Le *second* est que l'intégrité de la réserve aurait pu être compromise, si le légataire universel eût eu le droit de se mettre de sa propre autorité en possession des biens compris dans son legs.

Les auteurs ajoutent que le testateur ne peut affranchir le légataire universel de l'obligation de demander la délivrance aux héritiers réservataires, car la mesure, disent-ils, est d'ordre public (1).

En ce qui concerne les fruits, l'art. 1005 porte la règle spéciale suivante :

Le légataire universel forme-t-il sa demande ou obtient-il amiablement la délivrance de son legs dans l'année du décès, il a la jouissance des biens compris dans le testament, c'est-à-dire qu'il a droit aux fruits de ces biens, à compter du jour du décès ;

Le légataire universel forme-t-il sa demande en dehors de l'année du décès, sa jouissance, c'est-à-dire son droit aux fruits, ne commence que du jour de la demande, ou du jour où la délivrance lui a été volontairement consentie.

Les auteurs disent que, lorsque la demande est formée dans l'année du décès, le législateur napoléonien a appliqué la maxime : *fructus augent hæreditatem* (l. 20, § 2. D. liv. V, tit. III).

Ils ajoutent que le droit aux fruits à compter du jour du décès a été

---

(1) MM. Zachariæ, Aubry et Rau, t. VI, p. 155. — M. Colmet de Santerre, t. IV, n° 146 *bis*, II. — M. Demolombe, t. XXI, p. 508.

Elle est d'ordre public pour les légistes qui se payent de mots, et qui ne veulent pas voir que l'idée de l'ordre public est une conception relative et progressive (V. *Manuel de Droit civil*, t. I, p. 12).

accordé dans ce cas au légataire universel *comme une sorte de compensation de la saisine qu'on lui a refusée, pour l'attribuer de préférence aux héritiers réservataires.*

Ils disent encore que lorsque la demande est formée en dehors de l'année du décès, les héritiers réservataires sont présumés être de bonne foi jusqu'au jour de la demande, et que c'est là le motif pour lequel ils gagnent dans ce cas les fruits, jusqu'au jour de là demande (art. 549-550); ce qui réduit le légataire universel à ne les avoir qu'à compter de ce même jour ou de celui où la délivrance lui a été volontairement consentie.

Les auteurs font aussi remarquer que la disposition de l'art. 1005 est la contre-partie de l'art. 928 (1).

1006. Lorsqu'au décès du testateur il n'y aura pas d'héritiers auxquels une quotité de ses biens soit réservée par la loi, le légataire universel sera saisi de plein droit par la mort du testateur, sans être tenu de demander la délivrance.

1007. — Tout testament olographe sera, avant d'être mis à exécution, présenté au président du tribunal de première instance de l'arrondissement dans lequel la succession est ouverte. Ce testament sera ouvert, s'il est cacheté. Le président dressera procès-verbal de la présentation de l'ouverture et de l'état du testament, dont il ordonnera le dépôt entre les mains du notaire par lui commis. — Si le testament est dans la forme mystique, sa présentation, son ouverture, sa description et son dépôt, seront faits de la même manière ; mais l'ouverture ne pourra se faire qu'en présence de ceux des notaires et des témoins, signataires de l'acte de suscription, qui se trouveront sur les lieux, ou eux appelés.

1008. — Dans le cas de l'art. 1006, si le testament est olographe ou mystique, le légataire universel sera tenu de se faire envoyer en possession, par une ordonnance du président, mise au bas d'une requête à laquelle sera joint l'acte de dépôt.

Il s'agit maintenant du cas où le légataire universel ne se trouve pas en concours avec des héritiers à réserve.

Dans cette hypothèse, l'art. 1006 confère la saisine au *légataire universel.*

Il a été dit plus haut, que parmi les interprètes qui regardent en

---

(1) Comparer, M. Troplong, t. IV, n° 1801. — M. Coin-Delisle, art. 1004-1006, n° 8. — M. Demolombe, t. XXI, p. 510.

V. aussi dans Locré, *Législ. civ.*, t. IX, p. 245 à 255, les observations échangées entre Jollivet, Cambacérès et Tronchet.

Le détestable esprit légiste, c'est-à-dire l'esprit qui ne va jamais au fond des choses, qui se complaît dans la pétition de principe, dans le lieu commun et dans l'équivoque, et qui ne se rendant compte de rien, est toujours prêt à rendre compte de tout, ce détestable esprit a donné dans l'explication des art. 1004 et 1005 un échantillon de son savoir-faire.

Il suffit de remarquer que la complète consécration *du principe de la publicité de la transmission des droits réels* eût coupé court à tous ces graves embarras, et que si les compilateurs napoléoniens se fussent seulement souvenus de l'art. 33, liv. II, tit. III, § 3, *Du Code de la Convention,* les légataires eussent toujours été investis de la plénitude de leur droit, dès le moment du décès du testateur.

principe le légataire universel comme un simple successeur aux biens, quelques-uns professent que le légataire universel qui a la saisine dans les termes de l'art. 1006, est tenu des dettes personnellement et *ultra vires* (**V.** *supra*, p. 325).

Nous nous sommes déjà expliqué sur la valeur de cette opinion de transaction, ainsi que sur celle des deux systèmes absolus qui considèrent, l'un, le légataire universel comme étant toujours un simple successeur aux biens, l'autre comme étant toujours tenu des dettes personnellement et *ultra vires* (**V.** *supra*, p. 327) ; il y a lieu d'ajouter ici que les compilateurs napoléoniens, en conférant la saisine au légataire universel dans le cas de l'art. 1006, c'est-à-dire en la lui conférant dans un cas où le droit coutumier la lui refusait, ont encore embrouillé la question de savoir si le testament peut faire un héritier, en d'autres termes, un représentant de la personne du défunt.

Quoique, d'après l'art. 1006, le légataire universel ait la saisine, lorsqu'il ne se trouve pas en concours avec des héritiers à réserve, cependant, *s'il ne tient son droit que d'un testament olographe ou mystique*, la saisine dont il est investi ne suffit pas pour lui permettre d'*appréhender* la succession.

Aux termes de l'art. 1007, *l'exécution de tout testament olographe ou mystique* est subordonnée à l'accomplissement de *trois* formalités qui sont les suivantes :

1° *Présentation du testament olographe ou mystique au président du tribunal de première instance de l'arrondissement dans lequel la succession s'est ouverte ;*

2° *Ouverture du testament par le président qui dresse un procès-verbal de la présentation de l'ouverture, et de l'état du testament ;*

3° *Dépôt du testament entre les mains d'un notaire commis par le président.*

Remarquons, en outre, que, lorsque le testament est *mystique*, l'ouverture n'en doit être faite qu'en présence du notaire (et non pas « des notaires », comme a dit par inadvertance le législateur napoléonien (**V.** *supra*, art. 976), et de ceux des témoins signataires de l'acte de suscription qui se trouveront sur les lieux, ou eux appelés.

Les formalités précédentes doivent être observées, *quelle que soit la nature du legs universel, à titre universel ou particulier*, et ce n'est que par suite d'un mauvais classement que l'art. 1007 a été placé sous la rubrique du legs universel.

Aux termes de l'art. 1008, une *quatrième* formalité doit être ajoutée, *lorsque le legs est universel et que le testateur ne laisse pas d'héritiers à réserve*.

Cette formalité consiste en ce que *le légataire universel est tenu de demander l'envoi en possession au président du tribunal dans l'arrondissement duquel la succession s'est ouverte.*

C'est par une simple requête à laquelle est joint l'acte de dépôt que cette demande est formée, et c'est par une simple ordonnance mise au bas de la requête que le président accorde l'envoi en possession.

Le rôle du président se borne d'ailleurs à examiner :

1° *Si le testament est fait dans les formes légales ;*

2° *S'il renferme un legs universel ;*

3° *S'il a été régulièrement déposé ;*

4° *Si le testateur n'a pas laissé d'héritier à réserve.*

On voit que l'ordonnance du président ne constitue qu'une sorte de *visa* et de *pareatis*, et qu'elle n'appartient pas au domaine de la juridiction *contentieuse.*

Remarquons que la loi n'a attaché aucune sanction de nullité à l'inobservation, soit des formalités générales prescrites par l'art. 1007, soit de la formalité spéciale ordonnée par l'art. 1008 (1).

1009. — Le légataire universel qui sera en concours avec un héritier auquel la loi réserve une quotité des biens, sera tenu des dettes et charges de la succession du testateur, personnellement pour sa part et portion, et hypothécairement pour le tout ; et il sera tenu d'acquitter tous les legs, sauf le cas de réduction, ainsi qu'il est expliqué aux art. 926 et 927.

Cet article incomplet, surabondant et mal rédigé, se rapporte :

1° *Au payement des dettes par le légataire universel, en concours avec un héritier à réserve ;*

2° *Au payement des legs par le légataire universel, en concours avec un héritier à réserve.*

L'art. 1009 ne s'occupe pas du cas où le légataire universel n'est pas en concours avec un héritier à réserve.

Dans ce cas, le légataire universel est évidemment tenu :

1° *De payer toutes les dettes ;*

2° *De payer tous les legs.*

Est-il tenu de payer les dettes, même ultra vires, *s'il n'a pas accepté sous bénéfice d'inventaire ?*

Cette question a été traitée, *supra,* p. 323.

Est-il tenu de payer les legs, même ultra vires, *s'il n'a pas accepté sous bénéfice d'inventaire ?*

Cette question n'est possible que tout autant que l'on admet *l'affirmative* sur la précédente, c'est-à-dire que l'on décide que le légataire universel est un *héritier,* soit en principe, soit, d'après l'opinion de

<hr/>

(1) Comparer, MM. Zachariæ, Aubry et Rau, t. VI, p. 127 et suiv. — M. Coin-Delisle, art. 1007 et 1008. — M. Demolombe, t. XXI, p. 459 et suiv.

transaction indiquée *suprà*, p. 325, dans le cas où il n'est pas en concours avec un héritier à réserve.

L'affirmative admise en ce premier point, il reste à savoir *si l'héritier pur et simple est tenu de payer les legs comme les dettes* ultra virès (V. *infra*, art. 1017).

Il n'est pas d'ailleurs douteux que le légataire universel n'a jamais droit au bénéfice de la *quarte Falcidie* qui était consacrée par le droit romain et par la jurisprudence des pays de droit écrit, mais que le Code Napoléon n'a pas maintenue.

Dans le cas où le légataire universel est en concours avec un héritier à réserve :

S'agit-il des dettes, l'art. 1009 déclare que « le légataire universel en est tenu personnellement pour sa part et portion, et hypothécairement pour le tout » ;

S'agit-il des legs, l'art. 1009 porte que « le légataire universel est tenu d'acquitter tous les legs, sauf le cas de réduction, ainsi qu'il est expliqué aux art. 926 et 927 ».

La *première* formule doit être complétée par la disposition contenue dans l'art. 871 (V. *suprà*, art. 871, p. 323, et aussi art. 873, p. 329).

La *seconde* formule donne lieu à une controverse.

TROIS SYSTÈMES.

1er SYSTÈME (1). — *En posant la règle que le légataire universel, en concours avec un héritier à réserve, est tenu d'acquitter tous les legs, l'art. 1009 entend parler non pas de tout légataire universel, mais seulement du légataire universel du disponible.*

Quant à l'exception indiquée par les mots : « sauf le cas de réduction, etc. », *elle concerne, au contraire, tout légataire universel autre que le légataire du disponible.*

Comme on le voit, ce système commence par admettre que le legs de la quotité disponible est *nécessairement* un legs universel; puis il raisonne de la façon suivante :

Lorsqu'il s'agit d'un légataire auquel le disponible a été légué, la présence d'un héritier à réserve ne diminue pas ce qui lui a été légué; donc, puisque le légataire ne subit pas de réduction, il ne peut en faire subir aux légataires particuliers; donc, il est alors tenu d'acquitter *tous* les legs, c'est-à-dire les legs en totalité.

On fait le raisonnement inverse à l'égard de tout légataire universel autre que le légataire du disponible.

---

(1) M. Vernet, p. 475. — M. Colmet de Santerre, t. IV, n° 64 *bis*, II, et 152 *bis*, XIII et XIV.

Évidemment, ce système ne sort d'embarras que par un véritable tour de force : il tombe devant ces *deux* considérations :

1° *Que le legs de la quotité disponible n'est pas nécessairement un legs universel* (**V.** *supra*, p. 545).

2° *Qu'en admettant même que le legs de la quotité disponible soit nécessairement un legs universel, il est impossible de supposer qu'une formule aussi générale que celle dont se sert l'art.* 1009 *désigne un cas aussi exceptionnel que celui qu'imaginent les partisans du système.*

2ᵉ SYSTÈME (1). — *En décidant que le légataire universel en concours avec un héritier à réserve, sera tenu d'acquitter tous les legs, l'art.* 1009 *a entendu seulement décider qu'il ne pourra pas exercer la retenue de la* quarte Falcidie.

Il n'y a pas lieu de s'arrêter à ce système ; remarquons, en effet, qu'il ne rend pas compte de la fin de l'art. 1009.

3ᵉ SYSTÈME (2). — *Le légataire universel en concours avec un héritier à réserve est tenu d'acquitter tous les legs sur la portion disponible, sauf à faire subir aux légataires à titre universel et aux légataires particuliers, conformément à l'art.* 926 (**V.** *supra*, p. 441), *la réduction qu'il subit lui-même.*

Ce système nous paraît être le seul qui soit *acceptable*.

Sans doute, les termes dont le législateur napoléonien s'est servi dans l'art. 1009 *in fine* n'expriment point cette proposition ; ils indiquent comme une *exception* le cas de réduction, tandis que ce cas est la *règle* et qu'il se réalise toutes les fois que le légataire universel est en concours avec un héritier à réserve (art. 926) ; mais, comme nous l'avons déjà dit, l'art. 1009 procède d'un ressouvenir malheureux de l'ancien droit où le retranchement devait d'abord porter exclusivement sur les legs universels, et n'atteindre que subsidiairement les legs à titre particulier, et il contient un *lapsus des compilateurs* napoléoniens (**V.** *supra*, p. 441 et 442).

Il faut, en définitive, lire le texte, comme si, au lieu des mots : « sauf le cas de réduction », il renfermait ceux-ci : *sauf la réduction* (3).

SECTION V.

DU LEGS A TITRE UNIVERSEL.

On ne séparait pas autrefois la théorie du legs à titre universel de

---

(1) M. Valette, à son cours. — M. Duranton, t. VIII, n° 369.
(2) MM. Zachariæ, Aubry et Rau, t. VI, p. 171. — M. Demolombe, t. XXI, p. 577.
(3) Le fond de toutes ces théories est presque naïf, tant il est simple, et cependant, si l'on s'en tient aux termes mêmes de la compilation napoléonienne, il est impossible, comme l'atteste ce qui précède, d'en dégager l'expression.

celle du legs universel ; ce sont les rédacteurs du Code Napoléon qui les ont distinguées l'une de l'autre.

Cette distinction qui, dans l'état de la législation (V. *infra*, p. 557), a une certaine importance, n'a, au point de vue rationnel, aucun fondement.

1010. — Le legs à titre universel est celui par lequel le testateur lègue une quote-part des biens dont la loi lui permet de disposer, telle qu'une moitié, un tiers, ou tous ses immeubles ou tout son mobilier, ou une quotité fixe de tous ses immeubles ou de tout son mobilier. — Tout autre legs ne forme qu'une disposition à titre particulier.

Pour définir le legs à titre universel, cet article procède par voie d'énumération ; il indique comme legs à titre universel :

1° *Le legs d'une quote-part des biens dont la loi permet au testateur de disposer ;*

2° *Le legs de tous les immeubles du testateur ;*

3° *Le legs de tout le mobilier du testateur ;*

4° *Le legs d'une quotité fixe de tous les immeubles ou de tout le mobilier du testateur.*

Il faut ajouter à cette liste :

5° *Le legs d'une quote-part de tous les biens du testateur.*

Les auteurs enseignent que c'est, en général, *une question d'interprétation de la volonté du testateur* que de savoir si un legs est à titre universel (1).

Le legs universel d'usufruit, qu'on s'accorde à ne pas ranger parmi les legs universels, doit-il être classé parmi les legs à titre universel ?

Ce point est débattu.

DEUX SYSTÈMES.

1ᵉʳ SYSTÈME (2). — *Le legs universel d'usufruit constitue un legs à titre universel.*

Le *principal* argument de ce système consiste à dire que, aux termes de l'art. 612, le légataire universel d'usufruit est tenu personnellement des dettes de la succession.

2ᵉ SYSTÈME (3). — *Le legs universel d'usufruit constitue un legs particulier.*

Le *principal* argument de ce système consiste à dire que le legs universel d'usufruit ne rentre dans aucune des cinq classes entre lesquelles se répartissent les différents legs à titre universel.

---

(1) M. Demolombe, t. XXI, p. 530.
(2) M. Troplong, t. IV, n° 1848. — MM. Zachariæ, Massé et Vergé, t. III, p. 249-250.
(3) MM. Aubry et Rau, *Sur Zachariæ*, t. VI, p. 147, texte et note 16. — M. Colmet de Santerre, t. IV, n° 157 *bis*, II. — M. Demolombe, t. XXI, p. 532.

Ce système répond, d'ailleurs, à l'argument du précédent en niant que le légataire universel d'usufruit soit tenu personnellement des dettes de la succession. « Tout ce qui résulte de l'art. 612, dit M. Demolombe, c'est que ce legs est soumis à la règle : *bona non intelliguntur, nisi deducto ære alieno* » (1).

Légalement, le *second* système nous paraît préférable;

Rationnellement, les deux nous semblent avoir tort; les définitions et la classification qu'ils essayent d'appliquer l'un et l'autre aux legs d'usufruit n'ont été faites que pour les legs de propriété (2).

Le légataire à titre universel acquiert, si le legs est pur et simple ou à terme, dès le jour du décès du testateur, s'il est affecté d'une condition suspensive du moment de l'accomplissement de la condition :

Un droit réel à la quotité ou à tous les immeubles ou à tout le mobilier compris dans le legs ;

2° *Un droit personnel à la délivrance, lequel droit est réglé par l'art.* 1011 (V. *infra*).

Le droit réel du légataire à titre universel comprend, d'ailleurs, les *mêmes actions* que le droit réel du légataire universel (V. *supra,* p. 546).

Lorsque le legs, à titre universel, est affecté d'une condition suspensive et que cette condition n'est pas encore accomplie, ou bien, lorsque le légataire à titre universel n'a pas encore demandé la délivrance, il peut néanmoins, comme le légataire universel (V. *supra*, p. 546) exercer *tous les actes conservatoires* de son droit.

1011. — Les légataires à titre universel seront tenus de demander la délivrance aux héritiers auxquels une quotité des biens est réservée par la loi; à leur défaut, aux légataires universels; et à défaut de ceux-ci, aux héritiers appelés dans l'ordre établi au titre *Des successions.*

Il ressort de ce texte qu'à la différence du légataire universel, le légataire à titre universel n'a jamais la *saisine.*

A l'égard des personnes auxquelles le légataire à titre universel *est tenu de demander* la délivrance, ce sont, d'après le texte lui-même :

En première ligne, les héritiers réservataires;

A défaut d'héritiers à réserve, les légataires universels;

A défaut de légataires universels, les héritiers non réservataires.

Lorsqu'il existe un héritier réservataire et un légataire universel, auquel des deux le légataire à titre universel doit-il demander la délivrance?

(1) M. Demolombe, t. XXI, p. 533.
(2) V. *Manuel de droit civil,* t. I, p. 639, texte et note 2.

On répond par une distinction :

Si le légataire universel est déjà en possession de son legs, c'est à lui que le légataire à titre universel doit demander la délivrance.

Si le légataire universel n'est pas encore en possession de son legs, c'est à l'héritier réservataire que le légataire à titre universel doit s'adresser, sauf à ce que le légataire universel soit en même temps mis en cause (1).

A partir de quel jour le légataire à titre universel a-t-il droit aux fruits de son legs?

Cette question est discutée.

TROIS SYSTÈMES.

1er SYSTÈME (2). — *Le légataire à titre universel a droit aux fruits de son legs à partir du jour du décès, s'il a formé sa demande en délivrance dans l'année depuis cette époque; s'il n'a, au contraire, formé sa demande en délivrance qu'en dehors de l'année, il n'a droit aux fruits de son legs qu'à partir du jour de la demande en délivrance ou du jour auquel cette délivrance lui a été volontairement consentie* (art. 1005).

L'argument de ce système est fondé sur la maxime « *fructus augent hæreditatem* », et sur ce qu'il est, dit-on, rationnel d'assimiler, au point de vue de l'acquisition des fruits, le légataire à titre universel au légataire universel.

2e SYSTÈME (3). — *Lorsque le legs à titre universel a pour objet une quote-part de l'universalité, ou le mobilier en tout ou en partie, il faut appliquer le système précédent* (art. 1005).

Lorsqu'au contraire le legs à titre universel a pour objet les immeubles ou une quotité fixe des immeubles, on doit décider que le légataire à titre universel n'a jamais droit aux fruits de son legs qu'à partir du jour de sa demande en délivrance ou du jour auquel cette délivrance lui a été volontairement consentie (art. 1014).

Au point de vue de sa première solution, ce système accepte l'argument du système précédent;

Au point de vue de sa seconde solution, il fait remarquer que, une fois perçus, les fruits des immeubles deviennent des biens mobiliers et

---

(1) M. Valette, à son cours. — MM. Zachariæ, Aubry et Rau, t. VI, p. 160. — M. Colmet de Santerre, t. IV, n° 154 *bis*, I. — M. Demolombe, t. XXI, p. 537.

Voy. d'ailleurs *infra*, l'explication des articles relatifs aux exécuteurs testamentaires.

(2) MM. Zachariæ, Aubry et Rau, t. VI, p. 160, texte et note 4. — M. Colmet de Santerre, t. IV, n° 154 *bis*, II et III. — M. Demolombe, t. XXI, p. 542.

(3) M. Duranton, t. IX, n° 211.

qu'ils ne peuvent être regardés comme augmentant la masse des immeubles.

3° SYSTÈME (1). — *Le légataire à titre universel n'a jamais droit aux fruits de son legs qu'à partir du jour de sa demande en délivrance ou du jour auquel cette délivrance lui a été volontairement consentie (art. 1014).*

L'*argument* de ce système est la spécialité du motif sur lequel est fondée la disposition de l'art. 1005 (V. *supra*, p. 547).

Légalement, ce système nous paraît le plus probable ;

Rationnellement, le légataire à titre universel, comme le légataire universel, devrait avoir droit aux fruits de son legs à partir du jour du décès du testateur, si d'ailleurs le testament recevait la publicité qui, selon nous, doit accompagner toute transmission de droits réels (V. *supra*, p. 462 et 513).

1012. — Le légataire à titre universel sera tenu, comme le légataire universel, des dettes et charges de la succession du testateur, personnellement pour sa part et portion, et hypothécairement pour le tout.

Cet article assimile le légataire à titre universel au légataire universel en ce qui concerne les dettes et les charges de la succession.

La règle qu'il énonce est, d'ailleurs, de toute évidence, mais elle a besoin d'être complétée par la disposition que renferme l'art. 871 (V. *supra*, art. 871, p. 323, et aussi art. 873, p. 329).

Remarquons que, lorsqu'au lieu de consister dans une quote-part, le legs à titre universel comprend, soit tous les immeubles, soit tout le mobilier, soit une quotité fixe des immeubles ou du mobilier, il faut estimer la valeur de ce legs et la comparer à celle de l'ensemble de la succession, pour déterminer la quote-part que le bénéficiaire du legs doit supporter dans les dettes et charges de la succession.

1013. — Lorsque le testateur n'aura disposé que d'une quotité de la portion disponible, et qu'il l'aura fait à titre universel, ce légataire sera tenu d'acquitter les legs particuliers par contribution avec les héritiers naturels.

Cet article exprime incomplétement la règle à suivre pour déterminer la part contributoire du légataire à titre universel *dans le payement des legs particuliers.*

Voici quelle est cette règle :

Le légataire à titre universel est tenu de contribuer avec les héritiers au payement des legs particuliers dans la proportion de la quote-part qu'il est appelé à recueillir, sauf dans tous les cas les droits des héritiers à réserve.

---

(1) M. Coin-Delisle, art. 1014, n° 8. — M. Derôme, *Revue de législation,* 1852, t. III, p. 357. — MM. Massé et Vergé, *Sur Zachariæ,* t. III, p. 286.

De là, les solutions suivantes :

1° *Le testateur ne laisse-t-il pas d'héritier à réserve*, il n'y a qu'à appliquer la formule qui précède ;

2° *Le testateur laisse-t-il un héritier à réserve*, alors, de deux choses l'une :

Ou bien le legs à titre universel comprend toute la portion disponible ;

Ou bien ce legs ne comprend qu'une quotité de cette portion.

Dans le *premier* cas, le légataire à titre universel est tenu d'acquitter tous les legs, conformément à la disposition portée à l'égard du légataire universel par l'art. 1009 *in fine* (V. *supra*, p. 550).

Dans le *second* cas, qui est celui que prévoit l'art. 1013, il y a divergence entre les auteurs :

D'après les uns, l'héritier à réserve n'est tenu de contribuer au payement des legs particuliers que proportionnellement à la quotité qu'il recueille dans la portion disponible (1) ;

D'après les autres, l'héritier à réserve est tenu de contribuer au payement des legs particuliers proportionnellement à la part qu'il recueille dans la succession tout entière, sauf à lui, si cette contribution porte atteinte à sa réserve, à faire abandon de tout le disponible au légataire à titre universel, ce qui ramènerait alors le second cas au premier (V. *supra*, p. 550) (2).

Cette *seconde* opinion a la logique pour elle, car, comme l'exprime fort bien M. Demolombe, « il n'y a pas lieu de parler de réserve, là où l'héritier réservataire recueille dans la succession une portion plus forte que sa réserve » (3).

DIFFÉRENCES ENTRE LE LEGS UNIVERSEL ET LE LEGS A TITRE UNIVERSEL.

1° *Le légataire universel a la saisine lorsqu'il ne se trouve pas en concours avec des héritiers à réserve* (art. 1006, V. *supra*, p. 548).	1° *Le légataire à titre universel n'a jamais la saisine* (art. 1011, V. *supra*, p. 554).
2° *Le légataire universel, même non saisi, a droit aux fruits à partir du jour du décès du testateur lorsqu'il forme sa demande ou qu'il obtient amiablement la délivrance de son legs dans l'année du décès* (art. 1005, V. *supra*, p. 547).	2° *Le légataire à titre universel n'a jamais droit aux fruits qu'à partir de la demande en délivrance de son legs ou du jour auquel cette délivrance lui a été volontairement consentie* (art. 1011, V. *supra*, p. 555).

(1) M. Taulier, t. IV, p. 154. — M. Colmet de Santerre, t. IV, n° 156 *bis*.

(2) MM. Zachariæ, Aubry et Rau, t. VI, p. 176. — M. Dupret, *Revue de droit français et étranger*, 1845, t. II, p. 881 et suiv. — M. Demolombe, t. XXI, p. 554.

(3) M. Demolombe, t. XXII, p. 556.

3° *L'accroissement a toujours lieu entre les légataires universels* (art. 1003, V. *supra*, et aussi *infra*, art. 1044-1045).

3° *L'accroissement n'est pas possible entre les légataires à titre universel lorsqu'ils sont chacun appelés à une quotité distincte* (art. 1010, V. *supra* et aussi *infra*, art. 1044-1045).

SECTION VI.

DES LEGS PARTICULIERS.

1014. — Tout legs pur et simple donnera au légataire, du jour du décès du testateur, un droit à la chose léguée, droit transmissible à ses héritiers ou ayants cause. — Néanmoins le légataire particulier ne pourra se mettre en possession de la chose léguée, ni en prétendre les fruits ou intérêts, qu'à compter du jour de sa demande en délivrance, formée suivant l'ordre établi par l'art. 1011, ou du jour auquel cette délivrance lui aurait été volontairement consentie.

Conformément au second alinéa de l'art. 1010, les auteurs définissent le legs particulier :

Tout legs qui ne rentre ni dans la définition du legs universel ni dans celle du legs à titre universel (1).

C'est en vertu de cette définition négative que le legs universel d'usufruit se trouve rangé parmi les legs à titre particulier (V. *supra*, p. 545 et 553).

Le légataire particulier acquiert, si le legs est pur et simple ou à terme, dès le jour du décès du testateur; s'il est affecté d'une condition suspensive, du moment de l'accomplissement de la condition :

1° *Tantôt un droit réel sur l'objet légué, si cet objet est un corps certain* (comparer art. 711, *supra*, p. 4) ;

Tantôt seulement un droit personnel à l'objet légué, si cet objet n'est pas un corps certain (comparer art. 711, *ibid.*).

2° *Un droit personnel à la délivrance de son legs contre « les héritiers du testateur ou autres débiteurs de ce legs »* (art. 1017, V. *infra*, p. 561).

3° *Un droit hypothécaire sur les immeubles de la succession* (art. 1017, V. *infra*, p. 561);

4° *Un droit de privilége, la séparation des patrimoines, sur l'ensemble du patrimoine du défunt* (art. 878, V. *supra*, p. 342 et art. 2111, et aussi *Manuel de droit civil*, t. III, art. 2111).

Le légataire particulier n'est jamais investi de la *saisine*.

---

(1) Ce qui rend les définitions si difficiles dans la doctrine juridique actuelle, ce n'est pas assurément la nature des choses, ce sont les déviations constantes que la doctrine juridique et les législations ont fait subir à la nature des choses.

(2) Nous rappelons que le corps certain est l'objet pour lequel il est certain *quid, quale, quantum sit*, ou, en d'autres termes, c'est toute chose qui est déterminée dans son individu.

De là il résulte :

1° *Que le légataire particulier est toujours tenu de demander la délivrance de son legs ;*

2° *Qu'il n'a jamais droit aux fruits ou intérêts de son legs, qu'à partir du jour de sa demande en délivrance « formée, dit l'art. 1014, suivant l'ordre établi par l'art. 1011, ou du jour auquel cette délivrance lui a été volontairement consentie ».*

Le *premier* point, comme on sait, est commun à tous les légataires, excepté au légataire universel qui n'est pas en concours avec un héritier à réserve (art. 1006, V. *supra*, p. 548).

Le *second* point est commun au légataire à titre particulier et au légataire à titre universel (V. *supra*, p. 556).

Les auteurs se demandent *si le légataire qui se trouve, lors du décès du testateur, en possession de l'objet légué, est quand même astreint à en demander la délivrance.*

L'*affirmative* prévaut ; on se fonde pour en décider ainsi sur ce que le légataire n'a pas le droit de changer par sa seule volonté la cause de sa possession, au préjudice de la saisine légale de l'héritier (art. 2240) (1).

Lorsque le legs particulier est affecté d'une condition suspensive, et que cette condition n'est pas encore accomplie, cette circonstance n'empêche pas plus le légataire particulier que tout autre légataire d'exercer dans l'intervalle *tous les actes conservatoires* de son droit.

Pareillement, le légataire particulier, comme tout autre légataire en général, peut exercer *tous ces mêmes actes* avant toute demande en délivrance.

Les actes conservatoires du droit du légataire particulier ont, d'ailleurs, une importance exceptionnelle ; c'est ainsi qu'outre *les interruptions de prescription contre les tiers* détenteurs des objets légués, ils comprennent spécialement :

1° *La réquisition d'inscription sur les immeubles de la succession* (art. 2111) ;

2° *La demande de séparation des patrimoines* (art. 878) (2).

1015. — Les intérêts ou fruits de la chose léguée courront au profit du légataire, dès le jour du décès, et sans qu'il ait formé sa demande en justice : —

---

(1) MM. Zachariæ, Aubry et Rau, t. VI, p. 155, texte et note 4. — M. Colmet de Santerre, t. IV, n° 158 *bis*, IV. — M. Demolombe, t. XXI, p. 571. En sens contraire, Merlin, *Répert.*, v° *Légataire*, § 5, n° 7. — M. Delvincourt, t. II, p. 262. — M. Bayle-Mouillard, *Sur Grenier*, t. II, n° 301. A la subtilité juridique qui forme l'argument des premiers, ces derniers auteurs répondent que la demande en délivrance est sans objet, lorsque le légataire a déjà la possession de la chose léguée.

(2) V. *supra*, p. 342.

1° Lorsque le testateur aura expressément déclaré sa volonté, à cet égard, dans le testament; 2° Lorsqu'une rente viagère ou une pension aura été léguée à titre d'aliments.

Quoique le testateur ne puisse pas dispenser le légataire particulier, non plus que tout autre légataire, de l'obligation de demander la délivrance de son legs, cependant, *il peut lui attribuer les fruits et intérêts de la chose léguée, dès le jour où il mourra.*

C'est là toute la portée de l'art. 1015.

On remarquera qu'à la différence de la première exception consacrée par ce texte, la seconde repose *sur une présomption de volonté tacite de la part du testateur.*

Certains interprètes ajoutent, à titre de troisième exception, le cas où le testateur a légué à une personne ce que cette personne lui devait (*legs de libération*).

En effet, dit-on, il résulte de la nature de ce legs que, le légataire cessant dès le jour du décès du testateur d'être débiteur du capital de la dette, il doit cesser par là même d'être débiteur des intérêts à échoir (1).

1016. — Les frais de la demande en délivrance seront à la charge de la succession, sans néanmoins qu'il puisse en résulter de réduction de la réserve légale. — Les droits d'enregistrement seront dus par le légataire. — Le tout, s'il n'en a été autrement ordonné par le testament. — Chaque legs pourra être enregistré séparément, sans que cet enregistrement puisse profiter à aucun autre qu'au légataire ou à ses ayants cause.

Cet article, mal classé, est général; il s'applique aux *trois* sortes de legs.

Les frais de la demande en délivrance sont à la charge de la succession en vertu de la règle qui met à la charge du débiteur les frais du payement (art. 1248 et 1608).

Les droits d'enregistrement sont à la charge du légataire, parce que c'est à son profit que la mutation a lieu.

Il faut remarquer :

1° *Que le testateur peut en ordonner autrement ;*

2° *Que chaque legs peut être enregistré séparément.*

Ce *dernier* point, qui ne concerne que les légataires *particuliers*, est une innovation, et voici dans quels termes M. Jaubert en fournissait la raison au tribunat :

« (Grâce à cette disposition), on ne verra plus, disait-il, un ancien serviteur qui aura reçu un legs d'aliments languir dans la misère, par

_____

(1) M. Valette, à son cours. — M. Colmet de Santerre, t. IV, n° 158 *bis*, v. L'ancien droit lui-même faisait, sur cette question des fruits, une part plus large à la volonté du testateur que le droit napoléonien (comparer Ricard, part. II, n⁰ˢ 111-115).

l'impossibilité de pourvoir aux frais de l'enregistrement du testament tout entier » (1).

1017. — Les héritiers du testateur, ou autres débiteurs d'un legs, seront personnellement tenus de l'acquitter, chacun au prorata de la part et portion dont ils profiteront dans la succession. — Ils en seront tenus hypothécairement pour le tout, jusqu'à concurrence de la valeur des immeubles de la succession dont ils seront détenteurs.

Cet article règle :

1° *Le droit personnel du légataire particulier à la délivrance de son legs contre les héritiers du testateur ou autres débiteurs de ce legs* (V. *supra*, p. 558).

2° *Le droit hypothécaire du légataire particulier sur les immeubles de la succession* (V. *supra*, p. 558);

Examinons successivement ces *deux* droits.

DROIT PERSONNEL DU LÉGATAIRE PARTICULIER A LA DÉLIVRANCE DE SON LEGS CONTRE LES HÉRITIERS DU TESTATEUR OU AUTRES DÉBITEURS DE CE LEGS.

D'après les auteurs, l'action personnelle des légataires, en général, dérive d'un *quasi-contrat*.

Ce quasi-contrat, pour l'héritier *ab intestat*, consiste dans l'acceptation de la succession (V. *supra*, p. 189), et pareillement, pour tout légataire grevé lui-même d'un autre legs, dans l'acceptation de son propre legs (V. *infra*, tit. IV, chap. 1) (2).

A l'égard des legs particuliers, ayant pour objet des choses indéterminées, doit-on admettre que les héritiers, ou autres débiteurs de ces legs, soient tenus de les acquitter ultra vires, *lorsqu'ils n'ont pas fait une acceptation bénéficiaire?*

DEUX SYSTÈMES.

1er SYSTÈME (3). — *Aff.*

1er *Arg.* — L'art. 724 porte que les héritiers ont l'obligation « d'acquitter toutes les charges de la succession » ;

L'art. 873 répète que « les héritiers sont tenus des dettes et charges de la succession » ;

Or, le mot « charges » comprend incontestablement les legs.

2e *Arg.* — L'art. 1017 dispose dans le même sens que « les héri-

---

(1) Fenet, t. XII, p. 610.
(2) Comparer § 5, *Instit.*, liv. III, tit. XXVIII, — Pothier, introduction au titre XVI de la coutume d'Orléans, n° 76. — M. Demolombe, t. XXI, p. 599.
(3) MM. Zachariæ, Aubry et Rau, t. V, p. 150 et 192, texte et note 5. — M. Demolombe, t. XXI, p. 614.

tiers, ou autres débiteurs d'un legs, seront tenus personnellement de l'acquitter »;

Donc, si ces héritiers et ces autres débiteurs sont tenus *personnellement*, ils sont tenus même *ultra vires* (art. 2092).

Et c'est aussi là ce que confirme la fin de l'article par ces mots : « chacun au prorata de la part et portion dont ils profiteront dans la succession ».

3e *Arg.* — D'après l'art. 783, l'héritier peut demander la révocation de son acceptation pour cause de lésion, lorsque la succession se trouve absorbée ou diminuée de plus de moitié, par la découverte d'un testament inconnu au moment de l'acceptation ;

Or, si l'héritier n'était pas tenu d'acquitter les legs *ultra vires*, la découverte d'un testament ne pourrait jamais lui causer de lésion (V. *supra*, p. 205).

4e *Arg.* — Au surplus, l'héritier avait pour se sauvegarder la ressource de l'acceptation bénéficiaire; s'il n'y a pas eu recours, c'est tant pis pour lui.

2e SYSTÈME (1). — *Nég.*

1er *Arg.* — Cette solution était celle de l'ancien droit coutumier.

2e *Arg.* — Elle est, en outre, conforme aux principes juridiques.

En effet, si l'héritier pur et simple est tenu des dettes *ultrà vires*, c'est que le défunt en était de même tenu *ultrà vires* ;

Au contraire, le défunt n'a jamais été débiteur des legs qu'il a faits, et comme les legs ne sont qu'une délibation de l'hérédité (l. 116, pr. D., liv. XXX, 1°), l'héritier ne peut être tenu de les acquitter que tout autant qu'ils n'excèdent pas les forces de l'hérédité.

3e *Arg.* — Il suffit de comparer les termes des art. 1009, 1012 et 1013, pour voir que, dans certains cas, le législateur napoléonien oppose précisément aux *legs* les *charges* de la succession.

4° *Arg.* — L'art. 1017 place sur la même ligne les *héritiers du testateur et les autres débiteurs d'un legs*.

Or, parmi ces autres débiteurs, peut se trouver un légataire *particulier*, et il n'est pas douteux que le légataire particulier ne serait pas tenu d'acquitter *ultrà vires* le legs particulier mis à sa charge.

5e *Arg.* — L'art. 783 ne peut servir de point d'appui à aucune opinion, les compilateurs napoléoniens n'ayant pas eux-mêmes compris la disposition qu'ils y inscrivaient.

6e *Arg.* — L'art. 802 déclare que le bénéfice d'inventaire a pour

---

(1) M. Demante, t. II, n° 24 *bis*, v, 103 *bis*, ii, et 124 *bis*, ii. — MM. Ducaurroy, Bonnier, Roustain, t. II, n° 580. — M. Tambour, *Du bénéfice d'inventaire*, p. 280 et suiv. — M. Villequez, *Revue de droit français et étranger*, 1850, t. VII, p. 155 et 227.

effet de donner à l'héritier l'avantage de n'être tenu de payer les dettes de la succession qu'*intra vires;* ce même texte ne parle pas des legs; donc, par là même, il témoigne que l'héritier n'a nul besoin du bénéfice d'inventaire pour n'être pas tenu des legs *ultra vires.*

La solution du *premier* système est tout à fait *irrationnelle*, et, comme les textes ne l'imposent pas, il y a lieu de lui préférer celle du *second* système.

DROIT HYPOTHÉCAIRE DU LÉGATAIRE PARTICULIER SUR LES IMMEUBLES
DE LA SUCCESSION.

L'action hypothécaire du légataire particulier a été créée par Justinien (1); elle fut admise avec quelque difficulté par l'ancien droit français (2), et elle n'a continué de subsister dans la compilation napoléonienne, que grâce au perpétuel fétichisme des légistes pour les vieux textes.

Il est facile de comprendre ce que présente, en effet, d'exorbitant l'hypothèque du légataire particulier; outre qu'elle grève toute une masse de biens, elle assure, à une personne qui n'a d'autre titre que la libéralité du défunt, une condition que n'obtiennent pas les créanciers chirographaires du défunt.

De là est née une controverse sur le fait même de l'existence de cette hypothèque.

DEUX SYSTÈMES.

1er SYSTÈME (3). — *Le légataire particulier n'a pas d'hypothèque légale sur les meubles de la succession.*

1er *Arg.* — Les rédacteurs du Code Napoléon, en adoptant l'art. 1017, n'ont pas eu en vue de conférer au légataire particulier une hypothèque légale; mais seulement d'annoncer celle qu'ils avaient l'intention de lui attribuer dans le titre *Des hypothèques;*

Or, cette intention n'a pas été suivie d'effet (art. 2121).

2e *Arg.* — Le législateur napoléonien a mis sur la même ligne le créancier chirographaire et le légataire particulier, et il s'est contenté d'accorder la séparation des patrimoines à l'un et à l'autre (art. 2111).

---

(1) V. L. 1, C. liv. V, tit. XLVIII, § 2, liv. II, tit. XX, Instit. Justinien avait attribué cette hypothèque *omnibus legatariis;* l'opinion générale est qu'elle n'existe aujourd'hui qu'au profit des légataires *particuliers.*

(2) Comparer, Renusson, *Traité des propres*, chap. III, section XII, n° 10 et suiv. — Choppin, *De moribus parisiensis*, liv. II, t. IV, n° 19. — Ricard, *Des Donations*, part. II, chap. I, sect. IV, n° 25. — Pothier, *Des Donations testamentaires*, chap. v, sect. III, part. 2, § 2.

(3) MM. Zachariæ, Aubry et Rau, t. VI, p. 168, texte et note 21. — M. Gabriel Demante, *Revue crit. de jurispr.*, 1854, t. V, p. 179.

2e SYSTÈME (1). — *Le légataire particulier a une hypothèque légale sur les immeubles de la succession.*

1er *Arg.* — Quoique d'abord hésitant, l'ancien droit avait fini par se former dans ce sens ; or, le traditionnalisme habituel aux compilateurs napoléoniens suffirait pour porter à croire qu'ils ont dû admettre la même solution.

2e *Arg.* — L'art. 1017 est d'ailleurs aussi formel que possible.

Légalement, le *second* système a pour lui l'évidence.

Il est, du reste, toujours loisible au testateur de déclarer que son légataire particulier n'aura pas d'hypothèque.

Après avoir attribué sans raison une hypothèque au légataire particulier, les auteurs du Code Napoléon ont commis ici une seconde erreur, toute juridique cette fois ; ils ont mal mesuré l'étendue qui devait appartenir à cette hypothèque, et ils ont admis qu'elle existerait *pour le tout contre chacun des héritiers ou autres débiteurs du legs.*

Cette nouvelle disposition est manifestement illogique : l'hypothèque du légataire particulier est *la garantie du droit personnel qu'a ce légataire contre les héritiers du testateur ou autres débiteurs de son legs ;* or, ce droit personnel naît *multiple*, comme l'atteste la formule « chacun au prorata de la part et portion », etc. (art. 1017) ; cela revient à dire, en d'autres termes, que *le légataire particulier acquiert autant de créances partielles et distinctes qu'il existe de débiteurs du legs ;* mais, s'il en est ainsi du *droit personnel* du légataire, il en doit être forcément de même de l'*hypothèque* qui sert de *garantie* à ce droit ; cette hypothèque, elle aussi, doit naître *multiple*, ou plutôt *il doit naître aussi autant d'hypothèques partielles et distinctes qu'il existe de créances du légataire*, c'est-à-dire encore, *de débiteurs du legs.*

Ce raisonnement n'est pas contestable.

D'où est donc venue l'erreur des compilateurs napoléoniens ?

Tout simplement de ce qu'ils ont emprunté l'alinéa 2 de l'art. 1017 aux écrits de plusieurs anciens légistes (2), qui avaient à la fois dénaturé la doctrine romaine et faussé l'application du principe de l'indivisibilité de l'hypothèque.

La doctrine romaine était, en effet, celle-ci : à l'époque de la mort du testateur, il naissait au profit du légataire autant d'hypothèques partielles et distinctes qu'il existait d'héritiers, mais, comme les Romains professaient que le partage était translatif de propriété, il résultait de

_____

(1) M. Demolombe, t. XXI, p. 605.
(2) Furgole, *Des test.*, t. III, chap. x, n° 43 et suiv. — Renusson, *Traité des propres*, chap. III, sect. XII, n° 10 et suiv. — Bacquet, *Des droits de justice*, chap. VIII, n° 26. — Mornac, t. I, p. 158, *ad leg.* 18, C., *De pactis.*

ce principe, combiné avec celui de l'indivisibilité de l'hypothèque, qu'après le partage chaque héritier se trouvant être propriétaire de son lot tout ensemble en vertu d'un droit propre, et en vertu d'un droit transmis par chacun de ses cohéritiers, chaque héritier devenait par là même responsable, hypothécairement, de la totalité du legs.

Quant au principe d'indivisibilité de l'hypothèque, il empêche bien que l'hypothèque une fois née puisse cesser de grever pour le tout la chose hypothéquée, et chaque partie de la chose hypothéquée, en quelques mains que passe d'ailleurs cette chose ou cette partie, mais il est clair qu'il ne fait point obstacle à ce qu'il naisse au même moment d'une même cause autant d'hypothèques qu'il naît de créances.

A quelque point de vue qu'on se place donc, l'alin. 2 de l'art. 1017 est injustifiable (1).

1018. — La chose léguée sera délivrée avec les accessoires nécessaires, et dans l'état où elle se trouvera au jour du décès du donateur.

Cet article se rapporte, ainsi que les suivants, *à l'interprétation de la volonté du testateur.*

Cependant, les auteurs professent que l'art. 1018, en déclarant que la chose léguée sera délivrée avec les *accessoires nécessaires*, entend dire qu'elle sera délivrée avec tout ce qui, *d'après la loi* ou l'intention du testateur, en forme des accessoires (2).

Ainsi, s'agit-il du legs d'un immeuble, sont réputés accessoires, d'après la loi, les animaux attachés à la culture, les ustensiles aratoires, et, comme disent les auteurs, tous les objets que la loi déclare immeuble, par destination (art. 522, 524 et 525).

Les auteurs essayent en outre, de déterminer abstraitement quelle peut bien être la volonté du testateur dans certains cas prévus par eux.

Ainsi, d'après Toullier et M. Bayle-Mouillard, le legs d'une maison comprend le jardin qui en dépend, quoique ce jardin soit séparé de la maison par une rue ou par un autre jardin (3) (**V.** cep. *infra,* art. 1019).

---

(1) Comparer, M. Demolombe, t. XXI, p. 602 et 608.
Tout ce que nous venons de dire est élémentaire ; cependant, d'après le légiste Troplong, « on ne peut disconvenir que notre Code n'ait choisi ici le parti le plus conforme aux principes naturels de l'hypothèque » (tit. IV, n° 1795).

(2) MM. Zachariæ, Aubry et Rau, t. VI, p. 166, texte et note 13. — M. Demolombe, t. XXI, p. 634.
Les auteurs tombent ici dans une logomachie évidente ; si, comme cela éclate, l'art. 1018 concerne l'interprétation de la volonté du testateur, que peut avoir à y faire la volonté de la loi ?
Ce qui trouble les auteurs, c'est le souvenir des malencontreuses dispositions du législateur napoléonien sur les immeubles par destination (art. 522, 524, 525, V. *Manuel de droit civil,* t. I, p. 532).

(3) Toullier, t. III, n° 531. — M. Bayle-Mouillard, *Sur Grenier,* t. II, n° 316, note *a.*
C'est, comme on sait, le triomphe de l'esprit légiste de soustraire le plus de

L'art. 1018 ajoute que « la chose léguée doit être délivrée dans l'état où elle se trouvera au jour du décès du testateur ».

Cette formule trop large ne concerne que les améliorations ou les détériorations survenues dans la chose léguée *avant le décès du testateur*.

Quant aux améliorations ou aux détériorations survenues dans cette même chose *depuis le décès du testateur*,

Procèdent-elles de *cas fortuits*, elles profitent ou nuisent au légataire ;

Procèdent-elles du *fait des personnes chargées de l'acquittement du legs* (héritiers ou autres débiteurs), il faut appliquer les règles qui concernent toute dette d'un corps certain (art. 1042, 1136, 1245, et 1302).

1019. — Lorsque celui qui a légué la propriété d'un immeuble, l'a ensuite augmentée par des acquisitions, ces acquisitions, fussent-elles contiguës, ne seront pas censées, sans une nouvelle disposition, faire partie du legs. — Il en sera autrement des embellissements ou des constructions nouvelles faites sur le fonds légué, ou d'un enclos dont le testateur aurait augmenté l'enceinte.

La *première* disposition de cet article a une forme naïve, car, qui pourrait douter que l'acquisition par le testateur d'un immeuble, contigu à l'immeuble donné, n'implique pas par elle-même l'augmentation du legs ?

Toutefois, cette disposition sert au moins à faire naître une difficulté : *concerne-t-elle non-seulement le legs d'un immeuble unique, mais même celui d'un domaine composé de plusieurs immeubles ?*

Ce point est très-débattu, et la jurisprudence se prononce en faveur de l'interprétation *extensive*, c'est-à-dire en faveur de celle *qui a le plus de chances d'être contraire à la volonté probable du testateur* (1).

La *seconde* disposition de l'art. 1019 donne également lieu à une controverse, *les mots :* « constructions nouvelles », *doivent-ils être entendus non seulement de constructions postérieures ajoutées à des constructions antérieures, ou de la reconstruction d'anciens bâtiments, mais même de constructions élevées sur un terrain d'abord tout à fait nu ?*

Les uns disent que la construction d'un bâtiment sur un terrain, d'a-

_____

questions possible au domaine du fait, et de les soumettre aux règles de la plus creuse et de la plus contradictoire de toutes les métaphysiques.

(1) Comparer, M. Buguet, *Sur Pothier*, t. VIII, p. 300. — M. Coin-Delisle, art. 1019, n° 4. — M. Demolombe, t. XXI, p. 650.

Il faut rendre cette justice aux Prudents romains et aux anciens, que, dans la présente hypothèse, ils s'attachaient à l'intention du testateur et se contentaient de la simple *union* de destination (Comparer, L. 39, D. *De légat.*, 1° ; L. 24, § 2, D. *De légat.*, 2°. — Pothier, *Des donat. test.*, chap. v, sect. iii, § 5, et Introd. au tit. XVI de la Coutume d'Orléans, n° 93.

De nos jours, législateurs, interprètes et juges, tous sont en progrès.

bord tout à fait nu, opère la destruction juridique du terrain et entraîne ainsi la caducité du legs (art. 1042) (1);

Les *autres* répliquent par l'adage romain : *omne quod inædificatur, solo cedit* (2).

Nous pensons que ces raisons se valent à peu près; la question est, selon nous, de pur fait.

Remarquons que, si *le testateur a légué un enclos, et qu'il en ait ensuite augmenté l'enceinte, le légataire a droit à l'enclos dans toute son étendue* (3).

1020. — Si, avant le testament ou depuis, la chose léguée a été hypothéquée pour une dette de la succession, ou même pour la dette d'un tiers, ou si elle est grevée d'un usufruit, celui qui doit acquitter le legs n'est point tenu de la dégager, à moins qu'il n'ait été chargé de le faire par une disposition expresse du testateur.

Cet article est, en général, présenté comme une conséquence de la règle que la chose léguée doit être délivrée dans l'état où elle se trouvera au jour du décès.

On remarquera qu'à la différence des textes romains (4), l'art. 1020 ne veut pas que l'on distingue si le droit réel qui grève la chose léguée a été constitué par le testateur *avant* ou *depuis* la confection du testament; ni dans l'un ni dans l'autre cas, le débiteur du legs n'est tenu de dégager la chose, à moins que le testateur ne l'en ait expressément chargé.

Bien entendu, si c'est une hypothèque qui grève l'immeuble, et que le créancier hypothécaire poursuive le légataire particulier, l'art. 1020 ne porte pas préjudice au droit de recours de ce légataire (art. 874 ; V. *supra*, p. 331).

1021. — Lorsque le testateur aura légué la chose d'autrui, le legs sera nul, soit que le testateur ait connu ou non qu'elle ne lui appartenait pas.

Selon la doctrine romaine, le legs de la chose d'autrui était valable lorsque le testateur savait qu'il léguait la chose d'autrui.

Ce même legs était nul, lorsque le testateur ignorait qu'il léguait la chose d'autrui (5).

(1) M. Bayle-Mouillard, *Sur Grenier*, t. II, n° 317, note a. — M. Marcadé, art. 1019, n° 2.

(2) M. Coin-Delisle, art. 1019, n° 10. — M. Demolombe, t. XXI, p. 843.

(3) M. Colmet de Santerre fait remarquer que les juges ont une plus grande latitude pour interpréter les legs de meubles que pour interpréter les legs d'immeubles.

(4) L. 57, § 6, *De legat.*, 1°, § 5 et 12, *Inst.*, liv. II, tit. XX, *De legat.*; L. 66, § 6, D. *De legat.*, 2°.

Ici encore, ce sont les décisions romaines qui conservent la supériorité sur le recueil napoléonien.

(5) § 4, *Inst.*, liv. II, tit. XX.

Selon la lettre de l'art. 1021, il semblerait bien que le legs de la chose d'autrui est aujourd'hui nul dans les *deux* cas ; mais à quoi serviraient les interprètes, si les textes exprimaient ce qu'ils veulent dire?

Il résulte des travaux préparatoires du Code Napoléon, que les auteurs de ce Code n'ont pas entendu prohiber *d'une manière absolue* le legs de la chose d'autrui; *ils ont seulement entendu exiger que le testateur expliquât en termes clairs son intention de léguer la chose d'autrui.*

Cette disposition a été portée pour tarir, a-t-on dit, une source de procès (1).

Le legs de la chose d'autrui appartient à la classe des legs ayant pour objet une obligation de faire; c'est comme si le testateur avait légué en pareil cas, à la charge de son héritier ou de tout autre débiteur du legs, *l'obligation d'acheter la chose léguée, afin de la remettre au légataire.*

Que devient le droit du légataire, si cette obligation n'est pas exécutée?

Il faut distinguer :

Ou l'inexécution a pour cause un fait imputable au débiteur du legs, et celui-ci doit alors au légataire la valeur estimative de la chose léguée (comparer, art. 1142, V. *infra*);

Ou l'inexécution n'a pour cause aucun fait imputable au débiteur du legs, et celui-ci ne doit alors au légataire la valeur estimative de la chose léguée que tout autant que le testateur l'a voulu ainsi (2).

On pense, en général, que l'art. 1021 est applicable *même à la chose de l'héritier ou de tout autre débiteur du legs* (3).

---

(1) Locré, *Législ. civ.*, t. XI, p. 257, n° 9. — Comparer cependant, Locré, *ibid.*, p. 506, n° 19.

Le danger des procès est loin d'égaler celui de l'ingérence du législateur dans des matières qui ne le regardent point ; outre que cette ingérence fausse les notions exactes et change les rôles, elle atteint rarement le but qu'elle a en vue, et le cas présent en est un exemple. (Voyez pour les nombreuses subtilités qu'a fait naître l'interprétation de l'art. 1021, MM. Zachariæ, Aubry et Rau, p. 535 et suiv. — M. Colmet de Santerre, t. IV, n° 166 *bis*. — M. Demolombe, t. XXI, p. 615 et suiv.).

Ce devait être une œuvre de jurisprudence, non de législation, que d'habituer les testateurs à s'expliquer clairement, lorsqu'ils entendent léguer la chose d'autrui.

(2) Comparer, M. Coin-Delisle, art. 1021, n°s 2 et 10. — M. Bayle-Mouillard, t. II, n° 319. — M. Demolombe, t. XXI, p. 618.

Il y a sur ce point une fausse idée romaine qui a embrouillé la doctrine juridique, V. § 4, *Instit.*, liv. II, tit. XX.

(3) MM. Zachariæ, Aubry et Rau, t. V, p. 535. — M. Colmet de Santerre, t. IV, n° 166 *bis*, III. — M. Demolombe, t. XXI, p. 622.

En sens contraire, Merlin, *Rép.*, v° *Legs*, sect. III, § 3, n°s 3 et 4. — M. Duranton, t. IX, n° 251. Ces auteurs tirent argument du droit romain (§ 4, *Inst.*, liv. II, tit. XX) et de l'ancien droit français (Pothier, *Des donat. testamentaires*, chap. VI, art. 1, § 1, VI).

Cette solution est *légale*, car l'art. 1021 ne contient aucune restric-tion ; elle est *rationnelle*, car l'héritier ou tout autre débiteur du legs a une personnalité et une propriété absolument distinctes de la person-nalité et de la propriété du testateur.

1022. — Lorsque le legs sera d'une chose indéterminée, l'héritier ne sera pas obligé de la donner de la meilleure qualité, et il ne pourra l'offrir de la plus mauvaise.

Cet article prévoit le cas du legs que les interprètes appellent le *legs de genre*. Il décide, à l'inverse du droit de Justinien (§ 22, Instit., liv. II, tit. **XX**), que *le choix appartient toujours, en pareil cas, au débiteur du legs*, c'est-à-dire qu'il applique aux legs la règle admise en matière d'obligations conventionnelles portant sur une chose indé-terminée (art. 1162 et 1191, V. *infra*).

1023. — Le legs fait au créancier ne sera pas censé en compensation de sa créance, ni le legs fait au domestique en compensation de ses gages.

Cet article règle le cas du legs que les interprètes appellent le *legs de créance;* il n'est ni plus ni moins *inutile* que tous les articles qui se rap-portent *à l'interprétation de la volonté du testateur* (1).

1024. — Le légataire à titre particulier ne sera point tenu des dettes de la succession, sauf la réduction du legs, ainsi qu'il est dit ci-dessus, et sauf l'action hypothécaire des créanciers.

Cet article n'a que la valeur d'un renvoi (V. *supra*, p. 328 et 331).

DIFFÉRENCES ENTRE LE LEGS UNIVERSEL ET LE LEGS A TITRE PARTICULIER.

1° Le légataire universel a la sai-sine, lorsqu'il ne se trouve pas en con-cours avec des héritiers à réserve (art. 1006, V. *supra*, p. 548);

1° Le légataire à titre particulier n'a jamais la saisine (V. *supra*, p. 558);

2° Le légataire universel, même non saisi, a droit aux fruits de son legs à partir du jour du décès, lorsqu'il forme sa demande ou qu'il obtient amiable-ment la délivrance de son legs dans l'année du décès (art. 1005, V. *supra*, p. 547);

2° Le légataire à titre particulier n'a jamais droit aux fruits de son legs qu'à partir du jour de sa demande en déli-vrance, ou du jour auquel cette déli-vrance lui a été volontairement consentie (art. 1014, V. *supra*, p. 559);

---

(1) La conclusion de M. Demolombe est entièrement d'accord avec la nôtre : voici ce qu'écrit le savant professeur : « s'il est une matière essentiellement rebelle à la discipline législative, c'est bien l'interprétation des volontés testamentaires, dans l'infinie variété de leurs espèces et avec toutes ces nuances si diverses, si mobiles, et pour ainsi dire ondoyantes, qu'elles revêtent incessamment (M. De-molombe, t. XXI, p. 664). »
Cet aveu est aussi explicite que possible ; il condamne péremptoirement toutes ces présomptions qui, bien loin d'éclairer le juge, ne servent qu'à égarer sa raison.

3° *Le légataire universel contribue au payement des dettes de la succession* (art. 1009, V. *supra*, p. 550);

4° *Le légataire universel est tenu de faire enregistrer tout le testament* (art. 1016, V. *supra*, p. 560);

5° *Le légataire universel n'a pas le droit de demander la séparation des patrimoines* (art. 878, V. *supra*, p. 342);

6° *Le légataire universel n'a pas d'hypothèque légale sur les immeubles de la succession* (art. 1017, V. *supra*, p. 561).

7° *L'accroissement a toujours lieu entre les légataires universels* (art. 1003, V. *supra*, et aussi *infra*, art. 1044-1045).

3° *Le légataire à titre particulier ne contribue pas au payement des dettes de la succession* (art. 1024, V. *supra*, p. 569);

4° *Le légataire à titre particulier n'est tenu de faire enregistrer que la partie du testament qui contient son legs* (art. 1016, p. 560).

5° *Le légataire à titre particulier a le droit de demander la séparation des patrimoines* (art. 878, V. *supra*, p. 342).

6° *Le légataire à titre particulier a une hypothèque légale sur les immeubles de la succession* (art. 1017, V. *supra*, p. 561).

7° *L'accroissement n'a pas lieu entre les légataires à titre particulier dans le cas de l'art. 1045, lorsque la chose léguée est susceptible d'être divisée sans détérioration* (art. 1044-1045, V. *infra*).

DIFFÉRENCES ENTRE LE LEGS A TITRE UNIVERSEL ET LE LEGS A TITRE PARTICULIER.

1° *Le légataire à titre universel contribue au payement des dettes de la succession* (art. 1012, V. *supra*, p. 556);

2° *L'accroissement a toujours lieu entre les légataires à titre universel, lorsqu'ils sont appelés aux mêmes objets compris dans la même quotité* (art. 1010, V. *supra*, et aussi *infra*, art. 1044-1045).

3° *Le légataire à titre universel n'a pas le droit de demander la séparation des patrimoines* (art. 878, V. *supra*, p. 342);

4° *Le légataire à titre universel n'a pas d'hypothèque légale sur les immeubles de la succession* (art. 1017, V. *supra*, p. 561).

1° *Le légataire à titre particulier ne contribue pas au payement des dettes de la succession* (art. 1024, V. *supra*, p. 569);

2° *L'accroissement n'a pas lieu entre les légataires à titre particulier dans le cas de l'art. 1045, lorsque la chose léguée est susceptible d'être divisée sans détérioration* (art. 1044-1045, V. *infra*).

3° *Le légataire à titre particulier a le droit de demander la séparation des patrimoines* (art. 878, V. *supra*, p. 342);

4° *Le légataire à titre particulier a une hypothèque légale sur les immeubles de la succession* (art. 1017, V. *supra*, p. 561).

SECTION VII.

DES EXÉCUTEURS TESTAMENTAIRES.

L'exécution testamentaire est un mandat par lequel une personne charge une autre du soin d'assurer l'exécution de ses dernières volontés.

Parmi les caractères spéciaux que dans la législation actuelle ce mandat présente, et qui tiennent plus ou moins à la nature des choses, il faut citer les suivants :

1° *Le mandat ordinaire finit à la mort du mandant* (art. 2003) ; *L'exécution testamentaire commence à la mort du mandant.*

2° *Le mandat ordinaire peut être confié à une personne incapable de s'obliger* (art. 1990) ; *L'exécution testamentaire ne peut être confiée à une personne incapable de s'obliger* (art. 1028).

3° *Le mandat peut en tout temps être révoqué sans aucune intervention des tribunaux* (art. 2003 et 2004); *L'exécution testamentaire, à partir du jour où elle commence, ne peut être révoquée que par une décision des tribunaux.*

4° *Le mandataire est tenu de rendre compte de sa gestion à la personne dans l'intérêt de laquelle il a été nommé* (art. 1993) ; *L'exécuteur testamentaire est tenu de rendre compte de sa gestion aux personnes, héritiers ou légataires universels, contre lesquelles il est chargé d'assurer l'exécution du testament.*

Les compilateurs napoléoniens n'ont pas vu que l'exécution testamentaire n'avait aucune place à occuper dans une œuvre de codification générale, et qu'elle devait exclusivement relever de la doctrine et du droit local ; ils ont emprunté aux anciennes coutumes la plupart des articles qui composent cette section, et ils l'ont remplie de dispositions mal définies, mal ordonnées et arbitraires.

1025. — Le testateur pourra nommer un ou plusieurs exécuteurs testamentaires.

Comme plusieurs dispositions de cette section, l'art. 1025 semble supposer que l'individu n'a que les droits que le législateur lui concède (1).

C'est là, ainsi que nous l'avons dit si souvent, le fondement même et l'une des funestes erreurs de la doctrine juridique actuelle.

On ne voit pas comment, dans l'espèce, le législateur pourrait avoir le droit de défendre à l'individu de nommer un ou plusieurs exécuteurs testamentaires (2).

Remarquons :

1° *Que la nomination d'un exécuteur testamentaire ne peut avoir*

---

(1) Cette idée est professée en termes très-explicites à l'occasion de l'art. 1025, par MM. Zachariæ, Aubry et Rau, t. VI, p. 133, texte et note 12, et par M. Demolombe, t. XXII, p. 25.

(2) Tant que ce fondement ne sera pas changé, tant que cette erreur ne sera pas détruite, une vraie doctrine du droit demeurera impossible.

Que les jeunes gens répudient de toutes leurs forces une idée qui est la cause

*lieu que par un acte revêtu des formes requises pour les testaments,
mais que, néanmoins, elle doit être nécessairement contenue dans le
testament dont elle a pour objet d'assurer l'exécution ;*

*2° Que lorsqu'un testateur a nommé plusieurs exécuteurs testamen-
taires, il y a à déterminer la manière dont ils devront gérer leur
mandat* (V. *infra*, art. 1033).

1026. — Il pourra leur donner la saisine du tout, ou seulement d'une partie
de son mobilier ; mais elle ne pourra durer au delà de l'an et jour à compter
de son décès. — S'il ne la leur a pas donnée, ils ne pourront l'exiger.

1027. — L'héritier pourra faire cesser la saisine, en offrant de remettre aux
exécuteurs testamentaires somme suffisante pour le payement des legs mobiliers,
ou en justifiant ce payement.

Tandis que, d'après les anciennes Coutumes, l'exécuteur testamentaire avait *de plein droit* la saisine d'an et jour, l'art. 1026 *permet* seulement au testateur de la lui attribuer.

Tandis qu'en outre, d'après certaines Coutumes, la saisine de l'exécuteur testamentaire comprenait les *immeubles* aussi bien que les *meubles*,
l'art. 1026 ne *permet* de l'appliquer qu'aux *meubles*.

Cette saisine a d'ailleurs une nature propre et tout à fait distincte de
celle que l'art. 724 confère aux héritiers ; elle doit être définie :

*Le droit pour l'exécuteur testamentaire de se mettre en possession
des meubles de la succession.*

Ce n'est, en réalité, qu'une simple détention, et elle n'empêche pas
que la saisine héréditaire n'ait en même temps lieu au profit de l'héritier (art. 724), ou, le cas échéant, du légataire universel (art. 1006).

Le testateur n'a, du reste, pas le droit d'attribuer à son exécuteur testamentaire la saisine pour plus *de l'an et jour à compter de son décès ;*
car les termes de l'art. 1026 sont formels à cet égard (1).

La même raison de texte doit faire décider aussi que le délai d'an
et jour à compter du décès du testateur ne peut être prorogé par les
tribunaux (2).

Que si, dans le cas de legs à terme ou conditionnels, le terme apposé
au legs n'est pas encore échu, ou la condition sous laquelle le legs a été
fait n'est pas encore accomplie, au moment où expire l'an et jour, et
qu'il y ait lieu de craindre l'insolvabilité des héritiers, l'exécuteur tes-

de tous nos maux ; qu'ils se disent bien que la science de l'avenir est celle de
l'autonomie de l'individu.

(1) MM. Zachariæ, Aubry et Rau, t. VI, p. 136, texte et note 25. — M. Demolombe, t. XXII, p. 39.

En sens contraire, M. Duranton, t. IX, n° 400.

(2) MM. Zachariæ, Aubry et Rau, t. VI, p. 137, texte et note 26. —
M. Demolombe, t. XXII, p. 41.

En sens contraire, M. Troplong, t. IV, n° 1999.

tamentaire a, comme mandataire du défunt, le droit de requérir de la justice les mesures conservatoires nécessaires (1).

Toutefois, les auteurs enseignent, conformément aux anciennes traditions, qu'il y a *deux* cas où le délai de l'an et jour ne commencerait pas à courir, à compter du décès; ces deux cas sont :

1° *Celui où l'on ne découvrirait le testament qu'à un intervalle plus ou moins éloigné de l'époque du décès du testateur;*

2° *Celui où l'exercice de la saisine de l'exécuteur testamentaire se trouverait retardé par des contestations portant sur la validité, soit de la nomination de l'exécuteur testamentaire, soit du testament tout entier.*

Dans le *premier* cas, le délai de l'an et jour ne commencerait à courir que *du jour de la découverte du testament;*

Dans le *second* cas, que *du jour où l'exercice de la saisine ne rencontrerait plus d'obstacle* (2).

Constatons tout surabondamment, avec l'art. 1027, que l'héritier (ou le légataire universel) a la faculté de faire cesser, avant l'expiration de l'an et jour, la saisine de l'exécuteur testamentaire, en même temps que le mandat qui lui a été attribué, relativement à l'exécution des legs mobiliers, *en offrant de lui remettre une somme suffisante pour le payement de ces legs, ou en justifiant de ce payement.*

Il est clair que la saisine de l'exécuteur testamentaire prend, en outre, fin, avant l'expiration de l'an et jour par toutes les causes qui anéantissent le mandat, faute duquel elle manquerait du fondement (V. *infra*, art. 1032).

Nous comparerons, *infra*, art. 1031, les pouvoirs de l'exécuteur testamentaire, qui a été pourvu de la saisine, avec ceux de l'exécuteur testamentaire qui n'en a point été pourvu.

1028. — Celui qui ne peut s'obliger ne peut pas être exécuteur testamentaire.

Il a déjà été indiqué que, par dérogation aux règles ordinaires du mandat (art. 1990), *les personnes incapables de s'obliger* ne peuvent être chargées de l'exécution testamentaire.

Les auteurs pensent justifier cette prohibition en disant que l'exécution testamentaire étant imposée par le testateur à ses héritiers ou à ses légataires universels, il était bon que le législateur exigeât de l'exécuteur

---

(1) On cite de Dumoulin une décison de même sorte, au sujet d'un legs d'une somme de 200 écus fait par un prêtre à sa bâtarde pour l'époque où elle serait nubile (V. Dumoulin, *Sur la coutume de Paris*, art. 95, n°ˢ 7 et 8).

(2) MM. Zachariæ, Aubry et Rau, t. VI, p. 137, texte et note 27. — M. Colmet de Santerre, t. IV, n° 171 *bis*, IV. — M. Demolombe, t. XXII, p. 43.

testamentaire dans l'intérêt des héritiers ou des légataires, la capacité de s'obliger.

Ce motif est *mauvais*, au moins en tant que le testateur ne laisse pas d'héritiers à réserve ; l'art. 1028 ne peut être justifié ; il porte atteinte à la liberté du disposant (1).

1029. — La femme mariée ne pourra accepter l'exécution testamentaire qu'avec le consentement de son mari. — Si elle est séparée de biens, soit par contrat de mariage, soit par jugement, elle le pourra avec le consentement de son mari, ou, à son refus, autorisée par la justice, conformément à ce qui est prescrit par les art. 217 et 219, au titre *Du mariage.*

Cet article est à la fois une conséquence de la théorie de l'incapacité de la femme mariée (2), et de la prohibition portée par l'article précédent.

On remarquera que *l'autorisation du mari ne peut, en cette matière, être suppléée par celle de la justice,* si ce n'est :

1° *Dans le cas où les époux sont séparés de biens, soit convention-nellement, soit judiciairement* (art. 1029);

2° *Dans le cas où la femme mariée sous le régime dotal a des biens paraphernaux* (arg. d'analogie, art. 1576) (3).

Les auteurs disent que si, en dehors de ces cas, l'autorisation du mari ne peut être suppléée par celle de la justice, c'est qu'alors la jouissance des biens de la femme mariée appartenant au mari, la femme ne pourrait être habilitée à s'obliger que sur la seule nue propriété de ses biens ; or, « ainsi réduite, la garantie de l'obligation de la femme a paru insuffisante au législateur » (4).

1030. — Le mineur ne pourra être exécuteur testamentaire, même avec l'autorisation de son tuteur ou curateur.

Cet article est aussi à la fois une conséquence de la théorie de l'incapacité du mineur et de la prohibition portée par l'art. 1028.

L'intervention du tuteur ou l'assistance du curateur ne peut effacer l'incapacité personnelle du mineur non émancipé ou émancipé.

---

(1) Non-seulement M. Demolombe prend parti pour l'art. 1028, mais il ajoute, en forme d'observation, que la maxime : « Qui peut le plus peut le moins n'est pas toujours péremptoire. » (M. Demolombe, t. XXII, p. 19.)

Cette proposition peut être plus ou moins vraie à l'égard de la législation et de la doctrine juridique actuelles ; nous n'avons pas besoin de dire qu'absolument elle est fausse.

(2) V. *Manuel de droit civil*, t. I, p. 224.

Tant vaut la théorie tout entière, tant vaut la conséquence que les compila-teurs napoléoniens en ont tirée ici.

(2) MM. Zachariæ, Aubry et Rau, t. VI, p. 131. — M. Colmet de Santerre, t. IV, n° 174 *bis*, I. — M. Demolombe, t. XII, p. 21.

(4) M. Demolombe, t. XII, p. 21.

On ne dénonce pas plus clairement l'arbitraire d'une disposition.

Inutile d'ajouter que ne peuvent non plus être exécuteurs testamentaires :

1° *L'interdit* (art. 502, 509, 1125);

2° *L'individu auquel il a été nommé un conseil judiciaire* (art. 499, 513);

3° *L'individu placé dans un établissement public ou privé d'aliénés* (art. 39 de la loi du 30 juin 1838).

1031. — Les exécuteurs testamentaires feront apposer les scellés, s'il y a des héritiers mineurs, interdits ou absents. — Ils feront faire, en présence de l'héritier présomptif, ou lui dûment appelé, l'inventaire des biens de la succession. — Ils provoqueront la vente du mobilier, à défaut de deniers suffisants pour acquitter les legs. — Ils veilleront à ce que le testament soit exécuté ; et ils pourront, en cas de contestation sur son exécution, intervenir pour en soutenir la validité. — Ils devront, à l'expiration de l'année du décès du testateur, rendre compte de leur gestion.

Cet article règle les fonctions de l'exécuteur testamentaire.

Oubliant qu'ils venaient de décréter d'une manière implicite (art. 1025) que l'exécuteur testamentaire n'aurait plus *de plein droit* la saisine, les compilateurs napoléoniens ont omis de distinguer entre *le cas où l'exécuteur testamentaire a la saisine*, et *celui où il ne l'a pas ;* c'est cette distinction qu'il est indispensable de faire à leur place.

1° FONCTIONS DE L'EXÉCUTEUR TESTAMENTAIRE QUI A LA SAISINE.

D'après l'art. 1031, qui paraît se référer spécialement à ce cas, les fonctions de l'exécuteur testamentaire qui a la saisine comprennent *quatre* chefs :

1° *Certaines mesures conservatoires ;*

2° *La vente du mobilier à défaut de deniers suffisants pour acquitter les legs ;*

3° *L'exécution du testament et le droit d'intervenir dans les contestations relatives à sa validité ou à l'exécution des dispositions qu'il renferme ;*

4° *Le compte de la gestion de l'exécuteur testamentaire.*

Nous verrons du reste, si la volonté du testateur ne peut augmenter ces attributions.

1° Mesures conservatoires.

D'après l'art. 1031, ces mesures consistent :

A *faire apposer les scellés ;*

A *faire faire l'inventaire des biens de la succession.*

A *l'égard des scellés,* l'exécuteur testamentaire n'est tenu de les faire apposer que s'il y a des héritiers, mineurs, interdits ou absents, et que tout autant, d'après l'art. 910 du Code de procédure, que les mineurs et interdits sont sans tuteur.

A l'égard de l'inventaire, l'exécuteur testamentaire doit le faire faire, en présence des héritiers et des autres intéressés désignés dans l'art. 942 du Code de procédure, ou eux dûment appelés.

En donnant la saisine à l'exécuteur testamentaire, le testateur a-t-il le droit de le dispenser de faire inventaire?

Cette question est controversée.

DEUX SYSTÈMES.

1er SYSTÈME (1). — *Nég.*

1er *Arg*.—Les auteurs de l'ancien droit se prononçaient, en général, dans ce sens ;

Or, rien ne prouve que les rédacteurs du Code Napoléon aient entendu déroger à leur *doctrine*.

2e *Arg*. — Pothier disait fort bien :

« Qu'il serait contre l'honnêteté et la bienséance que l'exécuteur voulût se prévaloir de la permission que le testateur lui donne de ne pas faire inventaire, n'ayant aucun intérêt de ne pas le faire, et ayant au contraire intérêt de le faire, pour purger les soupçons sur sa conduite, auxquels il pourrait donner lieu en ne le faisant pas » (2).

2e SYSTÈME (3). — *Aff.*

1er *Arg*. — Les auteurs de l'ancien droit étaient divisés sur cette question ;

On ne peut donc arguer de leur opinion dans aucun sens.

2e *Arg*. — Comment le testateur qui a le droit de léguer son *mobilier* à son exécuteur testamentaire n'aurait-il pas, *à fortiori*, le droit de le dispenser d'en faire inventaire ?

3e *Arg*. — Au surplus, rien n'empêche les héritiers de faire eux-mêmes procéder à l'inventaire s'ils le jugent convenable.

Le *second* système a pour lui l'évidence rationnelle ; l'argument de Pothier appartient à l'ordre exclusivement moral.

Les partisans du second système y apportent, d'ailleurs, deux restrictions ; la dispense d'inventaire n'est pas valable :

1° *S'il existe des héritiers à réserve ;*

2° *Si l'exécuteur testamentaire est incapable de recevoir un legs du testateur.*

---

(1) Pothier, *Des donations testamentaires*, chap. v, sect. i, art. 3, § 1. — M. Coin-Delisle, art. 1031, n° 39. — M. Demolombe, t. XXII, p. 54.

(2) Nous citons textuellement Pothier, dans la crainte d'altérer son argument qui est reproduit avec piété par certains interprètes.

(3) Ricard, part. II, n° 86 et suiv. — M. Duranton, t. IX, n° 406. — M. Colmet de Santerre, t. IV, n° 176 *bis*.

Quant au choix des officiers publics qui devront faire l'inventaire et l'estimation des meubles, il y a lieu d'appliquer l'art. 935 du Code de procédure (1).

Indépendamment de l'apposition des scellés et de la confection de l'inventaire des biens de la succession, l'exécuteur testamentaire peut requérir toutes les mesures conservatoires qu'il juge utiles pour l'exécution du testament; il peut, en particulier, prendre inscription sur les immeubles de la succession, conformément aux art. 1017 et 2111.

2° Vente du mobilier à défaut de deniers suffisants pour acquitter les legs.

Cette vente est faite à la requête de l'exécuteur testamentaire qui a la saisine, et par des officiers publics dont le choix lui appartient en général.

Néanmoins, elle ne peut avoir lieu que du consentement de l'héritier, ou du légataire universel, ou, à son refus, après avoir été ordonnée par la justice : *Executor potest apprehendere, non autem vendere sine hœrede* (2).

Lorsque le mobilier ne suffit pas pour le payement des legs, l'exécuteur testamentaire peut-il de plein droit poursuivre la vente des immeubles contre l'héritier ou le légataire universel?

Grâce surtout aux traditions du vieux droit, ce point fait l'objet d'une nouvelle controverse.

DEUX SYSTÈMES.

1er SYSTÈME (3). — *Nég.*

1er *Arg.* — Dans l'ancien droit, Ricard trouvait « beaucoup à redire » à la solution contraire, et Pothier écrivait que « l'exécuteur ne peut ni vendre les héritages, ni faire condamner les héritiers à en souffrir la vente; car, ajoutait-il, la saisine n'est qu'à l'effet d'en toucher les revenus » (4).

2e *Arg.* — Comme l'indique la combinaison des art. 1026 et 1031, il y a corrélation entre la saisine du mobilier qui peut être attribuée à l'exécuteur testamentaire, et le droit de cet exécuteur de provoquer la vente du mobilier.

Ce serait lui attribuer la saisine des immeubles et même de plein droit, que de l'autoriser à en poursuivre la vente.

---

(1) M. Coin-Delisle, art. 1031, n° 1. — M. Demolombe, t. XXII, p. 56. — Comparer, MM. Zachariæ, Aubry et Rau, t. VI, p. 134.

(2) Dumoulin, *Sur la Coutume de Paris*, art. 95, n° 10.

(3) MM. Zachariæ, Aubry et Rau, t. VI, p. 134, 135. — M. Coin-Delisle, art. 1031, n° 7. — M. Colmet de Santerre, t. IV, n° 176 *bis*, IV.

(4) Ricard, part. II, n° 78. — Pothier, *Des donations testamentaires*, chap. V, sect. I, art. 11, § 4.

3° *Arg.* — Les droits des légataires sont d'ailleurs bien mieux assurés à l'égard des immeubles qu'à celui des meubles, et il est bon qu'avant d'en venir à une vente, l'héritier ou le légataire universel ait la faculté de négocier un emprunt pour payer les legs, ou de solliciter un délai des légataires.

2° SYSTÈME (1). — *Aff.*

1er *Arg.* — Dans l'ancien droit, cette solution était généralement admise.

2e *Arg.* — Il n'y a aucune corrélation entre la saisine du mobilier qui peut être attribuée à l'exécuteur testamentaire, et le droit de cet exécuteur de contraindre l'héritier ou le légataire universel à la vente des biens sans distinction afin d'assurer l'exécution du testament.

3e *Arg.* — Au surplus, l'exécuteur testamentaire étant chargé de veiller à ce que le testament soit exécuté (V. *infra*), il est rationnel de lui reconnaître le droit d'employer tous les moyens nécessaires à l'accomplissement de son mandat.

Ce système ayant pour lui la logique, et n'ayant contre lui aucun texte, nous pensons qu'il doit être suivi.

3° Exécution du testament, et droit d'intervenir dans les contestations relatives à sa validité ou à l'exécution des dispositions qu'il renferme.

L'exécuteur testamentaire doit acquitter les legs mobiliers, mais afin de ne pas engager sa responsabilité, il est utile qu'il obtienne au préalable, soit le consentement de l'héritier ou du légataire universel, soit un jugement rendu contre l'héritier ou contre le légataire universel et passé en force de chose jugée.

L'exécuteur testamentaire doit aussi veiller à l'exécution des *charges* qui ne sont point des legs; telle était, dans le passé, la charge d'élever un monument au défunt, de faire dire des messes pour le repos de son âme; telle sera de plus en plus, dans l'avenir, la charge de fonder des écoles, d'ouvrir des asiles pour l'enfance, pour la vieillesse et pour toutes les infirmités.

Quant aux dettes, l'exécuteur testamentaire n'est point chargé de les payer; cependant, si l'exécution du testament se trouve empêchée par suite de l'existence de certaines dettes, l'exécuteur testamentaire peut, en mettant en cause l'héritier ou le légataire universel, se faire autoriser par la justice à les payer.

Enfin, l'exécuteur testamentaire a le droit d'intervenir, soit en première instance, soit en appel, dans les contestations qui se rapportent à

_____

(1) MM. Massé et Vergé, *Sur Zachariæ*, t. III, p. 262, 263. — M. Demolombe, t. XXII, p. 61.

l'exécution de son mandat (contestations sur la validité du testament ou sur l'exécution des dispositions qu'il renferme), mais il n'a pas le droit d'intervenir dans un procès entre l'héritier ou le légataire universel, et un créancier de la succession ou tout autre tiers (1).

4° Compte de la gestion de l'exécuteur testamentaire.

Rationnellement, l'obligation de rendre compte est la suite de tout mandat.

L'exécuteur testamentaire est responsable de sa gestion, non-seulement envers l'héritier ou le légataire universel, mais encore envers les légataires particuliers lorsqu'il a compromis les intérêts de ces derniers.

L'obligation de rendre compte existe pour lui dès que son mandat prend fin par une cause quelconque (V. *infra*, p. 381), et aussi, d'après l'art. 1031, « à l'expiration de l'année du décès du testateur », c'est-à-dire à l'expiration du temps pendant lequel l'exécuteur testamentaire peut avoir la saisine du mobilier (2).

Le testateur a-t-il le droit de dispenser l'exécuteur testamentaire de rendre compte de sa gestion?

Controversée dans l'ancien droit, cette question reste controversée dans le nouveau.

DEUX SYSTÈMES.

1er SYSTÈME (3). — *Nég.*

L'*argument* de ce système consiste à dire que la dispense de rendre compte serait un encouragement *ad delinquendum.*

2e. SYSTÈME (4). — *Aff.*

L'*argument* de ce système consiste à dire qu'il est impossible de contester, en général, au testateur le droit d'obliger ses héritiers et ses légataires à s'en rapporter à la déclaration de l'exécuteur testamentaire, et de l'affranchir de la responsabilité des fautes qu'il commettrait.

Les partisans de ce système admettent d'ailleurs la *négative* dans *deux* cas :

1° *Celui où le testateur laisse des héritiers à réserve ;*

2° *Celui où l'exécuteur testamentaire est incapable de recevoir du testateur.*

---

(1) Comparer, MM. Zachariæ, Aubry et Rau, t. VI, p. 135. — M. Colmet de Santerre, t. IV, n° 176 *bis*. — M. Demolombe, t. XXII, p. 66.

(2) Comparer, Zachariæ, Aubry et Rau, t. VI, p. 139, et M. Demolombe, t. XXII, p. 70.

(3) MM. Massé et Vergé, *Sur Zachariæ*, t. III, p. 258. — M. Demolombe, t. XXII, p. 92.

(4) MM. Zachariæ, Aubry et Rau, t. VI, p. 139, texte et note 40.

Évidemment, le *second* système a pour lui la raison scienti-fique (1).

Il s'agit maintenant de savoir si la volonté du testateur peut *augmenter* les attributions de l'exécuteur testamentaire.

Les auteurs sont fort divisés sur cette question ; les uns professent la *négative* d'une manière absolue (2) ; les autres, en plus grand nombre, enseignent l'*affirmative* (3), mais sous les *trois* restrictions suivantes :

1° *Que les pouvoirs conférés par le testateur à son exécuteur testamentaire aient pour but d'assurer l'exécution du testament ;*

2° *Que ces pouvoirs ne constituent pas une violation des textes légaux ;*

3° *Que ces pouvoirs ne soient pas contraires à l'ordre public et aux bonnes mœurs* (4).

2° FONCTIONS DE L'EXÉCUTEUR TESTAMENTAIRE QUI N'A PAS LA SAISINE.

D'après les auteurs, le principe est que *l'exécuteur testamentaire qui n'a pas la saisine, peut exercer les mêmes fonctions que l'exécuteur testamentaire qui a la saisine, à l'exception de celles qui sont une conséquence de la saisine.*

Il reste à déterminer ces *dernières*, et c'est ce sur quoi les auteurs s'entendent fort peu.

Ainsi, certains enseignent que l'exécuteur testamentaire qui n'a pas la saisine,

D'une part, n'est tenu :

Ni de faire apposer les scellés et dresser un inventaire ;

Ni de rendre compte ;

D'autre part, que ce même exécuteur *a qualité pour poursuivre contre l'héritier ou contre le légataire universel la vente, soit des meubles, soit des immeubles de la succession, si cette vente est néces-*

---

(1) Nous entendons par là que ce système est conforme à la notion exacte de la propriété qui implique la plénitude de la liberté de disposer sous la seule condition de ne porter atteinte à aucun droit.

(2) Grenier, t. III, n° 331. — M. Zachariæ, § 715, texte et note 25.

(3) MM. Aubry et Rau, *Sur Zachariæ*, t. VI, p. 133-135. — MM. Massé et Vergé, *Sur Zachariæ*, t. III, p. 265. — M. Émile Paultre, *Revue du notariat et de l'enregistrement*, t. I, n° 75. — M. Demolombe, t. XXII, p. 71 et suiv.

(4) On sait ce que signifie cette dernière condition dans la langue des légistes, et ce qu'il faut, en général, en penser (V. *Manuel de droit civil*, t. I, p. 12, et t. II, p. 384).

Justice distributive par l'État, c'est-à-dire mauvais socialisme, *et morale d'État,* tel est pour les légistes, nous le répétons, le sens plus ou moins accusé de la formule : *ordre public et bonnes mœurs.*

saire pour le payement des legs et l'accomplissement des charges imposées par le testament (1).

Or, précisément, quelques-uns répliquent en affirmant ce que les premiers nient, et en niant ce que ceux-là affirment (2).

On tombe cependant d'accord que lorsque l'exécuteur testamentaire n'a pas la saisine :

1° *C'est l'héritier ou le légataire universel qui a le droit d'appréhender tous les biens de la succession;*

2° *C'est contre l'héritier ou contre le légataire universel que doit être exclusivement dirigée l'action en délivrance des legs mobiliers.*

1032. — Les pouvoirs de l'exécuteur testamentaire ne passeront point à ses héritiers.

Cet article ne fait qu'appliquer par anticipation à l'exécution testamentaire un mode d'extinction qui est inhérent à la nature du mandat en général (art. 2003).

Outre :

1° *La mort de l'exécuteur testamentaire,*

Les autres événements qui peuvent mettre fin à l'exécution testamentaire sont :

2° *L'exécution complète du testament;*

3° *La démission volontaire de l'exécuteur* (art. 2007);

4° *La révocation ou la destitution de l'exécuteur prononcée en justice sur la demande de l'héritier ou du légataire universel.*

Lorsque le mandat de l'exécuteur testamentaire vient à cesser par une cause quelconque avant l'exécution complète du testament, il n'est point douteux que les tribunaux manquent de toute qualité pour nommer un nouvel exécuteur testamentaire (3).

1033. — S'il y a plusieurs exécuteurs testamentaires qui aient accepté, un seul pourra agir au défaut des autres, et ils seront solidairement responsables du compte du mobilier qui leur a été confié, à moins que le testateur n'ait divisé leurs fonctions, et que chacun d'eux ne se soit renfermé dans celle qui lui était attribuée.

Lorsque le testateur a nommé *plusieurs* exécuteurs testamentaires, il y a à déterminer la manière dont ils devront gérer leur mandat.

Il faut, à cet égard, faire une distinction :

(1) M. Demolombe, t. XXII, p. 83-84.
(2) M. Colmet de Santerre, t. IV, n° 176 *bis*, XII.
La vérité est que l'on ne comprend guère la nomination d'un exécuteur testamentaire réduit au simple rôle de surveillant, et que la pratique s'accommode mal de cette idée napoléonienne.
(3) MM. Zachariæ, Aubry et Rau, t. VI. p. 139. — M. Coin-Delisle. Observ., n° 4. — M. Demolombe, t. XXII, p. 87.

Le testateur a-t-il divisé les fonctions de ses exécuteurs, chacun d'eux doit se renfermer dans sa part d'attributions, et n'est responsable que de ses propres faits.

Le testateur n'a-t-il pas divisé les fonctions de ses exécuteurs, un seul peut agir au défaut des autres, comme l'exprime l'art. 1033, et ils sont tous solidairement responsables du compte du mobilier qui leur a été confié.

Il faut remarquer :

A l'égard du *premier* cas,

Que si l'un des exécuteurs excède sa part d'attributions, celui-là devient, bien entendu, responsable de tout ce qu'il a fait au delà et même aussi du compte du mobilier, lorsque la saisine a été donnée aux exécuteurs (arg. art. 1033).

A l'égard du *second* cas,

Que la solidarité ne s'applique point aux *actes de gestion* (1) ;

Que la solidarité n'existe même pour le compte du mobilier que tout autant que *le mobilier a été confié aux exécuteurs testamentaires,* c'est-à-dire que le testateur leur en a donné la saisine.

Il est, du reste, évident que, le testateur n'eût-il point divisé les fonctions de ses exécuteurs testamentaires, l'incapacité ou le refus de l'un d'eux ne doit pas, en général, être regardé comme paralysant le mandat des autres (2).

1034. — Les frais faits par l'exécuteur testamentaire pour l'apposition des scellés, l'inventaire, le compte et les autres frais relatifs à ses fonctions, seront à la charge de la succession.

Comme tout mandat (art. 1986), l'exécution testamentaire est *gratuite* de nature, ce qui n'empêche pas, au surplus, que le testateur ne puisse laisser un legs à titre de rémunération à son exécuteur.

Quant aux frais faits par l'exécuteur, il est tout simple qu'ils soient « à la charge de la succession ».

On doit, d'ailleurs, faire l'imputation de ces frais de manière que ceux qui ne profitent qu'au disponible ne soient imputés que sur le disponible.

---

(1) MM. Zachariæ, Aubry et Rau, t. VI, p. 140. — M. Colmet de Santerre, t. IV, n° 178. — M. Demolombe, t. XXII, p. 30.
En sens contraire, M. Coin-Delisle, art. 1033.
(2) MM. Zachariæ, Aubry et Rau, t. VI, p. 140, texte et note 41. — M. Colmet, t. IV, n° 178 *bis*. — M. Demolombe, t. XX, p. 27.
En sens contraire, M. Duranton, t. IX, n° 423.
C'est là, en définitive, une question de fait.

SECTION VIII.

DE LA RÉVOCATION DES TESTAMENTS ET DE LEUR CADUCITÉ.

D'après la théorie que les interprètes ont essayé d'édifier sur les textes napoléoniens, il faut distinguer *trois* séries de causes qui peuvent empêcher un testament de produire effet en tout ou en partie.

Ces causes sont :

1° *La nullité ;*

2° *La révocation ;*

3° *La caducité.*

Le caractère distinctif de la nullité est de procéder d'un fait antérieur à l'époque où le testament a été fait ou concomitant avec cette époque ; ainsi, l'incapacité du testateur et l'inobservation des formes égales.

Par opposition à la nullité, le caractère distinctif commun de la révocation et de la caducité est de procéder d'un fait postérieur à l'époque où le testament a été fait.

Il faut d'ailleurs renoncer à définir la révocation et la caducité d'une manière précise l'une par opposition avec l'autre ; tout ce qu'on peut dire à cet égard, c'est que la révocation repose ou devrait toujours reposer sur la volonté du testateur (1).

Au surplus, en mettant à part le point de vue purement théorique, il n'importe pas, en général, de distinguer la nullité et la révocation de la caducité ; les règles qui concernent les effets de la caducité s'appliquent aussi, en général, à la nullité et à la révocation (V. *infra*, art. 1044-1045).

_____

(1) Le terme de *caducité* vient des lois fameuses, les lois Julia et Papia Poppœa, qui essayèrent à la fois de subvenir à la fiscalité impériale, et de remédier à la dépopulation du monde romain, en édictant contre les *orbi*, les *cœlibes* et les Latins Juniens, certaines privations du droit de recevoir à titre gratuit, et en favorisant, dans le même ordre légal, les gens mariés pourvus d'enfants.

Si la langue du droit n'était pas la moins raisonnée de toutes les langues scientifiques, on pourrait déjà être surpris que le mot de caducité ayant eu dans la décadence romaine l'origine toute spéciale que nous venons de dire, ce mot se soit maintenu dans la langue du droit moderne ; mais ce point n'est qu'un menu détail ; ce qui aggrave le cas, c'est que la doctrine juridique est aujourd'hui dans l'impossibilité de ramener la caducité à une formule intelligible, et qu'un auteur tel que M. Demolombe ne parvient à écrire, pour toute définition, que la phrase suivante : « Le mot caducité désigne certaines causes, par suite desquelles une disposition testamentaire, quoique valable et non révoquée, ne produit pas néanmoins d'effet, et tombe pour ainsi dire. » (M. Demolombe, t. XXII, p. 254.)

Et comment ne pas comprendre, en effet, l'embarras de M. Demolombe, lorsqu'on voit les compilateurs napoléoniens, à plusieurs reprises, effacer sans s'en rendre compte toute ligne de démarcation entre la révocation et la caducité?

Notons que, d'après les textes, la révocation se divise en :

1° *Révocation par la volonté du testateur* (art. 1035-1038);

2° *Révocation judiciaire* (art. 1046-1047).

Notons enfin que les règles qui concernent les effets de la caducité, et aussi, en général, de la nullité et de la révocation, sont connues dans la doctrine juridique sous le nom d'accroissement entre colégataires (V. *infra*, art. 1044-1045).

Que si l'on dresse le bilan de cette déplorable section, il faut inscrire à l'actif, néant; au passif, usurpation du législateur sur le domaine de la doctrine et surtout de la jurisprudence, reproduction irrationnelle de la tradition, innovations inconscientes, banalité ou subtilité des idées, manque de méthode et mauvais langage (1).

I. — RÉVOCATION PAR LA VOLONTÉ DU TESTATEUR.
(ART. 1035-1038).

Le testateur ne peut se dépouiller de la faculté de révoquer son testament, car le testament est un acte purement unilatéral qui n'oblige pas son auteur; celui-ci, en renonçant au droit de changer de volonté, violerait sa propre liberté et attenterait à sa propre personnalité.

La révocation par la volonté du testateur se subdivise en :

1° *Révocation expresse* (art. 1035);

2° *Révocation tacite* (art. 1036-1038).

1° RÉVOCATION EXPRESSE.

1035. — Les testaments ne pourront être révoqués en tout ou en partie, que par un testament postérieur, ou par un acte devant notaires, portant déclaration du changement de volonté.

D'après ce texte, la révocation expresse ne peut se faire que de deux manières :

1° *Par un testament postérieur;*

2° *Par un acte devant notaire, portant déclaration du changement de volonté.*

D'après les lois romaines, suivies dans les pays de droit écrit, la révocation d'un testament ne pouvait se faire, en tant qu'il s'agissait de l'institution d'héritier, qu'au moyen d'un autre testament (2).

---

(1) Ici, comme toujours, mais d'une manière particulièrement notable, les interprètes enregistrent la série des articles du Code Napoléon sans aucun souci de synthèse, de critique, de principes de droit et de codification, de science en un mot.

(2) Comparer Doneau, Comm. liv. VI, chap. xvi, n° 3. — Domat, part. ii, liv. III, tit. I, sect. v, n° 12.

Quant aux legs, ils pouvaient être révoqués « ou par des dispositions ex-

D'après l'usage observé dans les pays de coutumes, la révocation d'un testament pouvait se faire au moyen d'un écrit simplement signé du testateur (1).

Placés entre ces deux traditions, les compilateurs napoléoniens se sont rapprochés de la tradition romaine et formaliste (2).

Lorsque la révocation a lieu par un testament postérieur, il faut remarquer :

1° *Que tout testament, quelle qu'en soit la forme, peut révoquer tout testament, quelle qu'en soit la forme ;*

2° *Que le testament qui en révoque un autre doit être valable, mais qu'il n'est pas nécessaire qu'il produise un effet* (3).

On discute ici le point suivant :

La révocation faite par un acte en forme de testament olographe est-elle valable, quoique cet acte ne contienne aucune disposition de biens, aucun legs ?

DEUX SYSTÈMES.

1er SYSTÈME (4). — *Nég.*

Voici le raisonnement des partisans de ce système :

La révocation faite par un acte en forme de testament olographe qui

---

presses comme par un second testament ou un codicille, ou sans aucune disposition expresse, comme si le testateur disposait autrement de la chose léguée » (Domat).

(1) Ricard, part. iii, n° 111.— Pothier, *Des donations testamentaires*, ch. vi, sect. ii, § 1.

(2) La question parut fort grosse aux auteurs de l'œuvre de 1804, et ils ne s'y prirent pas à moins de trois fois pour arriver à la disposition contenue dans l'art. 1035.

On mit d'abord en avant la formule suivante :

« Les testaments ne pourront être révoqués, en tout ou en partie, que par une déclaration du changement de volonté dans l'une des formes requises pour les testaments (Fenet, t. XII, p. 399) ».

C'était consacrer le système romain, en l'étendant sans distinction à toutes sortes de dispositions testamentaires, et, ni le rapporteur Bigot, ni les conseillers qui l'écoutaient ne semblèrent se douter de l'aggravation.

Cependant on remania l'article, et l'on proposa cette rédaction :

« Les testaments ne pourront être révoqués, en tout ou en partie, que par un acte authentique portant déclaration du changement de volonté » (Fenet, t. XII, p. 435).

Cette fois c'était proscrire la révocation par un testament olographe.

Finalement, les compilateurs associèrent les deux rédactions, en remplaçant le mot « authentique » de la seconde, par les mots « devant notaires ».

(3) MM. Zachariæ, Aubry et Rau, t. VI, p. 183, texte et note 5. — M. Demolombe, t. XXII, p. 111.

(4) Delvincourt, t. II, p. 96, note 12. — M. Bugnet, *Sur Pothier*, t, VIII, p. 308. — M. Marcadé, art. 1035, n° 1.

ne contient aucune disposition de biens ne peut être valable, car cet acte n'a le caractère,

Ni d'un acte simplement révocatoire, puisqu'il n'est pas passé devant notaires (art. 1035),

Ni d'un testament olographe, puisqu'il ne contient aucune disposition de biens (art. 895);

Donc, cet acte ne peut avoir un effet révocatoire.

2ᵉ SYSTÈME (1). — *Aff.*

On réplique :

· 1° Que dans la pensée du législateur napoléonien, la forme du testament olographe est plus solennelle que celle d'un simple acte notarié, et que par conséquent, si un simple acte notarié suffit pour révoquer un testament, *à fortiori* un acte en forme de testament olographe doit-il suffire pour opérer le même effet ;

2° Que révoquer, c'est disposer, et que, si l'acte qui contient la révocation est fait, comme on le suppose dans la présente hypothèse, en forme de testament, cet acte est un testament.

Dans cette discussion de Bas-Empire, nous optons pour le *dernier* système.

Lorsque la révocation a lieu par un acte devant notaires portant déclaration du changement de volonté, on enseigne :

1° *Que cet acte doit être revêtu des solennités requises, à peine de nullité, par la loi du 25 ventôse an XI ;*

2° *Que cet acte doit être rédigé en minute* (2).

On débat ici la question suivante :

Dans le cas où le testateur a voulu faire par acte public un second testament contenant à la fois des dispositions nouvelles, et une clause révocatoire d'un premier testament, si ce second testament est nul comme testament public, mais qu'il puisse être valable comme acte notarié ordinaire (3), *doit-on déclarer nulles les dispositions nouvelles et valable la clause révocatoire ?*

DEUX SYSTÈMES.

1ᵉʳ SYSTÈME (4). — *Dans le cos ci-dessus prévu, on doit décla-*

---

(1) MM. Zachariæ, Aubry et Rau, t. VI, p. 183, texte et note 3. — M. Colmet de Santerre, t. IV, n° 182 *bis.* — M. Demolombe, t. XXII, p. 113.

(2) M. Bayle-Mouillard, *Sur Grenier*, t. III, n° 342, note *b.* — M. Demolombe, t. XXII, p. 117.

(3) On supposera par exemple, que le second testament a été reçu par un seul notaire, en présence de trois témoins, au lieu de quatre (art. 971).

(4) M. Bugnet, *Sur Pothier*, t. VIII, p. 309. — M. Marcadé, art. 1035, n° 3.

rer nulles les dispositions nouvelles et valable la clause révocatoire.

1er *Arg.* — Cette décision était celle de l'ancien droit (1).

Lors de l'élaboration du Code Napoléon, Tronchet s'est d'ailleurs prononcé dans ce sens, et le Conseil d'État a adhéré à ses paroles.

2° *Arg.* — Il n'existe aucun rapport de dépendance entre les dispositions nouvelles et la clause révocatoire ;

Donc, c'est le cas d'appliquer la maxime : *utile per inutile non vitiatur.*

3° *Arg.* — Du reste, l'art. 1037 déclare que la révocation tacite n'est pas subordonnée à l'efficacité des dispositions nouvelles ;

Donc, *à fortiori*, doit-il en être de même de la révocation expresse.

2° SYSTÈME (2). — *Dans le cas ci-dessus prévu, on doit déclarer nul le testament tout entier.*

1er *Arg.* — Les légistes de l'ancien droit ne professaient pas unanimement la première opinion (3).

Quant aux paroles de Tronchet et à l'adhésion qu'y a donnée le Conseil d'État, elles tendaient à faire modifier les articles du projet, et précisément ces articles ont été maintenus tels qu'ils étaient.

2e *Arg.* — On ne peut affirmer *à priori*, qu'il n'existe aucun rapport de dépendance entre les dispositions nouvelles et la clause révocatoire.

A priori, c'est au contraire l'indivisibilité de l'intention du testateur qui est probable.

3e *Arg.* — L'art. 1037 n'a rien à faire dans cette discussion ; il suppose le cas d'un testament inefficace, tandis qu'il s'agit ici d'un testament nul en la forme.

Le *second* argument du *second* système contient l'idée rationnelle ; au surplus, la question est uniquement de savoir quelle a été l'intention du testateur.

Les auteurs se demandent encore, si, dans le cas où une personne a fait un premier testament, et où, après l'avoir révoqué, elle rétracte sa révocation, on doit nécessairement présumer qu'elle a voulu faire revivre son premier testament.

Lorsque la révocation rétractée est contenue dans un acte devant notaires, ou dans un testament postérieur qui ne renferme pas de dispositions nouvelles, on admet que la rétractation de cette révocation fait revivre de plein droit le premier testament.

Lorsque la révocation rétractée est contenue dans un second testament

(1) V. Pothier, *Introduction au titre XVI de la Coutume d'Orléans*, n° 126.
(2) M. Valette, à son cours. — MM. Zachariæ, Aubry et Rau, t. VI, p. 183, texte et note 5. — M. Colmet de Santerre, t IV, n° 184 *bis*, iv. — M. Demolombe, t. XXII, p. 122.
(3) Comparer Ricard, part. iii, n° 127.

qui renferme des dispositions nouvelles, on enseigne, en général, que la rétractation de ce testament ne fait revivre le premier, que tout autant que le testateur a manifesté que telle était son intention (1).

Comment cette intention doit-elle être manifestée?

Les auteurs discutent (2).

2° RÉVOCATION TACITE.

1036. — Les testaments postérieurs qui ne révoqueront pas d'une manière expresse les précédents, n'annuleront, dans ceux-ci, que celles des dispositions y contenues qui se trouveront incompatibles avec les nouvelles, ou qui seront contraires.

1038. — Toute aliénation, celle même par vente avec faculté de rachat ou par échange, que fera le testateur de tout ou de partie de la chose léguée, emportera la révocation du legs pour tout ce qui a été aliéné, encore que l'aliénation postérieure soit nulle, et que l'objet soit rentré dans la main du testateur.

Ces deux naïfs articles prévoient *deux* causes de révocation tacite :

1° *La confection d'un second testament qui contient des dispositions inconciliables avec celles que renferme le premier* (art. 1036);

2° *L'aliénation que le testateur fait de tout ou partie de la chose léguée* (art. 1038).

D'après la plupart des auteurs, il faut ajouter :

3° *Tout fait par lequel le testateur a manifesté implicitement l'intention de révoquer son testament* (3).

---

(1) MM. Zachariæ, Aubry et Rau, t. VI, p. 185, texte et note 6. — M. Colmet de Santerre, t. IV, n° 184 *bis*, vi. — M. Demolombe, t. XXII, p. 130 et suiv.

Comparer Merlin, *Répert.*, v° *Révoc. de testam.*, § 4, n° 6. — M. Coin-Delisle, art. 1035, n° 12.

(2) V. Zachariæ, Aubry et Rau, t. VI, p. 186, texte et notes 7-8. — M. Colmet de Santerre, t, IV, n° 184 *bis*, v. — M. Demolombe, t. XXII, p. 133.

Tout ce formalisme légal et doctrinal, et toute la casuistique qui en est la suite, tiennent à l'antique idée que la propriété est à la famille et non pas à l'individu, et que par conséquent la famille doit être protégée contre les dispositions du *pater familias*.

Nous avons dit assez, pour n'avoir pas besoin d'y revenir, à quel point cette idée est aujourd'hui démentie par les faits, et à quel point elle heurte l'esprit de la démocratie nouvelle (V. *supra*).

(3) Comparer MM. Zachariæ, Aubry et Rau, t. VI, p. 187. — M. Demolombe, t. XXII, p. 206.

Ce 3° pourrait dispenser du 1° et du 2°, et si la législation des testaments était établie sur sa seule base scientifique possible, ce 3° serait lui-même d'évidence.

M. Demolombe écrit que « les questions de révocation testamentaire sont, *avant tout*, des questions de volonté » (t. XXII, p. 205);

L'affirmation du savant professeur sera tout à fait correcte au point de vue de l'idée, si l'on en retranche l'*avant tout*.

A l'imitation des interprètes de la compilation napoléonienne, passons successivement en revue ces *trois* cas.

1° Confection d'un second testament qui contient des dispositions inconciliables avec celles que renferme le premier (art. 1036).

A la place de l'expression inconciliable, le texte porte les mots : « incompatibles ou contraires ».

Les auteurs sont à peu près d'accord pour enseigner que ces deux mots sont synonymes, mais ils discutent sur le point de savoir si l'incompatibilité ou la contrariété doit être *matérielle*, ou s'il suffit qu'elle soit *intentionnelle*.

L'incompatibilité serait *matérielle*, par exemple si le testateur avait, par deux testaments successifs, légué à une personne, d'abord la pleine propriété d'un certain bien, ensuite l'usufruit du même bien.

L'incompatibilité pourrait être *intentionnelle*, par exemple si le testateur avait, par deux testaments successifs, légué à deux personnes différentes l'universalité de ses biens.

L'opinion qui attribue un effet révocatoire à ces *deux* sortes d'incompatibilités est aujourd'hui *prédominante* (1).

On fait remarquer :

1° *Que le jugement qui méconnaîtrait l'incompatibilité matérielle devrait être cassé pour violation de l'art. 1036;*

2° *Qu'il appartient au juge du fait d'apprécier souverainement l'incompatibilité intentionnelle* (2).

2° Aliénation que le testateur fait de tout ou partie de la chose léguée.

A l'égard de ce mode de révocation, les Romains et les anciens légistes distinguaient entre *la donation entre-vifs* et *la vente de la chose léguée*.

En cas de donation entre-vifs, le légataire n'était jamais admis à prouver que le testateur n'avait pas eu l'intention de révoquer le legs.

En cas de vente, au contraire, cette preuve était toujours recevable,

---

(1) Dans ce sens, MM. Zachariæ, Aubry et Rau, t. VI, p. 187. — M. Bayle-Mouillard, *Sur Grenier*, t. III, n° 343, note *a*. — M. Colmet de Santerre, t. IV, n° 184 *bis*. — M. Demolombe, t. XXII, p. 146.

En sens contraire, Merlin, *Répert.*, v° *Révoc. de legs*, § 2, Addit. p. 530. — Grenier, t. III, p. 343. — M. Coin-Delisle, art. 1036, n° 6.

(2) Comparer MM. Zachariæ, Aubry et Rau, t. VI, p. 188. — M. Demolombe, t. XXII, p. 149.

Ce n'est, nous le répétons, que par suite d'un abus législatif et d'un faux point de vue doctrinal que la question de la révocation testamentaire est posée en forme de thèse juridique. On peut consulter, pour l'examen détaillé des *casus*, M. Demolombe, t. XXII, p. 149.

car, disaient les Romains, la vente, à la différence de la donation, peut être imposée au testateur *propter necessitatem rei familiaris;* si le légataire établissait que le testateur n'avait pas eu l'intention de révoquer le legs, il pouvait réclamer, soit la chose elle-même lorsqu'elle était rentrée dans le patrimoine du testateur, soit la valeur de cette chose (1).

Les anciens légistes n'appliquaient aucune présomption de révocation :

Ni dans le cas de vente de la chose léguée avec faculté de rachat ;
Ni dans le cas d'échange de la chose léguée (2).

Les compilateurs napoléoniens ont innové, et à la place d'une théorie, sans doute indécise, mais qui avait au moins le mérite de reconnaître *le principe scientifique de l'intention,* ils ont mis l'arbitraire de la loi.

Aujourd'hui, toute aliénation, quel qu'en soit le motif, emporte une présomption de révocation qui ne peut être combattue par la preuve contraire (3), et l'art. 1038 applique expressément ce *principe :*

Au cas de vente de la chose léguée avec faculté de rachat ;
Au cas d'échange de la chose léguée.

On est d'accord pour étendre la même règle :

Au cas de toute aliénation faite sous une condition résolutoire (4).

Les auteurs discutent sur le cas de *l'aliénation faite sous une condition suspensive;* cependant, on professe, en général, que la volonté même d'aliéner étant incertaine dans cette hypothèse, la révocation devra être regardée comme affectée de la même condition que l'aliénation (5).

Il résulte d'ailleurs du texte, que la *nullité* de l'aliénation ne fait point obstacle à la présomption qu'il établit, et il ne semble pas qu'il y ait à distinguer à cet égard entre l'aliénation *nulle pour vice de fond,* et l'aliénation nulle *pour vice de forme* (6).

---

(1) L. 18, D. liv. XXXIV, tit. IV. — *Inst. de legs,* § 12. — L. 24, § 1, D., liv. XXXIV, tit. IV. — Pothier, *Des donations testamentaires,* chap. VI, sect. II, § 2.

(2) Ricard, part. III, n° 268 et suiv.

(3) Toutefois, les auteurs exceptent le cas où le testateur aurait déclaré dans l'acte même d'aliénation qu'il n'entend pas révoquer le legs. (MM. Zachariæ, Aubry et Rau, t. VI, p. 192, texte et note 28. — M. Demolombe, t. XXII, p. 194.)

Pauvre législation que celle qui oblige à énoncer de telles naïvetés; non moins pauvre doctrine que celle qui les énonce sans y rien redire !

(4) MM. Zachariæ, Aubry et Rau. t. VI, p. 192, texte et note 30. — M. Colmet de Santerre, t. IV, n°s 185 et 185 *bis,* I. — M. Demolombe, t. XXII, p. 184.

(5) MM. Zachariæ, Aubry et Rau, t. VI, p. 192. — M. Colmet de Santerre, t. IV, n° 185 *bis,* I. — M. Demolombe, t. XXII, p. 185.

En sens contraire, M. Coin-Delisle, art. 1038, n° 4.

(6) MM. Zachariæ. Aubry et Rau, t. VI, p. 192, texte et note 29. — M. Demolombe, t. XXII, p. 188.

Les différents *casus* auxquels ce nouveau point peut donner lieu sont passés

Fort évidemment, comme l'indique encore le texte, l'aliénation *partielle* de la chose léguée n'emporte la révocation du legs que pour la *portion aliénée.*

Il faut remarquer :

1° *Que l'art.* 1038 *ne concerne ni le legs d'une chose indéterminée dans son individualité, ni le legs universel ou à titre universel* (**V.** cependant, art. 1082) ;

2° *Que, d'après la doctrine la plus généralement reçue, ce même article est inapplicable à tous les cas* (saisie mobilière ou immobilière, aliénation faite par le tuteur, agissant avec l'autorisation du conseil de famille et l'homologation du tribunal, partage ou licitation, expropriation forcée pour cause d'utilité publique) *où le testateur est lui-même obligé de subir l'aliénation de la chose léguée* (1).

3° Tout fait par lequel le testateur a manifesté implicitement l'intention de révoquer son testament.

Les auteurs sont plus ou moins d'accord pour appliquer cette *troisième* cause de révocation tacite :

Au cas où le testateur a détruit la chose léguée, ou bien où il en a changé la forme caractéristique (2) ;

Au cas où le testateur lui-même a fait cesser l'unique motif qui l'avait porté à faire le legs;

Au cas où le testateur a détruit, lacéré ou cancellé l'unique original ou tous les originaux de son testament olographe (3).

1037. — La révocation faite dans un testament postérieur aura tout son effet,

en revue par M. Demolombe, mais il s'en faut de beaucoup que les auteurs s'entendent sur les solutions qu'ils doivent recevoir, et le surprenant serait, en effet, qu'ils s'entendissent sur ces solutions.

(1) Dans ce sens, MM. Zachariæ, Aubry et Rau, t. VI, p. 193, texte et note 32. — M. Colmet de Santerre, t. IV, n° 185 *bis*. — M. Demolombe, t. XXII, p. 199.

En sens contraire, M. Coin-Delisle, n° 1038, n° 3.

Dans une *science* qui admet l'omnipotence du législateur, et qui ignore ce qu'est un principe, toutes les cacophonies ont leur place.

(2) La destruction par le testateur de l'objet de non legs est-elle une caducité? N'est-elle pas plutôt une révocation ?

C'est une caducité, peut-on dire au nom de l'art. 1042.

C'est une révocation, peut-on répondre par *à fortiori* de l'art. 1038.

Quant à la forme caractéristique, on consultera Bartole, et les ignares apprendront ainsi que la forme caractéristique est ce qui correspond au *nomen appellativum* (comparer, M. Demolombe, t. XXII, p. 206 et 291, et M. Coin-Delisle, art. 1038, n°s 1 et 3. — V. aussi *Manuel de droit civil*, t. I, p. 648).

(3) Comparer MM. Zachariæ, Aubry et Rau, t. VI, p. 194 et suiv. — M. Demolombe, t. XXII, p. 206 et suiv.

quoique ce nouvel acte reste sans exécution par l'incapacité de l'héritier institué ou du légataire, ou par leur refus de recueillir.

Cet article est, en général, considéré comme applicable à toute révocation *expresse* ou *tacite* opérée par de nouvelles dispositions testamentaires.

Le *principe*, comme l'on dit, est que la révocation de la première disposition testamentaire est indépendante de l'inefficacité de la seconde ; aussi, ajoute-t-on, aux *deux* cas prévus par le texte :

Celui du prédécès du second légataire (art. 1039) ;

Celui de l'indignité ou de l'ingratitude du second légataire (art. 1046-1047) ;

Celui où la seconde disposition est affectée de nullité, comme renfermant une substitution prohibée (art. 896).

Au contraire, on déclare l'art. 1037 inapplicable :

Au cas où le second testament serait nul pour vice de forme ou de volonté ;

Au cas où la seconde disposition étant subordonnée à une condition, soit suspensive, soit résolutoire, se trouverait anéantie par le défaut d'accomplissement de la condition suspensive ou résolue par l'événement de la condition résolutoire (1).

II. — RÉVOCATION JUDICIAIRE.
(Art. 1046-1047).

Cette révocation tire son nom de ce qu'elle est prononcée par les tribunaux ; elle suppose, d'ailleurs, que le testateur est décédé.

Rationnellement, elle appartient à la même théorie que l'action en indignité de la succession *ab intestat* (**V.** *supra*, p. 69) ;

Légalement, elle est séparée de cette théorie, se rapproche de celle de la révocation de la donation entre-vifs pour certaines causes (**V.** *supra*, p. 488), et fournit matière à une série de controverses.

1046. — Les mêmes causes qui, suivant l'art. 954 et les deux premières dispositions de l'art. 955 autoriseront la demande en révocation de la donation entre-vifs, seront admises pour la demande en révocation des dispositions testamentaires.

1047. — Si cette demande est fondée sur une injure grave faite à la mémoire du testateur, elle doit être intentée dans l'année, à compter du jour du délit.

---

(1) Comparer MM. Zachariæ, Aubry et Rau, t. VI, p. 191. — M. Colmet de Santerre, t. IV, n° 184 *bis*, II. — M. Demolombe, t. XXII, p. 172.

Nous serions curieux de voir comment on concilierait en raison (non juridique), la décision relative au cas où la seconde disposition renfermerait une substitution prohibée avec la solution applicable au cas où le second testament serait nul pour vice de forme.

Ces articles indiquent, par voie de renvoi, *deux* causes de révocation judiciaire des legs :

1° *L'inexécution des charges imposées au légataire;*

2° *L'ingratitude, ou plus exactement l'indignité du légataire.*

En ce qui concerne l'inexécution des charges imposées au légataire, le droit d'invoquer cette cause de révocation appartient à toute personne *intéressée;* ainsi :

A la personne tenue de l'acquittement du legs ;

Au substitué vulgaire ou fidéicommissaire (art. 897, 1048 et suiv.);

Au colégataire conjoint (art. 1044-1045) ;

Enfin aux héritiers *ab intestat*, lorsqu'il s'agit de charges imposées à un légataire universel, dans l'intérêt d'un tiers ou du testateur lui-même.

Lorsque les charges ont été établies dans l'intérêt d'un tiers, celui-ci n'a pas le droit de demander la révocation du legs; il jouit seulement d'une action personnelle pour forcer le légataire à l'exécution des charges (1).

Il y a d'ailleurs lieu de compléter la théorie de la révocation des legs pour cause d'inexécution des charges au moyen des règles relatives à la révocation des donations entre-vifs pour la même cause.

En ce qui concerne l'indignité du légataire, il résulte de la combinaison des *deux* premières dispositions de l'art. 955 avec l'art. 1047, que la révocation peut être demandée dans *trois* cas :

1° *Si le légataire a attenté à la vie du testateur ;*

2° *S'il s'est rendu coupable envers lui de sévices, délits ou injures graves;*

3° *S'il a commis une injure grave envers sa mémoire.*

On peut remarquer :

1° *Que la cause de révocation pour refus d'aliments est spéciale à la donation entre-vifs ;*

2° *Que la cause de révocation pour injure grave commise envers la mémoire du testateur est spéciale au legs.*

Voyons maintenant les principales controverses.

En premier lieu, on se demande à qui appartient l'action en révocation pour cause d'indignité du légataire.

Les *uns* disent : c'est une action *vindictam spirans;* donc, à ce titre, elle ne peut appartenir qu'aux successeurs universels qui représentent la personne du défunt.

_____

(1) MM. Zachariæ, Aubry et Rau, t. VI. p. 211. — M. Demolombe, t. XXII, p. 229.

Les *autres* répondent : c'est une action qui profite à toutes les personnes chargées de l'acquittement du legs ; donc, elle appartient à toutes ces personnes (1).

En second lieu, on discute le point de savoir quelle est la durée de l'action en révocation, dans le cas de l'art. 1046, c'est-à-dire lorsque cette action est fondée sur des faits d'indignité commis envers le testateur lui-même.

Les *uns* se prononcent alors pour une durée de trente ans, conformément au droit commun (art. 2260), en ajoutant toutefois, que si l'action a pour cause un attentat contre la personne du testateur, elle a la même durée que l'action criminelle ou correctionnelle.

Les *autres* opinent pour une durée d'une année, en appliquant par analogie l'art. 957 (2).

En troisième lieu, on ne s'entend pas pour régler le point de départ de la durée de cette même action.

Les *uns* le fixent au jour du décès du testateur ;

Les *autres* lui donnent pour date le jour du délit ou celui auquel le testateur en a eu connaissance, et, s'il n'en a pas eu connaissance, le jour de son décès, ou celui auquel les héritiers auraient eux-mêmes acquis la connaissance du délit (3).

---

(1) Dans le *premier* sens, MM. Zachariæ, Aubry et Rau, t. VI, p. 212, note 6. Dans le *second* sens, M. Duranton, t. IX, n° 482. — M. Demolombe, t. XXII, p. 249.

A l'égard du *premier* système, nous renvoyons pour l'appréciation de son argument, c'est-à-dire de l'action *vindictam spirans* à la p. 497, note 2.

A l'égard du *second* système, nous ferons observer que ses partisans ne disent pas complétement ce qu'ils veulent dire ; ils entendent accorder l'action à tous ceux qui doivent en recueillir bénéfice.

(2) Dans le *premier* sens, M. Troplong, t. IV, n° 2204. — MM. Massé et Vergé, *Sur Pothier*, t. III, p. 307.

Dans le *second* sens, MM. Zachariæ, Aubry et Rau, t. VI, p. 213, texte et note 9. — M. Colmet de Santerre, t. IV, n° 201 *bis*, I et II. — M. Demolombe, t. XXII, p. 241.

Dans le *premier* système, on fait cet argument :

Si le législateur avait entendu restreindre ici l'action au laps d'une année, il aurait rappelé dans l'art. 1046 l'art. 957, comme il y a rappelé les art. 954 et 955.

Dans le *second* système, on fait cet autre argument :

Si le législateur n'a pas rappelé explicitement dans l'art. 1046 l'art. 957, comme il y a rappelé les art. 954 et 955, c'est qu'en renvoyant à ces derniers textes il entendait par là même renvoyer à tous ceux qui en règlent l'application.

(2) Dans le *premier* sens, M. Duranton, t. IX, n° 480. — M. Bayle-Mouillard, *Sur Grenier*, t. III, n° 355, note *a*.

Dans le *second* sens, MM. Zachariæ, Aubry et Rau, t. VI, p. 214, texte et note 10. — M. Demolombe, t. XXII, p. 243.

Les partisans du *premier* système disent, en invoquant l'art. 2232, que la

En quatrième lieu, on ne sait trop comment régler le point de départ de la durée de l'action, dans le cas de l'art. 1047.

Quelques-uns veulent qu'on s'en tienne au texte, et que dans ce cas, l'année coure invariablement à compter du jour du délit.

Le plus grand nombre prend sur lui de corriger la loi, et décide que l'année ne peut commencer à courir contre les héritiers qu'à compter du jour où ils ont eu connaissance du délit (1).

Enfin, tous les auteurs s'accordent à reconnaître que *la survenance d'enfant n'est pas, en principe, une cause de révocation des testaments,* puisque les articles qui ont réglé la matière (art. 1046-1047) n'y font aucune allusion; cependant, *plusieurs sont d'avis qu'il faut suppléer cette cause pour le cas où le testateur a disposé et est mort dans l'ignorance de la grossesse de sa femme* (2).

CADUCITÉ.

La caducité procède :
1° *De la personne du légataire;*
2° *De la chose léguée.*

1° CADUCITÉ PROCÉDANT DE LA PERSONNE DU LÉGATAIRE.

1039. — Toute disposition testamentaire sera caduque, si celui en faveur de qui elle est faite n'a pas survécu au testateur.

1040. — Toute disposition testamentaire faite sous une condition dépendante d'un événement incertain, et telle que, dans l'intention du testateur, cette disposition ne doive être exécutée qu'autant que l'événement arrivera ou n'arrivera pas, sera caduque, si l'héritier institué ou le légataire décède avant l'accomplissement de la condition.

1041. — La condition qui, dans l'intention du testateur, ne fait que sus-

---

prescription n'a pas pu commencer à courir contre le testateur, car la révocation de son testament était pour lui un acte de simple faculté.

Les partisans du *second* système continuent à appliquer l'art. 957.

(1) Dans le *premier* sens, M. Colmet de Santerre, t. IV, n° 204 *bis*, III.

Dans le *second* sens, MM. Zachariæ, Aubry et Rau, t. VI, p. 213. — M. Demolombe, t. XXII, p. 238.

(2) Dans ce sens, Grenier, t. III, n° 341. — M. Troplong, t. IV, n° 2205.

En sens contraire, MM. Zachariæ, Aubry et Rau, t. VI, p. 181, texte et note 4. — M. Colmet de Santerre, t. IV, n° 204 *bis*, v. — M. Demolombe, t. III, p. 225.

Toutefois, ces derniers auteurs enseignent que la révocation pourrait être admise, s'il était certain que le testateur n'a disposé que parce qu'il était convaincu qu'il décéderait sans enfants.

Nous n'avons pas pris formellement parti dans les controverses qui précèdent ; au point de vue légal, le pour et le contre s'y valent à peu près ; au point de vue rationnel, elles ne pourraient être résolues qu'à la condition de restituer préalablement à la révocation judiciaire la nature d'une action fondée sur la volonté du testateur.

pendre l'exécution de la disposition, n'empêchera pas l'héritier institué, ou le légataire, d'avoir un droit acquis et transmissible à ses héritiers.

1043. — La disposition testamentaire sera caduque, lorsque l'héritier institué ou le légataire la répudiera, ou se trouvera incapable de la recueillir.

En tant que la caducité procède de la personne du légataire, elle peut avoir pour causes :

1° *Le prédécès du légataire;*

2° *Le refus de recueillir du légataire;*

3° *L'incapacité du légataire.*

1° Prédécès du légataire.

Il y a *deux* cas où le prédécès du légataire entraîne la caducité du legs, ce sont :

1° *Aux termes de l'art. 1039, celui où le légataire meurt avant le testateur ;*

2° *Aux termes de l'art. 1040, celui où le légataire meurt avant l'événement de la condition à laquelle était subordonné son legs.*

En ce qui concerne le *premier* cas, la solution est fondée :

1° *Sur ce qu'en général les legs sont faits en considération de la personne;*

2° *Sur ce qu'avant la mort du testateur, aucun légataire n'a droit au legs, et par conséquent, ne peut transmettre le legs à ses héritiers.*

Du *premier* motif, il résulte que s'il apparaît en fait, dans telle ou telle hypothèse, que le legs est indépendant de la considération de la personne, ce premier cas de caducité n'a plus de raison d'être.

En ce qui concerne le *second* cas, la solution repose :

1° *Sur le même premier motif que la précédente;*

2° *Sur ce que, dans les legs conditionnels, avant l'événement de la condition, le légataire n'a pas droit au legs, et, par conséquent, ne peut transmettre le legs à ses héritiers.*

Il y a d'ailleurs lieu d'apporter à ce second cas le même correctif qu'au premier.

Remarquons :

1° *Que, d'après la formule de l'art. 1041, « la condition qui, dans l'intention du testateur, ne fait que suspendre l'exécution de la disposition », c'est-à-dire qui, au lieu d'être une condition, est un terme, n'empêche pas l'héritier institué, ou le légataire, d'avoir un droit acquis et transmissible à ses héritiers.*

Ce qui signifie que, dans le legs à terme, la mort du légataire, avant l'arrivée du terme, n'entraîne pas la caducité du legs.

2° *Que, d'après la doctrine, le terme incertain, c'est-à-dire l'événement futur et certain, mais dont la date est incertaine, vaut condition dans les testaments.* « Dies incertus conditionem in testamento facit », a dit en effet Papinien dans la loi 75, D., liv. XXXV, tit, I.

Ce qui a pour conséquence que, si le légataire meurt avant l'événement du *dies incertus*, le legs est caduc, conformément à ce qui vient d'être indiqué pour le cas de la condition proprement dite.

On peut citer comme exemple d'un legs fait sous un *dies incertus*, le cas d'un legs fait à un tel pour l'époque de la mort de tel autre (1).

2° Refus de recueillir du légataire.

Le Code Napoléon est muet sur la forme de la répudiation des legs.

Certains auteurs en concluent que cette répudiation n'est soumise à aucune forme.

D'autres n'admettent cette solution qu'à l'égard des legs particuliers; en ce qui concerne les legs universels ou à titre universel, ils enseignent que la répudiation doit être faite, comme en matière de succession *ab intestat*, par une déclaration au greffe (art. 784) (2).

On professe :

1° *Que la répudiation d'un legs ne lie, en général, le renonçant que tout autant qu'elle a été acceptée par ceux à qui elle doit profiter.*

2° *Que la répudiation d'un legs, devenue définitive, peut être annulée :*

Pour cause d'erreur substantielle, de violence ou de dol;

Pour cause d'incapacité du légataire (3).

Les auteurs ne s'entendent pas sur le point de savoir si le légataire peut accepter pour partie et répudier pour partie (4).

---

(1) M. Demolombe écrit que « ces distinctions ne tiennent pas précisément à la nature des choses » (t. XXI, p. 262).

Nous partageons absolument cet avis : tout cela est présomption inconsidérée et pur arbitraire. Ajoutez la rédaction de textes qui, comme l'art. 1040, aboutissent à un galimatias.

En résumé, il faut scruter chaque espèce et décider, pour chaque espèce, selon l'intention du testateur.

C'est tout particulièrement le seul conseil que la doctrine ait à donner, lorsqu'il s'agit d'une condition négative qui ne peut se vérifier qu'à la mort du légataire.

V. en sens contraire, MM. Zachariæ, Aubry et Rau, t. VI, p. 153, texte et note 10. — M. Demolombe, t. XXII, p. 268.

(2) Comparer MM. Zachariæ, Aubry et Rau, t. VI, p. 198 et 199. — M. Demolombe, t. XXII, p. 277.

(3) Comparer MM. Zachariæ, Aubry et Rau, t. VI, p. 199. — M. Demolombe, t. XXII, p. 281.

(4) V. Bayle-Mouillard, *Sur Grenier*, t. III, n° 348, note *a.* — M. Demolombe, t. XXII, p. 278.

En dépit des traditions contraires du droit romain, suivies par les anciens et

3° Incapacité du légataire.

Pour que l'idée de caducité puisse trouver place dans ce cas, il faut supposer que le légataire, capable à l'époque de la confection du testament, se trouve ensuite incapable, dans les legs purs et simples ou à terme, à l'époque du décès du testateur ; dans les legs conditionnels, à l'époque de ce même décès ou à celle de l'événement de la condition, où encore durant l'intervalle qui sépare l'époque du décès du testateur de celle de l'événement de la condition (V. *supra*, p. 408).

Bien que, d'après la doctrine moderne, la capacité du légataire ne soit plus exigée à l'époque de la confection du testament, ce qu'il faudrait dire dans une langue tant soit peu exacte, si le légataire a toujours été incapable, ce ne serait pas que le legs est *caduc*, mais qu'il est *nul*.

2° CADUCITÉ PROCÉDANT DE LA CHOSE LÉGUÉE.

1042. — Le legs sera caduc, si la chose léguée a totalement péri pendant la vie du testateur. Il en sera de même, si elle a péri depuis sa mort, sans le fait et la faute de l'héritier, quoique celui-ci ait été mis en retard de la délivrer, lorsqu'elle eût également dû périr entre les mains du légataire.

Cet inutile et vicieux article prévoit *deux* hypothèses :

1° *Celle où la chose léguée a totalement péri avant le décès du testateur.*

2° *Celle où la chose léguée a péri depuis la mort du testateur sans le fait et la faute de l'héritier.*

Les compilateurs napoléoniens ont déclaré que, dans les *deux* cas, le legs serait *caduc*.

En ce qui concerne la première hypothèse, la décision des compilateurs napoléoniens est assurément incontestable pour le cas où la chose léguée a en effet « *totalement péri* », selon les termes du *premier* alinéa de l'article ; textuellement, cette décision revient à dire que, lorsque son objet manque au legs, le legs ne peut être exécuté ; mais, comme l'article porte que c'est là un cas de caducité, force est bien de tirer la conséquence, fût-elle la plus irrationnelle possible, et de décider que, puisque le legs est caduc, le légataire ne peut réclamer ni les débris, ni les accessoires subsistants de la chose léguée (1).

---

par les nouveaux légistes, il n'y a nulle bonne raison de refuser, en principe, au légataire le droit de répudier pour partie même un seul legs (Comparer, p. 187 et 189).

(1) MM. Zachariæ, Aubry et Rau, t. VI, p. 198. — M. Colmet de Santerre, t. IV, n° 193 *bis*, IV. — M. Demolombe, t. XXII, p. 289.

Cela va, en général, directement contre la volonté du testateur, mais cela est pure bagatelle ; ce qui importe, n'est-ce pas avant tout que la doctrine de la caducité demeure sauve ?

En ce qui concerne la *seconde* hypothèse, la décision des compila-teurs napoléoniens est fausse.

Lorsqu'en effet la chose léguée a péri depuis la mort du testateur sans le fait et la faute de l'héritier, le legs n'est pas, en général, caduc, car le droit au legs s'est ouvert pour le légataire, et si ce dernier est privé de toute action contre l'héritier, c'est par une application de la règle *Debitor rei certæ, rei interitu liberatur* (comparer, art. 302).

De là il résulte que le légataire a alors le droit de réclamer les débris et les accessoires subsistants de la chose léguée, ainsi que d'exercer les actions en indemnité auxquelles la perte de cette chose a pu donner naissance contre des tiers.

Il faut encore remarquer, *au sujet du legs conditionnel*, que si la chose léguée a totalement péri avant l'accomplissement de la condition, même depuis la mort du testateur, le legs est *caduc*, comme dans la *première* hypothèse.

DROIT D'ACCROISSEMENT ENTRE COLÉGATAIRES.

Cette matière, qui n'eût jamais dû prendre place dans un Code, est issue du plus pur formalisme romain. A une époque où l'intention du testateur n'entrait pas en considération, et où l'art juridique consis-tait à déduire, d'une formule plus ou moins sacramentelle, l'enseigne-ment du juste, on conçoit que la matière de l'accroissement pût don-ner lieu, comme disent les légistes, à une théorie *savante*. Aujourd'hui, les dispositions de la compilation napoléonienne, aussi mal rédigées que peu compréhensibles au fond, n'ont d'autre résultat que d'engager la doctrine dans un dédale de difficultés, de tenir en suspens l'esprit du juge, de dénaturer en fin de compte l'intention du testateur.

Or, dans une doctrine fondée sur des principes, l'intention du dona-teur, nous ne le dirons jamais trop, serait l'alpha et l'oméga de toute la matière des testaments.

Ajoutons, au même point de vue, et erreur législative mise à part, que le droit d'accroissement entre colégataires, n'est pas distinct en soi du droit d'accroissement entre cohéritiers, c'est-à-dire de la théorie de non-décroissement et de successibilité immédiate exposée sous l'art. 786 (V. *supra*, p. 209) (1).

Enfin, répétons que les dispositions qui suivent, règlent, en général,

---

(1) C'est l'idée toute simple entrevue par Celse dans la proposition suivante : *Conjunctim legari hoc est :... tota legata singulis data esse ; partes autem concursu fieri* (L. 80, D. liv. XXXII, tit. Unic.).

tout aussi bien les effets de la nullité et de la révocation que ceux de la caducité (1).

1044. — Il y aura lieu à accroissement au profit des légataires, dans le cas où le legs sera fait à plusieurs conjointement. — Le legs sera réputé fait conjointement lorsqu'il le sera par une seule et même disposition, et que le testateur n'aura pas assigné la part de chacun des colégataires dans la chose léguée.

1045. — Il sera encore réputé fait conjointement, quand une chose qui n'est pas susceptible d'être divisée sans détérioration, aura été donnée par le même acte à plusieurs personnes, même séparément.

En général, la nullité, la révocation ou la caducité d'un legs profite à la personne ou aux personnes dont l'exécution du legs aurait réduit, ou même dans certains cas, anéanti la part.

Ces personnes peuvent être :

Les héritiers *ab intestat* (successeurs légitimes ou successeurs irréguliers) ;

Les légataires universels ;

Les légataires à titre universel ;

Les légataires particuliers.

Ces personnes peuvent être aussi :

Les colégataires.

Ce *dernier* cas est précisément celui dit *du droit d'accroissement entre colégataires.*

Avant d'en exposer les règles actuelles, remarquons avec les auteurs :

1° *Que, lorsque le testateur s'est expliqué sur le sort que devra avoir le legs nul, révocable ou caduc, il n'y a pas de question, et que c'est ce qui a lieu, en particulier, dans le cas où le testateur a fait une substitution vulgaire, c'est-à-dire a appelé un tiers à recueillir le legs nul, révocable ou caduc* (art. 898 ; **V.** *infra*) ;

2° *Que, lorsque la révocation ou la caducité profite aux héritiers* ab intestat, *aux légataires universels, aux légataires à titre universel et aux légataires particuliers, les charges dites personnelles, en d'autres termes, imposées personnellement au légataire, s'évanouissent avec le legs, et que les charges réelles se transmettent à celui qui recueille le legs à la place du légataire* (2).

---

(1) Comparer MM. Zachariæ, Aubry et Rau, t. VI, p. 180, 196 et 215. — MM. Sebire et Carteret, *Encyclopédie du droit*, v° *Accroissement*, n° 37. — M. Demolombe, t. XXII, p. 298 et suiv.

(2) Comparer MM. Zachariæ, Aubry et Rau, t. VI, p. 201. — MM. Massé et Vergé, *Sur Zachariæ*, t. III, p. 303. — M. Demolombe, t. XXII, p. 302 et suiv.

Il ressortira de la théorie de l'accroissement que l'énonciation de ces deux propositions, qui paraissent naïves, n'est point superflue dans l'état actuel de la législation et de la doctrine.

Arrivons maintenant à l'exégèse des art. 1044-1045, et n'oublions pas que le généralisateur Domat a pensé qu'il n'y a dans tout le droit aucune matière aussi subtile que celle de l'accroissement, « quoy qu'il soit vray, ajoute-t-il, qu'il n'y en ait point dont l'usage soit moins nécessaire » (1).

La première question est de savoir ce que, d'après les textes napoléoniens, il faut entendre aujourd'hui par des colégataires.

La réponse incontestable est qu'on doit considérer comme légataires :

1° *Les légataires appelés à une même chose par une même disposition sans assignation de parts* (art. 1044, 2e alinéa).

Exemple. — Je lègue ma maison à Pierre et à Paul.

2° *Les légataires appelés à une même chose par deux dispositions différentes, lorsque la chose léguée n'est pas susceptible d'être divisée sans détérioration* (art. 1045).

Exemple. — Je lègue ma maison à Pierre; je lègue cette même maison à Paul.

Si l'on fait abstraction de l'étrange distinction ressortant du 2°, il paraît résulter de ce qui précède que la compilation napoléonienne pose comme constitutive de la définition des colégataires, l'idée de la conjonction dans la chose léguée, c'est-à-dire en une langue moins pédante et moins barbare, de la vocation de plusieurs légataires à une même chose.

Presque tous les commentateurs ont, en effet, adopté cette manière de voir; à leurs yeux, la conjonction dans la chose léguée est la condition *sine qua non* de l'accroissement (2).

Rappelons maintenant, en deux mots, ce qu'il y a d'essentiel à cet égard dans la terminologie et dans la doctrine romaines.

Le droit romain disait :

Dans le *premier* cas cité plus haut, que les colégataires étaient conjoints *re et verbis;*

Dans le *second* cas, que les colégataires étaient conjoints *re tantum.*

Il disait, en outre, ne considérant alors que la forme de la disposition :

Dans le *premier* cas, que les colégataires étaient appelés *conjunctim;*

Dans le *second* cas, qu'ils étaient appelés *disjunctim.*

Mais, à l'époque de ces lois, qui n'attestent que trop visiblement les hontes de la Rome impériale, nous voulons dire les lois Julia et Papia Poppæa (3), le droit romain admit un nouveau cas de colégataires, celui

(1) Domat, *Les loix civiles,* seconde édition. in-4°, 1696, t. III, p. 457.
(2) MM. Zachariæ, Aubry et Rau, t. VI, p. 292. — M. Colmet de Santerre, t. IV, n° 196 *bis.* — M. Demolombe, t. XXII, p. 316. — V. cependant *infra,* le système de Proudhon.
(3) Les lois Julia et Papia Poppæa ont laissé, comme nous allons le voir, des

des colégataires *conjuncti verbis tantum*, c'est-à-dire *des légataires appe-*
lés par une même disposition à une même chose avec assignation de parts.

Exemple. — Je lègue ma maison par moitié à Pierre et à Paul (1).

Or, c'est ici, qu'encouragée à la fois par l'arbitraire et l'obscurité des
traditions, et par l'ignorance des compilateurs napoléoniens, la sophistique juridique commence à se donner carrière (2).

---

vestiges jusque dans la législation napoléonienne ; il est donc bon de rappeler le
stigmate que leur a imprimé Tacite :

« *Relatum deinde de moderanda Papia Poppœa, quam senior Augustus, post*
Julias rogationes, incitandis cœlibum ponis et augendo œrario, sanxerat nec
ideo conjugia et educationes liberum frequentabantur prævalida orbitate. Cæte-
rum multitudo periclitantum gliscebat, quam omnis domus delatorum interpreta-
tionibus subverteretur; utque antehac flagitiis, ita tunc legibus laborabatur
(Tacite, *Annalium*, liv. III, xxv).

(1) Paul a résumé en une phrase les trois cas de conjonction finalement admis par le droit romain :

« *Triplici modo conjunctio intelligitur : aut enim re per se conjunctio contin-*
git ; aut re et verbis ; aut verbis tantum... (L. 116, D., l. L, tit. XVI. — Ajouter, § 8, *Inst. Just.*, liv. II, tit. XX.)

(2) En ce qui concerne l'arbitraire et l'obscurité des traditions, nous n'avons
qu'à renvoyer au Digeste, à Domat, à Ricard, à Pothier, aux travaux spéciaux
de MM. Holtius (*Analyse historique du droit d'accroissement*, *Thémis*, t. IX,
p. 235 et 524, et t. X, p. 321). Alban d'Hautuille (*Essai sur le droit d'accrois-*
sement), Machelard (*Dissertation sur l'accroissement*).

En ce qui concerne l'ignorance des compilateurs napoléoniens, il est curieux
de confronter les interprètes affirmant que le Code Napoléon a établi en matière
d'accroissement une théorie nouvelle avec le tribun Jaubert, disant en termes
propres dans son rapport : « Toute l'ancienne théorie du droit d'accroissement
se trouve très-clairement résumée dans les art. 1044 et 1045 » (Fenet, t. XII,
p. 612).

Rendons justice à M. Demolombe; cette fois, l'éminent doyen ne cherche pas
à s'abuser sur la valeur de l'innovation napoléonienne ; il ne se dissimule ni que
l'ancien droit romain avait fondé sur des mots sa théorie de l'accroissement, ni
que les lois Julia et Pappia Poppæa vinrent substituer ou ajouter à ces mots une
base étrangère à toute considération juridique ; il avoue sans difficulté que la
compilation justinienne amalgama, particulièrement en cette matière, des
traditions disparates ; enfin, il n'hésite point à attester que, dans l'ancien droit
français, la confusion ne fit que s'accroître, et que la seule innovation inconles-
table des compilateurs napoléoniens a consisté à épaissir les ténèbres d'un sujet
qui en était déjà rempli.

Tel n'est point l'avis de M. Colmet de Santerre.

Aux yeux de cet auteur, rien de plus rationnel, de mieux ordonné, de mieux
rédigé que les textes napoléoniens sur l'accroissement, y compris même le fameux art. 1045.

Selon M. Colmet de Santerre, les compilateurs napoléoniens ont apporté un
changement radical à la théorie de l'accroissement; ils en ont fait une substitution vulgaire tacite.

Pour juger de cette louange et de cette découverte, il suffit de jeter un coup
d'œil sur les art. 1044-1045, et sur les travaux préparatoires.

La vérité est ce que nous répétons tant de fois : les compilateurs napoléoniens
ont eu l'intention de reproduire d'inintelligentes et d'iniques traditions, et,
pour comble, ces traditions mêmes, ils les ont faussées (V. encore Fenet,
t. II, p. 709).

D'abord, Proudhon a soutenu qu'il fallait encore aujourd'hui considérer comme colégataires, les légataires appelés par une même disposition à une même chose avec assignation de parts.

Voici comment a raisonné Proudhon :

Appliqué à la conjonction *re tantum*, l'art. 1045 est injustifiable, car cette conjonction est celle qui atteste le plus énergiquement la vocation de chacun des légataires à recueillir toute la chose, et l'on ne comprend pas que l'accroissement puisse dépendre, dans ce cas, de la circonstance que la chose léguée est ou n'est pas susceptible d'être divisée sans détérioration.

Donc, à moins d'attribuer au législateur un non-sens, il faut trouver une autre explication de l'art. 1045.

Pour y parvenir, il suffit d'une supposition rationnelle, et d'une interprétation un peu complaisante.

La supposition est que le législateur ne s'est point du tout occupé de la conjonction *re tantum*, cette conjonction impliquant évidemment le droit d'accroissement ou plutôt de non-décroissement entre les légataires qu'elle unit.

L'interprétation consiste à entendre l'art. 1045, comme s'il était rédigé de la manière suivante :

« Il (le legs) sera encore réputé fait conjointement, quand une chose qui n'est pas susceptible d'être divisée sans détérioration aura été donnée par une seule et même disposition à plusieurs personnes, même avec assignation de parts.

C'est-à-dire que Proudhon est obligé d'admettre :

1° Que les mots : « par le même acte » employés dans l'art. 1045, ont le sens de ceux-ci : par une seule et même disposition ;

2° Que les mots : « même séparément » employés aussi dans l'art. 1045, ont le sens de ceux-ci : avec assignation de parts ;

3° Qu'enfin l'art. 1045 est une suite de l'art. 1044, et une exception à cet article en ce qu'il accorde le droit d'accroissement aux légataires appelés par une seule et même disposition, avec assignation de parts, lorsque la chose léguée n'est pas susceptible d'être divisée sans détérioration.

Évidemment, le système de Proudhon se réfute de lui-même ; ce qui en subsiste, c'est la condamnation de l'art. 1045 (1).

---

(1) Comparer Proudhon, *De l'usufruit*, t. II, n° 734. — Il s'en faut du tout que Proudhon fut de propos délibéré un sophiste, bien que, dans cette circonstance, il ait raisonné à la façon d'un sophiste ; Proudhon était un homme fort honnête et d'infiniment de sens, mais il était infecté de la contagion juridique actuelle, qui fait des sophistes contre leur gré, quand elle n'en fait pas de leur plein gré.

A l'égard de l'art. 1045, tous les auteurs sont d'accord pour reconnaître qu'il est issu de l'absurde loi 89, D. liv. XXXII ; cependant M. Colmet de San-

Mais toute assignation de parts fait-elle obstacle à l'accroissement ? Qu'est-ce, en d'autres termes, qu'assigner des parts ?

Les uns disent que toute assignation de parts est exclusive de l'accroissement, sans qu'il y ait lieu de distinguer si elle porte sur la vocation même des légataires ou si elle ne porte que sur l'exécution du legs (1).

D'autres sont d'avis que l'assignation de parts ne s'oppose à l'accroissement que tout autant qu'elle porte sur l'institution même des légataires, dont la vocation se trouve ainsi restreinte *ab initio* à une portion déterminée de la chose léguée (2).

D'autres enfin amendent le second système, et décident que si l'assignation des parts est accompagnée de clauses additionnelles, la question de savoir si ces clauses en détruisent l'effet appartient tout entière au fait (3).

Discussion bien digne des articles qui l'ont suscitée, et où refleurit l'art du Bas-Empire !

On se demande encore si les art. 1044-1045 sont applicables aux legs universels et aux legs à titre universel aussi bien qu'aux legs particuliers.

Cette question n'eût jamais dû être posée, car, même à ne consulter que les textes actuels, la nature des legs universels et à titre universel commande, en ce qui concerne ces legs, les solutions relatives au droit d'accroissement.

S'agit-il, en effet, de deux légataires universels appelés par une seule et même disposition, si l'un fait défaut, l'autre recueillera le tout, en vertu de l'art. 1003.

S'agit-il de deux légataires à titre universel appelés par une seule et même disposition à la même chose, c'est-à-dire ici, aux mêmes objets compris dans la même quotité, si l'un fait défaut, l'autre recueillera le tout, en vertu de l'art. 1010.

S'agit-il de deux légataires à titre universel appelés par une seule

---

terre résiste ; mais M. Colmet de Santerre est un homme d'esprit, et son système n'est qu'une gageure.

Comparer MM. Zachariæ, Aubry et Rau, t. VI, p. 204, texte et note 34. — M. Bayle-Mouillard, *Sur Grenier*, t. III, n° 350, note *a*. — M. Demolombe, t. XXII, p. 322. — M. Colmet de Santerre, t. IV, n° 199 *bis*, II et III.

Comparer aussi les auteurs qui, comme Duaren, ont enseigné que la conjonction *re tantum* vaut moins que la conjonction *re et verbis*, parce qu'une seule conjonction est moins forte que deux conjonctions (V. en particulier Duaren, *De jure adcrescendi*, lib. I, cap. x).

(1) Delvincourt, t. II, p. 93, note 10. — M. Colmet de Santerre, t, IV, n° 199 *bis*, VI.

(2) MM. Zachariæ, Aubry et Rau, t. VI, p. 203, texte et note 32.

(3) MM. Sebire et Carteret, *Encyclopédie du Droit*, v° *Accroissement*, n° 29. — M. Demolombe, t. XXII, p. 321.

et même disposition à deux quotités distinctes, si l'un fait défaut, l'autre ne recueillera néanmoins que la quotité qui lui est propre, toujours en vertu de l'art. 1010.

Tout cela est d'évidence, et tout cela écarte l'application de l'art. 1044, qui, d'ailleurs, ne conduirait pas, en général, à des résultats différents.

Quant à l'art. 1045, il y a un incontestable intérêt à savoir s'il est applicable aux legs universels et aux legs à titre universel.

Comme il a été dit, l'art. 1045 concerne le cas de la conjonction *re tantum*, et il n'admet l'accroissement dans cette hypothèse que tout autant que la chose léguée n'est pas susceptible d'être divisée sans détérioration ; or, toute universalité est susceptible d'être divisée sans détérioration ; *donc, si l'on applique l'art. 1045 aux legs universels et aux legs à titre universel, l'accroissement n'aura jamais lieu dans ces legs, lorsque les légataires y seront conjoints re tantum.*

Ce résultat est tellement contraire à la pensée manifeste du testateur qu'il n'y a même pas lieu de le discuter.

Finalement, comme l'art. 1044, l'art. 1045 est inapplicable aux legs universels et aux legs à titre universel (1).

Il reste *trois* questions sur deux desquelles au moins la controverse s'établit en forme.

Voyons successivement chacune d'elles.

1re QUESTION. — *La caducité est-elle la condition* sine qua non *de l'accroissement dans les legs d'usufruit, comme dans les legs de propriété ; en d'autres termes, dans les legs d'usufruit faits conjointement, la part des colégataires prémourants qui ont recueilli doit-elle faire retour par consolidation à la nue propriété, ou bien accroître à la part des colégataires survivants ?*

DEUX SYSTÈMES.

1er SYSTÈME (2). — *Dans les legs d'usufruit faits conjointement, la part des colégataires prémourants qui ont recueilli, doit faire retour par consolidation à la nue propriété.*

1er *Arg.* — L'art. 1044 se rattache par un lien évident aux articles

---

(1) En ce sens, M. Valette, à son cours. — MM. Massé et Vergé, *Sur Zachariæ*, t. III, p. 305. — M. Demolombe, t. XXII, p. 334.

En sens contraire, MM. Zachariæ, Aubry et Rau, t. VI, p. 206, texte et note 38. — M. Colmet de Santerre, t. IV, n° 199 *bis*, VII.

(2) MM. Zachariæ, Aubry et Rau, t. VI, p. 211. — M. Colmet de Santerre, t. IV, n° 190 *bis*, VIII. — M. Demolombe, t. XXII, p. 342.

qui règlent la caducité, c'est-à-dire qu'il limite l'application de l'accroissement au cas où le droit de l'un des colégataires est devenu caduc ;

Or, les termes de cet article sont aussi généraux que possible, et ils comprennent les legs d'usufruit aussi bien que les legs de propriété.

2° *Arg.* — Du reste, dans les legs d'usufruit, comme dans les legs de propriété, à partir du moment où le legs s'est ouvert au profit de chacun des légataires, il y a autant de legs d'usufruit distincts qu'il y a de légataires acceptants;

Or, cette division est exclusive de l'accroissement.

2° SYSTÈME (1). — *Dans les legs d'usufruit faits conjointement, la part des colégataires prémourants, même qui ont recueilli, doit accroître à la part des colégataires survivants.*

1ᵉʳ *Arg.* — Le droit romain et l'ancien droit français décidaient la question dans ce sens (2).

2ᵉ *Arg.* — Pris en lui-même, l'art. 1044 ne limite pas l'application de l'accroissement au cas où le droit de l'un des colégataires est devenu caduc ;

Or, c'est précisément la question que de savoir si, en ce qui concerne les legs d'usufruit, l'art. 1044 se rattache aux articles qui règlent la caducité.

3ᵉ *Arg.* — On affirme aussi, dans le premier système, qu'à partir du moment où le legs s'est ouvert au profit de chacun des légataires, il y a autant de legs d'usufruit distincts qu'il y a de légataires acceptants, et qu'en conséquence cette division est exclusive de l'accroissement.

Or, c'est précisément encore là ce qu'il s'agit d'établir.

4ᵉ *Arg.* — En matière d'accroissement, le seul principe scientifique et juridique est la volonté du testateur, et l'on doit revenir à ce principe, toutes les fois que les textes n'y font point obstacle.

Dans les legs de propriété faits conjointement, il est tout simple que la part des colégataires prémourants qui ont recueilli n'aille pas accroître à celle des colégataires survivants; la part de propriété des colégataires est transmissible à leurs héritiers, et la volonté du testateur ne pourrait l'attribuer aux colégataires survivants, qu'en créant une substitution, c'est-à-dire en violant le principe de la liberté de la propriété (V. *infra*, p. 610).

Dans les legs d'usufruit faits conjointement, il est moins non simple que la part des colégataires prémourants, même qui ont recueilli, aille accroître à celle des colégataires survivants ; la part d'usufruit des colégataires n'est pas transmissible à leurs héritiers, et il est probable que la volonté du

___
(1) M. Valette, à son cours. — M. Bayle-Mouillard, *Sur Grenier*, t. II, n° 353, note *a*. — MM. Massé et Vergé, *Sur Zachariæ*, t. III, p. 303. — M. Alban d'Hautuille, p. 197 et suiv.

(2) Comparer, L. 0, § 3, D., liv. VII, tit. II. — Furgole, chap. IX, n° 4. — Pothier, *Des donat. testament.*, chap. VI, art. 11, sect. III, § 3.

testateur est de l'attribuer aux colégataires survivants, de préférence à ses héritiers.

Le *premier* système ne repose que sur une double pétition de principe ;

Le *second* système nous paraît incontestable, sauf bien entendu, l'examen préliminaire, en fait, de la volonté du testateur.

2e QUESTION. — *Entre colégataires, l'accroissement est-il forcé ou volontaire ?*

TROIS SYSTÈMES,

1er SYSTÈME (1). — *Entre colégataires, l'accroissement est toujours forcé.*

L'accroissement n'est rien autre chose, en réalité, qu'un non-décroissement ; d'où il résulte qu'en acceptant, chaque colégataire accepte éventuellement le legs tout entier.

2e SYSTÈME (2). — *Entre colégataires conjoints* re tantum, *l'accroissement est forcé ;*

Entre colégataires conjoints re et verbis, *l'accroissement est volontaire.*

1er *Arg.* — La loi 2, C. liv. VI, tit. LI, appuie cette solution.

2e *Arg.* — Dans le cas où les colégataires sont conjoints *re tantum*, chaque colégataire, à défaut des autres, recueille le legs tout entier par droit de non-décroissement ; d'où la conséquence que l'accroissement doit être alors forcé, tandis que, dans le cas où les colégataires sont conjoints *re* et *verbis*, chaque colégataire, à défaut des autres, ne recueille le legs tout entier que par un véritable droit d'accroissement ; d'où la conséquence que l'accroissement doit être alors facultatif.

3e SYSTÈME (3). — *Entre colégataires, l'accroissement est toujours volontaire.*

1er *Arg.* — Les auteurs de l'ancien droit français se prononçaient, en général, dans ce sens (4).

2e *Arg.* — Qu'il s'agisse soit de colégataires conjoints *re tantum*, soit de colégataires conjoints *re* et *verbis*, le testateur n'a pas

---

(1) M. Marcadé, t. IV, art. 1045, p. 139.

(2) MM. Zachariæ, Aubry et Rau, t. VI, p. 208, texte et note 43. C'est le cas de prévenir qu'en général, à l'École de Paris, les professeurs repoussent énergiquement l'emploi de la formule latine, car cet emploi, c'est la négation de l'*innovation napoléonienne.*

(3) M. Valette, à son cours. — M. Colmet de Santerre, t. IV, n° 199 *bis*, xi. — M. Machelard, p. 322 et suiv. — M. Alban d'Hautuille, p. 183. — M. Demolombe, t. XXX. p. 354.

(4) Comparer Furgole, chap. ix, nos 99-100. — Ricard, part. iii, n° 556.

pu ne pas voir que dans les deux cas le legs se partagerait entre les co-légataires ; d'où il résulte que chaque colégataire, à défaut des autres, ne doit recueillir la part des autres que s'il le veut bien.

En principe, cette *dernière* solution a évidemment pour elle le sens commun.

3ᵉ QUESTION. — *Entre colégataires, l'accroissement est-il avec charges ou sans charges ?*

En général, on rattache cette question à la précédente.

Ceux qui professent que l'accroissement est forcé, au moins dans certains cas, décident qu'en tant que forcé, l'accroissement s'opère *sans les charges.*

Ceux qui enseignent que l'accroissement est toujours *volontaire*, admettent en même temps, par une suite naturelle de leur doctrine, que l'accroissement s'opère toujours *avec les charges.*

Il va de soi d'ailleurs que les charges personnellement imposées au colégataire défaillant ne passent pas à ses colégataires.

Telle est, bien en abrégé, cette matière sur laquelle l'art des légistes s'épuise depuis deux mille ans, et qui ne vaut pas même un seul trait de plume (1).

CHAPITRE VI

DES DISPOSITIONS PERMISES EN FAVEUR DES PETITS-ENFANTS DU DONATEUR OU TESTATEUR, OU DES ENFANTS DES SES FRÈRES ET SŒURS.

Les dispositions auxquelles ce chapitre se rapporte forment une sorte de double exception à la règle posée en ces termes par l'art. 896 :

Les substitutions sont prohibées.

C'est à l'histoire qu'il faut demander le sens et l'origine du mot *substitution.*

Les Romains qui, comme dit Thévenot d'Essaule (2), furent les inventeurs de ce mot, appelaient du nom de substitution une institution d'héritier subordonnée à une autre.

Il y avait, aux yeux des Romains, trois sortes de substitutions :

1° La substitution vulgaire ;

2° La substitution pupillaire ;

3° La substitution quasi-pupillaire ou exemplaire.

---

(1) Très-demandé aux examens dans le faux système du monopole universitaire !

(2) Thévenot d'Essaule, *Traité des substitutions.* Paris, 1778, 1 vol. in-8, chap. III, n° 46.

La substitution vulgaire était une institution par laquelle le testateur déclarait que si un tel ne recueillait pas sa succession, il appelait à la place de celui-là tel autre (1).

La substitution pupillaire était une institution par laquelle le père de famille, après avoir institué un héritier pour lui-même, en désignait également un pour son enfant impubère placé sous sa puissance immédiate dans la prévoyance du cas où cet enfant viendrait à mourir avant d'avoir atteint l'âge de la puberté, c'est-à-dire l'âge où il était permis de tester (2).

La substitution quasi-pupillaire ou exemplaire était une institution par laquelle un ascendant, après avoir institué un héritier pour lui-même, en désignait également un pour son descendant en démence, dans la prévoyance du cas où ce descendant mourrait avant d'avoir recouvré la raison (3).

Le droit de substitution vulgaire est une conséquence évidente du droit de tester, et aucun législateur, sans violer le droit individuel, ne saurait supprimer cette conséquence.

Le droit de substitution pupillaire n'avait, sous la République romaine, d'autre fondement que l'organisation de la famille.

Ce furent les empereurs qui imaginèrent le droit de substitution quasi-pupillaire ou exemplaire.

Historiquement, la substitution prohibée par l'art. 896 n'a aucun rapport avec les trois substitutions que nous venons de dire ; elle a pour origine une manière de disposer toute différente.

On sait à quel point le Droit romain était pénétré de la fausse idée de l'omnipotence sociale, et combien de catégories de personnes ce droit avait frappé de l'incapacité de recevoir ; mais fût-on enclin, même comme l'antiquité romaine, à supposer l'existence d'un droit d'État supérieur au droit de l'individu, et non simple sanction du droit de l'individu, on ne violente pas impunément la nature des choses, et cette fois encore le Droit romain en fit l'épreuve.

Comme l'arbitraire de la loi décrétait sans cesse de nouvelles incapacités de recevoir, cet arbitraire eut pour contre-partie un genre de dispositions dont l'unique but fut d'y déroger. Et c'est ainsi que, par un enseignement mémorable, le fidéicommis arriva enfin à prendre place dans la législation elle-même.

Or, voici ce que l'on désignait sous le nom de *fidéicommis :* c'était une disposition par laquelle un citoyen romain priait son héritier testamentaire ou *ab intestat,* ou même son légataire, de restituer à une

---

(1) Pr. liv. II, tit. XV. *Inst.*
(2) Pr. liv. II, tit. XVI, *Inst.*
(3) § 1, liv. II, tit. XVI, *Inst.*

tierce personne la totalité ou quelques-uns des biens héréditaires.

À l'époque où les fidéicommis devinrent obligatoires, l'héritier ou le légataire interposé, en d'autres termes, le fiduciaire fut d'abord astreint à restituer immédiatement l'objet du fidéicommis au bénéficiaire de la disposition, c'est-à-dire au fidéicommissaire ; dans la suite, on l'autorisa à conserver même jusqu'à sa mort les biens compris dans le fidéicommis (1).

On prit, en outre, l'habitude de faire plusieurs degrés de fiduciaires et de fidéicommissaires, et la charge de conserver et de restituer put ainsi se trouver imposée à une suite indéfinie de générations.

C'est cette corruption d'une sorte de dispositions, excellente dans son principe puisqu'elle avait ramené l'iniquité romaine aux conditions du droit véritable ; c'est cette corruption, disons-nous, qui étant allée toujours grandissant sous le Bas-Empire, fut avidement recueillie par l'imbécillité aristocratique du moyen âge, et qui, qualifiée à son tour de substitution, devint l'un des plus importants auxiliaires du système monarchique et féodal (2).

---

(1) V. L. 65, § 1, D., liv. XXXVI, tit. I ; L. 41, § 13, D., liv. XXXIII.

(2) On peut comparer ce qu'a écrit, à ce sujet, Rossi :

« Le fidéicommis, dit cet écrivain, était une institution équitable qui, dénaturée par les coutumes du moyen âge, toutes fondées sur le privilège et par les passions aristocratiques des familles patriciennes et de la haute bourgeoisie, avait fini par donner naissance à cette jurisprudence fidéicommissaire si compliquée, si subtile, si bizarre qui obscurcissait et défigurait le droit civil d'un grand nombre de pays, en particulier celui de l'Espagne et de l'Italie. Ce serait une curieuse histoire que celle des extravagances que ce droit autorisait sous le nom de *substitution* ou de *fidéicommis* et dont les testateurs n'avaient garde de se faire faute. Rien de plus commun dans ces pays, que de voir un chétif mortel, déjà affaissé sur son lit de mort, dicter gravement un testament où il disposait de ses biens pour tous les siècles à venir, où il faisait la loi à toutes les générations qui devaient se succéder sur la face du globe et s'épuisait en hypothèses et en combinaisons pour que la chaîne de ses prévisions ne se trouvât jamais interrompue, pour que jusqu'à la fin des temps son patrimoine et son nom ne pussent sortir de la route que sa main débile leur avait tracée... Ces législateurs de la famille prétendaient immobiliser le monde au profit de leur vanité, épuiser une fois pour toutes un pouvoir qui ne peut être équitable et sensé que lorsqu'il s'éclaire de la lumière des faits présents, que lorsqu'il fait, avec une bonté scrupuleuse, cette exacte appréciation des hommes et des choses que ne peut faire le législateur, en traçant des règles nécessairement générales et inflexibles... J'ai vu les exemples les plus ridicules de cette *omnipotence* testamentaire du père de famille, omnipotence qui consistait avant tout à dépouiller de tout pouvoir les pères de famille qui devaient succéder au testateur. » (Rossi, *Cours d'économie politique*, t. II, 3e édit., p. 159.)

Quoiqu'en général Rossi, comme tous les économistes, ne soit guère touché de l'idée du juste et qu'il ne soit point arrivé à dégager et surtout à formuler nettement le principe de la liberté de la propriété (V. *passim*, t. II, p. 133-168), combien le jugement que nous venons de reproduire ne l'emporte-t-il pas ici sur celui de Montesquieu disant du haut de son éclectisme historique :

« Les substitutions, qui conservent les biens dans les familles, seront très-

Cependant, telles se manifestaient avec le temps les conséquences extrêmes de ce monstrueux abus du droit de disposer, que l'ancien régime lui-même se vit obligé de réagir en ce point contre sa propre licence.

Au XVIe siècle, les ordonnances d'Orléans (31 janvier 1560) et de Moulins (février 1566) décidèrent, l'une, que les substitutions fidéicommissaires ne pourraient désormais dépasser deux degrés, l'institution non comprise, l'autre, que les substitutions déjà existantes seraient restreintes à quatre degrés.

Il paraît que la vanité aristocratique ne tint pas compte de ces limitations, car l'ordonnance du mois d'août 1747 dut venir les renouveler.

Quelques années auparavant, Daguesseau, frappé du mal, écrivait que « l'abrogation entière des fidéicommis était peut-être la meilleure de toutes les lois » (1).

Elle fut enfin promulguée, cette loi régénératrice ; elle fut promulguée à la date immortelle où l'homme se sentit des droits en tant qu'homme et où croûla pour jamais l'édifice monarchique et féodal.

La loi du 14 novembre 1792 portait :

ART. 1er. — *Toutes substitutions sont interdites et prohibées à l'avenir.*

ART. 2. — *Les substitutions faites avant la publication du présent décret, par quelques actes que ce soit, qui ne seront pas ouvertes à l'époque de ladite publication, sont et demeurent abolies et sans effet.*

ART. 3. — *Les substitutions ouvertes lors de la publication du présent décret n'auront d'effet qu'en faveur de ceux seulement qui auront alors recueilli les biens substitués ou le droit de les réclamer.*

Ainsi, le dernier mot était dit en matière de substitutions, la loi de

utiles dans ce gouvernement (le gouvernement monarchique), quoique elles ne conviennent pas dans les autres. »

Et encore :

« Les substitutions gênent le commerce ; le retrait lignager fait une infinité de procès nécessaires, et tous les fonds du royaume vendus sont au moins, en quelque façon, sans maître pendant un an. Des prérogatives attachées à des fiefs donnent un pouvoir très à charge à ceux qui les souffrent. Ce sont des inconvénients particuliers de la noblesse qui disparaissent devant l'utilité générale qu'elle procure. Mais, quand on les communique au peuple, on choque inutilement tous les principes. » (Montesquieu, *Esprit des lois*, liv. V, chap. IX.)

O président de Montesquieu, si ce sont là des *principes*, que devient votre fameuse définition des lois ?

La vérité est qu'il n'y a qu'une seule constitution de la société qui soit la bonne et qu'un seul gouvernement qui soit le bon, c'est la constitution de la société et le gouvernement qui tendent à réaliser de plus en plus la justice pour chacun, c'est-à-dire l'autonomie de l'individu.

(1) Daguesseau, lettre du 24 juin 1730, t. IX.

1792 achevait d'abolir la servitude de la terre, et si l'ordre nouveau annoncé par la Révolution française eût effectivement pris naissance, si le XIXᵉ siècle n'eût dû être livré à la plus étonnante réaction qu'enregistrera l'histoire, jamais la substitution n'eût reparu dans les lois françaises (1).

Bonaparte survient, et ce soldat, auquel ses panégyristes ont si niaisement décerné la gloire du législateur, ce soldat rêve de reconstituer le moyen âge, de refaire, à son profit, le monde monarchique et féodal (2).

---

(1) Rédigé en 93, le code de la Convention ne mentionne même pas le nom de la substitution.

(2) On n'y croirait pas, non plus qu'au motif qui porta Bonaparte à entreprendre la confection d'un Code civil, si nous n'en avions pour garant le propre témoignage du capitaine : le passage mérite bien d'être cité tout au long ; il est extrait d'une lettre adressée par Bonaparte à Joseph, alors roi de Naples !

« Lorsque vous serez maître de la Sicile, écrivait Bonaparte, instituez trois autres fiefs, dont un pour Régnier ; aussi bien je pense que c'est lui que vous chargez de l'expédition, et ce ne sera pas un faible encouragement pour lui s'il se doute de ce que je veux faire en sa faveur. Dites-moi les titres que vous voudriez donner aux duchés qui sont dans votre royaume. Ce ne sont que des titres ; le principal est le bien qu'on y attache ; il faut y affecter 200 mille livres de rentes. J'ai exigé aussi que les titulaires eussent une maison à Paris, parce que c'est là qu'est le centre de tout le système, et je veux avoir à Paris cent fortunes toutes s'étant élevées avec le trône et restant seules considérables, parce que ce sont des fidéicommis, et que ce qui ne sera pas *elles*, par l'effet du Code civil va se disséminer.

» Établissez le Code civil à Naples ; tout ce qui ne vous est pas attaché va se détruire alors en peu d'années et ce que vous voudrez conserver se consolidera. Voilà le grand avantage du Code civil. Si le divorce vous gêne pour Naples, je ne vois pas d'inconvénient de cartonner cet article ; cependant, je le crois utile, car pourquoi le pape prononcerait-il, lorsqu'il y a cause d'impuissance ou autre force majeure ressortissant à l'ordre civil ? Toutefois, si vous le croyez nécessaire, changez-le. Pour les actes de l'état civil, vous pouvez les laisser aux curés. Au moyen de ces modifications, il faut établir le Code civil chez vous ; il consolide votre puissance puisque par lui tout ce qui n'est pas fidéicommis tombe et qu'il ne reste plus de grandes maisons que celles que vous érigez en fiefs. C'est ce qui m'a fait prêcher un Code civil et m'a porté à l'établir. » (*Mémoires et correspondance politique et militaire du roi Joseph*, publié par A. Du Casse, p. 299 et 300, t. II, 3ᵉ édit. 1856.)

Allons ! béats, parlez maintenant du génie politique du grand empereur ; allons, légistes, vantez-nous sa gloire législative !

Et c'est dans cette même correspondance qu'à quelques pages en avant ou en arrière, on trouve des phrases telles que celles-ci :

« Mon frère, je reçois votre lettre du 5 avril ; je vois *avec plaisir* qu'on ait brûlé un village des insurgés. Des exemples sévères sont nécessaires. J'imagine qu'on aura fait piller ce village par les troupes (p. 199). »

« J'ai vu *avec plaisir* que le marquis de Rhodio avait été fusillé (p. 230). »

Oh ! le grand homme ! celui-là ne se gênait pas avec le reste de l'espèce, il prenait *plaisir* (c'était son mot favori) à faire brûler et fusiller ceux qui lui résistaient, au nom du Droit ; et maintenant, comme on conçoit bien que devant ce type de toutes les réactions, de toutes les férocités, de toutes les petitesses, qui, même en famille, se faisait donner de la majesté, lui le parvenu d'hier, le fils

Pour y parvenir, le moyen est simple ; il suffira, selon Bonaparte d'empêcher les anciennes familles de revivre et d'en créer de nouvelles.

De là, d'une part, l'art. 896 interdisant en principe les substitutions et complétant ainsi les différentes règles destinées à assurer l'égalité mathématique dans les partages ; de là, d'autre part, les art. 1048-1074 consacrant une première exception à la prohibition des substitutions, en en attendant une seconde (1).

La seconde mit en œuvre l'idée du système, le rétablissement des majorats (2).

Voici dans quels termes parlait sur ce point à la France de la Révolution le sénatus-consulte du 14 août 1806 (3) :

« Quand Sa Majesté le jugera convenable, soit pour récompenser de grands services, soit pour exciter une utile émulation, soit pour concourir à l'éclat du trône, elle pourra autoriser un chef de famille à substituer ses biens libres pour former la dotation d'un titre héréditaire, que Sa Majesté érigerait en sa faveur, réversible à son fils aîné, né ou à naître, et à ses descendants en ligne directe, de mâle en mâle par ordre de primogéniture (4). »

La Restauration n'eut garde de répudier en ce point l'héritage que Bonaparte lui laissait ; mais fidèle en même temps à ses propres traditions, elle essaya de ressusciter l'ancienne noblesse et proposa dans ce but la loi du 17 mai 1826.

Le régime bâtard de Juillet ne toucha pas à cette dernière loi, et à peine sut-il faire plus que d'abroger pour l'avenir le sénatus-consulte de 1806 (5).

Le rôle de la seconde République était tout tracé ; elle n'avait qu'à reprendre les errements de la Révolution et à renouveler la promulgation de la loi de 1792.

Mais à son tour la seconde République biaisa, et, sous couleur de

---

de Lætitia, comme on conçoit bien que devant ce soldat furieux la lâche histoire soit restée à court de louanges ! (Voy. M. Thiers.)

Mais sois tranquille, ô Bonaparte, Fichte t'a marqué au front pour les siècles : « Cet homme qui n'eut jamais le moindre sentiment de la destination morale du genre humain. »

(1) Les légistes, dupes des mots et grands artisans de mots eux-mêmes, n'ont vu, ou n'ont pas voulu voir, le piége que Bonaparte avait caché dans cette première exception.

(2) Le majorat peut être défini : l'affectation de certains biens à la dotation de titres héréditaires, avec droit d'aînesse et de masculinité.

(3) Ou, ce qui revient au même, l'ancien pensionnaire du Prytanée de Toulon.

(4) Lors de la révision du Code Napoléon, en 1807, cette disposition devint le 3e alinéa de l'art. 896.

(5) V. loi du 12 mai 1835.

L'histoire du droit participe en cette matière d'une façon tout à fait notable aux tâtonnements de l'histoire générale.

respecter le bon droit, elle eut des ménagements qui y font échec (7 mai 1849) (1).

Aujourd'hui la législation sur les substitutions se trouve ramenée aux points suivants :

1° *En vertu de la loi du 12 mai 1835, les majorats de propre mouvement (2) établis avant la promulgation de cette loi, doivent continuer à être possédés et transmis conformément aux actes d'investiture* (art. 4, loi du 12 mai 1835).

2° *En vertu de la loi du 7 mai 1849, les majorats sur demande (3) établis avant la promulgation de la loi du 12 mai 1835 ou sont abolis, dès qu'ils ont été transmis à deux degrés successifs à partir du premier titulaire, ou ne sont transmissibles dans l'avenir à deux degrés qu'au profit des enfants nés ou conçus lors de la promulgation de la loi du 7 mai 1849.*

3° *En vertu de la même loi du 7 mai 1849, la loi du 17 mai 1826 est abrogée, sauf pourtant à l'égard des appelés nés ou conçus lors de la promulgation de la loi du 7 mai 1849, et ce sont les dispositions de la compilation napoléonienne qui ont reconquis la force légale.*

Ces dispositions, comme nous l'avons dit, consistent dans une règle et dans une exception.

La règle, qui est fort bonne, a été empruntée par le droit napoléonien au droit de la Révolution (comp. art. 1, l. 14 nov. 1792 et art. 896).

L'exception, qui est mauvaise, est l'œuvre propre du droit napoléonien (art. 897 et 1048-1075).

La substitution fidéicommissaire est d'une manière absolue une institution contraire au droit et à l'intérêt économique (4).

---

(1) V. M. Duvergier, *Recueil des lois*, 1849, p. 154.

Plus nous portons de respect au rapporteur de la loi du 7 mai, l'honorable M. Valette, plus nous éprouvons de sympathie pour un jurisconsulte qui appartient à la tradition républicaine et démocratique, plus nous nous sentons par là même le devoir de dire catégoriquement de la loi du 7 mai ce que nous en pensons. Cette loi restreint ce qui doit être étendu, complique ce qui est simple, et au lieu d'entrer, comme la loi de 1792, dans les larges voies des principes, elle s'engage dans toutes les sinuosités du funeste esprit légiste.

(2) Les majorats dits de propre mouvement sont ceux qui ont été fondés au moyen de dotations par le chef de l'État.

(3) Les majorats dits sur demande sont ceux qui ont été fondés avec des biens particuliers.

(4) M. John Stuart Mill dit à ce sujet que le pouvoir de tester peut s'exercer de telle façon qu'il lutte contre les intérêts permanents de la race humaine « the » power of bequest may be so exercised as to conflict with the permanent interests » of the human race. » V. *Principles of political economy*, t. I, p. 273.

Quelque exacte que soit cette formule, elle n'a pas, à nos yeux, un caractère suffisamment scientifique et précis; la cause en est qu'ici, comme partout, la méthode de l'illustre publiciste le porte à faire abstraction du point de vue du droit, et c'est ce qui l'empêche de poser la question dans ses vrais termes, entre

C'est une institution contraire au droit, car en frappant les biens d'inaliénabilité entre les mains du grevé, elle porte atteinte à la liberté de la propriété; elle permet au propriétaire actuel d'enchaîner le droit des propriétaires qui lui succéderont.

A ce point de vue, bien loin de se rattacher, comme l'ont écrit certains publicistes, à la liberté de tester, elle est une dépendance de la fausse idée de la réserve.

C'est une institution contraire à l'intérêt économique, car pour que la terre, comme tout instrument quelconque du travail, acquière la plénitude de son efficacité productive, il faut que l'homme puisse la modifier, l'améliorer et en disposer à son gré.

L'exception, écrite dans l'art. 897 et développée dans les art. 1048-1074, est limitée aux petits-enfants et aux neveux et nièces du déposant.

Même ainsi restreinte, cette exception n'échappe point à la double censure que mérite toute substitution; chétif débris de la législation d'un autre âge, elle disparaîtra au premier choc, sans que personne même s'en aperçoive, dans un monde où la propriété mobilisée de plus en plus sera de plus en plus fondée sur l'effort propre.

PROHIBITION DES SUBSTITUTIONS FIDÉICOMMISSAIRES.

896. — Les substitutions sont prohibées. — Toute disposition par laquelle le donataire, l'héritier institué, ou le légataire, sera chargé de conserver et de rendre à un tiers, sera nulle, même à l'égard du donataire, de l'héritier institué ou du légataire. — Néanmoins les biens libres formant la dotation d'un titre héréditaire que le roi aurait érigé en faveur d'un prince ou d'un chef de famille, pourront être transmis héréditairement, ainsi qu'il est réglé par l'acte du 30 mars 1806, et par celui du 14 août suivant.

L'*unique* question que soulève cet article est celle de savoir *quelles sont les dispositions que le législateur napoléonien a entendu prohiber sous le nom de substitution.*

---

le droit du propriétaire et la liberté de la propriété. De là aussi, l'impossibilité où s'est trouvé M. Mill de tracer la ligne de démarcation entre l'usage et l'abus du droit de tester (V. *supra*, p. 412); l'auteur des *Principes d'économie politique* n'a pas vu que ce problème consiste tout entier dans la conciliation des différents droits individuels.

Notons que la plupart des États de l'Union américaine ont conservé les lois anglaises qui admettent les substitutions, mais cela a peu d'inconvénients dans la grande République, où les mœurs souvent corrigent même les lois les plus défectueuses; les Américains n'ont garde d'user de la faculté de faire des gentils-hommes; comme nous l'avons déjà dit (p. 373, note 1), ils ne se servent de la liberté illimitée de tester que pour faire triompher l'esprit de démocratie et de justice. (Comparer Tocqueville, *De la démocratie en Amérique*, t. I, p. 303, et Dunoyer, *De la liberté du travail*, liv. X, chap. III.)

Pour être, d'ailleurs, unique, il s'en faut de beaucoup que cette question soit simple.

D'abord, est-ce au fidéicommis en général que s'applique la prohibition édictée par l'art. 896 ?

A prendre à la lettre le *deuxième* alinéa de cet article qui a pour but évident d'expliquer le *premier*, la réponse devrait être affirmative. Le *deuxième* alinéa contient, en effet, la définition générale du fidéicommis, tel qu'on peut le concevoir dans le droit moderne, c'est-à-dire comme *une disposition à titre gratuit, affectée de la charge de conserver et de rendre à un tiers.*

Toutefois, il n'est pas possible d'attribuer ce sens absolu à la prohibition formulée par l'art. 896, et cela pour plusieurs raisons :

1° *Parce que, d'après l'art. 1121, un donataire peut être astreint à conserver les biens donnés et à les rendre à un tiers; ce qui est un cas de fidéicommis par voie de donation ;*

2° *Parce que, d'après les art. 1040 et 1041, un héritier ou un légataire peut être astreint à conserver les biens du de cujus jusqu'à la réalisation d'une certaine condition ou jusqu'à l'arrivée d'un certain terme et à les rendre à un tiers à l'époque de la réalisation de cette condition ou de l'arrivée de ce terme ; ce qui est un cas de fidéicommis par testament ;*

3° *Parce que, en thèse générale, il est, il doit être toujours permis de faire d'une manière indirecte ce que l'on peut faire d'une manière directe.*

Le fidéicommis, en général, est donc *valable*, et il ne cesse de l'être que tout autant qu'il a pour but de faire une libéralité à une personne incapable par l'entremise d'une personne capable.

D'après la législation napoléonienne, qu'est-ce donc que la substitution prohibée?

Les différentes définitions qu'en donnent les auteurs peuvent être ramenées à ces termes :

La substitution prohibée est une disposition à titre gratuit par laquelle une personne est chargée de conserver et de rendre à sa mort à une autre personne, sous la condition que cette dernière soit vivante et capable à l'époque de la mort de la première (1).

Cette définition s'appuie :

1° *Sur l'enseignement historique* (2);

---

(1) Comparer M. Saint-Espès-Lescot', *Traité des substitutions prohibées,* 1 vol. in-8, 1849. — MM. Zachariæ, Aubry et Rau, t. VI, p. 10 et suiv. — MM. Massé et Vergé, *Sur Zachariæ,* t. III, p. 182. — M. Demolombe, t. XVIII, p. 86 et suiv.

(2) V. *supra,* p. 609, et aussi Thévenot d'Essaule, sect. I, § 1, n° 30.

2° *Sur ce que les substitutions, permises par exception à la règle prohibitive de l'art.* 896, *constituent précisément des dispositions à titre gratuit, affectées pour une personne, gratifiée en premier ordre, de la charge de conserver et de rendre à sa mort à une personne, gratifiée en second ordre* (comparer art. 897 et 1048, 1074);

3° *Sur l'atteinte qui serait portée à la liberté de la propriété par une disposition qui enlèverait à une ou à plusieurs séries de générations le droit de tester relativement à certains objets* (1).

De ce qui précède, il résulte qu'une disposition ne peut être regardée comme une substitution prohibée, que tout autant qu'elle présente les trois caractères suivants :

1° *La réunion d'au moins deux libéralités, dont l'une ne doit venir qu'après l'autre, ou, comme disaient les anciens légistes, qui sont séparées l'une de l'autre par un trait de temps* (tractus temporis).

2° *L'éventualité de la vocation du second gratifié;*

3° *L'ordre successif* (ordo successivus), *c'est-à-dire un arrangement tel que le premier gratifié ait la charge de conserver et de rendre à sa mort au second gratifié.*

On donne les noms de :

1° *Grevant* (gravans) *ou substituant, à l'auteur de la substitution;*

2° *Grevé* (gravatus) *ou institué, au premier gratifié;*

3° *Appelé ou substitué au second gratifié.*

Les biens compris dans la substitution sont désignés sous le nom de *biens substitués.*

On a eu beau chercher à définir la substitution, l'absence de principes et de logique qui domine toute la science du droit, a fait naître parmi les auteurs une foule de controverses pour savoir si dans tel ou tel cas il existe une substitution (2).

_____

(1) V. *supra*, p. 615.

Nous irions plus loin pour notre part, et, dans une théorie véritablement scientifique, nous n'admettrions pas que la volonté du propriétaire pût frapper d'inaliénabilité, même pour un temps quelconque, la chose qu'il transmet à d'autres.

Lorsque l'idée de la propriété aura été mieux analysée et mieux comprise, la corrélation de cette idée avec celle de la liberté éclatera au grand jour, et il deviendra manifeste que toute atteinte à la liberté de la propriété est en même temps une atteinte à la liberté de la personne.

(2) Le principe ici est celui que nous répétons à satiété :

La propriété doit être libre entre les mains de celui qui la détient.

La logique serait d'organiser la liberté de la propriété, de manière à anéantir toutes les entraves qui portent atteinte au droit de jouir et de disposer. (Comparer t. I, p. 568, p. 569 et suiv., p. 606, 660, 707, p. 730, et t. II, p. 308, note 2, 362, 371, 386, 408, 449, 488.)

Il y a d'abord une de ces difficultés qui se pose toute en fait.

Supposons, par exemple, que le grevant n'ait point indiqué d'une manière expresse l'époque de la mort du grevé pour celle de la restitution, mais qu'il apparaisse néanmoins que la dévolution des biens aux appelés est subordonnée à cet événement; nul doute que les tribunaux ne doivent appliquer à l'espèce la règle prohibitive de l'art. 896.

Que décider lorsque le droit de retour a été stipulé ;

Soit cumulativement au profit du donateur et de ses héritiers,

Soit exclusivement au profit des héritiers du donateur ou d'un tiers?

Comme nous l'avons déjà dit, dans le *premier* cas il y a simplement *une clause illicite en ce qui concerne les héritiers du donateur ou le tiers;*

Dans le *second* cas il y a *une substitution fidéicommissaire.*

Ce qui fait que, dans le *premier* cas, il y a simplement *une clause illicite,* c'est que le donateur ayant stipulé, dans ce cas, le droit de retour à son propre profit, en même temps qu'à celui de ses héritiers ou d'un tiers, *la partie de la clause relative aux héritiers ou aux tiers n'est qu'une extension exagérée de la convention de retour.*

Ce qui fait que, dans le *second* cas, il y a *une substitution fidéicommissaire,* c'est que le donateur n'ayant pas stipulé, dans ce cas, le droit de retour à son propre profit, *la clause relative aux héritiers ou au tiers renferme en faveur de ceux-ci une disposition consistante par elle-même, et qui réunit les trois caractères de la substitution prohibée.*

De là il résulte :

Que, dans le premier cas, la clause doit être réputée non écrite à l'égard des héritiers ou du tiers (art. 900) ;

Que, dans le second cas, non-seulement elle est nulle elle-même, mais elle rend, en outre, nulle la donation à laquelle elle est jointe (V. *infra*) (1).

La disposition par laquelle le donataire ou le légataire est chargé de rendre à son décès ce qui restera des biens donnés ou légués; en d'autres termes, le fidéicommis de eo quod supererit, *constitue-t-il une substitution fidéicommissaire?*

---

(1) V. p. 486, note 1, les principaux auteurs à consulter sur ce double point. Nous ne nions pas que la distinction à laquelle nous nous rallions ne repose sur une pure subtilité, mais cette subtilité est commandée par la loi napoléonienne qui admet la mauvaise institution du *droit de retour.* (Comparer *supra*, p. 485.)

Controversée d'ancienne date, cette question est encore aujourd'hui débattue.

TROIS SYSTÈMES.

1er SYSTÈME (1). — *Le fidéicommis de eo quod supererit constitue une substitution fidéicommissaire; à ce titre, il est nul et il rend, en outre, nulle la disposition à laquelle il est joint.*

L'*argument* de ce système est que la bonne foi, sinon le droit lui-même, impose, dans ce cas, au grevé l'obligation de conserver et de rendre.

On invoque dans ce sens les lois 54 et 58, § 8, D. liv. XXXVI, tit. I; 70, § 3, D. liv. XXXI, et la Novelle 108, cap. 1 (2).

2e SYSTÈME (3). — *Le fidéicommis de eo quod supererit est une disposition faite sous une condition purement potestative de la part du débiteur; à ce titre, il est nul, mais il ne rend pas nulle la disposition à laquelle il est joint.*

L'*argument* de ce système est que le fidéicommis de *eo quod supererit* laisse à la discrétion du premier gratifié le droit du second gratifié, et qu'il tombe ainsi sous le coup des art. 944 et 1174.

3e SYSTÈME (4). — *Le fidéicommis de eo quod supererit n'est ni une substitution fidéicommissaire, ni une disposition faite sous une condition purement potestative de la part du débiteur.*

C'est une charge éventuelle, qui par elle-même n'a rien d'illégal.

Les partisans de ce système réfutent :

Le *premier* système, en alléguant que le fidéicommis de *eo quod supererit* n'emporte pas en droit la charge de conserver ;

Le *second* système, en répliquant que ce même fidéicommis n'est pas séparable de la disposition à laquelle il est joint et qu'il n'affecte pas cette disposition d'une condition purement potestative de la part du débiteur, c'est-à-dire dans l'espèce du donateur.

Cette réfutation est péremptoire, et ce système a pour lui l'évidence.

Remarquons qu'aux termes formels de l'art. 896, l'*effet de la pro-*

---

(1) M. Meyer, *Thémis*, t. V, p. 457 et suiv. — M. Cotelle, *Thémis*, t. VI, p. 325 et suiv.

(2) Voilà un nouvel exemple de la manière dont les interprètes comprennent et citent les textes romains.

On chercherait en vain une analogie entre l'idée qui a fait instituer le fidéicommis romain et celle qui fait encore pratiquer chez nous le même genre de disposition.

(3) Merlin, *Quest. de droit*, v°, Substitution, fidéicommis, § 13, n° 2. — M. Demante, t. III, nos 8 et 8 bis.

(4) MM. Zachariæ, Aubry et Rau, t. VI, p. 18 et 19, texte et notes, 27-29. — M. Demolombe, t. XVIII, p. 154.

hibition de la substitution fidéicommissaire est d'entraîner la nullité non-seulement de cette disposition, mais même de la disposition faite au profit du grevé.

Cette sanction constitue une *dérogation* au principe posé par l'art. 900, d'après lequel les conditions illicites insérées dans les donations ou dans les legs, sont simplement réputées non écrites.

Pour expliquer ce droit exceptionnel, les auteurs disent :

1° *Que la disposition grevée de substitution est indivisible, et qu'en la maintenant à l'égard du grevé, tout en l'annulant à l'égard de l'appelé,* **on** *risquerait de contredire la volonté du disposant ;*

2° *Que, par cette sanction rigoureuse, le législateur de 1804 s'est proposé de couper les substitutions dans leur racine* (1).

Ce *second* motif n'est pas soutenable, étant donné le rôle que Bonaparte entendait faire jouer à la substitution dans le rétablissement du monde monarchique et féodal.

Pour réfuter, au reste, ce motif, il suffit de ne point isoler les *deux premiers* alinéas de l'art. 896 du *dernier*, c'est-à-dire du paragraphe qui y fut ajouté par la loi du 3 septembre 1807, en exécution de l'art. 5 du sénatusconsulte du 14 août 1806 (2).

897. — Sont exceptées des deux premiers paragraphes de l'article précédent les dispositions permises aux pères et aux mères et aux frères et aux sœurs, au chapitre vi du présent titre.

Cet article n'est qu'un renvoi ; il annonce l'exception, toujours substituante, que comporte la règle posée par l'art. 896 (3).

898. — La disposition par laquelle un tiers serait appelé à recueillir le don, l'hérédité ou le legs, dans le cas où le donataire, l'héritier institué ou le légataire ne le recueillerait pas, ne sera pas regardée comme une substitution, et sera valable.

Vicieux dans la forme et inutile au fond, ce texte concerne la *substitution vulgaire ;* il signifie qu'*à la différence de la fidéicommissaire, la substitution vulgaire n'est point défendue.*

Comme il a déjà été dit, le législateur n'eût pu prohiber cette dernière sorte de disposition sans violer le droit individuel ; la liberté de disposer à titre gratuit entraîne, en effet, d'une manière évidente, *la faculté pour le propriétaire de déclarer que si la personne qu'il entend*

---

(1) M. Coin-Delisle, art. 896, n° 42. — M. Demolombe, t. XVIII, p. 203.
(2) Comparer *supra*, p. 613.
Nous ne parlons point de la pensée propre des compilateurs napoléoniens sur la matière ; aussi vides d'idées que de convictions, ces hommes n'avaient cure que de refléter la pensée du maître.
(3) V. *supra*, p. 614 et *infra*, p. 621.

gratifier en premier ordre ne veut pas recueillir, telle autre recueillera à sa place, et ainsi de suite indéfiniment; or, c'est là toute la *substitution vulgaire.*

Il y a à remarquer :

1° *Que la substitution vulgaire tombe lorsque la personne gratifiée en premier ordre recueille;*

D'où il résulte que cette personne, à la différence du grevé, dans la substitution fidéicommissaire n'a aucune charge de conserver et de rendre;

2° *Que le substitué vulgaire, à la différence de l'appelé, dans la substitution fidéicommissaire, doit être conçu à l'époque, soit de la donation entre-vifs, soit du décès du testateur, selon que la substitution vulgaire est contenue dans une donation entre-vifs ou dans un testament* (art. 906, 1048, 1050; V. *suprà*, art. 1082).

Remarquons que, comme la donation entre-vifs n'est parfaite que par l'acceptation du donataire, elle ne peut, en général, renfermer de substitution vulgaire, car le donataire, qui a accepté, a acquis un droit irrévocable; cependant, la substitution vulgaire peut avoir lieu dans une donation entre-vifs affectée d'une condition, soit suspensive, soit résolutoire (1).

899. — Il en sera de même de la disposition entre-vifs ou testamentaire par laquelle l'usufruit sera donné à l'un, et la nue propriété à l'autre.

Encore un texte inutile !

Le législateur napoléonien prend ici la peine de faire entendre que lorsque l'on donne à l'un *l'usufruit* d'une certaine chose et à l'autre la *nue-propriété* de cette même chose, il y a deux donations distinctes et directes.

Nous verrons *infrà* toutes les différences qui séparent le grevé de substitution d'un usufruitier; la principale consiste en ce que le grevé de substitution a un droit de *propriété* et non de *simple jouissance.*

EXCEPTION A LA PROHIBITION DES SUBSTITUTIONS FIDÉICOMMISSAIRES.

1048. — Les biens dont les pères et mères ont la faculté de disposer pourront être par eux donnés, en tout ou en partie, à un ou plusieurs de leurs enfants, par actes entre-vifs ou testamentaires, avec la charge de rendre ces biens aux enfants nés et à naître, au premier degré seulement, desdits donataires.

1049. — Sera valable, en cas de mort sans enfants, la disposition que le défunt aura faite par acte entre-vifs ou testamentaire, au profit d'un ou plusieurs de ses frères ou sœurs, de tout ou partie des biens qui ne sont point

(1) Comparer MM. Zachariæ, Aubry et Rau, t. VI, p. 8 et 9. — M. Demolombe, t. XVIII, p. 75 et suiv.

réservés par la loi dans la succession, avec la charge de rendre ces biens aux enfants nés et à naître, au premier degré seulement, desdits frères ou sœurs donataires.

D'après ces deux articles, les substitutions sont permises :

1° *Aux pères et mères qui donnent entre-vifs ou qui lèguent leur disponible à un ou plusieurs de leurs enfants, avec la charge pour l'enfant gratifié de conserver les biens donnés ou légués, et de les rendre à sa mort à ses enfants nés ou à naître, au premier degré seulement ;*

2° *Aux frères et sœurs qui, en cas de mort sans enfants, donnent ou lèguent leur disponible à un ou plusieurs de leurs frères ou sœurs, avec la charge, pour le frère ou la sœur gratifié, de conserver les biens donnés ou légués, et de les rendre à sa mort à ses enfants nés ou à naître, au premier degré seulement* (1).

L'exception à la prohibition des substitutions fidéicommissaires comprend ainsi *deux* cas.

Les auteurs expliquent celui qui concerne les pères et mères en invoquant un double motif :

Ils disent, en *premier* lieu, qu'il est moral de permettre au père ou à la mère qui a un enfant dissipateur, d'assurer par une substitution tout à la fois l'avenir de cet enfant ainsi que celui des enfants que cet enfant a déjà ou pourra avoir dans la suite.

Ils ajoutent, en *second* lieu, qu'il y va du *bon ordre de l'État* à ce que les familles ne tombent pas de la richesse dans la pauvreté.

Au *premier* point de vue, et toute question de dette d'éducation ou d'aliments mise à l'écart (2), les auteurs oublient que *la disposition à titre gratuit n'est morale que lorsqu'elle a pour but de remédier aux inégalités naturelles ou accidentelles, c'est-à-dire aux injustices du sort.*

Au *second* point de vue, les auteurs ne se rendent pas compte que,

---

(1) Comme de coutume, la rédaction des articles laisse beaucoup à désirer : d'abord, par un procédé puéril, les compilateurs napoléoniens, tout en permettant ici de véritables substitutions, ont évité de se servir du terme propre pour les qualifier ; en outre, ils ont omis la mention d'un des caractères constitutifs de la substitution, c'est-à-dire la charge de conserver ; enfin, ils ont indiqué l'époque de la restitution d'une manière si peu nette que c'est presque une question de savoir si, dans les cas prévus par les articles 1048 et 1049, une disposition ne peut pas être valable à titre de substitution, lors même que l'époque fixée pour la restitution est antérieure à la mort du grevé.

Toutefois, l'*affirmative* en ce point ne nous paraît pas douteuse, car, puisque les art. 1048 et suivants valident exceptionnellement, à titre de substitution, la clause qui astreint le grevé à ne rendre qu'à sa mort, *a fortiori* valident-ils au même titre celle qui oblige le grevé à rendre à une époque antérieure à sa mort. (En ce sens, M. Demolombe, t. XVIII, p. 111 et suiv.)

Quant à l'intérêt de la question, comparer les articles 1048-1050 avec l'art. 906.

(2) V. *Manuel de droit civil*, t. I, p. 202.

dans les sociétés nouvelles le bon ordre consiste et consistera de plus en plus à ce que chaque activité soit récompensée selon ses œuvres propres.

En réalité, les articles 1048 et 1049 manquent de toute base, et c'est ce que les auteurs avouent eux-même implicitement, *en ce qui concerne les frères et sœurs*, car ils sont muets sur la justification de ce second cas (1).

Remarquons que, d'après la doctrine la plus généralement admise :

1° Les ascendants *autres que les pères et mères et les collatéraux autres que les frères et sœurs, ne peuvent pas, en faisant une disposition au profit d'un de leurs descendants ou d'un descendant de leurs frères ou sœurs, imposer à ce descendant la charge de rendre à ses enfants nés ou à naître, lors même que par suite du prédécès des personnes placées entre lui et l'auteur de la disposition, le grevé se trouverait personnellement appelé à la succession de l'auteur de la disposition.*

Ex. L'aïeul dont le fils est prédécédé ne peut pas faire une libéralité à son petit-fils en lui imposant la charge de rendre à ses enfants nés ou à naître (2).

_____

(1) Comparer notamment M. Demolombe, t. XXII, p. 359 et suiv.

Il n'y a aucun mal à ce qu'un dissipateur soit ruiné, et quant aux enfants de ce dissipateur, risquassent-ils de n'avoir rien à leur naissance, ils ne se trouveraient pas dans une condition pire que celle qui est impartie encore de nos jours aux dix-neuf vingtièmes de l'espèce.

Au surplus, que, dans l'ordre de la famille, la dette d'éducation et la dette d'aliments soient organisées comme elles devraient l'être, que la cité subvienne au défaut de la famille, qu'enfin la liberté du travail, *qui, jusqu'aujourd'hui n'a été qu'un mot*, existe effectivement dans sa plénitude, et l'immense classe des déshérités disparaîtra.

A coup sûr, les rédacteurs du Code Napoléon étaient fort loin d'avoir cet idéal devant les yeux ; ils songèrent d'abord à permettre aux père et mère de réduire leur enfant dissipateur à l'usufruit de sa portion héréditaire au profit de ses enfants nés ou à naître (cela s'appelait la *disposition officieuse*) ; puis, comme il était évident qu'aucun enfant ne se résignerait à subir sans une décision des tribunaux la flétrissure dont son père ou sa mère l'aurait ainsi marqué vis-à-vis de ses propres enfants, et que l'on craignit en outre de paraître commettre un outrage envers le vieux fétiche de la réserve, on imagina de rétablir dans deux cas le système des substitutions et l'on adapta à ces deux cas les dispositions ressassées de l'ordonnance de 1747.

(2) En ce sens, M. Valette, à son cours. — MM. Zachariæ, Aubry et Rau, t. VI, p. 37, texte et note 3. — M. Colmet de Santerre, t. IV, n° 209 *bis*, III. — M. Demolombe, t. XXII, p. 368.

En sens contraire, Delvincourt, t. II, p. 104, n° 5. — M. Duranton, t. IX, n° 525.

Dans une législation qui serait fondée sur des principes et qui se piquerait de quelque logique, on ne comprendrait pas qu'il fût moral à la fois de permettre au père qui a un enfant dissipateur de faire une substitution au profit de ses petits-enfants et de défendre à l'aïeul, dont le fils est prédécédé et qui a un

2° *La charge de conserver et de rendre ne peut être imposée qu'en faveur des enfants du grevé nés et à naître au premier degré seulement, c'est-à-dire séparés du grevé par une seule génération.*

3° *Les père et mère naturels ne peuvent, en faisant une disposition au profit de l'enfant qu'ils ont reconnu, grever cet enfant de substitution au profit de ses enfants même légitimes.*

4° *La substitution faite en faveur des enfants d'un frère ou d'une sœur (art. 1049) n'est point affectée de nullité lorsque le disposant n'a laissé que des enfants adoptifs ou des enfants naturels (1).*

1050. — Les dispositions permises par les deux articles précédents ne seront valables qu'autant que la charge de restitution sera au profit de tous les enfants nés et à naître du grevé, sans exception ni préférence d'âge ou de sexe.

Ici le Code Napoléon s'est éloigné des errements de l'ancien droit; la charge de conserver et de rendre ne peut être établie en faveur d'un seul ou de quelques-uns seulement des enfants du grevé; elle doit avoir en vue, comme le déclare le texte, « tous les enfants nés et à naître, sans distinction d'âge ou de sexe».

1051. — Si, dans les cas ci-dessus, le grevé de restitution au profit de ses enfants meurt, laissant des enfants au premier degré et des descendants d'un enfant prédécédé, ces derniers recueilleront, par représentation, la portion de l'enfant prédécédé.

Il y a à remarquer qu'en admettant la *représentation* en matière de substitution, l'art. 1051 déroge à l'art. 1039 qui veut que toute disposition testamentaire soit *caduque*, si le bénéficiaire de cette disposition n'a pas survécu au testateur.

Au surplus, la substitution elle-même serait *caduque*, si tous les enfants au premier degré du grevé venaient à mourir avant lui (**V.** *infra*); les ascendants de ces enfants prédécédés ne pourraient alors recueillir qu'en qualité d'héritiers les biens précédemment substitués.

1052. — Si l'enfant, le frère ou la sœur auxquels des biens auraient été donnés par acte entre-vifs, sans charge de restitution, acceptent une nouvelle libé-

---

petit-fils dissipateur, de faire une substitution au profit de ses arrière-petits-enfants.

Pour faire échec à l'intérêt moral tel qu'ils l'entendent, les partisans de la première opinion invoquent ici l'intérêt économique.

Qu'ils se contentent donc de dire que les textes sont formels, et que l'historique de la rédaction de l'art. 1048 est dans leur sens : ce sera franc et ce sera vrai. (V. Locré, *Législ. civ.*, t. XI, p. 329.)

(1) Comparer MM. Zachariæ, Aubry et Rau, t. VI, p. 37 et suiv., texte et notes 4, 5, 6, 10 et 11. — M. Colmet de Santerre, t. IV, n° 209 *bis*, VI. — M. Demolombe, t. XXII, p. 370 et 385.

Il serait inutile de chercher la moindre harmonie rationnelle dans toutes ces décisions; elles ne relèvent que de considérations d'aventure.

ralité faite par acte entre-vifs ou testamentaire, sous la condition que les biens précédemment donnés demeureront grevés de cette charge, il ne leur est plus permis de diviser les deux dispositions faites à leur profit, et de renoncer à la seconde pour s'en tenir à la première, quand même ils offriraient de rendre les biens compris dans la seconde disposition.

Cet article règle l'hypothèse suivante :

Une donation entre-vifs, pure et simple, a d'abord été faite au profit d'un enfant, d'un frère ou d'une sœur; puis elle a été convertie en substitution au moyen d'une nouvelle libéralité entre-vifs ou testamentaire, faite par le donateur au donataire. Le donataire qui a accepté cette nouvelle libéralité, n'a pas le droit de revenir après coup sur son acceptation et de rendre les biens compris dans la seconde disposition pour dégrever la première de la charge de restitution.

Il faut, en outre, ajouter que le *consentement du donateur* ne changerait rien à cette décision lorsque la seconde disposition consiste elle-même dans une donation entre-vifs. La doctrine reçue de longue date est, en effet, que toutes les fois que la substitution a eu lieu par donation entre-vifs, le donateur et le donataire ne peuvent, par un arrangement entre eux, modifier la substitution au préjudice des appelés.

C'est là une dérogation à l'art. 1121, duquel il ressort à *contrario*, que la personne qui a fait une stipulation au profit d'un tiers peut la révoquer tant que le tiers n'a pas déclaré vouloir en profiter.

Une autre dérogation à l'art. 1121 consiste en ce que la charge de restitution ne peut être la condition d'une stipulation que le grevant ferait pour lui-même, c'est-à-dire d'une convention à titre onéreux qui interviendrait postérieurement entre le donataire et lui. Les termes exprès de l'art. 1152 impliquent cette solution, car ils n'autorisent l'insertion d'une clause de substitution que dans une nouvelle libéralité faite par acte entre-vifs ou testamentaire (1).

1055. — Celui qui fera les dispositions autorisées par les articles précédents pourra, par le même acte, ou par un acte postérieur, en forme authentique, nommer un tuteur chargé de l'exécution de ces dispositions; ce tuteur ne pourra être dispensé que pour une des causes exprimées à la section VI du chapitre II du titre *de la Minorité, de la Tutelle et de l'Émancipation.*

1056. — A défaut de ce tuteur, il en sera nommé un à la diligence du grevé, ou de son tuteur s'il est mineur, dans le délai d'un mois, à compter du jour du décès du donateur ou testateur, ou du jour que, depuis cette mort, l'acte contenant la disposition aura été connu.

---

(1) Comparer MM. Zachariæ, Aubry et Rau, t. VI, p. 41, texte et notes 18 et 19. — M. Colmet de Santerre, t. IV, nos 214 et 214 *bis*, II. — M. Demolombe, t. XXII, p. 393 et suiv., 398 et suiv.

Quelle est la cause de ces deux dérogations?

M. Demolombe sort d'embarras pour la première en invoquant la toute-puissance de la loi (p. 394); il consent à avouer pour la seconde qu'il ne faut pas espérer d'en fournir une explication tout à fait satisfaisante (p. 400).

1057. — Le grevé qui n'aura pas satisfait à l'article précédent sera déchu du bénéfice de la disposition ; et, dans ce cas, le droit pourra être déclaré ouvert au profit des appelés, à la diligence, soit des appelés s'ils sont majeurs, soit de leur tuteur ou curateur s'ils sont mineurs ou interdits, soit de tout parent des appelés majeurs, mineurs ou interdits, ou même d'office, à la diligence du procureur du roi près le tribunal de première instance du lieu où la succession est ouverte.

1058. — Après le décès de celui qui aura disposé à la charge de restitution, il sera procédé, dans les formes ordinaires, à l'inventaire de tous les biens et effets qui composeront sa succession, excepté néanmoins le cas où il ne s'agirait que d'un legs particulier. Cet inventaire contiendra la prisée à juste prix des meubles et effets mobiliers.

1059. — Il sera fait à la requête du grevé de restitution, et dans le délai fixé au titre *des Successions*, en présence du tuteur nommé pour l'exécution. Les frais seront pris sur les biens compris dans la disposition.

1060. — Si l'inventaire n'a pas été fait à la requête du grevé dans le délai ci-dessus, il y sera procédé dans le mois suivant, à la diligence du tuteur nommé pour l'exécution, en présence du grevé ou de son tuteur.

1061. — S'il n'a point été satisfait aux deux articles précédents, il sera procédé au même inventaire, à la diligence des personnes désignées en l'art. 1057, en y appelant le grevé ou son tuteur, et le tuteur nommé pour l'exécution.

1062. — Le grevé de restitution sera tenu de faire procéder à la vente, par affiches et enchères, de tous les meubles et effets compris dans la disposition, à l'exception néanmoins de ceux dont il est mention dans les deux articles suivants.

1063. — Les meubles meublants et autres choses mobilières qui auraient été compris dans la disposition, à la condition expresse de les conserver en nature, seront rendus dans l'état où ils se trouveront lors de la restitution.

1064. — Les bestiaux et ustensiles servant à faire valoir les terres seront censés compris dans les donations entre-vifs et testamentaires desdites terres ; et le grevé sera seulement tenu de les faire priser et estimer, pour en rendre une égale valeur lors de la restitution.

1065. — Il sera fait par le grevé, dans le délai de six mois, à compter du jour de la clôture de l'inventaire, un emploi des deniers comptants, de ceux provenant du prix des meubles et effets qui auront été vendus, et de ce qui aura été reçu des effets actifs. — Ce délai pourra être prolongé, s'il y a lieu.

1066. — Le grevé sera pareillement tenu de faire emploi des deniers provenant des effets actifs qui seront recouvrés et des remboursements de rentes ; et ce, dans trois mois au plus tard après qu'il aura reçu ces deniers.

1067. — Cet emploi sera fait conformément à ce qui aura été ordonné par l'auteur de la disposition, s'il a désigné la nature des effets dans lesquels l'emploi doit être fait ; sinon, il ne pourra l'être qu'en immeubles, ou avec privilège sur les immeubles.

1068. — L'emploi ordonné par les articles précédents sera fait en présence et à la diligence du tuteur nommé pour l'exécution.

Ces articles, qui eussent pu être supprimés et qui eussent au moins dû être simplifiés, concernent les mesures prescrites par le législateur napoléonien *pour la conservation des droits des appelés.*

En même temps que le grevé est *un propriétaire sous condition ré-*

solutoire, ou, comme disent certains auteurs, *un propriétaire ad tempus* (1), *les appelés* sont, en effet, *des propriétaires sous condition suspensive*, ou *des propriétaires ex tempore*. Il est donc tout simple qu'étant admise l'idée de la substitution, il soit nécessaire de pourvoir à la garantie du droit des appelés.

Les mesures édictées dans ce but sont :

1° *La nomination d'un tuteur à la substitution* (art. 1055, 1057);

2° *L'inventaire des biens* (art. 1058, 1061);

3° *La vente du mobilier* (art. 1062-1064);

4° *L'emploi des deniers* (art. 1065-1068).

Examinons successivement chacun de ces quatre points.

1° NOMINATION D'UN TUTEUR A LA SUBSTITUTION (art. 1055-1057.)

D'après les art. 1055 et 1056, combinés, il doit être nommé, dans tous les cas, un tuteur spécial, ou pour mieux dire, une espèce de *curateur* à la substitution, sans qu'il y ait à distinguer s'il existe déjà des appelés au moment de la donation ou du décès du testateur, ou s'il n'en existe pas encore.

Cependant, il y a un cas où cette nomination n'est pas nécessaire : c'est celui où la charge de rendre a été imposée par une donation entre-vifs, et où le disposant entend exercer lui-même la fonction de tuteur.

Dans cette sorte de tutelle qui, nous le répétons, est plutôt une curatelle, il n'y a pas lieu *à la nomination d'un subrogé-tuteur*, et les biens du tuteur ne sont pas grevés d'*une hypothèque légale* au profit des appelés (comparer art. 420 et 2121).

Bien entendu, le donateur ou le tuteur qui établit une substitution a le droit de nommer le tuteur chargé d'en assurer l'exécution.

Il peut faire cette nomination, soit dans l'acte même qui renferme la disposition, soit dans un acte postérieur, revêtu des formes prescrites pour les dispositions entre-vifs ou testamentaires (2).

Lorsque le disposant a négligé de nommer un tuteur, ou que le tuteur qu'il a désigné est mort ou se trouve excusé, l'art. 1056 décide qu'il en sera nommé un à la diligence :

Soit du grevé lui-même,

Soit du tuteur du grevé, si celui-ci est mineur ou interdit.

_____

(1) V. en particulier M. Demolombe, p. 97 et suiv.

(2) L'art. 1055 porte : « Ou par un acte postérieur en forme authentique. » Évidemment les rédacteurs de ce texte avaient oublié que le Code Napoléon reconnaît le testament olographe. (En ce sens, M. Valette à son cours, MM. Zachariæ, Aubry et Rau, t. VI, p. 42, texte et note 27. — M. Colmet de Santerre soutient à l'inverse qu'il faut prendre à la lettre la disposition de l'art. 1055. (T. IV, n° 217 *bis*, III.)

Cette nomination doit avoir lieu dans le délai d'un mois, à compter du jour du décès du donateur ou testateur, ou du jour que, depuis ce décès, l'acte contenant la disposition a été connu.

Selon l'enseignement général, elle doit être faite par le conseil de famille des appelés et dans les formes ordinaires prescrites pour les nominations de tuteur (arg. de l'art. 1055 *in fine*) (1).

L'art. 1057 porte une sanction de déchéance contre le grevé qui n'a pas satisfait à l'obligation de faire nommer un tuteur à la substitution.

Mais les juges ont-ils simplement la faculté ou bien sont-ils dans la nécessité de prononcer cette déchéance?

Sur ce point grave débat!

Ceux qui, dans la présente hypothèse, veulent accorder aux juges *un pouvoir d'appréciation*, font argument des mots : « et dans ce cas le droit pourra être déclaré ouvert au profit des appelés... »

Ceux qui estiment que les juges doivent *nécessairement* prononcer la déchéance répliquent en alléguant la formule : « Le grevé qui n'aura pas satisfait à l'article précédent sera déchu du bénéfice de la disposition. »

Ces derniers, d'ailleurs, ajoutent que la déchéance ne sera pas encourue par le grevé, lorsqu'il lui aura été absolument impossible de remplir son obligation dans le délai prescrit.

C'est là un pas important fait vers la conciliation (2).

On pense, en général, que le grevé, même mineur ou interdit, est soumis à l'application de l'art. 1057, s'il est pourvu d'un tuteur (3).

La déchéance peut-elle être prononcée contre le grevé, lors même qu'il n'existe pas d'appelés?

Cette question est encore controversée.

Les partisans de l'affirmative disent que la loi n'a pas pu ne pas vou-

---

(1) MM. Zachariæ, Aubry et Rau, t. VI, p. 43, texte et note 28. — M. Demolombe, t. XXII, p. 419. — Comparer Furgole sur l'ordonnance de 1747, art. 5, tit. II.

(2) Dans le sens du *premier* système, Grenier, t. III, n° 385. — M. Toulier, t. IV, p. 203. — M. Troplong, t. IV, n° 22.

Dans le sens du *second* système, MM. Zachariæ, Aubry et Rau, t. VI, p. 43, texte et note 29. — M. Colmet de Santerre, t. IV, n° 219 *bis*. — M. Demolombe, t. XXII, p. 424.

Nous osons avouer que nous sommes, pour notre compte, parfaitement indifférent à l'égard de cette controverse comme d'un millier d'autres, mais nous ne pouvons nous empêcher de faire remarquer que les auteurs qui professent le second système prêtent une grosse faute de français aux compilateurs napoléoniens, en tant qu'ils disent que la première proposition énoncée dans le texte concerne les tribunaux, et que la seconde, bien que reliée à la première par la conjonction *et*, ne se réfère qu'aux personnes que le législateur veut autoriser à exercer l'action en déchéance.

(3) Comparer MM. Zachariæ, Aubry et Rau, t. VI, p. 44, texte et note 30. — M. Colmet de Santerre, t. IV, n° 219 *bis*, I. — M. Demolombe, t. XXII, p. 426.

loir garantir les droits des appelés à naître aussi énergiquement que les droits des appelés déjà nés, et ils décident que les biens retourneront provisoirement aux héritiers ab intestat du donateur ou des testateurs.

Les partisans de la *négative* répondent qu'en saine logique une sanction ne peut être invoquée que par ceux dans l'intérêt desquels elle existe.

Cette dernière solution a pour elle l'évidence (1).

Remarquons enfin le renvoi que fait l'art. 1055 au titre de la minorité, de la tutelle et de l'émancipation; tout en n'ayant expressément trait qu'aux causes d'excuses, ce renvoi, de l'avis des auteurs, ne doit pas être entendu d'une manière trop stricte.

2° Inventaire des biens (art. 1058-1061).

La confection d'un inventaire n'est requise que lorsque la substitution résulte d'un *testament*, et aussi, en général, que tout autant qu'elle a pour objet l'*universalité* ou *une quote-part de l'universalité des biens du testateur.*

Cet inventaire doit être dans les formes ordinaires.

Il n'est applicable qu'aux biens mobiliers; cependant on estime, en général, qu'il est bon d'y ajouter un procès-verbal constatant l'état des immeubles.

Il doit être dressé dans les trois mois de l'ouverture de la succession (art. 1059 et 795 combinés), et en présence du tuteur nommé pour l'exécution.

Lorsque l'inventaire n'a pas été dressé à la requête du grevé ou de son tuteur dans le délai de trois mois, le tuteur nommé pour l'exécution doit y faire procéder dans le mois suivant, en y appelant à son tour le grevé ou son tuteur.

Lorsque ni le grevé, ni le tuteur nommé pour l'exécution, ne provoquent la confection de l'inventaire, les personnes désignées en l'art. 1057 ont toutes le droit de la requérir, en y appelant à la fois le grevé ou son tuteur et le tuteur nommé pour l'exécution.

Les frais de l'inventaire doivent être prélevés sur les biens compris dans la substitution (2).

---

(1) En ce sens, MM. Zachariæ, Aubry et Rau, t. VI, p. 44, texte et note 31. — M. Demolombe, t. XXII, p. 429.

En sens contraire, M. Colmet de Santerre, t. IV, n° 219 *bis*, II.

(2) Comparer MM. Zachariæ, Aubry et Rau, t. VI, p. 45 et suiv. — M. Demolombe, t. XXII, p. 435 et suiv.

3° VENTE DU MOBILIER (art. 1062-1064).

Le grevé doit faire procéder à la vente de tous les meubles compris dans la substitution.

La vente doit avoir lieu par affiches et enchères, en présence du tuteur nommé pour l'exécution.

Sont exceptés de cette mesure :

1° *Les meubles que le donateur ou le testateur a chargé expressément le grevé de rendre en nature;*

2° *Les bestiaux et les instruments aratoires servant à l'exploitation des immeubles compris dans la substitution;*

3° *D'après la plupart des auteurs, les meubles que les juges autorisent le grevé à conserver, sous la condition qu'il les impute, suivant la prisée, sur les prélèvements qu'il a le droit d'exercer* (1).

La *seconde* exception a de quoi surprendre au premier abord, car elle se réfère non à des meubles, mais à des biens que l'art. 524 range expressément parmi les immeubles par destination, et qui, en cette qualité, se trouvent par conséquent soustraits d'eux-mêmes à l'empire de la règle de la vente du mobilier.

Voici comment s'explique la présence de cette fausse exception dans la compilation napoléonienne : le titre des *Donations entre-vifs et des testaments* qui contient l'art. 1064 a été décrété plusieurs mois avant le titre de la *Destination des biens* qui renferme l'art. 524; or, à l'époque où fut décrété l'art. 1064, les auteurs du Code Napoléon ignoraient s'ils admettraient une classe d'immeubles par destination, et, après qu'ils eurent admis cette classe, ils ne songèrent pas à réviser l'art. 1064.

Notons encore, *au sujet des bestiaux et des ustensiles aratoires*, que le grevé est tenu de les faire estimer pour en rendre non « une égale valeur », comme l'exprime vicieusement le texte, mais « d'une égale valeur » lors de la restitution (comparer art. 826) (2).

Dans le cas où le grevé négligerait de procéder à la vente du mobilier, le tuteur, à l'exécution, devrait l'actionner en justice et se faire autoriser à procéder lui-même à la vente (3).

---

(1) Toullier, t. III, n° 763. — M. Coin-Delisle, art. 1064, n° 2. — M. Demolombe, t. XXII, p. 450.

(2) Cette formule est celle qui se trouve dans l'art. 6, tit. II, de l'ordonnance de 1747; or, il n'est pas douteux que les compilateurs napoléoniens n'aient entendu reproduire la disposition de l'ordonnance; ils l'ont seulement reproduite, comme ils faisaient d'ordinaire, sans se soucier de comprendre.

(3) Toullier, t. V, n° 58. — MM. Zachariæ, Aubry et Rau, t. VI, p. 46.

4° EMPLOI DES DENIERS (art. 1065-1068).

Le grevé est tenu de faire emploi dans les délais fixés par les art. 1065 et 1066, en présence du tuteur nommé pour l'exécution, de tous le deniers compris dans la substitution.

Ces deniers sont :

1° *Les deniers comptants;*

2° *Le produit de la vente des meubles;*

3° *Les sommes provenant de recouvrements de créances ou de remboursements de rentes.*

L'emploi doit être fait conformément aux intentions du disposant; à défaut d'une volonté exprimée par le disposant, il ne pourra être fait, dit l'art. 1067, qu'en *immeubles* ou avec *privilége sur des immeubles.*

On conçoit que le grevé ait toujours plus ou moins le moyen d'obtempérer à l'injonction de l'article en ce qui concerne le placement en immeubles, *mais comment s'y prendra-t-il pour placer avec privilége sur des immeubles, le privilége étant un droit attaché par la loi elle-même à la qualité de la créance, et qui ne peut être créé par la convention des parties* (art. 2095)?

On répond que le grevé achètera des créances privilégiées sur des immeubles (art. 2112), ou qu'il les paiera avec subrogation (art. 1250, 1° et 2°; art. 2103, 2°, et 5° (1).

Les actes d'acquisition ou de placement dressés en pareil cas doivent indiquer l'origine des deniers et le but des acquisitions et des placements.

Le tuteur à l'exécution est chargé non-seulement de surveiller, mais aussi de provoquer l'emploi des deniers.

1069. — Les dispositions par actes entre-vifs ou testamentaires, à charge de restitution, seront, à la diligence, soit du grevé, soit du tuteur nommé pour l'exécution, rendues publiques; savoir, quant aux immeubles, par la transcription des actes sur les registres du bureau des hypothèques du lieu de la situation; et quant aux sommes colloquées avec privilége sur les immeubles, par l'inscription sur les biens affectés au privilége.

1070. — Le défaut de la transcription de l'acte contenant la disposition pourra être opposé par les créanciers et tiers acquéreurs, même aux mineurs ou interdits, sauf le recours contre le grevé et contre le tuteur à l'exécution; et sans que les mineurs ou interdits puissent être restitués contre ce défaut de transcription, quand même le grevé et le tuteur se trouveraient insolvables.

1071. — Le défaut de transcription ne pourra être suppléé ni regardé comme

_____

(1) La plupart des auteurs admettent, avec un sens pratique évident, qu'une première hypothèque suffit pour atteindre le but que la loi a en vue. (Comparer MM. Zachariæ, Aubry et Rau, t. VI, p. 47, texte et note 38. — M. Coin-Delisle, art. 1067, n° 1. — M. Demolombe, t. XXII, p. 456)

couvert par la connaissance que les créanciers ou les tiers acquéreurs pourraient avoir eue de la disposition par d'autres voies que celle de la transcription.

1072. — Les donataires, les légataires, ni mêmes les héritiers légitimes de celui qui aura fait la disposition, ni pareillement leurs donataires, légataires ou héritiers, ne pourront, en aucun cas, opposer aux appelés le défaut de transcription ou inscription.

Ces articles règlent la *publicité* qui doit être donnée à la substitution.

Cette publicité est requise pour avertir les tiers de l'existence de la substitution, et par là même du véritable état de fortune du grevé.

Elle consiste, d'après le texte de l'art. 1069 :

A l'égard des immeubles, dans la transcription des actes sur les registres du bureau des hypothèques du lieu de la situation.

A l'égard des sommes colloquées avec privilége sur des immeubles, dans l'inscription sur les biens affectés au privilége.

Ces deux formules ont grand besoin d'une explication.

A l'égard des immeubles, il y a *trois* cas à distinguer.

S'agit-il, d'une manière générale, d'immeubles directement compris dans la substitution, c'est la donation entre-vifs ou le testament contenant la substitution qu'il faut transcrire (1).

S'agit-il d'immeubles acquis par le grevé conformément à l'une des dispositions que renferme *l'art.* 1067 (**V.** *supra*, p. 631), c'est l'acte d'acquisition qui doit être transcrit.

S'agit-il enfin de l'hypothèse spéciale prévue par l'art. 1052, il faut :

1° Transcrire les deux actes successifs dont cet article suppose l'existence;

2° Faire une annotation de la transcription du second acte en marge de la transcription du premier.

A l'égard des sommes colloquées avec privilége sur des immeubles, il y a *deux* cas à distinguer :

S'agit-il de créances ou *de rentes, à raison desquelles une inscription a déjà été prise,* la substitution doit être indiquée au moyen d'une annotation en marge de l'inscription existante;

S'agit-il de créances ou *de rentes non inscrites, et à raison desquelles le grevé est tenu de prendre inscription,* il suffit que l'inscription prise par le grevé contienne la mention de la substitution (2).

Aucune formalité de publicité n'est applicable aux autres meubles corporels ou incorporels, et notamment aux sommes placées, soit par le

---

(1) Remarquons que, tandis que le testament n'est point sujet à transcription, en tant que testament, il y est sujet, en tant que contenant une substitution.

(2) Comparer MM. Zachariæ, Aubry et Rau, t. VI, p. 47, texte et notes 40-41. — M. Colmet de Santerre, t. IV, nos 232 et 232 *bis*. — M. Demolombe, t. XXII, p. 459 et suiv.

disposant lui-même, soit par le grevé, d'après la volonté du disposant en valeurs autres que celles désignées par l'art. 1067 (1).

Dans tous les cas où la publicité de la substitution est requise, si le grevé ou son tuteur omet d'y pourvoir, ce soin incombe au tuteur à l'exécution (art. 1069).

Ce même soin, dans la même hypothèse, incomberait également au tuteur des appelés, si ceux-ci sont mineurs.

Lorsque les formalités de publicité de la substitution ont été accomplies, la substitution est opposable aux tiers, sans que ceux-ci, pour en conjurer les effets, en ce qui les concerne, puissent arguer de leur ignorance.

De là il résulte que les droits acquis aux tiers, du chef du grevé, sont résolus, en même temps que le droit du grevé, par l'ouverture de la substitution.

D'ailleurs, d'après le texte de l'art. 1071, le défaut de transcription, ou, en des termes plus généraux et plus exacts, le défaut d'accomplissement des formalités de publicité de la substitution ne peut être suppléé ni regardé comme couvert par la connaissance que les tiers intéressés peuvent avoir eue de la disposition par d'*autres* voies que celles de ces formalités (2).

Supposons maintenant que les formalités de publicité de la substitution n'aient pas été remplies, et voyons quels sont les tiers qui peuvent se prévaloir du défaut d'accomplissement de ces formalités.

Dans l'ancien droit, la solution de cette question était fort claire ; dans le droit napoléonien, elle est devenue fort obscure.

D'après l'art. 1070, les tiers qui peuvent se prévaloir du défaut d'accomplissement des formalités de publicité de la substitution sont :

1° *Les créanciers* (du grevé) ;

---

(1) Les rédacteurs du Code Napoléon qui voulaient admettre la substitution dans les deux cas des pères et mères et des frères et sœurs, mais qui ne savaient comment parvenir à l'organiser, n'ont imaginé rien de mieux que de plaquer l'ordonnance de 1747 sur leur propre conception. Par malheur, l'ordonnance de 1747, conçue dans un esprit aristocratique, formait un système assez bien lié qui ne concernait guère que les immeubles, et qui supposait, au moins en général, des placements immobiliers. Les compilateurs napoléoniens n'ont pas pris garde à cette circonstance ; aussi ce qui était à peu près cohérent dans l'œuvre du législateur de 1747 est devenu un chaos dans l'œuvre du législateur de 1804.

(2) Quoique la justice exige impérieusement que le droit des tiers soit toujours sauvegardé, cette rigueur est de trop, et c'est une fausse science, à coup sûr, que celle qui professe que les formalités ne se suppléent point. (V. Pothier, *Des donations entre-vifs*, sect. II, art. 111, n° 499.)

On objecte le danger des procès ; nous nions ce danger, et nous objectons, nous, que le législateur n'a, du reste, le droit de rien faire pour le prévenir. Laissez-nous plaider, si bon nous semble ; c'est notre affaire, cela ne vous regarde pas.

2° *Les tiers acquéreurs* (à titre onéreux qui tiennent leurs droits du grevé) ou d'une manière plus générale, plus précise et plus exacte, *les tiers ayant acquis du grevé, à titre onéreux, des droits réels sur les biens substitués.*

Dans ces termes, la question paraît tranchée, et elle le serait, en effet, si l'art. 1072 n'existait pas.

Or, que signifie l'art. 1072 ?

Notons d'abord que la difficulté ne s'élève qu'à l'égard de la substitution faite par un acte de donation entre-vifs, et dans le cas seulement où cet acte n'a point été du tout transcrit, ni pour la donation, ni pour la substitution.

Selon les uns, l'art. 1072 déroge à l'art. 941 dans l'intérêt des appelés, et il veut dire que les ayants cause à titre gratuit du disposant, et de même les ayants cause à titre gratuit des ayants cause à titre gratuit du disposant ne peuvent pas plus opposer aux appelés le défaut de transcription de la donation que le défaut de transcription ou d'inscription de la substitution (1).

Les partisans de cette opinion se fondent sur ce que, dans le cas d'une substitution faite par un acte de donation entre-vifs, les rédacteurs du Code Napoléon n'avaient aucune raison de soumettre à des principes différents vis-à-vis des appelés la publication pour donation et la publication pour substitution.

Selon d'autres, l'art. 1072 ne contient aucune dérogation à l'art. 941; il n'a en vue que le défaut de publication de l'acte considéré comme substitution, et il signifie simplement que les ayants cause à titre gratuit du grevé ne peuvent opposer aux appelés le défaut de publication de la substitution (2).

Les partisans de cette opinion s'appuient sur ce que les anciens interprètes entendaient, en général, de cette manière l'art. 34 de l'ordonnance de 1747, dont l'art. 1072 n'est que la reproduction (3).

---

(1) MM. Zachariæ, Aubry et Rau, t. VI, p. 40, texte et note 49. — M. Colmet de Santerre, t. IV, n° 238 *bis*. — M. Demolombe, t. XXII, p. 474.

(2) M. Pison, *Revue crit. de législ.*, 1859, t. XIV, p. 14 et suiv. — M. Mourlon, *Traité de la transcription*, t. II, n° 430, et *Revue pratique de droit français*, 1864, t. XVII, p. 477.

(3) Comparer Pothier, *Des substitutions*, sect. I, art. 4, 5, 6. — D'Argou, *Instit. du droit français*, t. I, p. 378. — Thévenot D'Essaule, *Des substitutions*, sect. VI, chap. XLIII, § 3. — V. cependant Furgole, *sur l'art. 34 de l'ordonn. de 1747*.

Voici comment l'art. 34 avait pris place dans l'ordonn. de 1747 :

Une Déclaration du 17 novembre 1690 avait décidé que le défaut de publication de la substitution pourrait être opposé *par les créanciers et les tiers-acquéreurs*. Comme cette déclaration ne parlait pas du grevé, il se trouva des légistes pour enseigner (il s'en trouve toujours pour toute besogne du même genre), il se trouva donc des légistes pour soutenir que le grevé, bien que chargé lui-

Cet argument est décisif, car il est clair que les compilateurs napoléoniens n'ont eu ici d'autre pensée certaine que celle de copier les
vieux textes ; mais cela revient aussi finalement à dire que l'art. 1072
est inutile, car l'art. 1070, bien que dépourvu de précision, impliquait
déjà *à contrario* la proposition que contient l'obscur article 1072.

Notons que les appelés auxquels les tiers opposeraient le défaut de
publication de la substitution, ne pourraient être relevés des conséquences de cette omission, lors même qu'ils seraient mineurs ou interdits, et que le grevé, ainsi que le tuteur à l'exécution, se trouveraient
tous les deux insolvables (art. 1070 ; V. aussi *infra* art. 1074).

Remarquons enfin, que la loi du 23 mars 1855 sur la transcription
n'a point, en général, dérogé aux règles précédentes (art. 11, alin. 6) ;
toutefois, les tiers qui acquièrent du grevé un droit de bail de longue
durée ont, en vertu de cette loi (art. 2), le droit de se prévaloir du
défaut de transcription de la substitution.

1054. — Les femmes des grevés ne pourront avoir, sur les biens à rendre,
de recours subsidiaire, en cas d'insuffisance des biens libres, que pour le capital
des deniers dotaux, et dans le cas seulement où le testateur l'aurait expressément
ordonné.

Ce bizarre article se réfère indirectement aux droits du grevé. Il ne
peut être rangé à sa place dans la théorie de la substitution qu'après un
exposé préalable de ces droits.

Selon Pothier, les droits du grevé se résument dans *deux* principes :

1° *Le grevé, avant l'ouverture de la substitution, est le seul et vrai
propriétaire des biens substitués ;*

2° *Le droit de propriété du grevé est résoluble par l'événement de
la condition qui donne ouverture à la substitution* (1).

Examinons chacun de ces *deux* principes.

---

même de rendre la substitution publique, avait le droit de se prévaloir du défaut
de publication de la substitution.

Cette opinion était grave, et l'on conçoit bien qu'elle ait divisé les anciens
docteurs.

De là, la nécessité d'une seconde déclaration (18 janvier 1712).

« Les substitutions, portait en substance ce nouvel acte législatif, seront pu-
bliées et enregistrées à la diligence des héritiers, soit institués, soit *ab intestat*,
donataires ou légataires universels ou particuliers, lorsque leurs donations seront
chargées de restitution ;..... ne pourra le défaut de publication être opposé, en
aucun cas, aux substitués par les héritiers institués ou *ab intestat*, donataires, ou
légataires universels ou particuliers, ni par leurs successeurs.

Vint ensuite l'ordonnance de 1747, qui reproduisit la déclaration de 1712, et
enfin la compilation napoléonienne qui reproduisit l'ordonnance. (V. Pothier,
loc. cit.)

(1) Comparer Pothier, *Des substitutions*, sect. v.

De l'idée que *le grevé, avant l'ouverture de la substitution, est le seul et vrai propriétaire des biens substitués*, les auteurs déduisent les *trois* conséquences suivantes :

1° *Le grevé, tant que la substitution n'est pas ouverte, a le droit d'aliéner, soit à titre onéreux, soit à titre gratuit.*

De là il résulte que les créanciers personnels du grevé ont aussi le droit de faire saisir et exproprier provisoirement contre lui les biens substitués.

2° *Le grevé, tant que la substitution n'est pas ouverte, a qualité pour intenter toutes les actions relatives aux biens substitués et pour y défendre.*

Néanmoins les jugements rendus contre le grevé ne sont opposables aux appelés que tout autant qu'ils ont été rendus contradictoirement avec le tuteur à l'exécution et sur les conclusions du ministère public (1).

3° *Le grevé, tant que la substitution n'est pas ouverte, a le droit de transiger relativement aux biens substitués.*

Néanmoins, les transactions consenties par le grevé ne sont opposables aux appelés que tout autant qu'elles ont eu lieu avec les formalités prescrites pour les transactions dans lesquelles des mineurs sont intéressés (2).

La prescription qui a couru contre le grevé est-elle opposable aux appelés ?

Grâce à la subtilité juridique, qui finasse toujours et ne sait même pas remonter aux principes qu'elle a posés, cette question est résolue par les auteurs de la façon la plus confuse et la plus diverse (3).

Voici les *deux* principales solutions :

D'après une *première* opinion, *il faut distinguer entre le cas où les tiers qui invoquent la prescription ne tiennent pas leur droit du grevé, et le cas où ces mêmes tiers tiennent leur droit du grevé.*

S'agit-il de tiers ne tenant pas leur droit du grevé, la prescription qui a couru contre le grevé est opposable aux appelés, même mineurs ou interdits.

S'agit-il de tiers tenant leur droit du grevé, la prescription qui

---

(1) MM. Zachariæ, Aubry et Rau, t. VI, p. 51 et 52, texte et note 25. M. Demolombe, t. XXII, p. 497. — Comparer art. 44 et 50, Ordonnance de 1747, tit. II, et Thévenot d'Essaule, n° 711.

(2) MM. Zachariæ, Aubry et Rau, t. VI, p. 53. — M. Marbeau, *Des transactions*, n°s 116 et suiv. — M. Demolombe, t. XXII, p. 500. Comparer art. 53, Ordonnance de 1747, tit. II.

(3) Cette confusion et cette diversité ne datent pas d'aujourd'hui; on peut s'en convaincre en se reportant à Furgole (sur l'ordonnance de 1747). Thévenot d'Essaule, chap. IV. — Ricard, 2e partie, n°s 82-94. — Pothier, *Des substitutions*, sect. V, art. 1. — Dunod, *Des prescriptions*, chap. IV.

n couru contre le grevé, n'est pas opposable aux appelés, même ma-jeurs et capables (1).

Les partisans de cette opinion raisonnent, comme il suit :

Lorsqu'il s'agit de tiers ne tenant pas leur droit du grevé, « les appelés n'ont d'autres actions que celles qui compètent au grevé lui-même, et comme ces actions appartiennent exclusivement à ce dernier jusqu'à l'ouverture de la substitution, c'est contre lui et non contre les appelés qu'elles se prescrivent » (2).

Au contraire, lorsqu'il s'agit de tiers tenant leur droit du grevé, « les actes d'aliénation consentis par le grevé ne peuvent être attaqués par ce dernier, ils ne peuvent l'être que par les appelés, et par cela même les actions qui leur compètent à cet effet ne sont susceptibles de s'éteindre directement ou indirectement que par des prescriptions acquises contre eux personnellement (3). »

D'après une *seconde* opinion, *la prescription qui a couru contre le grevé est opposable aux appelés majeurs et capables; elle n'est pas opposable aux appelés mineurs ou interdits* (4).

Les partisans de cette opinion argumentent ainsi :

Tant que la substitution n'est pas ouverte, la propriété ou la créance substituée réside éventuellement sur deux têtes, celle du grevé et celle des appelés; si la condition à laquelle était soumis le droit des appelés se réalise par l'ouverture de la substitution, ils seront censés avoir toujours été propriétaires des biens ou créanciers des débiteurs; donc, s'ils étaient mineurs ou interdits, la prescription n'aura jamais pu courir contre eux, et, s'ils étaient majeurs et capables, la prescription aura toujours pu courir contre eux.

Cette *seconde* opinion est la seule qui soit soutenable.

Les auteurs discutent encore le point de savoir si dans le cas où

---

(1) MM. Zachariæ, Aubry et Rau, t. VI, p. 52, texte et note 26. — M. Demolombe, t. XXII, p. 490.

(2) MM. Zachariæ, Aubry et Rau, t. VI, p. 52, note 26.

(3) MM. Zachariæ, Aubry et Rau, *loc. cit.*
Nous avouons ne pas comprendre comment ce raisonnement établit la double proposition qu'on prétend en faire résulter.
De son côté, M. Demolombe se contente d'alléguer l'autorité de Pothier (*Des substitutions*, sect. v, art. 1er), en ajoutant que le droit du grevé est un droit *ad tempus* et non un droit soumis à une condition résolutoire (t. XXII, p. 494). Plutôt que de distinguer entre le droit *ad tempus* et le droit soumis à une condition résolutoire, M. Demolombe eût, à nos yeux, bien mieux fait d'établir que, la substitution admise, il y a raison et justice à ce que la prescription qui a couru contre le grevé soit opposable aux appelés, mineurs, interdits, ou même non encore conçus.

(4) M. Valette, à son cours. — M. Bugnet, *Sur Pothier*, t. VIII, p. 514. — MM. Massé et Vergé, *Sur Zachariæ*, t. III, p. 204. — M Colmet de Santerre, IV, n° 213 *bis*, IV.

le grevé abuse de son droit, il peut, comme l'usufruitier, en être déclaré déchu (art. 618).

La *négative* est certaine, car, d'une part, le grevé est un propriétaire et non un simple usufruitier; et, d'autre part, les déchéances ne se suppléent pas (1).

De l'idée que le droit de propriété du grevé est résoluble par l'événement de la condition qui donne ouverture à la substitution, les auteurs concluent que lorsque la substitution a été rendue publique, les droits que le grevé a consentis à des tiers sur les biens substitués sont, en général, affectés de la même condition résolutoire que celle qui est inhérente au droit du grevé.

On enseigne qu'il faut excepter de l'application de cette conséquence :

1° *Les actes d'administration faits par le grevé, par exemple les baux qu'il a passés sans fraude* (argument d'anal, tiré de l'art. 1673);

2° *Les actes faits par le grevé avec l'emploi des formalités requises;*

3° *L'hypothèque légale de la femme du grevé pour sûreté du capital de ses deniers dotaux.*

Ce *dernier* cas est enfin celui que règle l'art. 1054.

Mais comment concevoir l'utilité d'une pareille disposition en présence du principe que l'ouverture de la substitution résout rétroactivement la propriété du grevé ?

Comment concevoir surtout que le disposant puisse, même par une clause formelle, faire servir la substitution à la garantie hypothécaire de la femme du grevé, et cela au préjudice des appelés ?

L'explication du *premier* point se trouve dans les précédents historiques. D'après l'ordonnance de 1747, comme d'après les plus vieux errements de la jurisprudence française, la femme du grevé avait de plein droit une hypothèque subsidiaire sur les biens substitués (2). L'article abroge à cet égard l'ordonnance de 1747.

L'explication du *second* point tient à ce que, de longue date, dans notre Occident (3), la fortune de la femme mariée est souvent à la discrétion du mari, tant que dure le mariage, et qu'il est par conséquent nécessaire de donner à la femme mariée des garanties contre son mari

---

(1) En ce sens, MM. Massé et Vergé, *Sur Zachariæ*, t. III, p. 203. — M. Colmet de Santerre, t. IV, n° 212 *bis*, II. — M. Demolombe, t. XXII, p. 510.
En sens contraire, MM. Zachariæ, Aubry et Rau, t. VI, p. 54, texte et notes 67-69. — M. Duvergier, *Sur Toullier*, t. III, n° 782, note 1.

(2) V. art. 44 et 45, Ordonnance de 1747, tit. I.

(3) Comme nous le verrons, t. III, à l'occasion du *contrat de mariage*, le système slave est différent, et sur ce point beaucoup plus rationnel et plus juste.

pour qu'elle ait l'espoir de recouvrer sa dot à l'époque de la dissolution du mariage.

Cela tenait aussi autrefois à ce que le mari devait avoir de quoi assigner un douaire à sa femme (1).

Remarquons :

1° *Que, pour que l'hypothèque légale de la femme du grevé frappe les biens substitués, il faut que le disposant (donateur ou testateur) l'ait expressément ordonné;*

2° *Que cette hypothèque ne s'exerce sur les biens substitués que subsidiairement, c'est-à-dire en cas d'insuffisance des autres biens du grevé;*

3° *Qu'elle ne peut exister que pour sûreté d'une dot constituée en argent et apportée au mari par le contrat de mariage;*

4° *Qu'elle ne peut garantir que le capital de cette dot.*

Au surplus, l'art. 1054 est susceptible de s'appliquer tout aussi bien à la femme mariée sous le régime de la communauté qui s'est réservé la reprise de ses apports qu'à la femme mariée sous le régime dotal.

Terminons par le tableau des principales différences qui existent entre le grevé de substitution et l'usufruitier :

1° *Le grevé de substitution est actuellement propriétaire des biens substitués, et il peut toujours avoir la chance de le devenir d'une manière incommutable.* (V. *infra*, p. 641.)	1° *Non-seulement l'usufruitier n'est pas actuellement propriétaire des biens sujets à usufruit, mais il ne peut même jamais avoir la chance de le devenir.*
2° *Le grevé de substitution n'est point tenu de donner caution.*	2° *L'usufruitier est tenu de donner caution (art. 601) (2).*
3° *Le grevé de substitution est obligé de faire les grosses réparations, sauf à répéter le montant de ses impenses contre les appelés, lors de l'ouverture de leur droit;*	3° *L'usufruitier n'est point tenu de faire les grosses réparations (art. 605) (3);*
4° *Le grevé de substitution qui a fait des améliorations a le droit de réclamer des appelés le montant de ses avances, jusqu'à concurrence de la plus-value existante au moment de la restitution;*	4° *L'usufruitier qui a fait des améliorations n'a pas le droit de réclamer le montant de ses avances (4).*
5° *Le grevé de substitution a droit aux fruits jusqu'à ce que les appelés aient formé une demande en délivrance (5).*	5° *L'usufruitier n'a droit aux fruits que jusqu'à l'époque où l'usufruit prend fin.*

---

(1) Comparer Pothier, *Des substitutions*, sect. v, art. 11, § 1.

Par ses origines et par sa signification actuelle, l'art. 1054 se rattache au système légal qui, contre tout droit, met la femme dans la dépendance du mari.

(2) V. *Manuel de droit civil*, t. I, p. 628.

(3) V. *Manuel de droit civil*, t. I, p. 631.

(4) V. *Manuel de droit civil*, t. I, p. 624.

(5) Comparer art. 40, Ordonnance de 1744, tit. i, et MM. Zachariæ, **Aubry**

Il a, en outre, droit à une indemnité pour les frais de labour et de semence des immeubles sur lesquels il existe des fruits au moment de la restitution.

6° Le grevé de substitution ne peut être déclaré déchu pour abus de jouissance (V. supra, p. 638).

Il n'a jamais droit à aucune indemnité pour les frais de labour et de semence (art. 585 et 586) (1).

6° L'usufruitier peut être déclaré déchu pour abus de jouissance (art. 618) (2).

1053. — Les droits des appelés seront ouverts à l'époque où, par quelque cause que ce soit, la jouissance de l'enfant, du frère ou de la sœur, grevés de restitution, cessera; l'abandon anticipé de la jouissance au profit des appelés ne pourra préjudicier aux créanciers du grevé antérieurs à l'abandon.

Cet article concerne *les droits des appelés, en tant qu'il s'agit spécialement de l'ouverture de la substitution.*

Selon la formule de Pothier, adoptée par les auteurs, l'appelé ou le substitué avant l'ouverture de la substitution, n'a, en principe, par rapport au bien substitué, aucun droit formel, mais une simple espérance.

Cependant cette *espérance,* comme disent les auteurs, est un *droit conditionnel;* ce qui signifie que, en même temps que le grevé est *propriétaire sous une condition résolutoire* des biens substitués, les appelés en sont *propriétaires sous la condition suspensive* suivante : s'ils survivent à l'ouverture de la substitution, et s'ils peuvent et veulent la recueillir.

De là on déduit pour les appelés la faculté d'exercer dès avant l'ouverture de la substitution, soit par eux-mêmes, soit par le tuteur à l'exécution, tous les actes *conservatoires* de leurs droits.

Mais, après avoir endommagé la formule de Pothier, les auteurs deviennent plus rigoristes que Pothier lui-même, et, au nom des articles qui défendent les pactes sur une succession future (art. 791,1130 et 1609), ils déclarent nulle non-seulement toute renonciation pure et simple faite par l'appelé à la substitution non ouverte; mais encore toute renonciation conventionnelle faite par l'appelé au profit du grevé ou au profit d'un tiers (3).

---

et Rau, t. VI, p. 54, texte et note 65. — Cependant ce point est controversé. V. en sens contraire M. Demolombe, t. XXII, p. 540.

(1) V. *Manuel de droit civil,* t. I, p. 612.
(2) V. *Manuel de droit civil,* t. I, p. 648.
(3) Comparer Pothier, *Des substitutions,* sect. VII, art. 11, §§ 1 et 2. — M. Colmet de Santerre, t. IV, n° 211 *bis,* III. — M. Demolombe, t. XXII, p. 527 et suiv.
Comme la législation dont elle fait partie, cette *doctrine* est légèrement vacillante et contradictoire.
Toujours même leçon : on ne construit pas sur la déraison et sur l'arbitraire.

Comment la simple espérance, *ou le droit conditionnel des appelés, devient-il un droit certain, en d'autres termes, comment s'ouvre la substitution?*

Les compilateurs napoléoniens n'ont point répondu à cette question d'une manière précise ; la principale disposition qui s'y réfère est le vague art. 1053 ; aussi n'est-ce qu'à grand'peine que les auteurs parviennent à édifier en cette matière une sorte de théorie (1).

Il y a d'abord lieu de distinguer :

1° *La cause normale d'ouverture de la substitution ;*

2° *Les causes anormales d'ouverture de la substitution.*

Passons successivement en revue ces deux sortes de causes.

1° CAUSE NORMALE D'OUVERTURE DE LA SUBSTITUTION.

La cause normale d'ouverture de la substitution est la *mort* du grevé

Cette cause est la seule qui produise des effets *absolus* tout à la fois envers les tiers (2) et envers les appelés.

En ce qui concerne les tiers, elle anéantit leurs droits en même temps que celui de leur auteur.

En ce qui concerne les appelés, recueillent la substitution uniquement ceux qui sont vivants et capables à la mort du grevé, et qui de plus veulent user de leur droit.

Si les appelés ne recueillent pas la substitution, le grevé doit être réputé avoir toujours été propriétaire des biens substitués.

Si les appelés recueillent la substitution, ce sont eux qui deviennent les donataires et les légataires du disposant d'après l'adage : « *Substitutus capit a gravante non a gravato.* »

2° CAUSES ANORMALES D'OUVERTURE DE LA SUBSTITUTION.

C'est à ces causes que semble se rapporter principalement l'art. 1053.

On ne s'entend ni sur la liste qu'il en faut dresser ni sur les effets qu'elles produisent.

D'après l'opinion qui réunit le plus de suffrages, il y aurait lieu d'en compter jusqu'à *cinq ;* ce seraient :

1° *La déchéance qu'encoure le grevé lorsqu'il a négligé de faire nommer un tuteur à la substitution* (art. 1057, V. *supra*) ;

---

(1) Nous prévenons que nous suivons particulièrement ici M. Demolombe, dont l'exposé est de beaucoup supérieur à celui des autres interprètes. (V. t. XXII, p. 534 et suiv.)

(2) Nous entendons ici par *tiers* toutes les personnes intéressées à ce que la substitution ne s'ouvre pas ou s'ouvre au moins le plus tard possible, et notamment les tiers acquéreurs des biens substitués et les créanciers du grevé. (Art. 1070 et 1072 ; v. *supra*, p. 633.)

2° *L'abandon anticipé fait par le grevé ;*

3° *La révocation, pour cause d'inexécution des charges ou pour cause d'ingratitude, de la donation entre-vifs ou du testament contenant la substitution* (art. 954, 955 et 1046);

4° *L'arrivée du terme ou de la condition, lorsque le disposant a fixé pour la substitution une époque autre que celle du décès du grevé* (V. *supra*, p. 622, note 1), *ou qu'il l'a fait dépendre d'un événement incertain autre que la survie des appelés ;*

5° *La déchéance prononcée contre le grevé pour cause d'abus de jouissance.*

Nous avons déjà dit pour quelles raisons nous repoussons cette *dernière* (V. *supra*, p. 638). Nous allons examiner les *quatre* autres :

1° DÉCHÉANCE QU'ENCOURT LE GREVÉ LORSQU'IL A NÉGLIGÉ DE FAIRE NOMMER UN TUTEUR A LA SUBSTITUTION (art. 1057).

Cette cause d'ouverture est écrite dans l'art. 1057.

En ce qui concerne les tiers, elle ne produit aucun effet, car elle a a un caractère purement pénal contre le grevé (1).

En ce qui concerne les appelés, elle ne produit qu'un effet provisoire, et cela par la raison sus-énoncée. L'époque qu'il y a lieu de considérer, pour régler définitivement les droits des appelés, reste donc l'époque de la mort du grevé.

De là, entre autres conséquences, celle-ci : un des appelés existants à l'époque de la déchéance du grevé est-il mort sans laisser de descendants, la part qu'il a obtenue dans le partage fait à l'époque de la déchéance du grevé accroîtra à celles des appelés survivants (2).

---

(1) En ce sens, Furgole, sur les art. 41 et 42, Ordonnance de 1747, tit. II. — M. Demolombe, t. XXII, p. 432 et 550.
En sens contraire MM. Zachariæ, Aubry et Rau, t. VI, p. 44. Ces auteurs se bornent à affirmer leur opinion.
(2) En ce sens, MM. Zachariæ, Aubry et Rau, t. V, p. 44-45, texte et note 32. — M. Colmet de Santerre, t. IV, n° 212 *bis*, v. — M. Demolombe, t. XXII, p. 546.
En sens contraire, M. Troplong, qui paraît s'être au moins convaincu lui-même au moyen de l'argumentation dont voici les termes : « Ce qu'il faut considérer, ce n'est pas l'époque du décès de celui qui était grevé, car, quand il est décédé, il n'était plus grevé, et sa jouissance avait cessé définitivement. Il ne faut avoir égard qu'à ce qui existait à l'époque de l'ouverture de la substitution; c'est là l'époque décisive, c'est là l'événement critique qui règle tout. Il n'y a pas deux ouvertures du fidéicommis ; l'une provisoire, lors de la déchéance, de la résolution, etc.; l'autre définitive, lors du décès de celui qui était grevé; il n'y a qu'une ouverture, celle qui s'opère au moment où agissent les causes énumérées dans notre article 1053. » (T. IV, n° 2243.)
Quod est demonstrandum, ô grand légiste, car, à part le « quand il est décédé,

2° ABANDON ANTICIPÉ FAIT PAR LE GREVÉ.

Cette hypothèse doit d'abord être nettement distinguée de celle où *le grevé, en sa qualité de propriétaire, a disposé à titre gratuit entre-vifs au profit des appelés, comme il l'eût pu faire au profit de tierces personnes, soit de la jouissance, soit même de la propriété des biens substitués.*

C'est là, en effet, le cas d'*une pure donation entre-vifs*, et il y a lieu d'y appliquer les règles des donations.

Quant à l'abandon anticipé fait par le grevé, c'est-à-dire à la restitution des biens substitués faite avant l'époque de la déchéance, voyons ce qui en résulte.

Il faut commencer par remarquer que, malgré l'équivoque du mot « *jouissance* », employé par les rédacteurs du Code Napoléon dans la *seconde* proposition que renferme l'art. 1053, c'est bien à cette hypothèse que se rapporte cette *seconde* proposition.

Tel est, en effet, le cas que prévoyait l'art. 42 du titre I de l'ordonnance de 1747.

Or, il est indubitable que les compilateurs napoléoniens ont entendu reproduire ce texte dans la *seconde* proposition de l'art. 193; ils y ont seulement ajouté l'obscurité qui était dans leur esprit et qui se rencontre si constamment dans leur langage (1).

Maintenant, quels sont les effets de cette cause d'ouverture ?

En ce qui concerne les tiers, elle n'en produit aucun, car il serait irrationnel que les tiers souffrissent d'un acte de la volonté du grevé, auquel ils demeurent étrangers.

C'est ce que déclare en termes exprès l'art. 1053 à l'égard *des créanciers du grevé antérieurs à l'abandon;* à fortiori, doit-on décider de même *à l'égard des tiers acquéreurs des biens substitués ?*

De là il résulte que les créanciers du grevé conservent leurs droits sur les biens substitués comme s'il n'y avait pas eu d'abandon, et *que par conséquent ils n'ont nul besoin, dans cette hypothèse, de l'action paulienne, puisque l'abandon est considéré à leur égard comme non avenu* (2).

_____

l n'était plus grevé », qui est un raisonnement, et même très-remarquable, le reste n'est qu'une série d'assertions.

(1) Cependant il y a des auteurs qui pensent que le Code Napoléon ne prévoit pas la restitution anticipée.

Nous pensons, nous, que, au lieu d'échafauder laborieusement des systèmes pour justifier des textes bâclés, les auteurs feraient mieux d'être moins prêts à altérer en toute circonstance la vérité scientifique et historique.

(2) Furgole, sur l'art. 42, Ordonnance de 1747, tit. I. — M. Valette, à son

En ce qui concerne les appelés, il y a lieu d'adopter, dans le cas d'ouverture résultant de l'abandon anticipé, la *même* solution que dans le cas d'ouverture résultant de la déchéance du grevé (1).

3° RÉVOCATION, POUR CAUSE D'INEXÉCUTION DES CHARGES OU POUR CAUSE D'INGRATI-TUDE, DE LA DONATION ENTRE-VIFS OU DU TESTAMENT CONTENANT LA SUBSTITUTION (art. 954, 955 et 1046) (2).

On fonde l'existence de cette double cause d'ouverture de la substitution sur les termes généraux dans lesquels est conçu l'art. 1053 (3).

En ce qui concerne les tiers, il faut appliquer les règles relatives à la révocation des donations entre-vifs et des testaments pour cause d'inexécution des charges et pour cause d'ingratitude (art. 954, 958 et 1046 (**V.** *supra*, p. 490, 492 et 592).

En ce qui concerne les appelés, il faut continuer à décider que la substitution ne s'ouvre que provisoirement, et que le réglement définitif ne se fera qu'à la mort du grevé (4).

Remarquons que lorsque la révocation est demandée contre le grevé

---

cours. — M. Colmet de Santerre, t. IV, n° 212 *bis*, VIII. — M. Demolombe, t. XXII, p. 562.

(1) M. Colmet de Santerre, t. IV, n° 212 *bis*, VI. — M. Demolombe, t. XXII, p. 560.

Plusieurs auteurs soutiennent cependant que, si l'un des appelés auxquels l'abandon a été fait vient à mourir sans descendants avant le grevé, la part qu'il a obtenue n'accroîtra pas aux appelés survivants, mais qu'elle demeurera dans sa succession. (M. Duranton, t. IX, n° 606. — M. Troplong, t. I, n° 2242.)

L'argument de ces auteurs consiste à imaginer que le partage des biens substitués a, entre les appelés, le caractère d'une convention aléatoire par laquelle à la fois chacun d'eux assure son propre droit contre la caducité pouvant résulter de son prédécès, et garantit le droit des autres contre la même chance.

Imaginer n'est pas prouver.

(2) Chaos croissant de la doctrine juridique, et dans la circonstance, ce n'est pas la faute de cette doctrine, mais celle d'un législateur qui n'a point vu le conflit qu'il faisait naître entre les causes de révocation de la disposition à titre gratuit et la théorie de l'ouverture de la substitution.

Pour éviter un exposé aussi fastidieux que stérile, nous n'indiquerons que les solutions qui nous paraissent les moins improbables.

(3) MM. Zachariæ, Aubry et Rau, t. VI, p. 59, texte et note 78. — M. Colmet de Santerre, t. IV, n° 212 *bis*. — M. Demolombe, t. XXII, p. 565 et suiv.

Au contraire, Duranton, t. IX, n° 600, et Marcadé, art. 1052, n° VII, rejettent cette cause d'ouverture de la substitution.

Il faut bien convenir qu'il n'est point facile de comprendre, dans la première opinion, pourquoi l'ingratitude du grevé envers le disposant devient une cause de profit pour les appelés; mais la première opinion a un texte pour elle, la seconde n'en a pas, et voilà pourquoi la première opinion doit l'emporter sur la seconde.

(4) M. Demolombe, t. XXII, p. 565 et suiv.

pour inexécutiou des charges, les appelés ne peuvent échapper eux-mêmes à cette cause de révocation qu'en exécutant les charges, si elles n'ont point un caractère purement personnel à l'égard du grevé.

Nota. La révocation de la donation entre-vifs pour cause de survenance d'enfants ne peut donner ouverture à la substitution, car cette cause anéantit du même coup la substitution et la donation.

4° ARRIVÉE DU TERME OU DE LA CONDITION, LORSQUE LE DISPOSANT A FIXÉ POUR LA RESTITUTION UNE ÉPOQUE AUTRE QUE CELLE DU DÉCÈS DU GREVÉ (V. *supra*, p. 622, note 1), OU QU'IL L'A FAIT DÉPENDRE D'UN ÉVÉNEMENT INCERTAIN AUTRE QUE LA SURVIE DES APPELÉS.

Dans cette hypothèse, la substitution paraît devoir être déclarée ouverte *d'une manière absolue à l'égard des tiers et des appelés*, car telle semble bien être alors la volonté du disposant (1).

APPENDICE

CADUCITÉ DE LA SUBSTITUTION.

Tous les auteurs sont d'accord pour enseigner que la caducité de la substitution a lieu, du *chef de l'appelé*, dans les *trois* cas suivants :

1° *Lorsque l'appelé meurt avant l'ouverture de la substitution ;*

2° *Lorsqu'il se trouve incapable de la recueillir à l'époque de l'ouverture ;*

3° *Lorsque l'appelé, s'il n'y en a qu'un seul, ou tous les appelés, s'il y en a plusieurs, répudient la substitution.*

Ajoutons qu'il y a évidemment aussi caducité de la substitution lorsque les biens substitués ont péri totalement.

La caducité de la substitution peut-elle avoir lieu du chef du grevé ?

D'abord cette question n'est pas susceptible d'être posée *pour le cas où la substitution est contenue dans une donation entre-vifs.*

En effet, dans ce cas, ou bien la donation entre-vifs s'est formée, et alors le droit de l'appelé est né en même temps que celui du grevé, et il ne peut devenir ultérieurement caduc du chef du grevé, ou bien la donation entre-vifs ne s'est point formée, et alors il n'y a jamais eu de substitution.

Pour le cas où la substitution est contenue dans un testament, les auteurs cessent de s'entendre ; ils débattent la question de caducité de la subsitution dans *deux* hypothèses :

---

(1) En ce sens, MM. Zachariæ, Aubry et Rau, t. VI, p. 58.
En sens contraire, M. Demolombe, t. XXII, p. 572.

1° *Celle où le grevé répudie le legs à lui fait;*

2° *Celle où le grevé est prédécédé ou incapable.*

Dans ces *deux* hypothèses, la *négative* doit être admise :

1° *Parqu'elle est en harmonie avec les précédents historiques* (1)

2° *Parce qu'elle est, en outre, conforme à la volonté certaine du testateur;* or, en tant que *la volonté du testateur se meut, en matière de substitution, dans les limites des art. 1048 et suiv.*, cette volonté est sanctionnée par la loi napoléonienne (2) (V. *supra*, p. 621).

Quant aux conséquences qui résultent de là pour les appelés, elles varient selon les cas (3).

1073. — Le tuteur nommé pour l'exécution sera personnellement responsable s'il ne s'est pas, en tout point, conformé aux règles ci-dessus établies pour constater les biens, pour la vente du mobilier, pour l'emploi des deniers, pour la transcription et l'inscription, et, en général, s'il n'a pas fait toutes les diligences nécessaires pour que la charge de restitution soit bien et fidèlement acquittée.

Ce texte consacre l'évidence.

1074. — Si le grevé est mineur, il ne pourra, dans le cas même de l'insolvabilité de son tuteur, être restitué contre l'inexécution des règles qui lui sont rescrites par les articles du présent chapitre.

Cet article est le pendant de l'art. 942 (V. *supra*, p. 460).

Dans une législation assise sur des principes, il serait tout aussi inutile que l'est l'art. 1073.

CHAPITRE VII.

DES PARTAGES FAITS PAR PÈRE, MÈRE OU AUTRES ASCENDANTS ENTRE LEURS DESCENDANTS.

Point de vue légal à part, le partage d'ascendant se définit en quelque sorte de lui-même; *il est l'opération par laquelle un ascendant distribue ses biens à ses descendants, soit de son vivant, soit pour le temps qui suivra sa mort.*

Rien ne paraît plus simple et plus net que le partage d'ascendant;

(1) Comparer art. 27, Ordonnance de 1747, tit. I. — Thévenot d'Essaule, n°° 1103 et suiv. — Furgole, sur l'art. 26, Ordonnance de 1747, tit. I. — Pothier, sect. VII, art. 1, § 2.

(2) En ce sens, M. Colmet de Santerre, t. IV, n° 212 *bis*, x et xi. — M. Demolombe, t. XXII, p. 577 et suiv.

En sens divers, MM. Zachariæ, Aubry et Rau, t. VI, p. 55 et suiv., texte et notes 70 et 71. — M. Duranton, t. IX, n° 602. — M. Marcadé, art. 1053, n° 8.

(3) V. Notamment M. Demolombe, p. 584 et 588.

rien, au contraire, n'est plus compliqué et plus confus, d'après la législation napoléonienne comme d'après toute la tradition juridique, tant coutumière que romaine.

Cette complication et cette confusion tiennent à deux causes générales et à une cause spéciale.

La première cause générale est le formalisme dans lequel l'esprit légiste s'est efforcé, en tout temps, dans toutes les matières, d'emmaillotter la volonté de l'individu.

La seconde cause générale est la casuistique, au moyen de laquelle l'esprit légiste a réussi, en tout temps, dans toutes les matières, à dénaturer la volonté de l'individu.

La cause spéciale tient :

D'une part, à ce que les législations ont soumis, en tout temps, à des formes propres le droit de disposer à titre gratuit, au moins par voie de testament, et opposé, en tout temps, l'une à l'autre, la succession *ab intestat* et la disposition à titre gratuit.

D'autre part, à ce que l'esprit légiste s'est ingénié, en tout temps, à séparer le partage d'ascendant à la fois de la disposition à titre gratuit, et de la succession *ab intestat*, sans parvenir, bien entendu, à en faire autre chose qu'un mélange de la disposition à titre gratuit et de la succession *ab intestat* (1).

D'après la loi napoléonienne, développée et complétée par la doctrine, voici la définition qui peut être tentée :

Dans la forme, le partage d'ascendant est, selon la volonté de l'ascendant, tantôt une pure donation entre-vifs, tantôt un pur testament (2).

Au fond, c'est un acte sui generis *dans lequel les règles de la suc-*

---

(1) Ce qui a fait que l'esprit légiste a essayé d'attribuer une nature propre au partage d'ascendant, c'est que cet esprit s'est trouvé, dans la circonstance, fort embarrassé de concilier l'idée de la copropriété familiale avec les règles dans lesquelles il jugeait bon d'emprisonner, en principe, le droit de disposer à titre gratuit (V. *supra*, p. 376 et 513). L'unique expédient était bien celui auquel il a eu recours.

Malheureusement, cet expédient n'a pas réussi, et il n'est aucune matière dont l'histoire puisse fournir une meilleure preuve de l'anarchie qui règne de toute antiquité dans la doctrine juridique. (Comparer ensemble L. 20, § 3, D. liv. X, tit. II.— L. 26, C., liv. III, tit. XXXV.— Nov. 18, cap. vii.— Nov. 107, cap. i et iii. — Art. 15 et 18, Ordonnance de 1735 sur les testaments. — Lebrun, *Des successions*, liv. IV, chap. i, n° 11. — Domat, *Loix civiles*, liv. III, tit. i, sect. i. — Furgole, *Des testaments*, chap. viii, sect. i, n° 165. — Boullenois, question 17. — Guy-Coquille, *Sur la coutume de Nivernais*, n° 673, — Auroux des Pommiers, *Sur la coutume de Bourbonnais*, art. 216, n° 12, etc.) — V. aussi Féréol-Rivière, *Essai sur les partages d'ascendants* (*Revue de législ.*, 1847, t. III, p. 406). — Genty, *Des partages d'ascendants*, Paris, 1850, 1 vol. in-8.

(2) Sur ce point, les compilateurs napoléoniens ont innové ; et, comme de coutume, leur innovation constitue un progrès à rebours.

cession ab intestat, *se combinent, soit avec celles de la donation entre-vifs, soit avec celles du testament, selon que le partage a revêtu la forme de la donation entre-vifs ou du testament.*

Scientifiquement, le partage d'ascendant a la même valeur que la disposition à titre gratuit en général (1), dont il constitue seulement une application (2); il n'a aucune place à occuper dans une législation bien faite, et c'est ce qu'avaient compris les auteurs du Code de la Convention, qui le passèrent absolument sous silence.

1075. — Les père et mère et autres ascendants pourront faire, entre leurs enfants et descendants, la distribution et le partage de leurs biens.

Cet article procède de la détestable idée de l'omnipotence du législateur, plus ou moins nettement associée dans l'esprit des compilateurs napoléoniens à celle de la copropriété familiale.

Les compilateurs napoléoniens se sont, en effet, imaginé qu'ils avaient le droit de refuser à tous autres qu'aux ascendants la faculté de faire le partage de leurs biens ; or, cette faculté est un attribut inhérent au droit de propriété ; donc, à ce titre, et en raison, elle appartient à toute personne capable de disposer à titre gratuit.

Toutefois, il n'est pas douteux que la disposition de l'art. 1075 doive être entendue dans un sens restrictif, et qu'elle ne concerne que les ascendants (3).

_____

(1) Il serait inutile de revenir sur ce que nous avons déjà dit de la haute portée morale, économique et juridique, de la disposition à titre gratuit. (V. *supra*, p. 371 et 408.)

En exerçant la faculté de régler lui-même l'attribution de son patrimoine, l'ascendant a le moyen de compenser entre ses descendants les inégalités naturelles et accidentelles, et d'établir ainsi la véritable égalité.

Ce n'est point là tout à fait la pensée qu'exprimait, à ce même sujet, le conseiller d'État Berlier, imbu de la plus pure doctrine de la copropriété familiale et de l'idée du droit mathématiquement égal des enfants. (Comparer Fenet, t. XII, p. 412.)

(2) Nous savons bien qu'en disant cela nous heurtons de front les lois 20, § 3, 39, § 1; D., liv. X, tit. II, 16 et 21, C., liv. III, tit. XXXVI; mais nous avouons que cette considération nous laisse absolument froid, et nous allons même jusqu'à oser dénier toute base, soit réelle, soit rationnelle, à la doctrine qui enseigne aujourd'hui, comme au temps où existait la copropriété familiale, que le partage d'ascendant a un caractère plutôt *distributif* que *dispositif*. (Comparer M. Demolombe, t. XXII.)

(3) MM. Zachariæ, Aubry et Rau, t. VI, p. 217, texte et note 3. — M. Colmet de Santerre, t. IV, n° 242 *bis*, I. — M. Demolombe, t. XXII, p. 620.

En sens contraire, Delvincourt, t. II, p. 48, note 5.—M. Genty, p. 90 et suiv.

Par les causes que nous avons dites (*supra*, p. 647), toute cette théorie a été faussée d'un bout à l'autre, et, comme les rédacteurs du Code Napoléon ont encore ajouté aux ténèbres qu'elle a toujours comportées celles qui se trouvaient dans leur esprit, elle est devenue la plus indéchiffrable de toutes les énigmes napoléoniennes.

D'où la conséquence que, si toute autre personne qu'un ascendant distribue ses biens entre ses futurs héritiers, ascendants ou collatéraux, l'acte fait par cette personne ne peut valoir qu'à titre de donation entre-vifs ou de testament.

De là encore il résulte que si, dans l'hypothèse précédente, le disposant a manifesté expressément la volonté d'attribuer à sa donation ou à son testament les effets d'un partage, cette clause ne peut également valoir qu'à titre de modalité d'une donation ou d'un legs.

Par conséquent, l'obligation réciproque de garantie qui, en pareil cas, existerait entre les donataires et les légataires ne serait pas protégée par le *privilège* dont il est question dans l'art. 2103, § 3 ; en effet, les priviléges ne peuvent dériver de la volonté de l'homme (1).

On enseigne, en général, que le partage d'ascendant doit comprendre *tout enfant ou descendant qui a un droit héréditaire, et, par conséquent, l'enfant naturel tout aussi bien que l'enfant légitime, légitimé ou adoptif* (V. *infra*, art. 1078, p. 655) (2).

Une personne qui a un ou plusieurs enfants, et en même temps des petits-enfants issus de ces enfants, peut-elle comprendre les uns et les autres dans un partage d'ascendant ?

Cette question est controversée ; la *négative* nous paraît certaine à raison des origines historiques de la matière (3).

1076. — Ces partages pourront être faits par actes entre-vifs ou testamentaires, avec les formalités, conditions et règles prescrites pour les donations entre-vifs et testaments.

Les partages faits par actes entre-vifs ne pourront avoir pour objet que les biens présents.

Il faut entendre le *premier* alinéa de cet article en ce sens, non pas précisément *que le partage d'ascendant peut être fait par donation entre-vifs ou par testament, comme l'ont exprimé les compilateurs napoléoniens, mais qu'il ne peut être fait que de l'une ou l'autre manière* (4).

---

(1) En ce sens, M. Colmet de Santerre, t. IV, n° 242 *bis*, II. — M. Demolombe, t. XXII, p. 624.

En sens contraire, M. Genty, p. 253.

(2) En ce sens, MM. Zachariæ, Aubry et Rau, t. VI, p. 226, texte et note 5. — M. Colmet de Santerre, t. IV, n° 246 *bis*, III. — M. Demolombe, t. XXII, p. 626.

(3) En ce sens, M. Demolombe, t. XXII, p. 627.

En sens contraire, MM. Rigaud, Championnière et Pont, t. III, n° 2604 et t. V, n°ˢ 555, 557, *Traité des droits d'enregistrement*.

(4) Nous avons déjà fait remarquer que cette disposition est introductive d'un

Il n'y a, d'ailleurs, nul égard à avoir aux expressions redondantes dont les mêmes compilateurs ont surchargé leur rédaction en disant que l'on doit observer dans le partage d'ascendant, non-seulement « les formalités », mais encore les « conditions et les règles prescrites pour les donations entre-vifs et testaments ». On s'accorde à reconnaître que ce renvoi n'a trait qu'à la forme du partage d'ascendant.

De ce qui précède, il résulte que lorsque le partage d'ascendant a lieu par donation entre-vifs, il faut lui appliquer les dispositions des articles 931 et suivants ; de même, par corrélation, lorsqu'il est fait par testament, il est soumis aux règles posées par les art. 967 et suivants.

Le *second* alinéa de l'art. 1076 porte que « les partages faits par acte entre-vifs ne pourront avoir pour objet que les biens présents ».

Cette disposition incomplète veut dire d'une manière générale que les art. 944, 945 et 946 sont applicables aux partages par donation entre-vifs.

On voit par là qu'en tant que le partage a lieu par donation entre-vifs, le renvoi édicté par l'art. 1076 comprend non-seulement *les formes extrinsèques*, mais encore selon l'expression des auteurs, *les formes intrinsèques*, si inintelligemment conservées pour les donations entre-vifs (**V.** *supra*, p. 376).

Remarquons que la donation entre-vifs portant partage n'est parfaite qu'après que tous les enfants ont accepté, car ce que l'ascendant s'est proposé de faire, ce n'est pas un ensemble de donations individuelles, mais bien une seule donation collective (1).

Peut-on fonder sur la disposition de l'art. 1076 *la théorie des conditions de capacité requises, soit dans la personne de l'ascendant qui*

---

droit nouveau, et qu'elle est en même temps une aggravation des vices que présente la matière du partage d'ascendant.

L'aggravation est celle-ci :

1° *Jusqu'alors le partage d'ascendant avait échappé aux formalités qui, dans les donations et les testaments, font échec au droit individuel ; aujourd'hui, il y est assujetti ;*

2° *Jusqu'alors le partage d'ascendant était un acte* sui generis *aussi bien pour la forme que pour le fond ; aujourd'hui il demeure un acte* sui generis *pour le fond, mais il a cessé de l'être pour la forme.*

Et M. Demolombe a su trouver pour ces beaux résultats une parole d'éloge ! Et pour commettre cette parole, l'éminent professeur qui a écrit, t. XXII, p. 628, que « le partage d'ascendant est plutôt *distributif* que *dispositif* », en est réduit à écrire, t. XXIII, p. 5, en réfutant directement la proposition qu'il vient d'admettre, t. XXII : « Est-ce que le partage d'ascendant ne constitue pas une *disposition* à titre gratuit ? »

Avons-nous donc tort de prétendre que le pour et le contre forment aujourd'hui l'essence de la doctrine juridique ?

(1) M. Genty, p. 118 et 183. — M. Demolombe, t. XXIII, p. 10.

fait le partage, soit dans la personne des enfants qui en bénéficient?

En ce qni concerne l'ascendant, les auteurs répondent affirmativement. Ils disent que l'ascendant qui fait un partage soit par donation entre-vifs, soit par testament, doit avoir la capacité de disposer, soit par donation entre-vifs, soit par testament.

En ce qui concerne les enfants, l'opinion la plus généralement reçue distingue :

Le partage a-t-il lieu par donation entre-vifs, les enfants doivent avoir la capacité en général requise pour recevoir par donation entre-vifs ;

Le partage a-t-il lieu par testament, les enfants doivent avoir, non pas la capacité en général requise pour recevoir par legs, mais la capacité requise pour recueillir une succession.

Cette *dernière* solution tient à ce que, dit-on, dans le cas où le partage se fait par testament, ce n'est pas *le testament* qui forme le titre d'acquisition des enfants, *c'est la volonté de la loi,* car la volonté de la loi leur eût, dans tous les cas, déféré la succession (1).

Notons enfin que, lorsqu'un ascendant a cumulé dans le même acte, comme il en a incontestablement le droit, un partage et un préciput, ce partage et ce préciput sont soumis, en général, à des règles distinctes et propres (V. cependant *infra,* art. 1079).

1077. — Si tous les biens que l'ascendant laissera au jour de son décès n'ont pas été compris dans le partage, ceux de ces biens qui n'y auront pas été compris seront partagés conformément à la loi.

_____

(1) V. notamment M. Demolombe, t. XXIII, p. 17 et suiv.

Comme la volonté de la loi est une merveilleuse invention pour tenir lieu de la raison et de la justice, et comme les légistes ont beau jeu à s'exclamer ensuite contre le socialisme autoritaire !

Mais l'explication est trop large ; elle n'est topique qu'à l'égard de la réserve.

M. Demolombe ajoute (p. 27) un argument de conséquence (comparer art. 3, l. 31 mai 1857 et art. 727 C. N.) ; il redoute les embarras où l'on tomberait si l'on exigeait que les enfants, dans le cas du partage testamentaire, eussent la capacité requise pour recevoir par testament ; en effet, tel peut succéder *ab intestat* qui ne peut cependant recevoir par testament.

Or est-il rationnel, est-il juste, se demande à peu près M. Demolombe, que, parce qu'une personne a un enfant incapable de recevoir par testament, cette personne soit privée du droit de faire un partage testamentaire ?

Pourquoi M. Demolombe ne se demande-t-il pas s'il est rationnel et s'il est juste que l'enfant qui est apte à figurer dans le partage d'une succession ouverte *ab intestat* ne soit pas apte à figurer dans le partage de cette même succession fait par l'ascendant propriétaire ?

Mais cette question irait trop loin ; elle dérangerait la doctrine reçue relativement à la capacité requise pour figurer dans le partage entre-vifs.

Pauvre science juridique ! Le plus clair, c'est que tout cela ne tient pas, c'est qu'aucun principe ne le domine, c'est que nous sommes dans une Babel !

Cet article n'est guère autre chose qu'une répétition du paragraphe final de l'art. 887.

Il en résulte très-directement qu'un ascendant a le droit de faire plusieurs partages *partiels* et *successifs*.

APPENDICE

Les compilateurs napoléoniens, ayant omis presque absolument, et pour cause, de caractériser au fond le partage d'ascendant et d'en déterminer les effets, c'est la doctrine qui a dû se charger de ce soin.

Nous examinerons :

1° *Le caractère et les effets du partage d'ascendant fait par dona-tion entre-vifs;*

2° *Le caractère et les effets du partage d'ascendant fait par testa-ment.*

1° CARACTÈRE ET EFFETS DU PARTAGE D'ASCENDANT FAIT PAR DONATION ENTRE-VIFS.

Dans ce *premier* cas, le caractère et les effets du partage d'ascendant sont extrêmement controversés.

Les *uns* disent que le partage d'ascendant, même fait par donation entre-vifs, est *une ouverture anticipée de la succession de l'ascendant,* de telle sorte que les enfants copartagés doivent être regardés, même du vivant de l'ascendant, non comme des donataires, mais comme des héritiers, et qu'ils peuvent exercer, dès le moment du partage, toutes les actions qui leur appartiendraient si la succession était ouverte.

D'*autres* professent qu'en même temps que les enfants sont *donataires,* ils sont non pas héritiers, mais au moins copartagés, et qu'ils peuvent, à ce dernier titre, exercer, même du vivant de l'ascendant, les actions qui dérivent de tout partage.

D'*autres* enseignent que, tant que l'ascendant existe, les enfants ne sont que des *donataires,* et qu'ils ne peuvent exercer, du vivant de l'as-cendant, ni les actions qui appartiennent aux héritiers, ni même celles qui appartiendraient à des copartagés.

D'*autres*, enfin, disent que le partage d'ascendant est *un avancement d'hoirie;* ils accordent en conséquence aux enfants le droit d'exercer, même du vivant de l'ascendant, les actions qui ont pour but le maintien et l'exécution de la donation ; mais ils leur refusent le droit d'exercer les actions relatives à la nullité ou à la rescision, et ils décident que ces actions ne peuvent être intentées qu'après la mort de l'ascendant (1).

---

(1) Comparer Cass. 12 juillet 1836, Dumas-Rambaud, Dev. 1836, I, 534 et 4 février 1845, De Meillonas, Dev. 1845. I, 305, Rapport du conseiller Lasagni. — Cass., 13 février 1860, Aubry, Dev. 1860, I, 562. — Cass.,

Dans une science dénuée de principes et dans une matière qui n'a d'autre fondement que les traditions les moins raisonnées et les plus confuses, une telle question est insoluble.

Dans une science qui aurait des principes et qui écarterait les traditions inintelligentes, le partage d'ascendants, nous le répétons, ne serait qu'une application particulière de la disposition à titre gratuit.

Les enfants entre lesquels un ascendant partage entre-vifs l'universalité ou une quote part de l'universalité de ses biens présents sont-ils tenus de plein droit des dettes de cet ascendant ?

La *négative* n'est pas douteuse, car le partage entre-vifs qui porte même sur l'universalité ou sur une quote-part de l'universalité des biens d'un ascendant, ne constitue cependant qu'une transmission entre-vifs d'objets individuellement considérés, et par conséquent les descendants, entre lesquels il est fait, ne sont que des successeurs particuliers.

Soit donc que l'ascendant ait disposé par attribution d'objets spéciaux ou par attribution d'une universalité, ses créanciers n'ont que le droit d'attaquer le partage par l'action Paulienne (art. 1167) (1).

Que doit-on décider pour le cas où l'un des enfants entre lesquels le partage a eu lieu est décédé avant l'ascendant ?

On distingue :

L'enfant prédécédé n'a-t-il pas laissé d'enfants, l'ascendant donateur pourra, le cas échéant, exercer le droit de retour légal (art. 747).

L'enfant prédécédé a-t-il laissé des enfants, ces enfants, par rapport à la succession de l'ascendant, doivent être considérés, en vertu de la

---

24 juin 1868, Quillet, *le Droit* du 25 juin 1868. — Dubernat de Boscq, *Revue crit. de jurisprud.*, 1859, t. XV, p. 251 et suiv., p. 481 et suiv.; 1861, t. XVIII, p. 33 et suiv. et p. 336 et suiv. — M. Labbé, *Journ. du palais*, 1863, p. 934 et suiv. — M. Colmet de Santerre, t. IV, n° 247 *bis*, vii à xi. — M. Genty, p. 258 et suiv. — MM. Zachariæ, Aubry et Rau, t. VI, p. 223 et 236. — M. Demolombe, t. XXIII, p. 122 et suiv. et 227 et suiv.

Le partage d'ascendant a surtout pour but, disent les auteurs, de prévenir les contestations entre les descendants; que l'on parcoure les recueils d'arrêts, et l'on jugera de la manière dont ce but est atteint sous l'empire du Code Napoléon.

(1) En ce sens, MM. Zachariæ, Aubry et Rau, t. VI, p. 230, texte et note 6. — M. Genty, p. 231-240. — M. Colmet de Santerre, t. IV, n° 243 *bis*. — M. Demolombe, t. XXIII, p. 130.

En sens contraire, M. Troplong, qui a écrit, t. III, n°s 1214-1215 de son *Commentaire*, que le donataire entre-vifs, même de tous les biens présents, n'est pas assujetti, de plein droit, au payement des dettes, et t. IV, n° 2310, que lorsque le partage d'ascendant a lieu par donation entre-vifs, les dettes suivent le sort des biens, et que les enfants en sont tenus directement et personnellement envers les tiers. Mais ce légiste a toujours eu, en tous points, sa logique à lui.

théorie de la représentation, comme ayant été lotis dans la personne de leur père (art. 739 et 848) (1).

Remarquons que, d'après la doctrine unanimement admise en matière de partage entre-vifs, l'ascendant qui a donné sans préciput un bien à l'un de ses enfants, a le droit de comprendre ce bien dans le partage qu'il fait ultérieurement entre tous ses enfants, car le principe, disent les auteurs, c'est que l'ascendant a le droit de faire le partage de tous les biens que ses enfants auraient eux-mêmes à partager après sa mort (2).

2° CARACTÈRE ET EFFETS DU PARTAGE D'ASCENDANT FAIT PAR TESTAMENT.

Dans ce *second* cas, les auteurs sont d'accord pour enseigner que le partage d'ascendant fait par testament a le caractère d'*un pur testament, tant qu'existe l'ascendant qui en est l'auteur*, mais, en général, ils pensent, au contraire, qu'*une fois l'ascendant mort, c'est la théorie de la succession* ab intestat *qui reprend le dessus sur celle du testament ;* en d'autres termes, que les enfants doivent être considérés comme des héritiers *ab intestat* et non comme des successeurs tenant leurs droits d'un testament (3).

Légalement, cette théorie a pour elle la tradition (4).

Scientifiquement, elle a contre elle la logique (5).

Nous répétons, au surplus, qu'au même point de vue scientifique, il n'y a pas lieu d'opposer l'une à l'autre la succession *ab intestat*, et la succession testamentaire (V. *supra*, p. 29).

Les enfants entre lesquels un ascendant a fait le partage testamentaire de ses biens, sont-ils tenus des dettes de cet ascendant?

En vertu de la théorie qui précède, l'*affirmative* est évidente ; les enfants copartagés sont tenus *ultra vires*, des dettes de l'ascendant, s'ils

---

(1) Comparer MM. Zachariæ, Aubry et Rau, t. VI, p. 227, texte et note 7. — M. Genty, p. 285 et 309, 228 et 295. — M. Colmet de Santerre, t. IV, n° 243 *bis*, ⅳ et 246 *bis*, ⅱ. — M. Demolombe, t. XXIII, p. 143.

(2) V. M. de Cacqueray, *Revue prat. de droit français*, 1863, t. XV, p. 5 et suiv. — M. Demolombe, t. XXIII, p. 71 et suiv.

(3) MM. Zachariæ, Aubry et Rau, t. VI, p. 217 et 231. — M. Genty, p. 189 et suiv. — M. Colmet de Santerre, t. IV, n° 243 *bis*. — M. Demolombe, t. XXIII, p. 96 et suiv.

(4) Comparer Lebrun, *Des successions*, liv. IV, chap. ⅰ, n° 11.

(5) Dans le détail des questions, les auteurs sont bien forcés de s'apercevoir de cette rupture d'idées.

Qu'on se reporte comme toujours au traité si complet, et en général, si clair de M. Demolombe, t. XXIII, p. 103 et suiv.

ont accepté purement et simplement, et *intra vires*, s'ils ont accepté sous bénéfice d'inventaire (1).

Quelle solution doit-on admettre pour le cas où l'un des enfants entre lesquels le partage a eu lieu est décédé avant l'ascendant ?

On distingue :

L'enfant prédécédé n'a-t-il pas laissé d'enfants, les biens compris dans le lot de cet enfant paraissent en principe devoir être attribués aux autres enfants survivants (art. 1077) (2).

L'enfant prédécédé a-t-il laissé des enfants, ces enfants le représentent et recueillent les biens qui lui avaient été attribués (3).

Remarquons qu'en matière de partage testamentaire, c'est une question controversée que celle de savoir *si l'ascendant qui a donné, sans préciput, un bien à l'un de ses enfants, a le droit de comprendre ce bien dans le partage qu'il fait ultérieurement entre tous ses enfants.*

L'affirmative prévaut par la raison déjà énoncée, que l'ascendant a le droit de faire le partage de tous les biens que ses enfants auraient eux-mêmes à partager après sa mort (V. *supra*, p. 654) (4).

1078. — Si le partage n'est pas fait entre tous les enfants qui existeront à l'époque du décès et les descendants de ceux prédécédés, le partage sera nul pour le tout. Il en pourra être provoqué un nouveau dans la forme légale, soit par les enfants ou descendants qui n'y auront reçu aucune part, soit même par ceux entre qui le partage aura été fait.

La *première* proposition contenue dans cet article signifie, selon la très-nette formule de MM. Zachariæ, Aubry et Rau, que :

Pour être valable, « le partage d'ascendant doit être fait entre tous les descendants qui, se trouvant appelés à la succession ab intestat de l'ascendant, au moment de son ouverture, pourront et voudront la recueillir (5).

---

(1) MM. Zachariæ, Aubry et Rau, t. VI, p. 231. — M. Genty, p. 206. — M. Colmet de Santerre, t. IV, n° 243 *bis*, xi. — M. Demolombe, t. XXIII, p. 121.

(2) MM. Zachariæ, Aubry et Rau, t. VI, p. 229. — M. Genty, p. 209. — M. Colmet de Santerre, t. IV, n° 243 *bis*, viii. — M. Demolombe, t. XXIII, p. 111.

M. Troplong pense (t. IV, art. 2319) que le partage doit être réputé non avenu.

(3) MM. Zachariæ, Aubry et Rau, t. VI, p. 227. — M. Genty, p. 209-213. — M. Colmet de Santerre, t. IV, n°s 243 *bis*, ii et 243 *bis*, ix. — M. Demolombe, t. XXIII, p. 113.

D'autres soutiennent que le partage est alors caduc.

(4) Comparer MM. Zachariæ, Aubry et Rau, t. VI, p. 225. — M. Genty, p. 135-137. — M. Demolombe, t. XXIII, p. 73.

(5) MM. Zachariæ, Aubry et Rau, t. VI, p. 225.

Ainsi, soit que le partage ait revêtu la forme de la donation entre-vifs, soit qu'il ait revêtu celle du testament, c'est invariablement l'*époque du décès de l'ascendant* qui doit être considérée pour savoir si le partage a été fait entre tous ceux qu'il devait comprendre.

Cet article est celui qui, dans la compilation napoléonienne, met le mieux en relief le caractère *sui generis* du partage d'ascendant et l'idée de copropriété familiale dont ce partage relève.

De la proposition sus-énoncée, il résulte :

1° *Que le partage d'ascendant peut être nul, quoiqu'il ait compris tous les enfants qui devaient y figurer à l'époque de sa confection ; ainsi, l'omission d'un enfant né postérieurement au partage, et celle même d'un enfant posthume, entraîne la nullité du partage ;*

2° *Que le partage d'ascendant peut être valable, quoiqu'il n'ait pas compris tous les enfants qui devaient y figurer à l'époque de sa confection ; ainsi, l'omission d'un enfant existant à l'époque de la confection du partage, et qui est décédé avant l'ouverture de la succession, qui a renoncé à la succession ou qui en a été exclu comme indigne, n'entraîne pas la nullité du partage.*

L'article attribue un effet de nullité tout aussi bien à l'omission *des descendants* des enfants prédécédés qu'à celle *des enfants eux-mêmes.* Remarquons que la formule « *les descendants des enfants prédécédés* » est trop étroite ; elle ne s'applique qu'au cas où les petits-enfants viennent *par représentation* à la succession de l'ascendant auteur du partage ; mais il est clair qu'il y a lieu à la même décision pour le cas où les petits-enfants viendraient *de leur chef* à la succession de l'ascendant, par suite de la renonciation des effets du premier degré ou de leur exclusion pour cause d'indignité.

Rappelons, toutefois, que les petits-enfants ne doivent pas être regardés comme omis dans le partage, lorsque la personne dont ils descendent y a été comprise (V. *supra*).

On enseigne, en général, que la nullité prononcée par l'art. 1078 est une nullité de *plein droit.*

De là il résulte que les enfants omis dans le partage ont le droit d'intenter la pétition d'hérédité pour provoquer un nouveau partage, sans être obligés d'intenter préalablement une action en nullité contre le partage fait par leur ascendant (1).

Notons enfin, toujours dans l'hypothèse d'enfants omis, que le partage

---

(1) MM. Zachariæ, Aubry et Rau, t. VI, p. 227, texte et note 8. — M. Demolombe, t. XXIII, p. 160.

est *nul pour le tout*, c'est-à-dire même à l'égard des enfants compris dans le partage.

C'est pourquoi la *seconde* proposition de l'article porte « qu'il pourra être provoqué un nouveau partage... même par ceux (les enfants) entre qui le partage aura été fait ».

1079. — Le partage fait par l'ascendant pourra être attaqué pour cause de lésion de plus du quart; il pourra l'être aussi dans le cas où il résulterait du partage et des dispositions faites par préciput, que l'un des copartagés aurait un avantage plus grand que la loi ne le permet.

Le *premier* alinéa de l'art. 1079 ne fait autre chose qu'appliquer au partage d'ascendant l'action en rescision pour cause de lésion établie par l'art. 888.

La lésion s'estime *eu égard à la masse des biens partagés entre les enfants et non relativement à la masse totale du patrimoine.*

De là, il résulte :

1° *Qu'il peut arriver que l'enfant, qui a plus que sa réserve, ait le droit d'attaquer le partage pour cause de lésion ;*

2° *Qu'il peut arriver que l'enfant, qui a moins que sa réserve, n'ait pas le droit d'attaquer le partage pour cause de lésion.*

Exemple. Une personne a deux enfants et 48 000 francs de fortune; la réserve de chaque enfant est par conséquent de 16 000 francs et le disponible d'égale somme.

Plaçons-nous alternativement dans les deux hypothèses suivantes :

1° L'un des enfants a reçu par partage 31 000 francs et l'autre 17 000 francs; ce dernier a plus que sa réserve, mais il a moins des trois quarts de sa part héréditaire eu égard à la masse partagée;

Cet enfant a le droit d'attaquer le partage pour cause de lésion.

2° Le disponible a été donné à un étranger ; puis l'un des enfants a reçu par partage 17 000 francs, et l'autre 15 000 francs; ce dernier a moins que sa réserve, mais il a plus des trois quarts de sa part héréditaire eu égard à la masse partagée.

Cet enfant n'a pas le droit d'attaquer le partage pour cause de lésion (1).

_____

(1) Il est évident qu'il n'y a pas à tenter de raisonner ces solutions; la prémisse est irrationnelle, les conséquences sont irrationnelles; cela est dans l'ordre.

Et ces solutions ne sont pas les plus étonnantes de toutes celles que nous aurions à enregistrer, s'il y avait la moindre utilité, dans le cas présent, à citer les décisions des tribunaux. En voici pourtant une qui mérite d'être signalée, tant est concluante la réfutation qu'elle emporte avec elle.

Une personne a deux enfants et 48 000 francs de fortune ; cette personne donne à l'un de ses enfants par préciput sa quotité disponible, c'est-à-dire 16 000 francs; puis, par un partage, elle attribue 22 000 francs à l'enfant qui n'a encore rien reçu et 10 000 francs à l'enfant donataire par préciput. Ce der-

Le partage d'ascendant peut donc porter atteinte au principe *sacré* de la réserve.

Toutefois, le *second* alinéa de l'art. 1079 vient au secours de la théorie de la réserve pour une hypothèse donnée.

Voici cette hypothèse :

Une personne a deux enfants et 48 000 francs de fortune ; elle donne par préciput à l'un de ses enfants tout le disponible, c'est-à-dire 16 000 francs ; puis elle attribue par partage 17 000 francs à l'enfant déjà avantagé du don préciputaire du disponible, et 15 000 francs à l'autre enfant.

Aux termes de l'art. 1079, ce dernier a le droit d'attaquer le partage, parce que, selon l'obscure proposition finale de l'article, « *l'un des copartagés a un avantage plus grand que la loi ne le permet* ». Or, ce que l'article entend *par un avantage plus grand que la loi ne le permet, c'est l'avantage consistant pour un des enfants à avoir, outre le disponible, plus que sa part de réserve* (1).

Pour juger, en raison, cette solution, il suffit de la rapprocher de celle qui la précède immédiatement.

Ici commence une série de controverses ayant toutes pour objet des questions aussi *insolubles* les unes que les autres.

PREMIÈRE CONTROVERSE. — *L'action établie par le second alinéa de l'art. 1079 est-elle une action en réduction ou une action en rescision pour cause de lésion ?*

---

nier enfant a reçu en tout 32 000 francs, tandis que l'autre n'en a reçu que 22 000. Cependant, l'enfant qui a reçu les 32 000 francs a le droit de se plaindre, car, eu égard à la masse partagée, il a été lésé de plus du quart par le partage. (V. dans ce sens, Caen, 21 mars 1838, Letulle, Dev., 1838, ii, 419.)

(1) Les auteurs pensent expliquer cette disposition en disant qu'un tel avantage est, en effet, plus grand que la loi ne le permet, puisque, si l'ascendant, au lieu de cumuler une donation ou un testament avec un partage, se fût borné à faire une donation ou un testament, il n'eût pu attribuer au maximum que le total du disponible et de sa part de réserve à l'enfant qu'il entendait avantager ; mais les auteurs n'ont pas l'air de remarquer qu'il est au fond bien indifférent à l'enfant qui reçoit le moins, que ce soit son frère ou un étranger qui ait reçu le disponible ; or, quand c'est un étranger qui a reçu le disponible, il n'importe pas, comme nous venons de le voir, que l'un des enfants ait reçu plus et l'autre moins que sa réserve.

Donc, tout cela même ne se tient pas.

Quant aux auteurs, assurément ils ne sont point responsables des déductions auxquelles les textes les conduisent, et il est facile de voir qu'ils n'en sont pas peu surpris.

Mais alors pourquoi présenter des explications auxquelles on ne croit pas soi-même ? C'est là, dans une science morale, un procédé profondément dépravateur.

DEUX SYSTÈMES.

1ᵉʳ SYSTÈME (1). — *L'action établie par le second alinéa de l'art. 1079 est une action en réduction.*

L'argument de ce système consiste à affirmer que l'action dont il s'agit est fondée sur l'atteinte portée à la réserve;

D'où alors, la conséquence que c'est *une action en réduction ;*

D'où, en outre, toutes les *conséquences* suivantes :

1° Cette action n'a point pour effet l'anéantissement du partage ; elle tend seulement à faire obtenir au demandeur le complément de sa réserve ;

2° Elle doit être exclusivement dirigée contre l'enfant qui a reçu, outre le disponible, plus que sa part de réserve ;

3° Le défendeur à l'action ne peut en arrêter le cours au moyende l'offre d'une indemnité pécuniaire (art. 891) ;

4° Cette action ne se prescrit que par trente ans (art. 2262) (2).

2ᵉ SYSTÈME (3). — *L'action établie par le second alinéa de l'art. 1079 est une action en rescision pour cause de lésion.*

1ᵉʳ *Arg.* — Cette solution ressort du texte lui-même qui indique que c'est le partage qui peut être attaqué.

2ᵉ *Arg.* — Les travaux préparatoires prouvent que les compilateur napoléoniens ont entendu établir une action en rescision pour cause de lésion spéciale au partage d'ascendant, c'est-à-dire telle que, lorsque se réalise l'hypothèse prévue par le second alinéa de l'art. 1079, la moindre lésion suffit pour y donner lieu (4).

---

(1) MM. Aubry et Rau, *Sur Zachariæ*, p. 238 et suiv., texte et notes 27-39. — M. Labbé, *Journ. du palais*, 1863, p. 934 et suiv. — M. Réquier, *Revue historique de Droit français et étranger*, 1866.

(2) Il y a cependant, sur ce dernier point, une dissidence entre les partisans du premier système; quelques-uns d'entre eux, faisant application de l'art. 1304, décident que l'action ne dure que dix ans.

Nous avons emprunté presque textuellement à MM. Aubry et Rau l'ensemble de ces déductions, mais nous ne pouvons nous empêcher de critiquer en deux points la manière dont s'expriment et dont raisonnent ces auteurs :

1° Ayant à qualifier l'action établie par le *second* alinéa de l'art. 1079, MM. Aubry et Rau déclarent que la qualification de cette action dépend principalement des conséquences qu'elle produit ou doit produire, et non de sa nature en elle-même; or c'est là, ce nous semble, renverser l'ordre rationnel ;

2° MM. Aubry et Rau écrivent que l'enfant avantagé est, dans l'espèce, avantagé au delà de la quotité disponible; or, il y a dans ces paroles une équivoque; comme donataire ou comme légataire par préciput, l'enfant avantagé est supposé n'avoir reçu que la quotité disponible.

(3) M. Genty, p. 310 et 311. — M. Colmet de Santerre, t. IV, n° 247 *bis*, t. VIII et XII. — M. Demolombe, t. XXIII, p. 186.

(4) Ce *second* argument atteste à quelles extrémités, dans cette question, les interprètes se trouvent réduits; mais, comme d'ordinaire, la plus curieuse de toutes

D'où, les conséquences suivantes :

1° *Cette action a pour effet l'anéantissement du partage ; elle ne tend pas seulement à faire obtenir au demandeur sa réserve ;*

2° *Elle doit être dirigée contre tous les enfants copartagés ;*

3° *Le défendeur à l'action peut en arrêter le cours, au moyen de l'offre d'une indemnité pécuniaire* (art. 891) ;

4° *Cette action se prescrit par dix ans* (art. 1304).

DEUXIÈME CONTROVERSE. — *L'article* 832 *est-il applicable au partage d'ascendant ; en d'autres termes, outre les trois causes de nullité ou de rescision, prévues par les articles* 1078 *et* 1079, *en existe-t-il une quatrième fondée sur l'inégale répartition, dans les différents lots, des meubles, des immeubles, des droits ou des créances, de même nature et valeur, composant le patrimoine de l'ascendant ?*

TROIS SYSTÈMES.

1er SYSTÈME (1). — *L'article* 832 *n'est point applicable au partage d'ascendant.*

L'argument de ce système est que la loi a investi l'ascendant qui fait le partage de ses biens d'une sorte de magistrature, et qu'elle s'en est remis à la souveraine appréciation de l'ascendant, toutes les fois qu'elle n'a pas exprimé le contraire (2).

2e SYSTÈME (3). — *L'art.* 832 *n'est pas applicable au partage par donation entre-vifs.*

Il est applicable au partage par testament.

Le raisonnement des partisans de ce système se ramène aux termes suivants :

S'agit-il d'un partage par donation entre-vifs, ce partage constitue

---

les théories est encore celle du légiste Troplong ; on altérerait cela si on ne le transcrivait : « Dans ce cas, l'action en réduction prend la couleur de l'action en lésion ; elle est autant une action en lésion ou en nullité de partage qu'une action en réduction, et elle est, par un certain côté, une action en rescision. » (M. Troplong, t. IV, n°s 2333 et 2334.)

(1) M. Zachariæ, § 731, édit. Aubry et Rau, t. VI, n° 221. — M. Dubernet de Bosq, *Revue crit. de jurispr.* — M. Demangeat, *Revue pratique de droit français,* t. XXV, p. 302.

(2) Ce puéril argument, tout pénétré de l'esprit romain, reproduit le perpétuel sophisme qui fait de la loi la source du droit.

Au surplus, si la prémisse et la forme de l'argument sont mauvaises, la solution du système est bonne ; l'ascendant est propriétaire, il règle, comme bon lui semble, l'attribution de ses biens ; voilà, certainement, le point de vue exact.

Par malheur, les traditions sont contraires.

(3) M. Genty, p. 147 et suiv. — M. Colmet de Santerre, t. IV, n° 243 *bis*, XVII.

une convention ; les enfants sont liés par le consentement qu'ils y ont donné, et par conséquent ils ne peuvent invoquer la nullité résultant de l'inapplication de l'art. 832.

S'agit-il d'un partage par testament, la solution doit changer, parce que le partage par testament est l'œuvre de la volonté seule de l'ascendant, et que, si l'ascendant se soustrayait à l'application de l'art. 832, il violerait le droit de copropriété qui appartient à chacun des enfants dans chacun des biens de la masse partageable (1).

3e SYSTÈME (2). — *L'art. 832 est applicable sans distinction au partage d'ascendant.*

En ce qui concerne le partage par donation entre-vifs, les partisans de ce système disent que sans doute le partage entre-vifs est bien une convention, tant que l'ascendant est vivant, mais qu'une fois l'ascendant mort, la donation s'évanouit et la succession s'ouvre.

D'où, à la mort de l'ascendant, le droit pour les enfants de réclame l'application de l'article 832.

En ce qui concerne le partage par testament, les partisans de ce système reproduisent l'argument du précédent (3).

Si l'on admet ce système, le partage d'ascendant se trouve comporter *quatre* causes de nullité ou d'annulation qui sont :

1° *Celle consistant en ce que tous les enfants et descendants n'ont pas été compris dans le partage* (art. 1078, V. *supra*, p. 655);

2° *Celle consistant en ce que l'un des copartagés a été lésé de plus du quart* (art. 1079, premier alinéa, V. *supra*, p. 657) ;

3° *Celle consistant en ce que la réserve de l'un des enfants est atteinte* (art. 1079, second alinéa, V. *supra*, p. 658) (4);

4° *Celle consistant en ce que les meubles, les immeubles, les droits ou les créances de même nature et valeur ont été répartis d'une manière inégale dans les différents lots* (art. 832, V. *supra*, p. 262).

Il va, du reste, de soi que, dans cette matière, comme dans toute

---

(1) Ce système a deux poids et deux mesures ; il témoigne fort bien de l'impossibilité où sont les auteurs de définir le caractère *sui generis* du partage d'ascendant.

(2) MM. Aubry et Rau, *Sur Zachariæ*, t. VI, p. 222, texte et note 4. — M. Demolombe, t. XXIII, p. 207.

(3) Il est bien possible que ce système ait raison, au point de vue des traditions; du reste, il a sur le précédent l'incontestable avantage de mettre, en cette circonstance, une sorte d'unité dans la théorie du partage d'ascendant ; mais, qu'est-ce d'ailleurs que cet acte équivoque, donation d'abord, partage de succession ensuite ; et qu'est-ce aussi qu'une acceptation qui, liant jusqu'à telle date, cesse de lier à partir de la même date, et dans laquelle on est obligé de supposer l'existence d'une sorte de restriction mentale ?

Ce système est celui de la jurisprudence.

(4) Certains auteurs enseignent, comme nous l'avons dit, que c'est là une cause de *réduction* et non d'*annulation*.

autre, il faut appliquer les causes de nullité ou d'annulation de droit commun; ainsi, par exemple, la nullité pour vices de forme, ou l'annulation pour dol ou violence.

En fait de partage par testament, il n'y a aucune difficulté sur le double point de savoir :

A quel moment s'ouvrent les différentes actions auxquelles le partage peut donner lieu ;

Quelle est la durée de ces actions.

Il est clair, en effet, qu'on ne peut attaquer un partage par testament que du jour du décès de l'ascendant, auteur du partage.

Il ne paraît pas moins clair qu'en l'absence de tout texte spécial, la durée des actions qui peuvent exister contre un partage par testament doit être regardée comme soumise à la **prescription générale** de trente ans (1).

En fait de partage par donation entre-vifs, l'action résultant de ce que tous les enfants et descendants n'ont pas été compris dans le partage ne soulève, non plus, aucune difficulté.

D'abord l'art. 1078 suppose d'une manière générale, et tout aussi bien pour le cas du partage par donation entre-vifs que du partage par testament, que cette action ne peut naître qu'à l'époque du décès de l'ascendant, auteur du partage.

Ensuite, comme cette même action constitue une pétition d'hérédité, il n'est point douteux qu'elle ne se prescrive que par trente ans (art. 2262).

Mais, à l'égard des autres actions auxquelles peut donner lieu le partage d'ascendant, fait par acte entre-vifs, il règne, dans la doctrine et dans la jurisprudence, de grandes incertitudes.

TROISIÈME CONTROVERSE. — *Quelle est l'époque à laquelle s'ouvrent dans le partage par donation entre-vifs :*

1° *L'action en rescision pour cause de lésion de plus du quart* (art. 1079, premier alinéa);

2° *L'action en rescision pour simple lésion, ou, selon d'autres* (**V.** *supra*, p. 658), *pour cause d'atteinte à la réserve* (art. 1079, second alinéa);

3° *L'action en annulation fondée sur l'inapplication de l'art. 832?*

---

(1) MM. Aubry et Rau, *Sur Zachariæ*, t. VI, p. 237, texte et note 18. — M. Colmet de Santerre, t. IV, n° 247 *bis*, VIII. — M. Demolombe, t. XXIII, p. 225.

En sens contraire, M. Duranton, t. IX, n° 646. — M. Genty, p. 329, n° 55. — M. Zachariæ, § 734, texte et note 11.

TROIS SYSTÈMES.

1er SYSTÈME (1). — *Dans le partage par donation entre-vifs, c'est du jour même de la donation entre-vifs, qu'à part l'action résultant de l'art. 1078, s'ouvrent toutes les actions auxquelles le partage peut donner lieu.*

1er Arg. — Des art. 1076 et 1077, il résulte que le partage d'ascendant par donation entre-vifs constitue une ouverture anticipée de la succession, relativement aux biens qui y sont compris, et, comme il est définitif, quant à ces biens, c'est du jour où il a été fait que doivent s'ouvrir les actions auxquelles il peut donner lieu.

2e Arg. — Il importe d'ailleurs à chacun et à tous que le sort des propriétés partagées soit fixé aussi promptement que possible (2).

2e SYSTÈME (3). — *Dans le partage par donation entre-vifs, pour savoir à quelle époque s'ouvrent les différentes actions auxquelles le partage peut donner lieu, il faut distinguer :*

S'agit-il de l'action en réduction pour cause d'atteinte à la réserve, ce n'est que du jour de l'ouverture de la succession de l'ascendant que s'ouvre cette action ;

S'agit-il des autres actions, et notamment de l'action en rescision pour cause de lésion, c'est du jour même de la donation entre-vifs que s'ouvrent ces actions.

Remarquons, que, dans ce système, on commence par supposer que l'action qui résulte du second alinéa de l'art. 1079 est une action en réduction.

Voici maintenant l'*argument* :

En ce qui concerne l'action en réduction, comme c'est une action qui implique la qualité d'héritier, cette action ne peut s'ouvrir qu'avec la succession de l'ascendant (art. 920 et 922).

En ce qui concerne les autres actions, un auteur de l'ancien droit,

---

(1) Cass. 12 juillet 1836, Dumas-Rambaud, *Dev.* 1836, II, 534 (rapporteur, M. Lasagni). — Cass. 4 fév. 1845, de Meillonas, *Dev.* 1845, I, 205. — M. Coin-Delisle, *Revue crit. de jurisprud.*, 1854, p. 113 et suiv.

(2) Cet argument, si exact en raison, mais si peu concluant sous l'empire de la législation napoléonienne, a été surtout mis en relief par M. Lasagni, ce conseiller qui disait des ouvrages de son collègue Troplong : « Ce ne sont que des *batailles d'arrêts.* » Et, de fait, dans la circonstance, M. Troplong a trouvé le moyen de faire battre ensemble les deux arrêts cités plus haut, bien qu'ils appuient le même système.

(3) M. Duranton, t. IX, n° 646. — M. Dubernet de Boscq, *Revue crit. de jurisprud.*, 1859, t. XV, p. 251 et suiv., p. 481 et suiv.; 1861, t. XVII, p. 33 et suiv. et p. 336 et suiv. — M. Labbé, *Journ. du palais*, 1863, p. 934-937. — M. Colmet de Santerre, t. IV, n° 247 *bis*, vii à xi.

Boullenois, professait sur le même point la même solution (1); de plus, si l'action en rescision pour cause de lésion, en particulier, ne s'ouvrait pas du jour même de la donation entre-vifs, on serait forcé d'estimer les objets partagés non suivant leur valeur à l'époque du partage (art. 890, mais suivant leur valeur à l'époque de l'ouverture de la succession, et ainsi toute stabilité se trouverait enlevée à l'œuvre du père de famille (2).

3ᵉ SYSTÈME (3). — *Dans le partage par donation entre-vifs, ce n'est qu'à l'époque du décès de l'ascendant que s'ouvrent toutes les actions auxquelles le partage peut donner lieu.*

Les partisans de ce système invoquent, comme *principal argument*, la décision de l'art. 1078, qu'ils généralisent. Comment concevoir, dit l'un d'eux, que l'enfant qui prétendrait n'avoir pas reçu une part assez forte, fût admis à se plaindre du vivant de l'ascendant, tandis que l'enfant qui n'a reçu aucune part ne peut y être admis qu'à la mort de l'ascendant (4) ?

En définitive, quelle que soit la solution que l'on adopte, il faut se résigner à heurter ou les textes ou la raison ; en préférant, comme cela est forcé, les textes à la raison, il faut encore se résigner à n'obtenir qu'une doctrine hétérogène.

Les auteurs sont d'accord pour restreindre au laps de dix ans la durée des actions en rescision dans le partage d'ascendant par donation entre-vifs (art. 1304) (5).

1080. — L'enfant qui, pour une des causes exprimées en l'article précédent, attaquera le partage fait par l'ascendant, devra faire l'avance des frais de l'esti-

---

(1) Boullenois, *Questions sur les démissions de biens* (quest. VII).
Moins stable encore que le partage d'ascendant et d'origine coutumière, la démission de biens a été définie par Pothier :
« *Un acte par lequel une personne, en anticipant le terme de sa succession, se dépouille, de son vivant, de l'universalité de ses biens, et en saisit d'avance ses héritiers présomptifs, en retenant néanmoins le droit d'y rentrer lorsqu'elle le jugera à propos.* » (Pothier, Intr. au tit. XVII de la coutume d'Orléans, appendice, § 1).

(2) V. en particulier M. Labbé, *loc. cit.*
Comme on le voit, ce système consiste finalement à admettre que le partage d'ascendant par donation entre-vifs procède au fond de deux idées opposées.

(3) Cass. 2 août 1848, Vignier, et 16 juillet 1849, Besse, *Dev.* 1849, I, 258 et 622. — Cass. 13 fév. 1860, Aubry, *Dev.* 1860, I. 562. — Cass. 7 janv. 1863, Céby, *Dev.* 1863, I, 121. — Cass. 24 juin 1868, Quillet, *le Droit* du 25 juin 1868. — MM. Aubry et Rau, t. VI, p. 236, texte et note 16. — M. Genty, p. 258 et suiv. — M. Demolombe, t. XXIII, p. 236.

(4) M. Demolombe, p. 237.
Si ce système doit l'emporter, et cela paraît probable à cause de l'art. 1078, quelle réponse faire à l'objection si sensée du conseiller Lasagni ?

(5) MM. Zachariæ, Aubry et Rau, t. VI, p. 223. — M. Demolombe, t. XXIII, p. 250.

mation ; et il les supportera en définitif, ainsi que les dépens de la contestation, si la réclamation n'est pas fondée.

Cet article a pour but de déroger à l'art. 131 du Code de procédure (1).

CHAPITRE VIII

DES DONATIONS FAITES PAR CONTRAT DE MARIAGE AUX ÉPOUX ET AUX ENFANTS A NAITRE DU MARIAGE.

Ce chapitre établit certaines dérogations, soit de forme, soit de fond, aux règles qui, d'après la fausse législation napoléonienne, gouvernent habituellement la donation entre-vifs.

Il est dû :

1° *A l'existence de ces règles elles-mêmes ;*

2° *A ce que, jusqu'à présent, les sociétés n'ont compris, ni que le titre de la propriété est le travail, ni que la propriété, comme toutes les autres institutions, relève de la loi morale, ni que la disposition à titre gratuit, au lieu d'être une affaire de fantaisie, doit être un acte de réparation* (2).

Nous avons dit assez souvent, pour n'avoir pas besoin d'y revenir, ce qu'il faut penser des règles restrictives qui, dans la loi napoléonienne, violent le droit de disposer à titre gratuit (3).

Quant aux dérogations qui font l'objet de ce chapitre, et que le droit napoléonien a empruntées au vieux droit français, les législations, en les

---

(1) Comment mieux résumer notre jugement sur le partage d'ascendant qu'en rappelant ces vers du fabuliste :

Je suis oiseau, voyez mes ailes ;
Je suis souris, vivent les rats.....

(2) V. *supra*, p. 372.

Il ne faut pas confondre, comme cela est journellement fait, et même par d'éminents esprits, *le point de vue juridique*, qui est celui de *l'action en justice*, avec *le point de vue moral*, qui est celui de *la conscience*.

Juridiquement, le droit de propriété doit être aussi libre que possible, et c'est pour cela que toutes les formes et toutes les règles qui limitent la liberté du propriétaire violent le droit de propriété.

Moralement, l'exercice du droit de propriété n'est légitime que tout autant qu'il a pour but le bien général, et, selon l'expression de John Stuart Mill, « l'intérèt permanent de la race humaine ».

Le plan de la nature a été de relier les hommes les uns aux autres, l'œuvre de la civilisation est de réaliser de plus en plus ce plan, mais c'est la conscience qui est l'instrument de la civilisation, ce n'est pas le gendarme.

Donc, droit individuel, morale solidaire !

(3) V. *supra*, notamment p. 371 et 508.

établissant, ont été inspirées par l'idée que c'est encourager le mariage que de faciliter les donations en faveur des époux et des enfants à naître du mariage, et que cet encouragement est bon.

Cet encouragement, au contraire, ne vaut rien, car il tend à dénaturer le fondement moral du mariage et à mettre à la place un fondement pécuniaire; il tend par là même à produire des unions qui n'ont rien de stable, et qui, en faisant le malheur de ceux qui les contractent, répandent le trouble dans la société (1).

Comme nous le verrons, au surplus, les dérogations qui vont suivre, en tant qu'elles ont trait à la règle de l'actualité et de l'irrévocabilité, heurtent, en trois points essentiels la théorie scientifique de la propriété; elles rendent la propriété incertaine *ab initio*, résoluble, indisponible (2).

D'après les art. 1081-1086, les donations qui peuvent être faites par des tiers aux futurs époux seraient de quatre sortes; il y aurait:

1° *La donation de biens présents* (art. 1081);

2° *La donation de biens à venir*, dite *institution contractuelle*, (art. 1082 et 1083);

3° *La donation cumulative de biens présents et à venir* (art. 1084);

4° *La donation faite sous des conditions potestatives de la part du donateur* (art. 1086).

Évidemment, cette classification est défectueuse; car, si l'on se place au point de vue des biens susceptibles d'être l'objet de la donation entre-vifs, les *trois premières* classes susmentionnées sont seules possibles, et, si l'on se place au point de vue de la potestativité des conditions suscep-

---

(1) On objecte les mœurs; mais est-ce que les lois doivent suivre aveuglément les mœurs? est-ce que les lois ne doivent pas se proposer de corriger les mœurs, lorsque les mœurs sont mauvaises? Nous ne sommes point de l'école de Savigny: si les mœurs font les lois, les lois font aussi les mœurs.

Ajoutons que, jusqu'aujourd'hui, l'inégalité sociale de la femme a contribué pour une large part à persuader aux législateurs de faciliter les donations de mariage.

Jusqu'aujourd'hui, en effet, la femme, en général, a été hors d'état de se suffire et a dépendu de l'homme pour sa subsistance; aussi, dans la classe qui possède, cette situation est-elle présentée comme un motif aux donations que les ascendants ou les autres parents font à la femme qui se marie; puisqu'elle ne *gagne* pas, il faut que, par compensation, elle apporte au mari un certain capital pour subvenir aux charges communes.

Nous retrouverons cet argument et nous l'examinerons plus à notre aise dans la matière du *Contrat de mariage*.

Bornons-nous à constater pour le moment qu'il en est d'un état social où tous les rapports sont faussés, comme il serait d'un état social où tous les rapports seraient ce qu'ils doivent être; tout s'y tient.

(2) Le Code de la Convention ne contenait pas de dispositions correspondant à celles du chap. VIII; le système de ce Code sur les donations était, en effet, tout autre que celui du vieux droit français et du droit napoléonien. (Comparer Code de la Convention, liv. II, tit. III, § 3, et aussi *supra*, p. 376.)

tibles d'affecter la donation entre-vifs, il n'y a d'antithèse rationnelle possible qu'entre la donation qui comporte des conditions potestatives de la part du donateur, et la donation qui ne comporte pas de telles conditions.

La vérité est que ce que le Code Napoléon (art. 1086) et la presque totalité des auteurs (1) présentent dans cette matière, comme une *quatrième* sorte de donation, n'est autre chose qu'un ensemble de dispositions destinées, conformément à l'art. 949, à effacer, pour les donations faites par des tiers aux futurs époux, les règles posées par les art. 943-946.

1087. — Les donations faites par contrat de mariage ne pourront être attaquées, ni déclarées nulles, sous prétexte du défaut d'acceptation.

1088. — Toute donation faite en faveur du mariage sera caduque, si le mariage ne s'ensuit pas.

1090. — Toutes donations faites aux époux par leur contrat de mariage, seront, lors de l'ouverture de la succession du donateur, réductibles à la portion dont la loi lui permettait de disposer.

Ces articles édictent *trois* règles qui sont communes à toutes les donations faites par des tiers en faveur du mariage.

Savante législation, très-savante en effet, que celle qui corrige à chaque instant la règle par des exceptions, les exceptions par le retour à la règle, et le retour à la règle par de nouvelles exceptions!

A peu près copiée dans l'ordonnance de 1731 (art. 10 et 13), et fort mal rédigée, la *première* règle signifie, suivant l'opinion de la plupart des auteurs, *non pas que les donations faites par contrat de mariage sont dispensées de la formalité de l'acceptation, mais qu'elles ne sont pas soumises à la formalité de l'acceptation solennelle, c'est-à-dire expresse* (2).

La *seconde* règle est naïve, tant elle est évidente (3).

Comme la seconde, la *troisième* règle était facile à suppléer, étant admis le *principe* de la réserve (4).

---

(1) Comparer MM. Zachariæ, Aubry et Rau, t. VI, p. 245.
Nous ne connaissons que MM. Zachariæ, Aubry et Rau, qui n'aient pas commis cette faute de méthode.
(2) Comparer MM. Zachariæ, Aubry et Rau, t. VI, p. 244. — M. Demolombe, t. XXIII, p. 274.
(3) Elle est reproduite du Droit romain, qui la rapportait savamment à la théorie de la *condictio causa data, causa non secuta*. (L. 6, D. liv. XII, tit. IV, et l. 24, C., liv. V, tit. IV.)
(4) Cependant, il faut dire que les anciens auteurs avaient jugé à propos de soulever, sur ce point, une controverse. (V. Furgole, 10e question.)
Quant à la manière dont se réduisent les donations dont il s'agit dans le chapitre VIII, nous avons déjà vu qu'il faut appliquer la règle générale posée par l'art. 923, pour la réduction des donations entre-vifs. (V. *supra*, p. 443; et aussi *infra*, art. 1096.)

Notons, en outre :

Que les donations faites par des tiers en faveur du mariage peuvent être affectées de conditions potestatives de la part du donateur (art. 1086);

Et rappelons :

Que ces mêmes donations ne sont pas révocables pour cause d'ingratitude (art. 959).

On décide, en général, que les immunités, établies par les art. 1086 et 1087, ne s'appliquent pas aux donations qui, bien que faites par des tiers en faveur du mariage, sont contenues dans un acte *distinct* du contrat de mariage.

On décide aussi que, à la différence des donations faites par des tiers en faveur du mariage dans le contrat de mariage, les donations faites par des tiers en faveur du mariage, mais en dehors du contrat de mariage, ne peuvent comprendre que des biens présents (comparer art. 1082–1086).

Cette doctrine est fondée sur la lettre des textes et sur la règle d'interprétation qui veut que les exceptions soient toujours entendues dans un sens étroit (1).

1081. — Toute donation entre-vifs de biens présents, quoique faite par contrat de mariage aux époux, ou à l'un d'eux, sera soumise aux règles générales prescrites pour les donations faites à ce titre. — Elle ne pourra avoir lieu au profit des enfants à naître, si ce n'est dans les cas énoncés au chapitre vi du présent titre.

Quoique le *premier* alinéa de cet article semble assimiler de tous points la donation de biens présents faite par des tiers en faveur du mariage, dans le contrat de mariage, à la donation entre-vifs ordinaire, il faut entendre ce texte trop absolu, comme s'il avait réservé les dérogations indiquées dans et sous les articles précédents.

Remarquons, en particulier, que, *lorsque la donation de biens présents est affectée de clauses potestatives de la part du donateur* (art. 1086),

1° *Elle emporte une présomption de substitution vulgaire au profit des enfants et descendants à naître du mariage* (Arg. de l'art. 1082, V. *infra*, p. 669);

2° *Elle devient caduque, conformément à l'art.* 1089, *lorsque le donateur survit à l'époux donataire et aux enfants et descendants issus du mariage.*

_____

(1) MM. Zachariæ, Aubry et Rau, t. VI, p. 242, 243 et 244, texte et notes 3 et 1. — M. Colmet de Santerre, t. IV, n° 249 *bis*. — M. Demolombe, t. XXIII, p. 283.

C'est le cas de dire que la forme emporte le fond, et l'esprit légiste, le sens commun.

Se plaçant en dehors de l'hypothèse où la donation de biens présents est affectée de clauses potestatives, le *second* alinéa de l'article rappelle très-inutilement la règle d'après laquelle, pour être capable de recevoir entre-vifs, il faut être conçu au moment de la donation (art. 906) ; il rappelle non moins inutilement l'exception qu'apporte à cette règle la théorie de la substitution fidéicommissaire.

1082. — Les pères et mères, les autres ascendants, les parents collatéraux des époux, et même les étrangers, pourront, par contrat de mariage, disposer de tout ou partie des biens qu'ils laisseront au jour de leur décès, tant au profit desdits époux qu'au profit des enfants à naître de leur mariage, dans le cas où le donateur survivrait à l'époux donataire.

Pareille donation, quoique faite au profit seulement des époux ou de l'un d'eux, sera toujours, dans ledit cas de survie du donateur, présumée faite au profit des enfants et descendants à naître du mariage.

1083. — La donation, dans la forme portée au précédent article, sera irrévocable, en ce sens seulement que le donateur ne pourra plus disposer, à titre gratuit, des objets compris dans la donation, si ce n'est pour sommes modiques, à titre de récompense ou autrement.

Ces articles se réfèrent à la donation de biens à venir, autrement dite *institution contractuelle.*

L'institution contractuelle a pour origine probable le régime féodal ; avec la réserve, avec la règle « donner et retenir ne vaut », à laquelle toutefois elle déroge, elle était un moyen de conservation des propres dans les familles, et si les compilateurs napoléoniens l'ont recueillie dans les débris du passé, c'est qu'ils y recueillaient tout (1).

Mais, d'abord, que faut-il entendre par l'institution contractuelle?

Là, commencent les difficultés.

On peut dire que *l'institution contractuelle est une sorte de disposition amphibie* (2), *qui participe à la fois de la nature de la donation entre-vifs ou du contrat et de la nature du testament ou de l'institution d'héritier* (3).

_____

(1) Consulter, si l'on veut, sur l'institution contractuelle : Montesquieu, *Esprit des lois*, liv. XXXI, chap. XXXIV. — De Laurière. Paris, 1715, 2 vol. in-12 — Anouilh, *De l'institution contractuelle dans l'ancien Droit français et d'après le Code Napoléon (Revue historique de Droit français et étranger*, 1860, t. VI, p. 289 et suiv., et p. 385 et suiv.). — M. Bonnet, *Origine et Historique de l'institution contractuelle.*

Cette vieillerie est aussi *antiéconomique* qu'*antijuridique* (nous parlons au point de vue du droit rationnel), et elle tombe de plus en plus en désuétude ; néanmoins, que l'étudiant y prenne garde, c'est une des têtes de Méduse que le professeur aime à montrer au candidat.

(2) Furgole, nous nous en apercevons, avait dit ce mot avant nous (art. 17 de l'ordonnance de 1731); mais il n'en continuait pas moins, le brave légiste, à entasser Pélion sur Ossa, pour faire la théorie de cet *amphibie.*

Dans la science du juste, cette espèce-là n'a pas place.

(3) C'est comme qui dirait *une donation-institution d'héritier* ou une *dona-*

En *premier* lieu, l'institution contractuelle participe de la nature de la donation entre-vifs ou du contrat :

En ce qu'elle suppose le concours de la volonté de l'institué avec celle de l'instituant ;

De là, d'après la compilation napoléonienne, développée par la doctrine, les deux conséquences suivantes :

1° *L'instituant ne peut, par une révocation directe, retirer à l'institué le bénéfice de ce qu'il lui a promis, et que celui-ci a accepté ;*

2° *L'instituant ne peut ultérieurement disposer, à titre gratuit, des objets compris dans l'institution, « si ce n'est pour sommes modiques, à titre de récompense ou autrement »* (art. 1083, *in fine*).

En *second* lieu, l'institution contractuelle participe de la nature du testament ou de l'institution d'héritier :

1° *En ce qu'elle ne s'ouvre qu'au décès de l'instituant et sous la condition de survie de l'institué ;*

2° *En ce que l'instituant conserve d'une manière absolue le droit de disposer, à titre onéreux, des objets compris dans l'institution* (1).

Pour achever d'esquisser la physionomie de l'institution contractuelle, ajoutons que, aux termes de l'art. 1082, *in fine, cette disposition emporte de plein droit une présomption de substitution vulgaire au profit des enfants et descendants à naître du mariage ;* ce qui signifie que *les enfants et descendants à naître du mariage sont appelés à recueillir le bénéfice de l'institution, toutes les fois que, par une cause quelconque, l'institué ne peut ou ne veut recueillir ce même bénéfice* (2).

En tant qu'ils recueillent comme substitués vulgaires, les enfants et descendants à naître du mariage recueillent *ex jure propria,* et par conséquent, ils ont le droit de recueillir les biens compris dans l'institution, tout en répudiant la succession de l'institué.

Il n'y a pas de doute que l'instituant puisse, par la manifestation d'une volonté contraire, anéantir la présomption de substitution vulgaire établie

---

tion-legs ; et cependant, grave observation, ce n'est pas *une donation à cause de mort !*

(1) Ces belles prémisses posées, nous verrons *infra* comment les auteurs s'en tirent pour donner une définition du droit de l'institué.

(2) L'art. 1082, *in fine,* semble n'établir la présomption de substitution vulgaire au profit des enfants et descendants à naître du mariage que *pour le cas de survie de l'instituant* (donateur) *à l'institué ;* mais la plupart des auteurs pensent qu'il faut *élargir* le texte et y voir l'indication d'*une clause générale de substitution vulgaire* (art. 898 ; V. *supra*). (Comparer MM. Zachariæ, Aubry et Rau, t. VI, p. 256, texte et note 27. — M. Colmet de Santerre, t. IV, n° 255 *bis,* v. — M. Demolombe, t. XXIII, p. 317.)

Notons que la substitution vulgaire déroge à l'art. 906.

par l'art. 1082, *in fine* (1), ni qu'il puisse aussi confirmer en termes exprès cette même présomption ; mais, dans ce dernier cas, il ne pourrait pas assigner des parts inégales aux enfants et descendants à naître, ni, à plus forte raison, substituer quelques-uns d'entre eux en excluant les autres (2).

Au surplus, l'instituant, s'il est le père ou la mère, le frère ou la sœur de l'institué, peut, conformément aux art. 1048 et 1049, ajouter *à la clause de substitution vulgaire une clause de substitution fidéicommissaire* au profit des enfants à naître.

La clause de substitution vulgaire a son effet, si l'institué ne recueille pas ; la clause de substitution fidéicommissaire a, au contraire, le sien, si l'institué recueille.

Remarquons enfin que l'institution contractuelle déroge :

1° *A la règle « donner et retenir ne vaut »*, comme il a déjà été *dit* supra, p. 869.

2° *A la prohibition des pactes sur succession future* (art. 1130) ;

3° *A la disposition de l'art. 893 qui ne reconnaît que deux sortes de dispositions à titre gratuit, la donation entre-vifs et le testament* (art. 893, v. supra, p. 378).

Voilà les traits les plus caractérisés de l'institution contractuelle ; voyons le reste.

D'abord, quelle est la capacité requise, soit dans la personne de l'instituant, soit dans celle de l'institué ?

De l'avis de la plupart des auteurs, toute personne apte à faire *une donation entre-vifs* est, par là même, apte à faire *une institution contractuelle ;* mais ne sont aptes à recevoir par voie d'institution contractuelle que : 1° *Les futurs époux ;* 2° *Les enfants et descendants à naître du mariage en vue duquel la disposition est faite, ou les enfants déjà nés qui seraient légitimés par ce mariage* (art. 333) (3).

_____

(1) MM. Zachariæ, Aubry et Rau, t. VI, p. 256, texte et note 25. — M. Demolombe, t. XXIII, p. 319.

M. Coin-Delisle conteste ce point (art. 1082, n°s 29-35).

(2) MM. Zachariæ, Aubry et Rau, t. VI, p. 256, texte et note 28. — M. Colmet de Santerre, t. IV, n° 255 *bis*, III. — M. Demolombe, t. XXIII, p. 319.

On fonde ces décisions sur ce que, dans l'espèce, la substitution vulgaire est une dérogation à l'art. 906, et qu'à ce titre elle doit être rigoureusement renfermée dans la formule de la loi.

(3) MM. Zachariæ, Aubry et Rau, t. VI, p. 253 et suiv. — M. Bonnet, t. II, n° 322 et suiv. — M. Demolombe, t. XXIII, p. 311 et suiv.

Dans l'ancien Droit, on appelait *clause d'association*, la clause par laquelle, en instituant contractuellement un des futurs époux, on lui imposait l'obligation de faire participer telle ou telle personne, en général ses frères et sœurs, au bénéfice de l'institution. (Comparer Auroux des Pommiers sur l'art. 124 de la Coutume de Bourbonnais.) Cette clause, autrefois valable, serait nulle aujourd'hui, et la part de l'associé reviendrait aux héritiers *ab intestat*. (Comparer MM. Za-

Quels biens l'institution contractuelle peut-elle comprendre?

D'après l'art. 1082, l'institution contractuelle peut avoir pour objet « tout ou partie des biens que l'instituant laissera au jour de son décès », c'est-à-dire, selon la doctrine généralement reçue :

Soit l'universalité de l'hérédité de l'instituant ;

Soit une quote-part de cette universalité ;

Soit la totalité des immeubles ou des meubles de l'instituant, ou une quotité fixe de tous ses immeubles ou de tous ses meubles ;

Soit enfin certains biens héréditaires individuellement envisagés.

Dans le *premier* cas, elle est *universelle ;*

Dans le *second* et dans le *troisième, à titre universel ;*

Dans le *quatrième, à titre particulier* (1).

Quelle est la nature du droit que l'institution contractuelle confère à l'institué?

Les uns disent que c'est un droit tel quel (2);

D'autres, un droit qui ne peut être qualifié par aucune expression technique (3) ;

D'autres, un droit actuel de propriété, mais qui ne porte que sur des biens à venir (4);

D'autres, enfin, un droit éventuel de succession, une sorte de réserve contractuelle (5).

---

chariæ, Aubry et Rau, t. VI, p. 254, texte et note 23. — M. Bonnet, t. II, n° 387 et 388. — M. Colmet de Santerre, t. IV, n°s 255 *bis*, VII et VIII. — M. Demolombe, t. XXXII, p. 323.)

(1) M. Duranton, t. VI, n° 49.

(2) M. Colmet de Santerre, t. IV, n° 256 *bis*, II.

(3) MM. Zachariæ, Aubry et Rau, t. II, p. 263, texte et note 54.

(4) MM. Zachariæ, Aubry et Rau, t. VI, p. 250. — M. Bonnet, t. I, n°s 296-305. — M. Colmet de Santerre, t. IV, n° 254, II. — M. Demolombe, t. XXIII, p. 308.

MM. Delvincourt et Duranton ont contesté que l'institution contractuelle pût porter sur des objets héréditaires individuellement désignés. Selon le premier de ces auteurs, une institution de cette sorte constituerait un legs qui ne pourrait plus être révoqué par d'autres dispositions à titre gratuit; selon le second, elle constituerait une donation de la nue propriété, avec réserve d'usufruit. (M. Delvincourt, t. II, p. 421 et 422. — M. Duranton, t. IX, n° 576.)

Ce que MM. Delvincourt et Duranton ont parfaitement compris dans le cas présent, à la différence des interprètes qui les censurent, c'est qu'en tant que l'institution contractuelle a pour objet des choses déterminées, elle doit logiquement engendrer un droit réel immédiat; il est vrai que, généralisée comme elle devrait l'être, cette logique renverserait le principe même de l'institution contractuelle.

(5) M. Demolombe, t. XXIII, p. 337.

Si nous étions forcé de nous prononcer, nous préférerions l'opinion du *droit tel quel;* car, comment concevoir, par exemple, le langage de MM. Aubry et Rau, disant que l'institué a un droit de propriété dès le jour de l'institution,

L'instituant, avons-nous dit *supra*, conserve le droit d'aliéner à titre onéreux; *peut-il être valablement stipulé que l'instituant n'aura pas ce droit?*

La *négative*, à notre sens, n'est pas douteuse, car l'institution contractuelle constitue une dérogation au droit commun; et, d'ailleurs, toute inaliénabilité est contraire à la raison juridique et à l'intérêt économique (1).

On est d'accord pour admettre que, à l'inverse, l'instituant peut se réserver le droit de disposer à titre gratuit dans une mesure plus large que celle qu'indique l'art. 1083, in fine (2).

Quant à l'institué lui-même, les auteurs, en général, enseignent qu'il n'a *ni le droit d'attaquer du vivant de l'instituant les aliénations, soit à titre onéreux, soit à titre gratuit, que ce dernier ferait, ni même le droit de prendre aucune mesure conservatoire*; en effet, dit on, la position de l'héritier institué doit être assimilée à celle d'un *héritier à réserve* (3).

L'institué peut-il, du vivant de l'instituant, céder son droit ou y renoncer?

Cette question est débattue; la *négative* prévaut à cause de la prohibition des pactes sur succession future (art. 791) (4).

Au décès de l'instituant, l'institué acquiert le titre d'héritier légitime,

---

mais que ce droit n'a d'objet (de matière) que lors de l'ouverture de la succession de l'instituant? (MM. Aubry et Rau, p. 263, note 54.)

Est-ce que, même provisoirement, un droit peut exister, sans objet?

Nous répétons que l'institution contractuelle est *antijuridique*, car elle heurte cette doctrine éminemment juridique que, *de toute nécessité*, un contrat qui a pour but de faire naître le droit réel, ou bien engendre, *hic et nunc, ce droit lui-même*, s'il porte sur une chose *déterminée*, ou bien engendre, *hic et nunc, un droit de créance tendant à obtenir le droit réel stipulé*, s'il porte sur une chose *indéterminée*.

Nous répétons que l'institution contractuelle est tout ensemble *antijuridique* et *antiéconomique*, car la raison juridique et l'intérêt économique ne s'accommodent ni des inaliénabilités même partielles, ni des droits amphibies.

(1) Comparer MM. Zachariæ, Aubry, et Rau, t. VI, p. 262. — M. Demolombe, t. XXIII, p. 341.

MM. Troplong (t. IV, n° 2349) et Bonnet (t. II, n° 422) professent l'opinion contraire.

(2) Comparer M. Demolombe, t. XXIII, p. 346.

(3) MM. Zachariæ, Aubry et Rau, t. VI, p. 266, texte et note 63. — M. Demolombe, t. XXIII, p. 347.

(4) En ce sens, M. Bonnet, t. II, n°s 451-453. — M. Colmet de Santerre, t. IV, n° 256 *bis*, III. — M. Demolombe, t. XXIII, p. 348.

En sens contraire, MM. Zachariæ, Aubry et Rau, t. VI, p. 264, texte et notes 55 et 56.

et, à l'instar d'un héritier légitime, il peut accepter le bénéfice de l'institution ou y renoncer.

S'il l'accepte, il peut se porter héritier pur et simple ou héritier bénéficiaire (art. 774 et 775).

L'institué jouit-il de la saisine héréditaire légale?
Ce point est très-obscur et très-controversé.

La plupart des auteurs décident que l'institué est investi de la saisine héréditaire légale, lorsque l'institution est universelle et qu'il n'existe pas d'héritiers à réserve (art. 1006). En dehors de ce cas, l'institué est tenu de former une demande en délivrance ; mais, même avant d'avoir formé cette demande, il a droit aux fruits, et peut exercer contre les tiers les actions relatives aux biens compris dans l'institution (1).

En ce qui concerne le payement des dettes et charges de la succession, on s'accorde à assimiler en principe les institués aux légataires.

L'institution contractuelle est-elle soumise à la formalité de la transcription?
Cette question est très-controversée.

DEUX SYSTÈMES.

1er SYSTÈME (2). — *L'institution contractuelle est soumise à la formalité de la transcription.*

1er *Arg.* — Le traditionnalisme habituel aux compilateurs napoléoniens appuie cette solution, car, d'après les art. 19 et 20 de l'ordonnance de 1731, l'institution contractuelle était autrefois soumise à la formalité de l'insinuation.

2e *Arg.* — L'art. 947 ne vise que les quatre articles précédents (art. 943-946).

Ce n'est donc qu'en ce qui concerne l'application de ces quatre articles que les donations faites en faveur de mariage font exception à la théorie générale de la donation entre-vifs.

3e *Arg.* — Sans doute, la liste des personnes qui ont intérêt à la transcription de l'institution contractuelle et qui pourront en demander

(1) En ce sens, MM. Zachariæ, Aubry et Rau, t. VI, p. 267, texte et notes 66-68. — M. Bonnet, t. II, nos 460-461. — M. Demolombe, t. XXIII, p. 360.
En sens contraires et divers : Chabot, *Des successions*, art. 724, no 14. — M. Duranton, t. IX, nos 719-720. — M. Colmet de Santerre, t. IV, no 256 *bis*, v.
(2) M. Bonnet, t. II, nos 686-691. — M. Flandin, *De la transcription*, t. I, no 704. — M. Mourlon, *De la transcription*, t. II, no 1117.

la nullité, faute de transcription, cette liste n'est pas aussi nombreuse que celle des personnes qui ont intérêt à la transcription de la donation entre-vifs en général, et qui peuvent en demander la nullité, faute de transcription.

C'est ainsi qu'il faut d'abord incontestablement retrancher les acquéreurs à titre onéreux, puisque l'instituant peut aliéner, à ce titre, nonobstant l'institution.

C'est ainsi qu'il faut encore retrancher, pour la même cause, les créanciers à hypothèque conventionnelle.

Mais il reste :

Les donataires ;

Les légataires ;

Les créanciers chirographaires ;

Les créanciers à hypothèque légale ou judiciaire ;

Les créanciers privilégiés (Comparer art. 941, *supra*, p. 468) (1).

2e SYSTÈME (2). — *L'institution contractuelle n'est pas soumise à la formalité de la transcription.*

1er *Arg.* — C'est à tort qu'on invoque, dans le cas présent, l'*autorité* de l'ancien droit.

En effet, les anciens légistes ne s'entendaient pas entre eux sur le point de savoir si l'institution contractuelle devait être soumise à l'insinuation (3).

2e *Arg.* — L'argument fondé sur l'art. 947 est bien loin d'être concluant; car, de l'aveu même des partisans du premier système, l'art. 948 n'est point applicable à l'institution contractuelle (v. *infra*, p. 676), et cependant l'art. 947 ne vise pas l'art. 948 (4).

---

(1) Pourquoi les partisans de ce système ne retrancheraient-ils pas les donataires et les légataires ?

Assurément, ce serait une grosse erreur de professer, comme le commentateur Troplong, qu'en général le défaut de transcription de la donation entre-vifs ne peut pas être opposé au donataire antérieur par un donataire postérieur ; cela a été réfuté plus haut (V. *supra*, p. 474); mais ce qui paraît bien ressortir de l'art. 1083, c'est que la *seule* circonstance d'avoir fait une institution enlève en principe à l'instituant le droit de donner entre-vifs ou de léguer ultérieurement les objets compris dans l'institution (comparer art. 1083).

(2) MM. Zachariæ, Aubry et Rau, t. VI, p. 252. — M. Demolombe, t. XXIII, p. 306.

(3) Comparer Guy-Coquille, sur l'art. 12 de la Coutume de Nivernais, avec Furgole sur l'art. 23 de l'ordonnance de 1731.

Ceux qui appliquaient à l'institution contractuelle la formalité de l'insinuation n'étaient pas davantage d'accord sur la manière d'accomplir cette formalité. (Comparer Furgole, *loc. cit.*, et Bacquet, *Des droits de justice*, chap. xvi, n° 284, avec Louet sur Brodeau, lettre A, n° 10.)

(4) Quels arguments, quelles réfutations, quel art que celui qui consiste dans de pareilles... balivernes !

Et c'est là pourtant ce qu'on présente aux populations, c'est là ce qu'on enseigne à de jeunes esprits, comme l'expression de la science du juste !

3ᵉ *Arg.* — « La transcription implique l'idée d'un acte actuellement translatif de la propriété d'un immeuble ou d'un droit réel immobilier (art. 939 ; art. 1 de la loi du 23 mars 1855);

» Or la donation de biens à venir ne transmet actuellement aucun droit réel au donataire. »

4ᵉ *Arg.* — « La transcription n'est applicable qu'aux mutations qui s'opèrent entre-vifs;

» Or la donation de biens à venir n'est translative de propriété qu'à l'époque du décès du donateur (1). »

Que les légistes parviennent à définir, en raison, l'institution contractuelle, et alors il sera temps de prendre parti sur ces systèmes (2).

On est enfin d'accord pour ne pas soumettre à la nécessité *d'un état estimatif* l'institution contractuelle qui a des meubles pour objet (3).

Quant à la caducité résultant pour l'institution contractuelle de ce que l'instituant survit à l'époux donataire et à sa postérité, V. art. 1089, *infra*, p. 681.

1084. — La donation par contrat de mariage pourra être faite cumulative-ment des biens présents et à venir, en tout ou en partie, à la charge qu'il sera

---

(1) Nous avons reproduit, pour ces deux derniers arguments, le texte de M. Demolombe, parce qu'il n'y a pas une autre manière de dire aussi clairement ce que veut dire l'éminent doyen. Mais, comment s'expliquer que M. Demolombe n'ait jamais été amené à réfléchir sur ces deux propositions et à en présenter, soit la justification, soit la critique au fond?

(2) Pour notre part, nous n'avons qu'à nous répéter : l'institution contrac-tuelle est un anachronisme, et elle est aussi un non-sens; c'est de là que viennent toutes les difficultés auxquelles elle donne lieu.

Aux temps de l'iniquité féodale, elle avait son rôle : elle contribuait à perpé-tuer les familles illustres (comparer Montesquieu, *loc. cit.*). Mais notre point de vue a changé et il continuera à changer bien davantage dans le même sens; l'il-lustration deviendra de plus en plus personnelle ; elle reposera sur la bonté du cœur, sur la supériorité de l'esprit, sur l'énergie de la volonté, sur les services rendus à la cause de tous; elle impliquera le désintéressement, l'abnégation, le dévouement, et elle pourra se passer sans inconvénients de l'institution con-tractuelle.

(3) Comparer MM. Zachariæ, Aubry et Rau, t. VI, p. 252. — M. Demo-lombe, t. XXIII, p. 304.

Notons qu'on appelait autrefois et qu'on appelle encore *promesse d'égalité, assurance de part héréditaire* ou *de réserve à succession*, la clause par laquelle les pères et mères s'engagent, dans le contrat de mariage d'un de leurs enfants, à laisser à cet enfant, dans leur succession, une part égale à celle des autres. De l'avis de presque tous les auteurs, cette clause vaut au profit du futur époux, par rapport à ses frères et sœurs, comme *institution contractuelle d'une part héréditaire dans la quotité disponible.* (MM. Zachariæ, Aubry et Rau, t. VI, texte et notes. — M. Demolombe. t. XXII, p. 329.)

MM. Championnière et Rigaud (*Traité des droits d'enregistrement*, t. IV, nᵒ 295) décident, au contraire, que « cette clause n'assure rien au futur ».

annexé à l'acte un état des dettes et charges du donateur existantes au jour de la donation ; auquel cas, il sera libre au donataire, lors du décès du donateur, de s'en tenir aux biens présents, en renonçant au surplus des biens du donateur.

1085. — Si l'état dont est mention au précédent article n'a point été annexé à l'acte contenant donation des biens présents et à venir, le donataire sera obligé d'accepter ou de répudier cette donation pour le tout. En cas d'acceptation, il ne pourra réclamer que les biens qui se trouveront existants au jour du décès du donateur, et il sera soumis au payement de toutes les dettes et charges de la succession.

Ces articles concernent *la donation cumulative de biens présents et à venir*.

La question *capitale* est ici de savoir si l'on doit considérer la donation cumulative de biens présents et à venir comme *un cumul de deux donations distinctes, l'une de biens présents, l'autre de biens à venir,* ou, comme *une institution contractuelle, revêtue d'un certain caractère propre.*

D'après ce *second* point de vue, aujourd'hui prédominant, la donation cumulative de biens présents et à venir *ne diffère de l'institution contractuelle que par le droit d'option dont jouit le donataire dans les termes de l'art.* 1084 (1).

Au surplus, cette décision ne doit être admise que si le donateur n'a pas manifesté une volonté contraire; car rien ne s'oppose assurément à ce qu'une personne fasse, dans un même contrat de mariage, deux donations distinctes, l'une de biens présents, l'autre de biens à venir.

Voyons successivement :

1° *L'hypothèse où, selon la prescription de l'art.* 1084, *il a été annexé à l'acte de donation un état des dettes et charges existantes au jour de la donation ;*

2° *L'hypothèse où, contrairement à la prescription de l'art.* 1084, *il n'a point été annexé à l'acte de donation un état des dettes et charges existantes au jour de la donation.*

---

(1) En ce sens, la plupart des auteurs, et notamment MM. Zachariæ, Aubry et Rau, t. VI, p. 276 et suiv., texte et note 3. — M. Demolombe, t. XXIII, p. 367.

Encore un cas où l'on peut constater combien la doctrine juridique a toujours été vide de vrais *principes* juridiques et économiques ! Les légistes des pays de droit écrit, dans le dernier état, affirment que la donation cumulative contient deux donations, l'une de biens présents, l'autre de biens à venir, et que chacune doit produire ses effets propres. (Furgole, sur l'art. 117 de l'ordonnance de 1731.) Les légistes des pays coutumiers répondent que c'est dénaturer cette même donation que de la couper en deux, et déclarent qu'elle est une institution contractuelle, augmentée d'un droit d'option. (Pothier, Introduction au titre XV de la Coutume d'Orléans, n° 26.) Mais un raisonnement quelconque appuyé sur des principes généraux et supérieurs, mais le souci de respecter l'exercice légitime de la volonté du propriétaire, on les chercherait en vain dans la *doctrine* des anciens légistes.

1re HYPOTHÈSE. — *Il a été annexé à l'acte de donation un état des dettes et charges existantes au jour de la donation.*

Dans cette hypothèse, il faut d'abord, conformément à la théorie de l'institution actuelle, admettre, *pour les biens présents comme pour les biens à venir :*

1° *Que le donateur n'est actuellement dessaisi ni de la propriété ni de la jouissance ;*

2° *Que la donation cumulative est de plein droit présumée faite au profit des enfants et descendants à naître du mariage.*

Bien entendu, cette donation est aussi soumise pour le tout à la cause de caducité prévue par l'art. 1089 (v. *infra*, p. 681).

À l'époque du décès du donateur, le donataire peut :

Ou répudier pour le tout le patrimoine,

Ou l'accepter pour le tout,

Ou opter pour le patrimoine tel qu'il se comportait activement et passivement à l'époque de la donation, en répudiant les biens et les dettes survenus depuis cette époque jusqu'à celle du décès du donateur.

Si le donataire prend ce *dernier* parti, la donation se transforme en une donation de biens présents.

Il faut alors décider :

En ce qui concerne les immeubles, que la donation n'est opposable aux tiers que tout autant qu'elle a été *transcrite*, conformément à l'art. 939 et à la loi du 23 mars 1855 ;

En ce qui concerne les meubles, que la donation n'est valable que tout autant qu'il a été annexé *un état estimatif* à la minute de l'acte, conformément à l'art. 948 (1).

2e HYPOTHÈSE. — *Il n'a pas été annexé à l'acte de donation un état des dettes et charges existantes au jour de la donation.*

Dans cette hypothèse, la donation est une pure institution contractuelle ordinaire, c'est-à-dire qu'il n'y a plus alors lieu *au droit d'option* (art. 1085).

Quant à la formule même de l'article qui dispose que « le donataire ne pourra réclamer que les biens qui se trouveront existants au jour du décès du donateur, elle est inexacte ; car elle semble signifier que *le donataire n'a pas le droit, appartenant en principe à tout institué,*

---

(1) Comparer MM. Zachariæ, Aubry et Rau, t. VI, p. 280 et suiv., texte et note 22. — M. Colmet de Santerre, t. IV, n° 257 *bis*, III et IV. — M. Demolombe, t. XXIII, p. 391.

En sens contraire, M. Bonnet, t. II, n° 534.

d'attaquer les dispositions, à titre gratuit, qui auraient été faites par le donateur en dehors des limites fixées par l'art. 1083, in fine; or, ce que cette formule veut simplement dire, c'est que, *faute de l'annexion d'un état, les biens présents et les biens à venir ne forment qu'une seule masse.*

1086. — La donation par contrat de mariage, en faveur des époux et des enfants à naître de leur mariage, pourra encore être faite, à condition de payer indistinctement toutes les dettes et charges de la succession du donateur, ou sous d'autres conditions dont l'exécution dépendrait de sa volonté, par quelque personne que la donation soit faite : le donateur sera tenu d'accomplir ces conditions, s'il n'aime mieux renoncer à la donation; et en cas que le donataire, par contrat de mariage, se soit réservé la liberté de disposer d'un effet compris dans la donation de ses biens présents, ou d'une somme fixe à prendre sur ces mêmes biens, l'effet ou la somme, s'il meurt sans en avoir disposé, seront censés compris dans la donation, et appartiendront au donataire ou à ses héritiers.

Cet article se réfère aux *clauses de potestativité, de la part du donateur,* dont peuvent être affectées les donations faites par des tiers en faveur du mariage, dans le contrat de mariage.

Il tire son origine de l'art. 18 de l'ordonnance de 1731 qu'il a tantôt modifié, tantôt maladroitement reproduit.

Il a pour but de soustraire les donations sus-désignées aux applications de la règle : « *Donner et retenir ne vaut* » (art. 944-947) (1); c'est ainsi qu'il permet de faire ces donations :

1° *A la condition de payer indistinctement toutes les dettes et charges de la succession du donateur;*

2° *Sous des conditions dont l'exécution dépendrait de la volonté du donateur;*

3° *Sous la restriction que le donateur se soit réservé la liberté de disposer d'un effet compris dans la donation ou d'une somme fixe à prendre sur les biens donnés.*

Ce texte soulève plusieurs difficultés :

D'abord, l'art. 1086 est-il applicable dans son ensemble aux donations de biens présents, aux donations de biens à venir et aux donations cumulatives de biens présents et à venir ?

Ce qui a fait naître le doute sur ce point, c'est la mauvaise rédaction de l'art. 1086 et les différences que cette rédaction présente avec celle de l'art. 18 de l'ordonnance; notamment, la *première* partie de l'art. 1086, à la différence de la *première* partie de l'art. 18 de l'ordonnance, ne mentionne pas la donation des *biens présents*, et semble même l'exclure, en parlant de la donation par contrat de mariage en faveur des époux et des enfants à naître de leur mariage (V. *supra*, p. 669); au

(1) Les art. 1082 et 1084 dérogent d'ailleurs, comme nous l'avons vu, à l'art. 943.

contraire, la *seconde* partie, mentionnant spécialement la donation de *biens présents*, semble exclure, par antithèse, la donation de *biens à venir*.

Cependant, l'opinion générale est que l'article est applicable aux *trois* sortes de donations précédentes (1).

Le texte porte que la donation par contrat de mariage peut être faite « *sous des conditions dont l'exécution dépendrait de la volonté* » ; il ne dit pas *de la seule volonté* (comparer art. 944) *du donateur*.

Ne doit-on pas, en conséquence, décider que, même dans une condition faite par contrat de mariage, la condition purement potestative, de la part du donateur, annulle la donation ?

L'*affirmative* paraît évidente, aussi bien pour le cas de la condition potestative *résolutoire* que pour celui de la condition potestative *suspensive*. Qu'est-ce, en effet, qu'un droit de propriété ou un droit de créance qui peuvent être anéantis ou ne pas prendre naissance au gré de celui qui en dispose (2) ?

La *dernière* disposition de l'article est enfin conçue de la manière suivante :

« Et en cas que le donateur, par contrat de mariage, se soit réservé la liberté de disposer d'un effet compris dans la donation de ses biens présents ou d'une somme fixe à prendre sur ces mêmes biens, l'effet ou la somme, s'il meurt sans en avoir disposé, seront censés compris dans la donation, et appartiendront au donataire ou *à ses héritiers*. »

Les mots « *ou à ses héritiers* » ont-ils un sens ?

---

(1) M. Bonnet, t. II, nᵒˢ 544 à 564, 558 et 581. — M. Colmet de Santerre, t. IV, nᵒˢ 259 et 259 *bis*, II. — M. Demolombe, t. XXIII, p. 400.

En sens contraire, M. Coin-Delisle (art. 1086, nᵒˢ 3 à 7).

Si, avec les compilateurs napoléoniens, on s'arrêtait aux arguments fondés sur ce que les textes sont mal faits ou mal copiés, c'est à chaque article que l'obstacle surgirait ; combien en existe-t-il dans la compilation napoléonienne de textes rédigés à peu près d'une manière suffisante ? Et voilà pourquoi la recherche du sens grammatical absorbe le reste dans la prétendue science juridique du temps présent ; voilà pourquoi les controverses les plus futiles et les plus vides remplissent les livres et les cours...

Ah ! le grand dommage de former de jeunes esprits avec une pareille sophistique !

(2) M. Bonnet, t. II, nᵒ 572.

MM. Colmet de Santerre (t. IV, nᵒ 259 *bis*) et Demolombe (t. XXIII, p. 406) proposent de distinguer entre la condition purement potestative résolutoire et la condition purement potestative suspensive ; ils déclarent nulle la donation faite sous cette dernière modalité, mais ils regardent comme valable la donation faite sous la première.

C'est pousser loin l'amour de la condition résolutoire !

Ils n'en ont *aucun ;* ils ont été inattentivement empruntés à l'art. 18 de l'ordonnance de 1731 (1).

En effet, ou le donataire a survécu au donateur et a recueilli la donation, et alors il va suffisamment de soi, sans qu'il y ait besoin d'un article pour le dire, qu'il transmet la donation à ses héritiers dans sa propre succession ;

Ou le donataire est mort avant le donateur, et alors, comme il n'a pas pu recueillir la donation, il n'a pas pu la transmettre.

C'est là ce qui ressort de la règle de caducité que, à la différence de l'ordonnance de 1731, le législateur napoléonien a appliquée aux donations affectées de conditions potestatives, comme aux autres donations faites par contrat de mariage.

Quant aux enfants et descendants, ils recueillent en vertu d'une substitution vulgaire, c'est-à-dire *jure proprio* (V. *supra*, p. 670).

1089. — Les donations faites à l'un des époux, dans les termes des art. 1082, 1084 et 1086 ci-dessus, deviendront caduques, si le donateur survit à l'époux donataire et à sa postérité.

Ce texte a besoin d'être corrigé ; il faut substituer aux mots « *et à sa postérité* » les mots : *et aux enfants issus du mariage.*

La caducité, établie par l'art. 1089, ne s'applique point d'ailleurs aux donations de biens présents faites dans les termes de l'art. 1081 (2).

APPENDICE

DIFFÉRENCES ENTRE LA DONATION FAITE PAR DES TIERS EN FAVEUR DU MARIAGE, ET LA DONATION ENTRE-VIFS ORDINAIRE.

1° *La donation faite par des tiers en faveur du mariage n'est point soumise à la formalité d'une acceptation solennelle* (art. 1087 ; V. *supra*, p. 667).

2° *La donation faite par des tiers en faveur du mariage peut comprendre des biens à venir* (art. 1082 et 1084 ; V. *supra*, p. 669 et 676).

3° *La donation faite par des tiers en faveur du mariage peut être potesta-*

1° *La donation entre-vifs ordinaire est soumise à la formalité d'une acceptation solennelle* (art. 894 et 932 ; V. *supra*, p. 380 et 453).

2° *La donation entre-vifs ordinaire ne peut comprendre des biens à venir* (art. 894 et 943 ; V. *supra*, p. 380 et 478).

3° *La donation entre-vifs ordinaire ne peut être potestative, ou, en d'autres*

---

(1) Comparer M. Bonnet, t. II, n°s 586, 587. — M. Colmet de Santerre, t. IV, n° 259 *bis*, IV. — M. Demolombe, t. XXIII, p. 415.

M. Troplong ne manque pas de trouver que les mots : « *ou les héritiers* » de la fin de l'art. 1086 se relient très-logiquement à la caducité décrétée par l'art. 1089. Mais ce légiste a toujours eu des grâces d'état. (V. M. Troplong, t. IV, n° 2485.)

(2) Remarquons combien est à contre-sens l'innovation qui, en généralisant la caducité *pour cause de prédécès du donataire*, a augmenté les chances de résolution de la propriété.

tive (art. 1086; V. *supra*, p. 679).

4° *La donation faite par des tiers en faveur du mariage n'est pas révocable pour cause d'ingratitude* (art. 959; V. *supra*, p. 500).

termes, elle est irrévocable (art. 894 et 944-946; V. *supra*, p. 380 et 481-484).

4° *La donation entre-vifs ordinaire est révocable pour cause d'ingratitude* (art. 953; V. *supra*, p. 489).

Rappelons en outre :

1° *Que la donation faite par des tiers en faveur du mariage est « caduque, comme dit l'art. 1088, si le mariage ne s'ensuit pas »* (art. 1088, V. *supra*, p. 667);

2° *Que la donation de biens à venir faite par des tiers en faveur du mariage contient une clause de substitution vulgaire implicite au profit de personnes non encore conçues* (art. 1082, V. *supra*, p. 670);

3° *Que la donation de biens à venir faite par des tiers en faveur du mariage, qui a pour objet des immeubles, paraît ne pas être soumise à la formalité de la transcription, ou tout au moins qu'il y a controverse pour savoir s'il faut l'y soumettre* (V. *supra*, p. 674);

4° *Que la donation de biens à venir, faite par des tiers en faveur du mariage, qui a pour objet des meubles, n'est point soumise à la formalité de l'état estimatif* (V. *supra*, p. 676);

5° *Que la donation de biens à venir et la donation cumulative de biens présents et à venir, faites par des tiers en faveur du mariage, en plus, la donation même de biens présents, affectée de conditions potestatives, sont caduques si le donateur survit à l'époux donataire et aux enfants issus du mariage* (art. 1089, V. *supra*, p. 681).

CHAPITRE IX

DES DISPOSITIONS ENTRE ÉPOUX, SOIT PAR CONTRAT DE MARIAGE, SOIT PENDANT LE MARIAGE.

Comme sa rubrique l'annonce, ce chapitre traite de *deux* sortes de dispositions :

1° *Des dispositions à titre gratuit faites entre les futurs époux par contrat de mariage ;*

2° *Des dispositions à titre gratuit faites entre époux durant le mariage.*

Les premières ont à peine une histoire spéciale; il n'en est pas de même des secondes.

Chez le peuple le plus cupide de l'antiquité, nous voulons dire les Romains, à l'époque où la république acheva de crouler avec les mœurs et où l'empire fut fondé, les Prudents rapportent que souvent l'un des époux, *deterior*, comme disent les textes, mettait à prix pour l'autre le maintien du mariage, c'est-à-dire exigeait de lui une donation entre-vifs, sous menace de divorce (1).

Pour porter remède à un tel état, l'usage ne sut trouver rien de mieux que de prohiber entre époux les donations entre-vifs, et voilà comment de l'abîme de la dépravation romaine sortit une règle qui a traversé les lois barbares, qui a été amplifiée par les coutumes aristocratiques du moyen âge, par les canons des conciles, par les édits des empereurs chrétiens, enfin qui semble n'avoir été un instant transformée et restreinte par la grande législation de la révolution que pour revivre plus incohérente et plus insensée dans l'œuvre des compilateurs de Brumaire (2).

Toutefois, dès les temps du Bas-Empire, sous les règnes de Septime Sévère et d'Antonin Caracalla, la prohibition qui frappait entre époux la donation entre-vifs, reçut un tempérament ; au lieu de continuer à se traduire par une nullité de plein droit, elle n'eut plus désormais pour sanction que la faculté attribuée au donateur de révoquer sa libéralité (3).

En cette matière, comme en une foule d'autres, les lois barbares attestèrent, en général, un esprit de beaucoup supérieur à celui de la honteuse civilisation de l'empire romain, et si elles admirent que l'époux devait acheter l'épouse, qu'il devait récompenser la vierge du don du matin et la veuve du don du soir, est-ce à nous, est-ce à nos corruptions raffinées, est-ce à notre âge abaissé qu'il conviendrait de reprendre en ce point la naïveté grossière des Ripuaires et des Saliens (4) ?

Au XIIIe siècle, c'est d'abord Pierre de Fontaines qui écrit en

---

(1) L. 2, D. liv. XXIV, tit. I.

(2) Nous disons avec la plupart des auteurs, en particulier avec M. Pellat (*Commentaire sur la dot*, p. 356), que cette règle date de la chute de la République et des commencements de l'Empire.

A la suite de Glück, M. de Savigny lui attribue une origine beaucoup plus ancienne ; mais, pour soutenir son opinion, ce micrologue torture un texte (le § 302 des *Vatic. fragm.*), et perd de vue les causes générales (V. Glück, t. XXV, § 1253, p. 479, *Commentaire des Pandectes*, d'après Helfeld, 1797-1843 ; et de Savigny, t. IV, § 165, note C., p. 200, *Traité de Droit romain*, trad. Guénoux).

(3) L. 32, § 2, D., liv. IV, tit. I. Les élèves de M. de Savigny et le maître lui-même se sont exercés sur la question de savoir si cette disposition résulte de deux sénatus-consultes dont l'un aurait été rendu au temps de Septime Sévère, l'autre au temps de Caracalla, ou d'un seul sénatus-consulte rendu sous Septime Sévère, alors que Caracalla était déjà associé à l'Empire.

Le cas est grave, car il s'agit de sauver Ulpien d'une contradiction avec Ulpien. (Comp. entre elles les l. 23, 32, § 1, 32, § 23, pr. et § 2, D. liv. XXIV, tit. I.) Consulter Savigny, § CLXIV, *Traité de Droit romain*, trad. Guénoux.

(4) L'idée ne vint même pas aux Ripuaires et aux Saliens qu'il pût y avoir lieu, soit de défendre les donations entre époux, soit de les soumettre à des

termes formels que : « Ce qu'on puet lessier à estrange persone, on pue

---

formes propres. (Comp. l. des Ripuaires, art. 48, et M. Pardessus, textes de la loi salique, 1845, p. 678-679.)

Quant à l'achat de la femme, au don du matin, *morgengabe*, et au don du soir, *abendgabe*, ils demandent quelques explications.

On sait que, dans toute l'antiquité, l'homme regarda la femme comme un être d'une nature inférieure ; et combien d'hommes, même de nos jours, sont encore, sur ce point, dans l'antiquité !

Ce fut là l'idée des Aryens, comme des Sémites ou des Chinois ; ce fut celle des lois de Manou, comme de l'Ancien Testament ou des Kings ; la subordination de la femme à l'homme est une des bases de l'ordre social antique.

Naturellement, les Germains, un des rameaux de la race Aryenne, recueillirent cette tradition ; ils en firent leur *mundium*, espèce de puissance qui s'exerçait au profit de l'homme sur la femme, durant toute la vie de cette dernière.

C'est de ce même germe que chez les Romains, autres Aryens, étaient sorties la tutelle perpétuelle des femmes et la *manus*.

Tant que la femme n'était pas mariée, le *mundium* germanique appartenait au père, et, à défaut du père, au plus proche parent mâle ; à l'époque du mariage, il passait au mari, mais, comme il entraînait certains avantages pécuniaires, il paraissait juste que le mari en payât le prix.

Juridiquement donc, ce n'était pas la femme que le mari achetait, c'était le *mundium* ; et, en effet, il y avait là quelques apparences.

Il n'en est pas de même du *morgengabe* et de l'*abendgabe*. Les deux reposent directement sur l'idée de l'infériorité de l'épouse par rapport à l'époux, sans que, dans ce cas, l'institution juridique vienne masquer la brutalité et l'immoralité du fait. Le *morgengabe* est, pour la vierge, la rançon de sa virginité ; l'*abendgabe* est, pour la veuve, celle de la première nuit de ses secondes noces.

Et, en définitive, chez les barbares qui rapportaient tout à la force et la jouissance physiques, le *mundium* et l'achat du *mundium*, le *morgengabe* et l'*abendgabe* n'ont pas de quoi surprendre.

De la combinaison de l'achat du *mundium* avec le *morgengabe* et avec l'*abendgabe*, les canons des conciles et les ordonnances des rois firent résulter le *douaire* de la veuve.

On voit ainsi que le douaire est un nouveau produit juridique de l'idée de l'inégalité de la femme, mais ce ne serait pas dire assez que de le représenter seulement comme ayant conservé la signification précise des institutions dont il procède (V. sur ce sens du douaire, art. 367, *Coutume de Normandie*); le douaire est encore autre chose, et il a fait revêtir un nouvel aspect à l'idée de l'inégalité de la femme.

En effet, cette institution est fondée sur ce que la veuve est incapable de se suffire par le travail ; d'où la conséquence que c'est l'obligation du mari de continuer, même après sa mort, à pourvoir aux besoins de la femme.

Aujourd'hui, le mari n'achète plus la femme ; il ne la récompense plus par le don du matin ni par le don du soir ; dans les classes dites bourgeoises, il se fait acheter par elle, et il accepte, dans l'union légale, ce qu'il réputerait ignominieux en dehors de cette union.

De son côté, la femme est-elle riche, elle subit l'affront non-seulement d'être épousée pour son avoir, mais parfois même celui de faire des donations à son mari ; est-elle pauvre, elle subit l'autre affront d'être entretenue par son mari et d'en recevoir à son tour des donations.

Quand donc le mariage deviendra-t-il ce qu'il doit être ? Un acte moral entre deux personnes également libres ? Quand donc la femme comprendra-t-elle que, pour conquérir sa dignité et son indépendance de femme, il faut qu'elle comen lessier à un de ses enfants et à se feme meisme (1) » ; c'est ensuite Beaumanoir, cette grande lumière du droit féodal (2), qui répète que : « Il est costume bien approuvée, que li hom, toutes ces cozes dessus dictes, pot lessier à se feme ou la feme à son seignour (3). »

Ainsi, d'après les deux plus anciens légistes de la vieille France, la donation entre époux est aussi libre que la donation entre personnes étrangères.

Néanmoins, ne nous hâtons pas de conclure : plus pénétrés de l'idée romaine, les *Establissements de saint Louis*, les *Assises de Jérusalem*, la *Somme rurale*, le *Grant Coustumier de France*, n'autorisent entre époux la disposition à titre gratuit que tout autant que cette disposition s'exerce par testament et qu'il n'y a pas *hoir masle* (4).

Mais il nous faut revenir en arrière.

Sous Auguste, les immondes lois Julia et Papia Poppæa avaient favorisé les seconds mariages, et les Prudents professaient alors qu'il importe à la chose publique que les femmes aient leurs dots sauves, afin qu'elles puissent se remarier : « *Interest reipublicæ mulieres dotes salvas habere, propter quas nubere possint (5).* »

Plus tard, l'Église et l'Empire se mettent d'accord pour faire la leçon à la nature (6); le Christianisme proscrit, le Byzantinisme flétrit les secondes noces ; enfin, une constitution demeurée célèbre, la constitution *Hac edictali*, limite à une part d'enfant le moins prenant ce que l'époux remarié a le droit de donner à son nouvel époux (7).

---

mence par se mettre en état de se charger elle-même de son sort? (V. au surplus, *Manuel de Droit civil*, t. III, Contrat de mariage.)

Consulter, pour l'histoire des donations entre époux d'après les lois barbares, M. Laboulaye, *Recherches sur la condition civile et politique des femmes*, 1843, 1 vol. in-8. — M. Kœnigswarter, *Histoire de l'organisation de la famille en France*. — M. Boutry-Boissonade, *Essais sur les donations entre époux*, 1852, 1 vol. in-8. — M. Paul Gide, *Étude sur la condition privée de la femme*, 1863, 1 vol. in-8.

(1) Pierre de Fontaines, chap. XXXIII, p. 386, *Conseil à un amy*, édit. Marnier, 1846, 1 vol. in-8.

(2) Montesquieu.

(3) Beaumanoir, chap. XII, 4, *Coutumes du Beauvoisis*, édit. Beugnot, 1847, 2 vol. in-8.

Le mérite de Beaumanoir consiste à avoir présenté un tableau complet du droit féodal et coutumier du moyen âge; mais si l'auteur des *Coutumes du Beauvoisis* est, à ce point de vue, une grande lumière, ce n'en était pas moins un partisan passionné de la monstrueuse hiérarchie féodale et un esprit absolument rebelle à l'idée du progrès. (V. l'épilogue des *Coutumes du Beauvoisis*.)

(4) *Establissements*, I, chap. 112, 114.

(5) V., au sujet des lois Julia et Papia Poppæa, *supra*, p. 601, note 3.

(6) Léon, Novelle 90.

(7) L. 6, pr. C. liv. V, tit. IX, et aussi les constitutions *Feminæ quæ* et *Generaliter*, l. 3 et 5, C. liv. V, tit. IX, et les Novelles II, XXII, XCVIII, CXXVII.

Quoique inspirées par le même esprit que la constitution *Hac edictali*, les

En réalité, c'est principalement contre le second mariage de la femme que l'Église entend diriger ses foudres, et le Bas-Empire, ses lois (1).

Au moyen âge, toutes les traditions se rencontrent et s'agrègent, comme elles peuvent.

Les pays de droit écrit suivent, à peu près sans en dévier, les errements du droit romain dans son dernier état (2).

En général, les Coutumes, notamment celles de Paris (art. 382) et d'Orléans (art. 280), défendent toute espèce de dispositions à titre gratuit entre époux, non-seulement par donations entre-vifs, mais encore par testament. Est-ce pour le même motif qu'en droit romain? Pothier le prétend, et le naïf légiste s'extasie, à cette occasion, sur la règle romaine. Plus perspicace, Ferrières rattache ce point au système général qui tendait à assurer la conservation des biens dans les familles (3).

Enfin, au temps de François II, le premier chef de l'Édit des se-

---

constitutions *Feminæ quæ* et *Generaliter* n'ont cependant pas le même caractère ; elles défendent à la veuve et au veuf de donner au second conjoint les biens que la veuve et le veuf tiennent du premier, afin de réserver aux enfants du premier le patrimoine de leur auteur; or, dans l'ordre de la copropriété familiale, cela était logique, bien que cela contînt une substitution.

(1) Comparer M. Laboulaye, *Recherches sur la condition civile et politique des femmes*, p. 53 et suiv.

(2) Sous le nom d'*augment de dot*, il s'y introduisit au profit de la femme une institution comparable au douaire des pays coutumiers; cependant, en général, les pays de droit écrit admirent un *contre-augment* au profit du mari. (V. Argou, *Inst. au droit français*, liv. III, chap. v.)

(3) Comparer Pothier, chap. prélim. art. I, n° 1, *Des donations entre mari et femme*, avec Ferrières, *Gloss.*, 2, n° 6, sur la Coutume de Paris.

L'explication de Ferrières n'est pas contestable.

Remarquons d'ailleurs que la prohibition qui, en droit romain, frappa entre époux la donation entre-vifs, n'était applicable ni à la donation à cause de mort, ni à la disposition testamentaire.

Toutefois, à partir des lois caducaires, appelées aussi lois décimaires, à ce nouveau point de vue, les époux furent privés du droit de recevoir l'un de l'autre par donation à cause de mort ou par testament, une portion supérieure à un dixième de leur patrimoine respectif en pleine propriété. Outre le dixième recueilli, comme dit Ulpien, *matrimonii nomine*, les époux pouvaient recevoir l'un de l'autre autant de dixièmes qu'ils avaient d'enfants, et, dans certains cas, ils avaient même la *solidi capacitas*. (Ulpien, Reg. tit. XV et XVI.)

Cette partie des lois caducaires ne fut, au surplus, abrogée d'une manière complète que par les empereurs Honorius et Théodose II (L. 2, C. liv. VIII, tit. LXVIII).

Ce qui vient d'être dit ne démontre pas sans doute que la prohibition, portée par les Coutumes de Paris et d'Orléans, ne procède pas du droit romain; mais cela peut servir à prouver, même aux moins experts, que, dans l'histoire juridique, il a été normal jusqu'aujourd'hui que les institutions restassent les mêmes, tout en changeant de base.

Notons encore que le Droit coutumier reconnaissait, comme valable, *le don mutuel entre époux*, c'est-à-dire une sorte d'institution bien plutôt à titre onéreux qu'à titre gratuit, insignifiante, sinon immorale, et variable d'une Coutume à l'autre. (V. Ricard, *Don mutuel*, n° 2 et suiv.)

condes noces renouvelle contre le convol de la veuve l'espèce de sanction portée par la Constitution *Hæc edictali* (1).

Voilà, à travers les vicissitudes et l'enchevêtrement des vieilles institutions juridiques, les traits les plus généraux et les plus nets de l'ensemble.

La Révolution arrive.

Tout d'abord, la Convention comprit fort bien qu'il n'y avait lieu de soumettre les dispositions à titre gratuit, de quelques personnes qu'elles procèdent, à aucunes formes extrinsèques ou intrinsèques particulières (2); mais lorsque se posa la question de la quotité disponible entre futurs époux et entre époux, les légistes de la glorieuse Assemblée se troublèrent : devait-on permettre aux futurs époux et aux époux de disposer l'un envers l'autre d'une quotité supérieure à la quotité disponible ordinaire ? Le Code de la Convention consacra la négative, au moins pour le cas où il existerait des enfants. La loi du 17 nivôse an II adopta le point de vue contraire, tout aussi bien pour le cas où il existerait des enfants que pour celui où il n'en existerait pas; elle décida notamment, pour le cas où il existerait des enfants, que les dispositions à titre gratuit entre futurs époux et entre époux pourrait absorber la pleine propriété de tous les biens (3).

___

(1) Cet Édit a un second chef qui répète les Constitutions *Feminæ quæ* et *Generaliter*. (V. *supra*, p. 685, note 7.)
A l'époque où fut rendu l'Edit des secondes noces, l'Hospital était chancelier de France; on a peine à comprendre qu'un esprit, aussi libre et aussi éclairé, ait pu inspirer le premier et même le second chef d'un pareil Edit.
(2) V. liv. II, tit. III, § 3, *Code de la Convention*.
(3) On se rappelle que, d'après l'art. 26, liv. II, tit. III, § 3, du Code de la Convention (V. *supra*, p. 415), on ne pouvait donner à cause de mort que le 10e de son bien, si l'on avait des héritiers en ligne directe, et le 6e, si l'on n'avait que des héritiers collatéraux.
Voici ce que portait d'autre part l'art. unique formant l'Appendice du § 3 :
« *Tous dons et avantages faits par contrat de mariage, actes entre-vifs, ou de dernière volonté, réciproquement ou sans réciprocité, par un mari à sa femme, ou par une femme à son mari, et qui ne sont point encore recueillis, demeurent, à dater de ce jour, réduits à l'usufruit du sixième du revenu de l'époux disposant, soit qu'il y ait des enfants ou qu'il n'y en ait pas.* »
A ce texte, il faut ajouter l'art. 27 (mêmes liv., tit. et §), ainsi conçu :
« *Les époux qui n'ont point d'enfants de leur sang pourront, en outre (outre le disponible ordinaire du sixième), se donner à cause de mort l'usufruit d'un autre sixième de leurs biens* ».
La loi de nivôse qui, à l'égard du disponible ordinaire, reproduisit l'art. 26 du Code de la Convention, permit aux futurs époux et aux époux, même pour le cas où ils laisseraient des enfants, de se donner l'usufruit de la moitié de leurs biens (V. art. 13 et 14, l. 17 nivose an II).
Il semble que ce soit la vocation propre des légistes d'invectiver en toute rencontre la législation de la Révolution, et, pas plus dans cette matière que dans les autres, ils n'ont failli à leur habitude. Malheureusement pour leurs diatribes, aucun d'entre eux ne paraît même avoir lu *la plus grande œuvre législative des temps anciens et modernes*, nous voulons dire le *Code de la Convention*.

Est-il besoin d'ajouter que la Convention respecta dans la veuve l'intime liberté du mariage (1)?

Quant à la compilation napoléonienne, elle mérite bien ici deux appréciations distinctes.

Pour le fond, la compilation napoléonienne a ressuscité les traditions juridiques de Septime Sévère et d'Antonin Caracalla, ainsi que de la Constitution *Hâc Edictali ;* elle a, en outre, mêlé à la tradition de Septime Sévère et d'Antonin Caracalla le plagiat, qui le croirait ? de la loi de nivôse.

Cela, c'est l'idée historique de la compilation napoléonienne.

Pour le fond encore, la compilation napoléonienne a fait deux choses :

1° Elle a autorisé entre les futurs époux, dans le contrat de mariage, et entre les époux, naturellement en dehors du contrat de mariage, toutes les donations entre-vifs qu'elle autorise de la part des tiers au profit des futurs époux, dans le contrat de mariage.

D'où, grande faveur entourant les donations entre futurs époux, et même, dans cet ordre, les donations entre époux.

2° Elle a déclaré les donations entre-vifs faites entre époux essentiellement révocables au gré du donateur.

D'où, immense défaveur atteignant, dans ce nouvel ordre, les donations entre époux.

Qu'a décidé la compilation napoléonienne, en ce qui concerne la quotité disponible entre futurs époux et entre époux?

Ce qu'elle a décidé! *Adhuc sub judice lis est* (V. *infra*, p. 700 et suiv.

Cependant le plus probable, comme nous le verrons, c'est que cette quotité est tantôt plus large, tantôt moins large que la quotité disponible ordinaire.

Notons enfin qu'une foule de dispositions du Code Napoléon sont marquées de l'empreinte de l'*ingénieuse* règle de la révocabilité essentielle aux donations, même de biens présents, entre époux (2).

Tout cela, c'est l'idée philosophique, juridique et économique de la compilation napoléonienne.

Après le fond, la forme.

Pour la forme, la compilation napoléonienne a adopté la méthode suivante :

Elle a commencé par traiter des donations entre-vifs entre futurs époux par contrat de mariage (art. 1091-1093) ;

Elle a ensuite abordé la question de la quotité disponible entre futurs

---

(1) L'art. 64 de la loi 17 nivôse, et mieux encore l'esprit de la Révolution, abrogèrent implicitement l'Edit des secondes noces. (V. en sens contraire, pour le second chef de l'Edit, arrêt de cassation du 2 mai 1808.)

(2) V., en particulier, le *Contrat de mariage*, et l'art. 1595 de la Vente, *Manuel de Droit civil*, t. III.

époux et entre époux par donations entre-vifs et par testament pour deux cas, celui où le disposant laisse des ascendants et celui où il existe des enfants nés du mariage (art. 1094);

Elle est revenue à la théorie des donations entre-vifs entre futurs époux par contrat de mariage (art. 1095);

Elle a formulé une triple disposition sur la donation entre-vifs entre époux durant le mariage (art. 1096);

Elle a édicté une règle commune à la donation entre-vifs et au testament entre époux (art. 1097);

Elle a repris la question de la quotité disponible, pour le cas où l'un des futurs époux ou l'un des époux a des enfants d'un autre lit (1098);

Elle a terminé par deux textes qui servent de sanction à ses règles de quotité disponible (art. 1099-1100).

Nous laissons de côté, pour le moment, le point de vue de la rédaction des textes (1).

Voyons enfin la morale vraie, le droit vrai, en d'autres termes, la raison vraie.

En morale vraie, le mariage repose sur la convenance intime d'un homme et d'une femme, et honteuses les mœurs, plus honteuse encore la législation, qui le fondent sur l'intérêt pécuniaire.

En morale vraie, les futurs époux et les époux n'ont aucun motif spécial de disposer à titre gratuit l'un en faveur de l'autre, ni d'une manière réciproque (2).

En droit vrai, la collectivité sociale n'a pas le droit de se substituer au propriétaire pour régler à sa place la manière dont celui-ci devra user des fruits de son travail.

En raison vraie, il y a l'ordre moral et l'ordre juridique, l'ordre de la conscience et l'ordre de l'action en justice; toutes les législations jusqu'ici ont confondu les deux; nous attendons celle qui les distinguera (3).

1091. — Les époux pourront, par contrat de mariage, se faire réciproquement, ou l'un des deux à l'autre, telle donation qu'ils jugeront à propos, sous les modifications ci-après exprimées.

---

(1) Mais les peuples nous envient le Code Napoléon! Si les peuples nous l'enviaient, ce qui, soit dit en passant, est faux, cela prouverait que jusqu'à présent les peuples n'ont pas été difficiles en fait d'institutions juridiques, et la vérité est que nous ne savons pas trop en quoi les pauvres peuples ont été jusqu'à présent difficiles.

(2) Si les choses étaient ce qu'elles doivent être et ce qu'elles deviendront nécessairement, pas plus l'homme en faveur de la femme, que la femme en faveur de l'homme.

La femme doit devenir apte à se suffire, comme l'homme; à cette condition seule, l'ordre vrai commencera.

(3) V. *Encyclopédie générale*, notre développement sur l'*Action en justice*.

Cet article a pour but d'autoriser les futurs époux à faire l'un au profit de l'autre ou à se faire réciproquement l'un à l'autre, par contrat de mariage, les *trois* sortes de donations qu'un tiers est autorisé à faire en leur faveur par ce même contrat.

Ces *trois* sortes de donations sont, comme l'on sait :

1° *La donation de biens présents* (art. 1081, V. *supra*, p. 668).

2° *La donation de biens à venir ou institution contractuelle* (art. 1082 et 1083, V. *supra*, p. 669).

3° *La donation cumulative de biens présents et à venir* (art. 1084 et 1085, V. *supra*, p. 676).

Ajoutons que les donations entre futurs époux peuvent toujours aussi être affectées de *conditions potestatives*, (art. 1086; V. *supra*, p. 679).

Ces donations suivent, en général, les règles développées sous les articles qui viennent d'être rappelés (V. d'ailleurs art. 1092 et 1093).

Cependant, comme le fait entendre l'article 1091, elles sont soumises, sur plusieurs points, à un *droit propre* (V. art. 1093).

Les auteurs donnent pour raison d'être à l'art. 1091 :

1° *Philosophiquement, comme ils disent, la faveur que mérite le mariage;*

2° *Historiquement, la nécessité où se trouvaient les compilateurs napoléoniens de déclarer qu'ils répudiaient les restrictions apportées par certaines coutumes à la liberté de la donation entre futurs époux* (1).

1092. — Toute donation entre-vifs de biens présents, faite entre futurs époux par contrat de mariage, ne sera point censée faite sous la condition de survie du donataire, si cette condition n'est formellement exprimée : et elle sera soumise à toutes les règles et formes ci-dessus prescrites pour ces sortes de donations.

La *première* proposition de l'art. 1092 est rendue inutile par la *seconde;* elle se rapporte à une controverse de l'ancien droit (2), et elle a pour but de la trancher.

Nul doute, au surplus, que le donateur ne puisse subordonner sa disposition à la survie du donataire.

La *seconde* proposition de l'article 1092 confirme, pour les donations de biens présents, ce que nous avons dit (art. 1091), à savoir que les do-

---

(1) Guy-Coquille, sur la Coutume de Nivernais, en proposait une d'étrange sorte; ce légiste trouvait « *déshonnête qu'une vieille hors d'âge de faire enfants*, selon ses propres expressions, *espousât un jeune homme* », et il voulait qu'on annulât les donations faites par la *vieille*.

Certes, voilà une *doctrine* qu'on ne sera pas tenté de reprendre pour excès d'idéalité. Et pourquoi donc la *vieille*, excellent légiste, n'épouserait-elle pas le jeune homme, et ne lui ferait-elle pas des donations, si tel est le bon plaisir de la vieille et du jeune homme?

(2) V. Furgole, quest. 49, n° 27 et Ricard, *Des donations*, partie III, n° 823.

nations entre futurs époux suivent, en général, les règles expliquées dans le chapitre VIII.

1093. — La donation de biens à venir, ou de biens présents et à venir, faite entre époux par contrat de mariage, soit simple, soit réciproque, sera soumise aux règles établies par le chapitre précédent, à l'égard des donations pareilles qui leur seront faites par un tiers, sauf qu'elle ne sera point transmissible aux enfants issus du mariage, en cas de décès de l'époux donataire avant l'époux donateur.

La *première* proposition de l'art. 1093 a, pour la donation de biens à venir ou institution contractuelle et pour la donation cumulative de biens présents et à venir, le même sens et la même portée que la *seconde* proposition de l'article précédent; c'est un simple renvoi au chapitre VIII.

La *seconde* proposition de l'article 1093 établit une différence d'une certaine gravité entre l'*institution contractuelle faite par des tiers en faveur du mariage* et l'*institution contractuelle faite entre futurs époux ;* cette *dernière* devient *caduque* par le prédécès du donateur, lors même qu'il laisse des enfants ou descendants issus de son mariage avec le donateur; en d'autres termes, elle ne renferme pas de *substitution vulgaire au profit desdits enfants ou descendants.*

Les auteurs assignent *deux* motifs à cette modification : ils disent :

1° *Que les biens que les enfants et descendants ne trouveront pas dans le patrimoine de l'un des époux, ils les trouveront dans le patrimoine de l'autre, et que, par conséquent, la substitution vulgaire, dans ce cas, n'était pas réclamée par l'intérêt des enfants.*

2° « *Qu'il importait au bon ordre des familles de ne pas désarmer l'autorité paternelle du pouvoir de récompenser et de punir* » (1).

Le *premier* motif est peu sérieux; il est évident que les enfants et descendants auraient intérêt à être substitués, ne fût-ce qu'en prévision du cas où le donateur, après avoir repris les biens donnés, deviendrait ensuite insolvable.

Le *second* motif relève d'une idée morale deux fois fausse (2), et qui, espérons-le, a fait son temps.

Les enfants et descendants peuvent-ils être expressément substitués au donataire?

---

(1) M. Demolombe, t. XXIII, p. 453 et 454.

On ne fait pas des hommes en menaçant de récompenser et de punir; on fait des hommes en inculquant l'idée du devoir et en enseignant à la suivre, quoi qu'il advienne !

(2) Deux fois fausse, en effet : d'abord, parce qu'il faut, nous le répétons, que les hommes apprennent à pratiquer la justice sans souci d'aucune récompense ni d'aucune peine; ensuite, parce que le père n'est pas un maître; parce que c'est un directeur, puisant toute son autorité dans l'affection qu'il inspire et dans l'exemple qu'il donne.

L'*affirmative* est certaine ; car, sur ce point, la loi ne portant pas de prohibition, la raison et la liberté reprennent leurs droits (1).

NOTA. Les compilateurs napoléoniens qui rappelaient, à propos des futurs époux, les trois donations autorisées de la part des tiers en faveur du mariage, n'ont pas pensé à rappeler également les *clauses de potestativité* indiquées dans l'article 1086 ; cela n'empêche pas, comme nous l'avons déjà dit *supra*, que ces clauses ne soient applicables dans les donations entre futurs époux (2).

1095. — Le mineur ne pourra, par contrat de mariage, donner à l'autre époux, soit par donation simple, soit par donation réciproque, qu'avec le consentement et l'assistance de ceux dont le consentement est requis pour la validité de son mariage ; et, avec ce consentement, il pourra donner tout ce que la loi permet à l'époux majeur de donner à l'autre conjoint.

Cet article déroge aux règles ordinaires de la tutelle :

1° *En ce que c'est le futur époux mineur lui-même qui, contrairement à la disposition de l'art. 450, doit figurer de sa personne dans les donations qu'il fait à son futur époux ;*

2° *En ce que le futur époux mineur a besoin, pour être capable de faire ces donations, non de l'assistance de son tuteur, mais de celle des personnes* « *dont le consentement est requis pour la validité de son mariage* ».

On dit, pour expliquer ce *dernier* point, qu'il existe un rapport de dépendance entre le consentement au mariage et le consentement aux donations (3).

Remarquons que tout mineur, apte à contracter mariage (art. 144 et 145), est par là même apte à consentir toutes les donations et toutes les conventions qui se rapportent au mariage : *Habilis ad nuptias, habilis ad pacta nuptialia* (4).

Quant à la sanction applicable au cas où le mineur ne serait pas assisté,

---

(1) En ce sens, M. Zachariæ, Aubry et Rau, t II, p. 182, texte et note 4. En sens contraire, M. Demolombe, t. XXIII, p. 454. Si, dans ce débat, nous admettons l'affirmative, ce n'est pas que nous tenions le moins du monde à la substitution vulgaire au profit des enfants. En dehors du droit à être reconnus, du droit à être élevés, de la créance éventuelle d'aliments, les enfants n'ont absolument aucuns droits ; le reste est pure affaire du père ou du propriétaire avec sa conscience, et si, à la place du milieu social actuel, nous supposons un milieu où régneraient la raison et le droit, l'enfant, élevé et valide, ne devrait avoir à compter, pour devenir propriétaire, que sur son effort personnel.

(2) M. Delvincourt, t. II, p. 17. — M. Demante, t. IV, n° 269. — M. Demolombe, t. XXXIII, p. 455.

(3) Comment l'entend-on ? sont-ce les donations qui dépendent du mariage, ou le mariage des donations ?

(4) La disposition de l'art. 1095 est répétée et généralisée plus loin par les art. 1309 et 1398.

comme il doit l'être, nous verrons, sous l'art. 1398, qu'elle consiste dans une nullité qui, au lieu d'être simplement *relative*, selon la règle (art. 1125), est, par exception, *absolue*.

1096. — Toutes les donations faites entre époux pendant le mariage, quoique qualifiées entre-vifs, seront toujours révocables. — La révocation pourra être faite par la femme, sans y être autorisée par le mari ni par justice. — Ces donations ne seront point révoquées par la survenance d'enfants.

1097. — Les époux ne pourront, pendant le mariage, se faire, ni par acte entre-vifs, ni par testament, aucune donation mutuelle et réciproque par un seul et même acte.

Les articles 1096 et 1097 nous mettent en présence des *donations entre époux*.

Dans une législation où la liberté de l'individu, en matière de donations entre-vifs, est limitée par les règles les plus arbitraires et les plus compliquées, ces textes méritent au premier chef le reproche d'être insuffisants.

Sans donc nous en tenir strictement à l'exégèse des art. 1096 et 1097, nous traiterons :

1° *Des formes des donations entre époux ;*

2° *De la nature des donations entre époux.*

1° FORMES DES DONATIONS ENTRE ÉPOUX.

En ce qui concerne les formes extrinsèques, les auteurs professent, en général :

1° *Que les donations entre époux doivent être passées dans la forme indiquée par l'art.* 931 (rapprocher art. 2, l. 21 juin 1843) ;

2° *Qu'elles doivent être expressément acceptées par l'époux donataire* (art. 932-938) ;

3° *Qu'elles doivent être transcrites lorsqu'elles ont pour objet des biens présents susceptibles d'hypothèques* (art. 939-942) ;

4° *Qu'elles doivent être accompagnées d'un état estimatif lorsqu'elles ont pour objet tout ou partie du mobilier présent de l'époux donateur* (art. 948).

On fonde ces *quatre* propositions sur le motif que les donations entre époux sont, à titre de donations entre-vifs, soumises à toutes les règles des donations entre-vifs, à moins que pour elles les textes ne dérogent à ces règles.

On dit, *au sujet de la transcription en particulier,* que cette formalité est nécessaire pour protéger la donation :

1° *Contre les créanciers chirographaires du donateur ;*

2° *Contre les tiers qui, postérieurement à la donation, auraient acquis des priviléges, des hypothèques légales ou judiciaires contre le donateur.*

En effet, ajoute-t-on, la circonstance que le donateur a contracté de nouvelles dettes, ou la naissance de sûretés réelles, non consenties par lui, ne sauraient faire présumer de sa part l'intention de révoquer les donations dont il est l'auteur (1).

Remarquons qu'aux termes de l'art. 1097, *les époux ne peuvent se faire aucune donation mutuelle et réciproque par un seul et même acte.*

Mais, bien entendu, il n'existe aucun obstacle à ce qu'ils se fassent des donations mutuelles et réciproques par des actes séparés, quoique passés immédiatement l'un à la suite de l'autre, devant le même notaire et les mêmes témoins.

L'art. 1097 est la reproduction et la généralisation de l'art. 968 (V, *supra*, p. 504).

En ce qui concerne les formes intrinsèques, c'est-à-dire les règles contenues dans les art. 943-946, l'art. 947 porte qu'elles ne s'appliquent pas aux donations dont il est mention aux chapitres VIII et IX du présent titre (le titre *Des donations entre-vifs et des testaments*).

D'où, la conséquence que les donations entre époux peuvent être :

1° *Des donations de biens présents ;*

2° *Des donations de biens à venir ou institutions contractuelles ;*

3° *Des donations cumulatives de biens présents et à venir.*

Ces donations sont d'ailleurs essentiellement susceptibles d'être affectées de clauses *potestatives* (V. *infra*) (2).

2° NATURE DES DONATIONS ENTRE ÉPOUX.

Les donations entre époux sont-elles des donations entre-vifs ?

D'après certains auteurs, ce sont des donations à cause de mort (3) ;

D'après d'autres, ce sont des donations dans lesquelles les éléments de la donation entre-vifs se combinent avec ceux de la donation à cause de mort (4) ;

---

(1) Comparer MM. Zachariæ, MM. Aubry et Rau, t. VI, p. 284, texte et note 5. — M. Boutry-Boissonade, *Essai sur les donations entre-époux*, p. 179. — M. Colmet de Santerre, t. IV, n° 276 *bis*, II. — M. Demolombe, t. XXIII, p. 480.

On donne aussi quelques raisons spéciales à l'état estimatif, et l'on dit notamment qu'il sera utile à l'époux donataire pour défendre sa donation contre les poursuites des créanciers de l'époux donateur ; mais quand donc les légistes resteront-ils à court de raisons ?

(2) Comparer MM. Zachariæ, Aubry et Rau, t. IV, p. 286. — M. Boutry-Boissonade, p. 177. — M. Colmet de Santerre, t. IV, n° 276. — M. Demolombe, t. XXIII, p. 487.

(3) M. Delvincourt, t. II, p. 497. — M. Vazeille, art. 904, n° 2.

(4) Merlin, *Répert.,* v° Donation, art. 904, n° 2, sect. X. — M. Troplong, art. 1696.

D'après d'autres enfin, ce sont des donations entre-vifs affectées d'une condition résolutoire spéciale, c'est-à-dire révocables au gré du donateur (1).

Cette *dernière* opinion paraît prévaloir, mais elle a certainement contre elle la formule, d'ailleurs fort surprenante, du *premier* alinéa de l'art. 1096.

Ce même alinéa déclare que les donations dont il s'agit « seront toujours révocables ».

La révocabilité des donations entre époux est-elle une révocabilité ad nutum, ex mero arbitrio, *c'est-à-dire, en français, au plein gré du donateur ?*

L'affirmative est admise par la plupart des auteurs, et elle repose en effet sur *deux* raisons péremptoires.

La *première* est le sens absolu que comporte cette disposition « toutes donations faites entre époux pendant le mariage... seront toujours révocables » (art. 1096).

La *seconde* est que ce sens est en harmonie avec la tradition issue du sénatus-consulte de Septime Sévère et d'Antonin Caracalla.

Cette décision est donc aussi bien appuyée que possible (2).

---

(1) MM. Zachariæ, Aubry et Rau, t. IV, p. 286, texte et note, 3-7. — M. Demolombe, t. XXIII, p. 473.

Pourquoi les auteurs ne se tirent-ils pas tout simplement d'affaire en déclarant que la donation entre époux est un acte *sui generis*, un amphibie ? Cela n'en ferait qu'un de plus, et cela serait fort exact. Est-ce que l'éminent M. Demolombe, qui qualifie la donation entre époux du Code Napoléon, de « *vraie donation entre-vifs* », pourrait dire quel est, dans l'état de la législation, le type rationnel de la donation entre-vifs ? Est-ce qu'il pourrait expliquer comment la donation entre époux se rapporte à ce type ?

(2) En ce sens, Delvincourt, t. II, p. 409. — Toullier, VII, n° 949. — MM. Zachariæ, Aubry et Rau, t. VI, p. 285.

En sens contraire, M. Demolombe, t. XXIII, p. 477, et Rev. crit. de jurispr., 1851, t. I, p. 481 et suiv. — M. Boutry-Boissonade, p. 181.

M. Demolombe est le premier, sinon l'unique contradicteur qu'ait rencontré sur ce point l'opinion commune ; il nie que l'époux ait le droit de révoquer de son plein gré la donation qu'il a faite ; si le *législateur* (l'être abstrait que nous savons, taillant, comme il lui plaît, dans le droit rationnel et humain), *si donc le législateur a accordé à l'époux la faculté de révocation, c'est à la condition que celui-ci n'use pas arbitrairement de cette faculté, qu'il soit lui-même un juge dans sa conscience.*

Voilà, pour terminer, d'excellentes paroles ; oui, l'homme est apte à être lui-même un juge dans sa conscience ; mais, par malheur, la compilation napoléonienne, ainsi que tous les commentaires de cette compilation, ne font que nier d'un bout à l'autre l'aptitude de la conscience individuelle à l'office de juge, qu'affirmer d'un bout à l'autre la légitimité de la tutelle sociale ; comment donc penser que, dans le cas particulier de la révocation de la donation entre époux, le Code Napoléon ait écarté les traditions dont il porte partout l'empreinte, et qu'il ait adopté ici un point de vue qui n'est jamais le sien ?

Ajoutons bien vite que cette discussion est dépourvue d'intérêt, car, à moins

Maintenant de quelles manières peut avoir lieu la révocation des donations entre époux?

En général, les auteurs répondent que cette révocation peut être *expresse* ou *tacite*, et qu'il faut y appliquer *les mêmes règles qu'à celle des testaments* (art. 1035 et suiv.; V. *supra*, p. 584) (1).

Quant aux tiers, bien entendu, ils subissent ici, comme ailleurs, les conséquences du déraisonnable brocard : « *Resoluto jure dantis, resolvitur jus accipientis* (2). »

La faculté de révocation est-elle essentielle aux donations entre époux, en d'autres termes, l'époux donateur n'aurait-il pas le droit d'y renoncer par une clause formelle?

Les auteurs sont unanimes pour admettre la *négative*, et la plupart pensent que le *second* alinéa de l'art. 1099 et l'art. 1100 complètent ce point par une sanction de nullité contre les donations qui auraient pour but d'éluder la règle de la révocabilité (V. *infra*, art. 1099 et 1100) (3).

Remarquons :

1° *Que bien que la femme soit,* malesanæ mentis, *d'après la compilation napoléonienne comme d'après toute la tradition juridique, elle a cependant le droit de révoquer par elle-même, sans aucune autorisation, la donation qu'elle a faite à son mari* (2ᵉ alinéa de l'art. 1096) (4);

2° *Que les donations entre époux ne sont pas révoquées par la survenance d'enfants* (3ᵉ alinéa de l'art. 1096) (5).

---

de confondre l'ordre moral et l'ordre juridique, la doctrine de M. Demolombe ne peut avoir que des résultats moraux.

Pour conclure, la vérité rationnelle, à nos yeux, réside dans les deux propositions suivantes :

1° Au point de vue moral, les époux n'ont pas, en principe, de donations à se faire ;

2° Au point de vue à la fois moral, économique et juridique, lorsque les époux se sont fait des donations, ces donations, non plus que toutes les autres, ne doivent jamais être résolubles.

(1) MM. Zachariæ, Aubry et Rau, t. VI, 293, et suiv. M. Demolombe, t. XXIII, p. 510 et suiv.

(2) V. pour l'appréciation de ce brocard, p. 308, note 3, p. 364, 447, etc.

(3) MM. Zachariæ, Aubry et Rau, t. VI, p. 285 et 286, texte et note 1. — M. Demolombe, t. XXIII, p. 482 et suiv.

(4) Donc, M. Demolombe n'a pas raison, quand il enseigne que si le législateur napoléonien n'a pas déterminé lui-même les causes de révocation, c'est qu'il entendait constituer l'époux juge dans sa conscience.

Quoi ! la femme dont il est nécessaire de faire la volonté dépendante (V. M. Demolombe, t. IV, p. 316), la femme qu'il serait intolérable d'affranchir de l'autorité maritale (V. M. Demolombe, t. IV, p. 141), la femme pourrait être juge dans sa conscience entre son mari et elle! Mais c'est là le renversement de toute logique. Il est vrai que nous-même nous ne sauvons point la *théorie* napoléonienne de la contradiction et que nous la laissons tomber à plat ; en toute franchise, la chose nous est indifférente.

(5) Cela est une mauvaise redite d'une mauvaise disposition. (Comparer *supra*, art. 960, p. 508.)

Restent *deux* questions :

1° *Celle de la réductibilité des donations entre époux ;*
2° *Celle de la caducité de ces mêmes donations.*

1ʳᵉ QUESTION. — *Dans quel ordre les donations entre époux sont-elles réductibles ?*

QUATRE SYSTÈMES.

1ᵉʳ SYSTÈME (1). — *Les donations entre époux doivent être réduites au marc le franc avec les dispositions testamentaires.*

L'*argument* de ce système est que, comme au temps de Septime Sévère et d'Antonin Caracalla, les donations entre époux ne sont parfaites que par la mort du donateur.

D'où il résulte qu'elles doivent suivre la même règle de réduction que les dispositions testamentaires.

2ᵉ SYSTÈME (2). — *Les donations entre époux doivent être réduites avant les donations entre-vifs ordinaires et après les dispositions testamentaires.*

L'*argument* de ce système se décompose en *deux* parties :

D'un côté, si l'on compare les donations entre époux aux donations entre-vifs ordinaires, il est facile de voir que les donations entre époux créent un droit moins fort que les donations entre-vifs ordinaires ;

En effet, lorsque l'époux qui a fait une donation à son conjoint fait ensuite à un tiers une seconde donation qui, réunie à la première, porte atteinte à la réserve, cet époux a, par là même, *renoncé au droit de confirmer la première, en tant que cette confirmation pourrait nuire à la seconde.*

D'un autre côté, si l'on compare les donations entre époux aux dispositions testamentaires, il est facile de voir que les donations entre époux créent un droit plus fort que les dispositions testamentaires ;

En effet, l'époux donataire est saisi de son droit en vertu de son titre, et n'a pas de délivrance à demander, tandis qu'en général, il en est autrement du légataire.

3ᵉ SYSTÈME (3). — *S'agit-il de donations entre époux ayant pour objet des biens présents, ces donations suivent la règle de réduction des donations entre-vifs ordinaires (art. 923) ;*

S'agit-il de donations ayant pour objet des biens à venir, ces donations doivent être réduites avant les donations entre-vifs ordinaires et après les dispositions testamentaires.

L'*argument* propre à ce système est que, dans la donation de biens

---

(1) M. Duranton, t. VIII, n° 357.
(2) M. Colmet de Santerre, t. IV, n° 276 *bis*, VIII.
(3) MM. Zachariæ, Aubry et Rau, t. IV, p. 290.

présents, le droit du donataire rétroagit au jour du contrat, et, par conséquent, prend date à partir du contrat, tandis que, dans la donation de biens à venir, le droit du donataire ne peut, quant à son objet, rétroagir au jour du contrat, et que, par conséquent, il ne prend date, à cet égard, qu'au jour du décès.

4ᵉ SYSTÈME (1). — *Les donations entre époux suivent la règle de réduction des donations entre-vifs ordinaires.*

L'*argument* de ce système est le suivant :

Le Code Napoléon ne reconnaît que deux manières de disposer à titre gratuit : la donation entre-vifs et le testament ;

Or, les art. 1096 et 1097 autorisent les époux à se faire des donations pendant le mariage ;

Donc, ces donations sont nécessairement des donations entre-vifs.

Ce système ajoute qu'il existe en ce point une différence capitale entre l'idée romaine et l'idée moderne.

L'idée romaine n'admettait la donation entre époux comme parfaite que lorsque le donateur était mort après avoir persévéré toute sa vie dans la volonté de donner ;

L'idée *moderne* regarde, au contraire, la donation entre époux comme parfaite *hic et nunc.*

L'idée moderne ! En vérité, elle n'est avec aucun de ces vieux enfantillages, et nous nous garderons bien de prendre parti pour aucun (2).

2ᵉ QUESTION. — *Les donations entre époux deviennent-elles caduques par le prédécès de l'époux donataire ?*

DEUX SYSTÈMES.

1ᵉʳ SYSTÈME (3). — *Toutes les donations entre époux, les donations de biens présents, comme les donations de biens à venir, sont caduques par le prédécès de l'époux donataire.*

1ᵉʳ *Arg.* — Les donations entre époux ne constituent au fond que des dispositions testamentaires ; donc, comme les dispositions testamentaires, elles sont caduques par le prédécès du bénéficiaire.

2ᵉ *Arg.* — La caducité est une conséquence de la révocabilité ; aussi ne comprendrait-on pas, dans la présente hypothèse, que la donation

---

(1) M. Demolombe, t. XXIII, p. 498.
(2) L'idée moderne greffée sur le droit de Sévère et de Caracalla ; les fils de la Révolution, de cette grande science du xviiiᵉ siècle, demandant leurs prémisses au droit du Bas-Empire ! Vous n'y pensez pas, monsieur Demolombe !
(3) Delvincourt, t. II, p. 607. — Toullier, t. III, nº 918. — M. Duranton, t. IX, nº 777. — M. Coin-Delisle, art. 1096, nº 6. — Conclusions de M. Delangle, Cass., 1845, Dev. 1845, I, 649-652.

ne devant recevoir sa perfection que par la mort du donateur, elle ne tombât pas par le prédécès du donataire.

3e *Arg.* — Les traditions du droit romain et de l'ancien droit français appuient cette décision.

4e *Arg.* — La donation, faite dans les termes de l'art. 1086, est plus difficilement révocable que la donation faite entre époux; or, la première donation est caduque par le prédécès du donataire; donc, *à fortiori*, la seconde doit l'être également.

5e *Arg.* — De ce que le législateur a pris soin de déclarer dans l'art. 1092 que la donation entre futurs époux n'est pas caduque par le prédécès du donataire, il s'ensuit, *à contrario*, que la donation entre époux est caduque par le prédécès du donataire.

2e SYSTÈME (1). — *S'agit-il des donations de biens présents entre époux, ces donations ne sont pas caduques par le prédécès de l'époux donataire;*

S'agit-il de donations de biens à venir, ces donations sont caduques par le prédécès de l'époux donataire.

1er *Arg.* — Les donations entre époux sont des donations entre-vifs, par conséquent, des contrats; or, un contrat ne peut être anéanti que pour les causes que la loi autorise, et la loi n'a pas soumis les donations entre époux à la caducité pour cause de prédécès de l'époux donataire.

2e *Arg.* — La caducité est bien, en effet, une conséquence nécessaire de « cette révocabilité souveraine » (2) qui empêche que le droit ne soit acquis; à l'inverse, elle ne peut être une conséquence de cette révocabilité *sui generis*, qui ne constitue qu'une condition résolutoire.

3e *Arg.* — En tant qu'il s'agit de l'influence de l'idée de la révocabilité sur la perfection de la donation entre époux, le Code Napoléon a dérogé aux traditions du droit romain et de l'ancien droit français (3).

4e *Arg.* — Si la donation, faite dans les termes de l'art. 1086, est caduque par le prédécès du donataire, c'est uniquement parce que le législateur a craint que, dans le cas de cette donation, la faculté de révocation ne pût pas être exercée librement après la mort du donataire; or, cette considération est étrangère à la donation entre époux.

5e *Arg.* — L'argument déduit, *à contrario*, de l'art. 1092 est purement imaginaire; l'art. 1092 fait antithèse à l'art. 1093, et non à l'article 1096.

_____

(1) MM. Zachariæ, Aubry et Rau, t. VI, p. 290 et suiv. texte et notes 18-20. — M. Demolombe, XXIII, p. 504 et suiv.

(2) M. Demolombe, t. XXIII, p. 503.

(3) M. Demolombe répète à chaque instant cette assertion, mais, à part le raisonnement aussi peu concluant que possible, qu'il fonde sur la combinaison des art. 893 et 1096, l'éminent doyen oublie absolument de fournir la preuve de son allégation.

A l'inverse, dans ce système, on déclare *la donation de biens à venir caduque par le prédécès de l'époux donataire*, parce que, dit-on, l'art. 1093 fournit à cette solution un irréfutable argument d'analogie. Cette fois encore, nous observerons une prudente réserve (1).

Rappelons *in terminis* que, sous l'empire de la compilation napoléonienne, il y a lieu d'appliquer aux donations entre époux la cause de révocabilité fondée sur l'ingratitude (2).

1094. — L'époux pourra, soit par contrat de mariage, soit pendant le mariage, pour le cas où il ne laisserait point d'enfants ni descendants, disposer en faveur de l'autre époux, en propriété, de tout ce dont il pourrait disposer en faveur d'un étranger, et, en outre, de l'usufruit de la totalité de la portion dont la loi prohibe la disposition au préjudice des héritiers. — Et pour le cas ou l'époux donateur laisserait des enfants ou descendants, il pourra donner à l'autre époux, ou un quart en propriété et un autre quart en usufruit, ou la moitié de tous ses biens en usufruit seulement.

1095. — L'homme ou la femme qui, ayant des enfants d'un autre lit, contractera un second ou subséquent mariage, ne pourra donner à son nouvel époux qu'une part d'enfant légitime le moins prenant, et sans que, dans aucun cas, ces donations puissent excéder le quart des biens.

Ces *deux* articles figurent au nombre des dispositions les plus défectueuses, en même temps que les plus *considérables*, de toute la compilation napoléonienne.

Ils se rapportent à la question de la quotité dont les futurs époux ou les époux peuvent disposer l'un envers l'autre, soit par acte entre-vifs, soit par testament.

Nous n'avons besoin de rappeler ici ni par quelles dispositions sages et simples, la grande législation de la Convention réglait le droit de l'époux nécessiteux contre la succession de l'époux prédécédé, ni dans quelle aberration est tombé sur le même sujet le Code de brumaire (3).

_____

(1) Cependant, si nous étions obligé de nous prononcer, nous avouons que nous serions pour Sévère et pour Caracalla plutôt que pour les auteurs actuels ; sans doute la législation de Sévère et de Caracalla, sur les donations entre époux, est détestable ; elle l'est particulièrement à notre point de vue moderne (V. *supra*, p. 682 et suiv.) ; mais, du moins, cette législation se suit, elle est compréhensible ; en pourrait-on dire autant des différentes théories qui biaisent avec l'idée des deux empereurs et qu'a fait éclore le Code de brumaire ?

(2) V. *supra*, p. 500, et aussi *Manuel de droit civil*, t. I. p. 284.

(3) En écrivant que *nous n'avons pas besoin de rappeler le droit de la Convention*, nous commettons assurément une hardiesse de style ; nous répétons que non-seulement aucun légiste du temps actuel ne cite jamais ce droit, mais qu'en outre, par la manière dont tous y font allusion, tous témoignent qu'ils l'ignorent profondément.

Citons donc de nouveau, même pour les légistes, le droit de la Convention :

« *L'époux survivant, nécessiteux, a droit à la jouissance de tout ou partie des biens de l'époux décédé.* »

« *La quotité de cette jouissance est réglée par un Conseil de famille dans la pro-*

La Convention eut le tort de ne point s'en tenir à son excellent projet de décret relatif à l'époux survivant nécessiteux (1); elle se laissa prendre, comme nous l'avons déjà dit, à sa fausse idée du droit social et à l'influence de ses légistes (2); elle voulut réglementer la quotité disponible entre époux, et alors vint l'arbitraire avec son incertitude habituelle.

Les auteurs du Code de brumaire, qui avaient si piteusement échoué là où la Convention avait si bien réussi, ne devaient pas évidemment réussir là où la Convention avait échoué; mais, à coup sûr, c'eût été le moins que ces hommes comprissent ce qu'ils édictaient et qu'ils l'exprimassent en un langage clair.

Abordons la question elle-même.

D'après la compilation napoléonienne, pour savoir la quotité dont les futurs époux ou les époux peuvent disposer l'un envers l'autre, soit par acte entre-vifs, soit par testament, il faut distinguer trois cas :

Ces cas sont :

1° *Celui où l'époux disposant ne laisse ni enfants ni descendants, mais laisse des ascendants;*

2° *Celui où l'époux disposant laisse des enfants ou descendants issus de son mariage avec l'époux gratifié;*

3° *Celui où l'époux disposant laisse des enfants ou descendants issus d'un autre lit.*

Le *premier* cas est réglé par le *premier* alinéa de l'art. 1094;

Le *second* cas, par le *second* alinéa du même art. 1094;

Le *troisième* cas, par l'art. 1098.

Avant d'étudier en détail chacun de ces cas, remarquons :

1° *Que lorsque l'époux disposant n'a ni enfants ou descendants, ni ascendants, il peut disposer au profit de son époux de l'universalité de ses biens, en pleine propriété, comme il pourrait en disposer au profit d'un étranger* (art. 916);

2° *Que, tandis que, pour les donations entre-vifs que l'un des futurs époux fait au profit de l'autre par contrat de mariage, il n'y a pas à distinguer si le futur époux donateur est majeur ou mineur, pourvu que, dans ce dernier cas, il soit valablement assisté; au contraire,*

---

portion des besoins de l'époux et des enfants (Code de la Convention, art. 25 et 26, liv. I, tit. III, § 4).

V. au surplus *supra*, p. 171 et suiv.

(1) Tout au plus, y avait-il lieu d'ajouter que :

« *Si le défunt ne laisse aucun parent, ou si ceux qu'il a ne se présentent pas pour recueillir sa succession, le conjoint survivant pourra la recueillir et le transmettre à ses héritiers.* » Code de la Convention, art. 76, liv. II, tit. VI, § 4).

(2) Nous avons déjà dit que le renégat Merlin de Douai fut le rapporteur de la loi de nivôse.

pour les dispositions soit entre-vifs, soit testamentaires, que l'un des époux voudrait faire au profit de l'autre pendant le mariage, il importe beaucoup de distinguer, selon l'avis général, si l'époux disposant est majeur ou mineur (1).

1° CAS OU L'ÉPOUX DISPOSANT NE LAISSE NI ENFANTS NI DESCENDANTS, MAIS LAISSE DES ASCENDANTS.

Le *premier* alinéa de l'art. 1094 porte que :

« L'époux pourra, soit par contrat de mariage, soit pendant le mariage, pour le cas où il ne laisserait point d'enfants ni descendants, disposer en faveur de l'autre époux, en propriété, de tout ce dont il pourrait disposer en faveur d'un étranger, et, en outre, de l'usufruit de la totalité de la portion dont la loi prohibe la disposition *au préjudice des héritiers.* »

Que signifie ce logogriphe ?

Il signifie que lorsqu'un époux ne laisse ni enfants ni descendants, mais qu'il laisse des ascendants, cet époux peut disposer en faveur de son époux de toute la quotité disponible ordinaire, et en plus de l'usufruit de la réserve des ascendants.

Voici, en effet, sur quel fondement repose cette traduction :

D'après la loi du 4 germinal an VIII, comme nous l'avons dit (V. *supra*, p. 415), outre les enfants ou descendants, et les ascendants, certains collatéraux avaient qualité d'héritiers réservataires.

Le projet du Code Napoléon (art. 16) suivit sur ce point la loi de germinal (2).

De là, lorsqu'il fut ensuite question de fixer la quotité disponible entre époux, un article (l'art. 152) qui déclarait que, pour le cas où il n'existerait ni enfants, ni descendants, l'époux aurait le droit de disposer, en usufruit, de la totalité de la portion dont la loi prohibait la disposition *au préjudice des héritiers.*

C'était obscur ; ce n'était pas inexact.

Qu'a fait la compilation napoléonienne ? elle a gardé l'obscurité et ajouté l'inexactitude (3).

Voilà pour la forme ; venons au fond.

---

(1) V. *supra*, art. 903 et 904.
Quelles complications, et à quoi servent-elles ?
(2) Fenet, t. XII, p. 571.
(3) Les rédacteurs du Code Napoléon semblent ne s'être jamais bien mis dans l'esprit qu'ils avaient rejeté la réserve des collatéraux (V. *supra*, art. 918, p. 432).

L'époux peut recevoir, disons-nous, de son époux, l'*usufruit de la réserve des ascendants*; or, l'époux survivant gratifié, est habituellement beaucoup moins âgé que l'ascendant; néanmoins, c'est l'époux qui a l'usufruit; quant à l'ascendant, on lui laisse la nue propriété, un os à ronger.

Mais sans doute l'ascendant a une ressource toute prête; la réserve fait fonction pour lui de la dette alimentaire; à défaut d'une réserve suffisante, l'ascendant réclamera la dette alimentaire.

Grave erreur! cet ascendant est, par rapport à l'époux survivant, un *allié*; notre hypothèse est *qu'il n'y a pas d'enfants nés du mariage*, et précisément, *quand il n'existe pas d'enfants nés du mariage, les gendres et belles-filles n'ont pas l'obligation de fournir des aliments à leurs beau-père et belle-mère* (art. 206).

Le fond ici ne fait donc pas tort à la forme (1).

Veut-on maintenant voir apparaître l'harmonie de l'ensemble? que l'on rapproche les uns des autres les art. 748-752, 904-915 et le 1er alinéa de l'article 1094 (V. *supra*, p. 110, 112, 392 et 423 (2).

Observation finale : Dans le cas réglé par le 1er alinéa de l'article 1094, la quotité disponible entre époux est *extensive* de la quotité disponible ordinaire.

2° CAS OU L'ÉPOUX DISPOSANT LAISSE DES ENFANTS OU DESCENDANTS ISSUS DE SON MARIAGE AVEC L'ÉPOUX GRATIFIÉ.

Le *second* alinéa de l'article 1094 porte que :

« Pour le cas où l'époux donateur laisserait des enfants ou descendants, il pourra donner à l'autre époux, ou un quart en propriété et un autre quart en usufruit, ou la moitié de tous ses biens en usufruit seulement. »

Ce qui ressort de la simple lecture de ce texte, c'est que les compilateurs napoléoniens ont posé là une alternative dont le *premier* terme comprend le *second*, et qui, par conséquent, n'en est pas une.

Il est clair, en effet, que si l'époux peut disposer en faveur de son

---

(1) Feu Troplong louait cela (M. Troplong, t. IV, n° 2556); on pouvait s'y attendre.

Heureusement, pour l'honneur de l'interprétation, Maleville a dit le mot, et M. Demolombe l'a répété : « *cette disposition est dérisoire* ». (Comparer Maleville, *Analyse raisonnée de la discussion du Code civil*, t. II, p. 437; et M. Demolombe, t. XXIII, p. 530.)

(2) Quelles péripéties pour le malheureux ascendant qui désirerait bien succéder et qui consulterait lui-même le Code Napoléon ! Quelle crainte d'abord (art. 748, 752 et 904), quel espoir ensuite (art. 915), quelle crainte derechef (1er alinéa de l'art. 1094).

Et voilà pourtant les dispositions auxquelles les auteurs ont attaché le nom de *Droit nouveau!* Et voilà, en législation, les titres de l'Homme de brumaire.

époux *d'un quart en pleine propriété et d'un quart en usufruit*, à fortiori pourra-t-il disposer en faveur de ce même époux, *d'une moitié en usufruit*.

Toutefois, les auteurs, en général, n'admettent point que cette naïveté se trouve dans la loi, et pour l'en effacer, ils recourent à l'*histoire*.

L'article 151 du projet du Code Napoléon fixait à la même quotité le disponible en usufruit et le disponible en propriété; plus tard, l'article 917 du Code Napoléon changea ce système, et les dispositions en usufruit purent dépasser les dispositions en propriété, sauf le droit d'option attribué au réservataire par l'article 917; or, disent les auteurs, ce que signifie le *second* terme de l'alternative, posée par la loi napoléonienne, est tout simple : *tandis que pour les dispositions d'usufruit faites au profit d'un étranger, la quotité disponible n'a rien de fixe; au contraire, pour les dispositions d'usufruit entre époux, elle est fixée au maximum de l'usufruit de la moitié des biens de l'époux disposant* (1).

Passons à un autre point.

Celui-là est *énorme*, et cette fois la controverse amène sur le terrain les gros bataillons.

Il ne s'agit pas, en effet, de peu ; il s'agit de savoir *si l'époux disposant qui a des enfants issus de son mariage avec l'époux qu'il voudrait gratifier, a le droit de se placer à son gré, soit dans l'article 913, soit dans le seconda linéa de l'article 1094, en d'autres termes, de choisir, à son gré, entre la quotité disponible, telle qu'elle est fixée par l'article 913, et la quotité disponible, telle qu'elle est fixée par le second alinéa de l'article 1094 ?*

A quoi tient donc la gravité du cas?

A ce que, pour répondre à la question qui vient d'être posée, l'interprète, à son tour, est forcé de choisir entre la violation des textes les plus formels, et l'aveu que, dans le cas présent, la compilation napoléonienne a commis un gros contre-sens.

Remarquons, en effet, que la quotité disponible du *second* alinéa de l'article 1094, à la différence de la quotité disponible de l'article 913, ne dépend pas du nombre des enfants laissés par le disposant.

Remarquons, en outre, que la première (*second* alinéa de l'art. 1094)

---

(1) Colmet de Santerre, t. IV, n° 274 *bis*, VI. — M. Demolombe, t. XXIII, p. 553 et 555.

A une naïveté législative les auteurs *réussissent* à substituer une inattention et une incohérence.

Au moins, MM. Zachariæ, Aubry et Rau se contentent d'enregistrer l'*erreur* (V. t. VI, p. 608, texte et note 4).

est *tantôt plus forte, tantôt plus faible que la seconde* (art. 913).

C'est ce qu'un *double* exemple mettra en lumière.

Supposons d'abord que le *de cujus* ait *trois* enfants;

S'il dispose en faveur de son époux, son *disponible*, aux termes du *second* alinéa de l'article 1094, est d'un quart en pleine propriété et d'un quart en usufruit;

S'il dispose en faveur d'un étranger, son *disponible*, aux termes de l'article 913, n'est que d'un quart en pleine propriété.

Ici, le disponible du second alinéa de l'article 1094 est plus fort que le disponible de l'article 913.

Supposons maintenant que le *de cujus* n'ait qu'*un* enfant;

S'il dispose en faveur de son époux, son *disponible*, aux termes du *second* alinéa de l'article 1094, reste toujours fixé à un quart en pleine propriété et à un quart en usufruit;

S'il dispose en faveur d'un étranger, son *disponible*, aux termes de l'article 913, devient d'une moitié en pleine propriété.

Ici, le disponible du second alinéa de l'article 1094 est plus faible que le disponible de l'article 913.

Il en serait de même si le *de cujus*, au lieu de laisser *un seul* enfant, en laissait *deux*.

Arrivés à ce point, nous sommes au niveau de la discussion, et nous pouvons la comprendre.

Lorsqu'aux termes du second alinéa de l'article 1094, l'époux ne pourrait disposer en faveur de son époux, que d'une quotité plus faible que celle dont il pourrait disposer en faveur d'un étranger, aux termes de l'article 913, a-t-il le droit de laisser de côté l'article 1094, et de disposer en faveur de son époux de ce dont il pourrait disposer en faveur d'un étranger?

DEUX SYSTÈMES.

1er SYSTÈME (1). — *Aff.*

1er *Arg.* — La philosophie du droit exige que, dans les dispositions entre époux, la qualité d'époux soit d'une manière absolue ou une cause de faveur ou une cause de défaveur; ce qui serait absurde, c'est qu'elle fût à la fois les deux.

Or, c'est là le résultat auquel arrive le système contraire.

Donc, ce système est inadmissible, et l'on peut même dire qu'il est *monstrueux* (2).

---

(1) M. Benech, *la Quotité disponible entre époux*, V. édit. 1842, in-8. — M. Valette, le *Droit* du 11 mars 1846. — MM. Zachariæ, Aubry et Rau, t. V, p. 609, note 5. — M. Boutry-Boissonade, 198.

(2) Benech, p. 105.

Nous nous demandons comment M. Benech a pu parvenir à se faire assez

2ᵉ *Arg.* — Le texte du *second* alinéa de l'art. 1094 appuie cette solution.

En effet, ce second alinéa porte que « l'époux..... pourra donner à son époux, etc. » ;

Donc, la formule est permissive ;

Donc encore, elle n'exclut pas l'existence d'une autre quotité disponible entre époux ; au contraire, elle la suppose.

3ᵉ *Arg.* — L'art. 16 du projet du Code Napoléon fixait la quotité disponible ordinaire au quart des biens en pleine propriété, quel que fût le nombre des enfants du disposant ;

L'art. 151 du même projet fixait la quotité disponible entre époux au quart des biens en pleine propriété et au quart en usufruit, ou à la moitié des biens en usufruit ;

De là il ressort que, dans l'esprit des rédacteurs du projet, la quotité disponible entre époux devait être toujours *extensive* de la quotité disponible ordinaire.

Or, l'art. 913 correspond à l'art. 16 du projet, et l'art. 1094 reproduit l'art. 151 ;

Donc, puisque, dans la pensée du législateur, l'art. 151 avait pour but de favoriser l'époux, l'art. 1094 a nécessairement conservé le même but.

C'était, au surplus, l'avis du conseiller d'État Berlier (1).

2ᵉ SYSTÈME (2). — *Nég.*

1ᵉʳ *Arg.* — L'argument que le premier système tire de la philosophie du droit n'est pas concluant ; en effet, dans le règlement de la quotité disponible du *second* alinéa de l'art. 1094, le législateur napoléonien entend sauvegarder deux intérêts à la fois :

Celui des époux ;

Celui des enfants nés du mariage.

Il pourvoit au premier en permettant aux époux de s'assurer, dans tous les cas, l'un à l'autre une existence convenable ;

Il pourvoit au second en interdisant aux époux des libéralités qu'il juge excessives.

---

illusion à lui-même pour orner un tel argument du grand nom de *la philosophie du droit.*

La philosophie du droit, ce dilemme sophistique !

La philosophie du droit, ce syllogisme puéril !

La philosophie du droit ; mais est-ce qu'elle a quelque chose à démêler avec toutes ces tortures de texte, avec toutes ces questions vides, avec tous ces manques de sincérité, avec toutes ces négations du droit vrai.

La philosophie du droit ! Vous y toucherez, légistes, quand vous aurez brûlé vos textes et renouvelé vos traditions !

(1) MM. Demante, t. IV, n° 274 ; et Colmet de Santerre, n° 274 *bis*, I, vi. — M. Duverger, à son cours. — M. Demolombe, t. XXIII, p. 544.

(2) Fenet, t. XI, p. 416 et 417.

Voilà comment le pour et le contre se concilient; voilà comment le disponible entre époux se trouve réunir, sans aucune contradiction, deux caractères opposés.

2º *Arg.* — Il est vrai que le *second* alinéa de l'art. 1094 porte que « l'époux..... pourra donner à son époux, » etc.

Et qu'il ne porte pas que l'époux..... *ne* pourra donner à son époux, etc.

« Mais déclarer que l'époux pourra disposer jusqu'à une certaine limite, n'est-ce pas déclarer nécessairement qu'il ne pourra disposer au delà de cette limite (1)? »

3º *Arg.* — Sans doute, dans le projet originaire, il résultait de la combinaison des art. 16 et 151 l'un avec l'autre que la quotité disponible entre époux était toujours *extensive* de la quotité disponible ordinaire; mais la quotité disponible, telle qu'elle était réglée par l'art. 16 du projet, a été augmentée par l'art. 913, et l'on ne saurait prétendre que le législateur se fût engagé par l'art. 151 à faire toujours profiter l'époux de la quotité disponible ordinaire, telle qu'elle pourrait être fixée plus tard par des dispositions encore ignorées.

Il y a mieux ; la section de législation du tribunat avait précisément proposé l'adoption du premier système, et l'amendement de la section n'a pas réussi (2).

Donc, l'art. 151, devenu l'art. 1094, a cessé de se relier à l'art. 16 devenu l'art. 913.

C'était, au surplus, l'opinion du conseiller d'État Bigot (3).

4º *Arg.* — L'économie générale du chapitre IX prouve que le législateur napoléonien a entendu que ce chapitre se suffit à lui-même pour le règlement des dispositions entre époux.

L'économie spéciale des art. 1094 et 1098 renforce cette considération, en ce qui concerne particulièrement la quotité disponible entre époux.

5º *Arg.* — Enfin l'art. 1099 porte que « les époux ne pourront se donner indirectement au delà de ce qui leur est permis par les dispositions ci-dessus. »

Ce texte achève donc la démonstration.

Oui, il l'achève comme le bourreau achève le patient.

Ainsi, d'après *notre* système (le *second*, celui des textes), voici quels sont *nos* résultats :

Un époux a-t-il *trois, quatre, cinq* ou *six* enfants, la disposition qu'il fait en faveur de son époux n'est *excessive* que si elle réduit *chacun de*

---

(1) M. Demolombe, t. VI, p. 547.
(2) Fenet, t. XII, p. 457.
(3) Fenet, t. XII, p. 572 et 573.

ses enfants à une portion inférieure au tiers, au quart, au cinquième, au sixième de la moitié de ses biens en pleine propriété et du quart en nue propriété.

Un époux n'a-t-il qu'*un* enfant, la disposition qu'il fait en faveur de son époux est *excessive*, s'il réduit *cet enfant à une moitié en pleine propriété.*

Il est vrai que, si au lieu de disposer au profit de son *époux*, le même époux, qui n'a qu'un enfant, s'avisait de disposer au profit d'un *étranger*, il pourrait réduire l'enfant *à une moitié en pleine propriété.*

Mais l'époux, c'est beaucoup plus dangereux qu'un étranger, cela sollicite beaucoup plus l'affection, et enfin où en serait l'ordre social si les enfants ne se distinguaient plus en riches et en pauvres, si tous les enfants étaient également obligés de faire effort, de travailler?

Cependant, on pourrait bien encore insister ; on pourrait bien dire en prenant les termes même de la doctrine actuelle qu'il est à peu près sans intérêt pour les enfants de trouver les biens dans le patrimoine de l'un de leurs auteurs, plutôt que dans le patrimoine de l'autre; mais il ne faut pas confondre, il y a cas et cas; cet argument, c'est celui de l'article 1093 (V. *supra*, p. 691), ce sera peut-être aussi celui de l'art. 1496 (V. *infra*, Contrat de mariage); ce n'est pas celui du second alinéa de l'art. 1094 (1).

Voyons autre chose.

Dans le cas où l'époux disposant laisse des enfants ou descendants, et où la disposition qu'il a faite en faveur de son époux est d'un usufruit ou d'une rente viagère, l'article 917 *est-il applicable?*

Nous avons déjà répondu *négativement* en ce qui concerne la disposition *en usufruit* (V. *supra*); en d'autres termes, les enfants ou descendants ne sont point alors placés dans l'alternative établie par l'article 917; ils ont le droit de demander la réduction de la disposition à la moitié des biens en usufruit seulement, sans être obligés de faire un abandon de propriété.

---

(1) Nous n'avons guère le tempérament de Philinte, et nous n'estimons pas du tout Philinte; cependant, à ceux qui nous reprocheraient ici de berner la doctrine juridique, nous répondrions comme Philinte :

Mais sérieusement, que voulez-vous qu'on fasse?

Concluons : les auteurs qui ont répandu des flots d'encre pour expliquer la question de la quotité disponible entre époux, n'ont perdu de vue qu'un tout petit point; il existe aujourd'hui un engin de destruction mille fois plus terrible pour toutes les quotités disponibles et pour tous les vieux règlements juridiques que ne l'est le canon rayé ou le chassepot pour les peuples qui veulent reprendre leur droit; cet engin, sans cesse grandissant, qui aujourd'hui augmente l'anarchie, qui demain fera régner l'ordre, *c'est la fortune mobilisée.*

À l'égard de la disposition *en rente viagère*, nous ferons la même réponse qu'à l'égard de la disposition *en usufruit* ; par conséquent, les enfants ou descendants auront le droit de faire réduire la rente viagère, jusqu'à concurrence de la moitié du revenu des biens (1).

Ici, se présente la thèse scabreuse du concours entre des disposition faites par un époux, les unes en faveur de son époux, les autres en faveur d'autres personnes.

Sur ce point, *trois* questions :

1° *La quotité disponible, telle qu'elle est fixée par l'article 1094, peut-elle se cumuler avec la quotité disponible, telle qu'elle est fixée par les articles 913 et 915?*

2° *Si l'on décide que ces deux quotités ne peuvent être cumulées, de quelle manière doivent-elles être combinées l'une avec l'autre?*

3° *Lorsqu'il y a lieu à la réduction, de quelle manière y doit-on procéder?*

Sur la *première* question, les auteurs enseignent unanimement que le cumul n'est pas possible, et que l'ensemble des dispositions faites par l'époux ne peut dépasser le disponible le plus élevé (2).

Sur la *seconde* et sur la *troisième* question, les auteurs se débattent contre une logique qui les presse en mille sens, et l'irrationnel principe des réserves vient succomber une nouvelle fois devant les impossibilités qu'il accumule (3).

3° CAS OÙ L'ÉPOUX DISPOSANT LAISSE DES ENFANTS OU DES ASCENDANTS ISSUS D'UN AUTRE LIT.

L'art. 1098 porte que :

« L'homme ou la femme qui, ayant des enfants d'un autre lit, contractera un second ou subséquent mariage, ne pourra donner à son nouvel époux qu'une part d'enfant légitime le moins prenant, et sans que, dans aucun cas, ces donations puissent excéder le quart des biens. »

Cette formule enchevêtrée signifie que, dans le cas réglé par l'ar-

---

(1) MM. Zachariæ, Aubry et Rau, t. V, p. 810, texte et note 8.—M. Colmet de Santerre, t. IV, n° 274 *bis*, VI et VII. — M. Demolombe, t. XXIII, p. 554 et suiv.

En sens contraires et divers, M. Benech, p. 335. — M. Boutry-Boissonade, p. 427, art. 1094, n° 9. — M. Coin-Delisle, art. 1094, n° 9. — M. Bonnet, t. IV, n°s 1041 et 1042.

(2) M. Valette, *le Droit*, 4 mars 1846. — MM. Zachariæ, Aubry et Rau, t. V, p. 612, texte et note 14. — M. Colmet de Santerre, t. IV, n° 281 *bis*, I, — M. Boutry-Boissonade, n° 476. —M. Demolombe, t. XXIII, p. 569.

(3) V. pour le développement des deux questions, M. Demolombe, t. XXIII, p. 569 et suiv.

ticle 1098, *la quotité dont l'époux peut disposer en faveur de son époux, a deux mesures :*

L'une, variable, qui est la part d'enfant légitime, le moins prenant, c'est-à-dire non préciputaire (à supposer, bien entendu, que le de cujus ait usé de la faculté de faire des préciputs au profit d'un ou de quelques-uns de ses enfants du premier lit);

L'autre, fixe, qui est le quart en propriété du patrimoine du de cujus, et qui vient se substituer à la précédente, toutes les fois que la précédente excède le quart en propriété du patrimoine du de cujus.

On voit par là que *la quotité disponible ordinaire est, en général, plus forte que la quotité fixée par l'article* 1098.

Un *seul* cas fait exception, c'est celui où le disposant a *trois* enfants du premier lit; dans ce cas, en effet, la quotité disponible fixée par l'article 1098 se trouve être d'un quart en propriété, exactement comme la quotité disponible ordinaire (1).

Remarquons :

1° *Que l'art. 1098 est applicable tout aussi bien à l'époux qui laisse des enfants légitimés, par l'effet d'un précédent mariage* (art. 333), *qu'à celui qui laisse des enfants légitimes;*

2° *Qu'au contraire l'art. 1098 est inapplicable lorsque le disposant laisse seulement des enfants adoptifs ou des enfants naturels* (2).

---

(1) Nous avons indiqué plus haut, p. 686, l'origine de la disposition antijuridique et immorale portée par l'art. 1098; la compilation napoléonienne a amélioré en un point et a aggravé en un autre le *droit* du Bas-Empire, et de l'Edit des secondes noces.

Voyons d'abord l'amélioration.

D'après le droit du Bas-Empire et d'après le second chef de l'Edit des secondes noces, les veuves (la constitution *Generaliter*, dans le droit du Bas-Empire, et la jurisprudence des parlements, dans le vieux droit français, ajoutèrent les veufs), les veuves donc ayant enfants d'un premier lit, et convolant à de nouvelles noces, ne pouvaient faire à leurs nouveaux maris aucune part des biens à elles acquis par dons et libéralités de leurs défunts maris, et lesdites veuves étaient tenues de réserver ces biens aux enfants issus de leur union avec l'époux qui les avait gratifiés.

C'était là une véritable substitution en faveur des enfants du premier lit.

La compilation napoléonienne n'a point fait revivre cette substitution.

Passons à l'aggravation.

D'après le droit du Bas-Empire et d'après l'Edit des secondes noces, la quotité dont l'époux convolant à de secondes noces pouvait disposer en faveur de son nouvel époux n'était soumise qu'à la limite variable de la part d'enfant légitime le moins prenant.

La compilation napoléonienne a ajouté la limite fixe du quart en propriété.

Rappelons maintenant les principes :

1° *La propriété est à l'individu, non à la famille, et sauf ce qui concerne la dette normale d'éducation et la dette éventuelle d'aliments, les enfants n'ont aucun droit aux biens qui appartiennent à leurs père et mère;*

2° *L'individu, homme ou femme, tient de la loi naturelle et morale le droit de second comme de premier mariage.*

(2) A l'égard de l'enfant adoptif, il existe une controverse; mais c'est vaine-

3° *Qu'enfin, bien que le droit de demander, en vertu de l'art.* 1098, *la réduction des dispositions faites au nouvel époux ne puisse jamais s'ouvrir dans la personne des enfants du second mariage, ceux-ci cependant ont le droit de partager, avec leurs frères et sœurs du premier mariage, les biens rentrés dans le patrimoine de l'auteur commun, sur les poursuites des enfants du premier lit* (1).

L'art. 1098 *reste-t-il applicable aux enfants légitimes ou légitimés qui ne deviendraient pas héritiers du disposant.*

La *négative* est évidente, car l'art. 1098 pose certainement une règle de réserve; or, *pour être réservataire il faut être héritier* (V. *supra*, p. 416 et suiv.) (2).

Lorsque une personne, ayant des enfants d'un précédent mariage, convole successivement en plusieurs nouveaux mariages, quelle est la quotité dont cette personne peut disposer en faveur de ses nouveaux époux?

Dans l'ancien droit, on professait que le maximum du disponible, en faveur de tous les nouveaux époux ensemble, était d'une part d'enfant (3).

Aujourd'hui, la question est controversée.

TROIS SYSTÈMES.

1ᵉʳ SYSTÈME (4). — *Lorsqu'une personne, ayant des enfants d'un précédent mariage convole successivement en plusieurs nouveaux mariages, cette personne peut disposer en faveur de tous ses nouveaux époux ensemble de toute la quotité disponible ordinaire, sous la condi-*

---

ment qu'on invoque l'art. 350 pour assimiler dans la présente hypothèse l'enfant adoptif à l'enfant légitime ; les secondes noces manquant, tout motif manque à l'application de l'art. 1098 (V. au surplus *Manuel de droit civil*, t. I, p. 274).

Quant à l'enfant naturel, on sait quel est, en ce qui concerne, le système général du Code Napoléon.

(1) MM. Zachariæ, Aubry et Rau, t. V, p. 631, texte et notes, 39-40. — M. Colmet de Santerre, t. IV, nº 278 *bis*, x. — M. Demolombe, t. XXIII, p. 685.

Ces auteurs vont même plus loin ; ils décident, selon les traditions de la *bonorum possessio contra tabulas* (l. 3, § 2, D., liv. XXXVII, tit. V) et de l'ancien droit français (Pothier, *Contrat de mariage*, nº 567) que, si les enfants du premier mariage négligent ou refusent de demander le retranchement, ceux du second mariage ont alors eux-mêmes le droit d'action.

(2) En ce sens, MM. Zachariæ, Aubry et Rau, t. V, p. 629 et suiv., texte et note 36. — M. Colmet de Santerre, t. IV, nº 278 *bis*, i. — M. Demolombe, t. XXIII, p. 653.

En sens contraire, M. Troplong, t. IX, nº 2723.

(3) Pothier, *Contrat de mariage*, nº 566.

(4) M. Duranton, t. IX, nº 804. — M. Taulier, t. IV, p. 246.

tion que chacun d'eux n'aura pas au delà d'une part d'enfant le moins prenant.

Les partisans de ce système s'appuient sur ce que l'art. 1098, au lieu de contenir, comme l'édit de 1560, la formule collective : « *à leurs nouveaux maris* », contient la formule individuelle : « *à son nouvel époux* ».

2ᵉ SYSTÈME (1). — *Lorsqu'une personne, ayant des enfants d'un précédent mariage, convole successivement en plusieurs nouveaux mariages, cette personne peut disposer en faveur de chacun des nouveaux époux d'une part d'enfant le moins prenant, pourvu que toutes ces dispositions réunies ne dépassent pas le quart des biens.*

Les partisans de ce système commencent par reproduire l'argument des partisans du 1ᵉʳ système.

Puis, ils ajoutent que la limite du quart est imposée par la formule : « *Et sans que, dans aucun cas, ces donations puissent excéder le quart des biens* » (art. 1098).

3ᵉ SYSTÈME (2). — *Lorsqu'une personne, ayant des enfants d'un précédent mariage, convole successivement en plusieurs nouveaux mariages, cette personne ne peut disposer en faveur de tous ses nouveaux époux ensemble que de la quotité de biens déterminée par l'art. 1098.*

Les partisans de ce système invoquent les traditions.

Ils rappellent, en outre, que la compilation napoléonienne est encore plus restrictive que l'édit des secondes noces.

Ils citent enfin quelques paroles de Bigot-Préameneu (3).

Ce *triple* argument est, à nos yeux, irréfutable.

Quant aux enfants qui, dans tous les cas, font nombre pour déterminer la part d'enfant, ce point est tout simple.

Bien entendu, d'abord, on ne tient compte *que des enfants qui viennent à la succession* (4), mais il faut remarquer :

---

(1) M. Demante, t. IV, n° 278. — M. Colmet de Santerre, n° 278 *bis*, XI.

(2) M. Valette, à son cours. — MM. Zachariæ, Aubry et Rau, t. V, p. 632, texte et note, 43. — M. Demolombe, t. XXIII, p. 663.

(3) Voici les paroles de Bigot-Préameneu :

« On a maintenu cette sage disposition que l'on doit encore moins attribuer à la défaveur des seconds mariages, qu'à l'obligation où sont les père et mère qui ont des enfants, de ne pas manquer à leur égard, lorsqu'ils forment de nouveaux liens, aux devoirs de la paternité. Il a été réglé que, dans ces cas, les donations au profit du nouvel époux ne pourront excéder une part d'enfant légitime, et que, dans aucun cas, ces donations ne pourront excéder le quart des biens. » (Fenet, t. XII, p. 593.)

Ces paroles prouvent aussi que nous n'avons pas calomnié (*supra*, p. 687) l'esprit de la compilation napoléonienne.

(4) M. Troplong est, à notre connaissance, le seul auteur qui ait nié cette proposition (t. VI, n°ˢ 2714, 2716); mais M. Troplong traitait le droit dans ses commentaires, comme la philosophie dans ses préfaces.

1° Que les enfants, issus du second ou du troisième mariage, font nombre, comme ceux issus du premier ;

2° Que les descendants d'un enfant prédécédé ne comptent que pour l'enfant dont ils sont issus, soit qu'ils succèdent par représentation, soit qu'ils viennent de leur chef (art. 914; V. *supra*, p. 420) ;

3° Que l'enfant adoptif fait nombre (art. 350) (1) ;

4° Que les enfants naturels font également nombre, en ce sens que l'on doit commencer par distraire de la masse la portion des biens à laquelle ils ont droit (art. 75; V. *supra*, p. 133).

Ajoutons qu'enfin l'époux, qui bénéficie de la disposition, fait lui-même nombre (2).

1099. — Les époux ne pourront se donner indirectement au delà de ce qui leur est permis par les dispositions ci-dessus.

Toute donation, ou déguisée, ou faite à personnes interposées, sera nulle.

1100. — Seront réputées faites à personnes interposées, les donations de l'un des époux aux enfants ou à l'un des enfants de l'autre époux issus d'un autre mariage, et celles faites par le donateur aux parents dont l'autre époux sera héritier présomptif au jour de la donation, encore que ce dernier n'ait point survécu à son parent donataire.

De l'avis général des auteurs, ces deux articles servent de sanction à l'ensemble des dispositions du chapitre IX (en ce qui concerne spécialement l'art. 1096, v. *supra*, p. 693) (3).

Examinons d'abord l'art. 1099.

Du *premier* alinéa de ce texte, il résulte que les donations *indirectes* entre futurs époux et entre époux sont *valables* tout entières, si elles n'excèdent pas la quotité disponible, et *réductibles* jusqu'à due concurrence, si elles excèdent la quotité disponible.

Du *second* alinéa du même texte, il paraît bien ressortir que les donations faites entre futurs époux et entre époux *sous le déguisement d'un contrat à titre onéreux* ou *par une personne interposée* sont *nulles*, car c'est là ce que déclare, en termes propres, le *second* alinéa (4).

Cependant, certains auteurs ont résisté à ce dernier résultat; de là, une *grosse* controverse.

---

(1) V. *Manuel de droit civil*, t. I, p. 373.

(2) Comparer MM. Zachariæ, Aubry et Rau, t. V, p. 627. — M. Demolombe, t. XXIII, p. 671.

(3) Comparer MM. Zachariæ, Aubry et Rau, t. VI, p. 286. — M. Colmet de Santerre, t. IV, p. 270 *bis*, III. — M. Demolombe, t. XXIII, p. 690.

(4) V. pour la *définition* des donations indirectes, déguisées ou faites à personnes interposées (*supra*, p. 292, note).

DEUX SYSTÈMES.

1er SYSTÈME (1). — *Les donations faites entre futurs époux et entre époux sous le déguisement d'un contrat à titre onéreux ou par une personne interposée sont valables tout entières, si elles n'excèdent pas quotité disponible, et réductibles jusqu'à due concurrence, si elles excèdent la quotité disponible.*

Les partisans de ce système prétendent d'abord qu'en raison et d'une manière générale, il n'y a nul lieu de distinguer entre les donations indirectes d'une part, et d'autre part, les donations déguisées ou faites par une personne interposée.

Ils ajoutent, à l'égard des donations entre futurs époux et entre époux, que la sanction qui annulerait, dans tous les cas, les donations déguisées ou faites par une personne interposée serait exorbitante, car elle dépasserait le but qu'il s'agit d'atteindre.

Quant au mot « *nulle* » qui se trouve dans le texte, c'est un *lapsus ;* il signifie *nulle* pour ce qui excède la quotité disponible ; donc, réductible.

2e SYSTÈME (2). — *Les donations faites entre futurs époux et entre époux sous le déguisement d'un contrat à titre onéreux, ou par une personne interposée, sont nulles tout entières, soit qu'elles excèdent, soit qu'elles n'excèdent pas la quotité disponible.*

Les partisans de ce système invoquent :

1° La distribution de l'article en *deux* alinéas ;

2° La formule nette du *second* alinéa de l'article.

De ces *deux* systèmes, le *dernier* a le texte pour lui ; le *premier* a le bon sens (3).

------

(1) M. Valette, à son cours. — M. Merville, *Revue pratique*, 1863, t. XV, p. 193 et suiv.

(2) M. Vernet, *Revue pratique*, t. XV, p. 195 et suiv. — M. Lauth, *De la quotité disponible entre époux* n° 293. — M. Colmet de Santerre, t. IV, n° 279 *bis*, ii. — M. Demolombe, t. XXIII, p. 697.

(3) Il existe *deux* systèmes intermédiaires. -

L'un fait la distinction suivante :

Les donations n'excèdent-elles pas la quotité disponible, elles sont valables tout entières ;

Les donations excèdent-elles la quotité disponible, elles sont nulles tout entières (M. Troplong, t. IV, n° 2744).

L'autre fait une autre distinction :

Les donations n'ont-elles pas été faites dans le but d'excéder la quotité disponible, elles sont valables tout entières, si elles n'excèdent pas la quotité disponible ;

Les donations ont-elles été faites dans le but d'excéder la quotité disponible, elles sont nulles tout entières, lors même qu'elles n'excèdent pas la quotité disponible (MM. Aubry et Rau *Sur Zachariæ*, t. V, p. 625, texte et notes, 24-25.)

Nous attendons le *cinquième* système.

Du *dernier* système, le vrai légalement, il résulte que *quiconque y a intérêt,* et non pas seulement les héritiers réservataires, a le droit d'invoquer la nullité décrétée par le second alinéa de l'art. 1099 (1).

Reste l'art. 1100.

Ce texte répute personnes interposées :

1° *Les enfants ou l'un des enfants de l'autre époux issus d'un autre mariage ;*

2° *Les parents dont l'autre époux était héritier présomptif au jour de la donation, encore que ce dernier n'ait point survécu à son parent donataire.*

Remarquons que, comme celle de l'art. 911, cette présomption légale est *juris et de jure,* et qu'elle embrasse un plus grand nombre de personnes que celle de l'art. 911 (V. *supra,* p. 405) ; cependant, les enfants communs ne sont pas compris dans la présomption de l'art. 1100 (2).

APPENDICE

I. — DIFFÉRENCES ENTRE LA DONATION FAITE ENTRE FUTURS ÉPOUX ET LA DONATION ENTRE-VIFS ORDINAIRE.

1° *La donation entre futurs époux n'est point soumise à la formalité d'une acceptation solennelle* (V. *supra,* p. 690);

1° *La donation entre-vifs ordinaire est soumise à la formalité d'une acceptation solennelle* (art. 894 et 932 ; V. *supra,* p. 380 et 453);

2° *La donation entre futurs époux peut comprendre des biens à venir* (art. 1091 et 1093 ; V. *supra,* p. 690 et 691);

2° *La donation entre-vifs ordinaire ne peut comprendre des biens à venir* (art. 894 et 943 ; V. *supra,* p. 380 et 478);

3° *La donation entre futurs époux peut être potestative* (art. 1091 et 1093 ; V. *supra,* p. 690 et 691).

3° *La donation entre-vifs ordinaire ne peut être potestative, ou, en d'autres termes, elle est irrévocable* (art. 984 et 944-946 ; V. *supra,* p. 380 et 481-483);

4° *La donation entre futurs époux n'est pas révocable pour cause de survenance d'enfants* (art. 960 ; V. *supra,* p. 501);

4° *La donation entre-vifs ordinaire est révocable pour cause de survenance d'enfants* (art. 960 ; V. *supra,* p. 501);

---

(1) Nouvel embrouillamini de la doctrine et de la jurisprudence (comparer ensemble M. Troplong, t. IV, nᵒˢ 2745 et 2746 ; Cass., 2 mai 1855, Deballut, Dev.. 1856, I, 178. — M. Demolombe, t. XXIII, p. 704.)

(2) Il est arbitraire, même dans le système du chapitre IX, que la présomption, édictée par l'art. 1100, ne puisse point être combattue et démontrée fausse.

Nous essayerons de dire *infra* à quelles conditions la présomption légale doit satisfaire pour être légitime.

5° La donation entre futurs époux peut être faite par le mineur, pourvu qu'il soit assisté des personnes dont le consentement est requis pour la validité de son mariage (art. 1095; V. supra, p. 692);

5° La donation entre-vifs ordinaire est absolument interdite au mineur (art. 903 et 904; V. supra, p. 392);

6° La donation entre futurs époux a pour mesure la quotité disponible fixée par les art. 1094 et 1098 (V. supra, p. 700).

6° La donation entre-vifs ordinaire a pour mesure la quotité disponible fixée par les art. 913 et 915 (V. supra, p. 416 et 423).

De plus :

1° La donation entre futurs époux est caduque si le mariage ne s'ensuit pas (V. supra, p. 667);

2° La donation entre futurs époux est révoquée en plein par la séparation de corps (art. 299) (1);

3° La donation entre futurs époux est soumise à la présomption d'interposition de personnes décrétée par l'art. 1100 (V. supra, p. 713);

4° La donation de biens à venir entre futurs époux, qui a pour objet des immeubles, paraît ne pas être soumise à la formalité de la transcription, ou, tout au moins, il y a controverse pour savoir s'il faut l'y soumettre (V. supra, p. 690 et 674);

5° La donation de biens à venir entre futurs époux, qui a pour objet des meubles, n'est point soumise à la formalité de l'état estimatif (V. supra, p. 690 et 676).

II. — DIFFÉRENCE ENTRE LA DONATION FAITE ENTRE ÉPOUX ET LA DONATION ENTRE-VIFS ORDINAIRE.

1° La donation entre époux, faite à titre réciproque par un seul et même acte, est défendue (art. 1097; V. supra, p. 693);

1° La donation entre-vifs ordinaire, faite à titre réciproque par un seul et même acte, est permise.

2° La donation entre époux peut comprendre des biens à venir (art. 947; V. supra, p. 484);

2° La donation entre-vifs ordinaire ne peut comprendre des biens à venir (art. 894 et 943; V. supra, p. 380 et 478);

3° La donation entre époux est essentiellement révocable au gré de l'époux disposant (art. 1096; V. supra, p. 693);

3° La donation entre-vifs ordinaire est irrévocable (art. 894 et 944-946; V. supra, p. 380 et 481-483);

4° La donation entre époux n'est pas révocable pour cause de survenance d'enfants (art. 960 et 1096, 3° alinéa; V. supra, p. 501 et 696);

4° La donation entre-vifs ordinaire est révocable pour cause de survenance d'enfants (art. 960; V. supra, p. 501);

5° La donation entre époux a pour mesure la quotité disponible fixée par les art. 1094 et 1098 (V. supra, p. 700);

5° La donation entre-vifs ordinaire a pour mesure la quotité disponible fixée par les art. 913 et 915 (V. supra, p. 416 et 423).

(1) V. Manuel de droit civil, t. 1, p. 282.

De plus :

1° *La donation entre époux est révoquée de plein droit par la sépa-ration de corps* (art. 299) (1) ;

2° *La donation entre époux est soumise à la présomption d'interpo-sition de personnes décrétée par l'art.* 1100 (V. *supra*, p. 713) ;

3° *La donation de biens à venir entre époux, qui a pour objet des immeubles, paraît ne pas être soumise à la formalité de la transcription ou, tout au moins, il y a controverse pour savoir s'il faut l'y soumettre* (V. *supra*, p. 693 et 676) ;

4° *La donation de biens à venir entre époux, qui a pour objet des meubles, n'est pas soumise à la formalité de l'état estimatif* (V. *supra*, p. 693 et 676) ;

5° *La donation de biens à venir entre époux est caduque par le prédécès du donataire* (V. *supra*, p. 698).

TITRE III

DES CONTRATS OU DES OBLIGATIONS CONVENTIONNELLES
EN GÉNÉRAL

I

L'ordre juridique tout entier repose sur cet axiome primordial, à savoir que « naturellement l'homme est un être sociable (2) », car là où il n'y aurait pas société, il ne saurait exister de rapports sanctionnés par

---

(1) V. *Manuel de droit civil*, loc. cit.

(2) Aristote, *Politique*, trad. Barthélemy-Saint-Hilaire, p. 7.

Aristote ajoute : « Celui qui reste sauvage par organisation, et non par l'effet du hasard est certainement ou un être dégradé, ou un être supérieur à l'espèce humaine. »

Les voyageurs et les anthropologistes témoignent que l'homme même qui reste sauvage par l'effet du hasard, s'il possède certaines facultés étrangères aux autres hommes, est privé de celles qui font la supériorité de l'espèce sur les autres.

On sait que Hobbes a soutenu au contraire que « l'homme n'est pas né avec une disposition naturelle à la société », et qu'il a édifié sur cette base la théorie de son monstrueux despotisme.

Quant au grand Rousseau, s'il a constamment exalté la vie sauvage et s'il l'a placée au-dessus de la vie civile, ce n'est qu'en haine de nos sociétés dépravées ; mieux qu'aucun ancien et aucun moderne, il a compris que la loi d'organisation des sociétés a pour fondement la nature.

(Comparer Aristote, *Politique*, trad. Barthélemy-Saint-Hilaire, chap. I et II. — Hobbes, *Œuvres philosophiques*, édit. de 1787, 2 vol. in-8, t. I. *La liberté*. — Jean-Jacques Rousseau, *Discours sur l'origine et les fondements de l'inégalité parmi les hommes*, édit. Dalibon.)

l'action en justice, c'est-à-dire par la force de tous mise à la disposition de chacun pour protéger le droit de chacun.

Aucune matière n'est plus propre à mettre ce point en évidence que la double matière des contrats et des obligations.

1° DU CONTRAT.

Le contrat doit être défini :

Le concours de deux ou de plusieurs volontés sur une même chose, en tant que ce concours produit un effet de droit.

Bien entendu, l'effet de droit se rapporte à *l'action;* en d'autres termes, le contrat *engendre, modifie* ou *anéantit une action.*

Mais à quel signe discerner si le concours de deux ou de plusieurs volontés sur une même chose engendre, modifie ou anéantit une action.

Ici, la difficulté peut paraître considérable, car il ne s'agit de rien moins que de tracer la ligne de démarcation entre l'ordre moral ou de la conscience, et l'ordre juridique ou de l'action en justice.

L'ordre moral et l'ordre juridique n'ont ni l'un ni l'autre des limites immuables, et le progrès le plus certain de la race humaine est précisément que l'ordre moral agrandisse de jour en jour sa sphère et restreigne de jour en jour davantage celle où se meut l'ordre juridique.

Dans l'état actuel, à la lumière de la science du XVIII⁰ siècle et de la Révolution française, de la grande devise : Liberté, Égalité, Fraternité, nous avons dit :

D'une part, que la loi morale se ramène à ces trois termes : « Sois libre, respecte la liberté des autres, aime les autres. »

D'autre part, que la loi juridique correspond à cet unique terme : « Respecte la liberté des autres. »

Donc, il faut d'abord éliminer de l'ordre juridique tout ce qui concerne les rapports de l'individu avec lui-même, et tout ce qui, dans les rapports de l'individu avec les autres, ne relève que du point de vue de la fraternité.

Quant au terme commun à la loi morale et à la loi juridique, le respect de la liberté des autres, c'est affaire à la fois au législateur, au jurisconsulte, au juge et au magistrat (1) de le départir entre l'ordre moral et de l'ordre juridique, et de déterminer, selon les cas, si l'atteinte à la liberté d'autrui est suffisante pour motiver l'intervention de la force sociale.

On voit par là que le contrat, tout en demeurant étranger à un grand

---

(1) On sait qu'à nos yeux la fonction de juge et de magistrat sont deux fonctions distinctes, que la fonction de juge ne doit pas être déléguée, qu'elle doit être exercée par les citoyens eux-mêmes. (V. *Manuel de Droit civil,* t. I, introd., p. 65.)

nombre de rapports, n'embrasse pas exclusivement ceux qui ont le patrimoine pour objet (1).

Ce que nous venons d'exposer, c'est le côté juridique du contrat; essayons maintenant d'en indiquer les bases philosophiques et d'en faire au moins apercevoir le rôle économique.

Au point de vue philosophique, le principe qui dominera le plus les législations est celui de l'autonomie de l'individu; maître de sa conscience, son propre pape, l'homme moderne veut devenir de plus en plus le maître de ses actes, son propre empereur; comment l'idée du contrat s'accorde-t-elle avec le principe de l'autonomie de l'individu?

D'abord, si nous considérons les mobiles, divers en apparence, qui nous portent à contracter, il n'est point difficile de voir qu'ils se réduisent à un seul, l'intérêt de notre liberté.

Or, ce mobile unique nous conduit à contracter en deux sens opposés.

Nous ne passons pas un seul jour sans éprouver que nous sommes à l'étroit dans notre personnalité; nés sociables, nous avons besoin que l'activité d'autrui vienne aider la nôtre, et nous cherchons dans les rapports contractuels une assistance pour notre liberté.

De là, une première série de contrats, la plus abondante, et qui, bien loin d'affaiblir ou de restreindre l'autonomie de l'individu, ne tend qu'à la fortifier, à la développer (2).

---

(1) La doctrine en ce point est remplie d'incertitudes.
Les écrits des Prudents contiennent à peine une allusion aux contrats qui ne concernent pas le patrimoine. (V. cependant L. 5, D., liv. II, tit. XIV, et Gaius, Comm. III, § 94); aussi, rétrécissant selon leur habitude l'enseignement même du droit romain, les romanistes professent-ils pour la plupart que la notion du contrat n'est applicable qu'au patrimoine.
M. de Savigny adopte ici un point de vue plus large; mais il arrive à opposer ce qu'il nomme le *contrat obligatoire* à *l'acte contractuel obligatoire*, et la notion exacte du contrat disparaît dans cette phraséologie métaphysique. (M. de Savigny, *Traité de Droit romain*, trad. Ch. Guénoux, t. III, p. 322 et suiv., et le *Droit des obligations*, trad. C. Gérardin et P. Jozon, p. 27.)
Un partisan déclaré des idées philosophiques, M. Ahrens, reconnaît des contrats purement juridiques et des contrats éthico-juridiques (M. Ahrens, *Cours de droit naturel ou de Philosophie du droit*, 2 vol. in-8, 6ᵉ édit. Leipzig, 1868, p. 226 et suiv. du t. II).
Cette nouvelle distinction ne nous semble pas plus acceptable que celle de M. de Savigny; nous répétons que, pour notre compte, nous ne voyons de contrat que dans le concours de volontés qui engendre, modifie ou anéantit une action.
(2) Qu'un ouvrier mineur accepte de travailler dix heures par jour à 500 pieds au-dessous du sol, pour un salaire qui lui fournit à peine de quoi manger et de quoi faire manger sa famille, qu'il accepte pour ce salaire de périr, s'il y a lieu, par le feu grisou, par les inondations ou par les éboulements, qu'il accepte enfin pour ce même salaire de détruire sa santé minute par minute et de mourir d'une mort certaine en moins de dix années, en laissant pour héritage à ses enfants l'horrible existence qu'il a menée lui-même, assurément, il peut sembler paradoxal de ranger un tel contrat parmi ceux qui favorisent l'autonomie de l'individu; cependant, rien n'est plus exact; si le mineur, dénué de tout capital, ne louait

Dans d'autres contrats, nous nous proposons simplement de revenir à un état antérieur, de recouvrer une part de liberté aliénée.

Pour cette seconde série de contrats comme pour la première, le mobile qui nous fait agir est évidemment d'accord avec le principe de l'autonomie de l'individu.

Cependant, si nous faisons un pas de plus, si nous supposons le contrat formé, n'est-ce point ici que va se dresser l'écueil et que la liberté va faire naufrage? Le lien contractuel noué, en effet, n'advient-il pas, dans une foule de contrats, qu'une volonté se trouve pour un temps sous le joug d'une autre, et l'autonomie de l'individu enchaînée pour un temps?

Commençons par déterminer les contrats qui ne doivent pas figurer dans l'objection.

Ce sont :

1° Les contrats révocables au gré du débiteur ;

2° Les contrats qui anéantissent une action ;

3° Les contrats par eux-mêmes translatifs de droit réel.

Qu'il n'y ait pas lieu de comprendre dans l'objection les contrats de la première et de la seconde sorte, cela est de la plus entière évidence.

Quant à l'élimination des contrats de la troisième sorte, elle se justifie par cette considération que lorsqu'il y a un déplacement immédiat de droits réels, il n'existe aucun temps appréciable durant lequel une volonté soit sous le joug d'une autre et l'autonomie de l'individu enchaînée.

Pour que l'objection surgisse, il faut donc se placer dans l'hypothèse des contrats productifs d'obligations.

A l'égard de ces derniers, on pourrait d'abord faire remarquer que, dans la plupart, nous n'aliénons notre liberté que moyennant une compensation de même ordre, en d'autres termes, nous échangeons une part de liberté pour une autre ; mais, outre que cette proposition ne comporte pas une application absolue, elle ne résout pas l'objection au fond ; il reste toujours à faire voir qu'il n'y a nulle incompatibilité entre le principe de l'autonomie de l'individu et l'engagement qui résulte du contrat ; or, à notre avis, rien n'est plus simple, et le tout porte sur la distinction de l'ordre moral et de l'ordre juridique.

Dans l'ordre juridique, l'individu doit être laissé libre de ne pas exé-

---

ses services à ceux qui ont le capital en leurs mains, le mineur chômerait et mourrait; cela revient à dire qu'en louant ses services il échange la certitude d'une mort à bref délai par la faim, contre le risque d'une mort à plus long terme par le feu grisou, les inondations, les éboulements ou l'asphyxie.

Donc, ce que fait le mineur, en se louant, favorise l'autonomie du mineur.

Ce qui cesse de la favoriser, c'est que, lorsque le mineur entre en grève et en révolte, la société fusille le mineur.

Une société qui, pour instituer l'autonomie de ses membres les plus misérables, ne sait employer que l'arme à feu, court au-devant des catastrophes.

cuter le contrat qu'il a formé, sauf la réparation pécuniaire due au co-contractant pour le dommage que cette inexécution lui cause.

Dans l'ordre moral, l'honnête homme ne prend jamais un engagement qu'il ne soit disposé à tenir et qu'il ne doive tenir à tous risques, sauf le cas où une cause légitime l'en relève (1).

Si, du point de vue philosophique, nous passons au point de vue économique, le contrat nous apparaît comme le moteur du monde économique.

C'est, en effet, par le contrat que le travailleur qui n'a point l'instrument de travail peut parvenir à se le procurer (*contrat de crédit, louage de la terre*); c'est par le contrat que le travailleur peut mettre ses services à la disposition d'un autre, moyennant une rémunération (*contrat de prestation de travail*); c'est par le contrat que le travailleur peut associer son effort à celui d'un autre (*contrat de société*); c'est enfin par le contrat que le travailleur peut échanger son produit (*contrat d'achat-vente* et *contrat d'échange* proprement dit.)

---

(1) Qu'on n'abuse pas de ces derniers mots pour prétendre qu'ils annulent l'affirmation qui les précède. Si la morale est individuelle, en ce sens qu'il appartient à chacun de se poser sa règle morale, cela ne détruit en rien la notion d'une morale générale, car la vérité se manifeste la même pour tous ceux qui la cherchent.

Grotius, Puffendorf, Burlamaqui, fondent la raison obligatoire des contrats sur la fiction d'une convention tacite entre les hommes de rester fidèles à leurs promesses.

M. Ahrens enseigne que l'homme doit tenir ses engagements, parce que s'il ne les tenait pas, il ne pourrait compter que sur lui-même ; ce qui rendrait la société sans utilité. (Ahrens, *Cours de droit naturel ou de philosophie du droit.* Leipzig, 2 vol. in-8.)

En définitive, aucun de ces auteurs ne touche la question.

Quant à Bentham, il veut que l'homme tienne ses engagements pour son propre intérêt; d'où il semble bien ressortir *à contrario*, quoique Bentham ne le dise pas, que l'homme peut manquer à ses engagements, s'il y trouve son intérêt.

Mais nous répondons à Bentham, que l'intérêt pris comme seul guide est le plus inévitable des trompeurs, qu'il ne peut servir à délimiter le droit de chacun, et qu'il n'est pas la base de la loi morale.

Au surplus, la partie morale de la solution que nous-même nous présentons est indépendante du point de savoir si les volitions et les actions humaines sont enfermées pour chacun de nous dans des limites que détermine pour chacun sa propre nature, ou encore si ces volitions et actions sont soumises à la loi de causalité.

En effet, dans le premier système, il n'en reste pas moins vrai que l'activité la mieux douée doit être, aux yeux de chacun, celle qui se meut dans les limites les moins étroites, et qu'en outre aucun ne connaissant *à priori* les limites assignées à sa propre activité, chacun, à moins de prononcer lui-même l'arrêt de sa déchéance, doit être porté à supposer qu'elles sont pour lui aussi reculées que possible; or, la perfection est qu'il les atteigne.

Dans le second système, la causation n'étant rien autre qu'une succession invariable, certaine et inconditionnelle, il est clair qu'elle n'est point destructive de la liberté. (Comparer les si remarquables travaux du docteur L. Büchner, *Force et matière;* John Stuart Mill, *Système de logique*, trad. L. Peisse, t. II, chap. ii, *De la liberté et de la nécessité*, p. 418.)

Nommer l'échange, c'est indiquer le dernier acte du grand drame du travail, en même temps que le point central de l'économie politique. L'homme en société travaille, en général, pour avoir de quoi échanger; ôtez l'échange des rapports économiques, et les rapports économiques disparaissent.

De là, le haut rang qui, même dans la classification actuelle des contrats (1), appartient à l'échange ou à l'achat-vente (échange d'une marchandise contre de la monnaie).

Que si l'on recherche maintenant les conditions dans lesquelles les différents contrats relatifs au travail peuvent se développer et rendre les services qu'une société vivante serait en droit d'en attendre, on verra que ces conditions se résument dans une seule, *la liberté*.

Mais qu'est-ce donc que la liberté des contrats relatifs au travail, et suffirait-il de la proclamer pour qu'elle existât?

Assurément, ce serait déjà là un point énorme; reconnaître la liberté de l'effort et inscrire au frontispice de toutes nos lois que dorénavant toutes les fonctions sont au concours, que la meilleure revient de droit à la meilleure activité, ce serait reprendre la grande tradition de la Révolution française, ce serait inaugurer l'ordre vrai.

Cependant, pour que la liberté du contrat soit une réalité, c'est trop peu que la loi n'y apporte aucun obstacle; il faut encore que les contractants soient en situation de débattre librement l'un avec l'autre les termes du contrat; il ne faut pas que la volonté de l'un s'impose à l'autre comme une nécessité de pain quotidien.

On voit par là que la question de la liberté des contrats relatifs au travail, ou plus simplement de la liberté du travail, est en étroite relation avec l'économie générale de la société; or, tant vaut celle-ci, tant vaudrait l'application de celle-là, si l'ensemble n'était restitué à la justice (2).

_____

(1) Nous verrons *infra* ce qu'il y a lieu de penser de cette classification.

(2) Dans une société telle que la nôtre, il n'y a pas de réformes partielles à accomplir, car ces réformes n'aboutiraient à rien. Il n'est que temps de nous l'avouer à nous-mêmes : nous ne vivons que sur les débris des plus inintelligentes traditions, et, chose incroyable, après avoir fait la *Révolution française,* nous en sommes revenus en une foule de points à l'ancien régime.

Lorsque Turgot proclamait que le droit de travailler est la propriété de tout homme et que cette propriété est la première, la plus sacrée et la plus imprescriptible de toutes, certes Turgot prononçait une parole immense et une des plus révolutionnaires qui aient jamais été dites dans le monde. (V. Edit de février 1776. *OEuvres de Turgot,* édit. F. Daire et H. Dussart, t. II, p. 306.)

C'est ce que pressentirent les légistes du Parlement, qui, comme on sait, refusèrent d'enregistrer l'édit, en alléguant qu'il violait la propriété et que le travail était essentiellement droit *domanial.*

Toutefois, les économistes, et Turgot lui-même, ont-ils jamais mesuré dans toute son étendue le principe de la liberté du travail? ont-ils vu que cette liberté suppose une refonte intégrale de la société, car, pour que la liberté du travail puisse se mouvoir, il faut d'abord que l'instrument du travail soit à la disposi-

2° DES OBLIGATIONS.

D'après les légistes, l'obligation doit être définie :

Un lien de droit par lequel nous sommes astreints à la nécessité de payer quelque chose (1).

Pour notre part, nous la définirions de préférence :

La nécessité juridique où se trouve une personne déterminée d'accomplir une certaine prestation (2).

Comme nous l'avons déjà dit, il faut ajouter que, lorsque l'obligé n'a pas le droit de se démettre purement et simplement de son obligation, il doit toujours avoir la faculté de s'en délier en payant une somme d'argent ; autrement, l'obligation cesserait d'être compatible avec la liberté (3).

---

tion de toute activité ; or, ce simple point, c'est une économie nouvelle, et c'est aussi, qu'on le comprenne, une morale nouvelle. (Comparer les économistes logiciens, Charles Dunoyer, *Liberté du travail*; Fr. Bastiat, *Sophismes économiques et Harmonies économiques.* — John Stuart Mill, *Principles of political economy*; Courcelle-Seneuil, *Traité d'économie politique*, t. II, et *Liberté et socialisme*.)

Quant aux publicistes qui, au lieu du *droit du travail*, réclament le *droit au travail*, ils confondent l'ordre moral avec l'ordre juridique. Reconnaître à chacun le droit d'action contre la société afin que la société puisse être contrainte à fournir du travail à chacun, c'est tomber dans ces systèmes de justice distributive par l'État, qui, supprimant à la fois la liberté et la responsabilité, méconnaîtraient l'autonomie de l'individu. Cependant, il ressort des écrits de ces publicistes une vérité considérable : le milieu social ne commencera à être constitué d'après la justice, que lorsque toute activité y possédera par elle-même l'instrument du travail, ou, du moins, sera à même de l'obtenir à des conditions non onéreuses.

Aujourd'hui, dans notre état anarchique, tant qu'il y aura des enfants de deux sortes, les uns légitimes, les autres illégitimes ; les uns jouissant de tous les droits, les autres exposés ou condamnés à mourir de faim ; tant que dans la famille et dans la société il y aura inégalité entre l'homme et la femme, tant que les lois de propriété auront pour fondement le caprice arbitraire du législateur et qu'elles resteront inspirées de l'idée de la copropriété familiale, tant qu'il existera en grand nombre des fortunes mal acquises, tant que l'impôt n'aura pas accompli une œuvre de réparation, tant que les devoirs de la propriété ne seront ni acceptés, ni même formulés, tant que tous ne se sentiront pas solidaires, tant que chacun, répétons-le à outrance, tant que chacun n'aura pas à sa disposition l'instrument du travail, la liberté du travail et des contrats, qui s'y rapportent, sera un vain mot.

(1) Les Instituts portent :

« *Obligatio est vinculum juris, quo necessitate astringimur alicujus rei solvendæ, secundum nostræ civitatis jura.* »

Comme on le voit, les légistes reproduisent la définition romaine, en en retranchant les mots « *secundum nostræ civitatis jura* », qui signifient qu'en droit romain l'obligation n'existait que tout autant qu'elle était reconnue par la loi civile. Or, le droit romain lui-même avait dû largement tempérer cette rigueur.

Certains exégètes traduisent autrement que nous le « *secundum nostræ civitatis jura* », mais sans s'appuyer sur aucune raison. (V. M. Demangeat, *Cours élémentaire de Droit romain.* — Comparer M. Ortolan, *Institutes de Justinien.*)

(2) Comparer Kant, *Doctrine du droit*, et notre *Manuel de droit civil*, t. I, p. 20.

(3) Remarquons que, bien que l'obligation existe, en général, au profit d'une

Selon les législations actuelles, cette addition serait inexacte, car jusque aujourd'hui la convertibilité de la prestation en un payement de somme d'argent n'a été admise, en principe, que pour certaines obligations, celles dites *obligations de faire*. (**V**. *infra*, chap. III, sect. II et III.)

Cette restriction constitue, à nos yeux, un vice des législations actuelles, et ce vice tient à ce qu'aucune législation, jusqu'aujourd'hui, n'a encore su se dérober à l'inintelligent empire des traditions, à ce qu'aucune législation, jusque aujourd'hui, n'a encore été assise sur la seule base rationnelle et légitime, sur le principe de l'autonomie de l'individu (1).

Or, le principe de l'autonomie de l'individu implique une modification de l'ancienne théorie de l'obligation.

Insistons de nouveau sur ce point en pénétrant dans la nature intime de l'obligation.

Hegel a dit (2), Puchta et M. de Savigny ont répété (3) que l'obligation consiste dans la domination sur une personne étrangère.

Cette affirmation est exacte, mais elle suppose une contre-partie.

L'obligation est à la liberté naturelle de la personne ce que la servitude est à la liberté naturelle de la propriété; donc, de même que dans le cas de la servitude, la faculté de rachat est le moyen rationnel et juste de restituer la liberté de la propriété (4), de même, dans le cas de l'obligation, la convertibilité de la prestation en un payement de somme d'argent est aussi le moyen rationnel et juste de restituer la liberté de la personne (5).

---

personne déterminée, cependant ce dernier caractère n'est pas essentiel à l'obligation. Ainsi, dans la théorie du droit politique (droit de cité), les délégations exécutive, législative et judiciaire (abusivement, pouvoir exécutif, législatif et judiciaire), ces délégations sont conférées à des individus déterminés par la masse indéterminée qui compose la majorité.

Le mot *prestation* signifie ici *acte*, *action*, mais nous le préférons aux mots *acte* et *action*, parce qu'il n'est pas moins général et qu'il est plus précis et plus technique.

(1) L'enfance du genre humain s'est offerte d'elle-même au joug des traditions; son âge viril n'appartiendra qu'à la souveraineté de la raison.

En veut-on une preuve sans réplique? Que l'on compare ce qui avait lieu autrefois à ce qui a lieu aujourd'hui. Autrefois, pour convaincre un homme, il suffisait de lui dire : « Cela s'est toujours fait. » Aujourd'hui, chacun commence à demander pourquoi cela doit se faire.

Donc, elles touchent à leur fin, les dominations de toutes sortes; donc, il approche, le règne de la justice.

(2) Hegel, *Philosophie des Rechts*, § 67.

(3) Puchta, *Cursus*, III, p. 2, 3; *Pandekten*, § 220. — M. de Savigny, *Traité de droit romain*, trad. Guénoux, 332, et *Le droit des obligations*, trad. C. Gérardin et P. Jozon, t. I, p. 16 et suiv.

(4) *Manuel de droit civil*, t. I, p. 707.

(5) Hegel a cru résoudre le problème de la conciliation de l'obligation avec le droit d'autonomie de l'individu en déclarant qu'une obligation n'est légitime,

Sans doute, dans l'état actuel, dans une société où il existe des riches et des pauvres, on peut répliquer en fait, que c'est attribuer aux pauvres une liberté illusoire que de reconnaître à l'obligé le droit de se délier en payant une somme d'argent, mais cette objection ne prouve rien contre notre idée; ce qu'elle prouve, c'est que tant qu'il existera des riches et des pauvres, l'autonomie de l'individu sera une chimère, la raison et le droit seront de vains mots.

Donc, en doctrine vraie, il n'y a nulle incompatibilité entre l'obligation et la liberté de l'obligé.

Voyons maintenant quelles sont les causes des obligations, c'est-à-dire les principes d'où dérivent légitimement les obligations.

Ces principes sont :

1° L'assistance volontaire, intéressée ou non intéressée, prêtée à la liberté d'autrui ;

2° Le préjudice causé à la liberté d'autrui.

Dans la théorie juridique, au premier principe correspondent les obligations qui naissent du contrat et du quasi-contrat; au second, celles qui naissent du délit et du quasi-délit.

Examinons la corrélation du premier principe avec le contrat et avec le quasi-contrat.

Nous avons étudié d'assez près le contrat pour comprendre qu'idéalement le contrat productif d'obligation est le double acte de deux libertés temporairement associées, soit pour se prêter une mutuelle assistance, soit pour que l'une prête assistance à l'autre.

Quant au quasi-contrat, quelque indécise qu'en soit demeurée la notion, on le définit, en général : un fait licite et volontaire de la part d'une partie seulement.

En nous bornant à citer ici le plus grave de tous les quasi-contrats, la procréation des enfants, il nous suffit d'énoncer un simple fait pour

---

que tout autant qu'elle n'absorbe pas la personnalité même, et qu'elle ne porte que sur des actes isolés.

Nous trouvons que le premier terme de l'antithèse faite par Hegel est incompréhensible; qu'est-ce en effet qu'une obligation absorbant la personnalité même? Épictète se sentait et était réellement libre dans les fers. Nous trouvons, en outre, que le fondement de cette antithèse est faux, car si l'homme peut abdiquer sa liberté pour un seul acte, il doit pouvoir l'abdiquer pour tous ses actes.

M. de Savigny, surtout, a développé l'idée de Hegel; mais comment ce juriste n'a-t-il pas vu qu'un homme qui loue ses services pour un temps, abdiquerait sa liberté pour un ensemble d'actes, s'il n'avait pas le droit de se soustraire à son obligation?

Il est vrai que M. de Savigny finit par écrire que *la liberté naturelle doit être limitée par la nécessité des affaires.* (M. de Savigny, *Le droit des obligations,* trad. C. Gérardin et Jozon, t. I, p. 20.)

Si, à son tour, cette déclaration n'a pas toute la clarté désirable, au moins est-elle franche.

montrer que l'homme et la femme, qui donnent la vie à un enfant, prêtent à la liberté de cet enfant l'assistance la plus effective et la plus efficace, puisque, sans eux, cet enfant, cette liberté, n'existerait pas (1).

Du premier principe, passons au second.

Les obligations nées du délit et du quasi-délit procèdent au fond, disons-nous, de l'idée d'un préjudice causé à la liberté d'autrui.

Que sont en effet le délit et le quasi-délit? Tous les deux des faits illicites et dommageables à autrui, différant d'ailleurs seulement entre eux en ce que l'un est volontaire, tandis que l'autre est involontaire.

Dans le délit et dans le quasi-délit, le préjudice causé à la liberté est, en général, évident, et il est non moins évident que ce préjudice oblige celui qui l'a causé à en fournir la réparation.

Finalement, en ce qui touche la question de la législation applicable au contrat, et à l'obligation, nous résumerions nos solutions dans les trois propositions fondamentales suivantes :

1° *Le règlement de la forme du contrat doit être laissé à la libre volonté des contractants, sauf en ce qui concerne les mesures de publicité destinées à avertir les tiers, lorsque le contrat crée une personne juridique ou opère une translation de droits réels.*

2° *Le règlement des dispositions du contrat doit être absolument laissé à la libre volonté des contractants, et sur ce point le rôle du législateur doit se borner à assurer la manifestation de cette libre volonté.*

3° *L'exécution du contrat productif d'obligation doit être laissée à la volonté des contractants, sauf la réparation pécuniaire due au contractant que l'inexécution lèse.*

_____

(1) Comparer *Manuel de droit civil*, t. I, p. 203 et suiv.
On pourrait objecter que le payement de l'indû ne se rattache pas à notre premier principe ; mais nous dénions au payement de l'indû le caractère d'un quasi-contrat ; nous y voyons tantôt un quasi-délit, tantôt un délit, selon que l'*accipiens* est de bonne ou de mauvaise foi. (Comparer *infra*, *Des quasi-contrats*, tit. IV, chap. 1er.)
Le droit romain « à qui nous avons dû un petit nombre de vérités utiles et beaucoup plus de préjugés tyranniques ». (Condorcet, *Esquisse des progrès de l'esprit humain*), le droit romain, s'il n'a pu faire dans cette matière œuvre de tyrannie, a du moins réussi à faire œuvre de science incomplète et fausse; il a à peine discerné la notion du quasi-contrat, et il a rangé sans raison le payement de l'indû au nombre des quasi-contrats.
De là, l'enseignement traditionnel des légistes. (V. M. de Savigny, *Traité de droit romain*, trad. Ch. Guénoux, passim, t. III, et *Le droit des obligations*, trad. C. Gérardin et P. Jozon, t. II, p. 135 et 481.)

II

Un des rares esprits philosophiques qui aient encore fécondé la science du droit, Édouard Gans, a écrit que si l'on se place au point de vue du droit abstrait (*abstract Recht*), les Romains ont atteint le comble dans la matière des obligations (1). Même en ce qui concerne ce que Gans appelle le point de vue abstrait, cette louange est exagérée.

Sans doute, il existe, à certains égards, dans la forme du droit romain, un arrangement symétrique et une rigueur de déduction qu'on est fort loin de rencontrer dans les écrits des légistes modernes; c'est ce *mos geometricus* (2), d'ailleurs tout superficiel, qui a fait le meilleur succès des textes romains, et qui a permis à l'esprit catholique et monarchique du moyen âge de construire sur cette base.

Toutefois, n'outrons pas, comme l'a fait Gans, le mérite extrinsèque de la théorie romaine des obligations. Il ne faut pas oublier que le droit romain est un droit formé de couches superposées les unes aux autres, ou pour mieux dire, c'est un droit d'alluvion; or, il arrive à chaque instant, en droit romain, que les doctrines se croisent et se mêlent ; que tantôt l'interprétation des Prudents, tantôt l'édit du Préteur amende les lois; que les constitutions impériales apportent à leur tour de nouveaux changements, et qu'enfin, taillant dans le tout, Justinien s'efforce d'adapter les décisions anciennes aux mœurs de son empire byzantin.

Mauvaise condition à coup sûr, pour éviter les subtilités, les fictions et les biais, pour que les idées juridiques s'enchaînent, pour que la trame législative ne soit jamais rompue (3).

Mais, quand bien même il serait exact qu'au point de vue purement abstrait, la théorie romaine des obligations présente un type achevé, cette perfection serait peu de chose dans une science vivante et progressive comme devrait l'être le droit (4).

Examinons donc ce que vaut au fond la doctrine du droit romain sur les obligations : le point a d'autant plus d'importance, que cette fois les philosophes ont laissé la carrière libre à la tradition, et que les légistes

---

(1) Edouard Gans, *le Droit de succession au point de vue de son développement dans l'histoire du monde* (*Das Erbrecht in weltgeschichtlicher Entwickelung*). Berlin, 1824, t. 1, Préface, p. 24.

(2) Cette parole est de Leibnitz; Leibnitz l'a dite un peu vite.

(3) V. notamment l. 7, § 2. D. liv. II, tit. XIV et l. 5, §§ 2 et 3, liv. XIV, tit. V.

(4) Ce qui est exact, c'est qu'à part l'amas d'idées fausses que nous a transmis le droit romain, c'est du droit romain que procède cette méthode oblique qui depuis quinze siècles déprave toute l'interprétation des lois.

n'ont eu d'autre souci que de reproduire aussi fidèlement que possible l'enseignement romain.

Avant tout, la théorie romaine des obligations est une théorie *civile* dans le sens strict du mot; le contrat y est *civil*, le délit y est *civil;* la cité règle la forme et arrête la nomenclature des contrats; la cité dresse la liste des délits susceptibles d'être sanctionnés par une peine pécuniaire, et, si elle veut bien déclarer accessibles aux pérégrins les obligations qu'elle a empruntées au droit des gens, elle réserve rigoureusement aux citoyens celles qu'elle a créées elle-même.

Donc, dans son principe, le droit romain des obligations est corrompu par la fausse idée qui est comme la clef de voûte de toutes les institutions romaines; la cité a tracé le cercle dans lequel l'individu aura la faculté de se mouvoir; la cité est omnipotente, l'individu n'a qu'à obéir.

Il est bien vrai que dans la partie des obligations, comme dans le reste, la réaction commença promptement, et que le despotisme de la cité dut fléchir devant les besoins.

C'est ainsi que, pour nous en tenir au seul point de vue des contrats, les Prudents inventèrent cet expédient des contrats innommés, qui finit par occuper dans la doctrine romaine une place si considérable; mais, qu'était-ce en droit que les contrats innommés, et sur quel principe en devait-on appuyer l'action ?

Même à l'époque, réputée la plus brillante dans l'histoire du droit romain, les Prudents ne parvinrent pas à s'entendre sur ce point fondamental, et la compilation de Justinien a transmis aux siècles les traces de leurs controverses.

En définitive, les premiers Romains avaient placé les contrats en dehors de la liberté et de la moralité humaine, et lorsque leurs descendants sentirent le besoin de restituer le droit de l'une et de l'autre, ils ne surent comment s'y prendre pour opérer cette restitution.

Veut-on à cet égard une nouvelle preuve ?

En ramenant l'idée de la légitimité et de la validité des contrats à celle de la reproduction de certains types, la cité ne prit pas garde qu'en bonne logique, elle s'enlevait à elle-même le droit de réprimer la fraude; dès le moment, en effet, que le demandeur était en mesure de prouver que les rites légaux avaient été accomplis, qu'importait que pour déterminer le défendeur à contracter, il eût commis un dol envers lui? L'un avait dit : *Spondes-ne?* L'autre avait répondu : *Spondeo;* l'obligation n'était-elle pas irrévocablement liée?

Quelque contraire à toute raison, comme à toute justice, que nous paraisse aujourd'hui ce droit, cependant il subsista sans modification tant que se maintint l'honnêteté des mœurs; mais lorsqu'à la loyauté des premiers siècles eut succédé la mauvaise foi la plus impudente, les Romains se virent placés dans l'alternative ou de réformer directement leur barbare législation ou de la *tourner* pour la corriger.

Ils prirent le second parti, et c'est alors qu'un préteur, ami de Cicéron, imagina la complaisante formule du dol (1).

Tel fut à Rome, dans ses traits philosophiques et moraux, le droit des obligations; signalons-en maintenant les côtés économiques.

Durant les dix ou onze siècles que vécut le peuple romain, il n'est aucun moment de son histoire où il ait honoré et estimé le travail.

L'orgueil patricien et guerrier de la République dégrade le citoyen qui s'adonne au commerce ou à l'industrie (2).

La stupidité féroce du Bas-Empire marque d'un fer chaud l'ouvrier des manufactures de l'État (3).

Et pour Cicéron, pour Sénèque, pour les politiques et pour les penseurs, qu'est-ce qu'un ouvrier, *opifex*? c'est un homme qui exerce un art sordide, *artem sordidam*, l'art d'un vil esclave, *vilis mancipii* (4).

L'esclavage, le travail regardé comme le lot du vil esclave, voilà bien le système économique du monde ancien et du monde romain (5)!

Or, dans un pareil milieu, dans cette société romaine que nous vantons sans l'approcher et sans la connaître, qu'étaient les contrats relatifs au travail, que devinrent-ils à mesure que le travail de l'homme libre dut se retirer devant le travail de l'esclave et devant l'ombrageuse tyrannie des Césars (6)?

---

(1) Tout le monde connaît l'histoire de ce chevalier romain, indignement trompé dans une vente par un banquier de Syracuse, mais qui ne put revenir contre son obligation, parce qu'il avait contracté selon le droit civil, et que la formule du dol n'existait pas encore. V. au surplus Cicéron, *De officiis*, liv. III, § 14.

(2) «Οὐδενι ἐξῆν Ρομαιων οὔτε καπήλον, οὔτε χειροτέχνην ἔχειν ϐιον (Denys d'Halicarnasse, IX, 25).

(3) V. le monstrueux code Théodosien, l. 4, liv. X, tit. XXII.

Quant à Justinien, il décida qu'au lieu de marquer l'ouvrier au bras, comme le voulait la loi 4, on lui imprimerait sur chaque main, toujours avec le fer chaud, le nom de l'empereur « *singulis manibus eorum felici nomine pietatis nostræ impresso signari decernimus*, l. 10. C. liv. XI, tit. XLII.

Célébrez donc, romanistes, célébrez le droit de l'Empire romain !

(4) Cicéron, *De officiis*, liv. I, § 42. — Senèque, *Epist. ad Luc.*, 90.

(5) Comparer M. Wallon, *Histoire de l'Esclavage dans l'antiquité*, liv. II, chap. v, et M. Levasseur, *Histoire des classes ouvrières en France depuis la conquête de Jules César jusqu'à la Révolution*, t. Ier, chap. i et iii.

(6) C'est un fait bien souvent rapporté que le travail de l'esclave finit par prendre à Rome la place du travail de l'homme libre; mais ce qui n'a pas été dit, c'est à quel point ce fait influa sur le développement juridique du peuple romain.

Quant aux Césars, cette honte de l'histoire du monde, ils persécutèrent, comme cela était logique, les collèges d'artisans, car, dans ces associations, survivait encore, même aux temps d'un Néron, l'antique esprit de la liberté. Comparer Sueton., *August.*, 33. — Dio Cass., LX, 6. — Tacite, *Ann.* XIV, 17.

Quelque question que l'on pose sur l'histoire juridique de Rome, il y a d'abord un fait qu'il faut placer en lieu haut, car c'est ce fait qui domine et qui éclaire toute l'histoire du droit romain : Rome avait été engendrée par la conquête, et Rome n'admit jamais en réalité un autre droit que le droit de conquête ; aussi la société romaine demeura-t-elle toujours incapable de soupçonner l'immense rôle qui appartient au travail et aux contrats dans la production de la richesse ; à plus forte raison, fut-elle aussi toujours incapable de s'élever jusqu'à la conception d'un ordre de choses où chaque homme aurait à sa disposition l'instrument du travail.

Donc, qu'on se garde bien de chercher dans la théorie romaine des obligations le moindre indice d'une préoccupation économique ; c'est la coutume d'un peuple inculte qui a fait la loi ; c'est la coutume de ce peuple qui a produit à l'origine l'indétermination, plus tard les subtilités et les complications du contrat de vente (1) ; c'est la coutume de ce peuple qui a toujours été impuissante même à discerner la notion du contrat de prestation de travail (2) ; c'est la coutume de ce peuple qui n'a jamais réussi à faire du contrat de prêt à intérêt et du contrat de société autre chose qu'un double instrument d'oppression ; c'est la coutume de ce peuple qui, en un mot, a constamment soumis le travail au joug.

On peut, à ces quelques traits, mesurer la distance qui sépare la direction économique de la société romaine de l'idéal qui dirige le monde moderne (3).

Cependant, comme nous l'avons dit, la théorie romaine des obligations est encore entourée d'un prestige que, faute d'un examen suffisant, les esprits inquiets des principes, les philosophes eux-mêmes, ont plutôt contribué à accroître qu'à affaiblir.

Ce prestige doit disparaître ; la doctrine du droit romain sur les obligations ne vaut sensiblement ni plus ni moins pour l'avenir du monde moderne, du monde de l'autonomie, que le corps tout entier du droit romain ; c'est l'épave d'une civilisation qui ne fut orientée que du côté du privilége et qui a pour jamais fait naufrage.

Rendons grâces aux économistes ; les premiers et presque les seuls, ils

---

(1) On sait que le vendeur en droit romain contractait l'obligation, non de transférer la propriété, mais de remettre seulement la libre possession (*vacuam possessionem*).

Quant aux subtilités et aux complications, voyez entre autres les lois 25, § 1. D. liv. XVIII, tit. I ; 16, § ult. D. liv. XII, tit. IV ; 80, § 3, D. liv. XVIII, tit. I.

(2) Les Romains en ont confusément distribué les différents cas entre le louage d'ouvrage (*locatio operis*), de louage de services (*locatio operarum*), le mandat, et les contrats innommés...

(3) Il est difficile d'imaginer à quel point notre enseignement officiel du droit romain est dépourvu d'esprit critique, de science véritable : aussi cet enseignement agonise-t-il, et, n'étaient les nécessités d'examen, il serait déjà mort.

ont réagi contre le déplorable enseignement du droit romain, et c'est de l'un d'eux qu'est cette parole : « Il est triste de penser que la science du droit, chez nous, au XIXᵉ siècle, en est encore aux idées que la présence de l'esclavage avait dû susciter dans l'antiquité (1). »

III

Le Code de la Convention avait consacré tout un livre (le livre III et dernier) à la matière des Obligations.

Ce livre est inférieur pour la netteté des idées aux deux qui le précèdent ; on sent que la Convention n'était pas en possession des principes dont l'obligation dérive ; elle n'a point suffisamment vu que l'obligation n'est qu'une fonction de la liberté, comme diraient les mathématiciens ; de là, entre autres erreurs, celle qui lui avait fait porter la disposition suivante :

« *La loi est quelquefois une cause d'obligation, sans qu'il n'y ait ni contrat ni fait direct à opposer à celui qu'elle oblige.* (Code de la Convention, art. 4, liv. III, tit. I, partie I, § 1ᵉʳ.)

La Convention avait oublié ici que le législateur déclare le droit, qu'il ne le crée pas (2).

La méthode du Code de la Convention est aussi moins rigoureuse dans le livre III que dans les deux autres ; c'est ainsi, par exemple, que le

---

(1) Bastiat, *Petits Pamphlets*, t. I, p, 279.
Voici le passage tout entier :
« Les Romains devaient considérer la propriété comme un fait purement conventionnel, comme un produit, comme une création artificielle de la loi écrite. Évidemment, ils ne pouvaient, ainsi que le fait l'économie politique, remonter jusqu'à la constitution même de l'homme, et apercevoir le rapport et l'enchaînement nécessaires qui existent entre ces phénomènes : besoins, facultés, travail, propriété. C'eût été un contre-sens et un suicide. Comment eux, qui vivaient de rapines, dont toutes les propriétés étaient le fruit de la spoliation, qui avaient fondé leurs moyens d'existence sur le labeur des esclaves, comment auraient-ils pu, sans ébranler les fondements de leur société, introduire dans la législation cette pensée, que le vrai titre de la propriété, c'est le travail qui l'a produite ? Non, ils ne pouvaient ni le dire, ni le penser. Ils devaient avoir recours à cette définition empirique de la propriété, *jus utendi et abutendi*, définition qui n'a de relations qu'avec les effets, et non avec les causes, non avec les origines ; car les origines, ils étaient bien forcés de les tenir dans l'ombre.
» Il est triste de penser que la science du droit, chez nous, au XIXᵉ siècle, en est encore aux idées que la présence de l'esclavage avait dû susciter dans l'antiquité ; mais cela s'explique. L'enseignement du droit est monopolisé en France, et le monopole exclut le progrès. »
Nous n'échangerions pas ces quelques lignes de Bastiat pour tout le corps des lois romaines et tous les commentaires qu'on en a faits.
(2) Comme toujours, c'est à ses légistes, imbus des pauvres doctrines de Pothier, que la Convention est redevable de cette erreur. (Comparer Pothier, *Traité des obligations*, part. I, ch. I, sect. II, § 3.)

livre III est placé sous la rubrique générale : *Des Contrats;* or, cette rubrique n'est propre qu'à engendrer la confusion.

D'une part, le contrat peut créer immédiatement le droit réel tout aussi bien que l'obligation, et c'est ce qu'admettait lui-même le Code de la Convention (art. 15, tit. III); d'autre part, l'obligation peut procéder de causes autres que le contrat, et il est vrai que, sous ce dernier point de vue, le Code de la Convention paraît être en pleines ténèbres (art. 2-5 et notamment art. 5, tit. I, partie I, § 1er) (1).

Aussi qu'est-il advenu, c'est qu'entraîné par sa fausse rubrique, le Code de la Convention a commis trois graves fautes de méthode :

1° Il n'a inscrit que d'une manière épisodique, dans la vente, le principe si considérable en vertu duquel le contrat, qui a pour but la création du droit réel et qui porte sur un corps certain, crée immédiatement le droit réel ;

2° Il n'a également indiqué que d'une manière épisodique les causes des obligations autres que le contrat ; ce qui a nécessairement contribué à lui masquer la nature de ces causes ;

3° Après avoir annoncé la matière des contrats, il a dû commencer par consacrer deux titres aux obligations nées de toutes causes.

Ajoutons que le Code de la Convention a commis une quatrième faute de méthode en comprenant sous la rubrique : *Des Contrats,* les règles générales de la preuve.

Ces critiques à part, on retrouve dans le livre III du Code de la Convention, les mérites qui caractérisent les deux premiers, c'est-à-dire la clarté, le relief, la précision de la formule, et, dans le détail, la distribution logique des matières et l'enchaînement logique des idées.

Voyons maintenant ce qui concerne le Code napoléonien.

Si les auteurs de cet inextricable chaos s'étaient proposé d'embrouiller, en fait de contrat et d'obligation, toutes les notions exactes, assurément ils n'eussent pu mieux réussir. Ils ont mêlé ensemble l'enseignement du droit romain, celui de Dumoulin, de Domat, de Pothier, celui du Code de la Convention, et ils ont marqué le tout du sceau de leurs ignorances et de leurs inattentions.

Comme il serait impossible de donner même un simple aperçu des erreurs de toutes sortes que les compilateurs napoléoniens ont accumulées dans la législation des obligations, nous n'insisterons en ce lieu que sur les chefs les plus apparents, sauf à indiquer les autres à mesure qu'ils se présenteront.

---

(1) Voici le texte de l'article 5 :

« *Les causes des obligations peuvent se définir : causes conventionnelles, causes de fait et causes légales. Les premières n'appartiennent qu'à la stipulation.* »

D'abord, les compilateurs napoléoniens ont réparti entre deux titres les différentes causes des obligations : dans le titre III, ils ont placé *le contrat ;* dans le titre IV, ce que, dans leur langue dépourvue de toute netteté scientifique, ils ont appelé : *les engagements qui se forment sans convention* (1). Puis, après avoir séparé sans raison les différentes causes des obligations, ils ont traité sous la rubrique : *Des Contrats ou des obligations conventionnelles,* des obligations nées de toutes causes.

Cette rubrique, à son tour, contient une erreur et un défaut de précision.

L'erreur consiste en ce que les compilateurs napoléoniens ont annoncé le contrat comme simplement créateur d'obligation, tandis que, d'après le Code Napoléon (art. 1138), comme d'après le Code de la Convention, le contrat peut créer le droit réel.

Le défaut de précision tient à ce que les mêmes compilateurs se sont servis des expressions *«obligations conventionnelles»*, qui font songer à un concours de volontés qui peut ne pas être un contrat, au lieu d'employer les mots topiques d'*obligations contractuelles.*

Puis sont venues les confusions (art. 1108), les énigmes juridiques (art. 1114-1121, 1138), les ruptures d'idée (*l'effet des obligations,* chap. III, au lieu de *l'effet des contrats*), les prolixités (section XV), les naïvetés (section X), etc.

Pour tout dire en un mot, dans la triste compilation napoléonienne, aucune partie n'est plus défectueuse que l'ensemble des règles qui se rapportent au contrat et à l'obligation.

Le titre III est divisé en six chapitres, dont voici les rubriques :

1° *Dispositions préliminaires* (chap. I);

2° *Des conditions essentielles pour la validité des conventions* (chap. II);

3° *De l'effet des obligations* (chap. III);

4° *Des diverses espèces d'obligations* (chap. IV);

5° *De l'extinction des obligations* (chap. V);

6° *De la preuve des obligations et de celle du payement* (chap. VI).

---

(1) C'est-à-dire les obligations, dérivant selon eux :
Du quasi-contrat ;
Du délit ;
Du quasi-délit ;
Enfin de la loi. (V. *infra,* art. 1370.)
Ce qui eût été bien étrange, c'est que, sur ce dernier point, les rédacteurs du Code Napoléon n'eussent pas reproduit la *doctrine* de Pothier.

CHAPITRE PREMIER

DISPOSITIONS PRÉLIMINAIRES.

Ces dispositions contiennent :
1° *La définition du contrat ;*
2° *L'énumération et la définition des différentes sortes de contrats.*

1° DÉFINITION DU CONTRAT.

1101. — Le contrat est une convention par laquelle une ou plusieurs personnes s'obligent, envers une ou plusieurs autres, à donner, à faire ou à ne pas faire quelque chose.

Cet article commence par exprimer que le contrat est une *convention.*

Qu'est-ce, en conséquence, qu'une convention ?

Au point de vue de la science du droit, le mot convention comporte *deux* sens, l'un *générique*, l'autre *spécifique.*

Dans le sens générique, *la convention est tout concours de deux ou de plusieurs volontés sur une même chose.*

D'après ce *premier* sens, le contrat, qui est un concours de volontés, ayant un caractère spécial, un concours de volontés produisant un effet de droit, le contrat est une espèce de convention.

Dans le sens spécifique, *la convention est l'accord de volontés qui ne produit aucun effet de droit.*

D'après ce *second* sens, la convention devient l'*antithèse* du contrat (1).

---

(1) Pothier enseigne :
1° Que la *convention* est le consentement de deux ou de plusieurs personnes, pour former entre elles quelque engagement, ou pour en résoudre un précédent, ou pour le modifier ;
2° Que l'espèce de convention qui a pour objet de former quelque engagement est celle qu'on appelle *contrat.* (Pothier, *Traité des obligations*, part. I, sect. I, art. 1.)
Il y a à répondre :
1° Qu'en grammaire et en logique, la convention désigne tout concours de volontés, aussi bien celui qui rentre dans le domaine du droit que celui qui n'y rentre pas ;
2° Qu'en logique, si certain concours de volontés (le contrat) a la force de produire l'obligation (de former un engagement, dit Pothier), ce même concours de volontés doit avoir la force de modifier ou d'éteindre l'obligation.
Le naïf légiste n'a, d'ailleurs, pas vu que le contrat peut aussi créer le droit réel ; mais c'est que le droit romain n'attribuait que très-exceptionnellement cet effet au contrat.

Comme on le voit, c'est dans le sens *générique* que l'art. 1101 emploie le mot *convention*.

Maintenant, quelle est, selon ce même article, la convention qui constitue le contrat?

C'est celle « *par laquelle une ou plusieurs personnes s'obligent envers une ou plusieurs autres à donner, à faire ou à ne pas faire* ».

Cette définition est assez généralement l'objet des trois critiques suivantes :

1° *Elle paraît supposer que le contrat ne peut jamais produire d'obligations que d'un seul côté, en d'autres termes, ne peut jamais être qu'unilatéral* (art. 1103), *tandis que l'art. 1102 constate lui-même que le contrat peut produire des obligations réciproques, en d'autres termes, qu'il peut être synallagmatique* (art. 1102) ;

2° *Elle n'indique pas que le contrat peut tout aussi bien anéantir ou modifier l'obligation que la créer* (1) ;

3° *Elle n'indique pas non plus que le contrat peut tout aussi bien produire le droit réel que l'obligation* (2).

Pour notre part, nous adresserions à la définition de l'art. 1101 une *quatrième critique relativement à la décomposition de l'obligation en obligation de donner, de faire ou de ne pas faire.*

Les Romains professaient que l'obligation consiste *ad dandum aliquid, vel faciendum, vel præstandum* (3).

---

(1) C'est l'erreur signalée plus haut et empruntée à Pothier.

(2) Cette dernière omission est très-explicable; non-seulement les compilateurs napoléoniens n'ont jamais pensé à se poser doctrinalement la question de savoir si le contrat était susceptible de produire le droit réel, mais, bien qu'ils aient ensuite attribué cet effet au contrat, ils ne se sont jamais doutés qu'ils le lui attribuaient. (V. *infra*, art. 1138.)

Cependant un professeur, M. Colmet de Santerre, tient à justifier sur ce point l'art. 1101, et voici ce qu'il a écrit :

« Aujourd'hui que la convention de transférer la propriété transfère immédiatement, il est impossible de refuser le nom de contrat aux conventions qui ont cet objet, parce qu'il ne peut plus y avoir de différence, sous ce rapport, entre la convention par laquelle une personne promet de donner un corps certain, convention comprise dans la définition de l'art. 1101, et celle par laquelle une personne consent à donner immédiatement la propriété. » (V. n° 3 *bis*, i.)

Nous avouons ne pas bien entendre ce que veut dire M. Colmet de Santerre.

Nous préférons ce que dit M. Demolombe, savoir que le contrat ne crée pas toujours le droit réel, tandis qu'il crée toujours le droit personnel, et que c'est là ce qui pourrait expliquer comment les rédacteurs dans leurs définitions n'ont mentionné comme effet du contrat que la production du droit personnel. (M. Demolombe, t. XXIX, p. 15.)

Toutefois, la vérité historique n'est pas plus dans la seconde explication que dans la première; la vérité historique est dans l'explication que nous venons de présenter nous-même, à quoi il faut ajouter que les compilateurs napoléoniens ont d'ailleurs copié dans Pothier la fin de l'art. 1101.

(3) L. 3, pr., D., liv. XLIV, tit. VII.

Cette nomenclature était dépourvue de toute valeur rationnelle, car la *seconde* obligation, l'obligation de *facere*, y absorbait l'obligation de *dare* (1), et s'y heurtait contre celle de *præstare* (2).

Pothier ne gâta pas sensiblement la *doctrine* romaine, en en retranchant l'obligation de *prester* et en y ajoutant celle de *ne pas faire*.

Quant aux compilateurs napoléoniens, ainsi que nous l'avons déjà dit, ils ont reproduit la formule de Pothier ; mais, comme nous allons le voir, le cas pour eux se trouve être plus grave que pour Pothier et pour le droit romain.

Rectifions d'abord la théorie romaine et la théorie de Pothier.

Scientifiquement, l'obligation ne consiste jamais qu'à *faire*, c'est-à-dire que *l'obligation met plus ou moins complétement une activité à la disposition d'une autre;* or, qu'il s'agisse de *dare* ou de *præstare*, comme s'exprimait le droit romain, de faire, de donner ou de ne pas faire, comme parle Pothier, et, après lui, l'art. 1101, c'est toujours à l'idée fondamentale d'une *activité mise plus ou moins complétement à la disposition d'une autre* que se ramène la notion de l'obligation.

De là vient que, *pour être conforme au droit naturel, pour ne pas violer l'autonomie de l'individu*, la loi positive doit reconnaître, dans tous les cas, à l'obligé, *le droit de se délier en payant une somme d'argent*.

C'est ce que les Romains avaient été bien éloignés de comprendre, et Pothier, comme les Romains (3).

Au surplus, le droit romain et l'ancien droit français n'ayant vu ni l'un ni l'autre que *le contrat doit par lui-même créer le droit réel, toutes les fois qu'il porte sur un corps certain*, on conçoit que le droit romain et l'ancien droit français, eussent-ils soupçonné le problème, auraient été fort empêchés de le résoudre ; en effet, autant, selon nous, il est rationnel et juste que la personne qui dans un contrat promet de procurer à une autre un droit réel sur une chose indéterminée, ait la faculté de se délier en payant à l'autre une indemnité suffisante, autant il serait irrationnel et injuste que la personne qui, dans un contrat, se

---

(1) *Dare*, c'est transférer la propriété.

(2) *Præstare*, c'est remettre une chose dans tout but autre que celui d'en transférer la propriété, et plus généralement, disent les commentateurs, *præstare* comprend toute sorte d'avantages qu'une personne est tenue de procurer à une autre.

(3) Évidemment, il n'y a rien de commun entre l'idée que nous énonçons et celle que Gaius exprimait en ces termes :

« Omnium autem formularum quæ condemnationem habent ad pecuniariam destinationem condemnatio concepta est. » (Gaius, C. IV, § 41.)

Certes, à notre point de vue moderne, il serait absurde que lorsqu'une personne revendique le fonds qui lui appartient, le défendeur pût se faire quitte de l'action en offrant la *litis æstimatio*. (Comparer Gaius, *loc. cit.*)

démet envers une autre d'un droit réel sur un corps certain, ait la faculté de retenir ce droit réel en donnant à l'autre une compensation pécuniaire ; dans le premier cas, pour accomplir le contrat, il y a nécessairement une activité qui doit s'employer au profit d'une autre, c'est-à-dire qu'il naît nécessairement une *obligation ;* dans le second cas, le contrat s'accomplit tout seul, c'est-à-dire que le déplacement du droit s'opère au moment même où le contrat a lieu, et, par conséquent, sans qu'il y ait besoin après coup de l'intervention d'aucune activité; donc, les deux cas sont profondément distincts ; donc aussi le droit romain et l'ancien droit français, qui n'avaient pas su les séparer l'un de l'autre, étaient tout aussi peu en état, pour le premier que pour le second, de trouver la solution scientifique.

A la différence du droit romain et de l'ancien droit français, les compilateurs napoléoniens consacrèrent, comme il a déjà été dit, le principe que *le contrat qui porte sur un corps certain et qui a pour but de produire le droit réel, produit par lui-même ce droit ;* mais, comme il a été dit également, ces compilateurs n'aperçurent jamais la nouvelle règle qu'à travers d'épais nuages; aussi, continuèrent-ils à décomposer l'obligation à la manière de Pothier, et ne comprenant pas que toute obligation consiste essentiellement à *faire*, ils ne comprirent pas davantage que *toute obligation doit se résoudre en dommages-intérêts à la volonté de l'obligé.*

Il ne faut pas confondre le *contrat* avec l'*écrit, instrumentum,* auquel les parties ont recours pour constater les contrats les plus importants.

Le contrat, relation tout intellectuelle, est le *fait générateur du droit :* l'écrit, acte extérieur, est la *preuve* de ce fait générateur (1).

Le mot *obligation* a pour synonymes les mots *dette* et *dette passive ;* il a pour corrélatifs les mots *créance, droit personnel, dette active.*

On appelle *créancier*, la personne à laquelle est dû l'acquittement de l'obligation ; *débiteur*, la personne qui doit cet acquittement.

Enfin dans une terminologie, non exempte de pédantisme, on désigne sous le nom de *pollicitation* la promesse qui n'est pas encore acceptée par celui à qui elle est faite.

---

(1) Mêlant toutes les expressions, comme ils ont mêlé toutes les idées, les compilateurs napoléoniens ont constamment employé les uns pour les autres les termes de *convention*, de *contrat* et d'*obligation*, et ils n'ont même pas toujours distingué le *contrat* de l'*écrit qui constate le contrat*. (V. notamment art. 931, 1915, 1984, 2117.)

En droit, c'est-à-dire au point de vue de l'action en justice, la pollicitation ou simple promesse n'oblige pas (1).

Les articles suivants distinguent quatre espèces de contrats:

1° *Le contrat bilatéral ou synallagmatique et le contrat unilatéral* (art. 1102-1103);

2° *Le contrat à titre onéreux et le contrat de bienfaisance* (art. 1106 et 1105);

3° *Le contrat commutatif et le contrat aléatoire* (art. 1104);

4° *Le contrat nommé et le contrat innommé* (art. 1107);

5° *Le contrat consensuel et le contrat réel;*

6° *Le contrat non solennel et le contrat solennel;*

7° *Le contrat principal et le contrat accessoire.*

Bien qu'elles aient une certaine importance pratique, ces distinctions appartiennent essentiellement au domaine de la doctrine, et c'est avec raison que le Code de la Convention les passait sous silence.

1° CONTRAT BILATÉRAL OU SYNALLAGMATIQUE, ET CONTRAT UNILATÉRAL.

1102. — Le contrat est *synallagmatique* ou *bilatéral* lorsque les contractants s'obligent réciproquement les uns envers les autres.

1103. — Il est *unilatéral* lorsqu'une ou plusieurs personnes sont obligées envers une ou plusieurs autres, sans que de la part de ces dernières il y ait d'engagement.

Le contrat bilatéral synallagmatique est celui où il naît une ou plusieurs obligations à la charge de chacune des deux parties (2).

Ainsi, la vente, l'échange, le louage, etc.

Le contrat unilatéral est celui où il ne naît d'obligation qu'à la charge de l'une des parties.

---

(1) Voyez, au sujet de la promesse de vente faite pour un prix déterminé à quiconque offrira ce prix, c'est-à-dire au public en général, *Manuel de Droit civil*, t. III, tit. VI, *De la vente*, art. 1587.

De ce qu'on ne doit pas être contraint, *manu militari*, à l'exécution d'une simple promesse, qu'on se garde d'en conclure que la simple promesse ne puisse jamais renfermer une obligation morale; mais c'est à la conscience individuelle qu'il appartient d'apprécier si cette obligation existe ou si elle subsiste.

Pothier, à l'occasion de la pollicitation, a écrit cette phrase : « Quoique la pollicitation ne soit pas obligatoire dans les purs termes du droit naturel, néanmoins le droit civil, qui ajoute au droit naturel... » (*Traité des obligations*, chap. I, sect. I, art. 1, § 2.)

Pothier entend ici le droit naturel comme l'entendaient les Romains, c'est-à-dire qu'il ne l'entend pas du tout.

(2) Faut-il ajouter, comme le fait M. Demolombe, que, dans le contrat synallagmatique, l'obligation de l'une des parties est la cause de l'obligation de l'autre ?

Cela a cessé d'être exact à l'égard du contrat qui a pour but la translation de la propriété, et qui porte sur un corps certain. (V. *infra*, sect. IV, *De la cause*.)

Ainsi, le cautionnement, la constitution d'hypothèque, le prêt à usage ou commodat, le prêt à intérêt, le dépôt, etc. (1).

L'intérêt pratique de la division des contrats en bilatéraux ou synallagmatiques et unilatéraux est double :

1° *Dans le contrat bilatéral ou synallagmatique, il y a toujours une condition résolutoire sous-entendue au profit de chacune des parties pour le cas où l'autre n'acquitterait pas son obligation* (art. 1104).

Or, il est clair que cette décision ne peut s'appliquer au contrat unilatéral.

2° *Lorsque le contrat est bilatéral synallagmatique, l'acte sous seing privé qui est destiné à en faire preuve doit être rédigé en autant d'originaux qu'il y a de parties ayant un intérêt distinct, et chaque original doit porter la mention expresse de l'accomplissement de cette formalité* (art. 1325).

Or, comme le précédent, ce nouveau point est inapplicable au contrat unilatéral.

On peut, en outre, remarquer que lorsqu'il s'agit d'un contrat unilatéral par lequel une personne s'engage à payer à une autre une somme d'argent ou une chose *appréciable* (2), il faut appliquer l'art. 1326 qui exige que *le billet ou la promesse sous seing privé soit écrit en entier de la main de l'obligé, ou du moins que, outre sa signature, l'obligé ait écrit de sa main un bon ou un approuvé portant, en toutes lettres, la somme ou la quantité de la chose.*

Les anciens légistes subdivisaient les contrats synallagmatiques en *synallagmatiques parfaits* et *synallagmatiques imparfaits.*

Pothier disait que les synallagmatiques imparfaits, ou, selon ses expressions, *les moins parfaitement synallagmatiques* « sont ceux dans lesquels il n'y a que l'obligation de l'une des parties qui soit l'obligation

---

(1) Dans les écoles, on aime à contester aux élèves que le prêt à usage soit un contrat unilatéral ; on leur objecte l'*économie* du chapitre i du titre X ; on leur dit que ce chapitre traite dans deux sections distinctes (les sections ii et iii) : 1° des engagements de l'emprunteur ; 2° des engagements de celui qui prête à usage ; on insiste enfin sur la formule de l'art. 1888, qui porte que « le prêteur ne peut retirer la chose prêtée qu'après le terme convenu, ou, à défaut de convention, qu'après qu'elle a servi à l'usage pour lequel elle a été empruntée.

Les élèves doivent répondre que, parmi les engagements du prêteur, *deux* ne peuvent naître qu'*ex post facto* (art. 1890 et 1891), et que, quant à l'art. 1888, il constate, *non pas l'existence d'une obligation de ne pas faire à la charge du prêteur, mais l'absence pour lui du droit de redemander la chose avant une certaine époque.* En effet, toute obligation est nécessairement sanctionnée par une action ; or, dans le cas présent, il n'existe pas d'action au profit de l'emprunteur contre le prêteur : donc, il n'existe pas non plus d'obligation du prêteur envers l'emprunteur.

Avons-nous tort de soutenir qu'un enseignement qui se plaît à de pareilles discussions en est encore au moyen âge ?

(2) C'est le langage de la compilation napoléonienne.

principale du contrat, tandis que, dans les synallagmatiques parfaits, l'*obligation* que contracte chacun des contractants est également une obligation principale du contrat » (1).

Cela signifie que certains contrats n'obligent immédiatement et nécessairement que l'une des parties, mais que, *postérieurement*, ils peuvent devenir *l'occasion* d'une obligation pour l'autre partie.

Tels sont, par exemple, le prêt à usage et le dépôt, lorsque l'emprunteur et le dépositaire ont fait des dépenses pour la conservation de la chose déposée (art. 1890 et 1947).

Cette distinction n'a pas été reproduite par la compilation napoléonienne, mais elle est doctrinalement exacte, et elle a une certaine importance, au point de vue de la théorie du droit de rétention.

2° CONTRAT A TITRE ONÉREUX ET CONTRAT DE BIENFAISANCE.

1106. — Le contrat *à titre onéreux* est celui qui assujettit chacune des parties à donner ou à faire quelque chose.

1105. — Le contrat *de bienfaisance* est celui dans lequel l'une des parties procure à l'autre un avantage purement gratuit.

D'après la formule de l'art. 1106, « *le contrat à titre onéreux assujettirait chacune des parties à donner ou à faire quelque chose* », en d'autres termes, *ce contrat ferait naître une obligation à la charge de chacune des parties.*

Cette définition est fausse : *le contrat à titre onéreux est celui dans lequel chacune des parties a en vue un intérêt pécuniairement appréciable.*

Ainsi, la vente, l'échange, le louage.

D'ailleurs, contrairement à ce qui résulte de la définition de l'art. 1106, le contrat à titre onéreux peut être *unilatéral*.

Tel, par exemple, le prêt à intérêt.

Ce qui seulement est exact, c'est que tous les contrats bilatéraux ou synallagmatiques sont nécessairement à titre onéreux, tandis que les contrats unilatéraux sont, les uns à titre onéreux, les autres de *bienfaisance*, comme parle le Code Napoléon.

D'après la formule de l'art. 1106, « le *contrat* dit de *bienfaisance, est celui dans lequel l'une des parties procure à l'autre un avantage purement gratuit.*

Cette définition n'est pas fausse, comme la précédente ; néanmoins, dans l'intérêt de la précision scientifique, elle a besoin d'être corrigée.

D'abord, les expressions de *contrat de bienfaisance* doivent être remplacées par celles de *contrat à titre gratuit.*

(1) Pothier, *Traité des obligations*, n° 8.

Les expressions de *contrat de bienfaisance* ont, au point de vue moral, le grave tort *de paraître atténuer le devoir de fraternité qui est le fondement de la relation à laquelle s'applique l'art.* 1105 (1).

Quant au contrat à titre gratuit lui-même, par antithèse avec le contrat à titre onéreux, il peut être défini :

Celui dans lequel l'une des deux parties n'a en vue aucun intérêt pécuniairement appréciable.

Ainsi, le prêt sans intérêt, le dépôt, le mandat, le cautionnement.

Quant à la donation entre-vifs, les auteurs déclarent que, bien que soumise sur un grand nombre de points aux règles qui gouvernent les contrats en général, elle ne doit pas cependant être confondue avec les contrats de bienfaisance proprement dits (2).

L'intérêt pratique de la division des contrats en contrats à titre onéreux et contrats à titre gratuit, n'est pas bien considérable.

D'une part, dit-on, l'erreur sur la personne a plus de gravité dans les contrats à titre gratuit que dans les contrats à titre onéreux (comp. art. 1109);

D'autre part, ajoute-t-on, la responsabilité du débiteur, sa faute, doit être appréciée d'une manière moins sévère dans le contrat à titre gratuit que dans le contrat à titre onéreux (comp. art. 1137, 1927, 1928, 1992).

3° CONTRAT COMMUTATIF ET CONTRAT ALÉATOIRE.

1104. — Il est *commutatif* lorsque chacune des parties s'engage à donner ou à faire une chose qui est regardée comme l'équivalent de ce qu'on lui donne ou de ce qu'on fait pour elle.

Lorsque l'équivalent consiste dans la chance de gain ou de perte pour chacune des parties, d'après un événement incertain, le contrat est *aléatoire.*

Quoique les compilateurs napoléoniens aient présenté la division des *contrats,* en *commutatifs* et *aléatoires,* comme une *division générale*

---

(1) Ces expressions ont été empruntées par les compilateurs napoléoniens à la *philosophie* de Pothier (*Traité des obligations,* n° 12).

Encore si, dans ce sujet de la division des contrats, les compilateurs napoléoniens avaient partout copié la manière plate, mais en général exacte de Pothier !

(2) Comparer M. Demolombe, t. XXIV, p. 23.

Cela n'est pas très-clair, surtout dans une législation qui considère la donation entre-vifs comme un contrat, et qui soumet autant qu'elle le peut au rapport les avantages conférés à titre gratuit d'une manière quelconque; mais c'est le ressouvenir d'une vieille idée romaine; et quoi de plus fructueux pour nous que de cultiver des idées qui n'ont aucun rapport avec nos propres conceptions sociales? (V. L. 9, § 3, D., liv. XXIII, tit. III; L. 58, § 2, D., liv. XXIV, tit. I; L. 14, D., liv. XLIII, tit. XXVI; L. 14, § 11, D., liv. XLVII, tit. II; et aussi M. de Savigny, *Traité de Droit romain,* trad. Ch. Guénoux, t. IV, p. 25.)

des contrats, cette division, ainsi que nous allons le voir, n'est qu'*une subdivision des contrats à titre onéreux.*

Il y a, d'ailleurs, lieu de redresser les *deux* définitions écrites dans les *deux* alinéas de l'art. 1104, et voici dans quels termes elles peuvent être refaites :

Le contrat commutatif est celui dans lequel chacune des parties a en vue un équivalent déterminé dès le moment même du contrat ;

Le contrat aléatoire est celui dans lequel chacune des parties a en vue un équivalent dépendant d'un événement incertain, c'est-à-dire *consistant dans une chance de gain ou de perte.*

Ainsi, sont des contrats *commutatifs :*

La vente, l'échange, le louage ;

Sont des contrats *aléatoires :*

Le contrat d'assurance, le prêt à la grosse aventure, le jeu et le pari, le contrat de rente viagère (art. 1964) (1).

On voit donc que tous les contrats commutatifs et tous les contrats aléatoires sont nécessairement à titre onéreux, car dans les uns et dans les autres, chacune des parties a en vue un intérêt pécuniairement appréciable.

On voit, en outre, que si tout contrat bilatéral ou synallagmatique est nécessairement commutatif, la réciproque n'est pas vraie ; un contrat unilatéral peut avoir le caractère commutatif.

Tel, le prêt à intérêt.

Ici, pourrait se poser une discussion :

Certains auteurs se demandent si, dans le contrat aléatoire, la chance peut n'exister que d'un seul côté.

Rationnellement, la solution de cette question est incontestable ; s'il y a chance de gain ou de perte pour l'un des contractants, il y a nécessairement chance de gain ou de perte pour l'autre co-contractant.

Cependant, l'art. 1964 déclare que la chance de gain ou de perte peut n'exister que « *pour l'une des parties ou plusieurs d'entre elles* »,

---

(1) Nous jugeons utile de donner par anticipation la définition du contrat d'assurance et du prêt à grosse aventure.

L'assurance est, en général, un contrat qui a pour but d'indemniser une personne d'une perte résultant d'un cas fortuit.

Le prêt à grosse aventure est un contrat par lequel une personne prête à une autre un capital sur des objets exposés à des risques maritimes, à condition que, si ces objets arrivent heureusement, celui qui a reçu la somme sera tenu de la rendre à celui qui l'a prêtée, avec un certain profit convenu (profit maritime), ou que si, par les accidents de la navigation, ces objets périssent ou sont détériorés, celui qui a prêté le capital ne pourra réclamer une somme supérieure à celle que les objets se trouveront valoir. (V. d'ailleurs *Manuel de droit civil,* t. III, art. 1964.)

cette phrase de hasard suffisait bien pour que l'esprit légiste se donnât carrière.

Il n'y a pas lieu de s'arrêter à cette amusette (1).

L'intérêt pratique de la division des contrats à titre onéreux en commutatifs et aléatoires se réduit au seul point suivant :

Dans les cas tout exceptionnels où la lésion est une cause de rescision des contrats à titre onéreux, cette cause cesse de s'appliquer lorsque le contrat, au lieu du caractère commutatif, a revêtu le caractère aléatoire (Comp. art. 887 et 1968).

4° CONTRAT NOMMÉ ET CONTRAT INNOMMÉ.

1107. — Les contrats, soit qu'ils aient une dénomination propre, soit qu'ils n'en aient pas, sont soumis à des règles générales qui sont l'objet du présent titre.

Les règles particulières à certains contrats sont établies sous les titres relatifs à chacun d'eux, et les règles particulières aux transactions commerciales sont établies par les lois relatives au commerce.

La distinction des contrats en *nommés* et en *innommés*, distinction

---

(1) Il faut cependant que, dans l'intérêt des victimes du funeste monopole universitaire, nous insistions quelque peu.

Voici comment RAISONNE l'examinateur qui soutient contre l'examiné que, dans le contrat aléatoire, la chance de gain ou de perte peut n'exister que pour l'une des parties :

« Supposons, dit l'examinateur, un contrat d'assurance contre l'incendie ; il est facile de faire voir que, dans ce contrat, il n'y a jamais chance ni de gain ni de perte pour l'assuré : il n'y a pas chance de gain, car l'assuré, si sa maison brûle, obtiendra de l'assureur seulement l'estimation de sa maison ; il n'y a pas chance de perte, car l'assuré doit payer, à tout événement, la prime qu'il a promise à l'assureur. »

La réponse est que cette argumentation constitue un pur abus de mots, car, d'une part, l'assuré dont la maison brûle, et qui eût perdu la valeur de sa maison s'il ne se fût pas assuré, gagne la valeur de sa maison par l'effet du contrat d'assurance, sauf, bien entendu, déduction de la somme plus ou moins forte qu'il peut avoir payée pour les primes jusqu'au jour où la maison a brûlé ; et, d'autre part, l'assuré dont la maison ne brûle pas perd évidemment le montant des primes qu'il a payées.

Remarquons, d'ailleurs, que, dans le cas où sa maison brûle, l'assuré, à la place du droit réel sur sa maison, se trouve n'avoir qu'un droit de créance contre l'assureur, et que, lorsqu'il recouvre ensuite la valeur de sa maison, à la place de son droit de créance, il acquiert un droit réel sur des écus.

Donc, au moment où sa maison brûle, l'assuré *perd*, car le droit de créance ne vaut pas le droit réel, et, par conséquent, au moment où l'assuré est remboursé par l'assureur, l'assuré *gagne*.

A *brimades*, *brimades*, et à *subtilités*, *subtilités* ; mais quel enseignement propre à rendre l'esprit droit et la conscience ferme !

Comparer M. Duranton, t. X, p. 77. — MM. Massé et Vergé sur Zachariæ, t. III, n° 550. — M. Demolombe, t. XXI, p. 27.

toute romaine (V. *supra*, p. 728), n'offre d'autre intérêt, dans le droit moderne, que celui qu'indique l'art. 1107.

APPENDICE

5°, 6° ET 7° CONTRAT CONSENSUEL ET CONTRAT RÉEL, CONTRAT NON SOLENNEL ET CONTRAT SOLENNEL, CONTRAT PRINCIPAL ET CONTRAT ACCESSOIRE.

Le contrat consensuel est celui qui se forme par le seul consentement des parties.

Ainsi, la vente, l'échange, le louage.

Le contrat réel est celui qui ne se forme que tout autant qu'il y a eu non-seulement consentement des parties, mais encore remise de la chose qui fait l'objet du contrat.

Ainsi, le prêt à usage ou commodat, le dépôt, le nantissement, etc.

Le contrat non-solennel est celui pour l'existence duquel l'accomplissement d'aucune formalité spéciale n'est requis.

Ainsi en est-il aujourd'hui pour le plus grand nombre des contrats.

Le contrat solennel est celui pour l'existence duquel l'accomplissement de certaines formalités spéciales est requis.

Ainsi en est-il encore aujourd'hui, sous l'empire de la compilation napoléonienne et contrairement à l'indication du droit vrai, pour la donation (art. 931), pour le contrat de mariage (art. 1394), et pour le contrat de constitution d'hypothèque (art. 2127) (1).

L'intérêt pratique des deux divisions précédentes est évident, *puisque ces divisions tiennent aux conditions d'existence de certains contrats.*

Enfin, *le contrat principal est celui qui est fait pour lui-même ;*

Tandis que le contrat accessoire est fait pour assurer l'exécution d'un autre contrat.

La vente, par exemple, est évidemment un contrat principal.

Le cautionnement, le nantissement, la constitution d'hypothèque, sont des contrats accessoires.

L'intérêt pratique de cette division est que le sort du contrat principal ne dépend de celui d'aucun autre ;

Tandis que le sort du contrat accessoire dépend, en général, de celui dn contrat principal (2).

_____

(1) Si l'on ajoute le mariage, contrat d'union des époux (art. 675) et le contrat d'adoption (art. 353), on aura les *cinq* contrats solennels consacrés par la compilation napoléonienne.

(2) V. cependant *Manuel de Droit civil*, t. III, art. 2180.

CHAPITRE II

DES CONDITIONS ESSENTIELLES POUR LA VALIDITÉ DES CONVENTIONS.

Cette rubrique constitue un non-sens, et, à ce point de vue, on ne saurait lui reprocher de ne pas être en harmonie avec l'article qu'elle précède.

Dire que *certaines conditions sont essentielles au contrat*, c'est dire que *ces conditions sont requises pour l'existence du contrat.*

Dire que *certaines conditions sont nécessaires à la validité du contrat*, c'est dire que *ces conditions sont requises non pas pour l'existence du contrat, mais pour l'existence non vicieuse du contrat.*

Ce n'est pas la même chose de ne pas exister et d'exister vicieux.

Les compilateurs napoléoniens, chose étrange ! se sont à peine doutés de cela.

Signalons aussi le mot *convention* inscrit abusivement dans la rubrique, à la place du mot *contrat.*

1108. — Quatre conditions sont essentielles pour la validité d'une convention :

Le consentement de la partie qui s'oblige ;

Sa capacité de contracter ;

Un objet certain qui forme la matière de l'engagement ;

Une cause licite dans l'obligation.

Comme on devait s'y attendre d'après la rubrique, ce mauvais article confond *les conditions essentielles au contrat* (conditions requises pour l'existence du contrat) avec *les conditions nécessaires à la validité du contrat* (conditions requises pour l'existence non vicieuse du contrat).

Cependant le point est capital.

Les conditions essentielles au contrat sont :

1° *Le consentement des parties* (V. *infra*, sect. I).

2° *Un objet certain et licite qui forme la matière de l'obligation* (V. *infra*, sect. III).

3° *Une cause non fausse et licite* (V. *infra*, sect. IV).

Il est facile de voir que l'art. 1108 ne se borne pas à *confondre*, et que dans ce texte *la rédaction vaut la méthode* (1).

Aux conditions essentielles, il faut, au surplus, ajouter :

Pour le contrat réel, la remise de la chose qui fait l'objet du contrat ;

---

(1) Qu'est-ce, par exemple, que le consentement *de la partie qui s'oblige ?* Et si une personne consent à la demande d'un enfant de quatre ans, se forme-t-il donc un contrat ?

Pour le contrat solennel, l'accomplissement des formalités spéciale-ment requises.

Les conditions nécessaires à la validité du contrat sont :

1° *L'absence de certains vices dans le consentement* (V. *infra*, sect. I);

2° *La capacité de l'obligé* (V. *infra*, sect. II).

Remarquons que ce sont les compilateurs napoléoniens eux-mêmes, qui, à la suite de Pothier, ont fait de la *capacité* une condition distincte du *consentement* (1).

La sanction n'est pas la même, il s'en faut de beaucoup, lorsque manquent, soit les conditions essentielles au contrat, soit les condi-tions nécessaires à la validité du contrat.

Dans le *premier* cas, il y a *nullité ;* donc, impossibilité de prescrip-tion et de confirmation.

Dans le *second* cas, il y a *annulabilité, cause d'annulation ;* donc, possibilité de prescription et de confirmation (V. *infra*, art. 1304).

Rappelons, en outre, que la nullité peut être invoquée par toute per-sonne intéressée, tandis que l'annulabilité ne peut l'être que par la personne dont l'intérêt a souffert (2).

Pour se reconnaître dans la partie de la compilation napoléonienne qui concerne le consentement, il est indispensable de séparer la *nullité* de l'*annulabilité* (3).

NOTA. Cujas distinguait dans tout contrat :

1° *Les choses essentielles ;*

2° *Les choses accidentelles.*

Il appelait *choses essentielles* les choses sans lesquelles tel contrat ne peut se former, et dont l'absence fait ou qu'il n'y a pas du tout de con-trat, ou qu'il y a une autre espèce de contrat que celui que les parties ont entendu faire.

---

(1) Comparer Pothier, *Traité des obligations*, part. I, chap. I, sect. I, art. 4. Il n'est assurément pas difficile de voir que cette *séparation* est un *contre-sens*, et que, dans une doctrine juridique qui aurait souci de la raison, *la théorie de la capacité rentrerait dans la théorie du consentement.* Nous sommes obligé, dans cette circonstance comme dans une foule d'autres, de nous plier à la méthode napoléonienne.

(2) Voyez cependant, en ce qui concerne les cas d'annulabilité du mariage, *Manuel de droit civil*, t. I, p. 124.

(3) M. Demolombe, appréciant *philosophiquement* les conditions indiquées par l'art. 1108, s'exprime en ces termes : « Les unes sont, comme on dit, de droit naturel, et se retrouvent à peu près les mêmes dans tous les lieux et dans tous les temps, tandis que les autres ont un caractère en quelque sorte moins primitif, et sont l'œuvre plus arbitraire et plus variable du droit positif. » (T. XXIV, p. 45.)

Nous nous étions toujours douté que M. Demolombe prend le droit naturel pour un *on-dit* et pour une *chose primitive.*

Tout le reste, pour Cujas, était un *accidens*.

Cette distinction procède, comme on le voit, d'une idée différente de celle que nous venons d'exposer.

Elle se rapporte à *l'appréciation de chaque contrat particulier*, et *non à l'appréciation du contrat, en général*.

Dans ces termes, l'idée de Cujas est irréprochable.

Cependant, le naïf Pothier a cru devoir ajouter à la distinction précédente, l'élément des choses qu'il appelle *naturelles*, c'est-à-dire, selon sa définition « qui sans être de l'essence du contrat, font partie du contrat, quoique les parties contractantes ne s'en soient pas expliquées ». (*Traité des obligations*, n⁰ˢ 5 et 7).

Comme les interprètes reproduisent, en général, la distinction de Pothier de préférence à celle de Cujas, il importe de faire observer :

1° Que Pothier emploie ici le mot *naturel*, non dans le sens scientifique, mais dans le sens vulgaire, comme synonyme du mot *habituel ;*

2° Qu'opposées aux choses *essentielles*, les choses *accidentelles* de Cujas renferment rationnellement les choses *naturelles* de Pothier.

SECTION PREMIÈRE.

DU CONSENTEMENT.

Le contrat a pour base le concours des volontés de tous ceux qui y prennent part ; c'est ce qu'on exprime sous une autre forme en disant que tous ceux qui figurent dans un contrat, doivent donner leur consentement à ce contrat.

Le consentement consiste dans la conformité de sentiment, dans l'entente.

Le consentement peut n'exister qu'en apparence, et, dans ce cas, *scientifiquement*, le contrat est nul (V. *supra*, p. 746).

Le consentement peut exister réellement, mais d'une manière vicieuse, et, dans ce cas, *scientifiquement*, le contrat est *annulable* (V. *supra*, p. 746).

Le consentement ne peut, d'ailleurs, jamais emporter aliénation d'une parcelle de la liberté humaine, car il emporterait par là même aliénation de la personnalité, c'est-à-dire qu'il emporterait avec lui son principe (1).

Une législation bien faite devrait laisser à la doctrine le soin d'établir la théorie du consentement et d'indiquer les causes qui sont suscepti-

_____

(1) Si cette vérité était comprise, ce n'est pas seulement le droit civil qui serait transformé, c'est toute l'économie des sociétés. A la jurisprudence d'apprécier ensuite les cas si divers que fait naître de nos jours la multiplicité des rapports économiques.

bles de rendre le consentement, soit inexistant, soit simplement vicieux.

Qu'elle le sache ou qu'elle l'ignore, l'humanité marche à la liberté la plus absolue possible.

Les compilateurs napoléoniens ne l'ont pas entendu de cette façon, et l'on verra, dans les articles ainsi que dans les sections qui vont suivre, comment ils ont réussi à compliquer les choses simples, à embrouiller les choses claires et à fausser la vérité (1).

D'après cet article, sont susceptibles de porter atteinte au consentement les *trois* causes suivantes :

1109. — Il n'y a point de consentement valable si le consentement n'a été donné que par erreur, ou s'il a été extorqué par violence ou surpris par dol.

1° *L'erreur ;*
2° *La violence ;*
3° *Le dol.*

L'article 1118 ajoute :

« *La lésion dans certains contrats ou à l'égard de certaines personnes.* »

La compilation napoléonienne présente ces *quatre* causes comme des causes d'*annulation* du contrat ; tous les auteurs s'accordent à reconnaître que *certaines erreurs* et *certaines violences* sont des causes de *nullité* (**V.** *infra*, art. 1110, 1111 et 1115).

1° ERREUR.

1110. — L'erreur n'est une cause de nullité de la convention que lorsqu'elle tombe sur la substance même de la chose qui en est l'objet.

Elle n'est point une cause de nullité lorsqu'elle ne tombe que sur la personne avec laquelle on a intention de contracter, à moins que la considération de cette personne ne soit la cause principale de la convention.

Ce mauvais texte contient *deux* propositions.

D'après le *premier* alinéa, l'erreur est une « *cause de nullité* » de

---

(1) Quant aux auteurs, au lieu de faire œuvre philosophique et juridique, ils reproduisent les vieux enfantillages romains. L'un offre 20, l'autre accepte 10 ; le moins est-il contenu dans le plus? (Comparer Ulpien et Paul, L. 1, § 4, et L. 83, § 3, D., liv. XLV, tit. i. — Gaïus et Justinien, t. III, § 102, et liv. III, tit. XIX, § 5.) — L'un interroge, l'autre répond, *nutu solo* ; ce dernier a-t-il consenti? (Comparer Modestin et Mæcianus, L. 52, § 10, D., liv. XLIV, tit. VII, et L. 56, § 3, D., liv. XXXVI, tit. X.) — Doit-on admettre, en matière de contrats, que *quisque tacet, non utique fatetur* ? (Comparer Paul, L. 142, D., liv. I, tit. XVII.)

Epiménide n'avait dormi que cent ans ; nos interprètes ont-ils dormi quinze cents ans?

(2) Le Code de la Convention refusait d'une manière absolue aux majeurs l'action en restitution pour simple cause de lésion. (Liv. III, tit. I, art. 15.)

la « convention », lorsqu'elle tombe sur la « substance » même de la chose qui en est l'objet.

D'après le second alinéa, l'erreur est encore une « cause de nullité » de la « convention », lorsqu'elle tombe sur la personne avec laquelle on a intention de contracter, si la considération de cette personne est la cause principale de la « convention ».

Il semble, d'ailleurs, qu'aux yeux de la loi napoléonienne, en dehors de ces deux cas, aucune erreur ne porte atteinte au consentement.

Rectifions d'abord la terminologie.

Les mots « cause de nullité » signifient ici cause d'annulation, et le mot « convention » est employé pour contrat.

Quant à l'explication au fond de l'incomplet et obscur art. 1110, le plus simple est de la faire rentrer dans l'exposé de la théorie qui est, en général, enseignée, relativement à l'erreur.

Qu'est-ce d'abord que l'erreur ?

L'erreur est une opinion non conforme à la vérité.

En matière de contrats, la doctrine actuelle distingue environ sept sortes d'erreurs :

1° L'erreur sur la nature du contrat ;

2° L'erreur sur l'objet du contrat ;

3° L'erreur sur la cause du contrat ;

4° L'erreur sur la substance de la chose ;

5° L'erreur sur les qualités accidentelles de la chose ;

6° L'erreur sur la personne avec laquelle on a intention de contracter ;

7° L'erreur sur les motifs du contrat.

Cette nomenclature n'a de valeur scientifique que pour les deux premiers cas et pour une partie du troisième ; quant aux autres, une doctrine rationnelle devrait les réunir sous cette rubrique commune : erreurs dont l'influence sur le sort du contrat varie selon les espèces, ou encore erreurs qui, d'après l'appréciation des tribunaux, peuvent affecter le contrat, soit de nullité, soit d'annulabilité, ou même être indifférentes.

Parcourons néanmoins tous les différents cas que distinguent les auteurs.

1° ERREUR SUR LA NATURE DU CONTRAT.

L'un des co-contractants entend faire une vente, l'autre entend recevoir une donation.

Dans ce cas, les deux volontés n'ont point concouru sur une même chose ; le contrat n'existe pas, il est nul.

2° ERREUR SUR L'OBJET DU CONTRAT.

Exemple : L'un des co-contractants entend vendre une maison, sise en tel lieu ; l'autre entend acheter une maison, sise en tel autre lieu.

C'est la *même* solution que dans le *premier* cas.

3° ERREUR SUR LA CAUSE DU CONTRAT.

On distingue *deux* cas :

L'erreur sur l'existence de la cause ;

L'erreur sur l'efficacité juridique d'une cause, d'ailleurs existante.

Exemple *de l'erreur sur l'existence de la cause.*

Un héritier *ab intestat* s'oblige à payer un legs contenu dans un testament, qui se trouve révoqué à son insu par un testament postérieur.

C'est la *même* solution que dans les *deux* cas précédents (1).

Exemple *de l'erreur sur l'efficacité juridique d'une cause, d'ailleurs existante.*

Une personne est tenue d'une dette naturelle (2) ; elle s'imagine que cette dette est civilement obligatoire et elle s'engage par voie de novation à la payer.

Dans ce cas, le contrat existe, enseigne-t-on, mais il est *annulable* (3).

---

(1) Comparer M. Demolombe, t. XXIV, p. 118, 86, 349.

Un auteur, M. Larombière, propose d'appeler *erreur-obstacle* l'erreur qui rend le contrat *nul,* et *erreur-nullité* l'erreur qui rend le contrat *annulable.* (M. Larombière, *Traité des obligations.*)

Cette bizarre terminologie est dépourvue d'utilité, et elle manque de précision ; nous nous étonnons que M. Demolombe y ait adhéré.

Quant à MM. Aubry et Rau, ils reconnaissent bien que, philosophiquement, certaines erreurs sont exclusives de tout consentement ; mais ils pensent que « les besoins de la pratique ont amené les rédacteurs du Code Napoléon à envisager la convention conclue par suite d'une erreur comme simplement sujette à annulation et non comme inexistante ». (T. III, p. 209, note 13.)

Nous avons dit, pour notre part, ce que les besoins de la pratique, autant que les nécessités de la raison, eussent exigé des compilateurs napoléoniens. S'ils avaient su s'abstenir de dogmatiser sur le consentement, ils eussent servi du même coup la pratique et la raison. Ils n'ont pas su faire cela, et ils ont légiféré à tort et à travers. Néanmoins, dans tous les cas où ces hommes ont été muets, c'est à la doctrine de reprendre ses droits ; or, en doctrine, il existe de vraies nullités.

Ici d'ailleurs, doit être marquée la limite où la doctrine actuelle cesse d'avoir le caractère scientifique. (V. *supra,* p. 747.)

(2) V., sur ce nouvel amphibie, art. 1235.

(3) Comparer M. Demolombe, t. XXIV, p. 118, et Aubry et Rau, t. III, p. 210, texte et note 16.

4° ERREUR SUR LA SUBSTANCE DE LA CHOSE.

C'est là un des deux cas d'erreur prévus par la compilation napoléonienne (**V.** *supra*, p. 748).

Mais qu'est-ce que la substance de la chose ?

Le mot ne brille pas précisément par sa clarté, et c'est le moindre défaut de la disposition qui nous occupe (1).

Les légistes disent que *la substance de la chose est la qualité que les contractants ont eue principalement en vue.*

Exemple : Voulant acheter une paire de chandeliers d'argent, j'achète de vous une paire de chandeliers que vous me présentez à vendre, que je prends pour des chandeliers d'argent, quoiqu'ils ne soient que de cuivre argenté (2).

Dans ce cas, le contrat existe, professe-t-on encore, mais il est *annulable* (3).

On discute le point de savoir ce qu'il faut décider lorsque les parties ne se sont pas expliquées sur les qualités de la chose, et que l'une d'elles est dans une erreur qui invaliderait le contrat, si elle était partagée par les deux.

Exemple : Un collectionneur achète un tableau qu'il prend pour un Léonard de Vinci ; le marchand n'a d'ailleurs rien su de l'intention du collectionneur.

C'est dans ces termes que la question de la volonté du contrat se pose.

A nos yeux, cette question n'est pas douteuse, elle doit être résolue dans le sens de la *validité.*

---

(1) Ulpien paraît s'être servi le premier du mot *substantia*. (L. 9, § 2, D., liv. XVIII, tit. I.)

Pothier a reproduit le vocabulaire d'Ulpien. (*Traité des obligations*, n° 18.)

(2) Pothier, *loc. cit.*

(3) Pourquoi pas *nul*, comme dans le cas d'erreur sur l'objet? Est-ce qu'il n'y a pas telle espèce encore plus frappante que celle citée dans le texte où l'erreur sur la substance est absolument exclusive du consentement? Ainsi, j'achète par erreur du vinaigre pour du vin ; le vendeur m'eût-il montré la tonne qui contient le vinaigre, est-ce que je n'ai pas acheté *aliud pro alio*, tout aussi bien que si à la place d'une certaine tonne de vin que j'avais en vue j'en avais acheté une autre?

Au moins Ulpien et Pothier, qui copiait Ulpien, donnaient-ils la même solution dans les deux cas.

Tout cela, sous couleur de science, est pur galimatias ; en dehors des trois cas exposés en commençant, c'est l'affaire des tribunaux de décider, selon l'espèce, si l'erreur est de nature à affecter le contrat, soit de nullité, soit d'annulabilité, ou même si elle n'est pas indifférente.

Comparer M. Demolombe, qui fournit de longs développements en sens contraire de notre propre idée (t. XXIV, p. 85 et suiv.).

En effet, la volonté qu'a l'une des parties et qu'elle ne manifeste pas à l'autre est pour cette autre une volonté qui n'existe pas ; la seule volonté dont il y ait logiquement et légitimement lieu de tenir compte, c'est la volonté manifestée (1).

5° ERREUR SUR LES QUALITÉS ACCIDENTELLES DE LA CHOSE.

Les légistes disent que la qualité *accidentelle*, c'est la qualité *accessoire*, ou encore « *celle qui peut s'ajouter à des degrés divers, en bien ou en mal à la chose, et que l'on désigne, en effet, par un adjectif* » (2).

Exemple : J'achète chez un libraire un certain livre dans la fausse persuasion qu'il est excellent, quoiqu'il soit au-dessous du médiocre (3).

Dans ce cas, l'erreur, déclare-t-on, ne porte *aucune atteinte* au consentement.

6° ERREUR SUR LA PERSONNE AVEC LAQUELLE ON A INTENTION DE CONTRACTER.

C'est là le *second* cas d'erreur dont parle la compilation napoléonienne (V. *supra*, p. 748).

Exemple : Une personne veut faire faire un tableau par tel peintre, elle traite par erreur avec un autre peintre.

Dans ce cas, dit-on, le contrat est *annulable* (4).

7° ERREUR SUR LES MOTIFS DU CONTRAT.

Il ne faut pas confondre l'erreur sur la cause du contrat avec l'erreur sur les motifs du contrat ; on verra plus bas (section IV), comment on distingue la cause des motifs.

Exemple d'erreur sur les motifs du contrat :

---

(1) En ce sens, Toullier, t. IV, n° 55. — M. Pardessus, *Cours de Droit commercial*, t. II, p. 16. — M. Larombière, t. I, art. 1110, n° 3.
En sens contraire, M. Colmet de Santerre, t. V, n° 16 *bis*, IV. — M. Demolombe, t. XXIV, p. 99.

(2) M. Demolombe, t. XXIV, p. 90.
Toutes ces tentatives de définition n'aboutissent à rien, et la raison en est que c'est l'intention des parties qui fait que telle qualité est principale ou accessoire.

(3) Pothier, n° 14.
Cet exemple comporte exactement la même critique que celle que nous venons d'adresser aux définitions qu'il a pour but d'expliquer.

(4) M. Demolombe, t. XXIV, p. 108.
Nous n'aurions qu'à reproduire sous ce nouveau cas la note 3 de la page 751. Toutefois, pour ce cas comme pour celui de l'erreur sur la substance, il ne faut pas oublier qu'il y a une solution imposée par l'art. 1117, le contrat ne peut être nul, il ne peut être qu'*annulable*. (V. *infra*, p. 762.)

On m'a rapporté faussement que mes chevaux étaient morts, et sur ce faux avis, j'en ai acheté d'autres, en faisant d'ailleurs part à mon vendeur du motif pour lequel j'achetais des chevaux.

Dans ce cas, les auteurs décident que l'erreur ne porte *aucune atteinte* au contrat.

Toutefois, on ajoute que l'erreur sur les motifs affecterait le contrat, *même de nullité*, si la réalité des motifs constituait une condition à laquelle les parties auraient subordonné l'existence du contrat (1).

Cette nomenclature épuisée, remarquons :

1° *Que l'erreur sur la valeur de la chose qui fait l'objet du contrat ne porte, en général, aucune atteinte au lien contractuel* (V. *infra*, art. 1118);

2° *Que l'erreur qui, par elle-même, ne porte aucune atteinte au lien contractuel, peut cependant devenir une cause d'annulation du contrat, lorsqu'elle se complique d'un dol* (V. *infra*, art. 1116);

3° *Que, dans les différents cas où l'erreur porte atteinte au lien contractuel, il n'y a nullement à distinguer entre l'erreur de droit et l'erreur de fait* (2).

2° VIOLENCE.

1111. — La violence exercée contre celui qui a contracté l'obligation est une cause de nullité, encore qu'elle ait été exercée par un tiers autre que celui au profit duquel la convention a été faite.

1112. — Il y a violence lorsqu'elle est de nature à faire impression sur une personne raisonnable, et qu'elle peut lui inspirer la crainte d'exposer sa personne ou sa fortune à un mal considérable et présent.

On a égard, en cette matière, à l'âge, au sexe et à la condition des personnes.

1113. — La violence est une cause de nullité du contrat, non-seulement lorsqu'elle a été exercée sur la partie contractante, mais encore lorsqu'elle l'a été sur son époux ou sur son épouse, sur ses descendants ou ses ascendants.

---

(1) Depuis Puffendorf et Barbeyrac, les auteurs s'agitent pour résoudre en thèse la question de l'effet de l'erreur sur les motifs du contrat : ils n'ont réussi qu'à revêtir d'une forme dogmatique une série de banalités. (V. en particulier Puffendorf, liv. III, chap. vi, n° 7, et Barbeyrac sur Puffendorf. — Ajouter Pothier, n° 20, pour la vérification complète de notre appréciation.)

(2) MM. Zachariæ, Aubry et Rau, t. III, p. 211. — M. Demolombe t. XXIV, p. 119.

Qu'on rapproche maintenant le 3° de l'art. 14, liv. III, tit. I, Code de la Convention, de l'art. 1110, et qu'on compare les deux procédés : au lieu de faire de *l'a priori* comme l'art. 1110, le Code de la Convention se bornait à poser l'erreur comme vice du contrat et à donner ensuite un exemple.

Selon nous, l'exemple même est de trop; mais, d'une part, quelle méthode pleine de bon sens, et de l'autre quel article bâclé !

1114. — La seule crainte révérentielle envers le père, la mère, ou autre ascendant, sans qu'il y ait eu de violence exercée, ne suffit point pour annuler le contrat.

L'être personnel est seul capable de consentement, parce qu'il est seul capable de liberté.

Donc, sans liberté, pas de consentement (1).

Sous l'empire de la compilation napoléonienne, que faut-il entendre par le défaut de liberté, ou, comme s'expriment les textes, par la violence (2), en matière de contrats ?

L'art. 1112 répond à cette question de la manière suivante :

« *Il y a violence, lorsqu'elle est de nature à faire impression sur une personne raisonnable, et qu'elle peut lui inspirer la crainte d'exposer sa personne ou sa fortune à un mal considérable et présent.* »

« *On a égard, en cette matière, à l'âge, au sexe et à la condition des personnes.* »

Pour compléter cette définition, il faut ajouter :

1° Qu'aux termes de l'art. 1113, *la violence exercée sur le conjoint, sur les descendants ou sur les ascendants de l'une des parties, entraîne les mêmes conséquences que celle qui est exercée sur cette partie elle-même;*

2° Qu'aux termes de l'art. 1114, *la seule crainte révérentielle envers le père, la mère ou autre ascendant, sans qu'il y ait eu de violence exercée, ne suffit point pour annuler le contrat;*

3° Qu'aux termes de l'art. 1111, *il n'importe pas que la violence ait été exercée* « *par un tiers autre que celui au profit duquel la convention a été faite* ».

Voilà qui est enfin complet; mais, si toutes les définitions occupaient cette place, ce serait pour le coup qu'il faudrait renoncer aux définitions.

---

(1) Nous avons déjà indiqué cet axiome de l'ordre juridique, qui est aussi un axiome de l'ordre moral; nous ne saurions trop répéter, en ce qui concerne l'ordre moral, que, juge pour lui-même du point de savoir si son consentement a été libre, l'individu se rend coupable envers la loi morale de la plus grave infraction s'il se délie d'un contrat auquel il a donné une adhésion libre.

Plus il importe au progrès du genre humain que le joug de la loi disparaisse, plus il importe à ce même progrès que le joug de la conscience soit senti.

On ne fera point passer dans les faits l'idée du droit si l'on n'y fait passer en même temps l'idée du devoir.

(2) Les Romains disaient *la crainte, metus;* Pothier, dans sa rubrique, *le défaut de liberté,* et, dans son texte, *la violence;* le Code de la Convention, *le défaut de liberté.*

Cette dernière formule était la bonne.

Ayant à choisir, les compilateurs napoléoniens ont inattentivement reproduit la plus mauvaise.

Voyons maintenant ce que contient cette *chose*.

D'abord, comme dans l'art. 1110, nous trouvons dans l'art. 1111 les mots « *cause de nullité* » et « *convention* » employés pour ceux de *cause d'annulation* et de *contrat*.

En outre, les auteurs sont à peu près d'accord pour retrancher le mot « *présent* » de la fin du *premier* alinéa de l'art. 1112; il suffit, en effet, de la crainte d'un mal considérable pour qu'il y ait violence (1).

Mais tout n'est pas dit sur cette définition si complète.

Les profonds rédacteurs du Code Napoléon ne se sont pas aperçus que le *second* alinéa de l'art. 1112 détruisait le *premier* alinéa du même article.

Ces philosophes ont à la fois admis que la violence a une mesure *absolue* (*premier* alinéa) et une mesure *relative* (*second* alinéa).

Évidemment, c'est là mesure *relative* qui a raison contre la mesure *absolue*, et le *second* alinéa contre le *premier*; mais cette observation va fort loin et elle a bien l'air de ruiner la définition (2).

Restent *deux* questions pour achever ce commentaire;

1° *De ce que l'art.* 1113 *déclare en termes exprès que la violence annule le contrat non-seulement lorsqu'elle a été exercée sur la partie contractante, mais encore lorsqu'elle l'a été sur son époux ou sur son épouse, sur ses descendants ou sur ses ascendants, doit-on décider à* contrario, *que la violence exercée contre d'autres personnes que celles que comprend cette liste, n'est point une cause d'annulation du contrat?*

2° *Pour quel motif la violence exercé par un tiers est-elle une cause d'annulation du contrat?*

Sur le *premier* point, on répond, en général, que la différence qui existe entre les personnes *désignées dans l'art.* 1113 et les personnes *non désignées dans le même article*, c'est que *la violence exercée sur les premières est présumée de plein droit avoir été exercée sur la partie contractante elle-même;* ce qui signifie que cette partie n'a aucune preuve à fournir de l'affection qui la rattache aux premières, tandis qu'elle doit fournir la preuve de l'affection qui la rattache aux secondes (3).

_____

(1) Comparer MM. Aubry et Rau, t. III, p. 211, texte et note 21. — M. Colmet de Santerre, t. V, n° 22 *bis*, ii. — M. Demolombe, t. XXIV, p. 127.

Ulpien exigeait *metum præsentis* (L. 9, D., liv. IV, tit. II). Pothier ne comprit pas et parla d'*un mal que la personne devait être menacée d'endurer sur-le-champ* (n° 25). Les compilateurs n'ont fait que résumer en un seul mot la proposition de Pothier.

(2) M. Colmet de Santerre justifie la formule de l'art. 1112. (V. M. Colmet de Santerre, t. V, n° 22 *bis*, I.)

(3) M. Larombière, t. I, art. 1113, n° 16. — M. Colmet de Santerre, t. V, n° 23 *bis*. — M. Demolombe, t. XXIV, p. 145.

Donc, dans la présente hypothèse, et cela certainement est d'un législateur très-fort, Oreste conservera le droit d'établir que Pylade est son ami.

Sur le *second* point, on allègue en première ligne l'*autorité du droit romain* (1);

On donne ensuite *quatre* raisons et l'on dit :

Que la personne qui a été victime de la violence est à l'abri de tout reproche, et que, par conséquent, il est indispensable que cette personne soit indemnisée d'une façon ou d'une autre :

Que la violence est d'ordinaire pratiquée sous le masque et que l'auteur de la violence restant ainsi d'ordinaire inconnu, l'action en dommages-intérêts contre lui est insuffisante ;

Que, connût-on l'auteur de la violence, on n'en serait pas plus avancé, car la violence procède, en général, de gens insolvables, et que contre un insolvable, l'action en dommages-intérêts est inefficace ;

Qu'enfin, la violence doit toujours être châtiée d'une manière exemplaire (2).

Nous aussi, nous sommes absolument d'avis que les violents qui outragent le droit doivent être corrigés, mais nous pensons en même temps que quatre mauvaises raisons n'en font pas une bonne.

Comment est-il rationnel et juste que le co-contractant, étranger à la violence commise contre son co-contractant, soit responsable de cette violence ? Voilà la question telle qu'elle eût dû être posée ; il est vrai que, dans ces termes, elle se fût trouvée toute résolue : il n'est, en effet, ni rationnel, ni juste, n'en déplaise à toute la doctrine romaine, ancienne ou actuelle, qu'un homme réponde d'un fait dont il n'est pas l'auteur et que l'on dépouille l'innocent pour indemniser la victime (3).

En somme, les *quatre* articles qui concernent la violence sont de bons vieux anachronismes ou de bonnes vieilles trivialités empruntés au vieux Pothier ; et tant valent les nos 21-27 du *Traité des Obligations,* tant valent les art. 1111-1114 (4).

En droit vrai, il n'y a pas à définir la violence ; c'est aux juges d'apprécier si elle a existé de manière à porter atteinte au consentement (5).

---

(1) Et quel meilleur argument, en effet, que d'avoir pour soi l'édit du préteur ! (L. 9, § 1, D., liv. IV, tit. II.)

(2) Comparer M. Demolombe, t. XXIV, p. 143.

(3) La violence châtiée sur un autre dos que sur celui du délinquant ! Le parfait motif de comédie !

(4) Toutefois, n'outrons pas les choses à l'égard de Pothier : l'excellent homme n'inventa jamais rien ; lui-même amalgamait ici la loi 9, Grotius, Puffendorf et Barbeyrac (no 23).

(5) Comparer Code de la Convention, art. 14 2o, liv. III, tit. I.

La violence peut-elle être non-seulement une cause d'annulation, mais même une cause de nullité du contrat ?

De l'avis des auteurs, la violence est une cause de *nullité* du contrat, lorsqu'elle consiste dans une contrainte *physique* obligeant matériellement à faire ce que l'on n'eût pas fait sans cette contrainte.

Tel serait, dit-on, par exemple, le cas où une personne plus robuste qu'une autre obligerait matériellement cette autre à signer un certain acte (1).

Nous admettons ce cas, mais nous n'oserions affirmer pour notre compte, qu'il soit le seul où la violence puisse être de nature à affecter le contrat de nullité. (V. au surplus *infra*.)

Encore une fois, la question doit être laissée à l'appréciation discrétionnaire des tribunaux.

Que faut-il décider lorsque la violence n'a pas eu pour but de faire contracter l'obligation, mais qu'elle a cependant donné lieu à une obligation ?

Exemple : Un voyageur tombe entre les mains d'une bande de brigands ; il est menacé de mort, et il promet une somme considérable à un tiers, si celui-ci le délivre.

Cette espèce embarrasse beaucoup les auteurs, et il y a, en effet, de quoi être embarrassé, en présence de textes qui ont bien l'air de n'avoir trait qu'à la violence exercée dans le but d'extorquer un consentement. (Comparer art. 1109 et 1111.)

Les *uns* professent avec Pothier que les tribunaux ont le droit de *réduire* l'obligation, si la somme promise leur paraît *excessive* (2).

Les *autres* décident que le contrat est *nul pour défaut de consentement ;* mais, après avoir admis cette commune prémisse, ils se divisent sur le point final (3).

D'après une *première* opinion, le tiers auquel la promesse a été faite a le droit de réclamer par une action de gestion d'affaires le prix du service qu'il a rendu (4).

---

(1) Comparer M. Demolombe, t. XXIV, p. 122.

(2) Pothier, n° 24. — M. Duvergier, *Sur Toullier*, t. III, n° 85, note *a*. — M. Larombière, t. I, art. 1112, n° 12. (Comparer art. 1109 et 1111.)

(3) Voilà, qu'on se l'avoue ou non, un cas de *nullité* pour défaut de liberté *morale*.

(4) M. Marcadé, art. 1114, n° 444. — M. Mourlon, t. II, n° 1054, qui cite en ce sens M. Valette.

Ces auteurs confessent que leur système est une *échappatoire*.

Il y a des mots que les naïfs seuls prononcent. Eh ! nous ne le savons que trop, que toutes vos *prétendues doctrines* ne visent qu'à l'*échappatoire*.

D'après une *seconde* opinion, ce tiers a le droit d'invoquer l'article 1382 (1).

D'après une *troisième* opinion, il n'a que le droit de se faire indemniser des dépenses qu'il pourrait avoir faites (2).

Selon nous, il en est de ce cas, comme de ceux qui précèdent, il ne comporte pas une solution à priori, et, comme le Code Napoléon ne s'explique pas sur la question, les tribunaux auront le droit d'apprécier (3).

1115. — Un contrat ne peut plus être attaqué pour cause de violence, si, depuis que la violence a cessé, ce contrat a été approuvé, soit expressément, soit tacitement, soit en laissant passer le temps de la restitution fixé par la loi.

Presque littéralement copié dans Pothier (n° 21), cet article énonce un caractère des actions en annulation.

Ces actions tombent, en général, devant la ratification expresse ou tacite de celui qui a le droit de les intenter.

Le fait de laisser passer le délai de restitution fixé par la loi, constitue un cas de ratification *tacite ;* en somme, l'art. 1115 est une disposition redondante et d'autant plus malavisée qu'elle semble restreindre *à l'action* en annulation pour cause de *violence* un caractère, qui, nous le répétons, est celui de toute *la classe des actions en annulation.*

3° DOL.

1116. — Le dol est une cause de nullité de la convention lorsque les manœuvres pratiquées par l'une des parties sont telles qu'il est évident que, sans ces manœuvres, l'autre partie n'aurait pas contracté.

Il ne se présume pas et doit être prouvé.

Le dol doit être défini :

Toute manœuvre frauduleuse employée pour tromper autrui.

On voit, à cette définition, que le dol suppose toujours une *erreur ;* cependant, ce vice du consentement ne fait pas double emploi avec celui qui résulte de l'erreur, car, comme on le sait, il y a des erreurs qui par elles-mêmes sont insuffisantes pour porter atteinte au contrat, ainsi, l'*erreur sur les motifs ;* or, quand des *manœuvres frauduleuses* y ont été jointes, l'*erreur sur les motifs* devient une cause d'annulation du contrat.

---

(1) M. Demolombe, t. XXIV, p. 139.
(2) M. Colmet de Santerre, t. V, n° 20 *bis.*
(3) Si les choses étaient ce qu'elles doivent être et ce qu'il faudra bien qu'elles deviennent, le rôle du juge, dans cette question comme dans une foule d'autres, serait de tendre constamment par ses décisions à reconstituer la conscience et à élever le niveau moral.

Selon l'enseignement des romanistes, la doctrine actuelle distingue :

1° *Le dol principal* (dans causam contractui) ;

2° *Le dol incident* (dolus incidens in contractum) (1).

Le dol principal est celui que définit le premier alinéa de l'art. 1116; c'est le mobile déterminant du contrat.

Le dol incident est celui qui survient durant les pourparlers relatifs au contrat et qui a pour but de modifier les conditions du contrat au détriment de la partie qui subit le dol.

On professe que, *tandis que le dol principal est une cause d'annulation du contrat, le dol incident ne peut être, en général, le fondement que d'une action en dommages-intérêts* (2).

Cette distinction est, en définitive, de peu de valeur, car elle se ramène forcément à une appréciation en fait.

La tromperie du marchand qui dissimule les défauts de sa marchandise, ou qui en exagère les qualités, n'est point, d'ailleurs, regardée comme un dol incident (3).

Toujours, d'après l'enseignement romain, les auteurs actuels distinguent encore :

1° *Le dolus malus ;*

2° *Le dolus bonus.*

Le dolus malus, *c'est celui dont nous venons de nous occuper.*

Quant au dolus bonus, *c'était*, disaient les Romains, *la machination permise* « adversus hostem latroneuve » (liv. I, § 3, D. liv. IV, tit. III) (4).

Il résulte enfin des termes de l'art. 1116, que le dol, même principal, n'est une cause d'annulation du contrat que tout autant qu'il a été pratiqué *par l'une des parties envers l'autre.*

C'est dans ce sens que, par antithèse au vice de violence, on qualifie de *personnel* le vice de dol.

_____

(1) Comparer Struvius, ex, 8, th, 27 et 33. — Cocceius, *De dolo malo*, quest. I.

(2) Pothier, n° 31. — MM. Demante et Colmet de Santerre, t. V, n°s 26 et 26 *bis.* — M. Larombière, t. I, art. 1116, n° 3. — M. Demolombe, t. XXIV, p. 155.

(3) Nous sommes bien d'avis que c'est l'affaire de l'acheteur de se protéger lui-même contre les *méchantes* ruses du vendeur; mais nous pensons aussi qu'il y a lieu de flétrir la doctrine résumée par Ulpien dans les termes suivants : « *In pretio emptionis et venditionis, licet naturaliter contrahentibus se circumvenire.* (L. 16, § 4, D., liv. IV, tit. IV.)

(4) Cela rappelle le :

« ..... *Dolus an virtus, quid in hoste requirat?* »

Nous comprenons la légitime défense, nous ne comprenons l'emploi de la fraude contre personne, pas même contre le voleur.

La décision relative à la personnalité du dol s'appuie sur les vrais principes juridiques, car si c'est un tiers qui a commis le dol, sans que la partie qui se trouve en bénéficier n'y ait en rien participé, il est tout simple que l'autre partie soit réduite à un recours en dommages-intérêts contre le tiers qui lui a fait tort.

Au contraire, si c'est la partie envers laquelle l'obligation a été contractée, qui est elle-même l'auteur du dol, il est parfaitement logique que l'autre partie obtienne la restitution de son obligation, à titre de dommages-intérêts (1).

Rappelons que le dol est considéré comme un vice *réel*, en matière d'acceptation de succession. (V. *supra*, p. 199.)

Quand au *second* alinéa de l'art. 1116, il pose une règle qui peut se passer de tout commentaire (2).

LÉSION.

1118. — La lésion ne vicie les conventions que dans certains contrats ou à l'égard de certaines personnes, ainsi qu'il sera expliqué en la même section.

La lésion est le préjudice qu'éprouve l'une des parties dans un contrat commutatif.

---

(1) MM. Demante et Colmet de Santerre, t. V, nos 26 et 27 *bis*, III. — M. Vernet, *Textes choisis sur la théorie des obligations en droit romain*, p. 243.)

Nous avons dit plus haut que, si les légistes avaient souci d'élever leurs théories à l'état scientifique, la violence ne devrait, elle aussi, être une cause d'annulation du contrat que lorsqu'elle a été exercée par le co-contractant.

Chose curieuse cependant, et qui montre à quel point est peu compris, parmi les légistes, *le principe de la liberté personnelle et de la responsabilité propre*, ce n'est pas la violence qu'on a proposé d'assimiler, sous ce point de vue, au dol, c'est le dol qu'on voudrait voir revêtir du même caractère *réel* que la violence. (M. Larombière, t. I, art. 1116, n° 8.)

La plupart des auteurs n'ont, du reste, que des éloges pour la *doctrine* romaine et pour la *doctrine* française. (V. M. Gide, *Revue pratique de Droit français*, 1865, t. XIX, p. 239, et M. Demolombe, t. XXIV, p. 163.)

(2) Encore une petite phrase de Pothier reproduite à tout hasard. (Pothier, n° 30, *in fine*.)

En vérité, les secrétaires qui compilèrent et rédigèrent le Code Napoléon en prirent plus qu'à leur aise, et il paraît impossible qu'ils aient même relu leur œuvre.

Louons-les cependant, ou, pour mieux dire, louons Pothier de n'avoir point tenté pour le dol ce qu'il a si malheureusement essayé pour l'erreur et pour la violence, c'est-à-dire de s'être abstenu de donner du dol une définition caractérisée.

Nul doute, d'ailleurs, que, dans une théorie exacte, le dol ne dût être regardé, selon les cas, comme une cause, non pas seulement d'annulation, mais même de nullité. Mais tel n'est pas le point de vue de Pothier (n° 29), ni par conséquent des compilateurs napoléoniens.

Les anciens légistes français admettaient, en principe, l'action en rescision pour cause de lésion au profit des mineurs.

C'était là une suite des traditions romaines.

Les mêmes anciens légistes s'entendaient assez mal entre eux sur les effets de la lésion entre mineurs; cependant le plus grand nombre enseignaient que les contrats qui avaient pour objet des immeubles ou des meubles précieux, étaient susceptibles d'être attaqués pour cause de lésion (1).

Après le culte du droit romain, celui de l'idée aristocratique; ne convenait-il pas, en effet, de maintenir en situation d'oisiveté les familles riches?

Le vrai Code du droit nouveau, le Code de la Convention, abolissait d'une manière radicale l'action en restitution pour cause de lésion (2).

Mais la réaction des compilateurs de brumaire arriva, et grâce aux efforts de Portalis, appuyés de ceux de Bonaparte, l'hérésie économique de la rescision pour cause de lésion reparut dans la loi française (3).

D'après l'art. 1118, la lésion est un vice du consentement :

1° *A l'égard de certaines personnes ;*

2° *Dans certains contrats.*

Les *certaines personnes* sont *les mineurs;* pour eux, la lésion continue à être admise, en principe, comme cause de rescision (art. 1305).

Les *certains contrats* concernent *les majeurs;* ces contrats sont :

1° *La vente d'un immeuble lorsque le vendeur est lésé de plus des sept douzièmes* (art. 1674 et suiv.);

2° *Le partage, lorsque l'un des copartageants est lésé de plus du quart* (art. 887);

3° *La société, dans le cas réglé par l'art.* 1854.

A l'égard des mineurs, le fondement de l'action en rescision pour cause de lésion ne peut logiquement être que l'*idée d'incapacité personnelle.*

A l'égard des majeurs, dans certains contrats, le fondement de

---

(1) Comparer Despeisses, I, p. 20 et suiv. — Pothier, n° 33 et suiv.

(2) « La loi n'admet pas l'action en restitution pour simple cause de lésion dans le prix des choses même immobilières (art. 15, liv. III, tit. I, Code de la Convention).

Pour cette question comme pour toutes les autres, M. Demolombe passe sous silence le *monument* de la Convention, et l'éminent doyen s'imagine bonnement avoir scruté le droit de la Révolution parce qu'il cite un article d'une loi, toute de circonstance, la loi du 14 floréal an III.

C'est que M. Demolombe est rempli de dédain pour le droit de la Révolution, et qu'il réserve son étude, comme son enthousiasme, pour le pathos napoléonien.

(3) V. *Manuel de Droit civil,* t. III, la discussion à laquelle donna lieu la section de la rescision de la vente pour cause de lésion (sect. II, chap. VI, tit. VI).

l'action en rescision pour cause de lésion est, selon les uns (1), *l'erreur sur la valeur de la chose;* selon les autres (2), *le défaut de liberté.*

1117. — La convention contractée par erreur, violence ou dol, n'est point nulle de plein droit; elle donne seulement lieu à une action en nullité ou en rescision dans les cas et de la manière expliqués à la section VII du chapitre V u présent titre.

Cet article, mal classé, concerne *l'action en rescision pour cause de lésion,* tout aussi bien que *les actions en annulation pour cause d'erreur, de violence ou de dol.*

Son utilité consiste à rappeler que l'erreur, le dol et la violence peuvent donner lieu à *l'annulation* du contrat qui est affecté d'un de ces vices.

On tombe d'accord que les actions en annulation ou en rescision pour cause d'erreur, de violence ou de lésion, sont *réelles,* c'est-à-dire *qu'elles sont opposables non-seulement à la partie qui a figuré au contrat et à ses héritiers ou successeurs universels, mais encore à ses successeurs particuliers. (Arg.* de l'art. 2125.)

C'est l'application du brocard: «*Nemo plus juris in alium transferre potest, quam ipse habet* (3). »

Doit-on admettre que l'action en annulation pour cause de dol est réelle, comme les trois précédentes?

DEUX SYSTÈMES.

1er SYSTÈME (4). — *L'action en annulation pour cause de dol est personnelle.*

---

(1) Pothier, n° 33.
(2) M. Demolombe, t. XXIV, p. 181.
Voici les propres paroles de M. Demolombe : « Le vice du consentement est le défaut de liberté et non pas l'erreur : le défaut de liberté, disons-nous, d'une partie qui a subi une sorte de contrainte morale, sous l'empire d'un besoin pressant d'argent.
Cela pourrait mener loin le savant professeur, du reste pas plus loin que nous n'allons nous-même. Dans les relations des travailleurs avec les capitalistes, quel est donc le contrat qui, à l'heure présente, ne s'impose pas à l'une des parties comme une nécessité de pain quotidien? quel est le contrat qui, intervenant entre le travailleur et le capitaliste, ne mérite d'être, *a priori,* suspecté de lésion? quel est le contrat dont on puisse dire que le travailleur y a obtenu l'équitable rémunération de son effort?
Thèses imprudentes à soulever de la part des amis de *l'ordre* actuel !
(3) Une maxime qui, sous cette forme générale, vaut l'autre maxime : « *Resoluto jure dantis, resolvitur jus accipientis* ». (V. *supra,* en particulier p. 308, note 3.)
(4) Delvincourt, t. II, p. 679. — M. Marcadé, art. 1116, n° 11.

L'*argument* de ce système est que l'action en annulation pour cause de dol n'est autre chose qu'une action en dommages-intérêts ; or, toute action en dommages-intérêts est essentiellement personnelle, c'est-à-dire qu'elle n'est opposable qu'à l'auteur du dommage et à ses héritiers ou successeurs universels.

2ᵉ SYSTÈME (1). — *L'action en annulation pour cause de dol est réelle.*

L'*argument* de ce système est que l'art. 1109 range le dol au nombre des vices du consentement, et que l'art. 1117 n'établit aucune différence entre les actions résultant de l'erreur, de la violence ou du dol ; donc, il y a lieu d'appliquer aux unes comme aux autres le brocard : « *Nemo plus juris in alium transferre potest, quam ipse habet.* »

Le *premier* système a la raison pour lui ; le *second* a les textes (2).

APPENDICE

DU DÉFAUT DE LIEN

Logogriphiques dans la forme, naïfs jusqu'à l'extrême simplicité ou irrationnels au fond, les quatre articles suivants ont beaucoup exercé les interprètes.

Ils sont issus de la plus pure doctrine romaine, et ils ont été puisés dans Pothier par les auteurs du fatras napoléonien (3).

1119. — On ne peut, en général, s'engager ni stipuler en son propre nom que pour soi-même.

1120. — Néanmoins on peut se porter fort pour un tiers, en promettant le fait de celui-ci, sauf l'indemnité contre celui qui s'est porté fort ou qui a promis de faire ratifier si le tiers refuse de tenir l'engagement.

1121. — On peut pareillement stipuler au profit d'un tiers lorsque telle est la condition d'une stipulation qu'on fait pour soi-même ou d'une donation qu'on fait à un autre. Celui qui a fait cette stipulation ne peut plus la révoquer si le tiers a déclaré vouloir en profiter.

---

(1) M. Duranton, t. X, n° 180. — M. Demolombe, t. XXIV, p. 169.

(2) Tout cela est arbitraire, s'écrie un des partisans du second système, M. Duranton.

C'est entièrement notre avis ; oui, le tout est arbitraire, et, si on le passait au crible, nous ignorons ce qu'il en resterait.

(3) *Inst.*, § 20, liv. III, tit. XIX. — L. 83, D., liv. XLV, tit. I. — *Inst.*, §§ 3 et 4, liv. III, tit. XIX. — L. 73, § 4, D., liv. L, tit. XVII. — Pothier, n°ˢ 53-84.

Si l'on veut de nouveau mesurer par soi-même la portée d'esprit de l'honnête Pothier, qu'on jette seulement un regard sur les numéros que nous venons d'indiquer.

1122. — On est censé avoir stipulé pour soi et pour ses héritiers et ayants cause, à moins que le contraire ne soit exprimé ou ne résulte de la nature de la convention.

L'art. 1119 dispose que :

On ne peut, en général, s'engager ni stipuler en son propre nom, que pour soi-même.

Au point de vue de la forme, voici comment ce texte doit être traduit :

Une personne ne peut promettre, en son propre nom, pour un tiers.
Une personne ne peut stipuler, en son propre nom, pour un tiers (1).
Examinons séparément ces *deux* propositions.

PREMIÈRE PROPOSITION. — *Une personne ne peut promettre, en son propre nom, pour un tiers.*

Au point de vue du fond, cela signifie que lorsqu'on fait, en son propre nom, une promesse pour un tiers :

1° *Cette promesse n'oblige pas le tiers pour qui elle a été faite ;*

2° *Cette même promesse n'oblige pas non plus la personne qui l'a faite.*

Elle n'oblige pas le tiers, parce qu'elle est pour le tiers « *res inter alios acta* ».

Elle n'oblige pas la personne qui l'a faite, parce que, dit-on, d'après le droit romain, la personne qui a promis le fait d'un tiers n'a pas annoncé suffisamment par cela seul l'intention de s'obliger elle-même (2).

Donc, *deux* nouvelles propositions ; voyons chacune d'elles.

1° *La promesse, faite pour un tiers, n'oblige pas le tiers pour qui elle a été faite.*

Au temps où florissait le vieux formalisme romain, cette règle comportait une application absolue.

Une personne ne pouvait promettre pour un tiers, même au nom de ce tiers ; en d'autres termes, le mandataire et le gérant d'affaires ne pouvaient agir qu'en leur propre nom.

Aujourd'hui, toutes les fois que celui qui promet pour un tiers, promet, *au nom de ce tiers*, comme mandataire ou comme gérant d'affaires, le tiers pour qui la promesse a été faite se trouve obligé.

Au surplus, les cas du mandat et de la gestion d'affaires sont en dehors de l'art. 1119, puisque ce texte parle d'une personne qui se serait engagée, *en son propre nom* (3).

---

(1) Comparer Pothier, p. 1, chap. I, sect. I, art. V, § 1.
(2) Comparer L. 3, *in fine*, C., liv. IV, tit. XII. — *Inst.*, § 3, liv. III, tit. XIX ; — et Pothier, n° 56.
(3) Quel rapport existe-t-il entre la théorie du droit romain sur le mandat et

2° *La promesse, faite pour un tiers, n'oblige pas la personne qui l'a faite.*

Comme exception à cette règle, l'art. 1120 indique le cas où le promettant a entendu se *porter fort* de la ratification du tiers pour lequel la promesse a été faite.

L'intention de se *porter fort* sera, d'ailleurs, évidente, si le promettant s'est engagé à payer une certaine somme de dommages-intérêts, à titre de clause pénale, pour le cas où le tiers ne ratifierait pas.

Remarquons que l'obligation du *porte-fort* diffère de celle de la *caution*, en ce que le *porte-fort* n'est tenu, en général, que *de faire ratifier*, tandis que la caution est obligée *de payer, si le débiteur principal ne paye pas.*

CONCLUSION. — *Rationnellement et pratiquement, il est inadmissible que celui qui promet pour un autre ne soit pas le mandaire ou le gérant d'affaires de cet autre, ou n'entende pas se porter fort pour cet autre.*

Donc, il n'y avait lieu d'inscrire dans un code ni la première disposition de l'art. 1119, ni la disposition de l'art. 1120.

Au juge d'interpréter l'intention des parties, selon ce qui est équitable et utile.

SECONDE PROPOSITION. — *Une personne ne peut stipuler, en son propre nom, pour un tiers.*

Au point de vue du fond, cela signifie que, lorsqu'on fait, en son propre nom, une stipulation pour un tiers :

1° *Cette stipulation ne confère pas d'action au tiers pour qui elle a été faite;*

2° *Cette même stipulation ne confère pas non plus d'action à la personne qui l'a faite.*

Elle ne confère pas d'action au tiers, parce qu'elle est pour le tiers *res inter alios acta.*

Elle ne confère pas non plus d'action à la personne qui l'a faite, parce que cette personne n'y a pas un intérêt pécuniaire appréciable.

---

sur la gestion d'affaires, et les deux règles romaines, *De se quemque promittere oportet* (L. 88, D., liv. XLV, tit. I), *Alteri stipulari nemo potest* (*Inst.*, § 19, liv. III, tit. XIX)? C'est là un point aussi obscur qu'inutile à examiner. Ce qu'il y a d'incontestable, c'est que la même idée formaliste a inspiré l'ensemble. (Comparer Molitor, *Les obligations en Droit romain*, t. I, p. 95. — M. Vernet, *Textes choisis sur la théorie des obligations en Droit romain*, p. 191. — M. Humbert, *Revue historique de Droit français et étranger*, 1865, p. 653. — M. Ortolan, *Institutes expliqués*, §§ 3 et 4, liv. III, tit. XIX. — M. Demangeat, *Cours élémentaire de Droit romain*, t. II, p. 211. — M. Labbé, *Dissertation sur les effets de la ratification des actes d'un gérant d'affaires*, nos 10 et 12.)

Donc encore, *deux* nouvelles propositions ; rendons-nous compte de chacune d'elles.

1° *La stipulation, faite pour un tiers, ne confère pas d'action au tiers pour qui elle a été faite.*

Conformément à ce qui a été dit, *supra*, il faut commencer par faire remarquer que, dans le droit moderne, cette règle ne concerne pas les stipulations faites pour un tiers, *au nom de ce tiers*, c'est-à-dire les cas du mandat ou de la gestion d'affaires.

Aujourd'hui, dans ces cas, la stipulation, faite pour un tiers, confère une action au tiers pour qui elle a été faite.

La règle s'applique seulement à la stipulation qu'une personne fait, *en son propre nom*, pour un tiers.

Toutefois, l'art. 1121 pose *deux* exceptions :

L'une, concernant le cas où la stipulation, faite pour un tiers, est la condition d'une stipulation qu'on fait pour soi-même.

L'autre, relative au cas où la stipulation, faite pour un tiers, est la condition d'une donation qu'on fait à un autre.

Dans ce cas, d'ailleurs, le stipulant a, en général, le droit de *révoquer* la stipulation, *tant que le tiers n'a pas déclaré vouloir en profiter.*

2° *La stipulation, faite pour un tiers, ne confère pas d'action à celui qui l'a faite.*

Ici, le correctif à apporter est que celui qui a fait la stipulation a une action, toutes les fois qu'il y a *un intérêt pécuniairement appréciable.*

Au surplus, pour qu'il existe un intérêt pécuniairement appréciable, il suffit que la stipulation renferme *une clause pénale* au profit du stipulant, car, en ce cas, déclare Pothier, la clause pénale est le contrat principal, et la stipulation joue le rôle d'une condition (1).

D'après l'art 1121, on ajoute encore que le stipulant a action :

Dans le cas où la stipulation, faite pour un tiers, est la condition d'une stipulation qu'il fait pour lui-même ;

Dans le cas où la stipulation, faite pour un tiers, est la condition d'une donation que le stipulant fait à un autre.

Évidemment, ces *deux* cas rentrent dans le correctif que nous avons d'abord indiqué (2).

---

(1) Pothier, n° 70.

(2) Les auteurs dissertent sur le point de savoir si la gestion d'affaires peut commencer par une stipulation qu'une personne fait en son nom pour un tiers. N'est-ce pas le cas de répondre, avec le laconisme de certains textes romains : « Et pourquoi non ? » (Comparer Pothier, n°s 59 et 60. — Molitor, *Les obligations en Droit romain,* t. 1, p. 100 et suiv. — M. Vernet, *Textes choisis,* p. 196. — M. Larombière, t. I, art. 1120, n° 9. — M. Labbé, *Dissertation sur les effets de la ratification des actes d'un gérant d'affaires,* n° 64. — M. Demolombe, t. XXIV, p. 212 et suiv.)

CONCLUSION. — *Rationnellement et pratiquement, il est inadmissible que celui qui stipule pour un tiers ne soit pas le mandataire ou le gérant d'affaires de ce tiers, ou qu'il n'ait pas à la stipulation un intérêt pécuniairement appréciable.*

Donc, il n'y avait lieu de formuler dans un code ni la seconde disposition de l'art. 1119, ni la disposition de l'art. 1121 (1).

Passons à l'art. 1122.

Cet article pose en principe que :
On est censé avoir stipulé (activement ou passivement) non-seulement pour soi, mais encore :
1° *Pour ses héritiers ;*
2° *Pour ses ayants cause.*

Occupons-nous successivement de ces *deux* classes de personnes.

1° *Héritiers du stipulant ou du promettant.*
Pothier disait : « c'est stipuler ou promettre pour nous-mêmes et non pour autrui, lorsque nous stipulons ou promettons pour nos héritiers, puisqu'ils sont en quelque façon la continuation de nous-mêmes : « *Hæres personam defuncti sustinet.* »
Pothier disait, en outre : « Non-seulement nous pouvons valablement stipuler pour nos héritiers, mais nous sommes censés ordinairement l'avoir fait... de même, nous sommes censés promettre pour nos héritiers et les engager à tout ce que nous promettons » (2).
Cette théorie est incontestablement celle que les compilateurs napoléoniens ont entendu consacrer, car, dans toute l'étendue de la présente section, ils ont suivi Pothier pas à pas.
Il faut excepter :
1° *Le cas où le caractère d'intransmissibilité héréditaire résulte d'une clause formelle du contrat;*
2° *Le cas où le caractère d'intransmissibilité héréditaire résulte de la nature de la chose, du fait ou de l'abstention qui est l'objet du contrat.* (V. notamment art. 617, 631, 634, 1441, 1514, 1795, 1865, 1974, 1975, 2003, etc.) (3).

---

(1) Comparer les notes pleines de bon sens de M. Bugnet sur les nos 54-60 du traité des *Obligations*.
Remarquer que Pothier, qui n'a jamais eu la moindre notion du droit naturel, c'est-à-dire du droit idéal, appelle constamment la morale, dans cette partie, du nom de droit naturel. Quant à son droit positif, comme toujours il le puise dans les textes romains, sans soumettre ces textes à aucune critique.
(2) Pothier, nos 61, 63, 66.
(3) Pothier, no 63. — M. Larombière, t. I, art. 1122, nos 13 et 14. — M. Demolombe, t. XXIV, p. 244 et suiv.

On peut stipuler ou promettre pour ses héritiers, sans stipuler ou promettre pour soi-même (1).

Nous verrons *infra* art. 1221, § 4, *si l'on peut stipuler ou promettre pour un ou quelques-uns de ses héritiers, sans stipuler ou promettre pour les autres.*

2° *Ayants cause du stipulant ou du promettant.*

Les ayants cause d'une personne sont de *deux* sortes :

Les uns universels ou à titre universel ;

Les autres à titre particulier.

Les ayants cause *universels* ou *à titre universel* du stipulant ou du promettant, légataires ou donataires de biens à venir par contrat de mariage, doivent, en général, être assimilés aux *héritiers* (**V.** cependant *supra*, p. 323, le point de savoir si ces ayants cause sont tenus *ultra vires* des dettes de leur auteur).

Quant aux ayants cause *à titre particulier*, distinguons :

1° *L'effet des stipulations ;*

2° *L'effet des promesses.*

En ce qui concerne l'effet des stipulations, les ayants cause à titre particulier recueillent le profit :

1° *Des stipulations qui ont créé un droit réel pour tout propriétaire de la chose transmise*, par exemple *un droit de servitude réelle ;*

2° *Des stipulations qui ont créé des droits devant appartenir à tout acquéreur de la chose transmise à titre d'accessoires de cette chose*, par exemple *un droit d'hypothèque* (2).

Mais les ayants cause à titre particulier ne recueillent pas le profit *des stipulations qui n'ont produit qu'un droit personnel, relativement à la chose transmise.*

Ainsi, propriétaire d'un terrain, je fais avec un entrepreneur un contrat par lequel celui-ci s'oblige à élever des constructions sur mon terrain ;

Puis, avant l'exécution des travaux, je vends mon terrain.

L'acheteur ne peut profiter d'une stipulation qui n'a produit un droit que dans ma personne (3).

En ce qui concerne l'effet des promesses, les ayants cause à titre particulier supportent la charge :

1° *Des promesses qui ont grevé la chose transmise d'un droit réel*, par exemple, *d'un droit de servitude personnelle ou réelle ;*

2° *Des promesses que tout tiers détenteur est tenu de remplir*, par

---

(1) M. Duranton, t. X, n° 255. — M. Demolombe, t. XXIV, p. 249.

(2) Comparer MM. Zachariæ, Aubry et Rau, t. II, p. 62 et suiv. — M. Demolombe, t. XXIV, p. 258.

(3) En ce sens, MM. Zachariæ, Aubry et Rau, t. II, p. 63.

En sens contraire, M. Demolombe, t. XXIV, p. 261.

exemple *de payer au vendeur originaire d'un immeuble le prix de cet immeuble.*

Quant aux promesses qui n'ont produit qu'une obligation à la charge de leur auteur, les ayants cause à titre particulier n'en sont point, en général, tenus. (V. une importante exception, art. 1743) (1).

SECTION II.

DE LA CAPACITÉ DES PARTIES CONTRACTANTES.

La théorie de la capacité des parties contractantes n'est, comme nous l'avons dit, qu'un côté de celle du consentement ; celui qui, en effet, ne se rend pas compte de sa propre pensée ou qui peut-être ne s'en rend compte que d'une manière imparfaite, celui-là n'est pas capable du consentement nécessaire au contrat;

L'incapacité peut être de nature ou à rendre le contrat *nul* ou à le rendre *simplement annulable.*

Est de nature à rendre le contrat *nul* l'incapacité :

De l'enfant non parvenu à l'âge de raison ;

De l'individu en état de démence ;

De l'individu en état d'ivresse.

Est de nature à rendre le contrat *simplement annulable* l'incapacité :

Du mineur.

Voilà les indications fournies à la fois par l'observation des faits et par la raison philosophique ; voyons quelle est la législation napoléonienne.

Cette législation a séparé le point de vue de la capacité des parties de celui du consentement, et elle a fait du consentement et de la capacité deux conditions distinctes du contrat (2).

Cette législation a, en outre, considéré l'incapacité des parties comme n'étant susceptible de constituer qu'une simple cause d'*annulabilité* du contrat (3).

Aux yeux du législateur napoléonien, est de nature à rendre, en général, le contrat *annulable* l'incapacité :

1° *Du mineur ;*

2° *De l'interdit ;*

---

(1) Comparer M. Demolombe, t. XXIV, p. 264.

Il y a bien des matières vaines dans la théorie juridique actuelle, il n'y en a pas de plus vaine que celle que Pothier vient de nous condamner à exposer. En bonne doctrine, le tout se résume dans cette règle de sens commun : il faut interpréter les contrats d'après l'intention des parties.

(2) En cela, la compilation napoléonienne a suivi la *méthode* traditionnelle. (Comparer Pothier, part. I, chap. I, sect. I, art. 3 et 4.)

(3) En cela, la compilation napoléonienne a innové. (Comparer Pothier, nos 49 et 50.)

3° *De la femme mariée* (1).

Cette nomenclature est incomplète.

D'après le législateur napoléonien lui-même, il faut ajouter :

4° *Les personnes civiles ou juridiques* (art. 910, 1712, 2045) ;

D'après la loi du 30 juin 1838 :

5° *Les individus placés dans un établissement public ou privé d'aliénés* (2).

Sous l'empire de la législation napoléonienne, quel effet y a-t-il lieu d'attribuer à l'incapacité :

De l'enfant non parvenu à l'âge de raison ;

De l'individu en état de démence qui n'est point interdit ;

De l'individu en état d'ivresse ?

L'incapacité de ces personnes est-elle une *cause* de *nullité* ou une *simple cause d'annulabilité* du contrat ?

A l'égard du contrat fait avec un enfant non parvenu à l'âge de raison, on s'accorde à décider que ce contrat est *nul* (3).

Le fondement de cette solution est que la législation napoléonienne, n'ayant point prévu ce cas, c'est à la doctrine de le régler ; or, en doctrine, il n'est pas niable qu'un enfant, non parvenu à l'âge de raison, est incapable de consentement.

A l'égard du contrat fait avec un individu en état de démence ou en état d'ivresse, les auteurs sont divisés.

Les *uns* enseignent que la législation napoléonienne ne s'est pas non plus occupée de cette double hypothèse, et qu'il y a lieu à la *même* solution que dans le cas de l'enfant non parvenu à l'âge de raison (4).

---

(1) Nous avons apprécié, *in extenso*, cette incapacité-là. (*Manuel de Droit civil*, t. 1, p. 224.)

(2) V., pour cette catégorie de personnes, *Manuel de Droit civil*, t. I, p. 514.

Convient-il aussi d'ajouter, d'après les compilateurs napoléoniens, les *individus légalement interdits*, car il n'est pas douteux qu'en mentionnant *l'interdit*, les compilateurs napoléoniens n'ont entendu parler que de *l'individu judiciairement interdit* ?

Pour répondre à cette question, il faudrait d'abord qu'on sût ce que c'est que l'interdiction légale ; or, quel légiste est en état de définir, sans biaiser, l'interdiction légale ? (V. *Manuel de Droit civil*, t. I, p. 56.)

Donc, on ne peut faire un seul pas dans l'interprétation du Code Napoléon, sans se convaincre de plus en plus que la théorie de ce Code est impossible. Science de cas, disait un romaniste, par allusion à la science du droit romain ; science de cas, répéterons-nous, pour toute la science ancienne ou actuelle du droit !

(3) MM. Zachariæ, Aubry et Rau, t. III, p. 209. — M. Demolombe, t. XXIV, p. 81 et 272.

(4) M. Lacaze, *De la folie, considérée dans ses rapports avec la capacité civile*, p. 45. — M. Brillaud-Laujardière, *De l'ivresse, considérée dans ses conséquences médico-légales.* — M. Colmet de Santerre, t. V, n° 14 *bis*. — M. Demolombe, t. XXIV, p. 81.

Les *autres* professent, au contraire, qu'on ne peut sans contradiction admettre une théorie d'*annulabilité* à l'égard du contrat fait avec un individu interdit pour cause de démence et une théorie de *nullité* à l'égard du contrat fait avec un individu en état de démence qui n'est point interdit, ou avec un individu en état d'ivresse (1).

Cette *dernière* opinion nous paraît avoir pour elle l'évidence (2).

1123. — Toute personne peut contracter, si elle n'en est pas déclarée incapable par la loi.

Cet article revient à dire qu'en matière de contrats, la *liberté de l'individu est le droit commun*.

---

(1) Toullier, t. III, n° 112. — MM. Zachariæ, Aubry et Rau, t. III, p. 209.

(2) Nous comprenons bien que la pratique s'en soit écartée et qu'il existe des arrêts en sens contraire ; on a beau faire violence dans un Code à la nature des choses, la nature des choses est la plus forte, et il y a des cas où elle impose ses solutions. Mais quelque habile dans l'art de subtiliser et de distinguer que soit la casuistique des lois, qu'elle explique, si elle le peut, cette casuistique, comment il est rationnel et juste que le contrat fait par un fou, qui n'est pas interdit, soit déclaré nul, tandis que le contrat fait par le même fou, si ce fou était interdit, serait simplement annulable !

Ce point n'est après tout que de détail ; ce qui ne l'est pas, c'est la manière dont tous les auteurs s'expriment sur le droit positif, sur le droit naturel, et sur le rapport qui relie le premier au second.

Ainsi, Pothier écrit en toutes lettres « qu'il y a des personnes qui sont par la nature capables de contracter, mais qui en sont rendues incapables par la loi civile » (n° 50), et son annotateur, M. Bugnet, ajoute : « Il y a des incapables de contracter, parce qu'ils sont incapables de consentir... ; il y a des incapacités qui sont l'œuvre de la loi » (note 2).

M. Demolombe dit dans le même sens « qu'il ne faut pas confondre l'incapacité naturelle de consentir avec l'incapacité légale de contracter. » (T. XXIV, p. 80.)

MM. Zachariæ, Aubry et Rau, impriment cette phrase : « Quoique le consentement qui ne réunit pas les conditions ci-dessus indiquées doive, philosophiquement parlant, être considéré comme inexistant, il ne faut cependant pas en conclure que la convention à laquelle un pareil consentement a servi de base soit toujours réputée non avenue selon le droit positif. » (T. III, p. 209.)

Que veulent dire toutes ces affirmations, d'ailleurs plus ou moins dépourvues de clarté ? En dernière analyse, que signifient-elles, sinon que le droit naturel ou philosophique a sa sphère, le droit positif la sienne, en d'autres termes, que les titres de la nature et de la raison ne sont pas nécessairement des titres aux yeux du législateur ?

Et nous, qui étions convaincu que le droit naturel était l'étoile polaire du droit positif ! nous qui pensions même que la perfection du droit positif était de chercher à réaliser le plus complètement possible, à chaque heure, l'idée qui forme l'essence du droit naturel !

Nous insistons, car nous touchons le vice dont est infectée toute la tradition juridique, romaine, germanique, féodale ou royale ; nous insistons, car nous touchons la plaie saignante de toute la prétendue doctrine juridique du temps présent. Cette tradition et cette doctrine sont sans idée ; or, « *sans l'idée, il n'y a pas de science* » (Aristote, *Métaph.*, I) ; « *sans l'idée, la science s'égare dans les faits de détail ou dégénère en routine.* » (Platon, *Rép.*, V.)

Cette déclaration a le tort de porter à supposer que le droit tout entier puisse avoir un autre fondement.

1124. — Les incapables de contracter sont :
Les mineurs,
Les interdits,
Les femmes mariées, dans les cas exprimés par la loi,
Et généralement tous ceux à qui la loi a interdit certains contrats.

Comme il a déjà été dit, les incapables de contracter sont, d'après la compilation napoléonienne :

1° *Les mineurs ;*

2° *Les interdits ;*

3° *Les femmes mariées.*

A la suite des mots « les femmes mariées » l'art. 1124 ajoute : « dans les cas exprimés par la loi ».

On discute pour savoir si cette addition concerne les *trois* classes d'incapables mentionnées par l'article ou seulement *les femmes mariées.*

En général, on décide qu'elle ne concerne que *les femmes mariées* (1).

Au surplus, ce n'est là qu'une affaire d'interprétation de texte ; on est d'accord pour enseigner que, bien que les trois incapacités des mineurs, des interdits et des femmes mariées, affectent l'état général de la personne, cependant, il y a des cas à excepter pour le mineur et pour l'interdit, comme pour la femme mariée.

L'art. 1124 ajoute encore cette proposition :

« Et généralement tous ceux à qui la loi interdit certains contrats. »

Ces nouveaux incapables sont frappés d'une incapacité qualifiée de *spéciale*, par antithèse à l'incapacité dite *générale* qui atteint les mineurs, les interdits et les femmes mariées.

Les personnes, frappées d'une incapacité spéciale, sont nombreuses (V. notamment art. 450, 1596, 1597, 1840).

Rappelons d'ailleurs :

1° *Que la liste dressée dans l'art. 1124, pour les personnes atteintes d'une incapacité générale de contracter, est incomplète* (V. *supra*, p. 770).

2° *Que la première catégorie d'incapables désignée en tête de cette liste,* c'est-à-dire *celle des mineurs, renferme :*

La classe des mineurs non émancipés ou en tutelle ;

La classe des mineurs émancipés ou en curatelle (2) ;

3° *Qu'en regard de la seconde catégorie d'incapables également mentionnée dans cette liste,* c'est-à-dire *celle des interdits, il faut inscrire*

---

(1) Comparer M. Demante, t. V, n° 36. — M. Demolombe, t. XXIV, p. 270-274 ; — et aussi Fenet, t. XIII, p. 227.

(2) V. *Manuel de Droit civil*, t. I, p. 410, et aussi p. 472.

les personnes pourvues d'un conseil judiciaire et qui sont frappées d'une sorte de demi-interdiction (1).

Remarquons enfin, sauf à développer ultérieurement ce chef (art. 1304 et suiv.), que, toute question de forme à part, *l'incapacité des mineurs est moins radicale que celle des interdits et celle des femmes mariées;* le mineur qui a figuré lu lui-même dans un contrat, est restituable non point en tant que mineur, mais en tant que lésé, tandis que l'interdit et la femme mariée sont restituables en tant qu'interdit et en tant que femme mariée, abstraction faite de toute circonstance de lésion (V. *infra,* art. préc.) (2).

1125. — Le mineur, l'interdit et la femme mariée ne peuvent attaquer, pour cause d'incapacité, leurs engagements que dans les cas prévus par la loi.
Les personnes capables de s'engager ne peuvent opposer l'incapacité du mineur, de l'interdit ou la femme mariée, avec qui elles ont contracté.

Cet article signifie que l'incapacité du mineur, de l'interdit et de la femme mariée rend *simplement annulable* le contrat où sont intervenues ces personnes.

Nous le savions déjà, et nous savions aussi que l'action en annulabilité n'appartient pas à l'individu capable qui a traité avec l'individu incapable (3).

SECTION III.

DE L'OBJET ET DE LA MATIÈRE DES CONTRATS.

Cette rubrique est *fausse;* les inattentifs compilateurs napoléoniens ont traité dans la section III, non *de l'objet des contrats,* mais *de l'objet des obligations contractuelles.*

Pour se convaincre de la confusion qui s'est faite dans l'esprit des compilateurs, il suffit de comparer :

1° Les trois premiers articles de la section (art. 1126-1128), où il n'est parlé que du *contrat,* avec les deux derniers articles de la section (art. 1129 et 1130), où il n'est plus parlé que de l'*obligation;*

---

(1) V. *Manuel de Droit civil,* t. I, p. 495, 518 et 521.
(2) Ce qui est une incomparable réfutation pratique de l'incapacité de la femme mariée, c'est de voir, dans une foule de cas, le mari et la femme s'entendre ensemble pour frauder les tiers au moyen de cette incapacité.
Où la raison manque, la moralité ne saurait régner.
(3) Les compilateurs napoléoniens ont encore ajouté ici (premier alinéa de l'art. 1125) : « dans les cas prévus par la loi ».
Pauvres gens, ils craignaient de se perdre, on le conçoit, dans le dédale de leurs *casus!*

2° La section III tout entière avec la section correspondante de Pothier (section IV, n°ˢ 129-140) (1).

En principe d'ailleurs, il est irrationnel de confondre *l'objet du contrat* avec *l'objet de l'obligation.*

Qu'est-ce, en effet, que l'objet d'une relation juridique ? Qu'est-ce que le contrat ? Qu'est-ce que l'obligation ?

L'objet d'une relation juridique, c'est la chose à laquelle s'applique cette relation, ou, si l'on veut, sur laquelle elle porte.

Le contrat, c'est un concours de volontés, de nature à engendrer, à modifier ou à anéantir une action.

L'obligation, c'est la nécessité juridique d'accomplir une certaine prestation.

Or, supposons d'abord le cas du contrat qui anéantit une action ; n'est-il pas évident que, dans ce cas, le contrat ne produisant pas d'obligation, le contrat a un objet propre ?

Mais, allons plus loin, et supposons le cas du contrat qui engendre ou qui modifie une action.

Ici, il y a à distinguer : ou le contrat est par lui-même translatif de droit réel ou il est simplement productif d'obligation.

Le contrat est-il par lui-même translatif de droit réel, comme alors il n'est point nécessaire que le contrat produise en même temps des obligations, il est encore évident, dans cette nouvelle hypothèse, que le contrat est susceptible d'avoir un objet propre (2).

Enfin, le contrat est-il simplement productif d'obligation, il n'est pas du tout impossible que le contrat et l'obligation qui en résulte aient deux objets différents ; ainsi, la transaction a pour objet un droit constaté et l'obligation mise par ce contrat à la charge de l'une des parties, peut, par exemple, avoir pour objet une somme d'argent.

Donc, c'est une erreur d'identifier en principe l'objet du contrat avec l'objet de l'obligation.

Toutefois, il est vrai que, dans certains cas, le contrat a pour objet ce qui fait l'objet de l'obligation ou des obligations dont il est cause (3).

---

(1) Le double exemple du Digeste et de la compilation napoléonienne prouve qu'il n'est pas aussi facile qu'on pourrait le croire de découper des textes dans les auteurs et d'en faire des dispositions légales, car il faut comprendre les textes qu'on découpe, et il faut les agencer.

. (2) Sans doute, il arrive habituellement que le contrat, qui est par lui-même translatif de droit réel, produit en même temps des obligations ; mais ces obligations ne sont qu'accessoires, elles n'importent en rien à l'existence, au but, en un mot à la détermination du contrat : ainsi, la vente de tel cheval reste la vente de tel cheval, le vendeur n'eût-il la charge ni de conserver ni de délivrer le cheval. (V. *infra*, chap. III, sect. II.)

(3) Nous n'en sommes pas moins étonné que M. Demolombe ait commis cette proposition absolue :

« Le contrat n'ayant d'autre but que de produire des obligations, a nécessai-

Ce point éclairci, remarquons :

1° *Que la seule règle légale qui eût dû être posée en cette matière est que toutes les choses susceptibles d'une appréciation pécuniaire peuvent être l'objet du contrat ou de l'obligation, pourvu qu'elles ne soient pas contraires à l'ordre public véritable, c'est-à-dire à l'harmonie des droits et des libertés individuelles* (1) ;

2° *Que le défaut d'objet entraîne la nullité, et non pas simplement l'annulabilité, du contrat ou de l'obligation.*

Les compilateurs napoléoniens étant entrés, à la suite de Pothier, dans certains détails, nous examinerons rapidement ces détails.

1126. — Tout contrat a pour objet une chose qu'une partie s'oblige à donner, ou qu'une partie s'oblige à faire ou à ne pas faire.

Cet article est une imitation d'une phrase dans laquelle Pothier définissait l'*objet de l'obligation* (n° 130).

Appliquée à l'*objet du contrat*, cette phrase ne fait guère que répéter l'art. 1101.

Comme l'art. 1101 d'ailleurs, l'art. 1126 omet d'indiquer qu'aujourd'hui le contrat peut être par lui-même translatif de droit réel.

Remarquons que dans le texte, le mot « chose » désigne non-seulement *toute chose* proprement dite, mais *tout fait positif ou négatif*.

1127. — Le simple usage ou la simple possession d'une chose peut être, comme la chose même, l'objet du contrat.

Article naïf plagié dans Pothier (n° 130); toutefois, Pothier disait : *objet de l'obligation*, là où les compilateurs ont écrit « objet du contrat ».

1128. — Il n'y a que les choses qui sont dans le commerce qui puissent être l'objet des conventions.

1129. — Il faut que l'obligation ait pour objet une chose au moins déterminée quant à son espèce.

La quotité de la chose peut être incertaine, pourvu qu'elle puisse être déterminée.

Ces *deux* articles-là, ce sont : l'un, le *premier* alinéa du n° 131 de Pothier; l'autre, le *second* alinéa du même n° 131 de Pothier.

Seulement, malgré le jargon dont se servait Pothier, le second alinéa

---

rement lui-même pour objet ce qui fait la matière des obligations qui en dérivent. » (T. XXIV, p. 278.)

(1) Cette conception de l'ordre public est à nos yeux la base sur laquelle sera construite la science sociale tout entière le jour où l'on voudra bien s'occuper de la construire.

En attendant, nos législateurs imbéciles continueront à séparer l'ordre public et la liberté.

du n° 131 de cet auteur était clair, tandis que la formule de l'art. 1129 ne l'est pas.

Voici ce que signifie cette formule : *il n'est point nécessaire que l'objet de l'obligation soit un corps certain; cet objet peut être une chose indéterminée; mais il ne faut pas cependant que son indétermination soit de telle sorte qu'on ne puisse discerner quelle a été l'intention des parties.*

Cette chose *indéterminée*, mais *déterminable*, comme disait Pothier, c'est ce que l'art. 1108 et les auteurs appellent *un objet certain* (1).

1130. — Les choses futures peuvent être l'objet d'une obligation.
On ne peut cependant renoncer à une succession non ouverte, ni faire aucune stipulation sur une pareille succession, même avec le consentement de celui de la succession duquel il s'agit.

Si les *choses futures* peuvent être l'objet d'une obligation, c'est que, comme disent les auteurs « si elles n'existent pas encore, il y a chance qu'elles existeront dans l'avenir (2) ».

Toutefois, comme le législateur romain avait sans doute ses raisons pour défendre les pactes sur succession future, le très-docile Pothier et ses non moins dociles *imitateurs* prohibent *les pactes sur succession future* (3).

SECTION IV.

DE LA CAUSE.

La cause d'une obligation contractuelle est le but essentiel (d'autres disent : *le but le plus prochain*) *que les parties se proposent d'atteindre en s'obligeant.*

_____

(1) Très-forte doctrine! Ne pas confondre, au surplus, l'objet certain, exemple : un cheval, avec le corps certain, exemple : tel cheval.
Prendre bien garde en outre :
1° Que, dans le premier alinéa de l'art. 1129, le mot *espèce* a un sens intermédiaire entre les mots *individu* et *genre;*
2° Que d'ailleurs le mot *genre* a dans certains textes le même sens que le mot *espèce* dans l'art. 1129. (Comparer M. Demolombe, t. XXIV, p. 287 et 288.)
Aussi forte terminologie que forte doctrine!
Si les élèves veulent comprendre, qu'ils s'en tiennent à ce qui vient d'être dit dans le commentaire.
(2) Ne pas confondre le contrat portant sur une *chose future* avec le contrat portant sur *l'espoir d'une chose future.*
(3) Et la rente viagère?... et l'assurance sur la vie?... qu'en font les auteurs qui approuvent?
Nous ne sommes pas à Rome, nous sommes en France, à une triste époque, cela est vrai, à une époque où les professeurs de droit sont les contempteurs du droit et les adorateurs du fait; enfin, nous sommes en France.

Ainsi, dans la location de telle maison moyennant tel loyer, le *but essentiel* que se propose d'atteindre le bailleur est de toucher périodiquement tel loyer, et le *but essentiel* que se propose d'atteindre le preneur est d'obtenir la jouissance de telle maison.

Donc, le loyer est la *cause* de l'obligation du bailleur, et la jouissance de la maison, la *cause* de l'obligation du preneur.

Ainsi encore, dans le prêt, soit à titre onéreux, soit à titre gratuit de telle somme, le *but essentiel* que se propose d'atteindre l'emprunteur est la remise de telle somme entre ses mains.

Donc, la remise de la somme est la *cause* de l'obligation de l'emprunteur.

Comme on le voit, l'exemple de la location est emprunté à la classe des contrats bilatéraux ou *synallagmatiques*, et l'exemple des deux prêts à la classe des contrats *unilatéraux* (1).

On enseigne, en général, que dans les contrats bilatéraux ce qui est l'objet de l'obligation de l'une des parties est la cause de l'obligation de l'autre, et réciproquement.

Cette proposition était absolument exacte dans l'ancien droit (2) ; elle exige aujourd'hui un correctif.

En effet, dans les contrats bilatéraux, il peut s'agir, pour l'une des parties, de l'acquisition d'un droit réel sur un corps certain, et c'est ce qui a fréquemment lieu dans le plus important des contrats bilatéraux, dans la vente.

Or, supposons le cas de la vente de telle maison, moyennant telle somme ; la cause de l'obligation de l'acheteur est évidemment *avant tout l'acquisition immédiate de la propriété sur la maison vendue ; ce n'est qu'à titre accessoire que les obligations de conserver et de délivrer* dont pourra être tenu le vendeur devront être regardées comme la *cause* de l'obligation de l'acheteur.

Concluons qu'il n'y a, en principe, aucun moyen mécanique de discerner la cause de l'obligation dans les contrats, soit bilatéraux, soit unilatéraux, et qu'on ne peut la découvrir qu'en analysant les éléments du contrat (3).

Du reste, la cause de l'obligation n'est pas nécessairement *intéressée ;* dans les contrats, dits de bienfaisance, la cause, c'est *la volonté d'obéir au devoir de fraternité.*

---

(1) Il importe de bien remarquer que, dans le prêt à titre gratuit, la cause de l'obligation est la même que dans le prêt à titre onéreux, et qu'elle consiste dans la numération des espèces.

(2) Comparer Pothier, n° 42.

(3) Certains auteurs disent qu'on reconnaît *l'objet* en se demandant, *quid debetur*, la *cause*, en demandant : *cur debeatur*.

Ce procédé nous a toujours paru peu efficace pour faire discerner la cause.

Avec la cause telle qu'elle vient d'être définie, il ne faut pas confondre :

1° *La causa civilis obligationis du droit romain* ;

2° *Le motif de l'obligation.*

La *causa civilis obligationis* du droit romain n'est pas une chose bien claire ; cependant, on sait qu'à Rome la plupart des contrats ne pouvaient se former *solo consensu* ; or, dans ces contrats, la *causa civilis obligationis* paraît avoir été *le fait extérieur sans l'accomplissement duquel le contrat ne pouvait exister* (1).

Quant au motif de l'obligation, c'est, comme on le conçoit, *la pensée éminemment variable qui peut porter les parties à contracter.*

Finalement, il est manifeste que, comme celle de l'objet de l'obligation, la matière de la cause ne peut être que de doctrine et de jurisprudence (2).

1181. — L'obligation sans cause, ou sur une fausse cause, ou sur une cause illicite, ne peut avoir aucun effet.

Cet article revient à dire que *toute obligation qui, juridiquement, n'a pas de cause est une obligation nulle.*

Les auteurs discutent sur le point de savoir si l'obligation *sans cause* et l'obligation *sur une fausse cause* rentrent l'une dans l'autre.

Il n'y a qu'un fou, disent les uns, qui puisse s'obliger sans cause ;

Il est possible, disent les autres, qu'un homme, parfaitement sage, prenne un simple motif d'obligation pour une cause juridiquement suffisante.

Remarquons :

1° *Que lorsque l'obligation de l'une des parties a pour cause une obligation successive imposée à l'autre partie, si cette autre partie cesse d'acquitter son obligation, la première est elle-même déliée de la sienne.*

Exemple : Dans le cas de louage, la maison louée vient à périr ; le preneur ne doit les loyers que jusqu'au jour où la maison a péri.

2° *Que lorsque la cause est fausse, mais que l'erreur ne porte que sur la substance de la chose, l'obligation, au lieu d'être nulle, est simplement annulable* (V. *supra*, p. 751).

---

(1) Comparer M. Gide, *Revue pratique de Droit français*, 1865, t. XIX, p. 237. — M. Accarias, *Théorie des contrats innommés*, p. 5, 1°. — M. Humbert, *Revue historique de Droit français et étranger*, 1865, p. 655. — M. Huc, *Etude historique sur la notion de la cause dans les obligations, selon les principes du vieux Droit romain.* — M. Vernet, *Textes choisis*, p. 163 et suiv.

(2) Élimination progressive de la loi, substitution du sens moral au sens juridique ; on n'échappera pas à cette nécessité.

Et voilà surtout pourquoi le Code de la Convention avait une supériorité si marquée sur le Code issu du 18 brumaire !

1133. — La cause est illicite quand elle est prohibée par la loi, quand elle est contraire aux bonnes mœurs ou à l'ordre public.

Nous nous en référons à notre commentaire de l'art. 6 (1).

Rappelons d'ailleurs que la *condition illicite*, insérée dans une donation, ne porte aucune atteinte à la validité de la donation (V. *supra*, p. 384).

1132. — La convention n'est pas moins valable, quoique la cause n'en soit pas exprimée.

Cet article se rapporte à une question de *preuve;* on peut espérer de parvenir à l'entendre en lui faisant subir *deux* transformations.

D'abord, au lieu de lire :

« *La convention n'est pas moins valable* », etc.

Il semble bien qu'il faille lire :

L'écrit qui constate un contrat unilatéral n'est pas moins valable, quoiqu'il n'énonce pas la cause de l'obligation.

Démontrons la nécessité de cette *première* transformation.

Appliqué au contrat lui-même (le texte porte : « la *convention* »), l'article serait absolument inintelligible, au fond comme dans la forme (2).

Appliqué à l'écrit qui constaterait un contrat bilatéral, l'article ne serait pas moins inintelligible, car tout écrit qui constate un contrat bilatéral contient forcément l'énonciation de la cause des obligations réciproques que le contrat engendre.

Mais d'un non-sens cette *première* transformation nous fait tomber dans une naïveté; en quoi peut-il importer, en principe, que l'écrit qui constate un contrat unilatéral n'énonce pas la cause de l'obligation, pourvu d'ailleurs que l'obligation ait une cause (3) ?

De là, la nécessité d'une *seconde* transformation :

Lorsqu'un écrit constate un contrat unilatéral et que cet écrit ne mentionne pas la cause de l'obligation, l'obligation n'en doit pas moins être présumée avoir une cause.

Cela veut dire, en définitive, que *ce sera au souscripteur de l'écrit, s'il prétend que l'obligation est sans cause, à prouver que l'obligation est sans cause.*

Seulement, le souscripteur a le droit d'exiger que *le créancier détermine une cause*, et, si le souscripteur prouve que la cause indiquée par le créancier est fausse, c'est alors au créancier de prouver l'existence d'une autre cause.

---

(1) V. *Manuel de droit civil*, t. I, p. 12.
(2) Comparer M. Demolombe, t. XXIV, p. 340.
(3) Le droit commercial exige que la cause soit mentionnée sur certains titres : lettres de change, billets à ordre (art. 110, 188), etc.

Bien entendu, lorsque le souscripteur est poursuivi par l'héritier du créancier, il ne peut pas exiger que l'héritier détermine une cause, et, s'il ne parvient pas à prouver qu'il ne doit pas, il payera.

Le pathos pour consacrer l'évidence, car tout cela est vérité de sens commun (V. *infra*, art. 1315) (1).

CHAPITRE III

DE L'EFFET DES OBLIGATIONS.

Les compilateurs napoléoniens ont confondu ici *les effets du contrat* avec *les effets de l'obligation*.

Cette confusion domine le chap. III tout entier, et elle a répandu sur certaines parties de ce chapitre les ombres les plus épaisses (V. notamment art. 1138).

SECTION PREMIÈRE.

DISPOSITIONS GÉNÉRALES.

1134. — Les conventions légalement formées tiennent lieu de loi à ceux qui les ont faites.

Elles ne peuvent être révoquées que de leur consentement mutuel, ou pour les causes que la loi autorise.

Elles doivent être exécutées de bonne foi.

Le *premier* alinéa de cet article signifie que *les parties doivent observer les contrats régulièrement formés entre elles.*

De ce que, d'ailleurs, le contrat consiste dans le concours de deux

---

(1) Le pathos des Portalis et des Tronchet, dans la discussion et dans la rédaction de l'art. 1132 (V. Locré, *Législation civile*, t. XII, p. 139, 140), n'a d'équivalent que celui de la plupart des commentateurs du même article.

Il en est, et nous en passons des meilleurs, qui, au point de vue de cette question de preuve, ont proposé de distinguer entre le cas où l'écrit porte la mention :

Je reconnais devoir, etc.,

et le cas où l'écrit contient les mots :

Je promets payer, etc.

Dans ce *second* cas, la preuve relative à la cause incomberait au créancier.

Ce *système* ne comporte même pas une réfutation. (V. *infra* les *Principes de la preuve*, chap. VI.)

Dans le sens de l'interprétation donnée ci-dessus, M. Valette, à son cours. — M. Bonnier, *Traité des preuves*, n° 157. — M. Colmet de Santerre, t. V, n° 48 *bis*. — M. Dejaer, *Revue étrangère*, 1841, t. VIII, p. 929. — M. Demolombe, t. XXIV, p. 345.

volontés, il s'ensuit que ni les tribunaux, ni même le législateur ne peut toucher à un contrat.

Les tribunaux n'ont, en principe, que le seul droit d'annuler le contrat, s'ils ne le reconnaissent pas comme régulièrement formé.

Quant aux mots « tiennent lieu de loi », c'est une métaphore; l'interprétation d'un contrat, à la différence de l'interprétation d'une loi, ne soulève qu'une question de pur fait.

Le *second* alinéa déclare que les contrats ne peuvent être révoqués que « de leur consentement mutuel » (le consentement mutuel des parties), « ou pour les causes que la loi autorise ».

Ces *derniers* mots : « ou pour les causes que la loi autorise », ne sont dans le Code Napoléon, qu'une redondance; les causes que là loi autorise constituent des cas de consentement mutuel tacite (V. notamment art. 1674, 1736, 1759, 1845, 6e, 1871, 2003) (1).

Remarquons :

1° *Que certains contrats ne peuvent être révoqués même du consentement mutuel des parties; ainsi, le contrat de mariage* (art. 1294, 1395, 1443).

2° *Qu'à l'inverse, certains autres contrats peuvent être révoqués par la volonté de l'une des parties seulement; ainsi, le mandat* (art. 1865, 5°).

Remarquons encore :

Que lorsque le contrat est par lui-même translatif de droit réel, l'effet de la révocation consentie entre les parties est limité aux parties elles-mêmes.

Le *troisième* alinéa veut dire que nous n'admettons pas la distinction faite par le droit romain entre les actions que ce droit appelait *actiones bonæ fidei*, et celles qu'il dénommait *actiones stricti juris*.

1135. — Les conventions obligent non-seulement à ce qui y est exprimé, mais encore à toutes les suites que l'équité, l'usage ou la loi donnent à l'obligation d'après sa nature.

Article évident et inutile.

On peut, si l'on veut, en rattacher l'explication à celle du *troisième* alinéa de l'article précédent.

SECTION II.

DE L'OBLIGATION DE DONNER.

Dans cette rubrique, empruntée à Pothier, le mot *donner* signi-

---

(1) Nous nous sommes expliqué plus haut sur la thèse scientifique de l'irrévocabilité des contrats entre les parties.

fie : *transférer la propriété*, ou plus généralement *le droit réel* (1).

Quant au mot : *obligation*, il était exact dans Pothier; il est devenu faux, comme nous allons le voir, dans la compilation napoléonienne; la section II, en effet, *ne traite pas seulement de l'obligation contractuelle qui a pour but de transférer le droit réel; elle traite, en général, du contrat qui a pour but de transférer ce même droit* (2).

Pour débrouiller ici la législation napoléonienne, il faut distinguer :

1° *Le contrat qui a pour but de transférer la propriété d'un corps certain;*

2° *Le contrat qui a pour but de transférer la propriété d'une chose indéterminée.*

S'agit-il du contrat qui a pour but de transférer la propriété d'un corps certain, ce contrat produit *trois* effets :

1° *Il transfère par lui-même la propriété;*

2° *Il engendre l'obligation de conserver le corps certain jusqu'à l'époque de la délivrance;*

3° *Il engendre l'obligation de délivrer.*

S'agit-il du contrat qui a pour but de transférer la propriété d'une chose indéterminée, ce contrat produit *deux* effets :

1° *Il engendre l'obligation de transférer la propriété;*

2° *Il engendre l'obligation de délivrer.*

Dans la pratique, *l'obligation de transférer la propriété* est acquittée en même temps que *l'obligation de délivrer;* aussi, la doctrine elle-même a-t-elle l'habitude de ne pas distinguer l'une de l'autre ces *deux* sortes d'obligations; cependant, comme *l'obligation de transférer la propriété* peut être acquittée par la seule *détermination* de la chose, tandis que *l'obligation de délivrer* implique la *remise effective* de la chose (**V.** *infra*), *il est rationnel de distinguer l'obligation de transférer la propriété de l'obligation de délivrer, même lorsqu'il s'agit du contrat portant sur une chose indéterminée.*

---

(1) M. Demolombe conteste cette interprétation; mais celle que préfère l'éminent professeur est loin de briller par la netteté. (Comparer, dans le même sens que M. Demolombe, MM. Zachariæ, Aubry et Rau, t. III, p. 29, texte et note 2.)

(2) Il ne faut cependant pas prendre non plus cette dernière affirmation dans un sens trop absolu; avec une législation et une doctrine juridique qui ne sont fondées que sur des mots, si l'on tente de généraliser, on risque constamment de pécher en restant en deçà ou en allant au delà; le correctif est toujours voisin de la règle. Ainsi, dans le cas présent, plusieurs contrats, le nantissement, la constitution d'hypothèque, tout en ayant pour but la translation du droit réel, ont des règles propres.

C'est pour cette raison que, dans les développements qui vont suivre, nous emploierons plutôt cette formule : *contrat qui a pour but de transférer la propriété,* que celle-ci : *contrat qui a pour but de transférer le droit réel.*

Les auteurs se tirent de ces difficultés en habiles gens : ils les sous-entendent.

Quant à l'obligation de conserver, c'est-à-dire *de donner des soins à la chose due*, elle disparaît forcément dans le cas du contrat portant sur une chose *indéterminée ;* on ne peut, en effet, concevoir l'obligation de conserver que tout autant que le contrat est relatif à un *corps certain*. Mais il faut bien entendre cette proposition : en effet, tandis que, dans le cas du contrat relatif à un corps certain, le débiteur est libéré s'il établit que la chose qu'il doit a péri par cas fortuit, au contraire il ne peut, pour se décharger, présenter la même allégation dans le cas du contrat portant sur une chose indéterminée, puisque la chose qu'il doit n'a pas d'individualité ; de là l'adage : « *Genera non pereunt* ».

Remarquons :

1° *Que, lorsque le contrat a pour but de transférer la propriété d'un corps certain, les deux obligations qu'engendre en même temps le contrat ne lui sont pas essentielles, ou, en d'autres termes, qu'il est loisible aux parties de les supprimer* (V. *supra*, p. 774, note 2);

2° *Que, lorsque le contrat, par lui-même translatif de propriété, a pour objet un immeuble, la translation de la propriété n'a lieu à l'égard des tiers qu'après que certaines conditions de publicité ont été remplies* (V. *infra*, art. 1140.)

1136. — L'obligation de donner emporte celle de livrer la chose et de la conserver jusqu'à la livraison, à peine de dommages et intérêts envers le créancier.

Cet article mentionne comme conséquences de l'obligation de *donner* ou de transférer la propriété :

1° *L'obligation de livrer la chose ;*
2° *L'obligation de la conserver jusqu'à la livraison.*

L'obligation de livrer dont parle l'art. 1136 est identique *avec l'obligation de délivrer* que mentionne l'art. 1602 et dont traite la section II du chap. IV du titre *de la Vente.*

L'obligation de délivrer est la nécessité de mettre la chose à la disposition plus ou moins complète de l'acquéreur, selon la nature et l'étendue du droit réel que l'acquéreur a ou doit avoir sur cette chose.

La manière dont s'opère la délivrance dépend *de la nature du contrat, de celle de la chose, et des circonstances* (1).

Remarquons que *l'obligation de délivrer* non-seulement est la con-

(1) A proprement parler, il n'y a pas de théorie possible sur ce point : la délivrance est avant tout une chose de fait.
En édictant une théorie de la délivrance relativement à la vente (art. 1605 et suiv.), les compilateurs napoléoniens ont accumulé les erreurs. (V. *Manuel de droit civil*, t. III.)

séquence de *l'obligation de donner*, mais qu'elle peut être également celle :

1° *Du contrat par lui-même translatif de droit réel ;*

2° *De certains contrats qui n'ont pas pour but la translation d'un droit réel*, par exemple, du louage (art. 1726);

3° *De certains quasi-contrats*, par exemple de l'acceptation d'une succession.

Quelle est, en cas d'inexécution, la sanction de l'obligation de délivrer ?

Cette sanction ne consiste pas, en général, *en simples dommages-intérêts ; le créancier peut obtenir des tribunaux la faculté de se procurer la chose aux frais du débiteur, lorsque le contrat n'a pas pour objet un corps certain, ou celle de se mettre lui-même en possession de la chose,* manu militari, *lorsque le contrat a pour objet un corps certain.*

L'obligation de conserver est la nécessité d'apporter à la garde de la chose « *tous les soins d'un bon père de famille* », déclare l'art. 1137, c'est-à-dire *d'un propriétaire diligent.*

Comme l'obligation de délivrer, *l'obligation de conserver* non-seulement est la conséquence de *l'obligation de donner*, mais elle peut être également celle :

1° *Du contrat par lui-même translatif de droit réel ;*

2° *De certains contrats qui n'ont pas pour but la translation du droit réel*, par exemple du dépôt (art. 1927);

3° *De certains quasi-contrats*, par exemple de l'acceptation d'une succession.

Quelle est, en cas d'inexécution, la sanction de l'obligation de conserver ?

Ici, c'est la règle des dommages-intérêts qui est évidemment seule applicable (1).

1137. — L'obligation de veiller à la conservation de la chose, soit que la convention n'ait pour objet que l'utilité de l'une des parties, soit qu'elle ait pour objet leur utilité commune, soumet celui qui en est chargé à y apporter tous les soins d'un bon père de famille.

Cette obligation est plus ou moins étendue relativement à certains contrats, dont les effets, à cet égard, sont expliqués sous les titres qui les concernent.

Ce confus article a pour but de déterminer l'étendue de l'obligation

---

(1) Comparer M. Demante, t. V, n° 53. — MM. Zachariæ, Aubry et Rau, t. III, p. 30. — M Larombière, t. I, art. 1136. — M. Demolombe, t. XXIV, p. 374.

de conserver; il se rapporte à une des plus célèbres et des plus vaines théories juridiques, celle de la *prestation des fautes*.

Tout d'abord, on peut remarquer une sorte de contradiction entre le *premier* et le *second* alinéa.

D'après le *premier* alinéa, il semble que la responsabilité du débiteur au point de vue de la conservation de la chose, ait une mesure *absolue*.

D'après le second alinéa, cette même responsabilité paraît devoir varier, selon la nature *du contrat*.

Quelle est la mesure absolue posée par le premier alinéa de l'art. 1136 ?

Cet alinéa déclare que, soit que le contrat n'ait pour objet que l'utilité de l'une des parties, soit qu'il ait pour objet leur utilité commune, le débiteur est tenu d'apporter à la garde de la chose « *les soins d'un bon père de famille* ».

Le bon père de famille, c'est le *propriétaire diligent*.

Toutefois, et c'est peut-être le sens de l'allusion que contient le *second* alinéa, il existe dans la Babel napoléonienne *deux* cas d'obligation contractuelle où la mesure de la responsabilité du débiteur est spéciale ; ainsi :

1° *Le dépositaire ne doit à la chose déposée que les soins qu'il apporte dans la garde des choses qui lui appartiennent* (art. 1927) ;

2° *Le commodataire (emprunteur à usage) doit à la chose qu'il a empruntée plus que les soins d'un propriétaire diligent* (comparer art. 1882).

Il existe, en outre, un cas *d'obligation quasi-contractuelle* où la responsabilité du débiteur n'a que la mesure de celle du dépositaire ; ce cas est celui de l'*héritier bénéficiaire*.

Dans la langue de la scolastique juridique, on appelle :

1° Culpa lata in concreto, *la faute pour l'appréciation de laquelle on compare le débiteur à lui-même ;*

2° Culpa levis in abstracto, *la faute pour l'appréciation de laquelle on compare le débiteur à un type abstrait d'homme moyennement diligent, ou, tout simplement, diligent.*

3° Culpa levissima in abstracto, *la faute pour l'appréciation de laquelle on compare le débiteur à un type abstrait d'homme extrêmement diligent.*

Il faut, d'ailleurs, bien se garder de confondre le *risque* avec la *faute :* le risque procède d'un cas fortuit ou d'une force majeure ; la faute, au contraire, suppose un fait imputable (1).

_____

(1) Ce qu'on a écrit sur la théorie de la *prestation des fautes*, tant en droit romain qu'en droit français, remplirait plusieurs in-folio. Nous déclarons avoir

1138. — L'obligation de livrer la chose est parfaite par le seul consentement des parties contractantes.

Elle rend le créancier propriétaire et met la chose à ses risques dès l'instant où elle a dû être livrée, encore que la tradition n'en ait point été faite, à moins que le débiteur ne soit en demeure de la livrer; auquel cas la chose reste aux risques de ce dernier.

Cet article est celui qui, dans la compilation napoléonienne, consacre le principe :

Que le contrat est par lui-même translatif de propriété, toutes les fois qu'il porte sur un corps certain.

L'art. 1138 décide aussi que le corps certain est aux *risques* de l'acquéreur *dès l'instant même du contrat*, à moins que le débiteur ne soit *en demeure*, c'est-à-dire *en retard de le délivrer*.

Aucun texte, dans la compilation napoléonienne, ne dépasse celui-là en importance; aucun non plus, en obscurité.

Commençons par lui opposer les deux articles si simples et si clairs que contenait sur le même point le Code de la Convention.

« *Du moment que le contrat est formé, la propriété passe à l'acheteur; jusqu'au temps de la livraison, le vendeur doit la lui conserver; si elle périt dans l'intervalle, sans qu'il y ait faute de ce dernier, la perte est tout entière pour l'acheteur.* »

« *Si l'acheteur est en retard d'enlever, le soin de conserver la chose n'appartient plus au vendeur, et si elle périt par défaut de soins, la perte n'en est pas moins pour l'acheteur* (art. 15 et 16, liv. III, tit. III) (1). »

---

reculé cette fois devant la fastidieuse énonciation de systèmes dont le moindre tort est d'être dépourvus de toute utilité pratique.

Cependant, nous indiquerons en deux mots la théorie que Pothier avait cru lire dans les textes romains.

D'après le vieux légiste, il faut distinguer :

1º *Les contrats qui ne concernent que l'intérêt du créancier;*
2º *Les contrats qui concernent l'intérêt du créancier et du débiteur;*
3º *Les contrats qui ne concernent que l'intérêt du débiteur.*

Dans les *premiers*, le débiteur serait tenu de la *culpa lata;*
Dans les *seconds*, de la *culpa levis in abstracto;*
Dans les *troisièmes*, de la *culpa levissima in abstracto.*

La vérité est qu'il n'y a pas le moindre fondement à une théorie de la faute ; ce sont les romanistes qui ont inventé d'en édifier une, mais le point est tout en fait.

V. les excellentes conclusions de M. Demolombe dans le même sens, t. XXIV, p. 386.

On peut consulter, sur la théorie de la prestation des fautes :

Hasse, *Die Culpa des romischen Rechts.* Kiel, 1815.

Blondeau, *Thémis*, t. II, p. 349.

Alban d'Hautuille, *Revue de législation et de jurisprudence*, t. II, p. 269 et 342.

(1) Ces dispositions n'avaient qu'un seul tort, celui de n'être pas placées en

Voyons maintenant la rédaction de la compilation napoléonienne.

Le *premier* alinéa de l'art. 1138 porte que ;

« L'obligation de livrer la chose est parfaite par le seul consentement des parties. »

Le *second* alinéa ajoute que :

« Elle (grammaticalement, l'obligation de livrer) rend le créancier propriétaire et met la chose à ses risques, dès l'instant où elle a dû être livrée, encore que la tradition n'en ait point été faite. »

On ne s'entend pas sur la manière d'expliquer ces *deux* propositions.

PREMIER MODE D'EXPLICATION (1).

Le *premier* alinéa de l'art. 1138 signifie que :

Le contrat qui a pour but la translation de la propriété (les auteurs disent : *la convention de donner) est formé par le seul consentement.*

Le *second* alinéa signifie que :

Ce même contrat rend le créancier (de la délivrance) propriétaire de la chose et met la chose à ses risques, dès l'instant de la formation du contrat, encore que la tradition n'en ait point été faite.

On objecte contre cette explication :

1° Qu'elle attribue au premier alinéa de l'art. 1138 un sens qui est par trop naïf ;

2° Qu'elle tourmente et mutile l'art. 1138.

SECOND MODE D'EXPLICATION (2).

Le *premier* alinéa de l'art. 1138 signifie que :

L'obligation de livrer est accomplie par le seul consentement des parties.

En d'autres termes, les compilateurs napoléoniens ont inscrit dans la loi *la clause de constitut possessoire, de précaire, de dessaisine et de saisine, que l'on insérait autrefois dans les contrats.*

Ce qui revient encore à dire que, dorénavant, *tout contrat qui a pour but la translation de la propriété d'un corps certain doit être regardé comme renfermant implicitement une clause de tradition feinte.*

---

tête de la matière des *Obligations*, et d'être seulement inscrites dans le titre de la *Vente*.

Nous constatons de nouveau qu'elles ne sont citées par aucun interprète du Code Napoléon, pas même par M. Demolombe. (V. notamment ce dernier auteur, t. XXIV, p. 391 et suiv.)

(1) Delvincourt, t. II, p. 240. — M. Duranton, t. X, nos 417, 418. — M. Demante, t. V, n° 55.

(2) M. Valette, à son cours. — M. Colmet de Santerre, t. V, n° 55 *bis*, III. — M. Demolombe, t. XXIV, p. 393 et suiv.

V. aussi *supra*, p. 459.

Le *second* alinéa signifie que :

La clause de tradition feinte a pour effet de transférer la propriété à partir du moment que les parties ont fixé.

C'est-à-dire, *dès le moment même du contrat, lorsque le contrat est pur et simple et à terme.*

On peut objecter contre cette explication :

1° *Que, si l'on maintient dans le premier alinéa les mots :* « *l'obligation de livrer* », *on aboutit à un non-sens, car l'obligation de livrer pouvant exister dans le contrat qui n'a pas pour objet un corps certain et même dans le contrat qui n'a pas pour but la translation du droit réel, il s'ensuivrait que l'on doit cependant regarder la clause de tradition feinte, comme sous-entendue dans ces contrats;*

2° *Que, si l'on maintient dans le second alinéa les mots :* « *dès l'instant où elle a dû être livrée* », *on est logiquement conduit à dire que, dans les contrats à terme, la délivrance ne devant être faite qu'au terme, la translation de la propriété ne devrait également avoir lieu qu'au terme : ce qui, il est vrai, serait en complète contradiction avec le principe que le terme ne fait point obstacle à la naissance des droits.*

La seconde explication prévaut (1).

_____

(1) Involontairement, nous songeons à saint Jérôme lisant Perse et désespérant de l'expliquer : « Attends, je vais t'éclaircir ». Et il le jeta au feu.

Quant aux auteurs du Code Napoléon, aux complices de l'homme de Brumaire, veut-on constater une fois de plus leur profonde ignorance des idées juridiques les plus simples et les plus connues, qu'on les écoute à tour de rôle.

D'abord, Portalis :

« Dans les premiers âges, il fallait la tradition, l'occupation corporelle pour consommer le transfert de propriété... Dans les principes de notre droit français, le contrat suffit; le contrat est consommé dès que la foi est donnée. Le système du droit français est plus raisonnable que celui du droit romain, il est encore plus favorable au commerce, et rend possible ce qui ne le serait souvent pas si la tradition matérielle était nécessaire pour rendre la vente parfaite. »

Maintenant, Bigot :

« C'est le consentement des contractants qui rend parfaite l'obligation de livrer la chose ; il n'est donc pas besoin de tradition réelle pour que le créancier doive être considéré comme propriétaire aussitôt que l'instant où la livraison doit se faire est arrivé. Ce n'est plus alors un simple droit à la chose qu'a le créancier, c'est un droit de propriété *jus in re ;* si donc elle périt par force majeure ou par cas fortuit depuis l'époque où elle a dû être livrée, la perte est pour le créancier, suivant la règle : *Res perit domino.* »

Voici Favart :

« L'obligation de livrer la chose rend le créancier propriétaire du moment que le consentement a formé le contrat : d'où il résulte que la chose périt pour lui, à moins que le débiteur n'ait été mis en demeure, car, dans ce cas, la chose est à ses risques. Ces principes ont été consacrés de tout temps parmi nous. »

Écoutons enfin Mouricault :

« S'agit-il d'une obligation de donner un objet déterminé? Elle emporte non-seulement l'engagement de livrer l'objet, mais encore celui de veiller en bon père de famille à sa conservation jusqu'à la livraison; et comme l'obliga-

Remarquons que, dans ces *deux* explications, on s'accorde sur le résultat, et que, dans l'une, comme dans l'autre, on enseigne que, *d'après l'art.* 1138, *toutes les fois que le contrat a pour but de transférer la propriété d'un corps certain, le contrat opère par lui-même la translation de la propriété.*

Toutefois, la translation immédiate de la propriété n'a pas lieu :

1° *Si les parties sont convenues de renvoyer cette translation à une époque ultérieure, et c'est ce que l'usage commercial veut que l'on suppose dans les ventes dites : ventes à livrer ;*

2° *Si le contrat a pour objet un corps certain appartenant à autrui.*

Remarquons encore que, dans les deux explications qu'on en donne, l'art. 1138 laisse à résoudre la question de savoir si *l'effet de translation de la propriété par le seul consentement des parties est absolu ou relatif, en d'autres termes s'il a lieu même à l'égard des tiers ou s'il est limité aux parties* (V. infra, art. 1140 et 1141).

Nous n'avons qu'un mot à ajouter ici, en ce qui concerne les *risques de la chose.*

Comme nous l'avons déjà dit incidemment, les auteurs font résulter du *second* alinéa de l'art. 1138 une proposition qui peut être formulée de la manière suivante :

Dans les contrats purs et simples ou à terme qui ont pour but la translation d'un droit réel sur un corps certain, le corps certain est aux risques du créancier dès le moment même du contrat (Rapprocher art. 1182 et 1302) (1).

Les *uns* rattachent cette décision au brocard « *Res perit domino* », *le plus grand nombre,* au brocard « *Debitor rei certæ fortuito interitu rei liberatur* ».

Faisons enfin observer que si, dans le cas où le débiteur est en

---

tion est parfaite par le seul consentement des parties, elle constitue immédiatement le créancier propriétaire de la chose, et désormais cette chose est à ses risques, quoique la tradition n'en soit pas faite, à moins que le débiteur ne soit en demeure. » (Fenet, t. XIII, p. 230 et 420 ; et aussi t. XIV, sur l'art. 1583.)

Pour juger cela, nous n'avons qu'à citer un légiste qu'on ne saurait accuser de partialité contre l'œuvre napoléonienne, un légiste de vraie race, mais qui cependant était un homme de bon sens et qui comprenait ce qu'il disait :

« Il est difficile d'accumuler plus d'erreurs en aussi peu de mots : confusion de la perfection de l'obligation et de la mutation de propriété ; risques de la chose indiqués comme conséquence nécessaire de la propriété, et l'un d'eux ne faisant naître ces risques qu'à l'arrivée du terme. »

Et là-dessus M. Bugnet ajoute assez naïvement :

« C'est une preuve qu'on peut occuper des places éminentes qui exigent la connaissance du droit, et néanmoins en ignorer les éléments. » (M. Bugnet, *Note sur le n° 151 de Pothier,* p. 71.)

(1) Par antiphrase sans doute, M. Demolombe dit que le texte s'exprime sur ce point de la façon la plus nette. (T. XXIV, p. 401.)

demeure, les risques passent à sa charge, c'est que la demeure est une *faute* (1).

NOTA. — L'art. 1139 ne pourrait être expliqué, à cette place, sans qu'il en résultât un défaut de suite dans les idées; nous en intercalerons le commentaire entre celui de l'art. 1152 et celui de l'art. 1153.

1140. — Les effets de l'obligation de donner ou de livrer un immeuble sont réglés au titre de *la Vente* et au titre *des Priviléges et hypothèques.*

En ce qui concerne les immeubles, le contrat qui a pour but la translation de la propriété sur un corps certain opère la translation de la propriété, *non-seulement entre les parties, mais même à l'égard des tiers.*

C'est à cette thèse importante que se réfère l'art. 1148.

Nous avons déjà dit que le droit de la Révolution avait institué, en cette matière, *le vrai principe scientifique*, c'est-à-dire *qu'il avait décidé la publicité de la transmission des droits réels.*

D'après la loi du 11 brumaire an VII, les actes translatifs de biens et droits susceptibles d'hypothèques n'étaient opposables aux tiers que tout autant qu'ils avaient été transcrits.

Les compilateurs napoléoniens ne surent trop s'ils devaient admettre ou rejeter le système inauguré par la loi du 11 brumaire, et, de la part d'hommes aussi dénués d'idées politiques et économiques que d'idées morales, on conçoit bien cet embarras.

Toujours est-il que, dans l'art. 1140, on commença par éluder la difficulté, en en renvoyant la solution au titre de la *Vente* et à celui des *Priviléges et Hypothèques;* lorsqu'on en fut à la *Vente*, on renouvela l'ajournement, et lorsqu'on en fut aux *Priviléges et Hypothèques*, on escamota la question (2).

Finalement, sous l'empire du Code Napoléon, il n'est pas douteux que *l'on dût considérer la loi de brumaire comme implicitement abrogée par la loi du 30 ventôse an XII* (3).

Aujourd'hui, la loi du 23 mars 1855 a fait revivre la formalité de la transcription, mais si grandes sont l'ignorance et l'incurie qui ont présidé à la rédaction de cette loi, qu'elle a déjà engendré une multitude de controverses (4).

---

(1) Comparer Pothier, *Du contrat de vente*, n° 308. — M. Larombière, t. I, art. 1138, n° 23. — M. Demolombe, t. XXIV, p. 404.

(2) Nous disons qu'on *l'escamota*, nous ne disons pas assez : on l'escamota en témoignant par preuves irrécusables qu'on ne l'entendait pas. (V. Locré, *Législation civile*, t. XVI, p. 289.)

(3) MM. Zachariæ, Aubry et Rau, t. II, p. 248 et suiv. — M. Colmet de Santerre, t. V, n° 56 *bis*, II. — M. Demolombe, t. XXIV, p. 425.

(4) En comparaison des auteurs de la loi du 23 mars, des Rouher, les Rou-

C'est ainsi, par exemple, qu'on est allé jusqu'à soutenir que désormais la transcription est nécessaire pour opérer la translation du droit réel, non-seulement à l'égard des tiers, mais même entre les parties.

Cette opinion prend le contre-pied de la raison scientifique, et, comme le texte de la loi nouvelle ne l'impose pas, il n'y a pas lieu de s'y arrêter (1).

1141. — Si la chose qu'on s'est obligé de donner ou de livrer à deux personnes successivement est purement mobilière, celle des deux qui en a été mise en possession réelle est préférée et en demeure propriétaire, encore que son titre soit postérieur en date, pourvu toutefois que la possession soit de bonne foi.

En ce qui concerne les meubles, le contrat qui a pour but la translation de la propriété d'un corps certain opère-t-il la translation non-seulement entre les parties, mais même à l'égard des tiers ?

C'est le point de droit correspondant à celui qui vient d'être résolu pour les immeubles.

L'article 1141 décide implicitement que l'effet de translation de la propriété par le seul consentement des parties a lieu même à l'égard des tiers.

D'abord, la formalité de publicité ne peut consister ici que dans la tradition, car il va de soi qu'il ne peut s'agir de transcription pour les meubles.

La tradition est-elle nécessaire ?

Bien que l'art. 1141 s'exprime d'une manière équivoque, la *négative* paraît certaine.

Quelle est, en effet, l'hypothèse que prévoit cet article ?

Il suppose qu'un *même objet mobilier* a été, par exemple, vendu successivement à *deux* personnes (2), et que le *second* acquéreur a été mis en possession avant le premier ; dans cette situation, il décide que le

---

land, des Suin, les Portalis, les Bigot, les Favart, les Mouricault, pourraient redresser la tête : c'étaient de vrais géants.

Si l'on veut se faire une opinion sur ce point, qu'on consulte l'exposé des motifs de M. Suin et les procès-verbaux de la discussion.

(1) En ce sens, M. Duverger, *De l'effet de la transcription relativement aux droits du vendeur*, 1865. — M. Humbert, *Revue historique de Droit français et étranger*, t. I, p. 484. — M. Paul Gide, *Revue critique*, avril 1865. — MM. Zachariæ, Aubry et Rau, t. II, p. 275, 278. — M. Colmet de Santerre, t. V, n° 50 *bis*, v. — M. Larombière, t. I, art. 1138, n° 48. — M. Demolombe, t. XXIV, p. 436.

En sens contraire, M. Bayle-Mouillard, Dev., 1860, t. I. — MM. Rivière et Huguet, *Questions sur la transcription*, n° 374.

(2) Par inattention, les compilateurs ont écrit : « Si la chose qu'on s'est obligé de donner ou de livrer à deux personnes successivement », etc., au lieu de : Si la chose aliénée successivement à deux personnes. (Comparer Fenet, t. II, p. 165.)

second, s'il est de bonne foi, est préféré au *premier* et devient (non pas « *demeure* ») propriétaire de l'objet.

La raison de cette solution est que le *second a prescrit instantanément contre le premier*, car toutes les conditions requises pour la prescription instantanée des meubles se rencontrent dans le cas présent : le meuble est *corporel, individuel, non perdu, non volé ;* il y a enfin *juste titre* au profit du second acquéreur et *bonne foi* de sa part (comparer *infra*, art. 2279).

Si l'on objecte que le fait du vendeur, tel que nous venons de le supposer, est *un vol*, il faut répondre qu'il constitue *un abus de confiance*, et que, dans le système de la compilation napoléonienne, *l'abus de confiance ne fait pas obstacle à la prescription instantanée.*

Donc, par là même, se trouve établi le droit de propriété du premier acquéreur (1).

De là aussi il résulte que si les conditions requises pour la prescription instantanée n'existent pas au profit du *second* acquéreur, le droit de propriété du premier reprend toute sa force; sinon le premier est réduit à une action en dommages-intérêts contre son vendeur.

Les auteurs discutent sur ce que c'est que « la possession réelle » dont parle le texte; le point est certainement de fait (2).

Pour les créances (meubles incorporels), *le droit passe bien du cédant au cessionnaire par le seul consentement des parties; mais, à l'égard des tiers, le cessionnaire n'est saisi que par la signification de la cession faite au débiteur ou par l'acceptation faite par le débiteur dans un acte authentique ou sous seing privé ayant date certaine* (art. 1689-1690).

SECTION III.

DE L'OBLIGATION DE FAIRE OU DE NE PAS FAIRE.

Philosophiquement, toute obligation est de *faire ; juridiquement*, toute obligation devrait être de *faire ;* nous ne revenons pas sur ce que nous avons dit à cet égard (V. *supra*, p. 736).

---

(1) En ce sens, MM. Zachariæ, Aubry et Rau, t. II, p. 48, texte et note 7. — M. Colmet de Santerre, t. V, n° 57 *bis*, III. — M. Larombière, t. I, art. 1141, n° 18. — M. Demolombe, t. XXIV, p. 461.

En sens contraire, Toullier, t. VII, n°s 35, 36. — M. Troplong, *De la vente*, n° 42. — M. Huc, *Recueil de l'Académie de législation de Toulouse*, t. XII, p. 286.

Ces derniers auteurs invoquent l'autorité de Pothier (n° 153); étant donné le système de composition du Code Napoléon, l'argument n'est pas sans force.

(2) Pourquoi ne pas discuter aussi ce que signifie le mot *purement?* Hélas! il ne signifie rien.

1142. — Toute obligation de faire ou de ne pas faire se résout en dommages et intérêts, en cas d'inexécution de la part du débiteur.

1143. — Néanmoins le créancier a le droit de demander que ce qui aurait été fait par contravention à l'engagement soit détruit, et il peut se faire autoriser à le détruire aux dépens du débiteur, sans préjudice des dommages et intérêts, s'il y a lieu.

1144. — Le créancier peut aussi, en cas d'inexécution, être autorisé à faire exécuter lui-même l'obligation aux dépens du débiteur.

La plupart des auteurs enseignent que la disposition de l'art. 1142 est *trop générale*, et qu'elle est restreinte par celles des *deux* art. 1143 et 1144.

D'où, la doctrine suivante :

Le débiteur d'une obligation de faire ou de ne pas faire ne peut être personnellement contraint de faire ou de ne pas faire ; cependant, le créancier est fondé à réclamer l'exécution effective de l'obligation, toutes les fois que cette exécution peut avoir lieu, sans que le débiteur soit personnellement contraint.

On ajoute que *lorsque le débiteur contrevient à l'obligation, le créancier a, dans tous les cas, le droit de conclure à des dommages-intérêts* (1).

1145. — Si l'obligation est de ne pas faire, celui qui y contrevient doit les dommages et intérêts par le seul fait de la contravention.

La formule de l'art. 1145 paraît rentrer dans les termes généraux de l'art. 1142.

L'art. 1145 nous apprend, d'ailleurs, fort utilement que, *dans les obligations de ne pas faire*, on s'expose à des dommages-intérêts par cela seul qu'on contrevient à l'obligation, ou, comme disent les interprètes, *on se met en une sorte de demeure par cela seul que l'on fait* (2).

SECTION IV.

DES DOMMAGES ET INTÉRÊTS RÉSULTANT DE L'INEXÉCUTION DE L'OBLIGATION.

Cette section eût pu être réduite à deux lignes sur la *mise en demeure*

---

(1) En ce sens, M. Duranton, t. X, n° 460. — M. Colmet de Santerre, t. V, n°s 60 et 60 *bis*, I et II. — M. Demolombe, t. XXIV, p. 480 et suiv.
En sens divers, MM. Zachariæ, Aubry et Rau, t. III, p. 29, texte et note 3-5. — M. Larombière, t. I (art. 1142).
Cette doctrine, fort peu nette, paraît être légale, mais elle n'est ni rationnelle ni raisonnable : aussi les faits se sont-ils imposés aux tribunaux. Le débiteur d'une obligation de faire ou de ne pas faire n'est habituellement condamné, en cas d'inexécution, qu'à des dommages et intérêts.
Quand donc la doctrine se souciera-t-elle de remonter à des principes ?
(2) Il nous semble cependant que ce sont plutôt là des intérêts *compensatoires* que des intérêts *moratoires*. (V. *infra*, p. 795.)

c'est-à-dire sur la constatation juridique du retard du débiteur; et encore ce point est-il de procédure plutôt que de droit.

Quant aux dommages-intérêts, nous avons indiqué *supra*, p. 723, le rôle qui devrait leur appartenir dans une doctrine et dans une législation rationnelle.

Remarquons que la section IV ne concerne que les dommages-intérêts qui résultent de l'inexécution des obligations contractuelles ou quasi-contractuelles; elle est inapplicable aux dommages-intérêts qui forment l'objet même des obligations engendrées par le délit ou par le quasi-délit.

1146. — Les dommages et intérêts ne sont dus que lorsque le débiteur est en demeure de remplir son obligation, excepté néanmoins lorsque la chose que le débiteur s'était obligé de donner ou de faire ne pouvait être donnée ou faite que dans un certain temps qu'il a laissé passer.

L'art. 1146 dispose :

1° *Que le débiteur n'est astreint à payer des dommages et intérêts, qu'autant qu'il est en demeure ;*

2° *Que, parmi les cas de demeure, il faut ranger celui où la chose que le débiteur s'était obligé de donner ou de faire, ne pouvait être donnée ou faite que dans un certain temps qu'il a laissé passer.*

Le 1° est naïf; qui eût pu s'imaginer, en effet, que le débiteur fût passible de dommages et intérêts, même avant d'avoir contrevenu à son obligation ?

Le 2° eût dû méthodiquement figurer dans l'art. 1139 (V. *infra*, p. 800).

On remarquera que le 2°, présenté dans le texte sous la forme d'une *exception* au 1°, est au contraire une application du 1° (1).

1147. — Le débiteur est condamné, s'il y a lieu, au payement de dommages et intérêts, soit à raison de l'inexécution de l'obligation, soit à raison du retard dans l'exécution, toutes les fois qu'il ne justifie pas que l'inexécution provient d'une cause étrangère qui ne peut lui être imputée, encore qu'il n'y ait aucune mauvaise foi de sa part.

Ce texte inoffensif commence par *confirmer* et par *rectifier* le précédent.

Il le *confirme*, en tant qu'il déclare que le débiteur doit des dommages-intérêts, *à raison du retard dans l'exécution.*

Il le *rectifie*, en tant qu'il constate que le débiteur doit aussi des dommages-intérêts *à raison de l'inexécution de l'obligation.*

---

(1) Donc, ces gens ne se comprenaient pas eux-mêmes. Lorsqu'on comprend ce qu'on dit, on n'écrit pas : « excepté néanmoins », à la place de : ainsi, par exemple.

De là, selon les auteurs, *deux* sortes de dommages-intérêts, les uns appelés *moratoires*, les autres dits *compensatoires* (1).

L'article ajoute d'une manière embrouillée que les dommages-intérêts supposent l'existence d'un fait imputable au débiteur, *d'une faute* de sa part, encore bien que ce fait ou cette faute soit exempt de toute mauvaise foi.

En deux mots, pour que le débiteur soit passible de dommages-intérêts, il faut et il suffit qu'il puisse être regardé comme responsable de l'inexécution de son obligation (2).

1148. — Il n'y a lieu à aucuns dommages et intérêts lorsque, par suite d'une force majeure ou d'un cas fortuit, le débiteur a été empêché de donner ou de faire ce à quoi il était obligé, ou a fait ce qui lui était interdit.

Ce texte-là, c'est la répétition de la fin du précédent.

La détermination de la *force majeure* ou du *cas fortuit* ne soulève qu'une question de fait (3).

1149. — Les dommages et intérêts dus au créancier sont, en général, de la perte qu'il a faite et du gain dont il a été privé, sauf les exceptions et modifications ci-après.

Pothier disait :

« On appelle dommages-intérêts la perte que quelqu'un a faite et le gain qu'il a manqué de faire (4). »

On voit que la formule de l'art. 1149 est à peu près identique avec celle de Pothier, laquelle est à peu près identique avec celle de Paul.

Paul disait, en effet, que les dommages-intérêts doivent représenter : *quantum mea interfuit, id est quantum mihi abest, quantumque lucrari potui* (5).

La doctrine appelle le *premier* élément, *damnum emergens;* le *second, lucrum cessans.*

---

(1) Comparer M. Demolombe, t. XXIV, p. 552.

L'expression *dommages et intérêts compensatoires*, opposée à celle de *dommages et intérêts moratoires*, est mauvaise : *rationnellement, il n'y a de dommages et intérêts légitimes que ceux alloués à titre de compensation.*

Cette idée a été faussée par la compilation napoléonienne (V. *infra*, art. 1153, premier et deuxième alinéa), et encore plus par la *doctrine*.

(2) On conçoit que les complices de l'acte de Brumaire dussent éprouver quelque peine à formuler le principe de responsabilité.

Ce principe n'a, au surplus, besoin d'être inscrit dans aucun article spécial ; sa place est en tête des lois.

(3) Le lecteur curieux de développements sur la *force majeure* et le *cas fortuit* peut consulter Averani, *Interpretationes juris*, lib. II, cap. XXVI, et le renégat Merlin en son répertoire, v° *Force majeure* et v° *Cas fortuit*.

(4) Pothier, n° 159.

(5) L. 13, D., liv. XLVI, tit. VIII.

Finalement, l'expression dommages-intérêts en dit tout autant que les définitions qui précèdent.

Il semblerait qu'au moins législativement il n'y ait rien à ajouter. Mais, comme les compilateurs napoléoniens reproduisaient Pothier, et que Pothier, à la suite de Dumoulin, entrait dans le détail du règlement des dommages-intérêts, les compilateurs napoléoniens sont entrés dans le même détail (1).

De là, le vague correctif : « sauf les exceptions et les modifications ci-après ».

Ces exceptions et ces modifications consistent :

1° *En ce que,* comme nous le verrons (art. 1153, 1er et 2e alin.), *la règle du* lucrum cessans *et du* damnum emergens *ne s'applique qu'aux obligations qui n'ont pas pour objet une somme d'argent* (art. 1150-1145);

2° *En ce que, même relativement aux obligations qui n'ont pas pour objet une somme d'argent, la règle du* lucrum cessans *et du* damnum emergens *comporte une application plus ou moins étendue,* selon les cas (art. 1150 et 1151) (2).

1150. — Le débiteur n'est tenu que des dommages et intérêts qui ont été prévus où qu'on a pu prévoir lors du contrat, lorsque ce n'est point par son dol que l'obligation n'est point exécutée.

1151. — Dans le cas même où l'inexécution de la convention résulte du dol du débiteur, les dommages et intérêts ne doivent comprendre, à l'égard de la perte éprouvée par le créancier et du gain dont il a été privé, que ce qui est une suite immédiate et directe de l'inexécution de la convention.

1152. — Lorsque la convention porte que celui qui manquera de l'exécuter payera une certaine somme à titre de dommages et intérêts, il ne peut être alloué à l'autre partie une somme plus forte ni moindre.

Ces articles concernent les dommages-intérêts dus dans les obligations qui n'ont pas pour objet une somme d'argent.

Il y a d'abord lieu de distinguer *deux* cas:

---

(1) Comparer Pothier, n°s 159-172. — Dumoulin, *Tractatus de eo quod interest.*

(2) Il y a des siècles que les légistes ont entrepris de réglementer la matière des dommages et intérêts. (V. *L. unic.*, C., liv. VII, tit. IV.)

Dumoulin constate que, de son temps, cette partie de la doctrine juridique renfermait *ineptissimas iniquitates, controversissimas legum conciliationes, imo contorsiones.* Le célèbre légiste se proposa d'y mettre de l'ordre et de la raison ; ce à quoi il réussit médiocrement. (V. *Tractatus de eo quod interest.*)

Le Code de la Convention contenait la vraie règle législative :

« Si l'obligation n'est pas exécutée ou ne l'est pas en temps opportun et convenu, elle se résout en dommages et intérêts qui sont arbitrés en justice, s'il s'agit de choses sommaires, ou estimées par experts dans les autres matières. (Liv. III, tit. I, art. 8.)

1° *Celui où ce n'est pas par le dol du débiteur que l'obligation n'est pas exécutée ;*

2° *Celui où c'est par le dol du débiteur que l'obligation n'est pas exécutée* (1).

Dans le *premier* cas, le débiteur est tenu des dommages-intérêts « *qui ont été prévus ou qu'on a pu prévoir lors du contrat* ».

Les auteurs fondent cette décision sur l'existence d'une clause accessoire tacitement convenue entre le débiteur et le créancier.

Dans le *second* cas, le débiteur est tenu des dommages-intérêts « *qui*, selon les termes de l'art. 1151, *sont une suite directe et immédiate de l'inexécution de l'obligation* ».

Pothier disait dans le même sens, en invoquant l'autorité de Dumoulin, que « on ne doit pas comprendre dans les dommages-intérêts dont un débiteur est tenu pour raison de son dol, ceux qui non-seulement n'en sont qu'une suite éloignée, mais qui n'en sont pas une suite nécessaire et qui peuvent avoir d'autres causes » (2).

Citons maintenant l'exemple classique :

Un marchand me vend une vache qu'il sait être affectée d'une maladie contagieuse, et il dissimule ce vice; la vache communique sa maladie à mes bœufs; le marchand est responsable du dommage que j'ai souffert, non-seulement dans la vache qu'il m'a vendue, mais aussi dans mes bœufs (3).

Les auteurs professent que c'est le dol du débiteur qui est, ici, cause des dommages-intérêts.

Quant à l'art. 1152, il prévoit le cas où les parties ont réglé elles-mêmes d'avance le montant des dommages-intérêts dont le débiteur pourra être tenu.

Ce règlement anticipé porte en droit le nom de *clause pénale* (art. 1229, V. *infra*).

L'article décide que les tribunaux n'ont pas le droit de modifier l'évaluation faite par les parties.

Cependant, Dumoulin et Pothier enseignaient que la peine stipulée en cas d'inexécution d'une obligation peut, lorsqu'elle est excessive, être réduite par le juge (4).

---

(1) Voici la définition du dol telle que Dumoulin la formulait dans la circonstance : « .....*Non accipio dolum large, ex eo solo quod quis negligit suo loco et tempore id implere ad quod scit se obligatum... Sed pro dolo in specie, vel destinata malitia...* » (N° 156.)

(2) Pothier, n° 167.

(3) Pothier, n° 166.

Pothier va plus loin, mais alors le vieux légiste s'embrouille un peu. (V. le dernier alinéa de son n° 167.)

(4) Dumoulin, n°s 159 et suiv. — Pothier, n° 345.

C'est au Code de la Convention (art. 10, liv. III, tit. I), que les compilateurs napoléoniens ont emprunté l'art. 1152 (1).

1153 (alinéas 1 et 2). — Dans les obligations qui se bornent au payement d'une certaine somme, les dommages et intérêts résultant du retard dans l'exécution ne consistent jamais que dans la condamnation aux intérêts fixés par la loi, sauf les règles particulières au commerce et au cautionnement.

Ces dommages et intérêts sont dus sans que le créancier soit tenu de justifier d'aucune perte.

Ce texte concerne les dommages-intérêts dus dans les obligations qui ont pour objet une somme d'argent.

Il consacre *deux* règles spéciales aux obligations de cette sorte :

1° *Dans les obligations qui ont pour objet une somme d'argent, le taux des dommages-intérêts est fixé par la loi d'une manière invariable;*

2° *Dans ces mêmes obligations, le créancier, pour obtenir les dommages-intérêts fixés par la loi, n'est tenu de justifier d'aucun manque de gain, ni d'aucune perte, et, de son côté, le débiteur n'est pas recevable à fournir la preuve que le créancier n'a souffert aucun préjudice.*

La loi du 3 septembre 1807 a fixé le taux des dommages-intérêts ou des intérêts, en matière civile, à 5 pour 100, et en matière commerciale à 6 pour 100 (art. 2).

Les parties ne peuvent, au moyen d'une clause pénale, excéder ce taux, et, si elles l'excèdent, la clause pénale doit être réduite (2).

Comment les auteurs expliquent-ils ces règles particulières?

Les auteurs disent avec Pothier :

1° Que, comme les dommages-intérêts qui peuvent résulter du retard de l'accomplissement de cette espèce d'obligation varient à l'infini, et qu'il est aussi difficile de les prévoir que de les justifier, il a été nécessaire de les régler, comme par une espèce de forfait, à quelque chose de fixe;

2° Que le taux auquel ils ont été fixés est le prix commun du profit légitime que le créancier aurait pu retirer de la somme qui lui était due, si elle lui avait été payée (3).

---

(1) Les anciens auteurs distinguaient les dommages et intérêts en *intrinsèques* (relatifs à la chose qui fait l'objet du contrat) et *extrinsèques* (relatifs aux autres biens du créancier), en *communs* ou *généraux*, et en *propres* ou *particuliers* (ceux-là sont plus malaisés à définir).

Le seul résultat clair de cette scolastique est de prouver que, lorsque les parties ne se sont pas expliquées, l'évaluation des dommages et intérêts est *nécessairement* une pure question de fait.

Comparer M. Demolombe, qui conclut en sens opposé. (T. XXIV, p. 558 et suiv.)

(2) M. Demolombe, t. XXIV, p. 620. — Comparer M. Duranton, t. X, nᵒˢ 487-489.

(3) Pothier, nᵒ 170. — M. Demolombe, t. XXIV, p. 605.

Tant sont futiles ces raisons, qu'il n'y a pas lieu de les discuter, au moins à cette place (1).

Toutefois, les dommages-intérêts peuvent dépasser les intérêts légaux dans les *trois* cas suivants :

1° *Au profit du porteur de la lettre de change ou d'un autre effet négociable lorsque la lettre ou l'effet n'est pas payé à l'échéance* (art. 177-187, C. Co.);

2° *Au profit de la caution, lorsque celle-ci paye pour le débiteur principal* (art. 2028) (2);

3° *Au profit de la société, lorsque l'un des associés devait apporter une somme dans la société et qu'il ne l'a point fait* (art. 1849).

Les auteurs font remarquer que, dans les obligations de sommes d'argent, les dommages-intérêts ne peuvent résulter *que du retard dans l'exécution*, en d'autres termes, qu'ils ne peuvent être que *moratoires*.

En effet, dit-on, dans le cas d'inexécution, une obligation de somme d'argent, ne saurait se transformer en une obligation subsidiaire de somme d'argent.

Les auteurs ajoutent cependant que, même en matière d'obligation de sommes d'argent, il peut exister des intérêts *compensatoires*.

Tels sont :

1° Les intérêts stipulés pour prix de la jouissance d'un capital prêté;

2° « Les intérêts alloués au créancier par le juge pour la réparation de tout autre dommage que celui résultant du retard dans l'exécution d'une obligation ayant pour objet une somme d'argent et comme com-

_____

(1) Contentons-nous de remarquer que les deux premiers alinéas de l'art. 1153 constituent :

1° *Une usurpation du législateur sur le droit individuel;*

2° *Une méconnaissance des principes économiques.*

L'usurpation sur le droit individuel est flagrante.

Si, par sa demeure, le débiteur n'a causé aucun dommage au créancier, pourquoi serait-il tenu de l'indemniser?

S'il lui a causé un dommage supérieur à 5 ou à 6 pour 100, pourquoi ne lui devrait-il pas toute la réparation de ce dommage?

Si les parties ont réglé elles-mêmes, à tout événement, le montant des dommages et intérêts, pourquoi cette clause de leur contrat ne recevrait-elle pas exécution?

La méconnaissance des principes économiques n'est pas moins évidente : *L'argent est une marchandise.*

Que Pothier n'ait pas su cela, on peut l'en excuser, car le *Traité des obligations* est de 1761, et le Mémoire de Turgot sur les prêts d'argent, de 1769; mais que, nous-mêmes, nous conservions dans nos lois une erreur réfutée depuis plus d'un siècle, comment s'en rendre compte?

Race routinière et romaine qui ne peut se passer de la tutelle et des lisières!

(2) Les termes : « sauf les règles particulières au commerce » sont trop généraux. — Comparer Pothier, n° 171.

plément accessoire de l'indemnité pécuniaire à laquelle le débiteur est condamné envers lui » (1).

Les *premiers* sont dits *conventionnels ;* les *seconds, judiciaires* (2).

1139. — Le débiteur est constitué en demeure, soit par une sommation ou par un autre acte équivalent, soit par l'effet de la convention, lorsqu'elle porte que, sans qu'il soit besoin d'acte, et par la seule échéance du terme, le débiteur sera en demeure.

1153 (alinéa 3). — Ils (les dommages et intérêts) ne sont dus (dans les obligations de sommes d'argent) que du jour de la demande, excepté dans les cas où la loi les fait courir de plein droit.

Il faut distinguer :

1° *Les règles de la demeure relatives aux obligations qui n'ont pas pour objet une somme d'argent* (art. 1139) ;

2° *Les règles de la demeure relatives aux obligations qui ont pour objet une somme d'argent* (art. 1153, 3e alin.).

Voyons successivement les unes et les autres.

1° RÈGLES DE LA DEMEURE RELATIVES AUX OBLIGATIONS QUI N'ONT PAS POUR OBJET UNE SOMME D'ARGENT.

Dans les obligations de cette sorte, le débiteur n'est, en principe, constitué en demeure que par une sommation « *ou, dit l'art.* 1139, *par autre acte équivalent* » (3).

Les actes de mise en demeure, autres que la sommation, sont, par exemple :

La demande en justice ;

La citation en conciliation suivie dans le mois d'une demande en justice (art. 576).

Il y a lieu de placer sur la même ligne la déclaration écrite par laquelle le débiteur se reconnaîtrait en demeure (Comparer art. 2244-2248) (4).

_____

(1) M. Demolombe, t. XXIV, p. 602.

(2) MM. Zachariæ, Aubry et Rau, t. III, p. 64, note 10. — M. Demolombe, *loc. cit.*

V. d'ailleurs, sur l'expression *dommages et intérêts compensatoires*, ce qui a été dit *supra,* p. 795, note 1.

(3) Comparer Pothier, n° 144.

(4) Nous répétons les définitions de la sommation, de la demande en justice et du commandement :

La sommation est un acte d'huissier qui a pour but unique de mettre une personne en demeure.

La demande en justice est un acte d'huissier qui a pour but d'organiser une instance.

Le commandement est une sommation faite en vertu d'un titre exécutoire,

Cette règle est commune aux obligations de *faire*, comme à celles de *donner*.

Quant, aux obligations de *ne pas faire*, la nature même de ces obligations exclut toute idée de demeure (V. art. 1145, *supra*, p. 793, note 2).

Par *exception* à la règle sus-énoncée, *la seule échéance du terme* constitue le débiteur en *demeure* :

1° *Lorsque la loi en a ainsi disposé* (art. 1302, *dernier* alinéa, et 1378) (1);

2° *Lorsque le contrat contient à cet égard une clause formelle* (art. 1139);

3° *Lorsque l'obligation ne pouvait être exécutée que dans un certain temps que le débiteur a laissé passer* (art. 1146; V. *supra*, p. 794).

C'est, dans ces cas seulement, que s'applique l'ancienne règle : *Dies interpellat pro homine* (2).

2° RÈGLES DE LA DEMEURE RELATIVES AUX OBLIGATIONS QUI ONT POUR OBJET UNE SOMME D'ARGENT.

Dans les obligations de cette sorte, le débiteur n'est, en principe, constitué en demeure que par une demande en justice, ou, tout au moins, par une citation en conciliation, suivie dans le mois d'une demande en justice (art. 57, C. Pr.).

Toutefois, il y a :

1° *Des cas où une simple sommation suffit pour faire courir les intérêts ;*

2° *Des cas où les intérêts courent de plein droit.*

Parmi les *premiers*, on peut citer :

Le cas où le mineur est reliquataire envers le tuteur (art. 474, 2ᵉ alin.);

Le cas où l'acheteur d'une chose non frugifère est en retard de payer son prix (art. 1652) (3);

Parmi les *seconds*, nous mentionnerons :

---

revêtue elle-même de la formule exécutoire, et qui précède nécessairement certaines saisies.

Quant à la citation en conciliation, c'est un acte d'huissier par lequel on mande une personne devant un juge de paix, afin d'essayer de prévenir un procès par une entente amiable.

(1) Comparer, pour l'art. 1302, *dernier* alinéa, Pothier, nº 144, 3ᵉ alinéa.

(2) V. Noodt, *De fænor. et usur.*, lib. III, cap. IX, p. 209.

(3) V. aussi art. 1936 C. N. et art. 184 C. Co.

Faute de posséder les plus simples notions de l'économie politique, les compilateurs napoléoniens ont distingué, au point de vue qui nous occupe, la vente de la chose qui produit des fruits ou autres revenus, de la vente de la chose qui, pour reprendre le même langage, ne produit pas de fruits ou autres revenus. (V. *Manuel de droit civil*, t. III, art. 1652.)

Le cas où le tuteur est reliquataire envers le mineur (art. 474, 1ᵉʳ alin.) ;

Le cas où l'acheteur d'une chose frugifère est en retard de payer son prix (art. 1652) ;

Le cas où la caution paye pour le débiteur principal (art. 2028) ;

Le cas où l'un des associés devait apporter une somme dans la société et ne l'a point fait (art. 1846) ;

Le cas où le mandataire a employé à son usage les sommes qui appartiennent au mandant (art. 1996) ;

Le cas où le mandataire a fait des avances pour le mandant (art. 2001) (1).

Cette *seconde* catégorie d'exceptions est la seule à laquelle la compilation napoléonienne ait fait allusion ; elle renferme tant de *casus* qu'elle renverse à vrai dire la règle (2).

On discute la question de savoir si la demande par laquelle une personne réclame le payement de la somme qui lui est due suffit pour faire courir les intérêts moratoires.

Les partisans de l'*affirmative* (3) disent :

La demande en justice joue, dans les obligations de sommes d'argent, le même rôle que la sommation dans les autres obligations ;

Donc, elle doit produire le même effet.

Or, dans les obligations, autres que celles de sommes d'argent, la sommation, qui ne conclut qu'au payement du principal, donne au créancier droit aux dommages-intérêts ;

Donc, pareillement, dans les obligations de sommes d'argent, la demande en justice, qui ne conclut qu'au payement du principal, donne au créancier droit aux intérêts.

On ajoute qu'il suffit que le créancier prenne, durant l'instance, des conclusions relatives aux intérêts.

Les partisans de la *négative* (4) opposent les termes mêmes du 3ᵉ alin. de l'art. 1153, qui porte que :

« Les intérêts ne sont dus que du jour de la demande ».

Légalement, cette *seconde* opinion nous paraît devoir l'emporter sur la *première*.

1154. — Les intérêts échus des capitaux peuvent produire des intérêts, ou par une demande judiciaire, ou par une convention spéciale, pourvu que, soit

---

(1) V. aussi art. 456, 856, 1378, 1440, 1473, 1570.
(2) Nulle raison, nul enchaînement! l'aventure en plein!
(3) Delvincourt, t. II, p. 746. — Cass., 20 novembre 1848, Albrecht, Dev., 1849, t. I, 129.
(4) MM. Zachariæ, Aubry et Rau, t. III, p. 65, texte et note 12. — M. Colmet de Santerre, t. V, n° 70 *bis*, VII. — M. Larombière, t. I, art. 1153, n° 21. — M. Demolombe, t. XXIV, p. 612.

dans la demande, soit dans la convention, il s'agisse d'intérêts dus au moins pour une année entière.

Cet article concerne la *capitalisation des intérêts*, ou, comme on dit dans la doctrine, l'anatocisme, de ἀνὰ, qui marque redoublement, et τόκος, usure.

L'ancien droit romain permettait la capitalisation des intérêts *échus* et défendait la capitalisation des intérêts *à échoir* (l. 26, § 1, D., liv. XII, tit. VI).

Justinien défendit à la fois la capitalisation des intérêts *præteriti temporis* et celle des intérêts *futuri temporis* (L. 28, C., liv. IV, tit. XXXII).

Le vieux droit français suivit les errements du droit de Justinien (1), et il faut dire qu'à cette époque, comme aux temps de Rome, la manière dont la propriété était acquise donnait des motifs, au moins apparents, à la prohibition.

Le droit de la Révolution, qui avait retenu l'enseignement de Turgot et qui avait admis que l'argent est une marchandise comme une autre, ce droit défendit-il l'anatocisme?

Les légistes ont admis l'affirmative, mais ils ont prêté, en cela, leurs propres idées au droit de la Révolution (2).

Quant à l'œuvre d'inintelligente réaction dont nous commentons les textes, qu'a-t-elle décidé au sujet de la capitalisation des intérêts?

L'art. 1164 pose une règle, extrêmement obscure, qui n'atteste d'une façon certaine que l'ignorance de ses rédacteurs (3).

D'après l'interprétation qui prévaut en général à l'École, voici quelle serait cette règle :

Pour que la capitalisation des intérêts, soit au moyen d'une demande en justice, soit au moyen d'une convention, puisse avoir lieu, il faut :

1° *Que les intérêts soient échus ;*

2° *Qu'ils soient dus, au moins, pour une année entière* (4).

---

(1) Domat, *Loix civiles*, liv. III, tit. X, sect. 1, n° 19. — Bourjon, *Droit commun de la France*, t. I, chap. VII, n° 25.

(2) Comparer Merlin, *Répertoire*, v° *Anatocisme*.

Nous examinerons ce point (*Manuel de droit civil*, t. III, tit. X, chap. III).

(3) Cette ignorance éclata d'une façon tout à fait notable dans la discussion ; pour s'en convaincre, on n'a qu'à se reporter à Fenet (t. XIII, p. 64-66) et à lire les *explications* qu'échangèrent, au sujet de l'art. 1154, les Cambacérès, les Tronchet, les Bigot, les Treilhard, les Regnault, les Pelet...

Ce n'est que par la lecture de ces procès-verbaux qu'on peut se faire une idée de la manière dont fut bâclée la compilation napoléonienne.

Et les peuples, grâce à leurs légistes, s'y sont laissé prendre ! Et c'est ce ramassis qui gouverne le monde *civilisé !*

(4) Comparer MM. Colmet de Santerre, t. V, n° 74 *bis*, III et IV. — M. Demolombe, t. XXIV, p. 640.

En ce qui concerne le cas de la convention, cette interprétation est à peu près écartée par la pratique (1) ; les tribunaux se sont vus forcés d'admettre :

1° *Que les parties ont le droit de convenir d'avance que les intérêts, à mesure qu'ils seront échus d'année en année, seront productifs d'intérêts ;*

2° *Que les parties ont le droit de convenir que les intérêts échus et dus au moment de la convention, pour moins d'une année, seront productifs d'intérêts.*

Cependant la doctrine professée, en général, à l'École semble avoir pour elle :

1° Le texte de l'art. 1154 ;

5° L'esprit qui inspirait les compilateurs napoléoniens (2).

1155. — Néanmoins les revenus échus, tels que fermages, loyers, arrérages de rentes perpétuelles ou viagères, produisent intérêt du jour de la demande ou de la convention.

La même règle s'applique aux restitutions de fruits et aux intérêts payés par un tiers au créancier en acquis du débiteur.

Il résulte de cet article que *certains revenus peuvent être rendus productifs d'intérêts, quoiqu'ils ne soient pas dus pour une année entière, et pourvu seulement qu'ils soient échus* (3).

Ces revenus sont :

1° *Les fermages des biens ruraux et les loyers des maisons ;*

2° *Les arrérages de rentes perpétuelles ou viagères ;*

3° *Les restitutions de fruits (auxquelles est astreint le possesseur de mauvaise foi) ;*

4° *Les intérêts dus, non au créancier lui-même, mais à un tiers qui les aurait payés en l'acquit du débiteur.*

La jurisprudence ajoute :

5° *Les intérêts des sommes dues par compte-courant commercial.*

Au point de vue rationnel, les *trois premières* exceptions sont en contradiction flagrante avec l'interprétation donnée par l'École à la règle posée par l'art. 1154, relativement à la capitalisation des intérêts des sommes d'argent ; il n'existe, en effet, aucune différence rationnelle

---

(1) Cass., 11 décembre 1844 ; de Gras-Préville, Dev. 1845, I, 97. — Cass., 10 août 1859 ; Thériot, Dev., 1860, I, 456.

Quelle science, quelle législation que celles auxquelles les besoins font à chaque instant violence !

(2) Outre le *Mémoire de Turgot sur les prêts d'argent*, qui reste la base, on peut consulter aussi le *Dictionnaire de l'économie politique*, au mot MONNAIE.

(3) M. Demolombe enseigne que cette seconde condition elle-même est supprimée (t. XXIV, p. 656) ; mais le texte de l'art. 1155 résiste à cette opinion.

entre les intérêts des sommes d'argent et les revenus mentionnés dans les *trois premières* exceptions (1).

La *quatrième* exception manque de tout sens, car elle se rapporte, non *aux intérêts* d'une somme d'argent, mais *à une somme* qui est par elle-même un *capital*.

La *cinquième* exception est de même sorte que les *trois* premières ; ce sont les besoins qui l'ont imposée (2).

---

(1) Ce n'est que par distraction que M. Demolombe a pu commettre les deux incroyables propositions suivantes :

« Les fermages et loyers ne sont pas des intérêts ; ils étaient, par leur nature même, et sans qu'il fût besoin de les excepter, en dehors de la règle qui ne statue que sur les intérêts.

» La même observation est applicable aux restitutions de fruits dus par le possesseur de mauvaise foi. » (M. Demolombe, t. XXIV, p. 652 et 653.)

(2) Depuis le commencement des siècles, une abominable inégalité règne dans le monde : les uns consument leur vie dans le travail, dans les privations et dans la misère ; c'est le grand nombre ; — les autres demeurent oisifs tout le temps de leur existence et sont pourvus de tout le superflu de la vie ; c'est le petit nombre.

A mesure que le grand nombre comprend, il ne veut plus accepter son sort, il refuse d'entretenir la jouissance du petit nombre.

Mais pour changer l'état des choses, que faut-il faire ? Y parviendra-t-on en poussant le cri de guerre contre *l'infâme* capital ?

Cette clameur vient de faux amis du peuple ou d'hommes abusés.

Sans le capital, tous, tant que nous sommes, nous ne pourrions pas mouvoir un fétu ; le capital est la condition même de notre travail ; c'est grâce à lui que nous subsistons pendant que nous travaillons ; c'est le capital qui met en nos mains la matière et l'outil du travail.

Le problème n'est donc pas, bien s'en faut, d'abolir le capital ; autant vaudrait dire alors que le problème est de faire exister le producteur sans manger tout le temps que dure la production, et d'obtenir des produits sans matière et sans instrument.

Le problème est que le capital soit réparti selon la justice, et que tout homme l'ait à sa disposition.

Or, c'est cette loi de la répartition du capital qui, depuis les origines, demeure foulée aux pieds.

Elle réside tout entière dans la formule suivante :

A l'activité la meilleure, c'est-à-dire la plus honnête et la plus intelligente, la meilleure fonction.

Et tous sont intéressés à ce qu'il en soit ainsi.

Et dans ces termes, la légitimité de l'appropriation du capital et du loyer du capital n'est plus discutable ; elle a la même évidence rationnelle que le droit de chacun d'être une personne.

Il est vrai aussi que, dans ces termes, l'appropriation du capital et le loyer du capital cesseraient d'opprimer aucun membre du corps social.

Nous reviendrons sur ce grave sujet ; mais nous devons constater que ceux qui aujourd'hui détiennent le capital ignorent au même degré leurs devoirs et leurs droits ; sceptiques et cupides, ils ont peur d'une *liquidation* violente, qui risquerait, en effet, de n'être qu'une nouvelle forme de la misérable anarchie où se débat la société française, et ils font tout pour précipiter cette liquidation.

En tout, notre mal est le même : nous périssons faute de conscience.

SECTION V.

DE L'INTERPRÉTATION DES CONVENTIONS.

1156. — On doit, dans les conventions, rechercher quelle a été la commune intention des parties contractantes, plutôt que de s'arrêter au sens littéral des termes.

1157. — Lorsqu'une clause est susceptible de deux sens, on doit plutôt l'entendre dans celui avec lequel elle peut avoir quelque effet que dans le sens avec lequel elle n'en pourrait produire aucun.

1158. — Les termes susceptibles de deux sens doivent être pris dans le sens qui convient le plus à la matière du contrat.

1159. — Ce qui est ambigu s'interprète par ce qui est d'usage dans le pays où le contrat est passé.

1160. — On doit suppléer dans le contrat les clauses qui y sont d'usage, quoiqu'elles n'y soient pas exprimées.

1161. — Toutes les clauses des conventions s'interprètent les unes par les autres, en donnant à chacune le sens qui résulte de l'acte entier.

1163. — Quelque généraux que soient les termes dans lesquels une convention est conçue, elle ne comprend que les choses sur lesquelles il paraît que les parties se sont proposé de contracter.

1164. — Lorsque dans un contrat on a exprimé un cas pour l'explication de l'obligation, on n'est pas censé avoir voulu par là restreindre l'étendue que l'engagement reçoit de droit aux cas non exprimés.

1162. — Dans le doute, la convention s'interprète contre celui qui a stipulé, et en faveur de celui qui a contracté l'obligation.

Hormis *un seul*, tous ces textes se réduisent à l'idée que, *dans l'interprétation des contrats, le juge doit avant tout rechercher quelle a été la commune intention des parties* (art. 1156).

C'est là une pensée qu'un législateur sérieux non-seulement n'eût pas songé à délayer en huit articles, mais qu'il eût estimé inutile même de formuler.

Les compilateurs napoléoniens ont copié dans Pothier ces banales maximes. Pothier, à son tour, les avait, pour la plupart, empruntées au droit romain ; et voilà comment on peut lire dans la compilation napoléonienne que, *pour comprendre un contrat*, il n'est pas bon d'en isoler les différentes clauses (1) :

Quant à l'article 1162, il applique cette vérité de sens commun, que c'est à celui qui allègue un droit qu'incombe la charge de prouver ce droit (comparer *infra*, art. 1315).

_____

(1) En droit romain, dans cette législation où la forme emporta si longtemps le fond, il pouvait être relativement hardi d'écrire : *In conventionibus, contrahendum voluntatem potiùs quam verba spectari.* (L. 209, D., liv. IV, tit. XVI.) Dans le droit moderne, il y a une grande naïveté à répéter cet adage.

SECTION VI.

DE L'EFFET DES CONVENTIONS A L'ÉGARD DES TIERS.

Il faut substituer dans cette rubrique le terme de *contrats* à celui de *conventions*.

Déjà, d'ailleurs, il a été question de l'effet des contrats à l'égard des tiers, *en tant que les contrats sont par eux-mêmes translatifs du droit réel* (V. *supra*, art. 1140 et 1141, p. 790 et 791).

Quant aux deux principales dispositions de la section (art. 1166 et 1167), elles se rapportent au patrimoine tout entier et elles dépendent de la règle formulée plus loin (art. 2093).

En réalité, ce dernier point est de pure doctrine et ne devait pas prendre place dans un Code.

Nous retrouvons donc partout le même désordre et les mêmes inutilités.

1165. — Les conventions n'ont d'effet qu'entre les parties contractantes; elles ne nuisent point au tiers, et elles ne lui profitent que dans le cas prévu par l'art. 1121.

Cet article ne concerne que les effets *des contrats productifs du droit personnel.*

Il répète les articles 1119 et suivants (V. *supra*, p. 763), et correspond aux nos 85-90 de Pothier.

Qu'est-ce ici que les parties ? Qu'est-ce que les tiers ?

Sont *parties* au contrat :

1° *Les personnes qui y ont été représentées par leur mandataire ou par leur gérant d'affaires ;*

2° *Les personnes qui y ont été représentées par leur auteur* (V. *supra*, art. 1122, p. 764).

Toutes autres personnes sont des *tiers.*

En ce qui concerne la règle que le contrat ne nuit pas aux tiers, on cite comme exception :

Le cas du concordat, du contrat d'*attermoiement,* disait Pothier, n° 88.

En effet, d'après une doctrine arbitraire, consacrée par notre déplorable législation commerciale, lorsqu'une personne est tombée en faillite et que la majorité de ses créanciers consent à lui accorder des remises, la minorité est forcée de subir les conséquences de ce contrat, s'il est homologué par le tribunal (1).

C'est là ce qu'on nomme le *concordat.*

---

(1) En tout ordre, le droit des minorités est peu compris, et c'est la même absurde idée de *salus populi* qui empêche de le comprendre.

En ce qui concerne la règle que le contrat ne profite pas aux tiers, l'art. 1165 indique comme exception :

1° *Le cas prévu par l'art. 1121.*

Dans ce cas, on peut stipuler au profit d'un tiers, lorsque telle est la condition d'une stipulation que l'on fait pour soi-même ou d'une donation que l'on fait à un autre.

Les auteurs ajoutent :

2° *Le cas de la donation grevée de substitution ;*

3° *Le cas de la donation de biens à venir faite par des tiers en faveur du mariage (institution contractuelle et donation cumulative de biens présents et à venir).*

La donation grevée de substitution profite, en effet, aux appelés (art. 1048, V. *supra*, p. 621) ;

Et la donation de biens à venir profite aux enfants à naître du mariage (art. 1082 et suiv., V. *supra*, p. 669).

On sait, au surplus, que ces *deux dernières* sortes de dispositions n'ont aucun fondement rationnel (V. *supra*, p. 614 et 669).

I. DROIT DES CRÉANCIERS D'EXERCER LES DROITS ET ACTIONS DE LEUR DÉBITEUR. — II. DROIT DES CRÉANCIERS DE DEMANDER LA RÉVOCATION DES ACTES FAITS PAR LEUR DÉBITEUR EN FRAUDE DE LEURS CRÉANCES.

C'est à ce double droit que se rapportent les art. 1166 et 1167.

Il y a une intime corrélation entre le droit des créanciers d'exercer les droits et actions de leur débiteur et le droit des créanciers de demander la révocation des actes faits par leur débiteur en fraude de leurs créances ; le *premier* de ces deux droits a pour sauvegarde le *second*.

Les compilateurs napoléoniens ont, d'ailleurs, eu le tort non-seulement, comme nous l'avons dit, de rattacher ces deux droits à la règle que les contrats ne nuisent ni ne profitent aux tiers, mais encore de les présenter comme *deux* exceptions à cette règle.

En effet, d'une part, lorsque les créanciers exercent les droits et actions de leur débiteur, *ils agissent comme parties dans l'acte de leur débiteur,* c'est-à-dire *comme ayant été représentés dans cet acte par leur auteur* (V. *supra*, p. 807).

D'autre part, lorsque les créanciers demandent la révocation des actes faits par leur débiteur en fraude de leurs créances, *ils prétendent qu'ils ont été mal représentés dans l'acte fait par leur débiteur, et que, par conséquent, cet acte ne leur est pas opposable.*

Finalement donc, les deux droits consacrés par les art. 1166 et 1167, quoiqu'ils comportent une étendue d'application beaucoup plus large que la règle posée par l'art. 1165, sont cependant, en ce qui concerne l'effet des contrats, deux applications de cette règle.

Nous examinerons successivement l'un et l'autre.

I. — DROIT DES CRÉANCIERS D'EXERCER LES DROITS ET ACTIONS DE LEUR DÉBITEUR.

1166. — Néanmoins, les créanciers peuvent exercer tous les droits et actions de leur débiteur, à l'exception de ceux qui sont exclusivement attachés à la personne.

La règle qui domine cet article, ainsi que l'article suivant, est, répétons-le de nouveau, que *les biens d'un débiteur sont le gage commun de ses créanciers.*

D'après les auteurs, malgré la généralité apparente de ses termes, l'art. 1166 ne se rapporte pas à *tous* les actes que les créanciers peuvent avoir intérêt à faire pour conserver le gage commun.

A cet égard, il y a lieu de distinguer :

1° *Les actes purement conservatoires ;*

2° *Les actes d'exécution ou de poursuite.*

L'art. 1166 ne concerne que les *derniers ;* cela résulte de ce que, dans ce texte, le mot « action » vient immédiatement corriger la trop grande généralité des mots « tous les droits » (1).

On enseigne, *en ce qui touche les actes purement conservatoires,* que tout créancier a le droit de les exercer *de plano,* que sa créance soit pure et simple, à terme ou sous condition, qu'il soit ou non muni d'un titre exécutoire.

Les actes conservatoires sont, par exemple :

L'interruption d'une prescription ;

Le renouvellement d'une inscription hypothécaire ;

La demande en reconnaissance d'écriture ;

L'opposition à partage, etc.

Quant aux actes d'exécution ou de poursuite, c'est-à-dire *à ceux qui font l'objet de l'art. 1166, quels sont avant tout ces actes ?*

On cite comme exemples :

L'action qui a pour but de faire reconnaître un droit réel ;

L'action en payement d'une créance ;

L'action en partage d'une succession (V. *supra,* p. 243) ;

L'action en rapport (V. *supra,* p. 287) ;

L'action en réduction (V. *supra,* p. 432) ;

L'action en réparation d'un dommage causé aux biens du débiteur par un délit ou par un quasi-délit ;

_____

(1) Quelle pitié d'avoir ainsi à corriger tous les textes ! Et c'est ce Code que tant de gens qui ne l'ont pas même approché appellent un monument *immortel !* (V. l'historien du *Consulat et de l'Empire.*)

L'exercice contre une décision judiciaire de toutes les voies de recours ordinaires et extraordinaires, etc.

Par là même, on voit que les créanciers peuvent exercer les actions dérivant non-seulement d'un contrat, mais aussi d'un quasi-contrat, d'un délit, d'un quasi-délit ou de la loi.

Cependant, à côté de la *règle*, l'art. 1166 pose une *exception* :

Les créanciers ne peuvent exercer les droits qui sont exclusivement attachés à la personne.

Quels sont ces droits-là ?

Les auteurs n'en tentent même pas la définition, et il faut bien convenir que, dans l'état de confusion séculaire où s'agitent *doctrine* et lois, cette définition serait périlleuse.

De là, un grand nombre de controverses (1).

Toutefois, les auteurs s'accordent à reconnaître comme droits exclusivement attachés à la personne, par exemple :

L'action en séparation de corps (2) ;

L'action en annulation de mariage, lorsqu'elle est fondée sur une cause de nullité relative ;

L'action en révocation de donations pour cause d'ingratitude (3), etc.

Il reste à savoir sous quelles conditions les créanciers peuvent exercer les actes auxquels se rapporte l'art. 1166 ; d'où, *trois* questions principales :

1° *Faut-il que les créanciers soient judiciairement subrogés à l'exercice des droits et actions de leur débiteur ?*

2° *Faut-il que leur créance soit exigible ?*

3° *Faut-il qu'ils soient munis d'un titre exécutoire ?*

Ces *trois* points sont controversés.

L'opinion qui paraît préférable c'est que *tout créancier peut exercer les droits de son débiteur sans qu'il ait besoin ni de subrogation judiciaire ni de titre exécutoire et pourvu seulement que sa créance soit exigible* (4).

---

(1) Voy. notamment *Manuel de Droit civil*, t. I, p. 322, et *supra*, p. 78.

(2) C'est une action *vindictam spirans*, disent à la fois MM. Zachariæ, Aubry et Rau, et M. Demolombe.

Dans l'état juridique actuel, cette affirmation peut bien être une vérité.

(3) Encore une action *vindictam spirans !*

Comparer MM. Zachariæ, Aubry et Rau, t. III, p. 84 et suiv., et M. Demolombe, t. XXV, p. 56. Ces auteurs ont d'ailleurs dressé de vastes nomenclatures.

(4) M. Valette, à son cours. — M. Demolombe.

Un grand nombre d'auteurs, entre autres Proudhon (*De l'usufruit*, t. V, nᵒˢ 2236 à 2257), M. Demante (t. V, nᵒ 84, note 1), M. Colmet de Santerre

On demande encore si le créancier qui exerce les droits et actions de son débiteur, agit au nom et comme mandataire de son débiteur ou en son propre nom :

Il semble peu contestable qu'il agit en son propre nom (1).

Enfin le créancier qui a agi est-il tenu de communiquer le profit de l'action aux créanciers qui n'ont point agi ?

Aux termes de l'art. 2093, l'affirmative ne saurait souffrir de difficultés (2).

II. — DROIT DES CRÉANCIERS DE DEMANDER LA RÉVOCATION DES ACTES FAITS PAR LEUR DÉBITEUR EN FRAUDE DE LEURS CRÉANCES.

1167. — Ils peuvent aussi, en leur nom personnel, attaquer les actes faits par leur débiteur en fraude de leurs droits.

Ils doivent néanmoins, quant à leurs droits énoncés au titre *des Successions* et au titre du *Contrat de mariage et des Devoirs respectifs des époux*, se conformer aux règles qui y sont prescrites.

Cet article se rapporte à l'action connue sous le nom d'action *Paulienne* ou *révocatoire*.

L'action Paulienne tire son nom du préteur Paulus qui en inventa la formule (3).

Comme cette action est issue du droit romain, les légistes se sentent fort embarrassés de l'adapter exactement à la législation napoléonienne.

Toutefois, tradition romaine mise à part, certains auteurs donnent à l'action Paulienne un double fondement rationnel; ils la font reposer selon les cas, tantôt sur le principe que *tout fait illicite de l'homme qui cause un dommage à autrui oblige celui qui en est l'auteur à le*

(n° 81 *bis*, v), MM. Zachariæ, Aubry et Raü (t. III, p. 78, texte et note 2), admettent la nécessité d'une *subrogation judiciaire*.

M. Labbé, de son côté, a émis l'avis que le créancier doit être muni *d'un titre exécutoire*. (*Revue critique de jurisprudence*, 1856, t. IX.)

Dans la pratique, le créancier assigne le débiteur en même temps que le tiers contre lequel l'action doit être formée, et il conclut à être subrogé, à la place du premier, à l'action qu'il exerce contre le second.

(1) Dans le même sens, M. Labbé. (*Revue critique de jurisprudence*, 1856, t. IX.)

MM. Larombière (t. I, art. 1166, n° 22) et Colmet de Santerre (t. V, n° 81 *bis*, II) pensent que le créancier agit *au nom et comme mandataire de son débiteur*; Proudhon (t. V, n° 2300) et M. Demolombe (t. XXV, p. 111 et suiv.) estiment que le créancier agit à la fois *au nom et comme mandataire de son débiteur, et en son propre nom*; ces auteurs ressuscitent, pour le cas présent, la théorie du *mandatum in rem suam*.

(2) Elle en souffre cependant de nombreuses. (V. les développements fournis sur cette question par M. Demolombe, t. XXV, p. 133.)

(3) Comparer § 6, *Inst.*, liv. IV, tit. VI; — D., liv. XLII, tit. VIII; — C., liv. VII, tit. LXXV.

réparer (comp. art. 1382), tantôt sur le principe que *nul ne doit s'en-richir injustement aux dépens d'autrui.*

Ce *double* fondement est fort bon ; malheureusement, les ressouvenirs du droit romain viennent troubler les déductions des commentateurs, et comme la compilation napoléonienne présente aussi peu de suite dans cette matière que dans toutes les autres, il en résulte que la théorie de l'action, dite action Paulienne, est remplie d'incertitudes.

Arrêtons, autant que possible, les principales lignes.

On admet, en général :

1° *Que l'action Paulienne appartient à tout créancier chirographaire ou hypothécaire* (1) ;

2° *Que l'acte, attaqué par le créancier, doit emporter pour lui un* eventus damni, *c'est-à-dire lui causer un préjudice* (2) ;

3° *Que ce même acte doit recéler un* consilium fraudis, *c'est-à-dire constituer une fraude du débiteur envers le créancier* (3) ;

---

(1) *L'action Paulienne appartient-elle au créancier à terme ou conditionnel, comme au créancier pur et simple?*

Cette question est discutée.

Aff., M. Demolombe, t. XXV, p. 231 et suiv.

Nég., M. Capmas, *Des actes faits par le débiteur en fraude des droits du créancier*, n°s 70 et 71.

(2) *L'*eventus damni *résulte évidemment de tout acte par lequel le débiteur porte atteinte d'une manière quelconque au droit de gage qui appartient à ses créanciers sur ses biens, par conséquent, aux actes par lesquels le débiteur néglige d'augmenter son patrimoine, comme à ceux par lesquels il le diminue.*

En ce sens, M. Demante, t. V, n° 82. — MM. Zachariæ, Aubry et Rau, t. III, p. 89 et suiv., texte et notes 12-13. — M. Demolombe, t. XXV, p. 160.

D'autres auteurs professent, selon l'enseignement romain, que l'action Paulienne n'est applicable qu'*aux actes par lesquels le débiteur diminue son patrimoine.* (L. 6, D., liv. LII, tit. VIII.)

En ce sens, M. Colmet de Santerre, t. V, n° 82 *bis*, III. — M. Marcadé, art. 1167, n° 3.

(3) Grâce à l'anarchie qui règne dans la compilation napoléonienne, ce point donne aujourd'hui lieu à une controverse.

D'après un *premier* système, *les actes gratuits de renonciation peuvent être attaqués par l'action Paulienne, alors même qu'en les faisant le débiteur n'a eu aucune intention frauduleuse.* (V. notamment *supra, Manuel de Droit civil*, t. I, art. 622 et 788.)

Ce système maintient, d'ailleurs, la nécessité de l'intention frauduleuse de la part du débiteur, pour le cas où il s'agit d'attaquer une donation proprement dite.

En ce sens, M. Demante, t. II, n° 471 *bis*, I et II. — M. Colmet de Santerre, t. V, n° 32 *bis*, IX et X. — M. Capmas, p. 15 et suiv.

D'après un *second* système, *l'intention frauduleuse du débiteur n'est jamais une condition nécessaire pour l'admissibilité de l'action Paulienne, non-seulement dans les simples renonciations, mais même dans les donations proprement dites.*

En ce sens, MM. Zachariæ, Aubry et Rau, t. III, p. 90, et t. V, p. 172. — M. Duvergier, *Sur Toullier*, t. III, n° 354, note 1.

D'après un *troisième* système, *il n'y a, en tant qu'il s'agit du débiteur, nulle*

4° *Que si l'acte est à titre onéreux, il faut que le tiers avec lequel le débiteur a traité ait été* particeps fraudis (1) ;

5° *Que l'action Paulienne est personnelle* (2).

Qu'est-ce que le préjudice que doit causer au créancier l'acte attaqué?
Qu'est-ce que la fraude qu'il doit recéler de la part du débiteur ?
Qu'est-ce que la participation du tiers à la fraude?

Le *préjudice* existe lorsque l'acte attaqué a produit ou a augmenté l'insolvabilité du débiteur.

Le *préjudice* suppose, en outre, que le droit du créancier est antérieur à l'acte attaqué.

Le créancier doit prouver le préjudice en *discutant* préalablement les

---

distinction à faire entre les actes à titre gratuit et les actes à titre onéreux ; les uns et les autres ne peuvent être attaqués par l'action Paulienne que lorsqu'ils recèlent une intention frauduleuse de la part du débiteur.

Ce système invoque :

Le texte même de l'art. 1167 ;

La doctrine traditionnelle du droit romain et de l'ancien droit français ;

L'impossibilité finale dans laquelle se trouvent les deux précédents systèmes de concilier entre eux les art. 822, 988, 1464 ;

(Quant aux art. 1053 et 2225, c'est à tort qu'on les fait figurer dans cette thèse.)

Il répond aux autres qu'ils sont fondés sur *l'inadvertance* des Cambacérès et des Portalis.

Ce système est le nôtre.

En ce sens, Toullier, t. III, n° 348. — Proudhon, t. V, n°s 2353-2359. — M. Larombière, t. I, art. 1167, n° 14. — M. Demolombe, t. XXV, p. 180.

(1) *En tant qu'il s'agit du tiers avec lequel le débiteur a traité, on enseigne unanimement qu'en ce qui concerne la fraude il y a lieu de distinguer entre les actes à titre onéreux et les actes à titre gratuit.*

Le tiers est-il un acquéreur à titre gratuit, il est passible de l'action Paulienne, même lorsqu'il n'est pas *particeps fraudis*, car alors *certat de lucro captando*, tandis que le créancier *certat de damno vitando*. (Comparer MM. Zachariæ, Aubry et Rau, t. III, p. 90-91. — M. Colmet de Santerre, t. V, n° 82 *bis*, xi. — M. Capmas, n° 46. — M. Larombière, t. I, art. 1167, n°s 26-27. — M. Demolombe, t. XXV, p. 188.

(2) En droit romain, existait-il deux actions Pauliennes, l'une *personnelle*, l'autre *réelle?* ou bien n'existait-il qu'une seule Paulienne, que le préteur rédigeait tantôt *in personam*, tantôt *in rem*, conformément à *l'intentio actoris?* C'est une *grosse* question d'archéologie juridique. (Comparer M. Ortolan, *Instituts expliqués sur le* § 6, liv. IV, tit. VI. — M. Demangeat, *Cours élémentaire de Droit romain*, t. XI, p. 316-318.)

Dans le droit moderne, l'action Paulienne ne peut rationnellement être fondée que sur un rapport obligatoire qui se forme entre le créancier qui l'intente et le tiers contre lequel elle est dirigée : elle est donc *personnelle*.

En ce sens, MM. Zachariæ, Aubry et Rau, t. III, p. 95, texte et note 32. — M. Capmas, p. 41, et 71 à 80. — M. Demolombe, t. XXX, p. 147.

En sens contraires et divers, Proudhon, t. V, n° 2351. — M. Larombière, t. I, art. 1167, n° 45. — Arrêt de la cour d'Amiens, 16 mars 1839, D., *Rec. alph.*, v° *Action*, sect. ii, art. 2, § 1, n° 85.

biens du débiteur, à moins que ce dernier ne se trouve déjà en état de faillite ou de déconfiture ouverte.

On voit par là que l'action Paulienne constitue un recours subsidiaire (1).

Quant à la *fraude*, c'est la connaissance qu'avait le débiteur, au moment où il a fait l'acte onéreux ou gratuit qui est attaqué par le créancier, du préjudice que cet acte allait causer au créancier.

Enfin la *participation du tiers à la fraude*, c'est la connaissance qu'a le tiers de la fraude du débiteur.

Que faut-il décider à l'égard des sous-acquéreurs, c'est-à-dire des tiers qui sont les ayants cause à titre particulier de celui qui a traité avec le débiteur ?

On professe, en général, que l'action Paulienne n'est admissible contre les sous-acquéreurs qu'autant qu'elle le serait si les sous-acquéreurs avaient traité *directement* avec le débiteur (2).

Restent *deux* questions :

1° *Quels sont les effets de l'action Paulienne dans les rapports respectifs des créanciers de la personne qui a fait l'acte frauduleux ?*

2° *Quelle est la durée de l'action Paulienne ?*

Ces *deux* questions sont fort controversées ; voyons successivement les systèmes qu'elles ont fait naître.

1re QUESTION. *Quels sont les effets de l'action Paulienne dans les rapports respectifs des créanciers de la personne qui a commis la fraude ?*

TROIS SYSTÈMES.

1er SYSTÈME (3). — *Le bénéfice de l'action Paulienne profite à tous les créanciers, c'est-à-dire non-seulement aux créanciers qui ont exercé l'action, mais encore :*

1° *Aux créanciers antérieurs à l'acte frauduleux, qui, pouvant exercer l'action, ne l'ont pas fait ;*

---

(1) MM. Zachariæ, Aubry et Rau, t. III, p. 87.

(2) MM. Zachariæ, Aubry et Rau, t. III, p. 91 et 92, texte et notes 19-20. — M. Capmas, n° 6. — M. Colmet de Santerre, t. V, n° 82 *bis*, XII. — M. Larombière, t. I, art. 1167, n° 46. — M. Demolombe, t. XXV, p. 188 et suiv. Cependant, lorsqu'il existe un premier acheteur de mauvaise foi et un second acheteur de bonne foi tenant ses droits du premier, M. Duvergier est d'avis qu'on doit appliquer l'irrationnelle maxime : *Resoluto jure dantis resolvitur jus accipientis.* (M. Duvergier, *Sur Toullier*, t. III, n° 352, note 1.)

Et la responsabilité propre ? et les besoins économiques ? quel cas ce légiste en fait-il donc ?

(3) M. Colmet de Santerre, t. V, n° 82 *bis*, XIV et XV. — MM. Massé et Vergé, *Sur Zachariæ*, t. III, p. 413.

2° *Aux créanciers, même postérieurs.*

1er *Arg.* Les biens d'un débiteur sont le gage commun de ses créanciers ;

Or, l'action Paulienne fait rentrer dans le patrimoine du débiteur le bien que celui-ci a aliéné.

Donc, par l'effet de l'action Paulienne, le bien aliéné redevient le gage commun des créanciers.

2e *Arg.* Nulle part, la loi n'accorde une préférence à un créancier, à raison de l'antériorité, soit de son titre, soit de sa poursuite.

2e SYSTÈME (1). — *Le bénéfice de l'action Paulienne appartient à tous les créanciers antérieurs, sans qu'il y ait à distinguer entre ceux qui ont exercé l'action et ceux qui ne l'ont pas fait ;*

Il n'appartient pas aux créanciers postérieurs.

Les partisans de ce système adoptent les *deux* arguments du précédent en ce qui concerne les créanciers antérieurs qui n'ont pas exercé l'action ;

Ils repoussent les créanciers postérieurs, en disant que l'action Paulienne existe dans un but de réparation, et qu'aucune réparation n'est due à ceux qui n'ont éprouvé aucun dommage.

3e SYSTÈME (2). — *Le bénéfice de l'action Paulienne ne profite qu'aux créanciers qui ont exercé l'action.*

1er *Arg.* Il n'y a aucun motif pour ne point appliquer au jugement rendu à la suite d'une action Paulienne la règle générale applicable à la chose jugée ;

Or, cette règle est que la chose jugée n'a d'effet qu'entre les parties.

2e *Arg.* Les créanciers qui ont exercé l'action n'ont agi que pour leur propre compte ;

Ils n'ont pas été les représentants de ceux qui n'ont pas exercé l'action.

3e *Arg.* Le résultat de l'action Paulienne n'est, d'ailleurs, pas de faire rentrer les biens aliénés dans le patrimoine du débiteur, mais seulement de les rendre saisissables par rapport aux créanciers qui ont exercé l'action.

Les arguments du *troisième* système nous paraissent *décisifs.*

2e QUESTION. *Quelle est la durée de l'action Paulienne ?*

---

(1) Chardon, *Du dol et de la fraude*, t. II, n° 280. — M. Larombière, t. I, art. 1467, n° 68.

(2) M. Valette, à son cours. — MM. Zachariæ, Aubry et Rau, t. III, p. 96, texte et note 35. — M. Capmas, n°s 85 et suiv. — M. Demolombe, t. XXV, p. 258.

TROIS SYSTÈMES.

1ᵉʳ SYSTÈME (1). — *Il appartient aux juges de déterminer, d'après les circonstances, la durée de l'action Paulienne.*

Ce système se *fonde* sur ce que l'ancienne jurisprudence reconnaît aux juges le droit d'apprécier si le temps écoulé depuis l'acte prétendu frauduleux était suffisant pour détruire le soupçon de fraude.

2ᵉ SYSTÈME (2). — *La durée de l'action Paulienne est de dix ans.*

Ce système *s'appuie* sur la disposition de l'art. 1304.

3ᵉ SYSTÈME (3). — *La durée de l'action Paulienne est de trente ans.*

Ce système *applique* l'art. 2262.

Il répond :

Au *premier*, que ce système confond le fait avec le droit.

Au *second*, que l'art. 1304 ne concerne que l'action en annulation ou en rescision d'un contrat.

Le *dernier* système a pour lui l'évidence.

Le délai de la prescription court, d'ailleurs, à partir du jour où a été fait l'acte frauduleux.

Remarquons que lorsque l'acte attaqué par les créanciers consiste *dans un jugement rendu contre le débiteur en fraude de leurs droits*, l'action Paulienne reçoit le nom de *tierce opposition* (art. 1351, V. *infra*).

Remarquons, en outre, que l'action Paulienne n'est applicable :

Ni à l'acte par lequel le débiteur a renoncé à un droit exclusivement attaché à sa personne ;

Ni au partage de succession (art. 882 ; V. *suprà*, p. 352).

Quant à la partie du *second* alinéa de l'article qui renvoie au contrat de mariage, on convient, en général, qu'elle est dénuée de sens (4).

CHAPITRE IV

DES DIVERSES ESPÈCES D'OBLIGATIONS.

Ce chapitre envisage les obligations au point de vue des principales *modalités* sous lesquelles elles peuvent être contractées.

---

(1) Toullier, t. III, nº 356.
(2) M. Duranton, t. X, 585.
(3) MM. Zachariæ, Aubry et Rau, t. III, p. 97, texte et note 37. — M. Capmas, nº 79. — M. Colmet de Santerre, t. V, nº 82 *bis*, XVII. — M. Larombière, t. 1, art. 1167, nº 54. — M. Demolombe, t. XXV, p. 244.
(4) Comparer M. Demolombe, t. XXV, p. 163.

Il traite d'une matière, bien plutôt doctrinale que législative, et il constitue pour le tout une plate reproduction et souvent un travestissement des théories de Pothier (1).

Plusieurs des modalités qui vont suivre peuvent, du reste, affecter le droit *réel* né d'un contrat, tout aussi bien que le droit *personnel*.

SECTION I.

DES OBLIGATIONS CONDITIONNELLES.

§ I. — DE LA CONDITION EN GÉNÉRAL ET DE SES DIVERSES ESPÈCES.

1168. — L'obligation est conditionnelle lorsqu'on la fait dépendre d'un événement futur et incertain, tout en la suspendant jusqu'à ce que l'événement arrive, soit en la résiliant, selon que l'événement arrivera ou n'arrivera pas.

1169. — La condition *casuelle* est celle qui dépend du hasard, et qui n'est nullement au pouvoir du créancier ni du débiteur.

1170. — La condition *potestative* est celle qui fait dépendre l'exécution de la convention d'un événement qu'il est au pouvoir de l'une ou de l'autre des parties contractantes de faire arriver ou d'empêcher.

1171. — La condition *mixte* est celle qui dépend tout à la fois de la volont d'une des parties contractantes et de la volonté d'un tiers.

1172. — Toute condition d'une chose impossible, ou contraire aux bonnes mœurs, ou prohibée par la loi, est nulle, et rend nulle la convention qui en dépend.

1173. — La condition de ne pas faire une chose impossible ne rend pas nulle l'obligation contractée sous cette condition.

1174. — Toute obligation est nulle lorsqu'elle a été contractée sous une condition potestative de la part de celui qui s'oblige.

Cette section est remplie de distinctions toutes scolastiques ; la compilation napoléonienne n'eût pu que gagner à ce que ces distinctions n'y figurassent pas (2).

De l'article 1168, il résulte que :

La condition est un événement futur et incertain auquel est subordonnée l'existence ou la résiliation d'une obligation.

Les mots d'une *obligation* doivent être remplacés par ceux d'un *droit*, car la condition peut affecter tout aussi bien le droit *réel*, né d'un contrat, que le droit *personnel*.

D'après Pothier (3) et d'après les compilateurs napoléoniens, les conditions sont :

1° *Suspensives* ou *résolutoires*, suivant qu'elles suspendent l'existence ou la résiliation du droit (art. 1181-1182 1183-1184).

---

(1) Comparer Pothier, chap. III, *Traité des obligations*, et aussi Code de la Convention, liv. III, tit. I, part. II.

(2) Comparer Code de la Convention, liv. III, tit. I, art. 18 et 19.

(3) Comparer n°s 199-201.

Exemple de condition suspensive :

Je vous vends ma maison pour cent mille francs, si tel navire revient d'Asie.

Exemple de condition résolutoire :

Je vous vends ma maison pour cent mille francs, mais le contrat sera non avenu si tel navire revient d'Asie (1).

2° *Positives* ou *négatives*, suivant qu'elles doivent se réaliser si tel événement arrive ou si tel événement n'arrive pas (art. 1168, 1176, 1177).

La condition suspensive peut, comme la résolutoire, être positive ou négative.

3° *Casuelles potestatives* ou *mixtes.*

Ces conditions sont définies par les articles 1169-1171.

Exemple de condition casuelle :

Si tel navire arrive d'Asie à bon port.

Exemple de condition potestative :

Si je vais étudier les mœurs et les institutions de la grande République américaine.

Exemple de condition mixte :

Si je fais un contrat de société avec un tel.

4° *Possibles* ou *impossibles*, suivant que leur accomplissement est ou non, physiquement ou juridiquement, possible (art. 1172 et 1173).

Exemple de condition physiquement impossible :

Si vous enlevez un poids de cinquante kilogrammes.

Exemple de condition juridiquement impossible :

Si vous émancipez votre fils à douze ans.

Il faut prendre garde de confondre les conditions *juridiquement im-*

---

(1) Les Romains n'admettaient pas, en principe, la condition *résolutoire*, et les Romains avaient raison. En parlant d'une vente faite sous une condition que, d'après la compilation napoléonienne, nous devrions qualifier de *résolutoire*, ils déclaraient la vente elle-même pure et simple, et ajoutaient que *ce qui était conditionnel, c'était la résolution de la vente.* (V. M. Bufnoir, *Théorie de la condition dans les divers actes juridiques, suivant le droit romain.*)

Le Code de la Convention avait fort bien dit (liv. III, tit. I, art. 18) :

« Les conditions suspendent l'obligation qui leur est subordonnée; si elles n'arrivent, il n'y a point d'obligation. »

La condition résolutoire n'a nul fondement philosophique, et, appliquée au droit réel, elle produit de déplorables effets économiques.

C'est avec un vif sentiment de la réalité que M. Dupont (de Bussac) s'écriait en 1850 à l'Assemblée législative (séance du 16 décembre) : « Tant que vous aurez la condition résolutoire, vous aurez là une maladie organique qui tuera tout germe de crédit. »

C'est avec un profond sentiment du droit que, dans la même séance, le puissant tribun Michel (de Bourges) proposait *de supprimer l'action résolutoire, même entre les parties.* (V. *Manuel de Droit civil*, t. III, art. 1654, et chap. VI *de la Vente.*)

possibles avec celles *qui consistent dans un acte contraire aux bonnes mœurs ou à la loi.*

Les effets de la condition suspensive et ceux de la condition résolutoire sont indiqués dans les § II et III (V. *infrà*).

En ce qui concerne la condition *potestative*, il faut distinguer la condition qui n'est pas *purement* potestative et la condition qui est *purement* potestative.

La condition *purement potestative* est la condition : Si je veux.

C'est à cette *dernière* que se rapporte l'art. 1174, bien que le mot *purement* ait été retranché de ce texte (1).

Dans les contrats à titre onéreux, l'obligation contractée sous une condition, *purement* potestative de la part de celui qui s'oblige, est *nulle* (comparer pour la donation entre-vifs *suprà*, art. 944, p. 481) (2).

Dans les mêmes contrats, est pareillement *nulle* l'obligation contractée sous une condition *physiquement* ou *juridiquement impossible,* lorsque cette condition est *positive* (art. 1172, comparer pour les donations entre-vifs, et pour les legs art. 900, *suprà*, p. 384).

Au contraire, la condition, *physiquement* ou *juridiquement impossible,* lorsqu'elle est *négative,* ne porte *aucune atteinte* à la validité de l'obligation.

Quant aux conditions consistant *dans un fait contraire aux bonnes mœurs ou à la loi,* qu'elles soient *positives* ou *négatives,* elles *annulen* ou *laissent subsister* le contrat, selon que le but poursuivi par la part qui a imposé la condition *rend* ou *ne rend pas immoral* ou *illicite* contrat lui-même (3).

Remarquons que, bien que les compilateurs napoléoniens, à l'exemple de Pothier, n'aient fait allusion, dans les art. 1172 et 1173, qu'à la condition *suspensive,* les auteurs sont d'accord pour déclarer ces textes également applicables à la condition *résolutoire* (4).

_____

(1) Comparer Pothier, n° 205, et V. Fenet, t. XIII, p. 13 et 148.

(2) Bien entendu, cela n'empêche pas que, si le contrat est *synallagmatique,* la partie obligée sous une condition *purement* potestative ne puisse réclamer l'exécution de l'obligation de l'autre partie. (V. M. Bufnoir, *Théorie de la condition,* p. 123. — Pothier, n°s 477 et suiv., *Traité du contrat de vente.* — MM. Zachariæ, Aubry et Rau, t. III, p. 48, texte et notes 17-18. — M. Demolombe, t. XXV, p. 309.)

(3) Comparer M. Bufnoir, *Théorie de la condition,* notamment p. 33 et suiv. — M. Accarias, *Revue critique de législation,* 1867, t. XXXI. — MM. Zachariæ, Aubry et Rau, t. III, p. 47. — M. Demolombe, t. XXV.

(4) Comparer M. Colmet de Santerre, t. V, n° 93 *bis,* II. — M. Demolombe, t. XXV, p. 296.

Cependant, *en revanche,* l'art. 1174, qui est conçu en termes généraux, paraît bien ne devoir être appliqué qu'à la condition *suspensive* (1).

1175. — Toute condition doit être accomplie de la manière que les parties ont vraisemblablement voulu et entendu qu'elle le fût.

1176. — Lorsqu'une obligation est contractée sous la condition qu'un événement arrivera dans un temps fixe, cette condition est censée défaillie lorsque le temps est expiré sans que l'événement soit arrivé. S'il n'y a point de temps fixe, la condition peut toujours être accomplie; elle n'est censée défaillie que lorsqu'il est devenu certain que l'événement n'arrivera pas.

1177. — Lorsqu'une obligation est contractée sous la condition qu'un événement n'arrivera pas dans un temps fixe, cette condition est accomplie lorsque ce temps est expiré sans que l'événement soit arrivé : elle l'est également si, avant le terme, il est certain que l'événement n'arrivera pas, et, s'il n'y a pas de temps déterminé, elle n'est accomplie que lorsqu'il est certain que l'événement n'arrivera pas.

Ces *trois* articles consacrent l'évidence.

Cependant, en ce qui concerne la condition *potestative*, on se pose la question suivante:

Lorsque je promets à mon voisin une certaine somme s'il abat tel arbre qui me nuit, ai-je le droit de faire fixer par les tribunaux un délai passé lequel je serai déchargé de mon obligation ?

Certains auteurs admettent la *négative.*

Ces auteurs se croient encore en plein formalisme romain (2).

1178. — La condition est réputée accomplie lorsque c'est le débiteur, obligé sous cette condition, qui en a empêché l'accomplissement.

Cette décision est empruntée au nº 212 de Pothier, et Pothier, à son tour, l'avait traduite du droit romain (3).

Voici comment elle doit être interprétée :

Lorsqu'une personne est obligée sous une certaine condition, et que, par sa faute, elle empêche cette condition de s'accomplir, la condition est réputée accomplie, mais il en est autrement lorsqu'en empêchant la condition de s'accomplir, la personne n'a fait qu'exercer un droit.

Les auteurs fondent cette décision sur ce que l'exécution du contrat,

---

(1) En ce sens, M. Bufnoir, *Théorie de la condition,* p. 128. — M. Demolombe, t. XXV, p. 313.
En sens contraire, M. Colmet de Santerre, t. V, nº 94 *bis,* III.

(2) Comparer Pothier, nº 209, et la très-raisonnable note de M. Bugnet. « Question d'intention », dit ce juriste ; or, l'intention de celui qui s'est obligé à payer la somme, si la condition était accomplie, n'a pas pu être de rester *indéfiniment* dans les liens de cette obligation, la somme promise n'étant que l'équivalent de l'utilité que doit lui procurer l'accomplissement de la condition.

(3) L. 81, § 1, D., liv. XXXV, tit. I, et L. 35, § 7, D., liv. XLV, tit. I. — Comparer M. Bufnoir, p. 99.

quand elle est possible, forme la réparation la plus adéquate du préjudice causé à l'autre partie (1).

1179. — La condition accomplie a un effet rétroactif au jour auquel l'engagement a été contracté. Si le créancier est mort avant l'accomplissement de la condition, ses droits passent à son héritier.

1180. — Le créancier peut, avant que la condition soit accomplie, exercer tous les actes conservatoires de son droit.

Lorsque le contrat productif d'une obligation, ou par lui-même translatif d'un droit réel, est soumis à une condition suspensive, l'obligation ou le droit réel est en suspens, tant que la condition n'est pas réalisée.

Cependant la personne au profit de laquelle le contrat a été fait a dans l'intervalle un *droit;* elle a *un droit au droit* qui est susceptible de prendre ultérieurement naissance (2).

D'ailleurs, la condition, une fois accomplie, *rétroagit* au jour où le contrat s'est formé (3).

De ce qu'il existe un droit au droit, *pendente conditione*, il résulte :

1° *Que ce droit est susceptible de se transmettre activement et passivement,* c'est-à-dire *aux héritiers du créancier et aux héritiers du débiteur* (4) ;

2° *Que le créancier peut, avant que la condition soit accomplie, exercer tous les actes conservatoires de son droit.*

De ce que la condition, une fois accomplie, rétroagit au jour où le contrat s'est formé, il résulte :

1° *Que tous les droits consentis,* pendente conditione, *par le débiteur sur la chose promise s'évanouissent* (5);

2° *Qu'à l'inverse tous les droits consentis,* pendente conditione, *par le créancier sur cette même chose se trouvent confirmés.*

Le débiteur conditionnel est-il tenu de restituer les fruits avec la chose au créancier, lorsque la condition s'accomplit?

Cette question est controversée.

En principe, *l'affirmative* ne paraît pas contestable; mais, bien

---

(1) M. Demolombe, t. XXV, p. 33.

(2) Les Romains disaient : *Spes est debitum iri;* ils eussent dû dire que cette espérance elle-même était un droit.

(3) Cette proposition demande un correctif pour le cas où il s'agit d'un contrat *translatif d'un droit réel immobilier;* le contrat n'est opposable aux tiers que du jour où il a été *transcrit.* (V. *supra.*)

(4) Pothier rattache cet effet à la rétroactivité de la condition. (N° 220.)

(5) Toutefois, certains auteurs professent que cette conséquence n'a pas lieu au cas où il s'agit d'une condition consistant dans un fait dont l'accomplissement dépend de la volonté du débiteur.

En ce sens, Toullier, t. III, n° 546. — MM. Zachariæ, Aubry et Rau, t. III, p. 52, texte et note 35.

En sens contraire, M. Larombière, t. II, art. 1179, n° 10. — M. Demolombe, t. XXV, p. 361.

entendu, il y a toujours à examiner, en fait, quelle a été l'intention des parties (1).

Remarquons que, toutes les fois que le contrat affecté d'une condition est par lui-même translatif d'un droit réel, l'événement qui fait *naître* le droit de l'un, *anéantit* le droit de l'autre ; c'est-à-dire que la condition qui est *suspensive* pour l'un est nécessairement *résolutoire* pour l'autre.

§ II. — DE LA CONDITION SUSPENSIVE.

1181. — L'obligation contractée sous une condition suspensive est celle qui dépend ou d'un événement futur et incertain, ou d'un événement actuellement arrivé, mais encore inconnu des parties.

Dans le premier cas, l'obligation ne peut être exécutée qu'après l'événement.

Dans le second cas, l'obligation a son effet du jour où elle a été contractée.

Cet article est inutile et inexact.

Il est inutile, en tant qu'il répète que la condition suspensive est celle qui dépend d'un événement futur et incertain (**V.** art. 1168, *supra*, p. 817).

Il est inexact, en tant qu'il ajoute que cette condition est *aussi* celle qui dépend d'un événement *actuellement arrivé*, mais encore inconnu des parties.

Dans ce *dernier* cas, l'obligation est, en réalité, *à terme* (2).

1182. — Lorsque l'obligation a été contractée sous une condition suspensive, la chose qui fait la matière de la convention demeure aux risques du débiteur, qui ne s'est obligé de la livrer que dans le cas de l'événement de la condition.

Si la chose est entièrement périe sans la faute du débiteur, l'obligation est éteinte.

Si la chose s'est détériorée sans la faute du débiteur, le créancier a le choix ou de résoudre l'obligation, ou d'exiger la chose dans l'état où elle se trouve, sans diminution du prix.

Si la chose s'est détériorée par la faute du débiteur, le créancier a le droit ou de résoudre l'obligation, ou d'exiger la chose dans l'état où elle se trouve, avec des dommages et intérêts.

---

(1) En ce sens, MM. Zachariæ, Aubry et Rau, t. III, p. 52-53, texte et note 37. — M. Larombière, t. II, art. 1181, n° 14.

M. Valette à son cours, M. Colmet de Santerre (t. V, n° 98 *bis*, II), et M. Demolombe (t. XXV, p. 383), soutiennent, en principe, la *négative*.

(2) Comparer M. Bufnoir, *Théorie de la condition*, p. 4. — M. Demolombe, t. XXV, p. 282-283.

Il faut aussi remarquer que, dans le *second* alinéa, les mots « l'obligation ne peut être exécutée » ont été mis par erreur à la place de ceux-ci : *L'obligation ne prend naissance.* Mais les corrections de cette sorte, c'est à chaque article qu'elles se présentent !

Les *trois premiers* alinéas de cet article complètent l'art. 1138, au point de vue de la question des *risques*.

Le *quatrième* alinéa est une pure superfétation, se rapportant au point de vue de la *faute*.

L'article suppose, d'ailleurs, implicitement :

1° *Que le contrat a pour objet un corps certain ;*

2° *Que le contrat est synallagmatique ou au moins unilatéral à titre onéreux.*

Voyons ce qui concerne les risques.

Il y a alors *deux* hypothèses possibles.

Ou la chose périt totalement, pendente conditione;

Ou elle périt partiellement; en d'autres termes, elle est détériorée.

Dans le *premier* cas, l'obligation *ne peut prendre naissance* (et non pas comme se sont exprimés les compilateurs « est éteinte») (1).

Dans le *second* cas, les compilateurs ont donné au créancier le choix ou *de résoudre l'obligation*, ou *d'exiger la chose dans l'état où elle se trouve sans diminution du prix.*

La *première* solution est rationnelle; il n'y a, en effet, aucune différence appréciable, entre une condition qui ne peut se réaliser utilement et une condition qui ne se réalise pas.

Donc, dans ce *premier* cas, le créancier n'est pas tenu de payer son prix; ce qui revient à dire que *la perte est pour le débiteur.*

La *seconde* solution est irrationnelle; le principe de rétroactivité exigeait, en effet, que les détériorations subies par la chose, *pendente conditione*, fussent *à la charge du créancier.*

Pour comble, tandis que le créancier ne souffrira pas des *détériorations, il profitera des améliorations* (2).

Passons à l'hypothèse de la faute.

Que la chose ait péri totalement ou qu'elle ait péri partiellement par la faute du débiteur, il est manifeste que le créancier a droit à des dommages-intérêts, et, quand la chose a péri partiellement, le créancier

(1) Comparer Pothier, n° 219.

(2) Pauvres compilateurs! pauvre M. Bigot! Et M. Demolombe défend cela? (T. XXV, p. 412.)

Pothier disait, d'après le droit romain (L. 8, D., liv. XVIII, tit. VI) : « Si la chose existe au temps de l'accomplissement de la condition, l'accomplissement de la condition a cet effet que la chose est due en l'état où elle se trouve; le créancier profite de l'augmentation survenue en la chose, si elle est augmentée, et il souffre de la détérioration et diminution qui y est survenue, pourvu que cela soit la faute du débiteur. » (N° 219.)

Comparer M. Bigot-Préameneu (*Exposé des motifs,* Locré, t. XII, p. 341-342).

*peut être tout aussi bien fondé à réclamer des dommages-intérêts lors-
qu'il résout le contrat, que lorsqu'il le maintient.*

§ III. — DE LA CONDITION RÉSOLUTOIRE.

1183. — La condition résolutoire est celle qui, lorsqu'elle s'accomplit, opère
la révocation de l'obligation, et qui remet les choses au même état que si l'obligation n'avait pas existé.

Elle ne suspend point l'exécution de l'obligation; elle oblige seulement le
créancier à restituer ce qu'il a reçu dans le cas où l'événement prévu par la
condition arrive.

Le *premier* alinéa de cet article répète l'art. 1168.

Le *second* alinéa indique :

1° *Que la condition résolutoire ne suspend point l'exécution de
l'obligation* (1); *ce qui veut dire que, tant que la condition résolutoire
est en suspens, l'obligation doit être regardée comme non conditionnelle;*

2° *Que l'accomplissement de l'obligation oblige le créancier à restituer ce qu'il a reçu; ce qui signifie qu'il naît alors une obligation inverse de celle que le contrat avait produite.*

Rappelons, d'ailleurs, que, dans le contrat par lui-même translatif d'un
droit réel, la condition qui est *suspensive* pour l'un est *résolutoire* pour
l'autre.

D'où, la conséquence que la question des *risques* ayant été tranchée
par l'art. 1182 pour la condition *suspensive*, cette question se trouve
également tranchée pour la condition *résolutoire* (V. *suprà*, p. 823) (2).

Comment s'accomplit la condition résolutoire?

La règle est que cette condition s'accomplit *de plein droit*, sans qu'il
y ait à distinguer si la condition est casuelle, mixte ou potestative, affirmative ou négative, expresse ou tacite (arg. tiré de l'opposition des
termes des art. 1183 et 1184) (3).

La règle que la condition résolutoire s'accomplit *de plein droit* signifie :

1° *Que la résolution a lieu, par le seul fait de la réalisation de l'événement dans lequel consiste la condition ;*

_____

(1) Comparer Pothier, n° 224.

(2) En ce sens, M. Valette, à son cours. — M. Colmet de Santerre, t. V,
n° 102 *bis*, IV. — M. Demolombe, t. XXV, p. 435.

Comparer M. Duranton, t. XI, n° 91. — M. Larombière, t. II, art. 1183,
n° 63.

V. aussi, sur ce même point, en droit romain, les deux opinions opposées de
M. Vernet (*Textes choisis*, p. 136) et de M. Bufnoir (*Théorie de la condition*,
p. 455).

(3) Comparer Toullier, t. III, n°ˢ 553-554.—MM. Zachariæ, Aubry et Rau,
t. III, p. 54, texte et note 44. — M. Demolombe, t. XXV, p. 448.

2° *Que la résolution a lieu, même malgré la volonté des parties.*

De la *première* proposition, il résulte :

Que la résolution prend date à partir de la réalisation de l'événement dans lequel consiste la condition.

Qu'en cas de litige, les tribunaux n'ont à intervenir que pour vérifier le fait, et ordonner, s'il y échet, la restitution de la chose.

De la *seconde* proposition, il résulte :

Que si elles veulent rétablir entre elles le rapport qui était né du contrat, les parties doivent faire un nouveau contrat;

Que toute personne intéressée peut invoquer la résolution.

1184. — La condition résolutoire est toujours sous-entendue dans les contrats synallagmatiques, pour le cas où l'une des deux parties ne satisfera point à son engagement.

Dans ce cas, le contrat n'est point résolu de plein droit. La partie envers laquelle l'engagement n'a point été exécuté a le choix ou de forcer l'autre à l'exécution de la convention lorsqu'elle est possible, ou d'en demander la résolution avec dommages et intérêts.

La résolution doit être demandée en justice, et il peut être accordé au défendeur un délai selon les circonstances.

D'après une tradition issue du droit coutumier, le *premier* alinéa de l'art. 1184 décrète que :

« La condition résolutoire est toujours sous-entendue dans les contrats synallagmatiques, pour le cas où l'une des deux parties ne satisfera point à son engagement ».

La formule « dans les contrats synallagmatiques » est beaucoup trop étroite ; *l'espèce de condition résolutoire dont l'événement consiste dans l'inexécution des obligations, imposées par le contrat à l'une des parties, doit être sous-entendue dans tous les contrats, quels qu'ils soient, où il existe des obligations imposées à l'une des parties.*

Telle est la règle (**V.** cependant art. 1978).

Comment s'accomplit l'espèce de condition résolutoire tacite dont il est ici question?

Le *second* alinéa de l'art. 1184 porte que :

« Dans ce cas, le contrat n'est point résolu de plein droit ».

Cette disposition exceptionnelle signifie :

1° *Que cette résolution tacite particulière n'a lieu qu'en vertu de la décision des tribunaux;*

2° *Que cette même résolution tacite n'a lieu que tout autant qu'elle est demandée par la partie envers laquelle l'engagement n'a point été exécuté ou par ses ayants cause.*

---

(1) Comparer Pothier, *Traité des obligations,* n° 672, et *Du contrat de vente,* n° 476. — M. Valette, *Sur Proudhon,* t. I, p. 65. — M. Demolombe, t. XXV, p. 464 et suiv.

De la *première* proposition, il résulte :

Que la résolution ne prend date qu'à partir du jugement qui la pro-nonce ;

Que les tribunaux ont le droit d'accorder au défendeur un délai de grâce, afin de le mettre à même d'accomplir ses obligations.

De la *seconde* proposition, il résulte :

Que la partie envers laquelle l'engagement n'a point été exécuté ou ses ayants cause peuvent renoncer à demander la résolution, et que notamment ils ont le droit de forcer l'autre partie à l'exécution du contrat, lorsque cette exécution est possible, plutôt que de demander la résolution ;

Que les tiers intéressés ne peuvent se prévaloir de la résolution, si elle n'a été prononcée, au préalable, sur la demande de la partie qui a le droit de se plaindre de l'inexécution du contrat.

Il est normal, au surplus, que cette dernière partie puisse avoir, dans tous les cas, le droit de demander des dommages-intérêts à l'autre (*second* alinéa de l'art. 1184, *in fine*).

Jusque-là, les légistes sont à peu près d'accord, mais *que décider lorsque les parties conviennent expressément que si l'une d'elles ne satisfait pas à ses obligations dans un certain délai, le contrat sera résolu de plein droit ?*

C'est le cas célèbre de la *lex commissoria* romaine (1) et la question confuse du *pacte commissoire* français (2).

Le pacte commissoire doit-il être assimilé à la condition résolutoire ordinaire ou à la condition résolutoire tacite réglée par l'art. 1184 ? Plutôt encore, ne doit-il pas être regardé comme une résolution sui generis ?

Cette *dernière* opinion est celle qu'adopte l'École ; elle se résume dans les points suivants :

1° *Le pacte commissoire opère, sans qu'il y ait lieu à une résolution prononcée en justice ;*

2° *Le pacte commissoire ne suffit pas cependant pour constituer en demeure la partie qui n'a point accompli son obligation.*

Cette partie doit être mise en demeure par une sommation ou par un autre acte équivalent.

3° *Enfin, le pacte commissoire ne peut être invoqué que par la par-tie envers laquelle l'engagement n'a point été exécuté ou par ses ayants cause.*

---

(1) V. D., liv. XVIII, tit. II et III. — L. 12, C., liv. I ; et aussi Maynz, *Éléments de Droit romain*, t. II, p. 321. — Molitor, t. II, p. 147.

(2) Domat, *Loix civiles*, liv. I, tit. II, sect. XII, n° 12. — Pothier, *De la vente*, n° 661.

Quant aux *deux premiers* points, on fonde cette doctrine sur l'art. 1656.

Le *troisième* a pour lui l'évidence rationnelle.

Rien n'empêche, d'ailleurs, que les parties ne conviennent qu'à défaut d'exécution à telle époque, le contrat sera résolu *de plein droit*, même sans qu'il soit besoin d'acte et par la seule échéance du terme (art. 1139) (1).

SECTION II.

DES OBLIGATIONS A TERME.

1185. — Le terme diffère de la condition en ce qu'il ne suspend point l'engagement, dont il retarde seulement l'exécution.

Pothier disait :

« Le terme est un espace de temps accordé au débiteur pour s'acquitter de son obligation » (n° 228).

Il ajoutait :

« Le terme diffère de la condition, en ce que la condition suspend l'engagement que doit former la convention ; le terme, au contraire, ne suspend pas l'engagement, mais diffère l'exécution (n° 230).

De son côté, le Code de la Convention portait que :

« Quand il y a terme, le débiteur, quoique irrévocablement lié, ne peut être contraint au payement qu'à l'échéance » (2).

De là ressort suffisamment le caractère du terme ; *c'est une modalité, qui, tout en ne suspendant pas l'existence de l'obligation, en suspend l'exigibilité.*

Au terme *suspensif*, on peut opposer le terme *extinctif*.

Le terme *extinctif* est celui qui limite la durée de l'obligation.

Le terme est *exprès* ou *tacite* :

Exprès lorsqu'il résulte d'une clause expresse :

Tacite lorsqu'il résulte d'une clause nécessairement sous-entendue.

Le terme est *certain* ou *incertain* :

Certain, lorsqu'il consiste dans un événement dont la date est certaine ;

Incertain, lorsqu'il consiste dans un événement en lui-même certain, mais dont la date est incertaine.

Dans les *contrats*, il n'importe pas, au surplus, de distinguer le terme *incertain* du terme *certain*. (Comparer *suprà*, p. 597.)

---

(1) Comparer MM. Zachariæ, Aubry et Rau, t. III, p. 56, texte et notes 48-50. — M. Colmet de Santerre, t. V, n° 105 *bis*, II. — M. Demolombe, t. XXV, p. 519.

(2) Code de la Convention, liv. III, tit. I, art. 21.

Enfin, le terme est *de droit* ou *de grâce :*

De droit, lorsqu'il est convenu par contrat ou établi par la loi ;

De grâce, lorsqu'il est accordé par le juge (art. 1244).

Il est utile, à un *double* point de vue, de distinguer le *terme de grâce* du *terme de droit.*

1° *A la différence du terme de droit, le terme de grâce est un obstacle à la compensation* (art. 1291) ;

2° *Les causes qui font déchoir le débiteur du terme de grâce, sont plus nombreuses que celles qui le font déchoir du terme de droit* (V. *infrà*, art. 1188, p. 829).

1186. — Ce qui n'est dû qu'à terme ne peut être exigé avant l'échéance du terme ; mais ce qui a été payé d'avance ne peut être répété.

La *première* proposition que contient cet article répète l'article précédent ; elle est la paraphrase de l'adage : *Qui a terme ne doit rien* (1).

La *seconde* porte que :

« Ce qui a été payé d'avance ne peut être répété. »

Copiée, comme la première, dans Pothier (n° 230), cette proposition est romaine d'origine et inexacte aujourd'hui (2).

Elle n'est applicable qu'au débiteur qui paye *sciemment* avant l'échéance du terme ; on peut, en effet, présumer que celui-là a renoncé au bénéfice du terme.

Quant au débiteur qui paye, *par erreur*, avant l'échéance, il paye plus qu'il ne doit ; donc, il a le droit de répéter, par application de l'art. 1377 (3).

Le créancier peut, du reste, avant l'échéance du terme, exercer tous les *actes conservatoires de son droit* (arg. à fortiori de l'art. 1180).

---

(1) Le jour de l'échéance, le *dies ad quem* est compris tout entier dans le terme ; le jour du point de départ, le *dies a quo* doit-il être mis en dehors du calcul ? Question célèbre parmi les anciens légistes. On finit par décider que : *Dies termini non computatur in termino.*

(2) Pothier l'avait empruntée à la théorie de la *condictio indebiti ;* car, pour le vieux légiste, le droit romain, c'était, depuis le premier article jusqu'au dernier, la raison faite loi ! Raison immuable, espèce de divination, de prophétie juridique, une Bible, en un mot, une vraie Bible, coloris à part.

(3) En ce sens, M. Valette, à son cours. — M. Bugnet sur Pothier, p. 109, note 4. — M. Demolombe, t. XXV, p. 594.

En sens contraire, M. Colmet de Santerre, t. V, n° 108 *bis.* — M. Larombière, t. II, art. 1186, n° 34.

Nous ne tenons pas du tout à amender la législation napoléonienne par voie d'interprétation. Nous pensons, en effet, que le seul parti rationnel à prendre à l'égard de cette législation est de la restituer au passé. Mais, en vérité, les légistes font tort, même au Code Napoléon : quoi ! je paye avant terme, je paye par erreur, il y a dans le Code Napoléon un article qui permet de répéter ce qu'on a payé par erreur, et il se trouve des *jurisconsultes* pour contester que cet article soit applicable à l'espèce ! C'est pousser loin l'amour de la controverse.

Enfin, à la différence de ce qui a lieu dans le cas de la condition, la chose, dans le cas du terme, est aux *risques* du créancier (art. 1138 et 1182 : V. *supra*, p. 786 et 822).

1187. — Le terme est toujours présumé stipulé en faveur du débiteur, à moins qu'il ne résulte de la stipulation ou des circonstances qu'il a été aussi convenu en faveur du créancier.

De la proposition principale de cet article, il résulte que le créancier ne peut, en général, refuser le payement qui lui est offert avant l'expiration du terme.

Bien entendu, il en serait tout autrement s'il apparaissait que le terme a été stipulé dans l'intérêt commun du débiteur et du créancier (art. 146 C. Co.) ou dans l'intérêt unique de ce dernier (art. 1194) (1).

1188. — Le débiteur ne peut plus réclamer le bénéfice du terme lorsqu'il a fait faillite, ou lorsque par son fait il a diminué les sûretés qu'il avait données par le contrat à son créancier.

D'après cet article, le débiteur perd le bénéfice du terme :

1° *Lorsqu'il a fait faillite* (art. 444 C. Co.) (2) (*il faut ajouter : ou lorsqu'il est tombé en déconfiture*) (arg. tiré de l'art. 1913) (3) ;

2° *Lorsque par son fait, il a diminué les sûretés qu'il avait données par le contrat à son créancier* (*il faut ajouter : ou qu'il n'a pas fourni celles qu'il avait promises*) (alin. 2, art. 1912 et 1977).

En ce qui concerne le 1°, la *déconfiture* doit être ajoutée à la faillite, parce qu'il y a même raison de décider dans les deux cas.

On sait que, suivant une tradition venue du moyen âge, la législation napoléonienne distingue le *commerçant* du *non-commerçant.*

La faillite est l'état d'un commerçant qui a cessé de payer ses dettes commerciales.

La déconfiture est l'état constaté d'insolvabilité d'un non-commerçant (4).

Donc, relativement à la déchéance du terme, il est logique d'assimiler la déconfiture à la faillite (Comp. art. 1613, 1446, 1913 et alinéa 2 de 2032 (5).

En ce qui concerne le 2°, le cas où le débiteur n'a pas *fourni* les

_____

(1) Comparer Pothier, n° 233. — M. Demolombe, t. XXV, p. 584.
(2) Comparer Pothier n° 325.
(3) Le Code de la Convention portait (liv. III, tit. I, art. 21) : « Néanmoins, en cas de discussion du débiteur, les poursuites du créancier sont admises avant le terme. »
(4) Comparer art. 180, Coutume de Paris.
(5) V. d'ailleurs Fenet, t. XIII, p. 69. — Locré, *Législation civile*, t. II, p. 161-162.

sûretés qu'il avait promises, doit être ajouté, *a fortiori*, au cas où il a diminué les sûretés qu'il avait données par le contrat.

Remarquons qu'il s'agit ici non des atteintes *générales* qu'un débiteur peut porter à son patrimoine, mais d'une atteinte à une sûreté *spéciale* donnée ou promise à un créancier.

Si l'atteinte à la sûreté spéciale résulte, non du *fait* du débiteur, mais d'un cas fortuit, le créancier a le droit de demander de nouvelles sûretés et d'exiger le remboursement, si le débiteur ne peut ou ne veut les lui fournir (comp. art. 2020 et 2131).

A l'égard du terme de grâce, le débiteur en est déchu;

D'abord :

Dans les deux cas prévus par l'art. 1188.

En outre :

Lorsque ses biens sont vendus à la requête d'autres créanciers;
Lorsqu'il est en état de contumace ;
Lorsqu'il est constitué prisonnier (art. 124, C. pr.) (1).

Dans le cas de la condition, à la différence du cas du terme, le *débiteur*, on le conçoit, ne peut jamais être déchu (2).

SECTION III.

DES OBLIGATIONS ALTERNATIVES.

Le Code de la Convention renfermait sur cette matière l'unique disposition suivante :

« Celui qui s'est obligé à livrer de deux choses l'une, est maître du choix. Si l'une des deux périt, il doit livrer l'autre ».

Cette disposition était plus que suffisante.

1189. — Le débiteur d'une obligation alternative est libéré par la délivrance de l'une des deux choses qui étaient comprises dans l'obligation.

« L'obligation alternative, comme dit Pothier, est celle par laquelle quelqu'un s'oblige à donner ou à faire plusieurs choses, à la charge que (à la condition que) le payement d'une chose l'acquittera de toutes les autres » (3).

---

(1) V. la loi du 22 juillet 1867, abolitive de la contrainte par corps, sauf pour le cas des amendes, restitutions et dommages et intérêts dus en matière de crimes, délits ou contraventions.

Sur l'effet de la déchéance du terme, consulter M. Demolombe, t. II, p. 648.

(2) V. Pothier, n° 237, pour le cas du terme joint aux conditions, c'est-à-dire pour le cas de l'obligation, qui est à la fois sous condition et à terme.

(3) Pothier, n° 245.

Premier exemple: Une personne a promis à une autre un cheval ou un bœuf.

Second exemple: Une personne a promis à une autre de lui bâtir une maison ou de lui payer cent mille francs.

On voit qu'il faut lire l'art. 1189, comme si, à la place des mots « par la délivrance, etc. », il y avait : par la prestation de l'un des objets compris dans l'obligation.

1190. — Le choix appartient au débiteur, s'il n'a pas été expressément accordé au créancier.

Cet article est fondé sur le principe de liberté de la personne (1).

1191. — Le débiteur peut se libérer en délivrant l'une des deux choses promises; mais il ne peut pas forcer le créancier à recevoir une partie de l'une et une partie de l'autre.

La *première* phrase de cet article répète l'art. 1189.

La *seconde* phrase consacre l'idée, par elle-même évidente, que le débiteur n'a pas le droit de payer une partie de l'une des choses comprises dans l'obligation et partie de l'autre.

C'est ce que les auteurs appellent *l'indivisibilité de l'option.*

Cette indivisibilité s'impose de même au créancier, lorsque c'est lui qui a le choix (2).

1192. — L'obligation est pure et simple, quoique contractée d'une manière alternative, si l'une des deux choses promises ne pouvait être le sujet de l'obligation.

Cette disposition est évidente (3).

Toutefois, on fait remarquer que la forme alternative peut cacher une obligation *principale,* accompagnée d'une clause pénale ; or, dans ce cas, le *tout est nul* (art. 1227).

Exemple : Je m'oblige envers une personne à incendier la maison du voisin ou à payer dix mille francs à cette personne (4).

---

(1) Pothier, n° 247.
Quelque oppressives qu'aient été jusqu'à présent les législations, il a bien fallu que çà et là elles s'inclinassent devant l'autonomie de l'individu.
(2) Pothier, n° 247.
Comparer M. Colmet de Santerre, t. V, n° 118 *bis,* i.
(3) Pothier, n° 249.
(4) L'Ecole ne goûterait pas l'exemple suivant; il est pourtant excellent :
Je m'oblige à abdiquer mon droit d'homme, à me soumettre à un monarque, ou à payer tant.
Il est vrai que ceux qui abdiquent ainsi, sachant ce qu'ils font, sont plutôt payés qu'ils ne payent. (V. l'histoire contemporaine.)

1193. — L'obligation alternative devient pure et simple si l'une des choses promises périt et ne peut plus être livrée, même par la faute du débiteur. Le prix de cette chose ne peut pas être offert à sa place.

Si toutes deux sont péries, et que le débiteur soit en faute à l'égard de l'une d'elles, il doit payer le prix de celle qui a péri la dernière.

1194. — Lorsque, dans les cas prévus par l'article précédent, le choix avait été déféré par la convention au créancier,

Ou l'une des choses seulement est périe; et alors, si c'est sans la faute du débiteur, le créancier doit avoir celle qui reste; si le débiteur est en faute, le créancier peut demander la chose qui reste, ou le prix de celle qui est périe;

Ou les deux choses sont péries; et alors, si le débiteur est en faute à l'égard des deux, ou même à l'égard de l'une d'elles seulement, le créancier peut demander le prix de l'une ou de l'autre à son choix.

1195. — Si les deux choses sont péries sans la faute du débiteur et avant qu'il soit en demeure, l'obligation est éteinte, conformément à l'art. 1302.

Il s'agit dans ces textes de la perte *des choses* ou de *l'une des choses* dues sous une alternative.

D'abord, lorsque *toutes* les choses ont péri par *cas fortuit*, il est clair que le débiteur est *libéré*, sans qu'il y ait à distinguer si le choix lui appartenait ou s'il appartenait au créancier (art. 1195).

Au contraire, lorsque le débiteur est *en faute*, il importe de distinguer si le choix lui appartenait ou s'il appartenait au créancier.

Voyons successivement les *deux* hypothèses.

1re HYPOTHÈSE. *Le choix appartenait au débiteur* (art. 1193) (1). Deux règles.

1re *Règle. L'une des choses a péri, soit par cas fortuit, soit par la faute du débiteur.*

Dans ce cas, l'obligation n'a plus pour objet que la chose qui reste (1er alinéa de l'art. 1193).

Mais le débiteur est-il recevable à offrir le prix de celle qui a péri, pour éviter de payer celle qui reste?

Le *premier* alinéa de l'art. 1193 répond : *non*, avec Pothier.

« Car, dit Pothier, la chose qui a péri n'existant plus, n'est plus due: celle qui reste est la seule qui soit due, et par conséquent la seule qui puisse être payée » (n° 250-251) (2).

2e *Règle. Les deux choses ont péri l'une après l'autre, et le débiteur est en faute à l'égard de l'une d'elles.*

Dans ce cas, le *second* alinéa de l'art. 1193 décide que le débiteur doit payer le prix de celle qui a péri la dernière.

---

(1) Il y a de nombreux vices de rédaction dans les articles de cette section; signalons seulement, dans l'art. 1193, la formule : « si l'une des choses périt et ne peut plus être livrée », mise à la place de celle-ci : *si l'une des choses périt ou ne peut plus être livrée pour une autre cause.* (V. Fenet, t. XIII, p. 246, 'alinéa.)

(2) Comparer M. Pellat, *Textes choisis des Pandectes*, p. 193 et suiv.

Cette solution répond à *deux* hypothèses ; en effet, il est possible que la *faute* existe :

Soit à l'égard de la première chose ;
Soit à l'égard de la seconde chose.

La faute existe-t-elle à l'égard de la première chose, la seconde ayant, d'ailleurs, été détruite par cas fortuit, il semblerait que, conformément au *premier* alinéa de l'art. 1193, on devrait décider que le débiteur est libéré ; mais cela serait injuste, car s'il en était ainsi, le débiteur en faisant périr l'une des deux choses, c'est-à-dire par contre, en réduisant son obligation à l'autre chose, augmenterait évidemment ses chances de libération *rei interitu* (1).

La faute existe-t-elle à l'égard de la seconde chose, la première ayant, d'ailleurs, été détruite par cas fortuit, la solution dérive de l'idée que l'obligation n'avait plus pour objet que la chose qu restait.

2ᵉ HYPOTHÈSE. *Le choix appartenait au créancier* (art. 1194).
Quatre règles :
1ʳᵉ RÈGLE. *L'une des choses dues a péri par cas fortuit.*
Dans ce cas, l'obligation étant réduite à celle qui reste, le créancier est tenu de se contenter de celle qui reste.
2ᵉ RÈGLE. *L'une des choses dues a péri par la faute du débiteur.*
Dans ce cas, le créancier a le droit de demander la chose qui reste ou le prix de celle qui a péri.
3ᵉ RÈGLE. *Les deux choses ont péri par la faute du débiteur.*
Dans ce cas, le créancier a le droit de demander le prix de l'une ou de l'autre.
4ᵉ RÈGLE. *L'une des deux choses a péri par la faute du débiteur, et l'autre, par cas fortuit.*

---

(1) Pourquoi cependant le débiteur doit-il dans ce cas le prix de la chose qui a péri la dernière, et non, comme le décidait Pothier (n° 252), le prix de la chose qui a péri par sa faute ?

Les *uns* trouvent que la solution de la compilation napoléonienne est mauvaise, et ils allèguent que si la faute du débiteur n'avait pas occasionné la perte de la chose, ce serait cette chose qui serait due en cas de perte ultérieure de la seconde par cas fortuit : donc, etc. (M. Bugnet, *Sur Pothier*, p. 117, note 2.)

Les *autres* répliquent que « la décision du Code est à la fois plus pratique et plus juste : plus pratique, parce qu'elle n'oblige pas à rechercher rétroactivement la valeur d'une chose détruite peut-être depuis longtemps ; plus juste, parce que, si le débiteur a été dans son droit en détruisant la chose, il serait désastreux qu'un cas fortuit survenu à l'autre chose pût le rendre débiteur d'une valeur considérable et devînt une cause de bénéfice pour le créancier. (M. Colmet de Santerre, t. V, n° 120 *bis*.)

Ces *deux* opinions, et plutôt encore la *seconde* que la *première*, pourraient être aisément réfutées ; nous ne les reproduisons l'une et l'autre que comme un spécimen des discussions d'École ; la question en elle-même est de fait.

Dans ce cas, le créancier a encore le droit de demander le prix de l'une ou de l'autre (1).

Remarquons que, dans les art. 1193 et 1194, il faut toujours assimiler la perte résultant du *fait* du débiteur à celle qui procède de sa *faute* (art. 1302).

1196. — Les mêmes principes s'appliquent aux cas où il y a plus de deux choses comprises dans l'obligation alternative.

Ce texte consacre l'évidence.

NOTA. Les auteurs mettent en regard de l'obligation alternative :
1° *L'obligation conjonctive ;*
2° *L'obligation facultative ;*
3° *L'obligation avec clause pénale.*

1° OBLIGATION CONJONCTIVE.

L'obligation conjonctive est celle qui astreint le débiteur à faire plusieurs prestations indépendantes les unes des autres.
Exemple : Une personne a promis à une autre un cheval et un bœuf.
Les *principales* différences entre l'obligation conjonctive et l'obligation alternative sont les suivantes :

1° *Dans le cas de l'obligation conjonctive, le débiteur n'est libéré qu'après avoir accompli les différentes prestations dont il est tenu.*
Dans le cas de l'obligation alternative, au contraire, le débiteur est libéré, dès qu'il a payé un des objets compris dans l'obligation.

2° *Dans le cas de l'obligation conjonctive, les choses dues sont aux risques du créancier dès le moment du contrat ; la perte de ces choses ne dispense pas le créancier de payer son prix.*
Dans le cas de l'obligation alternative, au contraire, les choses dues ne sont pas aux risques du créancier ; la perte de toutes les choses comprises dans l'obligation dispense le créancier de payer son prix (V. suprà, p. 832).

3° *Dans le cas de l'obligation conjonctive, la nature de l'obligation est déterminée* à priori, *l'obligation est mobilière quant aux meubles, immobilière quant aux immeubles qu'elle comprend.*

---

(1) On critique cette *dernière* solution, et l'on dit que, d'après les *principes,* le créancier n'aurait dû avoir le droit de réclamer que le prix de la chose dont la perte est imputable au débiteur, puisque c'est cette chose qu'il recevrait si le débiteur ne l'avait pas détruite. (Comparer Pothier, n° 253. — M. Bugnet, note 3. — M. Colmet de Santerre, t. V, n° 121 *bis,* I.)
Quelle pitié! Idées niaises ou idées creuses! et comme avec de pareils exercices on doit bien former des *consciences !*

Dans le cas de l'obligation alternative, au contraire, si l'obligation a pour objet un meuble ou un immeuble, la nature de l'obligation ne peut être déterminée qu'à posteriori; l'obligation sera mobilière ou immobilière, suivant la nature de la chose qui sera payée.

2° OBLIGATION FACULTATIVE.

L'obligation facultative est celle qui n'a pour objet qu'une seule prestation, mais qui donne au débiteur le droit de se libérer, en faisant une autre prestation que celle dont il est tenu.

Exemple : Une personne a promis à une autre un cheval, mais avec faculté de lui donner un bœuf à la place du cheval.

Les *principales* différences entre l'obligation facultative et l'obligation alternative sont les suivantes :

1° *Dans le cas de l'obligation facultative, si la prestation principale est affectée d'un vice, l'obligation est nulle, bien que la prestation accessoire soit exempte de vice.*

Dans le cas de l'obligation alternative, au contraire, il suffit, pour la validité de l'obligation, que l'une ou l'autre des prestations qu'elle comprend soit exempte de vice.

2° *Dans le cas de l'obligation facultative, si la chose due périt par cas fortuit, l'obligation est éteinte.*

Dans le cas de l'obligation alternative, au contraire, si l'une des deux choses dues périt par cas fortuit, l'obligation a pour objet celle qui reste.

3° *Dans le cas de l'obligation facultative, la nature de l'obligation est déterminée à priori; l'obligation est mobilière ou immobilière, selon que la chose due est elle-même un meuble ou un immeuble.*

Dans le cas de l'obligation alternative, au contraire, la nature de l'obligation, comme il a déjà été dit, ne peut être déterminée qu'à posteriori.

4° *Dans le cas de l'obligation facultative, le créancier peut ne comprendre dans sa demande que la chose due.*

Dans le cas de l'obligation alternative, au contraire, si le choix appartient au débiteur, le créancier doit comprendre dans sa demande les différentes choses qui font l'objet de l'obligation (1).

3° OBLIGATION AVEC CLAUSE PÉNALE.

L'obligation avec clause pénale est celle dans laquelle les parties ont

---

(1) Comparer MM. Zachariæ, Aubry et Rau, t. V, p. 31 et suiv. — M. Demante, t. V, n° 115, et M. Colmet de Santerre, n° 115 *bis*, I-III.

elles-mêmes fixé d'avance le montant des dommages-intérêts, que la partie obligée devra à l'autre, en cas d'inexécution.

Dans l'obligation avec clause pénale, ce qui est dû, c'est la chose qui forme l'objet de l'obligation principale.

Dans l'obligation alternative, au contraire, ce qui est dû, c'est la chose choisie, selon le cas, par le débiteur ou par le créancier.

De là, on peut déduire les différences qui séparent l'obligation avec *clause pénale* de l'obligation *alternative.*

Il reste *une* question :

Le contrat par lequel une personne promet à une autre la transla-tion de propriété de deux corps certains sous une alternative, est-il simplement productif d'obligations, ou est-il par lui-même translatif de propriété?

Cette *dernière* solution a pour elle :

1° Le principe posé en termes généraux par l'art, 1138 ;

2° La logique, car, d'après le Code Napoléon, la translation de pro-priété a un effet rétroactif lorsqu'elle est affectée d'une condition suspen-sive ; or, il n'y a aucune raison pour qu'elle n'ait pas le même effet, lorsqu'elle est soumise à une alternative.

L'option faite, la translation de propriété *rétroagira* donc au jour du contrat (1).

SECTION IV.

DES OBLIGATIONS SOLIDAIRES.

Les compilateurs napoléoniens ont traité :

Dans un premier paragraphe, de la solidarité entre créanciers ;

Dans un second paragraphe, de la solidarité entre débiteurs.

La solidarité entre créanciers est d'un intérêt pratique tout à fait nul (2).

---

(1) Comparer M. Colmet de Santerre, t. V, n° 115 *bis,* vi.

Cependant, dans l'Exposé des motifs du titre *des Obligations,* Bigot-Préameneu disait : « Lorsque deux choses ont été promises sans une alternative, il y a incertitude sur celle des choses qui sera livrée, et de cette incertitude il résulte qu'aucune propriété n'est transmise au créancier que par le payement. Jusque-là la propriété reste sur la tête du débiteur, et conséquemment aux risques du débiteur. »

Mais l'opinion de Bigot-Préameneu est d'un poids léger.

(2) Encore une idée romaine dont nous comprenons à peine l'application, même au monde romain !

Certains archéologues allemands se sont ingéniés à reconstituer les théories romaines sur la corréalité active; mais ils n'ont oublié que de dire quelle utilité présentait à Rome ce rapport de droit. (M. Ribbentrop, *Zur Lehre von der corréal Obligation;* M. Fritz, sur Wening-Ingenheim, *System der Pandekten,* t. III, p. 182 et suiv.; M. de Wangerow, *Lehrbuch der Pandekten,* t. III, p. 64;

On peut comparer avec cette section les art. 24-28 du Code de la Convention (liv. III, tit. I).

§ I. — DE LA SOLIDARITÉ ENTRE LES CRÉANCIERS.

1197. — L'obligation est solidaire entre plusieurs créanciers lorsque le titre donne expressément à chacun d'eux le droit de demander le payement du total de la créance, et que le payement fait à l'un d'eux libère le débiteur, encore que le bénéfice de l'obligation soit partageable et divisible entre les divers créanciers.

1198. — Il est au choix du débiteur de payer à l'un ou à l'autre des créanciers solidaires, tant qu'il n'a pas été prévenu par les poursuites de l'un d'eux.

Néanmoins, la remise qui n'est faite que par l'un des créanciers solidaires ne libère le débiteur que pour la part de ce créancier.

1199. — Tout acte qui interrompt la prescription à l'égard de l'un des créanciers solidaires profite aux autres créanciers.

L'obligation solidaire entre créanciers peut être définie :

L'obligation qui existe au profit de plusieurs personnes et qui donne à chacune de ces personnes le droit d'exiger pour le tout la même chose du même débiteur, mais de façon que le payement fait à l'une d'elles libère le débiteur envers les autres.

La solidarité entre créanciers ne peut être établie que par un *titre*, contrat ou testament, et d'une manière *expresse* (art. 1197).

Les créanciers solidaires sont censés s'être donné mandat les uns aux autres pour ce qui concerne le bénéfice de la créance, ad perpetuandam vel ad augendam obligationem.

Voyons quelles sont les conséquences de ce mandat au *double* point de vue :

1° *Des rapports des créanciers solidaires avec le débiteur* ;

2° *Des rapports des créanciers solidaires entre eux.*

1° RAPPORTS DES CRÉANCIERS SOLIDAIRES AVEC LE DÉBITEUR.

Du *mandat* que sont censés s'être donné les créanciers, il résulte :

1° *Que chaque créancier solidaire a le droit d'exiger la totalité de la créance* (art. 1197) ;

2° *Que le débiteur a le droit de payer à l'un ou à l'autre des créanciers solidaires, tant qu'il n'a pas été prévenu par les poursuites de l'un d'eux* (art. 1198 (1) ;

M. Demangeat, *Des obligations solidaires en droit romain.* Ce dernier auteur reproduit, en général, assez exactement les théories enseignées dans les Universités allemandes.)

L'honnête Pothier déclarait franchement (n° 259) ne pas trop savoir à quoi servait la *solidité* entre créanciers.

(1) Décision et correctif, le tout a été puisé dans Pothier (n° 260). Pothier

3° *Que tout acte qui interrompt la prescription au profit de l'un des créanciers solidaires l'interrompt également en faveur des autres* (art. 1199);

4° *Que, si l'un des créanciers solidaires constitue le débiteur en demeure, le débiteur se trouve constitué en demeure au profit de tous ;*

5° *Que, si l'un des créanciers solidaires fait courir les intérêts par une demande en justice formée contre le débiteur, les intérêts courent au profit de tous ;*

6° *Que, si l'un des créanciers solidaires se fait attribuer une hypothèque ou toute autre sûreté, cette hypothèque ou cette sûreté profite à tous ;*

7° *Que, si le débiteur est libéré envers l'un des créanciers solidaires par l'effet, soit d'un payement, soit d'une compensation intégrale* (1), *ce débiteur est également libéré vis-à-vis des autres ;*

8° *Que la novation ou la transaction faite par l'un des créanciers solidaires et le jugement qu'il a obtenu profitent aux autres, lorsque les autres estiment utile de les invoquer* (2).

Remarquons que la suspension de prescription qui existe au profit de l'un des créanciers solidaires, *à raison d'une qualité toute personnelle à ce créancier* (art. 2252, 2253), ne profite pas aux autres (3).

Remarquons encore qu'aucun des créanciers solidaires n'a la faculté de *diminuer* le droit des autres (*second* alinéa de l'art. 1198; — V. aussi art. 1365 et 2051) (4).

2° RAPPORTS DES CRÉANCIERS SOLIDAIRES ÉNTRE EUX.

Du mandat que sont censés s'être donné les créanciers solidaires, il résulte que *celui qui a touché la totalité de la créance est tenu de faire raison aux autres du montant de la part à laquelle ils ont droit.*

---

citait à l'appui du correctif la loi 16, D., liv. XLV, tit. II. Mais, à Rome, la chose s'expliquait au moyen de l'effet extinctif de la *litis contestatio*. Chez nous, les auteurs sont réduits à alléguer qu'il est juste que le créancier le plus diligent profite de sa diligence. (Comparer M. Colmet de Santerre, t. V, n° 129 *bis*, et M. Bugnet, *Sur Pothier,* p. 121.)

(1) En ce sens, MM. Zachariæ, Aubry et Rau, t. III, p. 12, texte et note 11. — M. Colmet de Santerre, t. X, n° 130 *bis*, IV.
En sens contraire, Delvincourt, t. II, p. 500.

(2) En ce sens, MM. Zachariæ, Aubry et Rau, t. III, p. 12, texte et note 12. En sens contraire, M. Colmet de Santerre, t. V, n° 130 *bis*, III.

(3) En ce sens, M. Valette, à son cours. — MM. Zachariæ, Aubry et Rau, t. III, p. 13, texte et note 15. — M. Colmet de Santerre, t. V, n° 131 *bis*, II. En sens contraire, Delvincourt, t. II, p. 899, et M. Duranton, n° 180.

(4) Ici, les compilateurs napoléoniens se sont écartés de la *doctrine* de Pothier. (Comparer Pothier, n° 260, 4°.)

§ II. — DE LA SOLIDARITÉ DE LA PART DES DÉBITEURS.

1200. — Il y a solidarité de la part des débiteurs lorsqu'ils sont obligés à une même chose, de manière que chacun puisse être contraint pour la totalité, et que le payement fait par un seul libère les autres envers le créancier.

L'obligation solidaire entre débiteurs peut être définie :

L'obligation qui existe à la charge de plusieurs personnes et qui astreint chacune de ces personnes à payer in totum *et* totaliter *la même chose au même créancier, mais de façon que le payement fait par l'une d'elles libère les autres* (1).

1201. — L'obligation peut être solidaire, quoique l'un des débiteurs soit obligé différemment de l'autre au payement de la même chose : par exemple, si l'un n'est obligé que conditionnellement, tandis que l'engagement de l'autre est pur et simple, ou si l'un a pris un terme qui n'est point accordé à l'autre.

Quoique l'obligation solidaire soit une, au point de vue de la chose qui en fait l'objet, elle se compose d'autant de liens qu'il y a de personnes obligées (2).

D'où, les conséquences suivantes :

1° *Chacun des codébiteurs solidaires peut être obligé sous une modalité différente* (comparer la disposition exceptionnelle de l'art. 444, C. Co.) ;

2° *Chacun des codébiteurs solidaires peut être obligé en vertu d'un acte différent, pourvu que les différents actes se réfèrent les uns aux autres.*

1202. — La solidarité ne se présume point ; il faut qu'elle soit expressément stipulée.

Cette règle ne cesse que dans les cas où la solidarité a lieu de plein droit, en vertu d'une disposition de la loi.

D'après le *premier* alinéa de l'art. 1202, la solidarité entre débiteurs doit être établie d'une manière *expresse*.

Le mot *stipulée*, employé dans ce *premier* alinéa, n'empêche pas que la solidarité ne puisse résulter d'un *testament*, tout aussi bien que d'un *contrat*.

D'après le *second* alinéa de l'art. 1202, la solidarité peut avoir lieu de *plein droit*, en vertu d'une disposition de la loi.

---

(1) Les mots : *in totum* et *totaliter*, sont une des *clefs* de Dumoulin : ils signifient que « chacun des débiteurs solidaires se trouve obligé aussi totalement à la prestation de la chose que s'il eût seul contracté l'obligation ». (Pothier, n° 262.)

On dit, par une sorte d'opposition, que les débiteurs d'une dette *indivisible* sont tenus *in totum, sed non totaliter*. (V. *infra*, sect. v.)

(2) Comparer Pothier, n° 263.

Le cas où la solidarité existe ainsi *de plein droit* sont nombreux :
On peut citer :

1° *Le cas de la mère tutrice et du second mari* (art. 395 et 396);

2° *Le cas de plusieurs comandataires conjoints* (art. 1887);

3° *Le cas des comandants* (art. 2002);

4° *Le cas des associés en nom collectif* (art. 22, C. Co.);

5° *Le cas des exécuteurs testamentaires qui ont reçu en commun la saisine du mobilier héréditaire* (art. 1033);

6° *Le cas du conjoint survivant et du subrogé-tuteur lorsqu'il n'a pas été fait un inventaire des biens de la communauté* (art. 1442);

7° *Le cas des colocataires lorsqu'il y a eu incendie du bâtiment loué* (art. 1734) (1);

8° *Le cas des individus condamnés pour un même crime ou pour un même délit, en ce qui concerne les amendes* (2), *les dommages-intérêts et les frais.*

Les auteurs discutent le point de savoir si, dans ces différents cas, la solidarité est de la même sorte et si elle produit les mêmes effets.

D'après une théorie fort accréditée, il faut distinguer :

1° *Une solidarité, dite parfaite;*

2° *Une solidarité, dite imparfaite.*

La solidarité parfaite repose sur l'idée que les différents codébiteurs se sont donné mandat les uns aux autres, au double effet de recevoir les poursuites au créancier et de perpétuer l'obligation, ad conservandam et perpetuandam obligationem, disait, avec un pléonasme, Pothier (n° 273).

Au contraire, la solidarité imparfaite ne comporte aucune idée de mandat : elle consiste uniquement, dit-on, *en ce qu'elle donne au créancier le droit de poursuivre pour le tout chacun des différents codébiteurs.*

De là, *certaines* conséquences qui seront mentionnées par les art. 1205-1207.

Mais quels cas faut-il ranger dans la solidarité parfaite, et quels dans la solidarité imparfaite ?

On répond :

D'abord, *que toute solidarité contractuelle est parfaite;*

---

(1) Ce cas n'est pas la raison même; nous l'examinerons à sa place.

(2) Pothier ne parlait pas des amendes; il disait : « Ceux qui ont concouru à un délit sont tous obligés solidairement à la réparation. »

L'amende est une *peine*, et, comme le fait remarquer avec infiniment de sens M. Bugnet, il est tout aussi rationnel de déclarer les codélinquants solidaires pour l'amende qu'il l'eût été de les déclarer solidaires pour l'emprisonnement ou pour l'échafaud.

Ensuite, *que toute solidarité, même légale, est parfaite lorsqu'il s'agit de codébiteurs entre lesquels il existe des rapports habituels.*

Au contraire, toute solidarité légale est imparfaite lorsqu'il s'agit de codébiteurs qui n'ont les uns avec les autres que des rapports accidentels.

Cette théorie range dans la solidarité *parfaite* les *cinq premiers* cas sus-indiqués, et les *trois derniers*, dans la solidarité *imparfaite*.

D'autres auteurs, tout en admettant, comme les précédents, la nécessité de distinguer une solidarité, dite *parfaite*, et une solidarité, dite *imparfaite*, classent les *huit* cas, ci-dessus énumérés, dans la solidarité *parfaite*, et restreignent l'application de la théorie de la solidarité *imparfaite* :

1° *Au cas des différents signataires d'une lettre de change ou d'un billet à ordre* (art. 140 et 187; 167 et 168, C. Co.) ;

2° *Au cas de la responsabilité collective des différents auteurs d'un même délit civil* (art. 1382 et 1388) (1).

Dans l'état de confusion traditionnelle qui est le propre de la doctrine juridique en tant de matières, et notamment en matière de solidarité (2), ce *dernier* avis nous paraît le moins incertain.

Ceux qui le partagent réfutent la *première* opinion en disant :

1° Que, dans les *trois* cas rangés par la *première* opinion dans la solidarité *imparfaite*, le législateur napoléonien se sert du mot *solidarité*, absolument comme dans les *cinq* cas classés d'un accord unanime dans la solidarité *parfaite ;* or, il n'est pas probable que le législateur napoléonien ait employé le même mot dans deux cas différents (3).

2°. Que, contrairement à l'un des principes qu'elle pose elle-même, la *première* opinion fait rentrer dans la solidarité *imparfaite* le cas des codélinquants où il s'agit évidemment de codébiteurs entre lesquels il existe des rapports *habituels*.

On ajoute :

3° En ce qui concerne les différents signataires d'une lettre de change ou d'un billet à ordre, que si, d'une part, les art. 140 et 187 du Code de Commerce les déclarent tenus à la garantie solidaire envers le porteur, d'autre part, les art. 167 et 168 du même Code décident implicitement que ces codébiteurs ne doivent pas être regardés comme mandataires les

---

(1) La jurisprudence déclare tenus de la solidarité imparfaite les auteurs de plusieurs quasi-délits dont le résultat est indivisible.

Comparer, sur la solidarité parfaite et sur la solidarité imparfaite, MM. Zachariæ, Aubry et Rau, t. III, p. 15 et suiv. — M. Colmet de Santerre, t. V, n° 135 *bis*, I-III.

(2) V., en ce qui concerne la théorie romaine sur la solidarité, les exposés de M. Demangeat, *Des obligations solidaires en droit romain*, et *Cours élémentaire de droit romain*, t. II, p. 256.

(3) Cet argument, nous l'avouerons, ne nous impressionne pas du tout.

uns des autres à l'effet de recevoir les poursuites et de perpétuer l'obligation.

3° En ce qui concerne la responsabilité collective des différents auteurs d'un même délit civil, que si cette responsabilité collective paraît résulter virtuellement des art. 1382 et 1383, il n'existe d'ailleurs *aucun texte* qui lui assigne les effets, à certains égards exorbitants, de la solidarité, dite *parfaite*.

Voyons quels sont les effets de la solidarité entre débiteurs.

La compilation napoléonienne envisage ces effets au *double* point de vue :

1° *Des rapports du créancier avec les codébiteurs solidaires* (art. 1203-1212) ;

2° *Des rapports des codébiteurs solidaires entre eux* (art. 1213-1213).

1° RAPPORTS DU CRÉANCIER AVEC LES CODÉBITEURS SOLIDAIRES (1).

1203. — Le créancier d'une obligation contractée solidairement peut s'adresser à celui des débiteurs qu'il veut choisir, sans que celui-ci puisse lui opposer le bénéfice de division.

Cet article a pour but de refuser le *bénéfice de division* aux débiteurs solidaires.

Le bénéfice de division eût consisté à permettre au débiteur solidaire poursuivi pour le tout de demander la division de la dette entre lui et ses autres codébiteurs solvables.

1204. — Les poursuites faites contre l'un des débiteurs n'empêchent pas le créancier d'en exercer de pareilles contre les autres.

Cet article est la reproduction du n° 271 de Pothier, lequel numéro était la reproduction de la loi 28, C., liv. VIII, tit. XLI.

Il signifie que, non plus qu'au temps de Justinien, il n'existe de *litis contestatio* chez nous, ni, par conséquent, d'effet extinctif résultant de la *litis contestatio*.

1205. — Si la chose due a péri par la faute ou pendant la demeure de l'un ou de plusieurs des débiteurs solidaires, les autres codébiteurs ne sont point déchargés de l'obligation de payer le prix de la chose ; mais ceux-ci ne sont point tenus des dommages et intérêts.

Le créancier peut seulement répéter les dommages et intérêts tant contre les

---

(1) Comparer Pothier, n°s 270-279.

Cette partie de la théorie contient de nombreuses fautes de logique, et elle n'est pas toujours d'une extrême clarté ; le pauvre Pothier ne savait comment se tirer des textes romains, ni comment en adapter les décisions aux besoins nouveaux.

débiteurs par la faute desquels la chose a péri que contre ceux qui étaient en demeure.

1206. — Les poursuites faites contre l'un des débiteurs solidaires interrompent la prescription à l'égard de tous.

1207. — La demande d'intérêts formée contre l'un des débiteurs solidaires fait courir les intérêts à l'égard de tous.

Ces articles ne sont applicables qu'à la solidarité *parfaite.*

Dans le cas de cette solidarité, les codébiteurs solidaires sont réputés, avons-nous dit, s'être donné mandat les uns des autres au double effet de recevoir les poursuites du créancier et de perpétuer l'obligation (ad conservandam et perpetuandam obligationem).

De ce mandat, il résulte selon la compilation napoléonienne :

1° *Que, si la chose due a péri par la faute* (ou par le fait) *de l'un des codébiteurs solidaires, tous restent obligés au payement du prix de la chose qui a péri par suite de cette faute* (ou de ce fait), art. 1205 ;

2° *Que, de même, si la chose due a péri par cas fortuit après la mise en demeure de l'un des codébiteurs solidaires, tous restent obligés au payement du prix de la chose qui a péri après la mise en demeure* (art. 1205);

3° *Que les poursuites dirigées contre l'un des codébiteurs solidaires ou la reconnaissance que l'un des codébiteurs solidaires fait de la dette interrompent la prescription à l'égard de tous* (art. 1206);

4° *Que lorsque l'obligation a pour objet le payement d'une somme d'argent, la demande en justice formée contre l'un des codébiteurs solidaires, fait courir les intérêts à l'égard de tous* (art. 1207).

Remarquons que, si la chose due a péri par la faute (ou par le fait) de l'un des codébiteurs solidaires, et, de même, si elle a péri par cas fortuit après la mise en demeure de l'un des codébiteurs solidaires, le créancier ne peut demander de *dommages-intérêts* qu'au débiteur par la faute ou par le fait duquel la chose due a péri, ou qui était en demeure.

En effet, disaient Dumoulin et Pothier, les lois romaines distinguent entre *ce qui perpétue* et ce *qui augmente l'obligation.*

Les codébiteurs solidaires sont *mandataires* les uns des autres, *relativement à ce qui perpétue l'obligation;* ils ne sont pas *mandataires* les uns des autres, *relativement à ce qui augmente l'obligation :* donc, il est logique d'admettre que la faute, le fait ou la demeure de l'un des codébiteurs solidaires préjudicie à ses codébiteurs en tant qu'il s'agit du payement du prix de la chose due, mais qu'au contraire la faute, le fait ou la demeure de l'un des codébiteurs solidaires ne préjudicie pas à ses codébiteurs, en tant qu'il s'agit de la dette des dommages-intérêts (1).

_____

(1) Dumoulin, *Tractatus de dividuis et de individuis,* p. 3, n° 126. — Pothier, n° 273.

Il ressort suffisamment de notre exposé que le raisonnement de Dumoulin et

Cependant, Dumoulin et Pothier enseignaient, et l'on enseigne encore aujourd'hui, d'après ces auteurs, que si les dommages-intérêts ont été fixés à l'avance *par une clause pénale*, la faute, le fait ou la demeure de l'un des codébiteurs solidaires entraîne pour tous l'obligation de payer le montant de la clause pénale.

En effet, ajoutait Dumoulin, *hoc casu insons magis ad pœnam tene-tur ex conditione stipulationis, quæ exstat, tanquam ex causâ propinquâ et immediatâ, quam ex facto consortis* (1).

Remarquons encore qu'en décidant que lorsque l'obligation a pour objet une somme d'argent, la demande en justice formée contre l'un des débiteurs solidaires fait courir les intérêts à l'égard de tous, les compilateurs napoléoniens semblent bien avoir admis cette fois que les codébiteurs solidaires sont mandataires les uns des autres *même relativement à ce qui augmente l'obligation*, mais ce n'est là, affirme l'École, qu'une simple apparence; la loi du 3 septembre 1807 ayant fixé, en matière d'obligations de sommes d'argent, la base d'évaluation des dommages-intérêts, il résulte de là, dit-on, que, *dans les obligations de sommes d'argent, la dette des dommages-intérêts doit être regardée comme dérivant d'une clause pénale sous-entendue entre les parties* (2).

1208. — Le codébiteur solidaire poursuivi par le créancier peut opposer

---

de Pothier est un pur sophisme; ces deux légistes n'ont eu dans la circonstance aucun souci de la vérité rationnelle, et leur seule préoccupation a été de concilier la L. 18, D., liv. XLV, tit. II, avec la L. 32, § 4, D., liv. XXII, tit. I. (Comparer M. Colmet de Santerre, t. V, n° 139 *bis*, i.)

M. Mommsen, l'auteur de la savante *Histoire romaine* qui tient à une si grande distance les exercices exégétiques de nos romanistes français, M. Mommsen a, d'ailleurs, expliqué qu'en droit romain la *mora* d'un des *correi* avait un effet purement relatif. (F. Mommsen, t. III, p. 281 et suiv., *Beiträge zum Obligation recht.*)

(1) Dumoulin, *Tractatus de dividuis et individuis*, p. 111, n° 126. — Pothier, n° 173 et 356. — MM. Zachariæ, Aubry et Rau, t. III, p. 21, texte et note 41. — M. Duranton, t. XI, n° 371. — M. Colmet de Santerre, t. V, n° 139 *bis*, ii.

(2) M. Colmet de Santerre, t. V, n° 141 *bis*, i. — Comparer ce qu'ont écrit très-judicieusement sur le même point MM. Zachariæ, Aubry et Rau, t. III, n° 43.

M. Colmet de Santerre n'a pas pris garde que si l'explication qu'il adopte était bonne *lorsqu'il s'agit des intérêts moratoires en matière d'obligations ayant pour objet des sommes d'argent*, cette explication devrait être également bonne *lorsqu'il s'agit des dommages et intérêts auxquels se rapporte l'art.* 1150. (V. *supra*.)

Donc, ou bien les deux art. 1205 et 1207, ou bien les trois art. 1150, 1205 et 1207, ne peuvent être conciliés entre eux.

Quelles que soient les censures qu'on adresse au style, à la méthode et aux idées juridiques des compilateurs napoléoniens, nous défions qu'on atteigne au niveau de la vérité.

toutes les exceptions qui résultent de la nature de l'obligation, et toutes celles qui lui sont personnelles, ainsi que celles qui sont communes à tous les codébiteurs.

Il ne peut opposer les exceptions qui sont purement personnelles à quelques-uns des autres codébiteurs.

Cet article est un *spécimen* de la manière dont Portalis et ses collègues savaient généraliser les idées juridiques ; il correspond aux numéros où Pothier traitait des *moyens de défense* que les codébiteurs solidaires ont le droit d'opposer à l'action du créancier.

Voyons le *spécimen :*

D'abord, le mot « *exception* » dont se sert l'article est défectueux ; *les exceptions ont pour but soit de critiquer la procédure déjà faite, soit de retarder l'instance ; il s'agit ici de moyens tendant à dénier la prétention même de l'adversaire, c'est-à-dire qu'il s'agit de défenses au fond.*

Lisons donc : *défenses,* là où les compilateurs ont écrit : *exceptions.*

D'après l'article, le codébiteur solidaire poursuivi peut, selon les cas, opposer au créancier *trois* sortes de défenses au fond :

1° *Les défenses qui résultent de la nature de l'obligation ;*

2° *Les défenses personnelles ;*

3° *Les défenses communes.*

Il suffit de regarder cette liste pour voir que le lien des idées y est rompu ; évidemment, le *premier* terme fait disparate avec les *deux* autres ; *toute défense, quelle qu'en soit la base, est nécessairement commune ou personnelle.*

Mais que signifient ces mots : « défenses qui résultent de la nature de l'obligation » ?

Les auteurs se sentent mal à l'aise pour l'expliquer ; ne pouvant mieux faire, ils recourent à une énumération (1).

Selon l'opinion qui paraît à peu près rallier les suffrages, on devrait ranger parmi les défenses résultant de *la nature de l'obligation ;*

1° *Les défenses fondées sur la nullité de l'obligation* (objet non certain ou illicite, cause inexistante ou fausse, inobservation des solennités nécessaires).

2° *Les défenses fondées sur les clauses et sur les modalités sous lesquelles tous les codébiteurs solidaires ont contracté l'obligation ;*

3° *Dans le cas spécial d'une vente d'immeuble par plusieurs ven-*

---

(1) M. Colmet de Santerre écrit : « La première classe, *Moyens résultant de la nature de l'obligation,* comprend les défenses consistant à opposer un *vice* qui entache l'obligation à l'égard de tous. » (T. V, n° 142 *bis,* I.)

A merveille ! Mais c'est ce *vice* qu'il eût fallu définir.

deurs solidaires, la défense fondée sur ce que les vendeurs ont été lésés de plus des sept douzièmes (1).

Les auteurs rectifient, du reste, la qualification des défenses de cette classe ; ils leur appliquent le nom de *réelles*, toutefois, en ayant soin de déclarer qu'elles sont *communes*.

D'où il n'est pas très-difficile de conclure qu'il serait plus simple de les appeler de ce *dernier* nom (2).

Il n'y a, en effet, et il ne peut y avoir que des défenses *communes* ou des défenses *personnelles*.

Plaçons-nous donc maintenant à ce point de vue.

D'abord, *en ce qui concerne les défenses communes, il est évident que ce sont celles que tous les codébiteurs solidaires ont le droit d'invoquer.*

Quant aux défenses personnelles, on les subdivise en personnelles et en purement personnelles.

Les défenses personnelles *sont celles qui, tout en ne pouvant être invoquées pour la dette entière que par un seul des codébiteurs solidaires, peuvent cependant être opposées par les autres, pour la part de celui qui a le droit de les invoquer pour la dette entière.*

Les défenses purement personnelles *sont celles qui sont exclusivement propres à l'un des codébiteurs solidaires.*

Quelles sont les défenses qui doivent être classées, soit parmi les communes, soit parmi les personnelles, non pures ou pures ?

Sur ce nouveau chef, nouvelle indécision de la théorie ; essayons cependant de dresser des listes.

Sont *défenses communes :*

1° *Toutes les défenses, dites réelles ;*

2° *Le plus grand nombre des défenses fondées sur l'extinction de la dette.*

Cette *seconde* catégorie de défenses *communes* comprend les cas :

1° *Du payement ;*

2° *De la novation* (art. 1281) ;

3° *De la remise de la dette, faite au profit même d'un seul des codébiteurs solidaires à moins que le créancier n'ait expressément réservé ses droits contre les autres* (art. 1285, V. aussi *infrà*, 1210) (3) ;

---

(1) MM. Zachariæ, Aubry et Rau, t. III, p. 19. — M. Colmet de Santerre, t. V, n° 142 *bis*, I.

(2) Nous reconnaissons bien volontiers que, dans le développement qui précède, nous avons parlé pour ne rien dire ; mais en cela, du moins, on ne saurait nous reprocher de n'être pas en plein dans la tradition juridique.

(3) Pothier hésitait sur ce cas (n° 275) ; les compilateurs napoléoniens ont résolument tranché la question, et ils ont consacré... une absurdité.

On explique dans les écoles que Cambacérès et Portalis ont préféré ici la théorie de l'acceptation à celle du pacte *de non petendo*.

Et qui donc prétend que le droit romain ne conserve pas son utilité !

4° De la compensation opposée au créancier par le débiteur dans la personne duquel elle s'est opérée (V. infrà);

5° De la perte de la chose, lorsqu'elle est arrivée par cas fortuit (art. 1302, comparer suprà, art. 1205, p. 842);

6° De la prescription (1).

Sont défenses *personnelles :*

1° *Les défenses fondées sur une cause d'annulabilité propre à l'un des codébiteurs solidaires;*

2° *Les défenses fondées sur une clause ou sur une modalité propre à l'un des codébiteurs solidaires;*

3° *Les défenses fondées sur une cause d'extinction propre à l'un des codébiteurs solidaires.*

Aux *premières*, on doit rapporter les cas :

1° *Des vices d'erreur, de violence ou de dol entachant le consentement de l'un des codébiteurs solidaires;*

2° *De l'incapacité de l'un des codébiteurs solidaires pour minorité, interdiction, etc.*

Aux *secondes* se rattachent, par exemple, les cas :

Du terme ou de la condition résolutoire affectant l'obligation de l'un des codébiteurs solidaires.

Quant aux *troisièmes*, elles comprennent les cas:

1° *De la compensation opérée du chef de l'un des codébiteurs solidaires et non encore opposée au créancier par ce codébiteur* (alin. 3, art. 1294);

2° *De la remise de la dette faite au profit d'un seul des codébiteurs solidaires, avec réserve expresse des droits du créancier contre les autres* (art. 1285; V. aussi *infrà* art. 1210);

3° *De la confusion opérée dans la personne de l'un des codébiteurs solidaires* (art. 1209, et alin. 3, art. 1301).

Parmi les défenses personnelles, comment enfin discerner celles qui sont purement personnelles?

Ce point est délicat, en théorie.

---

(1) Il y aurait lieu d'ajouter, comme causes d'extinction engendrant des défenses *communes :*

La lésion de plus des sept douzièmes au préjudice des vendeurs solidaires d'un même immeuble;

La condition résolutoire, lorsqu'elle affecte l'obligation de tous les codébiteurs solidaires.

Mais, d'après le classement que nous avons dû faire pour ne pas déranger la méthode du Code Napoléon et des auteurs, ces causes d'extinction se trouvent comprises dans la *première* catégorie des défenses communes, c'est-à-dire parmi les défenses dites *réelles.*

On cite, comme exemples de défenses *purement personnelles*, les cas :

1.° *Des vices d'erreur, de violence et de dol, entachant le consentement de l'un des codébiteurs solidaires, lorsque les autres codébiteurs ont connu, en contractant, le vice dont était atteint le consentement de leur codébiteur;*

2° *De l'incapacité de l'un des codébiteurs solidaires pour minorité, interdiction, etc.;*

3° *Du terme ou de la condition résolutoire stipulée par l'un des codébiteurs solidaires dans son intérêt exclusif;*

4° *De la remise consentie par un concordat au profit de l'un des codébiteurs solidaires faillis* (art. 407-526, C. Co.);

5° *De la compensation opérée du chef de l'un des codébiteurs solidaires et non encore opposée au créancier par ce dernier* (alinéa 3, art. 1294 (1).

Cet article est la reproduction du n° 276 de Pothier; il se réfère à l'un des cas de défense *personnelle* cités dans l'article précédent, c'est-à-dire au cas de la *confusion* opérée dans la personne de l'un des codébiteurs solidaires.

La confusion est la réunion dans une même personne des qualités de débiteur et de créancier d'une même dette.

Il est facile de voir que, comme le n° 276 de Pothier, l'art. 1209 est fort mal rédigé.

---

(1) Comparer Pothier, n°s 274-275. — MM. Zachariæ, Aubry et Rau, t. III, p. 17 et suiv. — M. Colmet de Santerre, t. V, n° 142 *bis*, i-v.

En ce qui est du cas de la compensation, certains auteurs, conformément à l'opinion de Domat (*Loix civiles*, p. 1, liv. III, tit. III, § 1, art. 8) et de Pothier (n° 274), le rangent parmi les exceptions *personnelles* (non pures). (V., dans ce sens notamment, Delvincourt, t. II, p. 11, 507 et 567. — Toullier, t. VI, n°s 733-737. — MM. Zachariæ, Aubry et Rau, t. III, p. 19-20, texte et note 37.)

La compensation n'étant qu'*un payement abrégé*, elle devrait constituer une défense *commune*; mais le Tribunat fit repousser cette idée rationnelle, en invoquant un argument dénué de sens; il disait que, « si le débiteur solidaire était autorisé à opposer la compensation opérée du chef de son codébiteur, ce dernier pourrait se trouver engagé malgré lui dans des procès désagréables relativement à l'existence de sa créance, et à la question de savoir si elle est ou non susceptible d'être opposée en compensation. » (Locré, *Législ. civ.*, t. XII, p. 279, n° 57.)

De là, le *troisième* alinéa de l'art. 1294.

Donc, il faut aller jusqu'au bout et décider que la compensation est une défense purement *personnelle*.

Comparer la solution de la L. 10, D., liv. XLV, tit. I, qui concerne le cas des *correi debendi* non associés, c'est-à-dire une relation demeurée énigmatique, mais qui n'en est pas moins *la base d'origine* de l'idée adoptée par les compilateurs napoléoniens.

1209. — Lorsque l'un des débiteurs devient héritier unique du créancier, ou lorsque le créancier devient l'unique héritier de l'un des débiteurs, la confusion n'éteint la créance solidaire que pour la part ou portion du débiteur ou du créancier.

Contrairement à ce que donnent à entendre la formule de Pothier et celle de l'article :

1° La confusion peut avoir lieu *sans que le débiteur et le créancier deviennent héritiers l'un de l'autre*, par exemple lorsque le créancier cède sa créance à l'un des débiteurs ;

2° La confusion a lieu, *non pour le tout*, mais *pour partie seulement*, lorsqu'un des débiteurs succède au créancier, ou lorsque le créancier succède à l'un des débiteurs, en concours avec d'autres héritiers.

Naturellement, la confusion, opérée entre l'un des codébiteurs solidaires et le créancier, profite aux autres codébiteurs solidaires jusqu'à concurrence de la part que devait supporter dans la dette commune le codébiteur dans la personne duquel la confusion s'est opérée.

Premier exemple : Dette de vingt mille francs ; quatre codébiteurs solidaires ; l'un de ces codébiteurs, Paul, devient l'héritier unique du créancier.

Paul, en sa qualité de créancier, a le droit de poursuivre chacun de ses trois codébiteurs pour le tout, moins sa part personnelle, c'est-à-dire pour quinze mille francs.

Second exemple : Dette de vingt mille francs ; quatre codébiteurs solidaires ; l'un d'eux meurt, laissant cinq héritiers, parmi lesquels Paul, le créancier.

Paul conserve son action solidaire pour dix-neuf mille francs, contre chacun des débiteurs primitifs, et il a le droit de demander quatre mille francs à chacun de ses cohéritiers.

1210. — Le créancier qui consent à la division de la dette à l'égard de l'un des codébiteurs conserve son action solidaire contre les autres, mais sous la déduction de la part du débiteur qu'il a déchargé de la solidarité.

Cet article correspond au n° 277 de Pothier ; mais, comme nous allons le voir, il innove en *un* point.

D'abord, *si le créancier consent à la division à l'égard de tous les codébiteurs solidaires, l'obligation devient simplement conjointe*, c'est-à-dire que *chacun des codébiteurs ne peut plus être poursuivi que pour sa part.*

Ce *premier* cas est en dehors des prévisions de l'article ; c'est celui de la remise *absolue* de la solidarité.

Que si le créancier ne consent à la division de la dette qu'à l'égard de l'un des codébiteurs, le codébiteur déchargé de la solidarité ne peut plus être poursuivi que pour sa part, mais l'obligation reste solidaire à l'égard des autres.

Ce *second* cas fait l'objet de l'article ; c'est celui de la remise *relative* de la solidarité.

Dans ce cas, venons-nous de dire, l'obligation reste *solidaire à l'égard des codébiteurs du débiteur déchargé ;* toutefois, cette proposition comporte *deux* restrictions :

1° *Les codébiteurs du débiteur déchargé ne peuvent plus être poursuivis que déduction faite de la part du codébiteur déchargé* (1);

2° *Le créancier est obligé de supporter personnellement la part pour laquelle le débiteur déchargé eût été tenu de contribuer aux parts des insolvables.*

D'où il résulte qu'il n'a le droit de poursuivre les autres codébiteurs que *déduction faite de cette part* (art. 1215 ; V. *infrà*, p. 852).

Sur le *premier* point, Pothier était d'un avis différent ; il professait que la remise faite à l'un des codébiteurs solidaires n'enlevait pas au créancier le droit de poursuivre pour le tout les autres codébiteurs.

Cette opinion était logique (2).

On enseigne d'ailleurs, en général, que *la réserve expresse faite par le créancier du droit de poursuivre pour le tout, les codébiteurs non déchargés serait nulle,* car cette réserve augmenterait les chances qu'avait chacun des codébiteurs non déchargés d'être poursuivi pour le tout (3).

Remarquons :

1° *Que la remise relative de la solidarité constitue une sorte de défense personnelle ;*

2° *Que, tandis que, dans le cas de la remise de la dette, c'est-à-dire dans le cas le plus grave pour le créancier, la remise est présumée absolue ; dans le cas, au contraire, de la remise de la solidarité, c'est-à-dire dans le cas le moins grave pour le créancier, la remise est présumée relative* (4).

1211. — Le créancier qui reçoit divisément la part de l'un des débiteurs,

---

(1) Certains auteurs ont écrit que cette déduction n'est imposée au créancier que pour le cas où l'un des codébiteurs a été déchargé, moyennant le payement de sa part dans la dette.
La lecture de l'article suffit pour réfuter cette opinion. (Comparer MM. Zachariæ, Aubry et Rau, t. III, p. 24, texte et note 52, et M. Demante, t. V, n° 144. — M. Colmet de Santerre, n° 144 *bis*, III.)

(2) Comparer M. Bugnet, *Sur Pothier,* n° 277, note 1.

(3) M. Valette, à son cours. — M. Colmet de Santerre, n° 144 *bis*, IV.
Nous croyons cette solution inexacte. (Comparer M. Marcadé, t. IV, n° 620.)

(4) *E sempre bene;* demandez-le plutôt aux légistes !

sans réserver dans la quittance la solidarité ou les droits en général, ne renonce à la solidarité qu'à l'égard de ce débiteur.

Le créancier n'est pas censé remettre la solidarité au débiteur lorsqu'il reçoit de lui une somme égale à la portion dont il est tenu, si la quittance ne porte pas que c'est *pour sa part*.

Il en est de même de la simple demande formée contre l'un des codébiteurs *pour sa part*, si celui-ci n'a pas acquiescé à la demande, ou s'il n'est pas intervenu un jugement de condamnation.

1212. — Le créancier qui reçoit divisément et sans réserve la portion de l'un des codébiteurs dans les arrérages ou intérêts de la dette, ne perd la solidarité que pour les arrérages ou intérêts échus, et non pour ceu à échoir, ni pour le capital, à moins que le payement divisé n'ait été continué pendant dix ans consécutifs.

Ces *deux* inutiles articles, qui transforment un point de fait en un point de droit, ont été à peu près copiés dans Pothier (n° 277-279).

Comme on le voit, ils indiquent :

Le *premier*, dans quels cas doit être présumée la remise de la solidarité, *quant au capital* ;

Le *second*, dans quels cas doit être présumée cette même remise, *quant aux intérêts* (1).

1213. — L'obligation contractée solidairement envers le créancier se divise de plein droit entre les débiteurs, qui n'en sont tenus entre eux que chacun pour sa part et portion.

Pothier disait (n° 264) : « Lorsque plusieurs personnes contractent une dette solidairement, ce n'est que vis-à-vis du créancier qu'elles sont devenues chacune débitrice du total ; mais entre elles la dette se divise et chacune d'elles en est débitrice pour soi, quant à la part seulement qu'elle a eue à cause de la dette. »

L'art. 1213 reproduit la même idée, et presque dans les mêmes termes.

Donc, le codébiteur solidaire qui a été obligé de payer la dette a le droit de recourir contre ses codébiteurs pour se faire rembourser par chacun proportionnellement à l'intérêt de chacun dans la dette.

L'intérêt de chacun étant jusqu'à preuve contraire présumé *égal*, la division a lieu *par parts viriles*, à moins qu'il ne soit prouvé que la part des uns doit être plus forte que celle des autres.

Le codébiteur solidaire qui a payé la dette a deux actions pour exercer son recours :

1° *Une action née dans sa personne, l'action de mandat* ;

_____

(1) Qu'on se ceigne les reins et qu'on lise les quatre énorme pages que Pothier a consacrées à cet intéressant sujet ; ça n'est pas plus fastidieux que les *variations* des auteurs contemporains sur les textes du Digeste ou du Code Napoléon, et c'est certainement tout aussi fort.

2° *L'action du créancier, laquelle lui est acquise en vertu d'une subrogation légale* (art. 1251 3°).

Chacune de ces actions a ses avantages propres.

L'action de mandat donne au codébiteur le droit d'exiger à dater du jour du payement l'intérêt des sommes qu'il a payées (art. 2001).

L'action qu'il acquiert en vertu de la subrogation lui donne droit à toutes les garanties accessoires de la créance (gages, hypothèques ou priviléges).

1214. — Le codébiteur d'une dette solidaire, qui l'a payée en entier, ne peut répéter contre les autres que les part et portion de chacun d'eux.

Si l'un d'eux se trouve insolvable, la perte qu'occasionne son insolvabilité se répartit par contribution entre tous les autres codébiteurs solvables et celui qui a fait le payement.

L'effet de la subrogation est de substituer le subrogé aux droits du subrogeant ; il semblerait donc que le codébiteur solidaire qui a payé devrait avoir le droit de réclamer de l'un ou de l'autre de ses codébiteurs, à son choix, le total de la dette, sous la déduction de sa part personnelle.

L'art. 1214 déclare qu'il n'en est pas ainsi ; le codébiteur qui a payé ne peut répéter contre les autres que la part de chacun d'eux.

Sur quel motif est fondée cette dérogation aux principes de la subrogation?

Pothier disait (n° 281) qu'elle avait pour but d'éviter *un circuit d'actions.*

D'après l'explication que préfère aujourd'hui l'École, il faut dire qu'elle tient à ce que *les codébiteurs solidaires sont garants les uns envers les autres, et que, si le codébiteur solidaire qui a payé le créancier avait un recours pour le tout, moins sa propre part, contre celui de ses codébiteurs qu'il voudrait choisir, il exposerait ce codébiteur à courir un risque dont il lui doit lui-même la garantie* (V. au surplus, notre développement sur un cas de même sorte, *suprà*, p. 336, art. 875).

Cette idée de *garantie* explique aussi pourquoi la part des codébiteurs insolvables se répartit entre tous les autres codébiteurs solvables, y compris celui qui a fait le payement.

1215. — Dans le cas où le créancier a renoncé à l'action solidaire envers l'un des débiteurs, si l'un ou plusieurs des autres codébiteurs deviennent insolvables, la portion des insolvables sera contradictoirement répartie contre tous les débiteurs, même entre ceux précédemment déchargés de la solidarité par le créancier.

Cet article exprime fort mal la pensée qu'il a empruntée à Pothier.

Il veut dire que lorsque le créancier a déchargé de la solidarité un des codébiteurs, ce codébiteur n'en doit pas moins être compris (fictivement) dans la répartition de la part des insolvables, car autrement on ne pourrait savoir quelle est la quotité du droit que le créancier conserve contre les autres codébiteurs. Mais, bien entendu, c'est le créancier qui est obligé de supporter *personnellement* la part pour laquelle le débiteur déchargé eût été tenu de contribuer aux parts des insolvables (1).

1216. — Si l'affaire pour laquelle la dette a été contractée solidairement ne concernait que l'un des coobligés solidaires, celui-ci serait tenu de toute la dette vis-à-vis des autres codébiteurs, qui ne seraient considérés par rapport à lui que comme ses cautions.

Par une remarquable exception, cet article est parfaitement clair, mais il est aussi parfaitement inutile (combiner art. 2032 et 2033, 2°).

NOTA. A l'obligation *solidaire*, on oppose l'obligation *conjointe*.
Dans l'obligation conjointe, les parts des divers créanciers ou débiteurs constituent autant de créances ou de dettes, distinctes les unes des autres, qu'il existe de créanciers ou de débiteurs.

SECTION V.

DES OBLIGATIONS DIVISIBLES ET INDIVISIBLES.

Cette section est encore pire que la précédente, et de beaucoup.

Textes rédigés au rebours du sens commun (2), idées sans suite comme sans vérité, reproduction des inintelligibles quintessences de Dumoulin (3), plagiat du plagiat de Pothier, et partant double altération de l'original, tout ce qui peut rebuter l'esprit ou le rendre louche, subtil, étroit, préoccupé du rien juridique : voilà les traits généraux de la section.

Les Romains avaient rencontré çà et là *l'idée* de l'indivisibilité ;

---

(1) Delvincourt, t. II, p. 510. — Toullier, t. VI, n° 739. — MM. Zachariæ, Aubry et Rau, t. III, p. 24-25, texte et note 53. — M. Duranton, t. XI, n° 231.
Toutefois, d'après certains auteurs (notamment M. Colmet de Santerre, t. V, n° 150 *bis*, v), l'article a pour but de faire contribuer *réellement* les codébiteurs déchargés au payement de la part des codébiteurs insolvables.
On invoque dans ce sens une phrase prononcée par Bigot dans l'Exposé des motifs (V. Fenet, t. XIII, p. 255); mais la merveille serait que Bigot, exposant les motifs d'une loi, eût compris cette loi.
Au surplus, il n'y a là qu'une chicane de texte : les art. 1210 et 1215 sont évidemment en étroite corrélation l'un avec l'autre.
(2) Nous pourrions citer à peu près tous les articles de la section ; contentons-nous d'indiquer les n°s 1, 3 et 5 de l'art. 1221.
(3) Encore une réputation singulièrement usurpée! Dumoulin fort supérieur, nous en convenons, à Pothier, Dumoulin n'en était pas moins un esprit rempli de lui-même, sans portée, sans tenue, catholique à telle date, protestant à telle autre, catholique à telle autre encore, en un mot un vrai légiste de race.
M. Michelet a étonnamment surfait Dumoulin (*Histoire de France, passim*);

mais, quoi qu'en ait pu dire un estimable auteur (1), ils l'avaient clairée d'une médiocre lumière (2).

Quant à la doctrine actuelle, quant à cette méthode scolastique qui jamais ne vaut mieux et qui souvent vaut moins que celle du moyen âge, avec ses arguments *à contrario* et *à simili*, *à barbaro* et *à barocco*, elle est arrivée à un résultat : abandonné à ses seules forces, le meilleur esprit eût pu désespérer de comprendre ; guidé par la doctrine, il est certain de ne pas comprendre.

Nous sommes loin de ce Code dont Cambacérès pouvait dire à la Convention : « Des règles simples, faciles à saisir, plus faciles à exécuter, tel est le résultat de nos veilles et le fruit de nos méditations » (3) ?

1817. — L'obligation est divisible ou indivisible selon qu'elle a pour objet ou une chose qui dans sa livraison, ou un fait qui dans l'exécution, est ou n'est pas susceptible de division, soit matérielle, soit intellectuelle.

1818. — L'obligation est indivisible, quoique la chose ou le fait qui en est l'objet soit divisible par sa nature, si le rapport sous lequel elle est considérée dans l'obligation ne la rend pas susceptible d'exécution partielle.

« *L'obligation divisible*, dit Dumoulin, *est celle qui peut se diviser ; l'obligation indivisible est celle qui ne peut se diviser* (4). »

Cette première notion est incontestable ; mais qu'est-ce que l'obligation qui ne peut se diviser ?

D'après la seule théorie, qui présente quelque sens, il y a à distinguer, en matière d'obligations, sous l'empire de la loi actuelle, *deux* espèces d'invisibilité :

1° *L'indivisibilité qui tient à la nature de l'objet dû ;*

---

ce qui l'excuse et ce qui l'accuse, c'est qu'il n'en a jamais lu une seule ligne.

La science juridique n'a jamais compté un seul vrai grand homme ; c'était impossible, étant donné le procédé. Domat lui-même, cœur droit, esprit élevé, et qui, par conséquent, n'appartient pas à la famille, Domat n'est pas un *génie.*

(1) Maynz, dans sa très-exacte photographie du droit romain.

(2) V. notamment l. 5 § 4, l. 85 § 6, D., L. XLV, tit. I et IX, § 1, D., liv. II, tit. XI ; L. 6 § 4, D., liv. VIII, tit. V ; L. 15, D., liv. XIV, tit. et L. 59, D., liv. XIX, tit. II ; la loi 71, D., liv. XLV, tit. I, sur cette dernière loi (la L. 71), Dumoulin (p. 11, nᵒˢ 278, 569), mentionne dix-sept opinions de *docteurs,* la sienne non comprise, etc.

V., sur les obligations indivisibles en droit romain, Maynz, *Éléments de droit romain,* t. II, p. 86 et suiv. ; Molitor, *Les obligations en droit romain,* p. 303 et suiv.

(3) Rapport fait à la Convention nationale, par Cambacérès.

Et c'est le cynique Cambacérès, qui à neuf ou dix années d'intervalle, présidait le conseil d'Etat, délibérant sur *l'entassement* napoléonien.

Inutile de faire remarquer que le Code de la Convention avait laissé cette matière en dehors de ses dispositions.

(4) Dumoulin, p. 111, nᵒˢ 7 et suiv. — Comparer Pothier, nᵒ 287.

Quel dommage que le grand Molière n'ait point pénétré les arcanes du droit ! c'est là qu'il eût trouvé à exploiter une mine abondante !

2° *L'indivisibilité qui tient à l'intention des parties.*

L'art. 1217 se rapporte à la *première*, et l'art. 1218 à la *seconde*.

Ces *deux* articles sont fort mal conçus ; tous les deux expriment, en effet, que l'indivisibilité d'une obligation consiste en ce que l'*exécution* de cette obligation n'est pas susceptible de division, tandis qu'il eût fallu dire que ce qui constitue l'indivisibilité d'une obligation, c'est toujours l'*indivisibilité de l'objet dû.*

De plus, il y a, comme nous le verrons, des cas où l'obligation, *divisible en elle-même*, est *indivisible, quant à son exécution* (art. 1225) ; or, prises à la lettre, les expressions, employées par les compilateurs napoléoniens dans les *deux* articles, conduiraient à faire rentrer toutes les obligations indivisibles parmi les obligations divisibles en elles-mêmes, mais indivisibles, quant à l'exécution (1).

Examinons l'une après l'autre l'*indivisibilité de nature* et l'*indivisibilité d'intention.*

1° INDIVISIBILITÉ QUI TIENT A LA NATURE DE L'OBJET DU.

Une obligation est indivisible, dans ce sens, lorsque l'objet dû n'est susceptible de division ni matérielle, ni intellectuelle.

---

(1) Dans son *Extricatio labyrinthi dividui et individui,* Dumoulin distingue *trois* espèces d'indivisibilité :

1° *L'individuum contractu* ou *natura ;*

2° *L'individuum obligatione ;*

3° *L'individuum solutione tantum.*

Le *premier* terme désigne l'indivisibilité qui tient à la *nature* de l'objet dû.

Le *second,* l'indivisibilité qui tient à *l'intention* des parties.

Quant au *troisième* terme, il se rapporte aux obligations *divisibles en elles-mêmes,* mais *indivisibles quant à l'exécution.*

La terminologie de Dumoulin est très-obscure et sa classification ne vaut guère mieux que sa terminologie.

La *première* indivisibilité est une indivisibilité de nature.

La *seconde,* une indivisibilité d'*intention.*

Quant à la *troisième,* ce n'est pas une *indivisibilité de l'obligation,* c'est une *indivisibilité relative à l'exécution de l'obligation,* or, les deux points sont forts différents.

Pothier répète ici, mot à mot, la leçon qu'il a apprise dans Dumoulin ; cependant, il se hasarde à appeler *indivisibilité absolue* ce que Dumoulin appelle *individuum contractu.*

Le lecteur qu'intéresseraient ces abstractions peut consulter :

C. *Molinæi opera,* t. III, p. 89 et suiv.;

Pothier, *Des obligations dividuelles et des obligations individuelles,* nos 287 et 336 ;

Molitor, *Les obligations en droit romain (Des obligations indivisibles en droit français)* ;

M. Guis, analyse de l'ouvrage allemand de Julius Rubo (*Revue étrangère,* 1841, t. VIII, p. 148 et 371);

M. Rodière, *De la solidarité et de l'indivisibilité.* Paris, 1852, 1 vol. in-8.

Qu'est-ce que la divisibilité *intellectuelle?*

C'est la qualité qu'a un objet de pouvoir être conçu comme divisible, bien qu'il soit matériellement indivisible.

Exemple : Paul s'est obligé à livrer un cheval à Pierre.

L'obligation de livrer un cheval est divisible *intellectuellement.*

En effet, on conçoit fort bien qu'un cheval puisse appartenir à plusieurs personnes par parties aliquotes : ainsi, à l'une pour un quart, à une autre, pour un autre quart, à une troisième enfin, pour moitié.

D'ailleurs, l'obstacle à la division peut être *juridique* ou *physique.*

Premier exemple (obstacle *juridique*) : Paul s'est obligé à constituer au profit de Pierre une servitude réelle ou une hypothèque.

Juridiquement, la servitude réelle et l'hypothèque sont toutes les deux indivisibles.

Second exemple (obstacle *physique*) : Paul s'est obligé au profit de Pierre à ne pas passer dans un certain lieu.

Physiquement, il n'y a pas de moyen terme entre ne pas passer dans un certain lieu et passer dans ce lieu.

2° INDIVISIBILITÉ QUI TIENT A L'INTENTION DES PARTIES.

Une obligation est indivisible dans ce sens, lorsque l'objet dû, bien que divisible en lui-même, n'est pas susceptible de division dans l'intention des parties.

Exemple : Paul s'est obligé de construire une maison à Pierre.

Remarquons :

1° *Que toutes les obligations qui ne rentrent pas dans l'une des deux classes ci-dessus indiquées sont divisibles;*

2° *Que pour savoir si, d'après la compilation napoléonienne, une obligation est divisible ou indivisible, il faut s'en tenir au criterium ci-dessus indiqué, sans qu'il y ait lieu d'établir, à priori, aucune distinction entre les obligations de donner, de faire ou de ne pas faire* (1);

3° *Qu'il n'y a aucun intérêt pratique à distinguer l'une de l'autre l'indivisibilité de nature et l'indivisibilité d'intention* (V. *infra,* p. 860 et suiv.) (2).

1219. — La solidarité stipulée ne donne point à l'obligation le caractère d'indivisibilité.

---

(1) Molitor enseigne que les obligations de *faire* et de ne pas *faire* sont toutes indivisibles de nature, p. 349 et suiv. Nous jugeons inutile de prendre parti dans cette discussion; selon nous, toute obligation est de *faire;* toute obligation devrait être convertible en un payement de somme d'argent, à la volonté du débiteur; nous écartons donc la théorie de l'indivisibilité.

(2) Faire de la théorie pour la forme et discuter pour la forme, cela se pratiquait aussi à Byzance !

Il existe de notables différences entre l'*indivisibilité* et la *solidarité*. A certains égards, l'indivisibilité est plus rigoureuse que la solidarité ; à certains autres égards, c'est le contraire qui a lieu (V. *infra*, p. 860 et suiv.).

§ I. — DES EFFETS DE L'OBLIGATION DIVISIBLE.

1220. — L'obligation qui est susceptible de division, doit être exécutée entre le créancier et le débiteur comme si elle était indivisible. La divisibilité n'a d'application qu'à l'égard de leurs héritiers, qui ne peuvent demander la dette ou qui ne sont tenus de la payer que pour les parts dont ils sont saisis ou dont ils sont tenus comme représentant le créancier ou le débiteur.

Le *premier* alinéa de cet article veut dire que :

Lorsqu'une seule personne s'oblige envers une autre, il n'y a pas lieu d'examiner si l'obligation est divisible ou indivisible ; l'obligation, même divisible, doit être exécutée entre les contractants, comme si elle était indivisible (V. cep. art. 1244, *second* alin.) (1).

Le *second* alinéa de l'article signifie que :

Lorsque l'obligation est divisible, et que le créancier ou le débiteur est mort en laissant plusieurs héritiers, chacun des héritiers du créancier n'a le droit de réclamer l'acquittement de l'obligation, et chacun des héritiers du débiteur n'est tenu de procurer cet acquittement qu'au prorata de sa part héréditaire (art. 1222 ; comparer l'inexact art. 873, *supra*, p. 328) (2).

Cet alinéa, qui nous vient de Pothier (n° 299), est trop étroit, et les auteurs font remarquer que la question de divisibilité ou d'indivisibilité se pose aussi, *lorsqu'il existe dès le principe plusieurs créanciers ou plusieurs débiteurs conjoints* (art. 1222) (3).

1221. — Le principe établi dans l'article précédent reçoit exception à l'égard des héritiers du débiteur. — 1° Dans le cas où la dette est hypothécaire ; —

---

(1) M. Demante, dans son très-net *Programme*, n° 156.

(2) Depuis le droit romain, comme nous le savons (V. *suprà*, p. 46 et 59, note 1), l'héritier est réputé le continuateur de la personne du *de cujus* ; mais, lorsqu'il en existe plusieurs, en même temps que chacun a, comme individu, sa personnalité propre, tous réunis ne font que continuer la personne du *de cujus*. Aussi mystérieux que le dogme catholique et que les fameuses hypostases des Alexandrins !

(3) MM. Zachariæ, Aubry et Rau, t. III, p. 37 ; M. Colmet de Santerre, t. V, n° 156 *bis*.

Il faut ajouter le cas où le créancier cède une partie de son droit.

Si c'est, au contraire, le débiteur qui cède une partie de sa dette, il est clair que le droit du créancier n'est point affecté par cette cession ; le débiteur reste tenu pour le tout envers le créancier ; mais, quoi qu'en ait pensé M. Colmet de Santerre, cette décision n'a nul rapport avec la théorie de l'indivisibilité. (Comparer M. Colmet de Santerre, *loc. cit.*)

858 TITRE III. CONTRATS ET OBLIGATIONS CONVENTIONNELLES.

2° Lorsqu'elle est d'un corps certain ; — 3° Lorsqu'il s'agit de la dette alternative de choses, au choix du créancier, dont l'une est indivisible ; — 4° Lorsque l'un des héritiers est chargé seul, par le titre, de l'exécution de l'obligation ; — 5° Lorsqu'il résulte, soit de la nature de l'engagement, soit de la chose qui en fait l'objet, soit de la fin qu'on s'est proposée dans le contrat, que l'intention des contractants a été que la dette ne pût s'acquitter partiellement. — Dans les trois premiers cas, l'héritier qui possède la chose due ou le fond hypothéqué à la dette, peut être poursuivi pour le tout sur la chose due ou sur le fonds hypothéqué, sauf le recours contre ses cohéritiers. Dans le quatrième cas, l'héritier seul chargé de la dette, et dans le cinquième cas, chaque héritier, peut aussi être poursuivi pour le tout; sauf son recours contre ses cohéritiers.

Comme il vient d'être dit (*second* alinéa de l'article précédent), l'obligation divisible se fractionne *de plano* entre les héritiers du créancier et entre ceux du débiteur.

Toutefois, le défectueux art. 1221 indique *cinq* cas qui feraient exception à cette règle *à l'égard des héritiers du débiteur.*

Ces cas sont :

1° *Celui où la dette est hypothécaire.*

Dans ce 1°, les compilateurs napoléoniens ont confondu l'*obligation* avec l'*hypothèque* qui peut en être la garantie.

L'obligation divisible reste divisible tant passivement qu'activement, lorsqu'elle est garantie par une hypothèque; ce qui est indivisible, ce n'est pas l'*obligation*, droit *personnel*, c'est l'*hypothèque*, droit *réel.*

Donc, ce 1° est à retrancher (1).

2° *Celui où la dette est d'un corps certain.*

Ce 2° doit être restreint à l'hypothèse *où les héritiers du débiteur ont déjà partagé la succession du* de cujus, *au moment où le créancier intente son action.*

Avant le partage, chacun des héritiers ne peut être poursuivi que *pour sa part.*

Après le partage, au contraire, lorsque le corps certain qui forme l'objet de l'obligation a été compris dans les lots, l'héritier dans le lot duquel il se trouve peut être poursuivi pour le tout.

Ce 2° ne se rapporte aujourd'hui qu'à l'*action personnelle* en délivrance.

Il concerne, d'ailleurs aussi, le cas où la dette consiste *dans la restitution d'une chose dont le créancier est propriétaire* (dépôt, commodat) (2).

---

(1) Pothier (n° 300) mettait aussi ce cas à cette place, mais, au moins, avait-il soin de prévenir que son classement ne valait rien, car il disait qu'*abstraction faite de l'hypothèque, la dette se divise entre les héritiers.*

(2) Pothier (n°ˢ 302 et 303) avait maladroitement séparé ces *deux* cas; les faiseurs napoléoniens étaient pressés; ils recueillirent la formule de l'un et omirent l'autre.

En définitive, l'intérêt pratique de ce 2° est à peu près nul.

3° *Celui*, dit le texte, *où il s'agit de la dette alternative de choses, au choix du créancier, dont l'une est indivisible.*

Pothier (n° 312) avait écrit :

« Le payement partiel d'une dette, quoique divisible, n'est pas valable, s'il s'agit de dettes alternatives. »

On voit que le passage de Pothier se rapporte à l'*indivisibilité de l'option* dans la dette alternative.

« Par exemple, continuait Pothier, si celui qui est débiteur d'une telle maison ou d'une somme de dix mille livres laisse deux héritiers, l'un des héritiers ne sera pas admis à payer la moitié d'une de ces choses jusqu'à ce que l'autre héritier paye aussi la moitié de la même chose... »

Décision naïve, tant elle est évidente, et qui n'a, au surplus, aucun rapport avec la règle établie par l'art. 1221.

Quant à la formule napoléonienne, elle n'a pas de sens (1).

4° *Celui où l'un des héritiers est chargé seul par le titre de l'exécution de l'obligation.*

Ce 4° concerne le cas où il a été dit, soit dans le titre *constitutif de l'obligation*, soit dans un titre *postérieur, que tel des héritiers du débiteur serait seul tenu de l'acquittement de la dette.*

Que ce titre soit un *contrat* ou un *testament*, il n'importe ; toutefois, ce n'est que par un testament que le débiteur peut défendre à l'héritier chargé seul de l'exécution, de recourir contre les autres héritiers, et, bien entendu, encore faut-il tenir compte de la limitation que la théorie de la *réserve* apporte au droit de disposer (2).

5° *Celui où il résulte, soit de la nature de l'engagement, soit de la chose qui en fait l'objet, soit de la fin qu'on s'est proposée dans le contrat que l'intention des contractants a été que la dette ne pût s'acquitter partiellement.*

Ce 5° est textuellement copié dans le n° 315 de Pothier.

Plusieurs auteurs enseignent que les trois cas qui y sont indiqués constituent une véritable indivisibilité tenant à l'*intention* des parties.

D'autres disent qu'il peut y avoir des gradations dans l'intention des

---

(1) Toullier, t. VI, n° 765. — MM. Zachariæ, Aubry et Rau, t. III, p. 41, texte et note 31. — M. Marcadé, t. IV, n° 641, 30.

Les compilateurs napoléoniens ont procédé ici à la façon de l'élève qui copie à la hâte sa version sur celle du voisin ; le voisin a écrit une chose intelligible, le copiste écrit un non-sens.

Cependant M. Colmet de Santerre a entrepris de justifier le copiste ; mais, hélas ! là où fallait un cas d'indivisibilité, *quant à l'exécution*, l'ingénieux professeur a trouvé un cas d'indivisibilité, *quant à l'obligation ;* or, ici, *quod abundat vitiat.* (V. M. Colmet de Santerre, t. V, n° 157 *bis*, iv.)

(2) A l'exemple de Dumoulin, Pothier (n° 313) ne prévoyait que le cas du contrat.

parties et qu'il s'agit ici de cas où les parties, sans vouloir aller jusqu'à l'indivisibilité complète, ont entendu admettre une indivisibilité d'*exécution* (1).

Quels sont ces cas?

La découverte du *premier* (celui qui résulte de la nature de l'engagement), demeure un *desideratum* (2).

On cite, comme exemples :

Du *second* (celui qui résulte de la chose faisant l'objet de l'engagement), le cas de la dette *in genere ;*

Du *troisième* (celui qui résulte de la fin qu'on s'est proposée dans le contrat), le cas où une personne stipule d'une autre une certaine somme à l'effet de libérer son fils du service militaire.

En résumé, sur les *cinq* exceptions mentionnées par l'art. 1221, *trois,* tout au plus, se vérifient.

Remarquons, d'ailleurs, que lorsqu'une de ces trois exceptions se présente, chacun des héritiers, non-seulement ne peut valablement offrir *la part dont il est débiteur,* mais encore peut être poursuivi et condamné pour la totalité de la dette, sauf recours (3).

Telle est l'indivisibilité relative à l'*exécution* de l'obligation, ou, d'après la terminologie de Dumoulin, l'indivisibilité *solutione tantum.* (**V.** *supra,* p. 855, note 1.)

§ II. — DES EFFETS DE L'OBLIGATION INDIVISIBLE.

1222. — Chacun de ceux qui ont contracté conjointement une dette indivisible, en est tenu pour le total, encore que l'obligation n'ait pas été contractée solidairement.

1223. — Il en est de même à l'égard des héritiers de celui qui a contracté une pareille obligation.

1224. — Chaque héritier du créancier peut exiger en totalité l'exécution de l'obligation indivisible. — Il ne peut seul faire la remise de la totalité de la dette ; il ne peut recevoir seul le prix au lieu de la chose. Si l'un des héritiers a seul remis la dette ou reçu le prix de la chose, son cohéritier ne peut demander la chose indivisible qu'en tenant compte de la portion du cohéritier qui a fait la remise ou qui a reçu le prix.

---

(1) Distinction *très-fine,* écrit un légiste ; oui, et fine à ce point que, si le juge cherchait à la faire, nous craindrions fort pour l'intérêt qu'elle doit sauvegarder.

(2) Comparer MM. Zachariæ, Aubry et Rau, t. III, p. 43, texte et note 37. Cette fois, Pothier s'est tiré de la difficulté par un sous-entendu ; il a donné la formule, mais il a omis l'exemple (n° 315).

(3) Ce *dernier* point est une innovation (comparer Pothier, n° 319). Il en résulte que la prescription est interrompue pour le tout, contre le débiteur qui a été poursuivi *pour le tout,* et cependant ce débiteur n'est obligé que *pour partie.*

D'après les art. 1222, 1223 et 1224 (1ᵉʳ alin.), l'indivisibilité d'une obligation produit les effets suivants :

1° *Chaque débiteur* (1) *peut être poursuivi pour le tout* (art. 1222 et 1223);

2° *Chaque créancier peut exiger l'accomplissement intégral de l'obligation* (art. 1223, 1ᵉʳ alin.).

Il faut ajouter que :

3° *L'interruption de prescription, opérée par l'un des créanciers, et la suspension de prescription, existant en faveur de l'un d'eux, profitent à tous les autres* (arg. tiré des art. 709 et 710);

4° *L'interruption de prescription, opérée contre l'un des débiteurs, suffit pour conserver les droits du créancier contre tous les autres* second alin.);

5° *Lorsque l'obligation indivisible est accompagnée d'une clause pénale, la peine est encourue par la contravention d'un seul des codébiteurs* (art. 1233).

Le *premier* et le *second* effet sont des déductions logiques de l'indivisibilité.

Le *troisième* et le *quatrième* effet n'ont aucune raison d'être, et le point relatif à la suspension de la prescription est un pur nonsens.

En ce qui concerne l'*interruption* de la prescription opérée par l'un des créanciers, ou contre l'un des débiteurs, les compilateurs napoléoniens ont oublié que, dans la dette indivisible, il n'existe de mandat ni entre les cocréanciers ni entre les codébiteurs.

En ce qui concerne la *suspension* de la prescription, existant en faveur de l'un des créanciers, les compilateurs napoléoniens ne se sont plus souvenus que toute protection est éminemment personnelle (2).

Enfin, le *cinquième* effet est aussi illogique que les précédents (V. *infra*, art. 1232).

Le *second* alinéa de l'art. 1224 est, en quelque sorte, la contre-partie des art. 1222, 1223 et 1224 1ᵉʳ alin.); il dispose :

1° *Que chaque créancier peut seul faire remise de la dette;*

_____

(1) Les compilateurs napoléoniens ont dit : « Chaque héritier du débiteur, chaque héritier du créancier. » Ces formules manquent de généralité.

(2) A son cours, M. Valette opine dans le même sens. — Comparer M. Colmet de Santerre, n° 161 *bis*, et MM. Zachariæ, Aubry et Rau, t. III, note 26.

Il est probable que les rédacteurs du Code Napoléon ont considéré comme impossible de concilier l'idée de l'indivisibilité avec celle d'une interruption ou d'une suspension produisant des effets particls.

Que ne regardaient-ils ce qu'ils décrétaient eux-mêmes dans le *second* alinéa de l'art. 1224, touchant la remise de la dette faite par un seul des héritiers du créancier?

2° *Que chaque créancier ne peut recevoir seul le prix, au lieu de la chose due.*

Ces *deux* dispositions résultent de ce que chaque créancier d'une dette indivisible, tout en étant créancier *in totum* ne l'est pas *totaliter;* ce qui signifie que, *bien que chaque créancier ait le droit d'exiger la totalité de la chose due, il n'est pas personnellement maître de toute la créance* (1).

Du reste, le créancier solidaire, quoique réputé mandataire de ses cocréanciers, n'a non plus le droit ni de faire une remise, ni de consentir une transformation de la dette préjudiciable à ses mandants.

Cependant, si l'un des créanciers de la dette indivisible a remis la dette, cette remise est-elle sans effet ?

A cet égard, il faut distinguer deux cas :

Ou bien la remise procure aux cocréanciers de celui qui l'a faite un profit pécuniairement appréciable ;

Ou bien elle ne procure pas aux cocréanciers un tel profit.

Dans le *premier* cas, les cocréanciers doivent indemniser le débiteur dans la mesure du profit que leur procure la remise.

Dans le *second* cas, ils ne doivent aucune indemnité au débiteur et celui-ci obtient pour tout gain d'être délivré de la demande du créancier qui lui a fait la remise.

Éclaircissons ce point par deux exemples.

Premier exemple : Paul doit à quatre personnes la construction d'une maison ; un des créanciers fait à Paul remise de la dette ; Paul n'en est pas moins tenu de construire la maison ; mais il a le droit de se faire indemniser par les autres jusqu'à concurrence de la part de celui qui lui a remis la dette.

Dans ce cas, en effet, la remise procure aux cocréanciers un profit pécuniairement appréciable.

On conçoit, d'ailleurs, que la nature de la dette ne permet pas de déduire la part de celui qui a fait la remise.

Second exemple : Paul doit à quatre copropriétaires d'un fonds une servitude réelle de passage ; un des créanciers fait à Paul remise de la dette ; non-seulement Paul doit constituer la servitude comme s'il n'y avait pas eu de remise, mais il n'a le droit de réclamer aux cocréanciers aucune indemnité.

Dans ce cas, en effet, le remise ne procure aux cocréanciers aucun profit pécuniairement appréciable (2).

Les mêmes solutions sont applicables dans toutes les circonstances

---

(1) Comparer Pothier, n° 327.
(2) M. Valette, à son cours. — MM. Zachariæ, Aubry et Rau, t. III, p. 37, note 17. — M. Colmet de Santerre, t. V, n°s 159 bis, II et III.

analogues (*novation* consentie par un des cocréanciers, *jugement* qui a débouté l'un d'eux de sa demande, *transaction* faite avec l'un d'eux), et notamment lorsque l'un des cocréanciers a reçu seul le prix, au lieu de la chose due.

1225. — L'héritier du débiteur, assigné pour la totalité de l'obligation, peut demander un délai pour mettre en cause ses cohéritiers, à moins que la dette ne soit de nature à ne pouvoir être acquittée que par l'héritier assigné, qui peut alors être condamné seul, sauf son recours en indemnité contre ses cohéritiers.

Aux termes de l'art. 175 du Code de procédure, tout défendeur qui prétend avoir le droit d'appeler une personne en garantie, jouit d'un certain délai pour mettre en cause cette personne.

C'est là une faculté de droit commun qui appartient aux codébiteurs solidaires, tout aussi bien qu'aux codébiteurs d'une obligation indivisible.

Mais les codébiteurs d'une obligation indivisible jouissent d'une autre faculté beaucoup plus importante ; le codébiteur assigné a le droit de mettre en cause ses codébiteurs *afin de les faire condamner à l'acquittement de la dette par le même jugement qui l'y condamnera lui-même.*

Les compilateurs napoléoniens ont, comme toujours, emprunté cette décision à Pothier (n° 330), lequel l'avait empruntée à Dumoulin.

Ce dernier la fondait sur la loi 11, § 23, D., liv. XXXIII, et sur l'idée que chaque codébiteur d'une obligation indivisible n'est tenu qu'*in totum* (1).

Cependant, si la dette est de nature à ne pouvoir être acquittée que par l'héritier assigné, cet héritier peut alors être condamné sans aucun délai, sauf à lui à demander, s'il y a lieu, une indemnité à ses codébiteurs.

Exemple : L'obligation a pour objet une servitude réelle de passage, et l'immeuble sur lequel la servitude doit être constituée se trouve compris dans le lot du codébiteur (cohéritier) assigné.

L'effet de l'appel en cause est d'amener, avons-nous dit, la condamnation conjointe de tous les codébiteurs. En vertu de cette condamnation, chacun se trouve tenu d'exécuter avec les autres, et pour sa part, l'obligation indivisible.

Si, par le refus de l'un des codébiteurs de concourir à l'exécution, l'obligation n'est point accomplie, elle se transforme en une dette de *dommages-intérêts*, et, comme ces dommages-intérêts sont divisibles, l'obligation se divise alors entre tous les codébiteurs qui n'en sont tenus chacun que pour leur part, à l'exception pourtant de celui dont le refus

---

(1) Dans la présente hypothèse, Dumoulin et Pothier étaient aussi peu clairs l'un que l'autre ; voilà un motif bien suffisant pour expliquer l'obscurité de l'art. 1225.

a rendu l'exécution impossible, et qui, à cause de cette circonstance, doit être condamné à la totalité des dommages-intérêts (Comp. art. 1232).

Nota. Remarquons que, tandis que l'obligation *solidaire* se divise entre les héritiers de chaque débiteur, l'obligation *indivisible* reste indivisible aussi longtemps que la prestation à faire conserve le caractère de l'indivisibilité.

SECTION VI.

DES OBLIGATIONS AVEC CLAUSES PÉNALES.

Dans un livre de doctrine bien fait, cette insignifiante section pourrait se réduire à deux mots :
L'obligation née d'une clause pénale est une obligation accessoire.
Dans un Code, elle est un hors-d'œuvre.
Mais Pothier avait parlé, et longuement (n°ˢ 337-364); les compilateurs napoléoniens ont répété Pothier, toutefois en l'abrégeant.
Les idées issues du formalisme romain et les confusions commises par les Prudents ont, d'ailleurs, gâté à certains égards, la théorie moderne de la clause pénale (1).

1226. — La clause pénale est celle par laquelle une personne, pour assurer l'exécution d'une convention, s'engage à quelque chose en cas d'inexécution.

Ceci est le n° 337 de Pothier.
Dans l'état actuel, la clause pénale doit être définie :
Une stipulation, en général, accessoire, par laquelle les parties déterminent à l'avance le montant des dommages-intérêts que devra payer le débiteur, en cas, soit d'inexécution, soit de retard dans l'exécution de son obligation.

1227. — La nullité de l'obligation principale entraîne celle de la clause pénale. — La nullité de celle-ci n'entraîne point celle de l'obligation principale.

Cet article reproduit les n°ˢ 338 et 340 de Pothier.
En tant que la clause pénale a un caractère *accessoire*, rien de plus indiscutable que les *deux* propositions qu'énonce le texte.
Toutefois, la clause pénale engendre une obligation *principale* dans les *deux* cas suivants :
1° *Lorsqu'elle est la sanction d'une obligation à l'accomplissement de laquelle celui envers qui elle a été contractée n'a aucun intérêt*

---

(1) V. L. 25, § 9, 12, D., liv. XII, tit. II. — L. 2, § 2, 3, 4, § 1, 131 pr. D., liv. XLV, tit. I. — § 19, 21 Inst., liv. III, tit. XIX.

appréciable, par exemple, dit Pothier, cum quis alteri stipulatus est (V. *supra,* art. 1121, p. 766) (1) ;

2° *Lorsqu'elle est ajoutée à une obligation dont la nullité peut donner lieu à des dommages-intérêts, par exemple à l'obligation de la personne qui a vendu la chose d'autrui* (2).

Rappelons que, dans le *premier* cas, la clause pénale se trouve avoir pour effet de valider indirectement l'obligation dont elle est la sanction.

1228. — Le créancier, au lieu de demander la peine stipulée contre le débiteur qui est en demeure, peut poursuivre l'exécution de l'obligation principale.

1229. — La clause pénale est la compensation des dommages et intérêts que le créancier souffre de l'inexécution de l'obligation principale. — Il ne peut demander en même temps le principal et la peine, à moins qu'elle n'ait été stipulée pour le simple retard.

1230. — Soit que l'obligation primitive contienne, soit qu'elle ne contienne pas un terme dans lequel elle doive être accomplie, la peine n'est encourue que lorsque celui qui s'est obligé, soit à livrer, soit à prendre, soit à faire, est en demeure.

1231. — La peine peut être modifiée par le juge lorsque l'obligation principale a été exécutée en partie.

Les *trois* premiers de ces articles ont été copiés dans Pothier (n°s 341-344); les *quatre* sont d'une banalité qui dispense de tout commentaire.

On peut cependant remarquer que l'art. 1228 cesserait de s'appliquer s'il apparaissait que l'intention des parties a été de faire une *novation conditionnelle,* c'est-à-dire de substituer la *seconde* obligation à la *première,* en cas d'inexécution ou de retard dans l'exécution de la première (3).

On remarquera aussi dans l'article 1230, les mots « obligations de prendre livraison »; c'est, disent certains auteurs, une variante de l'obligation de faire (4); c'est, dirons-nous, une mauvaise expression due à l'inadvertance des copistes napoléoniens.

1232. — Lorsque l'obligation primitive contractée avec une clause pénale est d'une chose indivisible, la peine est encourue par la contravention d'un seul des héritiers du débiteur, et elle peut être demandée, soit en totalité contre celui qui a fait la contravention, soit contre chacun des cohéritiers pour leur part et portion, et hypothécairement pour le tout, sauf leurs recours contre celui qui a fait encourir la peine.

1233. — Lorsque l'obligation primitive contractée sous une peine est divisible, la peine n'est encourue que par celui des héritiers du débiteur qui contre-

---

(1) Nous nous éloignons, d'ailleurs, de la théorie de Pothier, qui, même dans ce cas, présente la clause pénale, comme engendrant une obligation *accessoire.*

(2) Ces *deux* cas sont en dehors de la clause pénale; ils n'y figurent que parce que les textes des praticiens romains sont devenus pour nous des fétiches; et quels fétiches, le plus souvent!

(3) Pothier, n° 341.

(4) M. Colmet de Santerre, t. V, n° 167 *bis,* II.

vient à cette obligation, et pour la part seulement dont il était tenu dans l'obligation principale, sans qu'il y ait d'action contre ceux qui l'ont exécutée. — Cette règle reçoit exception lorsque la clause pénale ayant été ajoutée dans l'intention que le payement ne pût se faire partiellement, un cohéritier a empêché l'exécution de l'obligation pour la totalité. En ce cas, la peine entière peut être exigée contre lui, et contre les autres cohéritiers pour leur portion seulement, sauf leur recours.

La clause pénale peut être la sanction d'une obligation *indivisible* ou d'une obligation *divisible*.

Donc, il y a *deux* cas à distinguer :

PREMIER CAS. — *La clause pénale est la sanction d'une obligation indivisible.*

Dans ce cas, l'art. 1232 dispose que *la peine est encourue par la contravention d'un seul des codébiteurs;* cependant, la peine ne peut être demandée en totalité que contre le débiteur contrevenant; les autres n'en sont tenus que pour leur part.

Cette décision qui est celle de Dumoulin et de Pothier (n° 355), *est-elle logique? N'aurait-on pas dû plutôt décider que les codébiteurs qui n'ont pas commis la contravention sont affranchis de la peine?*

Les *uns* tiennent pour ce dernier avis, car disent-ils, en matière d'obligation indivisible, il n'y a aucune raison pour rendre les codébiteurs responsables de la faute de leur codébiteur (1).

Les *autres* répliquent, au nom du formalisme romain, que, lorsque la première obligation n'est pas exécutée, la condition qui constitue la clause pénale se trouve accomplie, et que, par conséquent, il n'y a pas à distinguer si c'est par la faute de tous les codébiteurs ou par la faute d'un seul que la première obligation n'est pas exécutée.

Remarquons :

1° *Que, si la peine était indivisible, chaque codébiteur serait tenu de la totalité ;*

2° *Qu'il en serait de même si la clause pénale était garantie par une hypothèque.*

SECOND CAS. — *La clause pénale est la sanction d'une obligation divisible.*

Dans ce cas, le *premier* alinéa de l'art. 1233 dispose que *la peine n'est encourue que par le codébiteur qui contrevient à l'obligation,* et pour la part seulement dont il était tenu dans l'obligation principale, sans qu'il y ait d'action contre ceux qui l'ont exécutée.

D'après le *second* alinéa du même article, si la clause pénale a

---

(1) M. Valette, à son cours, M. Bugnet, *Sur Pothier*, p. 191, et M. Demante, *Programme*, n° 169, semblent partager cette manière de voir.

été ajoutée dans le but d'imprimer à l'obligation le caractère de l'indivisibilité, il faut appliquer la *même* solution que dans le premier cas (1).

CHAPITRE V

DE L'EXTINCTION DES OBLIGATIONS.

Le Code de la Convention (liv. III, tit. I, partie III) reconnaissait huit causes d'extinction des obligations, savoir :

1° *Le payement;*

2° *La novation;*

3° *La délégation;*

4° *La remise de la dette;*

5° *La compensation;*

6° *L'extinction de l'obligation par l'extinction de la chose même;*

7° *La condition résolutoire;*

8° *La prescription.*

Dans cette nomenclature, la délégation était à tort séparée de la novation dont elle fait partie.

Le Code de la Convention réglait en quinze articles ces huit causes d'extinction (art. 38-53).

La compilation napoléonienne a consacré au même sujet quatre-vingts articles (1234-1314).

Ces textes sont verbeux, inexacts et remplis d'idées romaines, les unes défigurées, les autres exactement reproduites, un grand nombre subtiles autant qu'oppressives pour la volonté des parties.

1234. — Les obligations s'éteignent : — Par le payement. — Par la novation. — Par la remise volontaire. — Par la compensation. — Par la confusion. — Par la perte de la chose. — Par la nullité ou la rescision. — Par l'effet de la condition résolutoire, qui a été expliquée au chapitre précédent. — Et par la prescription qui fera l'objet d'un titre particulier.

Aux *neuf* causes d'extinction mentionnées dans cet article les auteurs ajoutent :

10° *L'expiration du temps pour lequel l'obligation a été formée* (terme résolutoire);

11° Dans certains cas exceptionnels, *la mort du créancier ou du débiteur* (V. art. 419, 617, 957, 1795, 1865, 1879, 1983, 2003).

Remarquons que la condition résolutoire n'éteint l'obligation que

---

(1) Comparer Pothier, n° 361.

tout autant que l'obligation n'est point encore exécutée au moment où cette condition se réalise; si l'obligation est exécutée, bien loin d'être alors une cause d'extinction de l'obligation, *la condition résolutoire produit, au contraire, l'obligation de restituer ce qui a été payé en vertu de l'obligation résolue.*

SECTION PREMIÈRE.

DU PAYEMENT.

Le Code Napoléon comprend sous cette rubrique :

1° *Le payement en général;*

2° *Le payement avec subrogation,* c'est-à-dire, *le payement fait en l'acquit du débiteur par une personne qui se trouve substituée aux droits du créancier;*

3° *L'imputation des payements;*

4° *Les offres qui, lorsqu'elles sont suivies de consignation, tiennent lieu de payement;*

5° *La cession de biens,* qui est, d'ailleurs, fort mal à propos classée dans la matière du payement.

§ I. — DU PAYEMENT EN GÉNÉRAL.

1235. — Tout payement suppose une dette : ce qui a été payé sans être dû est sujet à répétition. — La répétition n'est pas admise à l'égard des obligations naturelles qui ont été volontairement acquittées.

Pothier (n° 494) définit le payement, « l'accomplissement réel de ce qu'on s'est obligé de donner ou de faire ».

En termes plus simples, *le payement est l'acquittement de l'obligation.*

Donc, comme l'exprime le *premier* alinéa de l'art. 1235, *le payement suppose une dette qu'il s'agit d'éteindre.*

De là, *deux* conséquences :

1° *S'il n'existe pas de dette, le payement est sans cause, et il y a lieu à répétition* (**V.** *infra,* art. 1376, 1381);

2° *La prestation accomplie, à titre de payement, doit faire présumer qu'il existe une dette* (**V.** *infra,* art. 1315).

Le *second* alinéa de l'art. 1235 est gros de difficultés; il porte que :

« La répétition n'est pas admise à l'égard des obligations *naturelles* qui ont été volontairement acquittées. »

Qu'est-ce que l'obligation naturelle?

Cela n'est pas tout à fait facile à savoir.

Le droit romain, qui avait faussé la nature si complétement et souvent d'une manière si énorme, le droit romain qui légitimait l'esclavage, qui avait organisé cette *patria potestas* où là personnalité du fils était à l'origine absorbée par celle du père, qui avait assis la propriété sur ces deux bases, conquête et servitude, qui entendait gouverner à sa guise le propriétaire et qui lui défendait de contracter en dehors des formes légales, le droit romain, pour pallier les iniquités dont il est rempli, avait *imaginé* la théorie des obligations dites *naturelles*.

Les légistes rencontrèrent le mot ; comme ce mot venait de la *ratio scripta*, ils se gardèrent de le répudier, mais il fallait lui trouver un sens, car l'*idée* romaine n'était plus possible ; c'est ce sens que l'on cherche encore.

Selon Pothier (n° 173), *l'obligation naturelle est :*

Celle qui, dans le for de l'honneur et de la conscience, oblige celui qui l'a contractée à l'accomplissement de ce qui y est contenu (1).

Selon Bigot-Préameneu, *les obligations naturelles sont celles que la loi civile, à raison de motifs particuliers, considère comme nulles, ou encore, celles dont la cause est trop défavorable pour que l'action soit admise* (2).

Selon MM. Zachariæ, Aubry et Rau, les *obligations naturelles sont les devoirs qui, d'après le caractère des actes auxquels ils s'appliquent, seraient légitimement susceptibles de devenir l'objet d'une coercition extérieure, mais que le droit positif n'a point élevés au rang d'obligations civiles, ou auxquels il a retiré l'efficacité attachée à de pareilles obligations* (3). »

D'autres enseignent que *l'obligation naturelle est celle à laquelle la loi refuse la sanction de l'action, à raison de présomptions qui ne lui sont démontrées fausses que par l'aveu du débiteur ou par quelque acte équivalent* (4).

D'autres, enfin, disent que *l'obligation naturelle est celle qui, tout en n'étant pas munie d'action, produit cependant certains effets civils* (5).

On peut choisir indifféremment entre ces *deux dernières* définitions ;

---

(1) M. Demolombe adhère à la définition de Pothier, t. XX, p. 32.
(2) Locré, *Législ. civ.*, t. XII.
(3) MM. Zachariæ, Aubry et Rau, t. III, p. 3.
(4) C'était la définition que donnait, à son cours, M. le professeur Oudot.
(5) Comparer Molitor, *Les obligations en droit romain*, p. 34 et 67.
Nous en passons et des meilleures ; en voici une *sixième* :
Les obligations naturelles sont toutes celles qu'imposent la délicatesse, l'honneur ou les convenances.
Nous serions curieux, pour notre part, de voir comment s'y prendrait la magistrature actuelle pour appliquer cette définition.

il est vrai qu'elles ne définissent rien, mais c'est pour cela que, dans l'état de la *doctrine*, elles sont excellentes.

Citons les exemples généralement admis.

Sont obligations naturelles :

1° *L'obligation qui incombe aux pères et mères de pourvoir à l'établissement de leurs enfants par mariage ou autrement;*

2° *L'obligation annulée ou rescindée en raison d'une incapacité légale, lorsqu'elle a été contractée par une personne capable en fait d'un consentement libre (mineur, femme mariée)*;

3° *L'obligation contre laquelle le débiteur a le droit de se prévaloir de la chose jugée, du serment décisoire ou de la prescription;*

4° *L'obligation qui pèse sur le failli concordataire de désintéresser intégralement ses créanciers* (V. art. 604 et suiv. C. Co.) (1).

Quels sont maintenant les effets civils de l'obligation naturelle?

On est d'accord sur les effets suivants :

1° *L'obligation naturelle peut être garantie par un cautionnement;*

2° *Elle peut être garantie par une hypothèque;*

3° *Elle peut être novée, c'est-à-dire convertie en une obligation pleinement civile;*

4° *Elle fournit une défense contre la demande en répétition de la prestation volontairement faite par le débiteur dans le but de se libérer.*

Ce *quatrième* effet est celui que prévoit le *second* alinéa de l'art. 1235, et c'est l'effet *principal* de l'obligation naturelle.

Remarquons que, selon la plupart des auteurs, le mot « volontairement » employé dans le texte, signifie ici *sciemment, en connaissance de cause.*

Ce n'est, en effet, ajoute-t-on, que tout autant que le débiteur paye en connaissance de cause, qu'il peut être réputé avoir renoncé à la présomption qui le protégeait (2).

Nous allons examiner successivement :

1° *Par qui le payement peut être fait* (art. 1236, 1238);

2° *A qui le payement peut être fait* (art. 1239, 1242);

3° *Quelle chose doit être payée* (art. 1343, 1246);

---

(1) Comparer Pothier, nᵒˢ 192 et 196. — Bigot-Préameneu, *Exposé des motifs* (Locré, *Législ. civ.*, tit. XII, p. 364). — MM. Zachariæ, Aubry et Rau, t. III, p. 4. — M. Colmet de Santerre, t. V, nᵒ 174 *bis*, iv-x. — M. Massol, *Des obligations naturelles.*

On ne s'entend pas au sujet des dettes de jeu et de pari, et des professeurs de droit se demandent si de telles dettes constituent des obligations naturelles.

Le jeu et le pari intéressés n'ont jamais rien de moral, et ils peuvent être souverainement immoraux; la propriété pour chacun doit reposer sur l'effort propre.

(2) Comparer Fenet, t. XIII, p, 264. — M. Marcadé, t. IV, nᵒ 671. — M. Colmet de Santerre, t. V, nᵒ 174 *bis*, xl.

4° *En quel lieu et aux frais de qui le payement doit être effectué* (art. 1247, 1248).

1° PAR QUI LE PAIEMENT PEUT ÊTRE FAIT.

1236. — Une obligation peut être acquittée par toute personne qui y est intéressée, telle qu'un cobligé ou une caution. — L'obligation peut même être acquittée par un tiers qui n'y est point intéressé, pourvu que ce tiers agisse au nom et en l'acquit du débiteur, ou que, s'il agit en son nom propre, il ne soit pas subrogé aux droits du créancier.

1237. — L'obligation de faire ne peut être acquittée par un tiers contre le gré du créancier, lorsque ce dernier a intérêt qu'elle soit remplie par le débiteur lui-même.

Du *premier* alinéa de l'art. 1236 et du sens commun, il résulte implicitement ou explicitement que le payement peut être fait :

1° *Par le débiteur;*

2° *Par toute personne intéressée à l'extinction de l'obligation;* ainsi un codébiteur solidaire, une caution (1).

En général, les personnes de cette seconde catégorie acquièrent, en payant, le bénéfice de la subrogation légale (1251, 3ᵉ alin., *infra*).

Que veut dire le second *alinéa de l'art.* 1236?

Ce qu'il y a d'abord d'incontestable, c'est que, d'après cet alinéa, *un tiers non intéressé à l'extinction de l'obligation peut éteindre l'obligation par un payement.*

Mais *deux* hypothèses sont possibles :

Ou le tiers, comme s'exprime l'article, *agit au nom et en l'acquit du débiteur* (2), c'est-à-dire *dans l'intérêt du débiteur.*

Ou le tiers, toujours comme s'exprime l'article, *agit en son propre nom,* c'est-à-dire *dans son propre intérêt.*

Dans la *première* hypothèse, le tiers non intéressé qui paye la dette peut *obtenir,* mais *non pas exiger* que le créancier le *subroge* à ses droits (art. 1250, 1ᵉʳ alin.).

A défaut de subrogation, ce tiers a contre le débiteur une action *negotiorum gestorum,* c'est-à-dire *une action qui lui donne, dans ce cas, le droit de demander au débiteur le remboursement de ce qu'il a payé pour lui.*

Dans la *seconde* hypothèse, le tiers, non intéressé, qui paye la dette, ne peut *ni exiger, ni même obtenir* que le créancier le *subroge* à ses droits.

---

(1) Le Code de la Convention se bornait à porter l'utile et rationnelle disposition suivante :

« Tout débiteur a essentiellement la faculté de se libérer, nonobstant toute stipulation contraire. (Liv. III, tit. I, art. 38.)

(2) Vieilles expressions du vieux droit qui n'ont pas précisément le mérite de la clarté.

En effet, la subrogation repose sur l'idée que le subrogé s'est proposé de rendre un service au débiteur (**V.** *infra*, paragraphe *Du payement avec subrogation*), et la présente hypothèse exclut une pareille idée.

Lorsque, dans cette *seconde* hypothèse, le tiers paye, sans stipuler la transmission des droits du créancier, il n'a pour se faire rembourser qu'une action *de in rem verso*, c'est-à-dire *une action qui lui donne seulement le droit de demander au débiteur ce qui a tourné à son profit*.

Lorsque le tiers, en payant, a stipulé que le créancier lui transmettrait ses droits, cette transmission, de quelque nom qu'on l'ait revêtue, est un *transport-cession* (art. 1689), et le tiers acquiert alors contre le débiteur l'*action du créancier* (1).

Remarquons :

1° *Qu'aux termes de l'art.* 1237, *l'obligation de faire ne peut être acquittée par un tiers contre le gré du créancier, lorsque ce dernier a intérêt à ce qu'elle soit remplie par le débiteur lui-même* (2);

2° *Que, d'après ce que nous venons de dire ci-dessus, toute obligation, autre que celle de faire, peut être acquittée par un tiers contre le gré du créancier pourvu qu'il n'exige pas que le créancier le subroge.*

Un tiers peut-il payer, malgré le débiteur?

L'*affirmative* est, en général, admise pour le cas où le créancier consent au payement; la *négative*, pour le cas où le créancier refuse le payement.

Si un tiers a payé malgré le débiteur, ce tiers a alors contre le débiteur un recours *de in rem verso* (3).

1238. — Pour payer valablement, il faut être propriétaire de la chose donnée en payement, et capable de l'aliéner. — Néanmoins le payement d'une somme en argent ou autre chose qui se consomme par l'usage, ne peut être répété contre le créancier qui l'a consommée de bonne foi, quoique le payement en ait été fait par celui qui n'en était pas propriétaire ou qui n'était pas capable de l'aliéner.

Le 1er alinéa de cet article dénature les nos 495 et 495 de Pothier; il exige, pour que le payement soit valable :

1° *Que la personne qui paye soit propriétaire de la chose donnée en payement ;*

---

(1) Comparer Fenet, t. XIII, p. 157 et 265. — M. Marcadé, t. IV, no 673. — MM. Zachariæ, Aubry et Rau, t. III, texte et note 9. — M. Colmet de Santerre, t. V, no 175 *bis*, IX.

(2) Comparer Pothier, (no 500).

(3) Comparer Toullier, t. VII, nos 10 et 12. — M. Duranton, t. XII, nos 18 et 19. — MM. Zachariæ, Aubry et Rau, t. III, p. 100, note 1. — M. Colmet de Santerre, t. V, no 175 *bis*, X-XI.

2° *Que. cette personne soit capable d'aliéner la chose donnée en paye-ment.*

Pothier restreignait sa proposition à l'obligation de *donner ;* inattentivement, les compilateurs napoléoniens ont généralisé cette proposition.

En outre, l'eussent-ils restreinte à l'obligation de donner, comme le faisait Pothier, au lieu de deux vices, leur formule, il est vrai, n'en contiendrait plus alors qu'un seul, mais ce vice resterait un vice capital.

En effet, les compilateurs ne se sont plus souvenus qu'aux termes de l'art. 1138, *le contrat qui a pour but la translation de la propriété, opère aujourd'hui par lui-même cette translation, toutes les fois qu'il porte sur un corps certain* (V. *supra*, p. 786).

Donc, en général, dans le contrat qui a pour but la translation de la propriété, le débiteur ne peut être propriétaire *au moment où il paye,* c'est-à-dire *où il délivre l'objet du contrat,* car il a cessé d'être propriétaire de cet objet *dès l'instant même du contrat* (1).

Supposons maintenant que le contrat qui a pour but de transférer la propriété ne puisse par lui-même opérer cette translation ; c'est, par exemple, un contrat dont l'objet est *une chose indéterminée ; qu'arrivera-t-il :*

1° *Si le débiteur n'est pas propriétaire de l'objet qu'il paye ;*
2° *S'il est incapable de l'aliéner ?*

Voyons successivement ces deux hypothèses :

1re HYPOTHÈSE. *Le débiteur n'est pas propriétaire de l'objet qu'il paye.*

Dans cette hypothèse, il est clair d'abord que le créancier ne peut être tenu de conserver l'objet payé, d'où il résulte qu'il a toujours le droit de réclamer un nouveau payement (2).

Quant au débiteur, au moyen d'un argument *à contrario* fondé sur le second alinéa de l'art. 1138 et contrairement à la maxime « *quem de evictione tenet actio, eumdem agentem repellit exceptio* », on lui

---

(1) Et puis, comme il est utile que le législateur nous apprenne que lorsque nous devons, nous n'avons pas le droit de payer avec l'argent ou la chose du voisin, et aussi que la personne qui fait un acte doit être capable de le faire.

Panégyristes, vantez la grande législation napoléonienne ; elle en est remplie, de ces textes graves !

Ce qu'il y a d'inconcevable, c'est l'illusion qu'a produite toute cette parade, alors que ceux mêmes qui l'accomplissaient avaient soin de nous avertir à chaque instant ; témoin l'inépuisable M. Bigot, qui disait au sujet du payement :

« Le payement est un transport de propriété ». (*Législ. civ.*, t. X, p. 365.)

(2) M. Valette, à son cours. — M. Bugnet sur Pothier, t. II, p. 272. — M. Colmet de Santerre, t. V, n° 177 *bis,* XII-XIII. — Comparer MM. Zachariæ, Aubry et Rau, t. III, p. 103.

reconnaît, en général, le droit de répéter l'objet payé, sauf à en offrir un autre dont il soit propriétaire (1).

Toutefois, le payement est irrévocable, si l'objet payé a été consommé de bonne foi par le créancier (2e alin. art. 1238).

SECONDE HYPOTHÈSE. *Le débiteur est incapable d'aliéner l'objet qu'il paye.*

Dans cette hypothèse, le créancier n'a évidemment nul droit de plainte, car, aux termes de l'art. 1125, les personnes capables n'ont pas le droit de demander l'annulation des actes qu'elles ont faits avec une personne incapable.

Quant au débiteur, il a le droit de répéter l'objet payé, à moins que le créancier ne l'ait consommé de bonne foi.

2° A QUI LE PAYEMENT PEUT ÊTRE FAIT.

1239. — Le payement doit être fait au créancier, ou à quelqu'un ayant pouvoir de lui, ou qui soit autorisé par justice ou par la loi à recevoir pour lui. — Le payement fait à celui qui n'aurait pas pouvoir de recevoir pour le créancier est valable, si celui-ci le ramène, ou s'il en a profité.

1240. — Le payement fait de bonne foi à celui qui est en possession de la créance, est valable, encore que le possesseur en soit par la suite évincé.

1241. — Le payement fait au créancier n'est point valable s'il était incapable de le recevoir, à moins que le débiteur ne prouve que la chose payée a tourné au profit du créancier.

1242. — Le payement fait par le débiteur à son créancier, au préjudice d'une saisie ou d'une opposition, n'est pas valable à l'égard des créanciers saisissants ou opposants : ceux-ci peuvent, selon leur droit, le contraindre à payer de nouveau, sauf, en ce cas seulement, son recours contre le créancier.

D'après ces textes, le payement peut être fait :
1° *Au créancier lui-même ;*
2° *Au mandataire conventionnel, légal ou judiciaire du créancier ;*
3° *Au possesseur de la créance.*
Examinons ces différents cas :

1° Payement fait au créancier lui-même.

Pour que le payement fait entre les mains du créancier soit valable, il faut, comme dit Pothier (n° 504), que le créancier soit capable d'administrer son bien.

---

(1) En ce sens, M. Valette à son cours. — M. Colmet de Santerre, t. V, n° 177 *bis*, vii-viii. — En sens contraire, MM. Zachariæ, Aubry et Rau, t. III, p. 103, texte et note 14.

Il y a une question de conscience engagée dans cette controverse, et, dans le doute, c'est pour la conscience, non pour la subtilité juridique, qu'il faut décider.

Néanmoins, le payement fait à une personne incapable ne peut être argué de nullité :

1° *Lorsque le débiteur prouve qu'il a tourné au profit du créancier et que ce profit subsiste au moment de la demande d'un nouveau payement fait par l'incapable ou en son nom* (art. 1241, 1312) (1) ;

2° *Lorsque le créancier, devenu capable de recevoir, confirme le payement* (art. 1338).

Que faut-il décider, en ce qui concerne le payement fait au préjudice d'une saisie-arrêt, régulièrement formée entre les mains du débiteur?

On sait que la saisie-arrêt ou opposition est la défense qu'une personne fait au débiteur de son débiteur de payer entre les mains de celui-ci.

Supposons l'espèce suivante :

Paul doit à Pierre 10 000 francs et Jean est débiteur de Paul de 20 000 francs ; Pierre fait une saisie-arrêt entre les mains de Jean, pour la somme que lui doit Paul, c'est-à-dire pour 10 000 francs.

D'abord, si, nonobstant la saisie-arrêt, Jean paye à Paul les 20 000 fr. qu'il lui doit, il n'est pas douteux que le payement soit valable dans les rapports de Jean avec Paul ; mais Pierre, qui avait saisi 10 000 francs entre les mains de Jean, a le droit de contraindre Jean à lui payer 10 000 francs, sauf le droit de Jean de recourir contre Paul.

Le tiers saisi, c'est-à-dire *la personne entre les mains de laquelle la saisie-arrêt a été faite* (Jean, dans l'espèce), *peut-elle, sans danger, payer à son créancier* (Paul) *l'excédant de la somme saisie sur elle?*

La réponse est qu'en payant cet excédant, le tiers saisi s'exposerait à une perte.

Soit, en effet, un second créancier qui pratique en temps utile une nouvelle saisie pour une somme de 10 000 francs ; *comme, entre créanciers saisissants, la priorité des saisies ne crée aucun droit de préférence au profit de ceux qui les ont pratiquées,* le second créancier a le droit de venir, au marc le franc avec le premier, sur la somme restée entre les mains du tiers saisi ; or, par suite du payement que le tiers saisi a fait, cette somme se trouve réduite à 10 000 francs; en d'autres termes, les deux créanciers, qui tous les deux isolément ont le droit de

_____

(1) Pothier, n° 504. — Delvincourt, t. II, p. 542 et 543. — M. Duranton, t. II, n° 45.

MM. Zachariæ, Aubry et Rau (t. III, p. 109, texte et note 17), et M. Colmet de Santerre (t. V. n°s 185 *bis*, II-III), enseignent qu'il suffit, pour que le payement ne puisse être argué de nullité, que l'incapable en ait profité au moment où il a été fait, ou depuis.

Les compilateurs napoléoniens suivaient pas à pas Pothier ; ils ont, il est vrai, omis de reproduire, dans l'art. 1241, un des membres de la phrase de cet auteur, mais cet indice est trop faible pour qu'on en puisse sûrement conclure qu'ils ont entendu s'écarter de l'idée de Pothier.

réclamer 10 000 francs, ont 10 000 francs à se distribuer; d'où il résulte que, dans l'espèce, chacun d'eux recevra 5000 francs.

Mais, évidemment, le préjudice éprouvé par le premier créancier saisissant procède du fait du tiers saisi; si ce dernier n'avait pas payé au saisi l'excédant des causes de la saisie, il y aurait eu entre ses mains une somme suffisante pour payer les deux créanciers; or, le premier saisissant n'avait pas saisi tels 10 000 francs plutôt que tels autres, il avait saisi 10 000 francs sur une somme de 20 000 francs.

Donc, ce créancier éprouvant un préjudice par le fait du tiers saisi, a le droit de demander au tiers saisi réparation de ce préjudice, c'est-à-dire *que, sans tenir compte du payement fait au saisi, il a le droit d'exiger du tiers saisi le complément de ce qui lui est dû, et le tiers saisi se trouve ainsi contribuer du sien.*

Faut-il conclure de là :

D'une part, que le tiers saisi soit provisoirement placé dans l'impossibilité de se libérer;

D'autre part, que le saisi soit provisoirement obligé de laisser la chose due aux mains de son débiteur qui devient insolvable?

On enseigne que le tiers saisi a la faculté de consigner la chose due, et le saisi, la faculté d'exiger que le tiers saisi opère cette consignation (1).

2° Payement fait au mandataire conventionnel, légal ou judiciaire du créancier (2).

Le cas du mandat *conventionnel* s'explique de lui-même : mais il faut distinguer, parmi les mandataires conventionnels, celui qu'on nomme :

L'*adjectus solutionis gratia,* ou, en français, la personne désignée pour recevoir le payement.

Habituellement, lorsque le contrat désigne une tierce personne pour recevoir le payement, cette désignation se fait dans l'intérêt du débiteur.

---

(1) MM. Boitard et Colmet d'Olage, Leçons sur la procédure, édit 1868, t. II n° 834. — M. Colmet de Santerre, t. V, n° 181 *bis*, VII-VIII.

Ce procédé est le seul, en effet, que la loi autorise, mais il n'est rien moins que satisfaisant, il est possible :

1° Que la saisie-arrêt soit faite sur une somme supérieure à celle pour laquelle a lieu la saisie-arrêt;

2° Qu'il n'y ait pas de saisies-arrêts postérieures.

Dans cet état, n'est-il pas exorbitant que le saisi ne puisse toucher l'excédant des causes de la saisie, et ne voit-on pas à quelles fraudes il pourra se trouver en butte?

Il était si rationnel, si pratique, si simple de déclarer que la diligence crée des droits, et que le premier créancier saisissant doit primer le second.

(2) A ce propos, Pothier passe en revue une foule de textes romains, tous plus banals les uns que les autres (V. Pothier, n°s 506-529).

Donc, le créancier n'a pas qualité pour révoquer un tel mandataire (1).

Le cas du mandat *légal*, c'est, par exemple :

Celui du tuteur (art. 450 et 509) ;

Celui du mari, dans certaines hypothèses (art. 1428, 1531, 1549) ;

Celui des envoyés en possession provisoire des biens d'un absent (art. 125).

Le cas du mandat *judiciaire* comprend :

Celui du créancier saisissant muni d'un jugement qui ordonne au tiers saisi de payer entre ses mains ;

Celui du curateur à une succession vacante (art. 812) ;

Celui du curateur donné à un créancier absent (art. 113).

Remarquons, ce qui va, d'ailleurs, suffisamment de soi, qu'aux termes du *second* alinéa de l'art. 1239, le payement fait à celui qui n'aurait pas pouvoir de recevoir pour le créancier est valable :

1° *Si le créancier le ratifie ;*

2° *S'il en a profité.*

3° Payement fait au possesseur de la créance.

Cette obscure expression ne comporte pas de définition, ou, si l'on en veut une, il faut dire que *le possesseur de la créance est celui que le débiteur a des raisons plausibles, en droit, de considérer comme créancier.*

Tel est l'héritier apparent. (V. *supra*, p. 180 et 181.)

Le possesseur du titre qui constate l'existence d'une créance ne doit pas, à raison de cette seule circonstance, être, en général, regardé comme un possesseur de la créance ; il en serait toutefois autrement s'il s'agissait de titres au porteur.

3° QUELLE CHOSE DOIT ÊTRE PAYÉE.

1243. — Le créancier ne peut être contraint de recevoir une autre chose que celle qui lui est due, quoique la valeur de la chose offerte soit égale ou même plus grande.

1245. — Le débiteur d'un corps certain et déterminé est libéré par la remise de la chose en l'état où elle se trouve lors de la livraison, pourvu que les détériorations qui y sont survenues ne viennent point de son fait ou de sa faute, ni de celle des personnes dont il est responsable, ou qu'avant ces détériorations il ne fût pas en demeure.

1246. — Si la dette est d'une chose qui ne soit déterminée que par son espèce, le débiteur ne sera pas tenu, pour être libéré, de la donner de la meilleure espèce, mais il ne pourra l'offrir de la plus mauvaise.

---

(1) C'est ce que décident, avec un grand sérieux, les L. 11, § 3, et 106, D., liv. XLVI, tit. III. — Comparer la L. 57, § 1, même livre et même titre.

Conformément aux textes romains, Pothier disait (n° 530) :

« Régulièrement, c'est la chose due qui doit être payée ; et un débiteur ne peut obliger son créancier à recevoir en payement autre chose que ce qu'il lui doit (1) ».

Lorsque le créancier consent à recevoir une autre chose que celle qui lui est due, le payement constitue, selon les cas, une *datio in solutum*, ou une *novation par le changement d'objet*.

Il y a *datio in solutum*, c'est-à-dire translation en propriété (d'une certaine chose), à titre de payement (de la chose due), dans le cas où le créancier accepte en payement la propriété d'une chose à la place de la prestation qui forme la matière de l'obligation ; ainsi, le débiteur doit mille francs et le créancier consent à recevoir en payement un cheval, ou *vice versâ*.

Comme on le voit, la *datio in solutum* ressemble tantôt à un *échange*, tantôt à une *vente*.

Lorsque le créancier a reçu en payement une chose autre qu'une somme d'argent, et que, plus tard, il est évincé de cette chose, que lui est-il dû par le débiteur?

Est-ce la valeur de la chose, au temps de l'éviction?

Est-ce le montant de la créance originaire?

En général, dans le droit actuel, on se range à ce dernier avis (2).

Il y a *novation par le changement d'objet*, dans le cas où le créancier consent à changer l'objet de la dette ; ainsi, le débiteur doit 10000 fr., et, à la place de ces 10000 fr., il promet un cheval au créancier qui accepte (art. 1271 ; V. *infra*, p. 896).

Remarquons :

1° *Que lorsque l'obligation a pour objet un corps certain, le débiteur est libéré par la remise de la chose dans l'état où elle se trouve lors de la livraison*, pourvu que... etc. (V. art. 1245 et comparer les art. 1147, 1138 et aussi le second alinéa de l'art. 1302) (3) ;

2° *Que lorsque la dette est d'une chose qui n'est déterminée que par son espèce, le débiteur n'est pas tenu de donner une chose de la meilleure qualité, mais il ne peut en offrir une de la plus mauvaise* (art. 1246) ;

---

(1) Cette solution est en principe évidente, et il était peu nécessaire que le droit romain vînt nous l'enseigner.

Toutefois, l'argent, comme dit Mill, étant un intermédiaire circulant (*a circulating medium*; V. *Principles of political economy*, t. II), il serait rationnel et juste que, toutes les fois que l'obligation ne consiste pas en une somme d'argent, elle fût toujours convertible en une somme d'argent. (V. *supra*, p. 720 et 723.)

(2) Pour juger de la confusion des textes romains sur cette question, on n'a qu'à se reporter aux livres des commentateurs. (V. notamment M. Demangeat, *Cours élémentaire de droit romain*, et M. Labbé, Textes de droit romain sur la *Garantie*.

(3) Que d'inutilités, mais il fallait bien reproduire le n° 544 de Pothier !

3° *Que lorsque la dette est d'une somme d'argent, le payement doit être fait en espèces métalliques d'or ou d'argent ayant cours en France, au moment où il est effectué* (1).

1244. — Le débiteur ne peut point forcer le créancier à recevoir en partie le payement d'une dette, même divisible. — Les juges peuvent néanmoins, en considération de la position du débiteur, et en usant de ce pouvoir avec une grande réserve, accorder des délais modérés pour le payement, et surseoir l'exécution des poursuites, toutes choses demeurant en état.

Le Code de la Convention portait :

« L'on est obligé au payement intégral, quand aucune clause n'admet la libération partielle » (art. 39, liv. III, tit. I).

Ce Code s'en tenait là.

Le *premier* alinéa de 1244, emprunté à Pothier (n° 534), consacre la même solution.

Il est inutile de justifier cette solution, tant elle est logique en ce qui concerne l'obligation contractuelle, tant elle est conforme à la notion que le contrat est le concours de deux volontés sur une même chose.

Cependant, le *second* alinéa de l'art. 1244 apporte au *premier* un correctif qui le détruit.

Les juges ont le droit d'accorder au débiteur des délais modérés, et de surseoir l'exécution des poursuites, toutes choses demeurant en état.

De ce texte il résulte, que d'après la compilation napoléonienne, les juges peuvent modifier l'obligation contractuelle à un double point de vue :

1° *Ils ont le droit d'en retarder l'exécution ;*

2° *Ils ont le droit d'en diviser l'exécution* (2).

Cette *double* disposition est étrangère à la raison et à la justice (3).

---

(1) L'insensé monopole qui fait de la Banque de la France la dispensatrice du crédit, ne va pas jusqu'à assurer le cours forcé à ses billets.

(2) On a contesté ce *second* point; la formule de l'article exclut toute controverse, et de même le passage de Pothier, d'où cet article est tiré.

Pothier dit, en effet (n° 536), que le juge a le droit de diviser la somme due, en considération de la pauvreté du débiteur.

Comparer Locré, *Législ. civ.*, t. XII, p. 170. — MM. Zachariæ, Aubry et Rau, t. III, p. 111 et 113, texte et note 7. — M. Colmet de Santerre, t. V, n° 153 *bis*, iv. — M. Duranton, t. XII, n° 88.

(3) La société nouvelle n'a que faire de la charité du juge; ce qu'il lui faut, c'est la justice en tout ordre.

Que Pothier, écrivant sous l'empire des idées catholiques et dans un monde fondé sur l'antagonisme des intérêts ; que Pothier, disons-nous, se soit ému de compassion pour le débiteur malheureux, c'était l'affaire de Pothier ; ç'a été aussi celle des complices de l'homme de Brumaire de restaurer le plus qu'ils l'ont pu la société du moyen âge.

Ou l'humanité est destinée à une perpétuelle enfance, ce qui, à ne voir que

Le terme accordé par les juges au débiteur se nomme, comme on le sait, *terme de grâce*.

Au surplus, il va de soi que les juges ne peuvent accorder un terme de grâce au débiteur, dans les différents cas où le débiteur serait déchu de ce terme, si déjà il en avait obtenu un (V. *supra*, p. 830).

Toutefois, il y a certains titres dont la nature forme obstacle à ce que les juges usent de la faculté que leur confère le second alinéa de l'art. 1244.

Ces titres sont :

1° *Les effets négociables* (art. 157 et 187 C. Co.);

2° *Les jugements* (art. 122 C. Pr. Voyez cependant art. 2112 C. N.)

Faut-il admettre que les juges aient le droit d'accorder des délais au débiteur, lorsque le titre invoqué par le créancier est la grosse d'un acte notarié ?

Un grand nombre d'auteurs soutiennent la *négative* en disant que « le premier jugement portant la formule apposée au nom de la souveraineté : « Mandons et ordonnons, etc., » il y aurait manque de respect à la suprême autorité, à contredire ce qui avait été ainsi ordonné d'abord (1). »

Ce *grave* argument ne nous arrêtera pas (2) : le texte est formel, il permet aux juges de *surseoir l'exécution des poursuites*, toutes choses demeurant en état (3).

Remarquons que la division des payements peut encore avoir lieu :

Lorsque le créancier étant débiteur de son débiteur se trouve ainsi

---

les temps présents, peut paraître possible, et alors il n'y a pas à s'occuper d'elle ; ou elle saura, à un jour donné, se passer de ses lisières, et alors, pour sauver la liberté de l'un, on comprendra qu'il n'y a pas à entamer celle de l'autre.

Harmonie des droits, harmonie des devoirs, et, pour en commencer la réalisation, science et conscience.

(1) En ce sens, le renégat Merlin de Douai *Quest.*, v° *Exécution parée*, § 2. — Delvincourt, t. II, part. II, p. 556. — M. Duranton, t. III, n° 89. — M. Duvergier sur Toullier, t. VI, n° 660.

(2) Si nous n'étions pas à Byzance, il n'y aurait nul besoin d'expliquer ce point, mais nous sommes à Byzance et nous l'expliquerons.

D'abord, la souveraineté n'appartient qu'à la raison et à la vérité, et c'est une expression à rayer de notre vocabulaire politique, que celle de la souveraineté appliquée même à un peuple.

Ensuite, tout gouvernement monarchique n'est qu'un état de fait, tout gouvernement monarchique est en dehors du droit, car tout gouvernement de cette sorte est une violation permanente du droit de l'individu.

Que nous parle-t-on donc de souveraineté et de suprême autorité, à propos de la bouffonne formule apposée sur nos titres exécutoires?

(3) En ce sens, M. Valette à son cours, MM. Aubry et Rau, t. III, p. 114, texte et note 29, M. Colmet de Santerre, n° 183 *bis*, viii.

Comparer MM. Colmet d'Aage et Bonnier, qui proposent une distinction.

forcé de subir la compensation d'une somme plus faible qu'il doit avec une somme plus forte qui lui est due (art. 1290) (1) ;

Lorsque plusieurs personnes ayant cautionné la même dette, et que l'une d'elles étant poursuivie par le créancier, celle-ci oppose ce qu'on nomme le bénéfice de division. (V. *supra*, p. 842.)

Remarquons encore que la règle de l'indivisibilité du payement ne concerne pas le cas où le débiteur meurt laissant plusieurs héritiers (art. 1220 ; V. *supra*).

4° EN QUEL LIEU ET AUX FRAIS DE QUI LE PAYEMENT DOIT ÊTRE EFFECTUÉ.

1247. — Le payement doit être exécuté dans le lieu désigné par la convention. Si le lieu n'y est pas désigné, le payement, lorsqu'il s'agit d'un corps certain et déterminé, doit être fait dans le lieu où était, au temps de l'obligation, la chose qui en fait l'objet. — Hors ces deux cas, le payement doit être fait au domicile du débiteur.

1248. — Les frais du payement sont à la charge du débiteur.

L'art. 1247 est presque littéralement extrait des n°ˢ 548 et 549 de Pothier ; il contient *trois* règles :

1° « *Lorsque par la convention* (le contrat) *il y a lieu convenu où le payement doit se faire, il doit être fait en ce lieu* (2); »

2° *S'il n'a été désigné aucun lieu, et que l'obligation ait pour objet un corps certain, le payement doit être fait au lieu où se trouvait la chose au temps de la formation du contrat ;*

3° *S'il n'a été désigné aucun lieu, et que la dette ait pour objet une chose indéterminée, le payement doit être fait au domicile du débiteur* (3).

Les frais du payement sont, en général, à la **charge du débiteur.**

Ces frais peuvent se rapporter :

1° *A la quittance,* par exemple, dit Pothier, *si le débiteur veut une quittance notariée ;*

2° *A la délivrance* (opposer art. 1608).

§ II. — DU PAYEMENT AVEC SUBROGATION.

On peut, sauf controverse (V. *infra*, p. 882), définir la subrogation :

La substitution au créancier d'un tiers qui le désintéresse, de façon que la dette éteinte dans les rapports du créancier originaire avec le débiteur est censée revivre au profit du tiers qui a désintéressé le créancier.

_____

(1) Comparer Pothier, n° 538.
(2) Pothier, *sic*, n° 548.
(3) Aussi dit-on que les dettes sont, en général, *quérables.*

Le principal résultat de la subrogation est d'attribuer au *subrogé*, c'est-à-dire au tiers qui désintéresse le créancier, les garanties qui appartenaient au *subrogeant*, c'est-à-dire au créancier.

Cette attribution est, dit-on, fondée sur ce double motif :

1° *Qu'il est bon de favoriser la personne qui paye pour le débiteur, eût-elle elle-même intérêt à acquitter la dette ;*

2° *Qu'il n'y a, au surplus, aucune injustice pour les autres créanciers à accorder à cette personne des prérogatives qui eussent continué à subsister au profit du premier créancier si le payement n'avait pas eu lieu.*

A la subrogation *personnelle*, on oppose la subrogation *réelle*, c'est-à-dire *la substitution d'une chose à une autre*, de façon qu'une chose prend les caractères juridiques d'une autre chose à laquelle elle est substituée.

1249. — La subrogation dans les droits du créancier au profit d'une tierce personne qui le paye, est ou conventionnelle ou légale.

Cet article distingue *deux* espèces de subrogation :

1° *La subrogation conventionnelle ;*

2° *La subrogation légale.*

Avant d'aborder les textes qui concernent l'une et l'autre, voyons la controverse fondamentale qui existe sur la nature juridique, et, par suite, sur les effets de la subrogation.

DEUX SYSTÈMES.

1er SYSTÈME (1). — *La subrogation est un payement avec attribution conventionnelle ou légale des garanties d'une première créance à une seconde.*

1er *Arg.* — Le nom donné à la subrogation par les rédacteurs du Code Napoléon (payement avec subrogation) et la place que cette matière occupe dans leur œuvre prouvent que la subrogation est un payement.

2e *Arg.* — « Le créancier peut sans doute vendre, céder, transporter ses droits à un tiers, et ce cessionnaire aura évidemment la plénitude des droits du cédant, créancier primitif, mais alors il n'y a pas eu payement de la dette (2). »

3e *Arg.* — Le système contraire est obligé de s'appuyer, en définitive, sur l'idée d'une sorte de cession ; or, comment expliquer, à ce point de vue, qu'il existe une subrogation par la volonté du débiteur (art. 1250,

---

(1) M. Grappe, *Questions de droit de Merlin*, v° *Subrogation*, § 1. — M. Bugnet, *Sur Pothier*, p. 291, 292 et 299.

(2) M. Bugnet, *Sur Pothier*, p. 291.

second alinéa), c'est-à-dire que le débiteur cède les droits que son créancier a contre lui?

4e *Arg.* — Le système contraire est également obligé de recourir à l'idée d'une fiction ; or, les fictions doivent être supprimées, car elles altèrent la vérité.

5e *Arg.* — Le droit romain, cela est vrai, avait admis l'existence d'une fiction dans cette matière (L. 36, D., liv. XLVI, tit. I), et Pothier, ainsi que les anciens légistes, subissaient la regrettable influence du droit romain ; mais la pratique avait devancé la théorie, et ce sont les errements de cette pratique qu'a suivis le Code Napoléon (1).

De ce système il résulte :

1° *Que le subrogé n'a qu'une seule action, celle qui est née dans sa personne :*

Action du mandat, s'il a payé par la volonté du débiteur,

Action de gestion d'affaire, s'il a payé spontanément,

Action de prêt s'il a fourni les deniers que le débiteur destinait au payement de la dette (art. 1250, second alinéa) ;

2° *Que le subrogé ne conserve, de l'ancienne créance, que les privilèges, les hypothèques et les cautionnements qui la garantissaient.*

2e SYSTÈME (2). — *La subrogation est une cession de créance sui generis ; elle transmet au subrogé la créance elle-même.*

1er *Arg.* — L'ordonnance de 1609 était conçue dans ce sens ; elle portait que le subrogé acquiert les droits, actions, priviléges et hypothèques de l'ancien créancier.

2° *Arg.* — Renusson disait de même que la subrogation est une *cessio fictiva*, et Pothier, qu'elle est une fiction de droit par laquelle le créancier est censé céder ses droits, actions, priviléges et hypothèques au tiers qui le paye. »

3e *Arg.* — L'art. 1250, *premier* alinéa, est conforme à ces traditions ; car il dispose que le créancier, en recevant son payement d'une tierce personne, la subroge dans ses droits, actions, priviléges ou hypothèques contre le débiteur (art. 1250, premier alinéa; V. *infra*, p. 884).

4e *Arg.* — L'origine historique de la subrogation par la volonté du débiteur suffit pour écarter l'objection fondée sur ce que cette subrogation ne s'harmonise pas avec l'idée d'une cession (1250, *second* alinéa ; V. *infra*, p. 885).

5e *Arg.* — La subrogation est un moyen de crédit ; donc, il est utile d'en élargir le plus possible les effets.

Le *second* système a pour lui les antécédents historiques.

___

(1) Comparer M. Bugnet, *Sur Pothier*, p. 298.
(2) M. Valette, à son cours ; MM. Zachariæ, Aubry et Rau, t. III, p. 117. — M. Colmet de Santerre, t. V, n° 189 *bis*, II-VI.

De ce système il résulte :

1° *Que le subrogé a deux actions qu'il peut exercer à son choix :*
Celle qui est née dans sa personne,
Celle du créancier originaire ;

2° *Que le subrogé conserve l'ancienne créance avec toutes ses qua-*
lités, comme avec tous ses accessoires.

Ainsi, la créance était-elle commerciale pour le subrogeant, elle reste
commerciale pour le subrogé.

De même, le subrogeant pouvait-il user d'un titre exécutoire, le
subrogé pourra user de ce titre.

I. — SUBROGATION CONVENTIONNELLE.

1250. — Cette subrogation est conventionnelle : — 1° Lorsque le créancier recevant son payement d'une tierce personne la subroge dans ses droits, actions, priviléges ou hypothèques contre le débiteur : cette subrogation doit être expresse et faite en même temps que le payement ; — 2° Lorsque le débiteur emprunte une somme à l'effet de payer sa dette, et de subroger le prêteur dans les droits du créancier. Il faut, pour que cette subrogation soit valable, que l'acte d'emprunt et la quittance soient passés devant notaires ; que dans l'acte d'emprunt il soit déclaré que la somme a été empruntée pour faire le payement, et que dans la quittance il soit déclaré que le payement a été fait des deniers fournis à cet effet par le nouveau créancier. Cette subrogation s'opère sans le concours de la volonté du créancier.

Il y a *deux* espèces de subrogation conventionnelle :
L'une a lieu par la volonté du créancier ;
L'autre par la volonté du débiteur.

Subrogation conventionnelle par la volonté du créancier.

Aux termes de l'art. 1250, n° 1, la subrogation conventionnelle, par la volonté du créancier, requiert *deux* conditions ; il faut :

1° *Qu'elle soit expresse ;*

2° *Qu'elle ait lieu en même temps que le payement.*

Cette subrogation doit être *expresse*, c'est-à-dire que la volonté des parties doit être clairement exprimée, sans que, d'ailleurs, il soit nécessaire que le créancier se serve du mot *subroger* pour indiquer qu'il veut se substituer le tiers qui le paye.

Remarquons :

1° *Que la quittance subrogatoire peut être indifféremment sous*
seing privé ou notariée ;

2° *Que le créancier est parfaitement libre de restreindre les effets*
de la subrogation et de ne la consentir, par exemple, *que pour les pri*
viléges et hypothèques.

Cette subrogation doit être faite *en même temps* que le payement, parce que, disent les auteurs, le subrogeant ne peut par une déclaration subséquente de subrogation, faire revivre une créance antérieurement éteinte (1).

De là il résulte que *la quittance qui constate le payement doit également constater la subrogation.*

Subrogation conventionnelle par la volonté du débiteur.

Voici d'abord l'origine de cette subrogation.

Au temps de Charles IX, les rentes étaient au denier douze (8 1/3 p. 100) ; Henri IV en ayant abaissé le taux au denier seize (6 1/4 p. 100), les débiteurs cherchèrent en masse à rembourser leurs créanciers afin de se procurer des capitaux à meilleur marché ; mais la même cause qui portait les débiteurs à vouloir se libérer agissait naturellement en sens inverse sur les créanciers, et, pour conserver les placements qu'ils avaient faits à l'ancien taux, ceux-ci refusaient impitoyablement la subrogation aux tiers qui offraient de les payer dans l'intérêt des débiteurs.

Dans cet état, les débiteurs postulèrent auprès de Henri IV, et ils obtinrent de pouvoir consentir eux-mêmes la subrogation.

Aux termes de l'art. 1250, n° 2, la subrogation conventionnelle, par la volonté du débiteur, exige, comme la précédente, *deux* conditions ; il faut :

1° *Que l'acte d'emprunt et la quittance du créancier soient l'un et l'autre passés devant notaires ;*

2° *Que dans l'acte d'emprunt il soit déclaré que les deniers ont été empruntés pour faire le payement ; dans la quittance, que le payement a été fait de ces deniers.*

Ces formalités ont été exigées afin de prévenir, dit-on, des fraudes de différentes sortes.

Ainsi, si l'acte d'emprunt et la quittance n'étaient pas notariés, on pourrait en les antidatant faire revivre une hypothèque éteinte.

Exemple : Deux créanciers hypothécaires sont inscrits sur un immeuble dont la valeur est inférieure au montant de leurs deux créances réunies. Le débiteur paye le premier créancier, et le second se trouve ainsi venir en ordre utile. Plus tard, le débiteur a de nouveau besoin d'emprunter ; mais le capitaliste auquel il s'adresse exige une première hypothèque ; rien de plus facile que de la lui attribuer, si l'acte d'emprunt et la quittance n'étaient pas notariés ; il suffirait de les antidater l'un et l'autre.

(1) Comparer Bigot-Préameneu, *Exposé des motifs* (Locré, *Législ. civ.*, p. 369). — Toullier, t. VII, n° 116. — MM Zachariæ, Aubry et Rau, t. III, p. 118. — M. Colmet de Santerre, t. V, n° 190 *bis*, II.

Mais alors le second créancier, devenu premier en rang, redeviendrait second, et perdrait la chance d'être payé (1).

Remarquons :

1° *Qu'en ce qui concerne l'origine des deniers payés, les auteurs sont d'accord pour ne pas entendre à la lettre la disposition de l'art. 1250, n° 2 (il n'est pas indispensable que ces deniers soient identiquement ceux que fournit le prêteur);*

2° *Que l'emprunt et le payement peuvent avoir lieu séparément ;*

3° *Que lorsque l'emprunt et le payement ont lieu en même temps, il suffit d'un seul acte pour constater les deux.*

Remarquons encore que :

Si le créancier refuse de délivrer une quittance notariée mentionnant l'origine des deniers, le débiteur a le droit de lui faire des offres réelles et de consigner. Le récépissé du receveur de la caisse des dépôts et consignations équivaut, dit-on, en pareil cas, à une quittance notariée (2).

II. — SUBROGATION LÉGALE.

1251. — La subrogation a lieu de plein droit. — 1° Au profit de celui qui étant lui-même créancier, paye un autre créancier qui lui est préférable à raison de ses priviléges ou hypothèques ; — 2° Au profit de l'acquéreur d'un immeuble, qui emploie le prix de son acquisition au payement des créanciers auxquels cet héritage était hypothéqué ; — 3° Au profit de celui qui, étant tenu avec d'autres ou pour d'autres au payement de la dette, avait intérêt de l'acquitter ; — 4° Au profit de l'héritier bénéficiaire qui a payé de ses deniers les dettes de la succession.

D'après cet article la subrogation a lieu *de plein droit* dans *quatre* cas. Voyons chacun de ces cas.

1er CAS. *La subrogation a lieu de plein droit au profit de celui qui, étant lui-même créancier, paye un autre créancier qui lui est préférable à raison de ses priviléges ou hypothèques.*

Cette disposition s'applique tout aussi bien aux créanciers chirographaires, primés par un privilégié ou par un hypothécaire, qu'à un privilégié ou à un hypothécaire, primé lui-même par un autre privilégié ou un autre hypothécaire.

---

(1) Quoique les auteurs se mettent l'esprit à la torture pour trouver d'autres cas de fraude, celui que nous venons d'indiquer est certainement le plus probable ; il est vrai qu'on eût prévenu cette fraude-là, en se bornant à exiger des actes qui eussent date certaine (art. 1328).

(2) Comparer M. Mourlon, *Traité des subrogations personnelles.* Paris, 1848, 1 vol. in-8. — M. Gauthier, *Traité de la subrogation de personnes.* Paris, 1853, 1 vol. in-8. — MM. Zachariæ, Aubry et Rau, t. III, p. 122 et suiv. — M. Colmet de Santerre, t. V, n° 191 *bis*, I-XIII.

Il y a *deux* cas dans lesquels un créancier primé peut avoir intérêt à rembourser celui qui le prime :

1° *Lorsque celui qui le prime poursuit la vente des biens en temps inopportun, c'est-à-dire dans un temps tel que, si l'immeuble est vendu à ce moment-là, il est probable que le prix de la vente ne sera pas suffisant pour payer le créancier primé ;*

2° *Lorsque celui qui le prime veut faire vendre en justice, c'est-à-dire faire des frais qu'il serait possible d'éviter (art. 751 et 773 C. Pr.) et que si ces frais sont faits, le prix de vente, dans ce cas comme dans le précédent, ne sera pas suffisant pour payer le créancier primé.*

Le créancier qui en prime un autre et qui paye cet autre est-il subrogé à cet autre ?

Le bon sens dit *oui*, les auteurs *non* (1), et la loi semble être de l'avis des auteurs.

2ᵉ CAS. *La subrogation a lieu de plein droit au profit de l'acquéreur d'immeuble qui emploie le prix de son acquisition au payement des créanciers auxquels cet héritage était hypothéqué.*

Cette disposition mal faite doit être généralisée ; elle s'applique *à tout détenteur* d'un immeuble qui paye les créanciers auxquels cet immeuble est hypothéqué (2).

Ainsi étendue, elle rentre dans le n° qui va suivre. (V. *infra*, p. 888.)

Posons l'espèce pour le cas particulier de l'acheteur :

Paul achète 50 000 francs un immeuble grevé d'hypothèques pour une somme de 60 000 francs ; il paye son prix entre les mains des créanciers premiers inscrits ; le créancier des dix derniers mille francs n'est, par conséquent, pas payé.

---

(1) Comparer M. Colmet de Santerre, n° 193 *bis*, II.

C'est qu'en effet le 1° de l'art. 1251 est romain (V. L. 4, C., liv. VIII, tit. XIX), et qu'à Rome le *jus oblationis*, auquel correspond notre 1°, avait été exclusivement organisé pour permettre aux créanciers hypothécaires postérieurs de rembourser le premier créancier, qui seul avait le droit de vente.

Il est vrai que nous ne sommes plus à Rome, et que si, par hasard, un premier créancier se trouve avoir intérêt à en rembourser un second, il est tout à fait incompréhensible que, puisque le second, en remboursant le premier, obtiendrait la subrogation, le premier, en remboursant le second, ne jouisse pas du même avantage.

Le cas dans lequel un premier créancier pourrait avoir intérêt à en rembourser un second, serait par exemple celui où le second créancier, en poursuivant dans un moment inopportun la vente de l'immeuble hypothéqué, compromettrait le payement non-seulement de sa propre créance, mais aussi de celle du créancier.

Quand donc nous mettrons-nous en tête que, si les praticiens romains revivaient, ils seraient les premiers à bafouer nos superstitions juridiques ?

(2) Comparer Delvincourt, t. II, part. II, p. 775. — MM. Zachariæ, Aubry et Rau, t. III, p. 126, texte et note 41.

Ce créancier a le droit de saisir l'immeuble et de le faire revendre aux enchères.

Dans cette hypothèse, l'acheteur exproprié se fera rembourser, sur le prix de l'adjudication, à la place et au rang des créanciers qu'il a désintéressés.

Il existe, d'ailleurs, pour l'acheteur d'un bien hypothéqué un parti meilleur à prendre que celui de payer les créanciers premiers inscrits ; cet autre parti s'appelle la *purge* (1).

3ᵉ CAS. *La subrogation a lieu de plein droit au profit de celui qui, étant tenu avec d'autres ou pour d'autres au payement de la dette, avait intérêt de l'acquitter.*

Cette disposition s'applique au *codébiteur solidaire* et au *codébiteur d'une obligation indivisible*, même *solutione tantum*, qui payent la dette commune (art. 1200, 1221 et 1222).

Pareillement, au *cofidéjusseur* qui paye la dette qu'il a cautionnée (art. 2025 et 2033).

Ce sont là, en effet, des cas où celui qui paye est tenu *avec* d'autres.

Cette même disposition s'applique, en outre, à la *caution* (art. 2029), *à celui qui, sans s'obliger personnellement, a fourni un gage ou constitué une hypothèque*, enfin au *tiers détenteur d'un immeuble hypothéqué*, en tant qu'il s'agit, non plus seulement comme dans le nº 2 (V. *supra*, p. 887) de l'immeuble qu'il détient, mais de tout autre bien hypothéqué à la même dette.

En ce qui concerne ce *dernier* cas, une question se présente :

Supposons qu'il existe plusieurs détenteurs de biens hypothéqués à la même dette, et que l'un d'eux se soit trouvé forcé de payer, comment répartir la dette entre tous les tiers détenteurs ?

D'abord, il ne saurait être question de contester le droit de recours de celui qui a payé contre ceux qui n'ont pas payé ; ce droit de recours résulte de l'idée même de la subrogation, et, d'ailleurs, tous les tiers détenteurs étant *in pari causa*, tant qu'aucun n'a purgé, il serait absurde que le créancier pût, en s'adressant de préférence à l'un d'entre eux, détruire cette égalité de situation (art. 1033 ; argument d'analogie).

Donc, comment répartir la dette ?

La solution qui paraît logique est que chacun des tiers détenteurs supporte une part proportionnelle à la valeur de l'immeuble détenu par lui, mais sous la restriction que les tiers détenteurs qui possèdent des immeubles d'une valeur supérieure au montant de la dette, ne soient

---

(1) V. *Manuel de Droit civil*, t. III, art. 2181 et 2193.

compris dans la répartition que comme s'ils détenaient une valeur exactement égale au montant de la dette (1).

4ᵉ CAS. *La subrogation a lieu de plein droit au profit de l'héritier bénéficiaire qui a payé de ses deniers les dettes de la succession.*

L'héritier bénéficiaire peut avoir intérêt à payer la succession, afin d'empêcher les frais et les ventes inopportunes.

Aux *quatre* cas de subrogation légale prévus par l'art. 1251, il convient d'ajouter, à titre de *cinquième* cas :

Celui où une personne paye, par intervention, une lettre de change ou un billet à ordre (art. 159 et 187, C. Comm.) (2).

1252. — La subrogation établie par les articles précédents a lieu tant contre les cautions que contre les débiteurs : elle ne peut nuire au créancier lorsqu'il n'a été payé qu'en partie; en ce cas, il peut exercer ses droits, pour ce qui lui reste dû, par préférence à celui dont il n'a reçu qu'un payement partiel.

La *première* partie de l'art. 1252 est naïve :

Il va, en effet, suffisamment de soi que la subrogation a lieu contre le débiteur;

Il va aussi suffisamment de soi qu'elle a lieu contre les cautions (V. *supra*, p. 881 et 883).

La *seconde* partie de l'art. 1252 est irrationnelle.

Elle dispose, en effet, que lorsque la subrogation est *partielle*, le subrogeant *prime* le subrogé pour ce qui lui reste dû; or, cette disposition est contraire à l'idée même de la subrogation, car la subrogation met le subrogé à la place du subrogeant : donc, le subrogé et le subrogeant devraient concourir l'un avec l'autre (V. aussi art. 2093) (3).

Toutefois, remarquons que le droit de préférence créé par la seconde partie de l'art. 1252 ne s'applique :

1° *Que lorsque le créancier a des sûretés spéciales* (privilége, hypothèque ou cautionnement) (V. art. 544, C. Comm.) ;

2° *Qu'au profit du créancier originaire et de ceux auxquels il aurait transmis ce droit de préférence, par voie de cession* (4).

_____

(1) Comparer MM. Zachariæ, Aubry et Rau, t. III, p. 126 et 127.

(2) Comparer, sur l'ensemble de la subrogation légale, Pothier, nº 558.

(3) Comparer MM. Zachariæ, Aubry et Rau, t. III, p. 132, texte et note 64. — M. Colmet de Santerre, t. V, nº 197 *bis*, xiv.

(4) Il n'y a pas lieu, en effet, d'étendre une décision aussi peu raisonnable, et c'est à tort que certains auteurs l'appliquent au cas où plusieurs personnes ont été subrogées dans des parties d'une même dette.

Comparer Renusson, *Traité de la subrogation*, chap. vi et addit. à ce chap. — Pothier, *Coutume d'Orléans*, introduction au titre XX, nº 87, Merlin, *Rép.*, vº *Subrogation de personnes*, sect. ii, § 8, nº 8. — MM. Zachariæ, Aubry et Rau, t. III, p. 133, texte et note 68. — M. Colmet de Santerre, t. V, nº 197 *bis*, xv.

DIFFÉRENCES QUI EXISTENT ENTRE LA SUBROGATION ET LA CESSION DE CRÉANCE.

D'abord, en principe, d'après la théorie qui prévaut en matière de subrogation, la subrogation diffère de la cession de créance, en ce que la subrogation est à la fois *extinctive* dans les rapports du créancier originaire avec le débiteur et *transmissive* dans les rapports du subrogeant avec le subrogé, tandis que la cession de créance est *purement transmissive.*

Voici maintenant le tableau des autres différences qui séparent la subrogation de la cession de créance :

1° *Le subrogé a deux actions :*
L'une née dans sa personne (action de mandat, de gestion d'affaires, de prêt);
L'autre qui lui est transmise par le subrogeant.

1° *Le cessionnaire n'a que l'action qui lui est transmise par le cédant.*

2° *La subrogation est conventionnelle ou légale* (art. 1249).

2° *La cession de créance est toujours conventionnelle* (art. 1689 et suiv.).

3° *Le subrogé est saisi à l'égard des tiers sans avoir besoin d'accomplir aucune formalité spéciale.*

3° *Le cessionnaire n'est saisi à l'égard des tiers que par la signification de la cession faite au débiteur ou par l'acceptation de la cession, faite par le débiteur dans un acte authentique* (art. 1690).

4° *Le subrogeant n'est pas garant de l'existence de la créance;*
D'où il résulte que, si la créance n'existe pas, le subrogeant ne doit au subrogé que la restitution de la somme qu'il en a reçue (V. cep. art. 1378).

4° *Le cédant est garant de l'existence de la créance* (art. 1693);
D'où il résulte que si la créance n'existe pas, le cédant doit au cessionnaire, outre la somme qu'il en a reçue, celle des frais et loyaux coûts du contrat, celle des frais de poursuite contre le prétendu débiteur, enfin les intérêts du prix de cession (art. 1630).

5° *Le subrogé n'a le droit d'exiger du débiteur que le montant de ses déboursés.*

5° *Le cessionnaire a le droit d'exiger du débiteur le montant intégral de la créance.*

6° *Lorsque la subrogation est partielle et que le subrogeant a des sûretés spéciales, le subrogeant prime le subrogé pour ce qui lui reste dû* (art. 1252).

6° *Lorsque la cession est partielle, le cédant et le cessionnaire doivent être colloqués au marc le franc, alors même que le cédant a des sûretés spéciales* (art. 1602).

§ III. — DE L'IMPUTATION DES PAYEMENTS.

1253. — Le débiteur de plusieurs dettes a le droit de déclarer, lorsqu'il paye, quelle dette il entend acquitter.

1254. — Le débiteur d'une dette qui porte intérêt ou produit des arrérages, ne peut point, sans le consentement du créancier, imputer le payement qu'il fait sur le capital par préférence aux arrérages ou intérêts : le payement fait sur le capital et intérêts, mais qui n'est point intégral, s'impute d'abord sur les intérêts.

1255. — Lorsque le débiteur de diverses dettes a accepté une quittance par laquelle le créancier a imputé ce qu'il a reçu sur l'une de ces dettes spécialement, le débiteur ne peut plus demander l'imputation sur une dette différente, à moins qu'il n'y ait eu dol ou surprise de la part du créancier.

1256. — Lorsque la quittance ne porte aucune imputation, le payement doit être imputé sur la dette que le débiteur avait pour lors le plus d'intérêt d'acquitter entre celles qui sont pareillement échues; sinon, sur la dette échue, quoique moins onéreuse que celles qui ne le sont point. — Si les dettes sont d'égale nature, l'imputation se fait sur la plus ancienne : toutes choses égales, elle se fait proportionnellement.

Sur ces insignifiants articles, on peut remarquer :

1° Qu'il appartient, en principe, au débiteur de plusieurs dettes de faire, comme il l'entend, l'imputation de la somme qu'il paye;

2° Que ce n'est que, faute par le débiteur d'avoir fait lui-même l'imputation, que le créancier a le droit de la faire à sa place.

Du reste, il suffit qu'il y ait *surprise* de la part du créancier pour que le débiteur ait le droit de réclamer contre l'imputation.

3° Que lorsque la quittance ne contient pas d'imputation, la loi en fait elle-même une, d'après les *quatre* règles suivantes :

1° *Si l'une des dettes est échue tandis que les autres ne le sont pas, l'imputation doit se faire d'abord sur la dette échue;*

2° *Si toutes les dettes sont également échues ou non échues, l'imputation doit se faire sur la dette que le débiteur avait le plus d'intérêt à acquitter;*

3° *Si les dettes sont toutes échues, et que le débiteur ait même intérêt à acquitter les unes que les autres, l'imputation doit se faire sur la plus ancienne;*

4° *Enfin, toutes choses égales, l'imputation doit se faire proportionnellement sur toutes.*

Que faut-il entendre, dans la troisième règle, par la dette « la plus ancienne »?

On discute :

Les *uns* disent que c'est la dette qui a pris naissance la première (1);

Les *autres*, que c'est la dette la plus anciennement échue (2).

(1) M. Colmet de Santerre, t. V, n° 204 *bis*, iv.
(2) M. Marcadé, t. IV, n° 726.
Comparer Pothier, *Imputation des payements*, n°s 565-571.
C'est à Pothier que nous sommes redevables de toutes ces bonnes trivialités.

§ IV. — DES OFFRES DE PAYEMENT ET DE LA CONSIGNATION.

Cette matière est de procédure, non de droit.

Le Code de la Convention portait en un seul article :

« Les offres réelles, suivies de consignation, si elles sont jugées suffisantes, sont encore un moyen d'éteindre la dette ; c'est un payement » (art. 40, liv. III, tit. I) (1).

Les dispositions qui suivent sont tout ensemble prolixes et obscures.

Nous indiquerons successivement :

1° *Les règles relatives aux dettes de sommes d'argent ;*

2° *Celles relatives aux dettes de corps certains ;*

3° *Celles relatives aux dettes qui ont pour objet des choses indéterminées, autres qu'une somme d'argent.*

1° RÈGLES RELATIVES AUX DETTES DE SOMMES D'ARGENT.

1257. — Lorsque le créancier refuse de recevoir son payement, le débiteur peut lui faire des offres réelles, et, au refus du créancier de les accepter, consigner la somme ou la chose offerte. — Les offres réelles suivies d'une consignation libèrent le débiteur ; elles tiennent lieu à son égard de payement, lorsqu'elles sont valablement faites, et la chose ainsi consignée demeure aux risques du créancier.

1258. — Pour que les offres réelles soient valables, il faut : — 1° Qu'elles soient faites au créancier ayant la capacité de recevoir, ou à celui qui a pouvoir de recevoir pour lui ; — 2° Qu'elles soient faites par une personne capable de payer ; — 3° Qu'elles soient de la totalité de la somme exigible, des arrérages ou intérêts dus, des frais liquidés, et d'une somme pour les frais non liquidés, sauf à la parfaire ; — 4° Que le terme soit échu, s'il a été stipulé en faveur du créancier ; — 5° Que la condition sous laquelle la dette a été contractée soit arrivée ; — 6° Que les offres soient faites au lieu dont on est convenu pour le payement, et que, s'il n'y a pas de convention spéciale sur le lieu du payement, elles soient faites ou à la personne du créancier, ou à son domicile, ou au domicile élu pour l'exécution de la convention ; — 7° Que les offres soient faites par un officier ministériel ayant caractère pour ces sortes d'actes.

1259. — Il n'est pas nécessaire, pour la validité de la consignation, qu'elle ait été autorisée par le juge, il suffit : — 1° Qu'elle ait été précédée d'une sommation signifiée au créancier, et contenant l'indication du jour, de l'heure et du lieu où la chose offerte sera déposée ; — 2° Que le débiteur se soit dessaisi de la chose offerte, en la remettant dans le dépôt indiqué par la loi pour recevoir les consignations, avec les intérêts jusqu'au jour du dépôt ; — 3° Qu'il y ait eu procès-verbal dressé par l'officier ministériel, de la nature des espèces offertes, du refus qu'a fait le créancier de les recevoir, ou de sa non-comparution et enfin du dépôt ; — 4° Qu'en cas de non-comparution de la part du créancier, le procès-verbal du dépôt lui ait été signifié avec sommation de retirer la chose déposée.

1260. — Les frais des offres réelles et de la consignation sont à la charge du créancier, si elles sont valables.

(1) C'est encore Pothier, nᵒˢ 572-573, qui a été l'inspirateur de ce nouveau paragraphe.

1261. — Tant que la consignation n'a point été acceptée par le créancier, le débiteur peut la retirer; et s'il la retire, ses codébiteurs ou ses cautions ne sont point libérés.

1262. — Lorsque le débiteur a lui-même obtenu un jugement passé en force de chose jugée, qui a déclaré ses offres et sa consignation bonnes et valables, il ne peut plus, même du consentement du créancier, retirer sa consignation au préjudice de ses codébiteurs ou de ses cautions.

1263. — Le créancier qui a consenti que le débiteur retirât sa consignation après qu'elle a été déclarée valable par un jugement qui a acquis force de chose jugée, ne peut plus pour le payement de sa créance exercer les priviléges ou hypothèques qui y étaient attachés : il n'a plus d'hypothèque que du jour où l'acte par lequel il a consenti que la consignation fût retirée aura été revêtu des formes requises pour emporter l'hypothèque.

1264. — Si la chose due est un corps certain qui doit être livré au lieu où il se trouve, le débiteur doit faire sommation au créancier de l'enlever, par acte notifié à sa personne ou à son domicile, ou au domicile élu pour l'exécution de la convention. Cette sommation faite, si le créancier n'enlève pas la chose, et que le débiteur ait besoin du lieu dans lequel elle est placée, celui-ci pourra obtenir de la justice la permission de la mettre en dépôt dans quelque autre lieu.

La procédure d'offres réelles consiste à faire présenter au créancier par un officier ministériel la chose due, afin de mettre le créancier en demeure de la recevoir.

L'officier ministériel qui a qualité pour faire les offres réelles est le *notaire* et l'*huissier.*

Les art. 1258 C. N., 871 et 873 C. Pr., dressent, au surplus, la surabondante liste des conditions requises pour la validité des offres réelles (1).

Si le créancier *accepte* les offres, l'officier ministériel lui *remet* la somme contre quittance, et le créancier doit, en général, supporter les frais (2).

Si, au contraire, le créancier *n'accepte pas* les offres, le débiteur consigne.

La consignation est un dépôt qui se fait, à Paris, à la Caisse des dépôts et consignations; aux chefs-lieux de département, chez les trésoriers payeurs généraux; dans les chefs-lieux d'arrondissement, chez les receveurs particuliers des finances (art. 110 et 111, L. 28 avril 1816; ordonn. roy. 22 mai et 3 juillet, même année) (3).

L'art. 1259 indique les conditions de validité de la consignation.

La consignation, précédée d'offres réelles, libère le débiteur et tient, à son égard, lieu de payement.

---

(1) Les compilateurs napoléoniens ont à peu près textuellement reproduit les n°s 574-577 de Pothier.

(2) Favart, *Répert.*, t. IV, p. 34. — Pigeau, t. II, p. 404.

On remarquera que les offres sont *portables*. (Comparer le n° 6 de l'art. 1258 avec l'art. 1247, *supra*, p. 881.)

(3) La caisse des dépôts et consignations doit les intérêts de la somme consignée, à 3 p. 100, à partir du soixante et unième jour depuis la consignation.

De là, les conséquences suivantes :

1° *Elle arrête le cours des intérêts, soit compensatoires, soit moratoires ;*

2° *Elle met la chose aux risques du créancier* (1).

Cependant, la consignation ne transfère pas au créancier la *propriété* de la chose consignée : *dominium non acquiritur, nisi corpore et animo,* dit Pothier (n° 573).

De là, les conséquences suivantes :

1° *Le débiteur peut retirer la consignation, tant qu'elle n'a pas été acceptée par le créancier* (comp. Avis du conseil d'État, 16 mai 1810) ;

2° *Les hypothèques et les priviléges attachés à la créance continuent à subsister ;*

3° *Les codébiteurs et les cautions ne sont pas libérés* (2).

L'*extinction de la dette* n'est accompli qu'après que la consignation a été *acceptée* par le créancier ou qu'elle a été *déclarée valable par un jugement qui a acquis force de chose jugée.*

Finalement, c'est le créancier qui supporte les frais des offres réelles régulières, suivies d'une consignation déclarée valable.

Lorsqu'il s'agit d'*effets négociables*, la procédure des offres n'est pas nécessaire ; si le porteur ne se présente pas dans les trois jours qui suivent l'échéance, le débiteur se libère par le seul fait de la consignation (L. 6 thermidor an III).

2° RÈGLES RELATIVES AUX DETTES DE CORPS CERTAINS.

Voici ce que ce cas présente de spécial :

1° *Les offres réelles sont remplacées par une sommation faite au créancier de venir enlever le corps certain qui forme l'objet de l'obligation ;*

2° *La consignation de ce corps certain ne peut avoir lieu qu'en vertu d'une permission du juge ;*

3° *Le lieu de la consignation doit être déterminé par le juge.*

---

(1) MM. Zachariæ, Aubry et Rau, t. III, p. 136-138, texte et notes 21-26.
Certains auteurs rapportent ces effets aux offres. (V. notamment Toullier, t. VII, n° 220.)
M. Valette enseigne que le débiteur peut, même avant la consignation, faire cesser le cours des intérêts *en réitérant ses offres à l'audience.*
L'éminent professeur appuie cette opinion :
1° Sur l'art. 816 C. Pr.;
2° Sur ce qu'autrefois, au Châtelet de Paris, on appelait *réalisation* la réitération des offres à l'audience, et que cette réalisation faisait cesser le cours des intérêts.
Ce système est en désaccord avec le n° 2 de l'art. 1259.
(2) Comparer M. Duranton, t. XII, n°s 230 et 342. — MM. Zachariæ, Aubry et Rau, t. III, p. 138-139.

3° RÈGLES RELATIVES AUX DETTES QUI ONT POUR OBJET DES CHOSES INDÉTERMINÉES AUTRES QU'UNE SOMME D'ARGENT.

Il y a lieu d'appliquer à ces sortes d'obligations les *mêmes* règles qu'à celles qui ont pour objet un corps certain (1).

§ V. — DE LA CESSION DE BIENS.

1265. — La cession de biens est l'abandon qu'un débiteur fait de tous ses biens à ses créanciers, lorsqu'il se trouve hors d'état de payer ses dettes.

1266. — La cession de biens est volontaire ou judiciaire.

1267. — La cession de biens volontaire est celle que les créanciers acceptent volontairement, et qui n'a d'effet que celui résultant des stipulations mêmes du contrat passé entre eux et le débiteur.

1268. — La cession judiciaire est un bénéfice que la loi accorde au débiteur malheureux et de bonne foi, auquel il est permis, pour avoir la liberté de sa personne, de faire en justice l'abandon de tous ses biens à ses créanciers, nonobstant toute stipulation contraire.

1269. — La cession judiciaire ne confère point la propriété aux créanciers; elle leur donne seulement le droit de faire vendre les biens à leur profit, et d'en percevoir les revenus jusqu'à la vente.

1270. — Les créanciers ne peuvent refuser la cession judiciaire, si ce n'est dans les cas exceptés par la loi. — Elle opère la décharge de la contrainte par corps. — Au surplus, elle ne libère le débiteur que jusqu'à concurrence de la valeur des biens abandonnés; et dans le cas où ils auraient été insuffisants, s'il lui en survient d'autres, il est obligé de les abandonner jusqu'au parfait payement.

Avant la loi du 22 juillet 1867, qui a aboli la contrainte par corps, on distinguait *deux* espèces de cession de biens :

1° *La cession de biens volontaire ;*

2° *La cession de biens judiciaire.*

La cession de biens *volontaire* constitue un contrat dont les parties sont libres, selon le droit commun, de régler, à leur guise, les conditions.

La cession de biens *judiciaire* donnait au débiteur malheureux et de bonne foi, comme parlait l'art. 1268, le moyen de se soustraire à la contrainte par corps.

Aujourd'hui que la contrainte par corps est à peu près abolie et que nous en sommes à peu près revenus sur ce point aux errements législatifs de la Convention (L. 6 mars 1793), la cession de biens ne pourrait

---

(1) Comparer Toullier, t. VI, n° 212. — M. Duranton, t. XII, n° 221. — MM. Zachariæ, Aubry et Rau, t. III, p. 136. — M. Marcadé, t. IV, n° 745.

M. Colmet de Santerre (t. V, n° 208 *bis*, III) enseigne que les tonneaux de vin, les sacs de blé, les bœufs et les moutons (sic), doivent être offerts à domicile. Voilà un système que les hommes de pratique ne seront pas tentés d'adopter ; mais il faut avouer, en revanche, que les jeunes gens ne perdent pas leur temps à apprendre de si utiles choses.

avoir d'utilité que dans les cas où la contrainte par corps continue de subsister ; c'est-à-dire pour les amendes dues à l'État, pour les réparations pécuniaires, et pour les restitutions dues à des particuliers en matière de crimes, de délits et de contraventions (art. 1er, L. 22 juillet 1867 (1) ; or, qu'on se place au point de vue du droit ou à celui du fait, il est peu probable que la cession de biens puisse trouver application dans ces cas.

SECTION II.

DE LA NOVATION.

Le Code de la Convention avait consacré à la matière de la novation quatre articles aussi simples que sensés (art. 41-44, liv. III, tit.).

Comme toujours, les compilateurs napoléoniens ont suivi Pothier pas à pas, et Pothier a suivi la subtilité romaine (2).

1271. — La novation s'opère de trois manières : — 1° Lorsque le débiteur contracte envers son créancier une nouvelle dette qui est substituée à l'ancienne, laquelle est éteinte ; — 2° Lorsqu'un nouveau débiteur est substitué à l'ancien, qui est déchargé par le créancier ; — 3° Lorsque, par l'effet d'un nouvel engagement, un nouveau créancier est substitué à l'ancien, envers lequel le débiteur se trouve déchargé.

Pothier définit la novation :

« La substitution d'une nouvelle dette à une ancienne. »

Les Romains disaient :

« *Novatio est prioris debiti in aliam obligationem vel civilem vel naturalem transfusio atque translatio.* » (L. 1, D., liv. XLVI, tit. II.)

D'après Pothier (nos 582-584) et d'après l'art. 1271, la novation s'opère de *trois* manières :

1° *Par changement d'objet* (c'est ainsi qu'il faut entendre le n° 1 de l'art. 1271).

Exemple : Paul doit 1000 francs à Pierre, et il convient avec Pierre de lui donner un cheval, à la place de cette somme.

2° *Par changement de débiteur.*

---

(1) Pourquoi cette exception ? Si le principe de la contrainte par corps est bon, pourquoi ne l'a-t-on pas maintenu ? S'il est mauvais, pourquoi ne l'a-t-on pas abrogé, sans exception, sans restriction ?

Il n'y a, dans l'histoire du monde, aucun exemple d'un peuple qui ait oublié sa tradition au point où nous avons oublié la nôtre. Que l'on contemple tel sujet politique ou social que l'on voudra ; puis, que l'on se reporte à la législation de la Révolution, et que l'on compare !

Ici, c'est la loi du 9 mars 1793 qui nous fait la leçon.

Gens de *casus*, de subtilités, d'iniquités, réapprenant misérablement, mesquinement, ce que les gens de *la droite* eux-mêmes savaient il y a quatre-vingts ans, voilà ce que nous sommes devenus !

(2) Comparer Pothier, nos 581-605.

Exemple : Paul doit 1000 francs à Pierre ; Jean s'oblige envers Pierre à payer cette somme, à la place de Paul, et Pierre décharge Paul.

3° *Par changement de créancier.*

Exemple : Paul doit 1000 francs à Pierre ; sur l'ordre de Pierre, il promet cette somme à Jean, qui devient ainsi son créancier, à la place de Pierre.

Les *deux dernières* espèces de novation se ramènent à une seule :
La novation par changement de personne.

A ces trois novations, mentionnées dans l'article, il faut, d'ailleurs, ajouter :
La novation par changement de cause.

Exemple : Paul doit 1000 francs à Pierre, pour cause de loyer ; Pierre laisse cette somme à Paul, à titre de prêt.

Évidemment, ces différents modes de novation peuvent concourir les uns avec les autres.

On verra (*infra*, art. 1274-1276) que la novation par changement de débiteur peut, à son tour, être :
Soit une expromission,
Soit une délégation.

L'expromission est le fait d'un tiers qui vient s'obliger, de lui-même, à payer, à la place du débiteur (art. 1274).

La délégation est le fait du débiteur qui présente à son créancier une tierce personne laquelle s'oblige à payer, à la place du débiteur (art. 1275, 1276).

Habituellement, le tiers, ainsi présenté, est *le débiteur du débiteur ;* d'où il résulte que la délégation contient alors *une novation par changement de débiteur et une novation par changement de créancier.*

La définition de la novation implique, d'ailleurs, que, pour opérer une novation, il faut *deux* dettes, dont l'une soit éteinte par l'autre, qui lui est substituée ; mais, pourvu que ces dettes aient *un principe d'existence civile*, la novation est possible, et le point de savoir si elle a eu lieu n'est plus qu'une question d'*intention* (V., en ce qui concerne l'obligation *naturelle, supra*, art. 1235, p. 868) (1).

1272. — La novation ne peut s'opérer qu'entre personnes capables de contracter.

---

(1) Les auteurs discutent ici plusieurs questions qui n'ont aucune raison d'être ; par exemple celle-ci :
Peut-on nover une dette pure et simple, par une dette conditionnelle?
Pothier (n° 588) répondait *non*, pour le cas où la condition de la seconde dette viendrait à manquer, et même, ajoutait-il, pour celui où avant l'accomplissement de la condition, la première dette aurait été éteinte.
Mais Pothier raisonnait d'après le formalisme romain (L. 14, D., liv. XLVI, tit. II).
Allons, légistes, vous avez fait au Bas-Empire d'assez longues funérailles ! ayez

La novation a un *double* caractère ; elle est :

. 1° *Extinctive d'une première obligation ;*

2° *Productive d'une nouvelle obligation.*

De là aussi, une *double* conséquence :

- 1° *Le créancier doit être capable de renoncer à la première obligation ;*

2° *Le débiteur doit être capable de consentir la nouvelle obligation.*

Bien entendu, l'incapacité de l'une des parties n'empêche pas la novation de produire effet, si l'incapable ne réclame pas (art. 1125).

1273. — La novation ne se présume point ; il faut que la volonté de l'opérer résulte clairement de l'acte.

Cette disposition est toute simple ; on ne peut, en effet, présumer qu'une personne renonce à son droit.

Cependant, l'art. 1273 n'exige pas que la novation soit *expresse ;* il veut seulement qu'*elle ressorte de l'acte d'une manière claire.*

Y a-t-il novation lorsqu'un créancier reçoit de son débiteur des effets de commerce en payement de sa créance?

Les *uns* adoptent la *négative*, en se fondant sur ce que, en pareil cas, la volonté d'opérer la novation ne résulte pas clairement de l'acte ; en effet, disent-ils, la seule chose qui apparaisse, c'est que le créancier a entendu se procurer un moyen plus facile de recouvrer ce qui lui est dû (1).

D'*autres* se prononcent pour l'*affirmative ;* ils répliquent qu'il ne s'agit pas, dans l'espèce, d'une question d'interprétation de la volonté. En effet, au lieu d'avoir, comme auparavant, une cause *civile,* la dette a désormais une cause *commerciale ; donc, le cas emporte forcément une novation par changement de cause* (comparer art. 575 C. Co.) (2).

Rationnellement, le *premier* système est le vrai.

Juridiquement, à cause de l'arbitraire séparation des matières civiles et des matières commerciales, le *second* système doit l'emporter.

1274. — La novation par la substitution d'un nouveau débiteur, peut s'opérer sans le concours du premier débiteur.

---

le courage de secouer le vieux joug. En raison, le point présent est de fait.
Comparer MM. Zachariæ, Aubry et Rau, t. III, p. 148. — M. Colmet de Santerre, 219 *bis,* iv ; 219 *bis,* viii.
(1) En ce sens, Merlin, *Répert.,* v° *Novation,* p. 5. — MM. Zachariæ, Aubry et Rau, t. III, p. 150, texte et note 21. — M. Larombière, t. V.
(2) M. Duranton, t. XII, n° 287. — MM. Delamarre et Lepoitvin, *Traité de droit commercial,* t. V, p. 350 et suiv.

Cet article prévoit le cas de la novation par changement de débiteur, qu'on appelle *expromission*.

Remarquons :

1° *Que, bien que l'expromission s'opère sans le concours du débiteur* (comparer art. 1236), *elle ne peut cependant avoir lieu sans le consentement du créancier ;*

2° *Que l'expromission diffère du cautionnement, en ce que l'expromisson décharge le débiteur de son obligation, tandis que la caution s'oblige accessoirement au débiteur ;*

3° *Que, dans le doute, on doit présumer le cautionnement et non l'expromission.*

1275. — La délégation par laquelle un débiteur donne au créancier un autre débiteur qui s'oblige envers le créancier, n'opère point de novation, si le créancier n'a expressément déclaré qu'il entendait décharger son débiteur qui a fait la délégation.

Cet article a généralisé le sens du mot *délégation*.

A l'instar du droit romain (l. II, D., liv. XLVI, tit. II) Pothier (n° 600) définissait là délégation :

« Une espèce de novation par laquelle l'ancien débiteur, pour s'acquitter envers son créancier, lui donne une tierce personne, qui, à sa place, s'oblige envers ce créancier, ou envers la personne qu'il indique. »

Les rédacteurs du Code Napoléon appellent délégation : *tout acte par lequel un débiteur donne un nouveau débiteur à son créancier, soit que celui-ci accepte le nouveau débiteur comme seul obligé, soit qu'il entende seulement l'accepter comme cooblige.*

Dans ce dernier cas, la délégation, comme on le voit, ne constitue pas une *novation*.

La doctrine actuelle qualifie de *parfaite* la délégation *qui emporte novation*, d'*imparfaite* celle *qui n'emporte pas novation*.

Il résulte de l'art. 1275 que, pour qu'il y ait *délégation parfaite*, il faut que le créancier déclare *d'une manière expresse* qu'il entend décharger son débiteur primitif (1).

La délégation nécessite le concours de *trois* personnes :

1° *Celui du déléguant*, c'est-à-dire *du débiteur qui présente à son créancier un nouveau débiteur ;*

2° *Celui du délégué*, c'est-à-dire *du tiers qui, sur la présentation du déléguant, devient débiteur du créancier ;*

3° *Celui du délégataire*, c'est-à-dire *du créancier qui reçoit le délégué comme débiteur.*

---

(1) Comparer MM. Zachariæ, Aubry et Rau, t. III, p. 151, texte et note 26. — M. Colmet de Santerre, t. V, n° 223 *bis*, IV. — M. Duranton, t. XII, n°s 309, 323 et 324.

Rappelons que, le plus souvent, le délégué est le débiteur du débiteur, et que, si la délégation est parfaite, il y a alors *deux* novations (V. *suprà*, p. 897).

1276. — Le créancier qui a déchargé le débiteur par qui a été faite la délégation, n'a point de recours contre ce débiteur, si le délégué devient insolvable, à moins que l'acte n'en contienne une réserve expresse, ou que le délégué ne fût déjà en faillite ouverte, ou tombé en déconfiture au moment de la délégation.

De cet article, il résulte que le déléguant ne répond du délégué que dans *deux* cas :

1° *Lorsqu'il a été fait, à ce sujet, une réserve expresse;*

2° *Lorsque le délégué, à l'insu du créancier* (1), *se trouvait déjà en état de faillite ou de déconfiture, à l'époque de la novation.*

La *première* disposition est suffisamment claire par elle-même.

La *seconde* reproduit une décision fort équitable de Cujas sur la l. 26, § 2, D., liv. XVII, tit. I (2).

Du reste, l'action qui appartenait, dans ces *deux* cas, au créancier, n'est pas, au moins en général, *l'action résultant de l'ancienne obligation*, mais *une action en garantie* fondée sur le dommage que la délégation a causé au créancier.

1277. — La simple indication, faite par le débiteur, d'une personne qui doit payer à sa place, n'opère point novation. — Il en est de même de la simple indication, faite par le créancier, d'une personne qui doit recevoir pour lui.

Cet article est naïf.

C'est la *seconde* partie du n° 605 de Pothier (art. 1278).

1278. — Les priviléges et hypothèques de l'ancienne créance ne passent point à celle qui lui est substituée, à moins que le créancier ne les ait expressément réservés.

Voici un cas où, comme on dit à l'École, l'hypothèque peut survivre à la créance qu'elle garantit (3).

Bien entendu, si la nouvelle créance est plus forte que l'ancienne, la

---

(1) L'article ne dit pas cela; mais on tombe d'accord qu'il est mal rédigé. Comparer Pothier, n° 604, et Locré, *Législ. civ.*, t. XII, p. 484.

(2) Comparer Pothier, n° 604.

(3) Il y en a toujours au moins un autre (V. 1299, *infrà*, p. 912), et les deux sont à noter pour l'Ecole, car l'Ecole adore les *casus*.

Et elle a bien raison, l'École; elle est *forte en textes*, et ce n'est pas elle qui donnera jamais dans les billevesées des principes.

« N'y a-t-il pas au moins un cas où, etc.? » La science est de trouver ce cas; l'ignorance, de ne pas le trouver.

Excellente Ecole, comme elle sait bien s'y prendre pour élargir les esprits et ne pas atrophier les consciences!

réserve des priviléges et des hypothèques ne vaut que jusqu'à concurrence de l'ancienne.

Lorsque la novation a lieu par changement de débiteur, la réserve des priviléges et des hypothèques sur les biens de l'ancien débiteur est-elle possible sans l'accession de ce dernier?

Pothier (n° 599) répondait *négativement*, mais, soit inattention, soit réflexion, les compilateurs n'ont pas distingué, et l'*affirmative* doit être admise, car elle est *rationnelle* (1).

1279. — Lorsque la novation s'opère par la substitution d'un nouveau débiteur, les priviléges et hypothèques primitifs de la créance ne peuvent point passer sur les biens du nouveau débiteur.

Cet article est obscur et naïf.

Il veut dire que l'hypothèque, donnée par le nouveau débiteur, ne peut pas prendre la date de l'hypothèque existant sur les biens de l'ancien.

1280. — Lorsque la novation s'opère entre le créancier et l'un des débiteurs solidaires, les priviléges et hypothèques de l'ancienne créance ne peuvent être réservés que sur les biens de celui qui contracte la nouvelle dette.

Pris à la lettre, cet article signifierait que lorsqu'il s'opère une novation entre le créancier et l'un des codébiteurs solidaires, le créancier n'a nul moyen de réserver les priviléges et hypothèques dont peuvent se trouver grevés les biens des autres codébiteurs.

Évidemment, ce sens est inadmissible.

Ce que les compilateurs ont voulu dire, d'après Pothier (n° 599), c'est que *la réserve ne peut avoir lieu que du consentement des autres codébiteurs*.

Voilà pour la forme.

Quant au fond, la décision de l'art. 1280 est en contradiction avec celle que nous avons donnée, d'après l'art. 1278, *pour le cas où la novation a lieu par changement de débiteur, sans accession de l'ancien débiteur* (2).

1281. — Par la novation faite entre le créancier et l'un des débiteurs solidaires, les codébiteurs sont libérés. — La novation opérée à l'égard du débiteur

_____

(1) N'est-il pas rationnel, en effet, que dans une novation, toute profitable au débiteur, les priviléges et hypothèques qui grèvent ses biens puissent être réservés sans son adhésion?

En ce sens, Toullier, t. VII, n° 312. — M. Duranton, t. XII, n°⁵ 310 et 311. — MM. Zarhariæ, Aubry et Rau, t. III, p. 154-155, texte et note 42. — M. Colmet de Santerre, t. V, n° 226 *bis*, III et IV.

Dans le sens de Pothier, M. Marcadé, t. IV, n° 780.

(2) Ou déraison, ou incohérence, c'est-à-dire toujours déraison.

Comparer MM. Zachariæ, Aubry et Rau, t. III, p. 155, texte et note 43. — M. Colmet de Santerre, t. V, n° 228 *bis*, II.

principal libère les cautions. — Néanmoins, si le créancier a exigé, dans le premier cas, l'accession des codébiteurs, ou, dans le second, celle des cautions, l'ancienne créance subsiste, si les codébiteurs ou les cautions refusent d'accéder au nouvel arrangement.

Cet article est la reproduction presque littérale des alinéas 2, 3 et 4 du n° 599 de Pothier.

En ce qui concerne les codébiteurs solidaires, il suffit de remarquer que la novation, faite avec l'un d'eux, constitue un cas de défense *commune* (V. *suprà*, p. 846).

Nota. La novation par changement de créancier, ainsi que la délégation parfaite, lorsque le débiteur a présenté son propre débiteur, peuvent être comparées :

1° *A la subrogation ;*

2° *A la cession de créance.*

Le point capital de cette comparaison est que la novation est *purement extinctive,* tandis que la subrogation est *extinctive* à un certain point de vue et *transmissive* à un autre, et la cession de créance *purement transmissive.*

SECTION III.

DE LA REMISE DE LA DETTE.

Cette matière ne présente en elle-même aucune difficulté sérieuse ; cependant la confusion qui y règne est grande, surtout depuis la promulgation du Code Napoléon.

Des sept articles que ce Code y a consacrés, deux sont obscurs, deux à contre-sens, trois inutiles.

Du reste, le Code de la Convention (art. 45-47, liv. III, tit. I) n'a, dans la circonstance, sur le Code Napoléon, que la supériorité d'une rédaction claire ; les deux ont également le tort de ne pas définir la nature juridique de la remise de la dette et de s'attacher presque exclusivement à l'idée de la preuve.

1282. — La remise volontaire du titre original sous signature privée, par le créancier au débiteur, fait preuve de la libération.

1283. — La remise volontaire de la grosse du titre fait présumer la remise de la dette ou le payement, sans préjudice de la preuve contraire.

Ces articles n'ont trait qu'à une pure question de preuve ; pour en faciliter la compréhension, il est indispensable de les faire précéder d'un préambule.

La remise de la dette est l'abandon gratuit que le créancier fait de son droit.

Lorsque le créancier retire de l'*abandon* qu'il fait un avantage pécuniairement appréciable, il n'y a plus, à proprement parler, *remise de la dette;* il peut y avoir, selon les cas, une *datio in solutum* ou une *novation.*

La remise de la dette peut avoir lieu, soit *par acte entre-vifs,* soit *par testament.*

S'agit-il du fond, elle est toujours soumise aux règles qui gouvernent les dispositions à titre gratuit.

S'agit-il de la forme, si elle a lieu entre-vifs, elle est dispensée des règles qui gouvernent les donations (V. *supra*, p. 449, art. 931).

Lorsqu'elle a lieu entre-vifs, la remise de la dette peut-elle se faire par la seule volonté du créancier, c'est-à-dire sans contrat?

Barbeyrac a soutenu l'*affirmative;* les auteurs modernes se prononcent, en général, pour la *négative* (1).

La remise entre-vifs peut être *expresse* ou *tacite ;* c'est à la remise tacite que se rapportent les art. 1282 et 1283.

D'après ces textes, *deux* cas doivent être distingués :

Ou la créance est constatée par un acte sous seing privé (art. 1282);

Ou elle est constatée par un acte authentique fait en minute (art. 1283).

Dans le *premier* cas, le créancier a-t-il restitué au débiteur *le titre original sous seing privé*, cette restitution fait *preuve* de la libération.

Dans le *second* cas, le créancier a-t-il restitué au débiteur *la grosse du titre*, cette restitution fait *présumer* la libération (par voie de remise ou de payement), *sans préjudice de la preuve contraire.*

Donc, *deux* présomptions, c'est-à-dire deux inductions fondées sur l'observation de faits plus ou moins constants.

La *première* présomption, celle relative au cas de la restitution de l'acte sous seing privé, *est exclusive de la preuve contraire* (2).

Si le créancier a volontairement restitué au débiteur le titre original sous seing privé, il s'est dessaisi du titre qui constatait l'existence de son droit, et l'art. 1282 en déduit, comme conséquence, la libération certaine du débiteur.

La *seconde* présomption, celle relative au cas de la restitution de la grosse du titre, *n'est pas exclusive de la preuve contraire.*

Si le créancier a volontairement restitué au débiteur la grosse du

---

(1) Comparer Pothier, n° 614. — MM. Zachariæ, Aubry et Rau, t. III, p. 142 et 143, texte et note 15. — M. Colmet de Santerre, t. V, n° 230 *bis*, IV.

Nous n'apercevons aucune raison qui fasse obstacle à ce qu'une renonciation soit unilatérale (V. d'ailleurs, *supra*, p. 381, note 1).

(2) *Rationnellement*, nous n'admettons pas qu'une présomption puisse jamais être exclusive de la preuve contraire.

titre, il résulte bien de cette circonstance que le débiteur doit être réputé libéré, car les créanciers n'ont pas l'habitude de se dessaisir de leur titre exécutoire ; mais, comme il existe une minute, la libération, au lieu d'être certaine, n'est que probable, et l'art. 1283 réserve formellement au créancier le droit de fournir la preuve contraire.

Quant à la restitution au débiteur de l'acte *en brevet*, c'est-à-dire de l'acte authentique dont l'original a été délivré au créancier par l'officier public qui l'a rédigé, il est clair qu'elle entraîne une présomption de même force que la restitution du titre original sous seing privé.

Remarquons :

1° *Que lorsque le créancier prétend que la restitution du titre n'a pas été volontaire, comme le débiteur est à la fois détenteur et défendeur, c'est au créancier de prouver son allégation ;*

2° *Que la restitution du titre original sous seing privé et aussi celle de la grosse du titre font présumer, soit le payement, soit la remise de la dette, au gré du débiteur ou de ses ayants cause ;*

3° *Toutefois, que, lorsque la restitution est celle de la grosse, le créancier étant admis à prouver que la restitution n'a pas eu lieu à titre libératoire, doit, à fortiori, être admis à prouver qu'elle n'a pas eu lieu au titre qu'invoque le débiteur* (1).

1286. — La remise de la chose donnée en nantissement ne suffit point pour faire présumer la remise de la dette.

Cet article est la reproduction du n° 610 de Pothier.

Comme le dit le très-véridique Pothier, le créancier, en remettant la chose donnée en nantissement, peut fort bien n'avoir d'autre intention que de remettre le nantissement (2).

1284. — La remise du titre original sous signature privée, ou de la grosse du titre, à l'un des débiteurs solidaires, a le même effet au profit de ses codébiteurs.

La disposition de cet article est la conséquence nécessaire de la *double* présomption que consacrent les art. 1282 et 1283.

La restitution du titre ou de la grosse du titre fait supposer, avonsnous dit, que le créancier est payé ou qu'il a l'intention de faire remise de la dette ; donc, s'il y a plusieurs codébiteurs, il est tout simple que cette restitution, ne fût-elle faite qu'à l'un d'entre eux, ait le même effet à l'égard de tous.

Point de doute, que si semblable restitution est faite au débiteur principal, elle ne profite aussi à la caution.

---

(1) Comparer Pothier, n° 606-609. — MM. Zachariæ, Aubry et Rau, p. 142 et suiv. — M. Colmet de Santerre, n°s 230 *bis*, I-IV, 231 *bis*, I-IV, 232 *bis*, I-III.

(2) *O sancta simplicitas !*

1285. — La remise ou décharge conventionnelle au profit de l'un des codébiteurs solidaires, libère tous les autres, à moins que le créancier n'ait expressément réservé ses droits contre ces derniers. — Dans ce dernier cas, il ne peut plus répéter la dette que déduction faite de la part de celui auquel il a fait la remise.

Cet article est contraire à la décision donnée par Pothier (n° 617), et, ce qui est *un peu* plus grave, il est, en outre, contraire à la raison.

En effet, que de ce que le créancier fait remise à l'un des codébiteurs solidaires, il n'y a nul lieu d'en conclure qu'il entend également faire remise aux autres ; les libéralités ne sont-elles pas éminemment personnelles ?

Rappelons que le cas constitue pour les codébiteurs solidaires un cas de défense *commune* (V. *supra*, p. 846) (1).

1287. — La remise ou décharge conventionnelle accordée au débiteur principal libère les cautions ; — Celle accordée à la caution ne libère pas le débiteur principal ; — Celle accordée à l'une des cautions ne libère pas les autres.

Cet article consacre l'évidence.

Il reproduit une partie du n° 617 de Pothier ; mais, en lisant ce numéro, les compilateurs n'ont pas vu que, lorsqu'il existe plusieurs cautions et qu'une décharge personnelle a été accordée à l'une d'elles, Pothier a soin d'ajouter :

« Néanmoins, si les cofidéjusseurs ont pu compter sur le recours qu'ils auraient, en payant, contre cette caution que le créancier a déchargée, ayant contracté leurs cautionnements avec elle ou depuis elle, il est équitable que la décharge accordée à cette caution les libère, quant à la part pour laquelle, en payant, ils auraient eu recours contre cette caution, si elle n'eût pas été déchargée. »

Et Pothier ici parle d'or, quoiqu'il ne parle pas français.

1288. — Ce que le créancier a reçu d'une caution pour la décharge de son cautionnement, doit être imputé sur la dette, et tourner à la décharge du débiteur principal et des autres cautions.

Cet article signifie que *lorsqu'une caution paye une certaine somme, pour être déchargée de son cautionnement, cette somme devra être imputée sur le montant de la dette principale et qu'elle tournera ainsi à la décharge du débiteur et des autres cautions.*

C'est-à-dire que la loi, en vertu de la niaise théorie d'omnipotence, chère aux légistes, transforme un contrat que les parties ont voulu faire *onéreux* et *aléatoire* en un contrat *à titre gratuit.*

En effet, de par l'art. 1282, la caution se trouve avoir payé un

---

(1) Pothier désigne sous le nom de remise *réelle*, la remise qui, comme dit cet auteur (n° 616), « équipolle au payement ».

à-compte pour le débiteur; donc, elle a droit de répéter du débiteur le montant de cet à-compte; donc, finalement, de par la loi, le créancier court un risque sans compensation (1).

SECTION IV.

DE LA COMPENSATION.

La compensation est un payement abrégé.

Pour acquérir toute l'importance dont elle est susceptible, la compensation a besoin d'un milieu où les transactions économiques soient fréquentes et où le crédit ait atteint un certain développement.

A Rome, l'idée de la compensation se fit péniblement jour; et l'on conçoit qu'il en devait être ainsi chez un peuple qui ne vécut longtemps que de rapine et pour lequel la propriété de chacun fut toujours le fruit du travail d'autrui.

Ce n'est qu'à une époque récente que l'on a commencé à apercevoir le rôle considérable que peut jouer la compensation dans les rapports sociaux (2).

Cette matière, du reste, réclame à peine l'intervention du législateur; le Code de la Convention y avait consacré trois dispositions fort claires et tout à fait suffisantes (att. 48-50, liv. III, tit. I); le Code Napoléon n'a pas imité ce sage laconisme; aussi la section IV est-elle remplie des redondances et de toutes les fautes habituelles aux compilateurs napoléoniens.

1289. — Lorsque deux personnes se trouvent débitrices l'une envers l'autre, il s'opère entre elles une compensation qui éteint les deux dettes, de la manière et dans les cas ci-après exprimés.

La compensation peut être définie :

Un payement abrégé consistant dans la balance faite entre deux dettes qui existent respectivement entre deux personnes.

Les Romains disaient : *Compensatio est debiti et crediti inter se contributio* (L. 1, D., liv. XV, tit. II).

Exemple : Paul doit mille francs à Pierre, et Pierre la même somme à Paul; les deux dettes se compensent.

1290. — La compensation s'opère de plein droit par la seule force de la loi,

---

(1) Cette incroyable disposition est surtout due à Theilhard; on comprend qu'en face de pareils hommes, l'honnête Pothier soit un génie législatif. (Comparer Fenet, p. 87 et 88, avec Pothier, nᵒˢ 617 *in fine* et 618.)

Le moindre praticien sait éluder l'art. 1288, en omettant de mentionner dans l'acte de décharge la somme payée par la caution.

(2) V. John Stuart Mill, *Principles of political Economy*, t. II, chap. XI.

même à l'insu des débiteurs ; les deux dettes s'éteignent réciproquement, à l'instant où elles se trouvent exister à la fois, jusqu'à concurrence de leurs quotités respectives.

Cet article pose le principe de la compensation dite légale et qui serait beaucoup mieux nommée *nécessaire*, car la loi ne crée rien ; elle ne fait que constater des rapports *nécessaires* (1).

La compensation, dite à tort donc compensation légale, est celle qui, toutes les fois que certaines conditions concourent, a lieu par l'effet même de l'existence de ces conditions.

Outre la compensation *légale*, les auteurs distinguent :

La compensation facultative, c'est-à-dire *celle qui dépend de la volonté d'une seule des parties* (V. *infra*, p. 913);

La compensation judiciaire, c'est-à-dire *celle qui est le résultat d'une demande reconventionnelle* (V. *infra*, p. 913) (2).

Comme on le comprend, toute compensation est tantôt *totale*, tantôt *partielle*, selon qu'il y a égalité dans les deux dettes respectivement existantes ou que l'une de ces dettes est inférieure à l'autre.

De là, dit-on, dans ce *dernier* cas, *une exception à la règle que le créancier ne peut être contraint de recevoir un payement partiel* (art. 1244 ; V. *supra*, p. 879).

1291. — La compensation n'a lieu qu'entre deux dettes qui ont également pour objet une somme d'argent, ou une certaine quantité de choses fongibles de la même espèce et qui sont également liquides et exigibles. — Les prestations en grains ou denrées, non contestées, et dont le prix est réglé par les mercuriales, peuvent se compenser avec des sommes liquides et exigibles.

1292. — Le terme de grâce n'est point un obstacle à la compensation.

Les conditions requises, pour que la compensation légale puisse avoir lieu, sont au nombre de *trois;* il faut :

1° *Que les deux dettes aient également pour objet, soit une somme d'argent, soit une certaine quantité de choses fongibles de la même espèce*, porte le texte ;

2° *Que les deux dettes soient liquides ;*

3° *Que les deux dettes soient exigibles.*

---

(1) Nous le répéterons, tant que nous tiendrons une plume ; la loi n'est pas un concept arbitraire, la loi n'est pas une chose de fantaisie ; la loi est une idée, une idée de justice, une idée de vérité ; l'œuvre du législateur est de trouver la loi, non de la créer, et, l'ayant trouvée, de savoir la formuler.

Notre misérable temps a absolument perdu l'idée de la loi.

(2) On appelle ainsi la demande incidente formée par le défendeur contre le demandeur.

Comparer sur cette division, M. Duranton, t. XII, nos 383 et 461-466. — MM. Zachariæ, Aubry et Rau, t. III. p. 156. — M. Colmet de Santerre, t. V, n° 240 *bis*.

Dans l'art. 1291, le législateur napoléonien entend, dit-on, par *choses fongibles de la même espèce, les choses qui peuvent faire fonction les unes des autres, et qui, par conséquent, appartiennent à la même catégorie* (1).

Toutefois, le *second* alinéa de l'art. 1291 considère comme fongibles entre elles les dettes de *sommes d'argent* et celles consistant en *prestations de grains ou autres denrées dont le prix est réglé par les mercuriales*.

On appelle dettes *liquides* celles dont l'existence est certaine et la quotité déterminée.

Quant aux dettes *exigibles*, ce sont les dettes susceptibles de donner immédiatement lieu à action.

De cette dernière notion, on conclut qu'une obligation *naturelle* ne peut servir de base à une compensation (2).

Remarquons :

1° *Que*, comme il a déjà été dit, *le terme de grâce n'est point un obstacle à la compensation* (art. 1292) ;

2° *Que l'exigibilité qui résulte de la faillite* (art, 1188 C. N., et 444, C. Co.), *n'entraîne pas de compensation ; en effet, chacun des créanciers chirographaires, en cas de faillite, ne doit recevoir qu'un dividende, et, si l'un d'eux avait le droit d'arguer d'une compensation, celui-là recevrait un payement intégral.*

1293. — La compensation a lieu, quelles que soient les causes de l'une ou de l'autre des dettes, excepté dans le cas : — 1° De la demande en restitution d'une chose dont le propriétaire a été injustement dépouillé ; — 2° De la demande en restitution d'un dépôt et du prêt à usage ; — 3° D'une dette qui a pour cause des aliments déclarés insaisissables.

Cet article indique *trois* causes pour lesquelles la compensation légale n'est pas possible ; ce sont :

1° *Le cas de spoliation ;*

2° *Le cas de dépôt ou de prêt à usage ;*

3° *Le cas où une dette a pour objet des aliments déclarés insaisissables.*

---

(1) M. Duranton, t. XII, n° 394. — MM. Zachariæ, Aubry et Rau, t. III, p. 156. — M. Colmet de Santerre, t. XI, n° 242 *bis*, II et IV.

La question de fongibilité eût dû être laissée à l'appréciation des tribunaux et être décidée conformément à la notion de la fongibilité, c'est-à-dire *d'après l'intention susceptible d'être raisonnablement attribuée aux parties.*

C'est ce qu'avaient compris les rédacteurs du Code de la Convention (art. 49, liv. III, tit. I).

(2) Comparer *Exposé des motifs*, Bigot-Préameneu (Locré, *Législ. civ.*, t. XII, p. 365). — M. Duranton, t. II, n°s 405 et 406. — MM. Zachariæ, Aubry et Rau, t. III, p. 158. — M. Colmet de Santerre, t, V, n° 242 *bis*, X.

La *première* exception est naïve, tant elle est évidente.

Paul doit à Pierre une somme de 1000 francs ; Pierre enlève par violence cette somme à Paul ; puis, sur la demande en restitution de Paul, Pierre oppose la compensation. On écarte Pierre par la maxime : *Spoliatus ante omnia restituendus* (1).

La *seconde* exception, qui, à proprement parler, est *double*, est moins facile à comprendre que la *première*.

En effet, le dépositaire et l'emprunteur à usage sont tous les deux tenus de rendre la chose même qui leur a été confiée ; ils sont tous les deux débiteurs d'un corps certain ; donc, ils ne tombent pas sous la règle de la compensation (art. 1291 ; V. *supra*, p. 907), et, par conséquent, il n'y avait pas lieu de les excepter de cette règle.

Cependant, on tente *deux* explications pour le dépôt.

Une *première* explication dit que les compilateurs napoléoniens, à l'instar de Pothier (n° 625), ont entendu parler ici du dépôt *irrégulier*.

Ainsi, par exemple, une personne a déposé entre les mains d'une autre une somme qui, d'après la commune intention des parties, peut être restituée en espèces équivalentes ; si, de son côté, le dépositaire est créancier du déposant, l'exception est utile pour empêcher la compensation.

Une *seconde* explication applique l'exception au cas où le dépositaire a détourné ou a fait périr la chose déposée et est ainsi devenu débiteur de dommages-intérêts ; ce seraient ces dommages-intérêts qui ne pourraient entrer en compensation avec ce que le déposant doit au dépositaire.

On reproduit *pour le prêt à usage* cette dernière explication.

La vérité est que la *seconde* exception, formulée par l'art. 1293, procède d'un malencontreux souvenir du droit romain. En droit romain, dans les actions *bonæ fidei*, la compensation était admise *officio judicis*, même pour les choses non fongibles ; cependant, on exceptait formellement de cette théorie la double hypothèse du dépôt et du commodat. Les compilateurs napoléoniens n'ont pas pris garde qu'en décrétant que la compensation n'aurait désormais lieu que pour les choses *fongibles*, ils rendaient inutile l'exception relative au *dépôt* et au *commodat* (2).

La *troisième* exception doit être étendue :

1° *Aux provisions alimentaires adjugées par justice ;*

2° *A toutes les dispositions, faites à titre d'aliments, alors même que le disposant n'en aurait pas déclaré l'insaisissabilité ;*

Ou, d'une manière encore plus générale, *à toutes les choses insaisissables* (art. 581, C. Pr.).

---

(1) Comparer Pothier, n° 625.
(2) Comparer M. Duranton, t. XII, n°s 448 et 449. — MM. Zachariæ, Aubry et Rau, t. III, p. 162, texte et notes 3 et 4. — M. Colmet de Santerre, t. V, n°s 244 *bis*, III-VIII.

Une *quatrième* exception est fondée sur les règles relatives à l'organisation des finances publiques ; *elle concerne les contributions dues à l'État ;* le contribuable ne peut jamais, en aucun cas, se prétendre libéré par voie de compensation (1).

On s'est demandé si les parties ont le droit de renoncer d'avance à se prévaloir de la compensation.

L'affirmative est évidente (2).

1294. — La caution peut opposer la compensation de ce que le créancier doit au débiteur principal. — Mais le débiteur principal ne peut opposer la compensation de ce que le créancier doit à la caution. — Le débiteur solidaire ne peut pareillement opposer la compensation de ce que le créancier doit à son codébiteur.

Le *premier* alinéa de cet article est logiquement déduit de l'idée que la compensation est un payement abrégé. Comment la caution pourrait-elle continuer à être obligée, lorsque la compensation a eu lieu du chef du débiteur principal, c'est-à-dire lorsque le débiteur principal a payé au créancier ce qu'il lui devait ?

Le *second* alinéa de cet article consacre une disposition évidente ; de ce que la caution est devenue créancière du créancier, il est clair, en effet, qu'il ne s'ensuit point que le débiteur principal puisse se prétendre libéré par voie de compensation ; car la caution n'est tenue de payer qu'*à défaut* du débiteur principal.

Toutefois, si, sur les poursuites du créancier, la caution s'est prévalue de la compensation opérée de son chef, le débiteur principal se trouve libéré.

Le *troisième* alinéa est en dehors de la logique ; il n'y a aucune raison pour qu'un codébiteur solidaire ne puisse se prévaloir de la compensation opérée du chef de son codébiteur (V. *supra*, p. 848, texte et note 1) (3).

1295. — Le débiteur qui a accepté purement et simplement la cession qu'un créancier a faite de ses droits à un tiers, ne peut plus opposer au cessionnaire la compensation qu'il eût pu, avant l'acceptation, opposer au cédant. — A l'égard de la cession qui n'a point été acceptée par le débiteur, mais qui lui a été signifiée, elle n'empêche que la compensation des créances postérieures à cette notification.

Cet article prévoit le cas d'une cession de créance, et il suppose que,

---

(1) Locré, *Législ. civ.*, t. XII, p. 186.
(2) En ce sens, Delvincourt, t. II, p. 579. — MM. Zachariæ, Aubry et Rau, t. III, p. 162, texte et note 1.
En sens contraire, Toullier, t. VII, n° 393.
Qu'on n'objecte pas que la compensation légale est une compensation nécessaire, car la nécessité dont il s'agit ici est une nécessité rationnelle, et qui, par conséquent, laisse intacte la liberté de contracter. (Comparer *infra*, art. 2220.)
(3) Cet alinéa est la reproduction d'une mauvaise décision de Pothier (n° 274).

dans ce cas, *le cédé*, c'est-à-dire *le débiteur*, veuille se prévaloir contre le *cessionnaire*, c'est-à-dire contre l'*acquéreur*, des causes de compensation qu'il avait contre le *cédant ; le cédé possède-t-il ce droit ?*

Il faut distinguer :

Ou la cession a été acceptée par le cédé, en d'autres termes, le cédé s'est reconnu vis-à-vis du cessionnaire débiteur du cédant, et, par là même, il doit être réputé avoir renoncé vis-à-vis du cessionnaire à se prévaloir de la compensation ;

Ou la cession a été simplement signifiée au cédé, et il est logique que le cédé ait le droit d'invoquer contre le cessionnaire les causes de compensation qu'il avait contre le cédant antérieurement à la signification de la cession, mais non celles qui lui sont advenues postérieurement (1).

1296. — Lorsque les deux dettes ne sont pas payables au même lieu, on n'en peut opposer la compensation qu'en faisant raison des frais de la remise.

Toute marchandise est plus ou moins chère, selon qu'elle est plus demandée ou plus offerte ; le prix de toute marchandise varie donc selon l'état du marché, et, par conséquent, dans le *payement abrégé* qu'on appelle la *compensation*, il y a lieu de tenir compte de cette circonstance.

Exemple : Paul doit payer à Pierre, à Marseille, une somme de 10 000 francs, et, de son côté, Pierre doit payer à Paul, à Paris, une égale somme. Si le cours du change de Paris sur Marseille est de 2 p. 100, tandis que celui de Paris sur Marseille est de 1 p. 100, Paul doit faire raison à Pierre d'une somme de 100 fr. car s'il n'y avait pas eu de compensation, Paul eût dû dépenser 200 fr. pour faire toucher à Pierre 10 000 francs à Marseille, et, de son côté, Pierre n'eût eu à débourser que 100 fr. pour faire toucher à Paul une égale somme à Paris ; donc, pour que les choses soient dans le même état que s'il n'y avait pas eu compensation, Paul doit remettre 100 francs à Pierre.

On fait remarquer que l'art. 1296 déroge à la règle relative à la *liquidité* des dettes à compenser (art. 1291, 1er alinéa).

1297. — Lorsqu'il y a plusieurs dettes compensables dues par la même personne, on suit, pour la compensation, les règles établies pour l'imputation par l'article 1256.

Cette disposition est absolument inutile ; elle allait d'elle-même.

1298. — La compensation n'a pas lieu au préjudice des droits acquis à un tiers. Ainsi celui qui, étant débiteur, est devenu créancier depuis la saisie-arrêt faite par un tiers entre ses mains, ne peut, au préjudice du saisissant, opposer la compensation.

___

(1) Comparer Pothier, n° 632.

Cet article revient à dire que la compensation est *impossible* dans les cas où le payement ne peut avoir lieu (1).

A l'exemple, cité par le texte, du débiteur, entre les mains duquel a été formée une *saisie-arrêt*, ajoutons celui de l'acheteur *d'un immeuble hypothéqué* qui doit toujours conserver son prix pour les créanciers hypothécaires.

1290. — Celui qui a payé une dette qui était, de droit, éteinte par la compensation, ne peut plus, en exerçant la créance dont il n'a point opposé la compensation, se prévaloir, au préjudice des tiers, des priviléges ou hypothèques qui y étaient attachés, à moins qu'il n'ait eu une juste cause d'ignorer la créance qui devait compenser sa dette.

Encore une *conséquence* du principe que la *compensation est un payement abrégé*.

Supposons que l'une des deux personnes entre lesquelles la compensation a eu lieu ait payé ultérieurement à l'autre ce qu'elle devait à cette autre avant la compensation, alors elle lui a payé l'*indû* et elle aura contre elle l'action en répétition de l'indû (*condictio indebiti*); mais il est clair que *les priviléges ou hypothèques qui garantissaient son ancienne créance demeurent éteints, ainsi que cette créance* (2).

Cependant, *si la personne qui a payé la dette éteinte par compensation avait un juste sujet d'ignorer la compensation qui l'a libérée, l'article réserve à cette personne les priviléges ou hypothèques qui garantissaient son ancienne créance.*

Exemple : Paul doit à Pierre une somme de 10 000 francs, et Pierre doit, de son côté, la même somme à l'oncle d'Amérique de Paul dont Paul est l'héritier. Paul, ignorant que son oncle est mort, et que, par conséquent, la compensation l'a libéré envers Pierre, paye à Pierre la somme qu'il croit encore lui devoir. Si l'oncle de Paul avait une hypothèque contre Pierre, l'action en répétition de Paul contre Pierre sera munie de l'hypothèque qui garantissait la créance éteinte par compensation.

Voilà donc un nouveau cas où l'hypothèque *survit* à la créance qu'elle garantit (V. *supra*, p. 900) (3).

---

(1) Nous le croyons sans peine, puisque *la compensation est un payement abrégé*. Que de riens amoncelés ! mais si on les supprimait, ces riens, que resterait-il de nos kyrielles de lois et de tous les commentaires qu'on en a faits?

(2) Comparer Pothier, n° 539.

Dans l'article, les compilateurs parlent *d'exercice de la créance éteinte ;* même de la part de simples copistes qui eussent été soucieux de comprendre ce qu'ils écrivaient, l'erreur de langage serait forte.

Certains auteurs trouvent la formule très-exacte. (V. M. Colmet de Santerre, t. V, n° 251 *bis*, 1.)

(3) Pothier n'admettait pas que la compensation eût lieu dans ce cas, et quelques auteurs reproduisent la décision de Pothier.

Comparer M. Bugnet *Sur Pothier*, p. 349, note 3. — MM. Zachariæ, Aubry

Remarquons que, bien que l'article ne parle que des priviléges ou hypothèqnes, il y a lieu d'appliquer aux cautionnements la double disposition qu'il contient.

APPENDICE

COMPENSATION FACULTATIVE ET COMPENSATION JUDICIAIRE.

La compensation facultative a lieu, toutes les fois que la compensation légale n'était empêchée que dans l'intérêt de l'une des parties et que cette partie invoque elle-même la compensation : ainsi, lorsque l'une des parties renonce à se prévaloir de ce que sa dette est à terme, tandis que sa créance est pure et simple (1).

Si les conditions de la compensation *légale* manquent des *deux parts,* la compensation ne peut être que *conventionnelle.*

La compensation judiciaire a lieu lorsque le défendeur forme une demande reconventionnelle tendant à faire liquider une créance qu'il prétend avoir contre le demandeur et à obtenir du juge le bénéfice d'une compensation (2).

SECTION V.

DE LA CONFUSION.

Le Code de la Convention n'avait pas rangé la confusion au nombre des modes d'extinction des obligations (V. partie III, liv. III, tit. I).

Dans une doctrine qui, pour être exacte, n'en est pas moins subtile, on enseigne que la confusion ne détruit jamais l'obligation et qu'elle en *paralyse* seulement les effets (3).

Les articles qui vont suivre sont fort mal rédigés ; ce qui atténue ici la faute des compilateurs napoléoniens, c'est le très-médiocre intérêt que le sujet présente.

---

et Rau, t. III, p. 166, texte et notes 5-8. — M. Colmet de Santerre, t. V, n° 251 *bis,* I-III.

Qu'ont voulu exactement les compilateurs? Il faut bien avouer *in terminis* qu'ils n'en savaient rien eux-mêmes.

Au surplus, sauf dans l'hypothèse de l'oncle d'Amérique, quand donc l'article 1299 trouvera-t-il une application?

(1) V., sur la compensation facultative, M. Frédéric Duranton, *Revue de droit français et étranger,* 1846, p. 874.

(2) V. Albert Desjardins, p. 499 et suiv., *Traité de la compensation et des demandes reconventionnelles.*

(3) V. M. Labbé, *Étude sur quelques difficultés relatives à la perte de la chose due et à la confusion,* p. 159.

Cet auteur paraît préoccupé d'améliorer la théorie de la confusion.

1300. — Lorsque les qualités de créancier et de débiteur se réunissent dans la même personne, il se fait une confusion de droit qui éteint les deux créances.

Ce mauvais texte ne pourrait avoir trait qu'à la *compensation ;* il ne se rapporte nullement à la *confusion.*

La confusion n'éteint pas ou plutôt ne paralyse pas deux créances ; elle paralyse une créance et une dette.

Au point de vue de la théorie des obligations, la confusion peut être définie :

La réunion dans la même personne des qualités de créancier et de débiteur de la même obligation (1).

La confusion a lieu dans *trois* cas :

1° *Lorsque le créancier succède à titre universel au débiteur ;*

2° *Lorsque le débiteur succède à titre universel au créancier ;*

3° *Lorsqu'une tierce personne succède à titre universel, tant au créancier qu'au débiteur.*

Le bénéfice d'inventaire met obstacle à la confusion (art. 802 ; V. *supra,* p. 229) (2).

De ce que la confusion *paralyse* les effets de l'obligation, plutôt qu'elle n'éteint le droit lui-même, il s'ensuit qu'*elle n'empêche nullement les effets qui peuvent encore se produire.*

Exemple : Une personne laisse une succession composée de 100 000 francs de biens, et, en plus, une créance de 100 000 francs.

Cette personne a un fils et elle a institué un légataire universel.

Supposons alternativement que la créance des 100 000 francs existe contre le fils ou contre le légataire.

Dans le premier cas, la confusion, opérée dans la personne du fils, ne paralyse pas les effets de l'obligation du fils vis-à-vis du légataire universel, et, dans le second cas, la confusion, opérée dans la personne du légataire universel, ne paralyse pas les effets de l'obligation du légataire universel vis-à-vis du fils ; donc, dans les deux cas, le disponible et la réserve se calculant sur 200 000 francs, il en résulte que, dans le premier cas, le fils obtient simplement sa libération, et que, dans le second, c'est le légataire universel qui obtient la sienne.

1301. — La confusion qui s'opère dans la personne du débiteur principal

---

(1) Les compilateurs napoléoniens n'ont lu, dans la circonstance, que la première phrase du premier numéro de Pothier sur la confusion.

Pothier disait (n° 641) : « On appelle confusion le concours de deux qualités dans un même sujet, qui se détruisent. »

Si Bigot et ses collègues ne s'en fussent point tenus à la première phrase, s'ils eussent lu la seconde, ils fussent arrivés à comprendre. Pothier ajoutait, en effet :

« Celle (la confusion) dont il est ici question est le concours des qualités de créancier et de débiteur d'une même dette dans une même personne. »

(2) Comparer Pothier, n° 648.

profite à ses cautions ; — Celle qui s'opère dans la personne de la caution n'entraîne point l'extinction de l'obligation principale ; — Celle qui s'opère dans la personne du créancier ne profite à ses codébiteurs solidaires que pour la portion dont il était débiteur.

Cet article est encore d'une rédaction fort défectueuse, car, pris à la lettre, les *trois* alinéas qu'il renferme sembleraient ne devoir s'appliquer qu'à *l'un* des cas où s'opère la confusion, et ils s'appliquent, en réalité, aux différents cas où la confusion peut avoir lieu.

Les règles posées par ces trois alinéas sont, d'ailleurs, faciles à comprendre.

Rappelons que le *troisième* établit, pour les codébiteurs solidaires, un cas de défense *personnelle* (V. supra, p. 847).

On distingue la *révocation de la confusion* de la *cessation de la confusion.*

La révocation de la confusion a lieu lorsque la confusion est anéantie en vertu d'une cause antérieure à l'événement qui l'a produite, ou, au moins, concomitante avec cet événement ; dans ce cas, la confusion doit être considérée comme n'ayant jamais existé, même à l'égard des tiers.

Exemple : Paul, créancier de Pierre, est devenu l'héritier de Pierre : la créance de Paul se trouve ainsi paralysée par la confusion ; mais il arrive que Paul fait révoquer son acceptation comme entachée, par exemple, de dol : la créance de Paul reparaît avec tous ses accessoires, priviléges, hypothèques et cautionnements ; en d'autres termes, les choses se passent, comme s'il n'y avait jamais eu réunion dans la même personne des qualités de créancier et de débiteur de la même obligation.

La cessation de la confusion a lieu lorsque la confusion prend fin en vertu d'une cause postérieure à l'événement qui l'a produite ; dans ce cas, les effets de la confusion n'en demeurent pas moins définitifs à l'égard des tiers.

Exemple : Paul qui était créancier de Pierre et qui a recueilli la succession de Pierre, vend ses droits héréditaires ; la créance de Paul ne reparaît pas ; seulement, l'acquéreur de l'hérédité est tenu de faire raison à son vendeur de tout ce dont celui-ci était créancier (art. 1698).

SECTION VI.

DE LA PERTE DE LA CHOSE DUE.

Le Code de la Convention réglait cette cause d'extinction en un seul article (art. 51, liv. III, tit. II).

La compilation napoléonienne a consacré à cette même cause deux articles, dont un inutile et à contre-sens.

Il faut, d'ailleurs, entendre par *perte de la chose due, tout événement qui rend impossible l'exécution de l'obligation.*

1302. — Lorsque le corps certain et déterminé qui était l'objet de l'obligation vient à périr, est mis hors du commerce, ou se perd de manière qu'on en ignore absolument l'existence, l'obligation est éteinte si la chose a péri ou a été perdue sans la faute du débiteur, et avant qu'il fût en demeure. — Lors même que le débiteur est en demeure, et s'il ne s'est pas chargé des cas fortuits, l'obligation est éteinte dans le cas où la chose fût également périe chez le créancier si elle lui eût été livrée. — Le débiteur est tenu de prouver le cas fortuit qu'il allègue. — De quelque manière que la chose volée ait péri ou ait été perdue, sa perte ne dispense pas celui qui l'a soustraite de la restitution du prix.

Cet article pose, en principe, que, *dans les obligations de corps certains, le débiteur est libéré toutes les fois qu'il justifie que le corps certain sur lequel portait son obligation a péri sans sa faute ;* il faut ajouter : *ou sans son fait* (1).

En effet, il ne peut y avoir de dette sans un objet dû, ni de responsabilité du débiteur, lorsqu'il s'agit d'un fait qui est étranger au débiteur.

Dans les obligations qui portent sur une chose indéterminée, le cas de perte se réalise rarement ; de là, l'adage : *genera non pereunt.*

Cependant, on peut concevoir que le genre auquel appartient la chose due soit tout entier mis *hors du commerce,* ou encore que le *dernier* individu de ce même genre vienne à *périr* avant que l'obligation soit exécutée ; évidemment, la règle posée pour les corps certains devrait alors être appliquée.

S'il y a *faute* (ou *fait*) du débiteur, le débiteur devient *responsable.*

Remarquons que le *premier* alinéa de l'art. 1302 assimile implicitement la *demeure* du débiteur à la *faute.*

Toutefois, le *second* alinéa de l'article décide que, lorsque le débiteur n'est responsable des cas fortuits qu'à raison de sa *demeure,* il peut se soustraire au payement de tous dommages-intérêts en prouvant que *la chose eût également péri chez le créancier si elle lui eût été livrée* (2).

Remarquons encore qu'aux termes du *quatrième* alinéa de l'article, le voleur est traité d'une manière exceptionnelle, à un double point de vue :

1° *Le voleur est toujours en demeure ;*

2° *Le voleur ne peut s'exonérer des dommages-intérêts en prouvant que la chose volée eût également péri chez le propriétaire.*

---

(1) Comparer art. 1042, et Pothier, n° 664.

(2) Certains auteurs font observer que la loi *ne défend pas* aux parties de mettre tous les cas fortuits à la charge du débiteur.

Nous sommes tellement habitués à ce que la loi viole notre liberté, que cette observation paraît toute naturelle.

Cette *dernière* décision est *irrationnelle* et *injuste* (1).

Remarquons enfin que lorsque le débiteur est libéré par la perte de la chose arrivée sans sa faute ou sans son fait, *la question du maintien de l'obligation corrélative, dans les contrats synallagmatiques, ne peut être tranchée d'une manière uniforme.*

Si l'obligation éteinte était de *donner*, l'obligation corrélative *subsiste* lorsque l'obligation éteinte était *pure et simple* ou *à terme* (art. 1138) ; au contraire, l'obligation corrélative est *détruite* lorsque l'obligation éteinte était *conditionnelle* (art. 1182).

Si l'obligation éteinte était de *faire* ou de ne *pas faire*, l'obligation corrélative est *détruite* dans *tous* les cas (2).

1303. — Lorsque la chose est périe, mise hors du commerce ou perdue, sans la faute du débiteur, il est tenu, s'il y a quelques droits ou actions en indemnité par rapport à cette chose, de les céder à son créancier.

Cet article est une malencontreuse reproduction du n° 670 de Pothier.

Aujourd'hui, il n'en est plus comme au temps de Pothier ; le débiteur n'a aucune action à céder au créancier ; dans le cas prévu par l'article, le *créancier*, aujourd'hui, est *propriétaire* (art. 1138) (3).

SECTION VII.

DE L'ACTION EN NULLITÉ OU RESCISION DES CONVENTIONS.

Il s'agit, dans cette section, non de « *l'action en nullité des conventions* », comme parle le Code Napoléon, mais de *l'action en annulabilité* ou en *annulation des contrats* (V. *supra*, p. 746).

Notons, d'ailleurs, que *l'action en rescision* est aujourd'hui *à peu près identique avec l'action en annulabilité*, mais qu'elle en *différait* autrefois, à plusieurs points de vue :

1° *L'action en nullité* (le vieux droit disait, comme les copistes napoléoniens, *nullité* à la place d'*annulabilité*), *l'action en nullité*, donc, *s'appliquait aux obligations dont la nullité était prononcée par les ordonnances ou par les coutumes.*

---

(1) Comparer Pothier, n° 664.
Il est légitime d'indemniser le propriétaire du tort qui lui a été causé ; il est légitime de chercher à corriger, à *améliorer* le voleur ; il est illégitime d'enrichir le propriétaire aux dépens du voleur.

(2) Comparer MM. Zachariæ, Aubry et Rau, t. III, p. 226. — M. Colmet de Santerre, n° 257 *bis*, iv.

(3) Il y a des auteurs bien embarrassés pour expliquer l'art. 1303 ; car comment avouer que les compilateurs napoléoniens n'ont jamais soupçonné le *grand principe* qu'ils avaient eux-mêmes décrété, à savoir, que *la propriété se transmet par le seul effet du contrat, lorsque le contrat porte sur un corps certain.*

M. Colmet de Santerre, se fait historien et se réfugie timidement dans une hypothèse. (V. t. V, n° 260 *bis*, ii.)

L'action en rescision se référait aux obligations que l'on réputait nulles, d'après les règles du droit romain ou de l'équité (1).

2° *L'action en nullité s'intentait immédiatement devant les tribunaux.*

L'action en rescision ne pouvait être intentée que par la partie qui avait préalablement obtenu des lettres de rescision délivrées, au nom du roi, par les chanceliers établis près des cours souveraines (2).

3° *L'action en nullité ne se prescrivait, en général, que par trente ans ;*

L'action en rescision se prescrivait par dix ans.

Le droit de la Révolution supprima les lettres de rescision (l. 7, 11 septembre 1790).

De son côté, la législation napoléonienne a soumis au *même* délai de prescription (le délai de dix ans) les deux actions en nullité et en rescision.

Cependant, certains auteurs refusent d'admettre que les deux actions en nullité et en rescision soient actuellement fondues en une seule (3).

Quant à l'ensemble de la section, il est confus dans la forme et confus au fond ; les compilateurs napoléoniens s'y sont montrés ce qu'ils sont partout, épris de traditions qu'ils n'entendaient pas, et qui, les eussent-ils entendues, n'étaient propres qu'à les égarer.

1304. — Dans tous les cas où l'action en nullité ou en rescision d'une convention n'est pas limitée à un moindre temps par une loi particulière, cette action dure dix ans. — Ce temps ne court, dans le cas de violence, que du jour où elle a cessé ; dans le cas d'erreur ou de dol, du jour où ils ont été découverts ;

---

(1) C'était la *restitutio in integrum* des Romains, bizarrement transportée dans le chaos monarchique et féodal du Moyen-âge.

(2) Il y avait une absurdité si palpable à assimiler le roi au préteur romain, que les chancelleries avaient fini par délivrer ces lettres de rescision sans connaissance de cause.

(3) Et pourquoi seraient-elles fondues en une seule ? Est-ce que les rédacteurs du Code Napoléon ont jamais eu, sur un sujet quelconque, une vue d'unité quelconque ? Est-ce que ces hommes se souciaient d'avoir de telles vues ? Est-ce qu'à cet égard notre démonstration n'est pas mille fois faite ? Donc, bien que cela n'ait en soi absolument aucun sens, nous distinguerons avec MM. Zachariæ, Aubry et Rau l'action en rescision de l'action en nullité, et nous dirons avec ces auteurs :

1ᵈ *Que les compilateurs napoléoniens emploient indifféremment les termes de nullité ou de rescision pour désigner les cas où le consentement est entaché d'erreur, de violence ou de dol, mais qu'ils se servent exclusivement du mot rescision, lorsque l'obligation est entachée de lésion;*

2° *Que le défendeur ne peut écarter l'action en nullité, en offrant au demandeur une indemnité suffisante, tandis qu'il peut par ce moyen écarter l'action en rescision pour cause de lésion* (art. 891 et 1681).

Comparer MM. Zachariæ, Aubry et Rau, t. III.

D'autres auteurs trouvent encore d'autres différences. (Comparer Toullier, t. VII, nᵒˢ 527-529.)

et pour les actes passés par les femmes mariées non autorisées, du jour de la dissolution du mariage. — Le temps ne court, à l'égard des actes faits par les interdits, que du jour où l'interdiction est levée ; et à l'égard de ceux faits par les mineurs, que du jour de la majorité.

Cet article commence par déclarer que *l'action en nullité* (en *annulabilité*) *ou en rescision des contrats dure, en principe, dix ans.*

Le législateur napoléonien applique ensuite formellement cette règle aux cas :

1° *D'erreur ;*
2° *De violence ;*
3° *De dol ;*
4° *D'actes passés par les femmes mariées non autorisées ;*
5° *D'actes faits par les interdits ;*
6° *D'actes faits par les mineurs.*

Les *deuxième* et *troisième* alinéas de l'art. 1304 déterminent, d'ailleurs, *le point de départ de la prescription de l'action dans ces différents cas*, et les auteurs, généralisant cette fois contre leur habitude, proposent la formule suivante :

La prescription court à partir du moment où la personne, dans l'intérêt de laquelle le contrat est annulable, a pu en demander librement la nullité.

Les auteurs sont, en outre, d'accord pour appliquer l'art. 1304, non-seulement à l'action en nullité ou en rescision des *contrats*, mais encore à l'action en nullité ou en rescision de *tous actes de volonté, assimilables aux contrats quant à leurs effets* (1).

Quatre questions controversées se posent ici ; nous allons les parcourir successivement :

1ʳᵉ QUESTION. — *Lorsque la femme mariée a fait sans autorisation un acte que, d'après la loi napoléonienne, elle est incapable de faire de la sorte, à partir de quel moment court le délai de l'action en nullité qui appartient alors au mari ?*

Les *uns* se retranchent derrière le texte de l'art. 1304 qui ne fait aucune distinction entre l'action du mari et celle de la femme, et ils décident que le délai des deux actions ne court qu'*à partir de la dissolution du mariage* (2).

Les *autres* disent qu'à la différence de la femme, le mari est tout aussi libre d'agir pendant le mariage qu'après la dissolution du mariage, et que le délai de l'action du mari court *à partir du moment où le mari a connu l'acte fait par sa femme.*

_____

(1) Comparer MM. Zachariæ, Aubry et Rau, t. III, p. 196, texte et note 10. — M. Colmet de Santerre, t. V, n° 265 *bis*, ɪx.
(2) M. Colmet de Santerre, t. V, n° 265 *bis*, v.

Dans cette *grave* controverse, nous nous décidons pour le *second* avis (1).

2ᵉ QUESTION. — *Le délai de dix ans, fixé par l'article* 1304, *constitue-t-il une déchéance* sui generis *ou une prescription soumise aux règles du droit commun?*

Si l'on se décide pour la *déchéance*, le délai est *invariable*.

Si l'on prend, au contraire, parti pour la *prescription*, les causes de *suspension* et d'*intervention* du droit commun sont *applicables* (art. 2242-2249).

DEUX SYSTÈMES.

1ᵉʳ SYSTÈME (2). — *Le délai de dix ans, fixé par l'art.* 1304, *constitue une déchéance* sui generis :

1ᵉʳ *Arg.* L'art. 2264 soustrait à la théorie générale de la prescription toute prescription réglée par un titre spécial (3).

2ᵉ *Arg.* Il est d'*ordre public* que les actions en nullité d'un contrat aient une durée fixe.

2ᵉ SYSTÈME (4). — *Le délai de dix ans, fixé par l'art.* 1304, *constitue une prescription soumise aux règles du droit commun.*

1ᵉʳ *Arg.* L'art. 2264 ne renferme qu'un simple renvoi.

2ᵉ *Arg.* Il est d'*ordre public* que le droit de chacun soit respecté.

3ᵉ *Arg.* Le *second* alinéa de l'art. 1676 décide que, dans le cas spécial de la rescision de la vente d'immeuble pour cause de lésion, le délai de l'action en rescision court contre les mineurs, venant du chef d'un majeur; donc, *à contrario*, le délai de l'action en rescision ne court pas, en général, contre les mineurs, venant même du chef d'un majeur.

Nous optons pour le *second* système, à cause de son *second* argument.

3ᵉ QUESTION. — *Le délai de dix ans, applicable à la durée de l'action fondée sur la nullité* (annulabilité) *d'un contrat, est-il applicable à la durée de l'exception* (défense) *fondée sur la même nullité?*

Voici l'espèce :

Circonvenu par le dol de Pierre, Paul a contracté envers Pierre une

---

(1) M. Demolombe, t. IV, p. 260. (V. sur l'aberration que la théorie juridique appelle *l'incapacité de la femme mariée*, notre *Manuel de droit civil*, t. I, p. 224 et suiv.)

(2) Toullier, t. VII, n° 645. — M. Duranton, t. XII, n° 548.

(3) V. *Manuel de droit civil*, supplément au t. II, *De la prescription*, art. 2264.

(4) Pothier, *Procéd. civ.*, chap. IV, art. 2, § 6. — Delvincourt, t. II, part. II, p. 806. — MM. Aubry et Rau, t. III, texte et note 31. — M. Colmet de Santerre, t. V, n° 265 *bis*, III-V.

certaine obligation, il découvre ensuite le dol de Pierre. Il a le droit de demander la nullité de son obligation ; au lieu d'user de ce droit, il laisse s'écouler dix ans depuis la découverte du dol ; Pierre exige alors de Paul l'exécution de son obligation ; Paul a-t-il perdu le droit d'opposer à Pierre le dol dont celui-ci s'est rendu coupable ?

DEUX SYSTÈMES.

1er SYSTÈME (1). — Conformément à la maxime romaine : « *Quæ temporalia sunt ad agendum, perpetua sunt ad excipiendum* », *le délai de l'exception fondée sur la nullité d'un contrat a une durée égale à celle de l'action que ce contrat fait naître au profit du créancier.*

1er *Arg.* En droit romain, cette décision ne souffrait aucun doute (V. L. 5, § 6, D., liv. XLIV, tit. IV).

2e *Arg.* Elle est, d'ailleurs, fondée sur la nature même des choses, car aussi longtemps que dure le droit d'attaque, aussi longtemps doit durer le droit de défense.

3e *Arg.* L'art. 134 de l'Ordonnance de Villers-Cotterets (1519) avait restreint à dix ans le délai pendant lequel on pouvait faire valoir, tant en demandant qu'en défendant, les causes de rescision, et même certaines causes de nullité ;

Or, l'art. 1304 ne parle que des actions en nullité ou en rescision ; il ne parle pas des exceptions.

2e SYSTÈME (2). — *Le délai de dix ans, applicable à la durée de l'action fondée sur la nullité d'un contrat, est applicable à la durée de l'exception fondée sur la même nullité.*

1er *Arg.* En droit romain, la maxime *quæ temporalia sunt ad agendum, perpetua sunt ad excipiendum* tenait à ce que le débiteur ne pouvait prendre lui-même l'initiative des poursuites ;

Or, cette raison n'existe plus en droit français.

2e *Arg.* L'expiration du délai de dix ans emporte confirmation de l'acte.

3e *Arg.* Si les rédacteurs du Code Napoléon ne se sont pas expliqués sur ce point, c'est évidemment qu'ils entendaient maintenir le droit établi depuis l'ordonnance de Villers-Cotterets.

Rationnellement, le *premier* système est *préférable* ;

Légalement, c'est peut-être le *second* qui doit *l'emporter*.

---

(1) Delvincourt, t. II, p. 596 à 600. — Toullier, t. VII, n°s 600 et suiv. — MM. Zachariæ, Aubry et Rau, t. III, p. 198 et 199, t. VI, p. 514 et 515, texte et note 1.

(2) M. Duranton, t. XII, p. 549. — M. Colmet de Santerre, t. V, n° 265 *bis*, VI.

4° QUESTION. — *En vertu de l'art.* 39 *de la loi du* 30 *juin* 1838, *l'action en nullité des actes passés par une personne, placée dans un établissement d'aliénés et dont l'interdiction n'a point été prononcée, ne se prescrit contre cette personne elle-même qu'à partir de la signification qui lui en a été faite ou de la connaissance qu'elle en a eue autrement, après sa sortie définitive de la maison d'aliénés: et, à l'égard de ses héritiers, qu'à dater de la signification qui leur en a été faite, ou de la connaissance qu'ils en ont eue depuis la mort de leur auteur.*

On demande *si cette disposition est applicable à l'interdit.*

La *négative* est évidente ; l'art. 39 de la loi du 30 juin n'a pas modifié, pour l'interdit, l'alin. 3 de l'art. 1304.

1305. — La simple lésion donne lieu à la rescision en faveur du mineur non émancipé, contre toutes sortes de conventions ; et en faveur du mineur émancipé, contre toutes conventions qui excèdent les bornes de sa capacité, ainsi qu'elle est déterminé au titre *de la Minorité, de la Tutelle et de l'Émancipation.*

Ce texte s'applique-t-il aux actes que le tuteur a régulièrement faits, au nom du mineur non émancipé, ou que le mineur émancipé a régulièrement faits, avec l'assistance de son curateur?

Ne s'applique-t-il, au contraire, qu'aux actes que le mineur, soit non émancipé, soit émancipé, a faits seul et qui devaient être faits par le tuteur ou avec l'assistance du curateur?

Ce point a été fort controversé.

D'après un *premier* système, *le mineur, soit non émancipé, soit émancipé, est restituable, comme mineur, pour les actes qu'il a faits seul et qui devaient être faits par le tuteur ou avec l'assistance du curateur ;*

Il est restituable, comme lésé, pour ceux qui sont régulièrement faits par le tuteur ou avec l'assistance du curateur (1).

D'après un *second* système, *la restitution pour lésion ne s'applique qu'aux actes que le mineur, soit non émancipé, soit émancipé, a faits seul et qui devaient être faits par le tuteur ou avec l'assistance du curateur ; elle ne s'applique pas aux actes qui sont régulièrement faits par le tuteur ou avec l'assistance du curateur* (2).

Comme on le voit, le *premier* système *oppose* la nullité *pour inca-*

_____

(1) Toullier, t. VI, n° 106. — M. Troplong, *Traité de la Vente*, n° 166.

(2) M. Valette, sur Proudhon, t. II, p. 465 et suiv. — M. Frédéric Duranton, *Revue étrangère et française de la législation*, 1843, p. 345 et 609. — MM. Zachariæ, Aubry et Rau, t. III, p. 179 et suiv., texte et notes 3-8. — M. Marcadé, t. IV, n°s 270 *bis*, I-XXII.

Il existe un troisième système proposé par M. Demante.

D'après M. Demante, *la restitution pour lésion s'appliquerait aux deux catégories d'actes ci-dessus mentionnés.* (V. pour l'exposition et pour la réfutation de ce système, M. Colmet de Santerre, *loc. cit.*)

pacité (art. 1108, 1124 et 1122) à la rescision *pour lésion* (art. 1302).

Le *second* système, au contraire, déclare que la nullité *pour incapacité* et la rescision *pour lésion se confondent.*

Aujourd'hui, le *second* système prévaut.

On le fonde :

1° Sur l'autorité du droit ancien, considéré dans son dernier état ;

2° Sur les travaux préparatoires du Code Napoléon ;

3° Sur l'ensemble des articles de la section.

Le *premier* argument n'est rien moins que probant ; il suffit, pour s'en convaincre, de se reporter à Pothier (1).

Le *second* argument a quelque apparence (2).

Le *troisième* est encore le moins incertain ; les art. 1304, 1307, 1309, 1310 et 1311 supposent tous, en effet, des actes accomplis par le mineur lui-même (3).

La disposition de l'art. 1305 étant générale, la plupart des auteurs admettent que le mineur a le droit de se faire restituer pour cause de lésion, même contre un mineur (4).

1306. — Le mineur n'est pas restituable pour cause de lésion, lorsqu'elle ne résulte que d'un événement casuel et imprévu.

Cet article consacre l'évidence ; il signifie simplement que le mineur n'est restituable pour cause de lésion contre l'acte qu'il a fait seul, *que tout autant que la lésion résulte de cet acte.*

1307. — La simple déclaration de majorité, faite par le mineur, ne fait point obstacle à sa restitution.

Le mineur ne perd pas le bénéfice de l'action en rescision *en se déclarant majeur ;* c'est aux tiers de contrôler cette déclaration.

Cependant, le mineur cesserait d'être restituable, s'il employait des

_____

(1) Pothier, *Procéd. civ.*, part. V, chap. IV, art. 2, § 1.

(2) V. *Exposé des motifs*, par Bigot-Préameneu, et *Rapport au Tribunat* par Jaubert. (Fenet, t. XVII, p. 283, 271-272. — Locré, *Législ. civ.*, t. XII, p. 391, 494 et 497.)

(3) Nous n'insistons pas sur cette discussion, et nous renvoyons pour les détails aux auteurs ci-dessus cités. Quant à nous, nous enregistrerons simplement ce résultat :

Le mineur, agissant seul dans les cas où il a besoin d'être représenté ou assisté, n'est pas restituable, comme mineur, il n'est restituable que comme lésé.

La femme mariée, agissant seule dans les cas où elle a besoin d'être autorisée, est restituable, comme femme mariée, indépendamment de toute lésion.

Et qui paye les *frais*, dans ce dernier cas ? Les *tiers.*

S'ils lisent nos lois, nos neveux auront de quoi rire à nos dépens.

(4) Comparer Toullier, t. VII, n° 591. — MM. Zachariæ, Aubry et Rau, t. III, p. 183. — M. Colmet de Santerre, t. V, n° 270 *bis*, XXIII.

manœuvres frauduleuses pour faire croire à sa majorité, par exemple s'il présentait un faux acte de naissance.

1308. — Le mineur commerçant, banquier ou artisan, n'est point restituable contre les engagements qu'il a pris à raison de son commerce ou de son art.

1309. — Le mineur n'est point restituable contre les conventions portées en son contrat de mariage, lorsqu'elles ont été faites avec le consentement et l'assistance de ceux dont le consentement est requis pour la validité de son mariage.

1310. — Il n'est point restituable contre les obligations résultant de son délit ou quasi-délit.

Ces articles n'ont besoin d'aucun commentaire ; ils indiquent *trois* cas où le mineur n'est pas restituable pour cause de lésion (Comparer pour le 1er cas, art. 2 et 3, C. Co. — V. aussi art. 487, C. N.).

1311. — Il n'est plus recevable à revenir contre l'engagement qu'il avait souscrit en minorité, lorsqu'il l'a ratifié en majorité, soit que cet engagement fût nul en sa forme, soit qu'il fût seulement sujet à restitution.

Cet article, mal rédigé, entend permettre au mineur, devenu majeur, de ratifier :

1° *Les actes nuls en la forme,* c'est-à-dire *faits sans les formes protectrices de la minorité, que le mineur aurait consentis lui-même ou qui auraient été consentis par son tuteur ;*

2° *Les actes sujets à restitution.*

En ce qui concerne les actes nuls en la forme, les auteurs se demandent si ces actes sont *nuls* (inexistants), ou *seulement annulables.*

Ce qui peut faire croire qu'ils sont *seulement annulables,* c'est que l'art. 1311 les considère comme susceptibles d'être *ratifiés.*

De là, il résulte que *la nullité de ces actes est prescriptible par dix ans, à partir de l'époque où le mineur a atteint sa majorité* (1).

1312. — Lorsque les mineurs, les interdits ou les femmes mariées sont admis, en ces qualités, à se faire restituer contre leurs engagements, le remboursement de ce qui aurait été, en conséquence de ces engagements, payé pendant la minorité, l'interdiction ou le mariage, ne peut en être exigé, à moins qu'il ne soit prouvé que ce qui a été payé a tourné à leur profit.

En principe, l'annulation ou la rescision remet les choses dans l'état où elles seraient si l'acte annulé ou rescindé n'eût jamais existé ; d'où, la conséquence que *les parties doivent réciproquement se restituer tout ce qu'elles ont reçu l'une de l'autre, en vertu de l'acte annulé ou rescindé.*

---

(1) En ce sens, Zachariæ, t. II, p. 445. — MM. Aubry et Rau, t. III, p. 117, texte et note 14. — M. Solon, *Des nullités,* t. II, n° 468. — M. Marcadé, t. IV, n° 900.

En sens contraire, M. Duranton, t. X, n° 284.

Cet auteur pense que, dans ce cas, le délai de la prescription est de trente ans.

Il y a naturellement une *exception* pour tous les incapables mineurs, interdits ou *femmes mariées* (1).

1313. — Les majeurs ne sont restitués pour cause de lésion que dans les cas et sous les conditions spécialement exprimés dans le présent Code.

Les majeurs sont restituables pour cause de lésion :

1° *Dans les partages, lorsque la lésion est de plus d'un quart ;*

2° *Dans les ventes d'immeubles, lorsque c'est le vendeur qui est lésé, et que la lésion est de plus des sept douzièmes.*

1314. — Lorsque les formalités requises à l'égard des mineurs ou des interdits, soit pour aliénation d'immeubles, soit dans un partage de succession, ont été remplies, ils sont, relativement à ces actes, considérés comme s'ils les avaient faits en majorité ou avant l'interdiction.

Cet article doit être généralisé et étendu *à tous les actes régulièrement faits par le tuteur ou avec l'assistance du curateur* (V. *suprà*, p. 922).

CHAPITRE VI

DE LA PREUVE DES OBLIGATIONS ET DE CELLE DU PAYEMENT.

Cette mauvaise rubrique n'annonce pas ce que contient le chapitre VI ; il s'agit, dans les art. 1315 et suivants, de la preuve relative tant aux droits réels qu'aux droits personnels.

La matière de la preuve occupe une place considérable dans la pratique juridique ; assurément, un droit qu'on ne parvient pas à prouver ne cesse pas pour cette raison d'être un droit, mais la collectivité sociale ne peut prêter l'appui de sa force qu'aux droits dont elle a constaté l'existence.

Au point de vue social, donc, un droit qui n'est pas prouvé est comme un droit qui n'existe pas ; il est dénué de sanction.

Mais tant que les droits ne s'harmoniseront pas d'eux-mêmes, tant que l'ordre public ne subsistera pas de lui-même (2), la société aura le

---

(1) N'est-ce pas le cas de redemander si l'absurdité de la théorie de l'incapacité de la femme mariée n'est pas une nouvelle fois démontrée par les conséquences que l'incapacité de la femme mariée engendre?

Cette société, prise de défaillance, oublie depuis soixante-dix ans la raison ; qu'elle retourne à l'école des vrais maîtres, à l'école des Turgot, des Condorcet ; là seulement se trouvera la lumière, et avec la lumière, le salut.

(2) Et que faudrait-il pour qu'il subsistât de lui-même? Une chose fort simple : que ceux surtout qui croient savoir abdiquassent leur ignorance d'origine ; que les hommes comprissent que leurs intérêts sont *identiques*.

devoir d'intervenir pour faire respecter les droits exposés à être violés et impuissants à se protéger.

Tenue de la sanction, la société a-t-elle le droit de limiter la preuve ? Tous sont-ils autorisés à dire à chacun : Si tu prouvais ton droit, nous devrions notre assistance à ce droit, mais nous t'empêcherons de le prouver ou nous en entraverons la preuve ?

L'esprit légiste, le contraire de l'esprit du droit, a toujours résolu cette question au rebours de la raison la plus certaine ; le Bas-Empire commença à réglementer la preuve ; le moyen âge recueillit et développa l'enseignement du Bas-Empire, et c'est presque un axiome de la fausse science juridique actuelle que le législateur a le droit de restreindre la liberté de la preuve (1).

L'idée vraie est l'idée opposée : tout individu doit être laissé libre de prouver son droit, comme il entend le faire.

Et cet axiome-là n'est pas seulement fondé sur la base même du droit, nous voulons dire sur l'*autonomie de l'individu*, il est commandé par la nature de la preuve.

Qu'est-ce que la preuve, en logique abstraite ou concrète ?

Interrogez les métaphysiciens, ceux qui comptent dans l'histoire de la pensée ; tous répondront que l'homme n'arrive qu'à la connaissance subjective de la vérité (2).

Passez ensuite en revue vos propres appréciations quotidiennes, dénombrez, si vous le pouvez, les erreurs de vos tribunaux, et, cela fait, osez prétendre que votre système restrictif est dans le courant du progrès humain, osez affirmer que plus on emprisonne la recherche de la vérité, plus on multiplie les chances de rendre cette recherche féconde (3).

---

(1) Il faut rendre au droit de la République romaine la justice de reconnaître qu'à l'égard de la preuve, il demeura toujours étranger au système despotique et sophistique, qui s'établit à l'époque du Bas-Empire ; c'est ce dont témoigne un rescrit, plein de bon sens, où Adrien constate le droit qui existait encore au commencement du IIe siècle :

« *Quæ argumenta et ad quem modum probandæ cuique rei sufficiant, nullo satis certo modo definiri potest. Sicut non semper, ita sæpe sine publicis monumentis cujusque rei veritas deprehenditur. Aliàs numerus testium, aliàs dignitas et auctoritas, aliàs veluti consentiens fama, confirmat rei, de qua quæritur, idem. Hoc ego solum tibi rescribere possum summatim, non utique ad unam probationis speciem cognitionem statim alligari debere ; sed ex sententia animi tui te æstimare debere quid aut credas, aut parum probatum tibi opineris.* » (L. 7, § 2, D., liv. XXII, tit. V.)

Il est remarquable que le système des preuves légales s'est établi en même temps qu'a prévalu le principe monarchique des tribunaux permanents, c'est-à-dire d'une magistrature instituée par les chefs d'Etat, et jugeant cumulativement le fait et le droit.

(2) V. Descartes, *Discours de la méthode*. — Kant, trad. Tissot, *Critique de la raison pure*. — Bentham, édit. Dumont, *Traité des preuves judiciaires*. — John Stuart Mill, trad. L. Peisse, *Système de logique*.

(3) Nous n'ignorons pas qu'en ce qui concerne les tribunaux de l'époque

Donc, la preuve n'est qu'une probabilité; donc aussi, de cette nouvelle considération, ressort encore la même conséquence : le législateur n'a point à réglementer la preuve, et c'est affaire à l'individu de choisir les moyens qu'il juge propres à manifester son droit.

Quels sont maintenant ces moyens ? Peut-on les classer ? Peut-on en mesurer, à priori, la force respective ?

Ici, commence l'œuvre de la doctrine; nous n'en indiquerons que les traits essentiels.

En droit, le procédé de la preuve est de deux sortes : ou bien un certain fait est directement connu du juge, et le juge en conclut que le fait allégué est vrai ; ou bien le juge raisonne d'après une induction fondée sur l'observation de faits d'un certain ordre, et il applique cette induction aux faits de même ordre qui sont la matière du débat.

Ainsi, des témoins déposent-ils qu'ils ont entendu un tel promettre à tel autre telle somme, la conséquence sera tirée du fait connu, le témoignage, au fait inconnu, la promesse : c'est le premier procédé, celui de la preuve, proprement dite.

Pareillement, est-il avéré qu'un certain nombre de femmes, dans l'état de mariage, ont conçu des œuvres de leur mari, cette observation deviendra l'induction: « *Pater is est quem nuptiæ demonstrant* », et, telle femme mariée étant accouchée, le juge lui appliquera cette induction : c'est le second procédé, celui de la présomption, ainsi nommée par antithèse à la preuve.

La preuve, proprement dite, consiste toujours dans un témoignage ; seulement, ce témoignage est tantôt celui d'une des parties, tantôt celui de tiers.

Dans le premier cas, le Droit donne au témoignage le nom d'aveu ; dans le second, il lui conserve le nom de témoignage.

L'aveu peut être fait devant le juge, et alors le juge n'a qu'à le constater lui-même; il peut aussi être fait en dehors de la présence du juge,

---

actuelle, notre argument peut être critiqué, car on peut nous dire que l'organisation judiciaire actuelle repose sur une base fausse ; qu'au lieu de procéder de la raison, elle n'est fondé que sur le caprice, et qu'en un mot la merveille serait qu'une institution aussi radicalement mauvaise pût porter de bons fruits.

Cette appréciation est entièrement la nôtre, et, qui mieux est, nous nous trouvons en situation de la corroborer par une série d'observations décisives; cependant, elle ne change en rien notre manière de voir sur l'effet désastreux de la limitation de la preuve, et sur la fatalité des erreurs auxquelles cette irrationnelle doctrine condamne le juge.

Qu'on suppose même une magistrature aussi éclairée, aussi pénétrée de l'idée du progrès et du sentiment des besoins sociaux que la nôtre l'est peu, le nombre des erreurs judiciaires ne diminuerait pas dans une proportion notable, si l'on ne restituait à l'individu le droit de prouver librement son droit, si l'on ne reconnaissait au juge le droit d'apprécier librement la preuve.

soit devant des témoins, soit par écrit privé, et alors il devient une preuve subordonnée à une autre.

Le témoignage comporte évidemment les deux mêmes modes ; mais, dans nos fausses organisations sociales, il y a un témoin dont l'attestation revêt un caractère et obtient une valeur exceptionnelle ; ce témoin, c'est l'officier public auquel la loi attribue compétence pour rédiger certains actes.

Dans le seul État que la raison avoue et que nos neveux connaîtront, dans l'État républicain, tout témoignage n'empruntera son autorité qu'à la moralité plus ou moins notoire de la personne dont il procédera, et l'on n'admettra pas qu'il existe dans cet ordre la moindre différence entre le témoignage du fonctionnaire public, c'est-à-dire de l'homme élu pour servir les autres, et le témoignage de ceux qui l'institueront pour les servir (1).

Sans doute, on conçoit que le mandat de réquisition de la force publique ne puisse être apposé sur un acte que par un officier public ayant qualité pour l'y inscrire, mais autre est ce mandat, autre le point relatif à la valeur probante de l'acte qui le contient.

Considéré comme preuve à part, l'acte dit *authentique* est donc appelé à disparaître.

Les législations actuelles reconnaissent, en outre, une preuve que les auteurs se trouvent fort empêchés de classer, le serment judiciaire.

Le serment est un débris de ces âges où l'on n'apprenait point à confesser la vérité, à cause d'elle-même, et où l'on n'était retenu de la trahir que par la crainte de la foudre de Jupiter ou de Jéhovah, ou encore par celle des peines réservées dans une autre vie au parjure.

Cette foi antique, cette foi naïve subsiste-t-elle aujourd'hui ? Notre siècle n'a-t-il pas témoigné d'une manière assez éclatante et par des faits assez honteux que la religion du serment est entièrement détruite ? Aujourd'hui, quel malhonnête homme hésite à fausser la vérité ? quel homme, sûr de sa conscience, pourrait se croire permis de l'offenser ?

Donc, le serment judiciaire n'a aucune raison d'être ; loin de purifier les mœurs, il ne contribue qu'à les corrompre, et la Convention était guidée par un profond sentiment moral, lorsqu'elle projetait de le supprimer (2).

_____

(1) Nous prévenons de nouveau que nous ne parlons dans ce livre qu'au point de vue de l'idée républicaine, et que tout ce que nous écrivons suppose, comme prémisse, l'établissement du gouvernement républicain.

La science n'est point l'assemblage fantaisiste d'opinions contradictoires, elle est une synthèse ; la science n'est point un chaos, elle est une harmonie ; les sociétés nouvelles ne naîtront que lorsque l'idée de cette synthèse et de cette harmonie sera devenue vulgaire : jusque-là, résignons-nous à nous agiter au milieu des ruines, impuissants nous-mêmes, luttant contre d'autres impuissants.

(2) Et puis le serment, devant quels juges ! Et s'il arrivait que les juges se

Si, de la preuve proprement dite, nous passons aux présomptions, nous constaterons d'abord que l'induction, dans laquelle la présomption consiste, peut être faite par la loi elle-même ou abandonnée par elle à la discrétion du juge.

Ces deux espèces de présomptions sont loin de présenter le même caractère.

Érigées chacune *à priori* en règles générales, les présomptions légales sont exposées à se heurter contre l'écueil de l'arbitraire : or, cet écueil-là, comme on sait, est éminemment grave, car l'arbitraire législatif s'impose à un ensemble de cas, et il se perpétue tant que la loi n'est pas changée.

Construites pour l'espèce même sur laquelle le juge doit statuer, les présomptions judiciaires ont une application restreinte à cette espèce ; or, si c'est par soi-même un grand mal que l'existence d'un seul jugement contraire au droit, ce mal, toutefois, n'est pas comparable à celui que produit une série de jugements multipliant la même injustice, parce que la loi y contraint le juge.

Au surplus, la présomption judiciaire est la condition même d'une foule de décisions ; et, si le juge n'était pas autorisé à procéder par voie d'induction, sa fonction, à vrai dire, deviendrait impossible (1).

Que faut-il penser maintenant de la force respective des différentes

---

trouvassent eux-mêmes des faussaires?... s'il arrivait que, tous en masse, ils fussent les complices d'un parjure?...

(1) Si, en France, toute réorganisation judiciaire serait impossible, sans la refonte des lois, à combien plus forte raison n'est-il pas vrai à son tour, que toute refonte des lois serait vaine, sans la réorganisation judiciaire!

Que de questions, prétendues théoriques, qui ne sont que des questions de jurisprudence, et quelles difficultés, relevant plus complétement de la jurisprudence et en même temps plus fréquentes, que celles qui concernent la preuve !

Or, voulons-nous avoir de bons juges, voulons-nous des juges qui présentent des garanties de moralité vraie, de savoir vrai, nous n'avons, nous autres Français, qu'à nous ressouvenir.

Nos pères, les Constituants, dans la constitution *monarchique* de 1791, avaient écrit :

« Le pouvoir judiciaire est délégué à des juges élus à temps par le peuple. » (Art. 5, tit. III.)

Nos pères, les Conventionnels, dans la Constitution républicaine de 1793, avaient redit :

« Il y a des juges de paix élus tous les ans par les citoyens des arrondissements déterminés par la loi (art. 88 et 95) ;

» Il y a des arbitres publics élus tous les ans par les assemblées électorales. » (Art. 91 et 95.)

Nos pères, dans la Constitution de 1795, avaient répété :

« Les assemblées primaires nomment le juge de paix et ses assesseurs (art. 27, n° 2);

» Les assemblées électorales élisent les juges des tribunaux civils. » (Art. 40, n° 6).

Bonaparte a retardé de plus d'un siècle le progrès de la France et du genre humain.

preuves? Les preuves, proprement dites, l'emportent-elles, en principe, sur les présomptions, ou bien le contraire est-il vrai ? Entre les preuves, proprement dites elles-mêmes, y a-t-il lieu d'établir une hiérarchie?

Questions oiseuses, questions bonnes tout au plus à défrayer l'esprit légiste, si l'on a, d'ailleurs, compris ce qu'est la preuve, à savoir, une probabilité dans l'appréciation de laquelle l'honnêteté et l'intelligence du juge entrent, en général, pour la plus grande part.

Il y a peu de chose à recueillir dans l'histoire de la preuve, en matière civile.

Le Code de la Convention porte ici, dans plusieurs articles, l'empreinte des doctrines de Pothier et la trace évidente de l'esprit légiste ; cependant, ce Code renfermait sur la preuve trois dispositions remarquables :

1° Il ne reconnaissait pas à l'acte authentique une force probante exceptionnelle, et n'imposait pas pour le combattre la nécessité d'une procédure spéciale (l'inscription de faux) (1).

2° Il abolissait, comme nous l'avons dit, le serment judiciaire ;

3° Il n'admettait la présomption légale que dans des cas extrêmement rares.

Quant à la compilation napoléonienne, elle a reproduit, en l'altérant, Pothier, et Pothier, à son tour, a reproduit, en l'altérant, Dumoulin.

NOTA. Remarquons que le mot *preuve* se prend dans *différents* sens, il désigne :

1° *Le fait de produire les moyens de nature à déterminer la conviction du juge*, par exemple lorsque l'on dit : *la charge de la preuve incombe au demandeur* (V. *infra*) ;

2° *Ces moyens eux-mêmes*, par exemple lorsque l'on dit : *le demandeur n'a su fonder ses allégations sur aucune preuve* ;

3° *Le résultat de la production de ces moyens*, par exemple lorsque l'on dit : *le demandeur a fait une preuve irrécusable.*

1315. — Celui qui réclame l'exécution d'une obligation doit la prouver. — Réciproquement, celui qui se prétend libéré doit justifier le payement ou le fait qui a produit l'extinction de son obligation.

Copié dans le n° 728 de Pothier, cet article manque de généralité ; il doit être remplacé par la formule suivante :

La preuve incombe à celui qui allègue un fait contraire au cours

_____

(1) Dans le SYSTÈME des codes napoléoniens, cette procédure est remplie de difficultés, et elle expose à de graves périls celui qui serait tenté d'y recourir : aussi, est-elle à peu près inusitée.

normal des choses, ou à la situation que l'adversaire a déjà démontrée être la sienne (1).

Le *demandeur* est la personne qui allègue ce fait, et le *défendeur*, la personne contre laquelle il est allégué.

D'où, le double adage :

« *Actori incumbit onus probandi* » ;

« *Reus excipiendo fit actor* » (2).

Dans une même instance, les rôles de demandeur et de défendeur peuvent varier *indéfiniment*, car ils sont subordonnés à la *nature* des allégations des parties.

En revanche, il n'importe nullement, à cet égard, que le fait allégué ait un caractère *négatif* ou *positif;* le principe si simple, énoncé plus haut, doit, *dans tous les cas*, recevoir son application, et *la partie qui, ayant la preuve à sa charge, ne parvient pas à la fournir, doit succomber dans l'instance* (3).

1316. — Les règles qui concernent la preuve littérale, la preuve testimoniale, les présomptions, l'aveu de la partie et le serment, sont expliquées dans les sections suivantes.

Cet article indique *cinq* modes de preuves ; une section est consacrée à chacun d'eux.

SECTION PREMIÈRE.

DE LA PREUVE LITTÉRALE.

La preuve littérale est celle qui résulte des actes ou titres (4) *(instrumenta), et, plus généralement, de toute espèce d'écrits.*

Comme Pothier (n° 729), les compilateurs napoléoniens ont distingué *trois* classes d'actes :

1° *Les actes authentiques et les actes sous seing privé;*

---

(1) M. Bonnier et plusieurs autres auteurs posent le même principe dans les termes suivants :

« *Quiconque allègue un fait nouveau contraire à la position acquise de l'adversaire, doit établir la vérité de ce fait.* » (V. M. Bonnier, *Traité des preuves*, seconde édit. 1852, n° 35.)

(2) Cette dernière formule n'est conservée que par abus ; le mot *excipiendo* est défectueux; la maxime signifie que le défendeur devient demandeur, en opposant, à titre de défense, un fait contraire à la situation que l'adversaire a déjà démontrée être la sienne.

(3) Il serait, en effet, souverainement irrationnel et injuste qu'une partie pût, en alléguant un fait négatif, s'exonérer elle-même de la preuve et en imposer l'obligation à son adversaire.

C'est cependant ce que certains docteurs ont autrefois soutenu en se fondant sur les lois romaines. (V. notamment la célèbre L. 2, D., liv. XXII, tit. III.)

(4) On se rappelle que le mot *titre* signifie aussi le *fait juridique qui produit le droit.*

2° *Les actes originaux et les copies ;*

3° *Les actes primordiaux et les actes récognitifs.*

L'art. 1333 assimile à la preuve littérale celle qui résulte des *tailles.*

§ I. — DU TITRE AUTHENTIQUE.

1317. — L'acte authentique est celui qui a été reçu par officiers publics ayant le droit d'instrumenter dans le lieu où l'acte a été rédigé, et avec la solennité requise.

En termes plus brefs que l'article, on peut dire que :

L'acte authentique est celui qui est rédigé par un officier public compétent et avec les formalités requises.

Donc, *trois* conditions sont nécessaires pour qu'un acte soit authentique ; il faut :

1° *Qu'il soit reçu par un ou plusieurs officiers publics procédant en cette qualité ;*

2° *Que l'officier public ait agi dans les limites de ses attributions, au point de vue non-seulement du lieu où il a instrumenté* (compétence territoriale), comme l'exprime le texte ; *mais encore de la nature de l'acte qu'il a reçu* (compétence *réelle*) ;

3° *Que les formalités requises aient été accomplies* (1).

Confèrent l'*authenticité* aux actes qu'ils rédigent, par exemple :

Les officiers de l'état civil ;

Les notaires ;

Les greffiers des tribunaux ;

Les huissiers.

Ce sont d'ailleurs les *actes de l'état civil* et les *actes notariés* qui constituent les actes authentiques les plus importants (2).

_____

(1) Comparer Pothier. — M. Demante, *Programme*, n° 279. — MM. Zachaiæ, Aubry et Rau, t. VI, p. 358 et suiv.

(2) V., pour les formalités auxquelles sont soumis les actes notariés, la loi du 25 ventôse an XI, et celle du 23 juin 1843.

Les notaires exercent un monopole et les notaires achètent et vendent leurs offices ; or, tout monopole est contraire au droit, tout monopole est contraire à l'intérêt de chacun, et il y a quatre-vingts ans que la vénalité des offices a été abolie par la Révolution française.

Voici d'abord ce que statuaient sur ce dernier point les décrets des 4, 6, 7, 8 et 11 août 1789 :

« *La vénalité des offices de judicature et de municipalité est supprimée dès cet instant.* »

Voici ce que vint ensuite déclarer le préambule de la Constitution du 3 septembre 1791 :

« *Il n'y a plus ni vénalité, ni hérédité d'aucun office public.* »

Le Consulat rétablit le monopole (L. 25 ventôse an XI) ; la monarchie *légitime* fit revivre la vénalité des offices (L. 28 avril 1816).

Dans l'État républicain, le monopole du notariat devra disparaître, ainsi

Un acte *sous seing privé* revêt lui-même le caractère *authentique* lorsque toutes les parties qui l'ont signé en effectuent le dépôt chez un notaire, et qu'un acte de ce dépôt est dressé.

1318. — L'acte qui n'est point authentique par l'incompétence ou l'incapacité de l'officier, ou par un défaut de forme, vaut comme écriture privée, s'il a été signé des parties.

Lorsqu'un acte ne peut valoir comme *authentique* à raison :
Soit de l'incompétence de l'officier public ;
Soit de l'incapacité de l'officier public ;
Soit d'un défaut de forme.

Cet acte est valable comme *acte sous seing privé*, pourvu seulement qu'il soit signé des parties (1).

Ainsi, notamment, il n'est point soumis aux dispositions des art. 1325 et 1326 (V. *infra*, p. 938 et 939) (2).

L'incompétence dont il s'agit dans l'article est la *territoriale* et non la *réelle*.

L'incapacité se présenterait, par exemple, dans le cas où un notaire qui a fait un acte, d'ailleurs de sa compétence, était suspendu au moment où il a fait cet acte, ou bien encore n'avait pas le droit d'instrumenter parce que l'acte concernait un de ses proches (3).

Quant au défaut de forme, c'est l'omission dans l'acte d'une formalité prescrite à peine de nullité (4).

1319. — L'acte authentique fait pleine foi de la convention qu'il renferme entre les parties contractantes et leurs héritiers ou ayants cause. — Néanmoins, en cas de plaintes en faux principal, l'exécution de l'acte argué de faux sera suspendue par la mise en accusation ; et, en cas d'inscription de faux faite incidemment, les tribunaux pourront, suivant les circonstances, suspendre provisoirement l'exécution de l'acte.

Le *premier* alinéa de cet article pose la règle relative à la *force probante exceptionnelle* de l'acte authentique.

---

que tous les monopoles, et toute fonction publique sera élective et révocable.

Il est nécessaire qu'il y ait des *serviteurs publics* pour apposer le mandat de réquisition de la force publique sur les actes passés entre les particuliers ;

Il est également nécessaire qu'il y ait des *serviteurs publics* pour garder les minutes des actes de toutes sortes.

Ce qui est irrationnel et aussi peu *pratique* que possible, c'est que deux fonctions de même ordre, celles de notaire et de greffier, soient séparées, et que toutes les deux constituent un monopole et un office.

(1) Comparer notamment M. Bonnier, n° 379, art. 68, l. 25, ventôse an XI. — MM. Zachariæ, Aubry et Rau, t. VI, p. 375, texte et note 61. — M. Colmet de Santerre, t. V, n° 280 *bis*, IV.

(2) M. Bonnier, n° 277. — MM. Zachariæ, Aubry et Rau, t. VI, n° 374, texte et note 56. — M. Colmet de Santerre, t. V, n° 280 *bis*, III.

(3) Comparer art. 52 et 8, L. 25 ventôse an XI.

(4) Comparer art. 12, alin. 2, 13, 14, 16, etc., L. 25 ventôse an XI.

Le *second* alinéa indique ensuite un tempérament applicable à la *force exécutoire* qui peut appartenir à certains actes authentiques.

D'après la règle posée par le *premier* alinéa, « l'acte authentique fait pleine foi de la convention (contrat) qu'il renferme, entre les parties contractantes et leurs héritiers ou ayants cause ».

On est d'accord pour corriger cette vicieuse formule et pour décider que la force probante de l'acte authentique existe *à l'égard des tiers aussi bien qu'entre les parties* (1).

La force probante *exceptionnelle* de l'acte authentique consiste, d'ailleurs, en ce qu'on ne peut attaquer que par la voie difficile et périlleuse de l'*inscription de faux* (art. 214 et suiv. C. Pr.) les faits que l'officier public atteste avoir constatés *ex propriis sensibus* : ainsi, la comparution des parties devant lui et la date de cette comparution (2).

Cette confiance accordée à l'officier public est fondée :

1° *Sur ce que l'officier public est réputé être un homme honorable ;*

2° *Sur ce que, s'il altère la vérité, il s'expose à aller au bagne* (art. 147, C. Pr.).

D'après le tempérament indiqué par le *second* alinéa de l'article, la force exécutoire des actes authentiques qui peuvent contenir le mandat d'exécution (actes notariés, art. 19, L. 25 ventôse an XI ; grosses des jugements et arrêts, art. 547 C. Pr.), est suspendue :

1° *Dans le cas de procédure criminelle de faux, à partir du moment où est intervenu un arrêt de mise en accusation* (art. 218, 231 C. I. C.);

2° *Dans le cas de procédure civile de faux, à partir du moment où le tribunal estime convenable de suspendre l'exécution de l'acte.*

Outre la force probante exceptionnelle dont il est doué, l'acte authentique emporte *présomption, à raison de sa forme* (et jusqu'à preuve contraire administrée par la voie du faux), *que c'est bien un officier public qui l'a rédigé.*

C'est là, comme nous le verrons, une *nouvelle différence* de l'acte authentique avec l'acte sous seing-privé (3).

_____

(1) Comparer Dumoulin, *Commentarii in consuetudines parisienses*, tit. I, § 8, nᵒˢ 9, 10 et 64. — M. Bonnier, nᵒ 433 et suiv. — MM. Zachariæ, Aubry et Rau, t. VI, texte et note 36. — M. Colmet de Santerre, nᵒ 282 *bis*, VIII.

Les compilateurs ont confondu dans cet article les *effets* du contrat (art. 1165) avec la *force probante* de l'écrit authentique qui constate le contrat. Il faut dire, à leur décharge, que, dans le cas présent, Pothier, en traduisant mal Dumoulin, a contribué à les égarer. (Comparer Pothier, nᵒ 735.)

M. Colmet de Santerre justifie néanmoins le texte (nᵒ 282 *bis*, IX), mais quel texte ne justifie pas M. Colmet de Santerre !

(2) Comparer M. Bonnier, nᵒ 434. — MM. Zachariæ, Aubry et Rau, t. IV, p. 367 et suiv. — M. Colmet de Santerre, t. V, nᵒˢ 282 *bis*, IV-V.

(3) Ce point, déjà indiqué par Pothier (nᵒ 734), est fort nettement mis en relief par M. Colmet de Santerre (t. V, nᵒ 282 *bis*, II-III).

1320. — L'acte, soit authentique, soit sous seing privé, fait foi entre les parties, même de ce qui n'y est exprimé qu'en termes énonciatifs, pourvu que l'énonciation ait un rapport direct à la disposition. Les énonciations étrangères à la disposition ne peuvent servir que d'un commencement de preuve.

On distingue, dans les actes, la partie *dispositive* et la partie *énonciative*.

D'après l'art. 1320, l'acte, soit *authentique*, soit *sous seing privé*, fait foi :

Même de ce qui n'y est exprimé qu'en termes énonciatifs, pourvu qu'il s'agisse d'énonciations ayant directement trait à la partie dispositive de l'acte.

Les autres énonciations, toujours d'après l'article, ne peuvent servir que *d'un commencement de preuve.*

Comment discerner les premières des secondes?

Évidemment, le point est de fait (1).

Voici un *exemple* d'énonciation ayant directement trait à la partie dispositive de l'acte : Un créancier accorde des délais à son débiteur, et il est dit dans le contrat, d'une manière incidente, que les intérêts ont été payés jusqu'au jour où est dressé l'acte.

1321. — Les contre-lettres ne peuvent avoir leur effet qu'entre les parties contractantes : elles n'ont point d'effet contre les tiers.

On entend habituellement par *contre-lettre :*

Un acte destiné à rester secret et qui a pour but de modifier un acte destiné, de son côté, à être produit en public (2).

L'acte auquel déroge la contre-lettre peut être un acte *sous seing privé* tout aussi bien qu'un acte *authentique*.

La contre-lettre est valable *entre les parties*, mais elle n'est pas opposable *aux tiers*.

D'après la doctrine généralement reçue, les *tiers* sont, dans ce cas, *tous les ayants cause à titre particulier* des contractants ou disposants, sans qu'il y ait à distinguer si leur droit a pris naissance à une date

---

(1) Dumoulin a écrit sur cette *thèse* de bien étranges choses ; il veut notamment que, dans les actes anciens, les paroles énonciatives fassent pleine foi, même contre les tiers et au préjudice d'un tiers, *etiam contrà alios et in præjudicium tertii.* (Dumoulin, *Commentarii in consuetudines parisienses*, n° 76.)

Encore une nouvelle occasion de mesurer la largeur d'esprit de ce légiste.

Pothier a reproduit Dumoulin ; seulement, il ajoute qu'en matière de droits réels, de servitudes par exemple, les énonciations doivent être soutenues de la longue possession. (Pothier, n° 739.)

Quelle lumière attendre de pareils enseignements !

(2) V. Plasman, *Des contre-lettres.* Paris, 1839, 1 vol. in-8.

La contre-lettre peut indifféremment revêtir la forme sous seing privé ou la forme authentique.

antérieure ou *postérieure* à l'opération relatée dans l'acte auquel déroge la contre-lettre (1).

Rien n'empêche, d'ailleurs, que les ayants cause à titre particulier des contractants ou disposants ne puissent invoquer la contre-lettre en tant qu'elle leur est *profitable ;* car alors ils exercent les droits de leur auteur.

L'art. 40 de la loi du 22 frimaire an VII sur l'enregistrement, déclarait *nulle* « toute contre-lettre, faite sous signature privée, qui aurait pour objet une augmentation du prix stipulé dans un acte public ou dans un acte sous signature privée précédemment enregistré ».

Cette inique pénalité est virtuellement abolie par l'art. 1321 (2).

§ II. — DE L'ACTE SOUS SEING PRIVÉ.

Sous cette rubrique trop étroite, les compilateurs ont traité :
1° *Des actes sous signature privée* (art. 1322-1328);
2° *Des écrits privés non signés* (art. 1329-1332).

1° DES ACTES SOUS SIGNATURE PRIVÉE.

1322. — L'acte sous seing privé, reconnu par celui auquel on l'oppose, ou légalement tenu pour reconnu, a, entre ceux qui l'ont souscrit et entre leurs héritiers et ayants cause, la même foi que l'acte authentique.

L'acte sous seing privé est celui qui est fait sous la seule signature des parties.

Cette signature ne peut être remplacée par une croix ni par aucun autre signe (3).

L'acte sous seing privé n'a, par lui-même, *aucune force probante*, et, si la personne à laquelle il est opposé en dénie l'écriture, c'est à la personne qui l'invoque qu'incombe la charge de la preuve.

Ainsi, en *premier* lieu, l'acte sous seing privé diffère de l'acte authentique, en ce qu'il n'a pas en sa faveur la présomption de sincérité qui s'attache à l'apparence authentique (V. *infra*, art. 1323 et 1324).

---

(1) M. Bonnier, n°s 399 et 400. — MM. Zachariæ, Aubry et Rau, t. VI, p. 373, texte et note 33, p. 398, texte et note 91. — M. Colmet de Santerre, t. V, n° 283 *bis*, III-VIII.

(2) Locré, *Législ. civ.*, t. XII, p. 214 et 295. — M. Bonnier, n° 403. — MM. Zachariæ, Aubry et Rau, t. VI, texte et note 35. — M. Colmet de Santerre, t. V, n° 283 *bis*, IX.

En sens contraire, M. Plasman, § 3.

(3) M. Bonnier, n° 590.

On appelle *blanc seing*, l'acte dont la signature a été donnée en blanc, c'est-à-dire en laissant en blanc un espace que celui auquel est confié le blanc seing doit remplir selon les intentions du signataire. (V. art. 1407, C. P., relativement à l'abus des blancs seings.)

La véritable valeur de l'acte sous seing privé pour le créancier est de substituer à la preuve, toujours difficile du droit, la preuve facile de l'écriture.

Supposons maintenant, avec l'art. 1322, l'acte sous seing privé *reconnu en justice* ou *légalement tenu pour tel,* c'est-à-dire *vérifié en justice ;* il a alors, *tant entre les parties qui l'ont signé et leurs successeurs ou ayants cause qu'à l'égard des tiers, la même force probante que l'acte authentique, en ce qui concerne l'existence du fait juridique qu'il a pour objet de constater et des énonciations relatives à ce fait* (V. *supra,* art. 1319 et 1320).

Par conséquent, l'*inscription de faux* reste, à ce point de vue, la seule voie ouverte (art. 214, C. Pr.).

Cependant, l'acte *sous seing privé, même reconnu en justice* ou *légalement reconnu pour tel,* n'est pas assimilable, *quant à sa date,* à l'acte *authentique.*

D'une part, en effet, *les parties et leurs successeurs ou ayants cause* sont admissibles à combattre cette date par la preuve *contraire,* sans inscription de faux ;

D'autre part, l'acte sous seing privé ne peut faire foi de sa date, ou, comme l'on dit, n'a *date certaine à l'égard des tiers* que lorsqu'il remplit l'une des conditions indiquées par l'art. 1328 (1).

Question de force probante à part, notons que l'acte, *reconnu en justice* ou *légalement tenu pour tel,* a un *effet hypothécaire* et une *force exécutoire* qui peuvent le rendre préférable à l'acte *authentique* (Comparer art. 2123 C. N., et art. 1er l. 3 septembre 1807 ; art. 1244 C. N., et 122 C. Pr.).

1323. — Celui auquel on oppose un acte sous seing privé, est obligé d'avouer ou de désavouer formellement son écriture ou sa signature. — Ses héritiers ou ayants cause peuvent se contenter de déclarer qu'ils ne connaissent point l'écriture ou la signature de leur auteur.

1324. — Dans le cas où la partie désavoue son écriture ou sa signature, et dans le cas où ses héritiers ou ayants cause déclarent ne les point connaître, la vérification en est ordonnée en justice.

Bien que l'acte sous seing privé soit dénué par lui-même de toute force probante, la personne qui entend se servir d'un acte de cette sorte n'est point tenue d'en demander formellement la *reconnaissance* ou la *vérification préalable ;* il suffit que l'acte soit *notifié* ou *opposé* à la partie adverse, et, si cette partie ne contredit pas, son silence équivaut à une *reconnaissance.*

_____

(1) Comparer sur la force probante de l'acte sous seing privé, Pothier, n° 742. — MM. Zachariæ, Aubry et Rau, t. VI, p. 395 et suiv. — M. Colmet de Santerre, t. V, n°s 285 *bis,* i et suiv.

Lorsque la partie adverse contredit, il faut distinguer :

Ou bien cette partie est elle-même l'auteur prétendu de l'acte, et elle n'en peut alors paralyser les effets qu'en désavouant formellement son écriture ou sa signature ;

Ou bien cette partie est le représentant ou l'ayant cause de l'auteur prétendu, ou même c'est une personne étrangère, et elle peut alors se contenter de déclarer qu'elle ne connaît point l'écriture ou la signature.

Lorsque le défendeur désavoue ou méconnaît l'écriture, le juge, avant toute condamnation, doit statuer sur la *sincérité* de l'acte.

Notons, du reste, que le juge est *expert de droit* en cette matière comme en toute autre, et que, s'il est convaincu de la sincérité de l'acte, il ne saurait être obligé d'en ordonner la vérification (1).

1325. — Les actes sous seing privé qui contiennent des conventions synallag-matiques, ne sont valables qu'autant qu'ils ont été faits en autant d'originaux qu'il y a de parties ayant un intérêt distinct. — Il suffit d'un original pour toutes les personnes ayant le même intérêt. — Chaque original doit contenir la mention du nombre des originaux qui en ont été faits. — Néanmoins le défaut de mention que les originaux ont été faits doubles, triples, etc., ne peut être opposé par celui qui a exécuté de sa part la convention portée dans l'acte.

Cet article appartient aux vieilles traditions formalistes de la science juridique ; tant valent ces traditions, tant il vaut lui-même (2).

D'après le texte, la preuve par acte sous seing privé des contrats *synallagmatiques* (parfaits) est soumise à *deux* conditions spéciales ›

1° *L'acte doit être rédigé en autant d'originaux qu'il y a de parties ayant un intérêt distinct ;*

2° *Chaque original doit mentionner l'accomplissement de cette formalité.*

Il n'est, d'ailleurs, point nécessaire que la signature de toutes les parties se trouve sur chacun des originaux.

Dans la pratique, les parties se contentent de l'échange de leurs signatures.

Les auteurs expliquent l'injonction de la loi relativement à la formalité des *doubles*, en disant que lorsque deux parties contractent des obli-

---

(1) En ce sens, M. Chauveau, sur Carré, *Lois de la Procédure civile*, I, *Quœst.* 803 ter.

En sens contraire, M. Rauter, *Cours de procédure civile*, n° 198.

V. sur la procédure en vérification d'écriture, les art. 193-213, C. Pr.

(2) V. sur les origines de cet article, M. Bonnier, n° 603.

Nous reconnaissons cependant, de la meilleure grâce, qu'ici le Code Napoléon est en *progrès* sur l'ancien régime : le Parlement de Paris exigeait la formalité des *doubles*, non pas seulement pour la *preuve*, mais même pour la *validité* des contrats synallagmatiques.

gations réciproques, le législateur n'a pas dû permettre que l'une fût armée et l'autre désarmée (1).

Toutefois, aux termes du *quatrième* alinéa de l'art. 1325, « le défaut de mention que les originaux ont été faits doubles, triples, etc., ne peut être opposé par celui qui a exécuté (*totalement* ou *partiellement*) le contrat ».

D'après les auteurs, cette exécution *couvre* également la nullité résultant de ce que l'acte n'a pas été fait double (2).

Comme exemple d'un contrat synallagmatique exécuté par l'une des parties sans que l'autre ait concouru à l'exécution, on peut citer le cas où, en vertu d'un compromis, l'une des parties a déjà remis ses pièces à l'arbitre, tandis que l'autre ne lui a pas encore remis les siennes.

L'acte sous seing privé, non valable pour cause d'inobservation des formalités prescrites par l'art. 1325, peut-il du moins servir de commencement de preuve par écrit (art. 1347 ; V. infra)?

Le texte semble dire *non ;*

Le bon sens dit *oui ;*

Les auteurs sont *divisés* (3).

Notons que l'art. 1325 ne s'applique pas aux contrats synallagmatiques qui constituent à l'égard de toutes les parties des actes de *commerce* (Comparer art. 109, C. Co.).

1326. — Le billet ou la promesse sous seing privé par lequel une seule partie s'engage envers l'autre à lui payer une somme d'argent ou une chose appréciable, doit être écrit en entier de la main de celui qui le souscrit ; ou du moins il faut qu'outre sa signature il ait écrit de sa main un *bon* ou un *approuvé*, portant en toutes lettres la somme ou la quantité de la chose ; — Excepté dans le cas où l'acte émane de marchands, artisans, laboureurs, vignerons, gens de journée et de service.

1327. — Lorsque la somme exprimée au corps de l'acte est différente de celle exprimée au *bon*, l'obligation est présumée n'être que de la somme moindre, lors même que l'acte ainsi que le *bon* sont écrits en entier de la main de celui qui s'est obligé, à moins qu'il ne soit prouvé de quel côté est l'erreur.

Puisées dans l'ancien droit comme la précédente (4), ces deux dispositions se rattachent aussi à la *déplorable* idée que *la loi doit protection aux individus majeurs ;* mais, ce qu'il y a de plus curieux, c'est que la

---

(1) V. notamment M. Colmet de Santerre, t. V, n° 288 *bis*, ii.

Excellent législateur ! il n'a pas compris que ces choses-là ne le regardent point et que c'est affaire aux individus de se protéger comme ils l'entendent.

(2) M. Bonnier, n° 565. — MM. Zachariæ, Aubry et Rau, t. VI, p. 381. — M. Colmet de Santerre, t. V, n° 288 *bis*, ix.

(3) *Aff.* MM. Aubry et Rau, t. VI, p. 384, texte et note 34. — M. Marcadé, art. 1347. — M. Colmet de Santerre, t. VI, n° 288 *bis*, x.

Nég. M. Duranton, t. XIII, n° 164. — M. Bonnier, n° 563.

(4) Comparer Pothier, n°s 744-749.

loi ne *protége* dans ces articles que les individus qui, à tout prendre, ont encore le moins besoin d'être protégés (1).

D'après l'article 1326, *tout acte sous seing privé contenant une obligation unilatérale de payer une somme d'argent ou une chose appréciable,* c'est-à-dire *une certaine quantité de choses qui s'estiment au nombre, au poids ou à la mesure, doit, à moins qu'il ne soit écrit en entier de la main de la partie obligée, être revêtu d'un* bon *ou* approuvé *écrit de sa main et portant en toutes lettres,* comme dit l'article, *la somme ou la quantité de la chose.*

L'acte dont parle l'article est habituellement appelé *billet.*

Les légistes expliquent que cette disposition a pour but de prévenir l'abus des blanc seings et des autres surprises de même ordre dont peuvent être victimes les personnes imprudentes.

On voit, d'ailleurs, que la protection ne s'applique pas aux *marchands, artisans, laboureurs, vignerons, gens de journée et de service.*

A l'égard des marchands, les besoins s'imposaient.

A l'égard des autres personnes non protégées, on dit que la protection se serait retournée contre elles. Beaucoup savent signer et ne savent pas écrire ; il eût été fâcheux de les astreindre à faire des actes notariés pour des choses de peu d'importance.

La disposition de l'art. 1327 applique la maxime : « *In dubiis quod minimum est sequimur* ».

L'acte qui n'est point conforme à l'article 1326 peut-il du moins servir de commencement de preuve par écrit (art. 1347, V. *infrà*).

L'affirmative est généralement admise (2).

1328. — Les actes sous seing privé n'ont de date contre les tiers que du jour où ils ont été enregistrés, du jour de la mort de celui ou de l'un de ceux qui les ont souscrits, ou du jour où leur substance est constatée dans les actes dressés par des officiers publics, tels que procès-verbaux de scellé ou d'inventaire.

L'acte sous seing privé acquiert *date certaine à l'égard des tiers* dans trois cas :

1° *Lorsqu'il a été enregistré* (3) ;

2° *Lorsque le signataire ou l'un des signataires est décédé ;*

---

(1) Donc, par l'étude de l'œuvre napoléonienne, on arriverait légitimement à cette définition :

La loi, c'est le contre-pied du sens commun.

(2) En ce sens, Toullier, t. VIII, n° 281. — M. Duranton, t. XIII, n°ˢ 189 et suiv. — M. Bonnier, n° 554. — MM. Zachariæ, Aubry et Rau, t. VI, texte et note 76. — M. Colmet de Santerre, t. V, n° 289 *bis*, vi.

En sens contraire, Delvincourt, t. II, p. 613.

(3) L'enregistrement est une mention par extrait, faite sur des registres publics.

3° *Lorsque la substance de l'acte,* dit l'article, *est constatée dans des actes dressés par des officiers publics, tels que procès-verbaux de scellé ou d'inventaire.*

Cette énumération est évidemment *limitative.*

On appelle ici *tiers :*

Tous ceux qui, n'ayant pas figuré dans l'acte, peuvent invoquer, en leur propre nom, des droits réels ou personnels, dont l'existence ou l'efficacité serait compromise si le fait juridique constaté par l'acte sous seing privé pouvait leur être opposé (1).

Exemple : Paul vend le même objet mobilier, d'abord à Pierre, puis à Jacques ; aucun des deux acheteurs n'a été mis en possession. Pour établir la priorité de son droit contre Jacques, Pierre invoquerait en vain la priorité de l'acte sous seing privé qui constate la vente faite à son profit.

La question devra être décidée d'après les circonstances.

Les auteurs sont unanimes pour ne pas appliquer l'art. 1328 aux *quittances* (2).

2° DES ÉCRITS PRIVÉS NON SIGNÉS.

1329. — Les registres des marchands ne font point, contre les personnes non marchandes, preuve des fournitures qui y sont portées, sauf ce qui sera dit à l'égard du serment.

1330. — Les livres des marchands font preuve contre eux ; mais celui qui veut en tirer avantage ne peut les diviser en ce qu'ils contiennent de contraire à sa prétention.

De ces *deux textes* il résulte :

1° *Que les livres des commerçants ne font pas foi en faveur des commerçants contre les non-commerçants ;*

2° *Que les livres des commerçants font foi contre les commerçants en faveur de toute personne commerçante ou non commerçante ;*

Il faut ajouter :

3° *Que les livres des commerçants, régulièrement tenus, peuvent faire foi en faveur des commerçants contre les commerçants pour faits de commerce* (art. 12, C. Co.).

Remarquons :

En ce qui concerne la *première* proposition, que s'il s'agit de fourni-

---

(1) Comparer M. Serrigny, *Revue de droit français et étranger,* 1846, t. III. — M. Marinier, *Revue pratique,* 1856 et 1857, t. I et II. — MM. Zachariæ, Aubry et Rau, t. VI, p. 398, texte et note 21. — M. Colmet de Santerre, t. V, nᵒˢ 294 *bis,* I-III.

(2) Comparer M. Bonnier, nᵒ 570. — MM. Zachariæ, Aubry et Rau, t. VI, p. 402 et 403 texte et notes 100, 101. — M. Colmet de Santerre, t. V, nᵒ 291 *bis,* IV.

tures faites par le commerçant au non-commerçant, les livres régulièrement tenus constituent un *commencement de preuve* suffisant pour permettre au juge de déférer d'office le *serment supplétoire* à l'une ou à l'autre des parties (art. 1367) (1);

En ce qui concerne la *seconde* proposition, que le non-commerçant ou le commerçant qui veut tirer avantage des énonciations des livres ne peut *diviser* ces énonciations et rejeter ce qu'elles contiennent de contraire à sa prétention pour s'en tenir à ce qui la favorise (comparer art. 1356, 3° alinéa);

En ce qui concerne la *troisième* proposition, que lorsque les livres des *deux* parties sont régulièrement tenus et ne sont pas d'accord, ils doivent, en général, être regardés comme *se neutralisant* respectivement.

Remarquons encore que, dans tous les cas où les livres des commerçants font preuve, la preuve contraire peut être établie tant à l'aide de simples présomptions qu'au moyen de témoins (2).

1331. — Les registres et papiers domestiques ne font point un titre pour celui qui les a écrits. Ils font foi contre lui : 1° dans tous les cas où ils énoncent formellement un payement reçu; — 2° lorsqu'ils contiennent la mention expresse que la note a été faite pour suppléer le défaut du titre en faveur de celui au profit duquel ils énoncent une obligation.

Les livres, tenus par des non-commerçants, et les papiers domestiques ne peuvent, en principe, être produits en justice qu'à titre de *renseignements*.

Par *exception*, ils font foi contre celui qui les a écrits dans *deux* cas :

1° *Lorsqu'ils énoncent formellement un payement reçu;*

2° *Lorsqu'ils mentionnent une obligation contractée, et qu'en outre il est expressément dit, dans une note, que la mention a été faite pour suppléer le défaut du titre en faveur du créancier.*

Pothier donne pour raison de la *première* décision que la libération est *favorable*.

---

(1) M. Bonnier, n° 633. — MM. Zachariæ, Aubry et Rau, t. VI, p. 409, texte et note 3. — M. Colmet de Santerre, t. V, n° 293 *bis*, iv.

Le commencement de preuve qui résulte des livres des commerçants, peut-il être complété par la preuve testimoniale?

La *négative* est certaine, puisqu'aux termes de l'art. 1347, le commencement de preuve par écrit doit émaner de la personne à laquelle on l'oppose.

Et cependant si, aux yeux du législateur napoléonien, le serment du commerçant lui-même peut suffire pour corroborer l'indication fournie par ses écritures et pour entraîner la condamnation du non-commerçant, comment comprendre que la preuve testimoniale soit insuffisante aux mêmes fins ?

Voilà pourtant les beaux résultats que produit l'art savant de la preuve!

(2) Pardessus, *Cours de droit commercial*, t. 1, n° 260.

Quant à la seconde décision, il écrit :

« Si j'ai fait connaître que je faisais la note pour qu'elle servît de preuve du prêt dans le cas auquel je serais prévenu par la mort, comme lorsque j'ai déclaré par cette note que celui qui m'avait fait le prêt n'avait pas voulu recevoir de billet de moi, la note, quoique non signée, doit faire une preuve de la dette contre moi et contre mes héritiers (1). »

Remarquons qu'*à la différence des mentions qui se trouvent sur les livres des commerçants*, les *deux précédentes* ne font foi que *lorsqu'elles sont écrites de la main de celui duquel on les oppose* (2).

1332. — L'écriture mise par le créancier à la suite, en marge ou au dos d'un titre qui est toujours resté en sa possession, fait foi, quoique non signée ni datée par lui, lorsqu'elle tend à établir la libération du débiteur. — Il en est de même de l'écriture mise par le créancier au dos, ou en marge, ou à la suite du double d'un titre ou d'une quittance, pourvu que ce double soit entre les mains du débiteur.

Cet obscur article a fait le désespoir des interprètes, et il y a de quoi.

Dans le *premier* alinéa, les compilateurs napoléoniens ont *corrigé* la *doctrine* de Pothier.

Voici, en effet, ce qu'écrivait Pothier :

« Les quittances, quoique non signées ni datées, font une pleine preuve du payement, non-seulement lorsqu'elles sont écrites de la main du créancier, mais même de quelque main qu'elles soient écrites, fût-ce même de la main du débiteur, parce qu'il est plus que probable que le créancier n'aurait pas laissé écrire ces reçus sur le billet qui était en sa possession, si les payements ne lui avaient pas été faits effectivement. »

Pothier, comme on le voit, attribuait une force probante, *même aux mentions écrites par des tiers et par le débiteur ;* de là, à ses yeux, la nécessité que *le titre fût toujours resté en la possession du créancier.*

Les compilateurs n'admettent comme *libératoires* que les mentions faites *de la main du créancier*, et, sans l'apparence d'une raison, ils ont continué à exiger que *le titre fût toujours resté en sa possession* (3).

_____

(1) Comparer Pothier, n° 750.

Qu'est-ce que tout cela signifie ? Quelle portée cela a-t-il, en raison, en pratique, et peut-on comprendre que l'on inscrive de pareilles pauvretés dans une œuvre de codification ?

(2) *Les art. 15 et 17, C. Co., relatifs à la représentation en justice des livres des commerçants, s'appliquent-ils aux livres des non-commerçants et aux papiers domestiques ?*

La *négative* est certaine, car les art. 15 et 17 établissent un droit d'exception. En ce sens, MM. Zachariæ, Aubry et Rau, t. VI, p. 421, texte et note 9.

En sens contraire, Toullier, t. VIII, n° 404. — M. Duranton, t. XIII, n° 210.

(3) V. Fenet, t. II, p. 193. — Comparer MM. Zachariæ, Aubry et Rau, t. VI, p. 413, texte et note 11. — M. Marcadé, art. 1332. — M. Colmet de Santerre, t. V, n° 297 *bis*, I-II.

Il y a mieux, les compilateurs ont mis le mot *titre* là où Pothier avait employé

Dans le *second* alinéa, les compilateurs ont entendu dire, comme l'exprime fort bien M. Demante, que l'écriture mise par le créancier sur une pièce *formant titre pour le débiteur* (par exemple sur le double d'un bail ou sur une quittance précédente) établit la libération *pourvu que cette pièce se trouve entre les mains du débiteur* (1).

§ III. — DES TAILLES.

1333. — Les tailles corrélatives à leurs échantillons font foi entre les personnes qui sont dans l'usage de constater ainsi les fournitures qu'elles font et reçoivent en détail.

Le mot *taille* (dans la basse latinité *talea*, c'est-à-dire, suivant Ducange, *ramus incisus*) désigne un petit bâton fendu en deux parties égales.

L'une, la *taille* proprement dite, reste entre les mains du fournisseur ; l'autre, l'*échantillon*, est remise au consommateur.

A chaque fourniture, on rapproche les deux moitiés, et l'on fait sur l'une et sur l'autre une *coche* transversale.

Le nombre des coches indique la quantité des fournitures.

Les tailles sont surtout en usage dans le commerce des fourrages et dans celui de la boulangerie.

Les points à remarquer sont :

1° *Que les tailles corrélatives à leurs échantillons font foi entre les personnes qui*, comme dit l'art. 1333, *sont dans l'usage de constater ainsi les fournitures qu'elles font et reçoivent en détail.*

D'où il suit que, s'il n'existe pas le même nombre de coches sur la taille proprement dite et sur l'échantillon, la fourniture n'est prouvée que jusqu'à concurrence du nombre de coches commun aux deux ;

2° *Que la force probante des tailles n'est limitée à aucune somme, car les tailles constituent une sorte de preuve littérale.*

Que doit-on décider si le marchand présente une taille et que le consommateur nie l'existence de l'échantillon ?

---

le mot *quittance* ; or, supposons que le titre soit un billet à ordre, comme la circonstance qu'il est toujours resté en la possession du créancier va prêter un merveilleuse force au *pour acquit* que le créancier y aura inscrit d'avance !

(1) M. Demante, *Programme*, n° 297. — MM. Zachariæ, Aubry et Rau.

Bien entendu, dans les cas réglés par cet article comme par le précédent, le droit d'administrer la preuve contraire doit être regardé comme réservé. (V. cependant MM. Zachariæ, Aubry et Rau, *loc. cit.*, et note 16.)

Lorsque les compilateurs napoléoniens eurent achevé leur œuvre *immortelle,* sans contredit le meilleur châtiment à leur infliger eût été de les condamner à en fournir l'explication.

Les auteurs discutent, parce qu'ils traitent comme une question de *droit* une question qui appartient au *fait* (1).

§ IV. — DES COPIES DES TITRES.

1334. — Les copies, lorsque le titre original subsiste, ne font foi que de c qui est contenu au titre, dont la représentation peut toujours être exigée.

1335. — Lorsque le titre original n'existe plus, les copies font foi d'après les distinctions suivantes : — 1° Les grosses ou premières expéditions font la même foi que l'original : il en est de même des copies qui ont été tirées par l'autorité du magistrat, parties présentes ou dûment appelées, ou de celles qui ont été tirées en présence des parties et de leur consentement réciproque. — 2° Les copies qui, sans l'autorité du magistrat, ou sans le consentement des parties, et depuis la délivrance des grosses ou premières expéditions, auront été tirées sur la minute de l'acte par le notaire qui l'a reçu, ou par l'un de ses successeurs, ou par officiers publics qui, en cette qualité, sont dépositaires des minutes, peuvent, au cas de perte de l'original, faire foi quand elles sont anciennes. — Elles sont considérées comme anciennes quand elles ont plus de trente ans. — Si elles ont moins de trente ans, elles ne peuvent servir que de commencement de preuve par écrit. — 3° Lorsque les copies tirées sur la minute d'un acte ne l'auront pas été par le notaire qui l'a reçu, ou par l'un de ses successeurs, ou par officiers publics qui, en cette qualité, sont dépositaires des minutes, elles ne pourront servir, quelle que soit leur ancienneté, que de commencement de preuve par écrit. — 4° Les copies de copies pourront, suivant les circonstances, être considérées comme simples renseignements.

1336. — La transcription d'un acte sur les registres publics ne pourra servir que de commencement de preuve par écrit; et il faudra même pour cela : — 1° Qu'il soit constant que toutes les minutes du notaire, de l'année dans laquelle l'acte paraît avoir été fait, soient perdues, ou que l'on prouve que la perte de la minute de cet acte a été faite par un accident particulier; — 2° Qu'il existe un répertoire en règle du notaire, qui constate que l'acte a été fait à la même date. — Lorsqu'au moyen du concours de ces deux circonstances la preuve par témoins sera admise, il sera nécessaire que ceux qui ont été témoins de l'acte, s'ils existent encore, soient entendus.

Il y a ici à remarquer :

1° *L'exception* apportée par l'art. 45 au *principe* que les copies de titres ne font pas, en général, foi par elles-mêmes (art. 1334).

Nous avons vu, en effet, que les *extraits* des actes de l'état civil lorsqu'ils ont été délivrés, c'est-à-dire *certifiés conformes aux registres*, ont la *même* force probante que les *registres* (2).

2° *Les deux exceptions* apportées par les art. 1336 C. N. et 844 C. Pr. au *principe* que les copies de copies ne constituent que de *simples renseignements* (art. 1335, n° 4).

La *première* de ces *deux* exceptions (art. 1336) concerne la *trans-*

---

(1) Comparer M. Bonnier, n°s 664 et suiv. — M. Duranton, t. XIII, n° 235. — MM. Zachariæ, Aubry et Rau, t. VI, p. 416, texte et note 1. — M. Colmet de Santerre, t. V, n° 298 *bis*, III.

(2) V. *Manuel de Droit civil*, t. I, p. 74.

cription, c'est-à-dire *la reproduction littérale d'un acte sur des registres publics.*

La *transcription*, quoique n'étant qu'*une copie de copie*, peut servir de *commencement de preuve par écrit*, pourvu toutefois que les *deux* conditions exigées par l'art. 1336 se rencontrent.

La *seconde de ces deux* exceptions (art. 844 C. Pr.) concerne la *seconde grosse tirée sur une grosse déposée.*

La *seconde grosse*, quoique n'étant qu'*une copie de copie*, obtient, en cas de perte de la première grosse, la *même* force probante que l'*original.*

§ V. — DES ACTES RÉCOGNITIFS ET CONFIRMATIFS.

La théorie des actes récognitifs est issue de Dumoulin; Pothier n'a pas compris Dumoulin et a cru à tort le reproduire; les incapables et improbes rédacteurs du Code Napoléon ont reproduit Pothier (1).

Quant *aux actes confirmatifs*, ou, pour mieux dire, quant *à la confirmation*, contentons-nous de remarquer qu'elle se rapporte non à la théorie de la *preuve*, mais à celle des *vices des contrats.*

Cette fois, les compilateurs ont innové, en ce qui concerne la *méthode!*
Nous nous occuperons successivement :

1° *Des actes récognitifs;*

2° *Des actes confirmatifs ou de la confirmation.*

1° DES ACTES RÉCOGNITIFS.

1337. — Les actes récognitifs ne dispensent point de la représentation du titre primordial, à moins que sa teneur n'y soit spécialement relatée. — Ce qu'ils contiennent de plus que le titre primordial, ou ce qui s'y trouve de différent, n'a aucun effet. — Néanmoins, s'il y avait plusieurs reconnaissances conformes, soutenues de la possession, et dont l'une eût trente ans de date, le créancier pourrait être dispensé de représenter le titre primordial.

Dans un sens exact, *l'acte récognitif serait celui par lequel une personne reconnaîtrait l'existence d'un droit préexistant.*

Dans le sens où les rédacteurs du Code Napoléon ont pris ce mot, d'après Pothier (n° 776), *l'acte récognitif est l'antithèse de l'acte pri-*

---

(1) Nous disons les *incapables* et *improbes* rédacteurs du Code Napoléon, et, en le disant, nous ne faisons qu'énoncer contre cette tourbe d'intrigants le jugement de la plus stricte justice.

Leur incapacité? Et quelle intelligence libre, quel esprit de bonne foi la niera, en présence des preuves que nous accumulons!

Leur improbité? Furent-ils donc honnêtes, ces hommes qui, pour la plupart, avaient trahi leurs convictions républicaines par l'unique souci de ce qu'ils estimaient leur intérêt propre, et qui, devenus législateurs, ne surent imprimer à leur œuvre que le double sceau de la contre-révolution et de leur inimaginable incurie?

Le 18 brumaire pèse depuis assez longtemps sur la France et sur le monde pour que la conscience et la science cherchent enfin à prendre contre lui leur revanche.

mordial, et il signifie *l'écrit qui, se référant à un écrit antérieur, atteste l'intention de maintenir le droit constaté par ce premier écrit.*

Du *premier* alinéa de l'article, il résulte que, *même lorsque le créancier ne peut représenter l'acte primordial, l'acte récognitif ne fait pas preuve de l'obligation.*

Cette décision est inexplicable, car l'acte récognitif constitue un *aveu* du débiteur.

Il y a *deux* cas à excepter :

1° *Celui où l'acte récognitif relate spécialement la teneur de l'acte primordial ;*

2° *Celui où le créancier produit plusieurs actes récognitifs conformes l'un à l'autre, soutenus de la possession, et dont l'un a au moins trente ans de date.*

Dans ce *dernier* cas, le créancier *n'est pas précisément dispensé* de représenter le titre primordial, mais *il peut être dispensé par le juge* de le représenter.

Remarquons, d'ailleurs, que la règle, ci-dessus formulée, ne concerne pas les actes portant reconnaissance de droits *réels* (1).

Finalement, l'utilité de l'acte récognitif qui ne remplace pas l'acte primordial consiste à interrompre la prescription (art. 2248 et 2263) (2).

Quant au *second* alinéa de l'article, il est fondé sur l'idée que l'acte récognitif a pour but, non d'*innover*, mais de *maintenir* un certain état de choses.

2° DES ACTES CONFIRMATIFS ET DE LA CONFIRMATION.

1338. — L'acte de confirmation ou ratification d'une obligation contre laquelle la loi admet l'action en nullité ou en rescision, n'est valable que lorsqu'on y trouve la substance de cette obligation, la mention du motif de l'action en rescision, et l'intention de réparer le vice sur lequel cette action est fondée. — A défaut d'acte de confirmation ou ratification, il suffit que l'obligation soit exécutée volontairement après l'époque à laquelle l'obligation pouvait être valablement confirmée ou ratifiée. — La confirmation, ratification, ou exécution volontaire dans les formes et à l'époque déterminées par la loi, emporte la renonciation aux moyens et exceptions que l'on pouvait opposer contre cet acte, sans préjudice néanmoins du droit des tiers.

Il faut bien distinguer dans cet article la *confirmation* de l'*acte confirmatif*.

Le *premier* alinéa est consacré à l'*acte confirmatif* ; le *second* et le *troisième*, à la *confirmation*.

Parlons d'abord de la confirmation (3).

---

(1) Comparer art. 695, *Manuel de Droit civil*, t. I, p. 720.
(2) Comparer Pothier, n° 777.
(3) Les art. 1338 et 1340 appellent aussi la confirmation du nom de *ratifica-*

La confirmation est le fait de volonté qui répare les vices suscep-tibles d'entraîner l'annulation ou la rescision d'une obligation.

De là, *deux* conditions, d'ailleurs évidentes, pour que la confirmation soit valable; il faut qu'elle ait lieu :

1° *En connaissance du vice dont l'obligation est affectée;*

2° *Dans l'intention de réparer ce vice* (1).

L'effet de la confirmation est de détruire, même pour le passé, les causes d'annulation ou de rescision; mais, bien entendu, comme l'ex-prime le *dernier* alinéa de l'art. 1338, « sans préjudice du droit des tiers ».

Ainsi, Paul mineur vend à Pierre un immeuble; devenu majeur, il revend le même immeuble à Jean; puis, il confirme la vente faite à Pierre; cette confirmation n'est pas opposable à Jean.

La confirmation est *expresse* ou *tacite.*

Elle est expresse lorsqu'elle consiste dans une manifestation for-melle de la volonté.

Elle est tacite lorsqu'elle résulte de l'exécution volontaire, soit totale, soit même partielle, de l'acte annulable.

La confirmation expresse peut, en général, être établie par *tous* les modes de preuve qu'admet la législation napoléonienne.

Lorsque la confirmation expresse est constatée par un acte, que cet acte soit authentique ou sous seing privé, il ne peut être valable, aux termes du *premier* alinéa de l'art. 1338, que s'il contient :

1° *La substance de l'obligation à confirmer;*

2° *La mention du vice à réparer;*

3° *La manifestation de l'intention de réparer le vice.*

1339. — Le donateur ne peut réparer par aucun acte confirmatif les vices d'une donation entre-vifs; nulle en la forme, il faut qu'elle soit refaite en la forme légale.

1340. — La confirmation ou ratification, ou exécution volontaire d'une dona-tion par les héritiers ou ayants cause du donateur, après son décès, emporte leur renonciation à opposer, soit les vices de forme, soit toute autre exception.

Ces articles signifient :

1° *Qu'en tant qu'il s'agit d'une donation entre-vifs nulle pour vice de formes, et que c'est le donateur qui veut réparer ces vices par une confirmation, la confirmation est impossible: la donation doit être refaite dans les formes imposées par la loi napoléonienne;*

2° *Que, dans la même hypothèse, si ce sont les héritiers du donateur qui veulent confirmer la donation, la confirmation est possible.*

---

tion, mais ce dernier mot comporte un *second* sens; il désigne *l'approbation donnée par une personne aux actes qu'une autre personne a faits en son nom, sans en avoir reçu le mandat* (art. 1998).

(1) Comparer MM. Zachariæ, Aubry et Rau, t. III, p. 190, texte et note 19.

Pourquoi cette différence?

Le cas est embarrassant.

M. Demante dit que, tout en étant *nulle,* la donation impose aux héritiers du donateur une obligation *naturelle, laquelle devient civile par la confirmation des héritiers* (1).

L'action en annulation des héritiers est-elle prescriptible par trente ans?

On discute; cependant l'*affirmative* paraît logique (2).

SECTION II.

DE LA PREUVE TESTIMONIALE.

On entend par preuve par témoins l'*audition de témoins sur certains faits.*

En matière commerciale, la preuve par témoins peut être admise par le juge, quel que soit le montant du litige (V. *infra,* p. 950 et 951).

En matière civile, il en est autrement; le juge ne peut admettre la preuve par témoins, toutes les fois que le montant du litige dépasse 150 *francs.*

Cependant, en matière *commerciale,* les procès ont, d'ordinaire, une importance plus considérable qu'en matière *civile,* les questions d'état mises à part.

Pourquoi donc la preuve par témoins peut-elle être admise *in infinitum* en matière commerciale, tandis qu'au contraire, elle ne peut être admise, en matière civile, que dans les limites les plus restreintes?

Les auteurs disent:

Que l'admission trop facile de la preuve par témoins aurait pour effet de multiplier les procès;

Que, d'ailleurs, la mémoire des témoins peut être infidèle;

Que leur bonne foi peut être suspecte.

---

(1) M. Demante, *Programme,* n° 313.
Mais qu'est-ce qu'une obligation naturelle? Pourquoi l'obligation est-elle naturelle pour les héritiers du donateur; pourquoi ne l'est-elle pas pour le donateur lui-même? Ou plutôt pourquoi s'acharne-t-on à justifier des textes injustifiables? Pourquoi cette méthode? L'acte de foi vaut beaucoup mieux, et nous nous plaisons, en vérité, à reproduire cette autre *explication* : « Cela doit nous porter à croire que la nullité a changé de nature et que l'acte qui était radicalement nul par rapport au donateur, est devenu simplement annulable par rapport aux héritiers. » (M. Colmet de Santerre, t. V, n° 313 *bis,* I.)
A merveille, il y a mystère !
(2) En ce sens, M. Colmet de Santerre, t. V, n° 313 *bis,* I.
En sens contraire, M. Marcadé, t. V, art. 1339-1340.

Mais, apparemment, ces raisons s'appliquent aux relations *commerciales* comme aux relations *civiles* (1).

Quelles sont donc les causes vraies qui ont empêché de traiter, à ce point de vue, les matières civiles, au moins comme les matières commerciales ?

Ces causes, les voici :

Le droit civil est resté sous la pure influence des légistes ; or, cette influence est détestable ; cette influence, c'est celle, en effet, de l'esprit du Bas-Empire romain, organisant, distribuant, réglementant à sa fantaisie.

Parlez de *droit naturel* au légiste ; il ne comprend pas, — en toute sincérité ; ôtez-lui le règlement, la société devient à ses yeux une énigme, un chaos, elle va crouler.

Et puis le règlement, c'est sa raison d'être, à lui, légiste !

Donc, on limitera le droit, on limitera la preuve du droit ; cette fois, c'est logique.

En matière *commerciale*, les choses sont moins faciles à arranger ; les hommes entre lesquels le lien juridique sans cesse se noue et se dénoue, ceux-là sentent le besoin de la liberté, et, quand on les enferme dans un réseau trop serré, ils le brisent, au grand scandale des légistes.

Voilà pourquoi la législation sur la preuve par témoins est différente en matière *civile* et en matière *commerciale ;* voilà pourquoi cette législation, en matière civile, est encore en plein *droit monarchique*, en plein droit du temps de Charles IX et de Louis XIV.

Il y a :

1° D'une manière générale, à abroger la distinction du commerce et du non-commerce ;

2° Au point de vue de la preuve par témoins, à reconnaître le droit de chacun à user de cette preuve, non pas à la discrétion du juge, mais à sa propre convenance (2).

1341. — Il doit être passé acte devant notaires ou sous signature privée, de toutes choses excédant la somme ou valeur de cent cinquante francs, même pour dépôts volontaires ; et il n'est reçu aucune preuve par témoins contre et outre le contenu aux actes, ni sur ce qui serait allégué avoir été dit avant, lors ou depuis les actes, encore qu'il s'agisse d'une somme ou valeur moindre de cent cinquante francs. — Le tout sans préjudice de ce qui est prescrit dans les lois relatives au commerce.

Du *premier* alinéa de l'art. 1341, il résulte qu'*en matière civile, la prohibition de la preuve par témoins (ou preuve vocale,* comme disait aussi Pothier) *est la règle.*

---

(1) Comparer l'art. 54 de l'*Ordonnance de Moulins* (1566) et Pothier, n° 784.

(2) V. sur l'histoire de la preuve par témoins, M. Bonnier, *Traité des preuves,* nos 101 et suiv.

Bon nombre d'auteurs enseignent que cette règle est autant d'*ordre public* que d'*intérêt privé* (1).

D'où la conséquence, qu'*en vain les parties seraient-elles d'accord pour admettre la preuve testimoniale dans les cas où la loi la prohibe*, le juge doit la rejeter d'*office* (2).

Cependant, d'autres auteurs et certains arrêts admettent que *le consentement des parties peut écarter la prohibition* (3).

Du *second* alinéa de l'art. 1341, il ressort que la question de *l'admissibilité de la preuve par témoins est réservée, quant aux matières commerciales.*

Précisons la règle de la prohibition, en ce qui concerne les matières *civiles.*

D'après le *premier* alinéa de l'art. 1341, cette règle comprend *deux* termes; il est donc nécessaire d'examiner successivement l'un et l'autre.

PREMIÈRE PARTIE DE LA RÈGLE DE PROHIBITION DE LA PREUVE PAR TÉMOINS.

« Il doit être passé acte devant notaires ou sous signature privée, porte l'art. 1341, de toutes choses excédant la somme ou valeur de 150 francs. »

Cette formule, inexacte et vague, signifie que :

Toutes les fois qu'un fait juridique crée, modifie ou éteint des droits et qu'il s'agit d'un intérêt supérieur à 150 francs, la preuve testimoniale ne peut, en général, être admise pour établir ce fait.

La même règle d'exclusion s'applique aux *présomptions judiciaires*, mais non à l'aveu ni au serment.

Remarquons que, *d'après la doctrine généralement reçue à l'égard des contrats, il suffit, pour qu'il y ait lieu d'appliquer la prohibition de la preuve testimoniale, que, soit dans le contrat, soit même dans la demande, le droit contesté présente un intérêt supérieur à 150 francs* (4).

La mention spéciale du *dépôt volontaire* dans cette première partie

---

(1) Toujours la même antithèse et toujours la même lourde erreur! *L'ordre public, le vrai, c'est l'harmonie de tous les droits, de toutes les libertés, et, par conséquent, de tous les intérêts.*

(2) Singulier *ordre public* que celui où l'on protége les individus malgré eux. Et qu'est-ce qui est protégé ici? le riche; le pauvre n'a pas de gros procès.

(3) Comparer Danty sur Boiceau (*Traité de la preuve par témoins en matière civile.* Paris, 1738, 1 vol. in-4, *addit.* au chap. I, nᵒˢ 7-9). — MM. Zachariæ, Aubry et Rau, t. VI, p. 423, texte et note 4. — M. Bonnier, nᵒ 135. — M. Colmet de Santerre, t. V, nᵒ 325 *bis*, II.

(4) Comparer M. Bonnier, nᵒ 105. — M. Marcadé sur l'article 1342. — MM. Zachariæ, Aubry et Rau, t. VI, p. 430 et suiv. — M. Colmet de Santerre, t. V, nᵒˢ 315 *bis*, VIII-XII.

de la règle tient à ce qu'on avait douté autrefois que le dépôt y fût compris (1).

SECONDE PARTIE DE LA RÈGLE DE PROHIBITION DE LA PREUVE PAR TÉMOINS.

« Il n'est reçu aucune preuve par témoins outre et contre le contenu aux actes, ni sur ce qui serait allégué avoir été dit avant, lors ou depuis les actes, encore qu'il s'agisse d'une somme ou valeur moindre de 150 francs. »

Prouver *contre* l'acte, ce serait, par exemple, prouver qu'au lieu de la somme de 100 francs indiquée dans un écrit, on ne doit que celle de 80 francs.

Prouver *outre* l'acte, ce serait, par exemple, prouver qu'au lieu de la somme de 100 francs indiquée dans un écrit, il nous est dû celle de 120 francs (2).

Dans le *premier* cas, ce serait le débiteur qui prouverait; dans le *second*, le créancier.

Cela est défendu.

Les auteurs en donnent, en général, pour *raison* que les parties ayant rédigé ou fait rédiger un écrit, elles ont *dû* le rédiger ou le faire rédiger exact et complet (3).

1342. — La règle ci-dessus s'applique au cas où l'action contient, outre la demande du capital, une demande d'intérêts qui, réunis au capital, excèdent la somme de cent cinquante francs.

1343. — Celui qui a formé une demande excédant cent cinquante francs ne peut plus être admis à la preuve testimoniale, même en restreignant sa demande primitive.

1344. — La preuve testimoniale, sur la demande d'une somme même moindre de cent cinquante francs, ne peut être admise lorsque cette somme est déclarée être le restant ou faire partie d'une créance plus forte qui n'est point prouvée par écrit.

1345. — Si dans la même instance une partie fait plusieurs demandes dont il n'y ait point de titre par écrit, et que, jointes ensemble, elles excèdent la

---

(1) Pothier (n° 786) dit fort bien pourquoi l'on doutait : « Celui qui prie son ami de se charger de la garde de certains objets n'ose pas d'ordinaire demander une reconnaissance à un homme qui n'accepte une responsabilité que pour lui être agréable. »

C'était là une parole sensée ; mais l'ordonnance de 1667 (tit. XX, art. 2) avait décidé le contraire ; Pothier enregistrait la décision de l'ordonnance, les compilateurs napoléoniens ont fait comme leur guide.

(2) Telle est l'explication donnée par les auteurs ; la vérité est que *prouver contre l'acte* comprend les *deux* cas, et que l'article contient une redondance.

(3) Et si cependant elles ne l'ont pas fait rédiger *exact* et *complet!...*

Comparer Pothier, n°s 792-800. — M. Bonnier, n°s 103 et suiv. — MM. Zachariæ, Aubry et Rau, t. VI, p. 441 et suiv. — M. Colmet de Santerre, t. V, n°s 315 *bis*, XVI-XXIII.

somme de cent cinquante francs, la preuve par témoins n'en peut être admise, encore que la partie allègue que ces créances proviennent de différentes causes, et qu'elles se soient formées en différents temps, si ce n'était que ces droits procédassent, par succession, donation ou autrement, de personnes différentes.

Ces articles appliquent ou sanctionnent la *première* partie de la règle de prohibition formulée par l'art. 1341.

De l'ensemble, il résulte qu'on ne peut être admis à la preuve testimoniale :

1° *Lorsque les intérêts, échus au moment où est formée la demande du capital, dépassent, réunis au capital, la somme de 150 francs;*

2° *Lorsqu'on a formé une demande dépassant 150 francs, et qu'on restreint ensuite cette demande à 150 francs, à moins, bien entendu, qu'il ne soit établi que l'intérêt du litige ne dépasse pas 150 francs, et que c'est par erreur qu'on a d'abord demandé davantage* (art. 1343);

3° *Lors même qu'on demande une somme moindre de 150 francs, dans le cas où cette somme est reconnue être le reliquat ou faire partie d'une somme plus forte qui n'est pas prouvée par écrit* (art. 1344);

4° *Lorsque, dans la même instance, une partie forme plusieurs demandes dont il n'y a point de titre par écrit et que, bien qu'aucune, prise isolément, ne dépasse 150 francs, toutes réunies excèdent cette somme.*

Il est indifférent que le demandeur allègue que ces demandes procèdent de différentes causes; cependant, la prohibition n'est point applicable, s'il s'agit de droits qui, après avoir appartenu à différentes personnes, se trouvent réunis sur la même tête par voie de succession, de donation ou de toute autre manière (art. 1345) (1).

1346. — Toutes les demandes, à quelque titre que ce soit, qui ne seront pas entièrement justifiées par écrit, seront formées par un même exploit, après lequel les autres demandes dont il n'y aura point de preuve par écrit ne seront pas reçues.

Cet article sanctionne d'abord l'art. 1345; il a, en outre, pour but de prévenir la multiplicité des petits procès.

D'après la plupart des auteurs, il doit être appliqué :

1° *En général, dans les cas même où le montant des diverses demandes est inférieur à 150 francs;*

2° *Dans les cas où la preuve testimoniale est exceptionnellement admise par les art. 1347 et 1348;*

3° *Dans les cas où les droits, après avoir appartenu à différentes personnes, se trouvent déjà réunis sur la même tête à l'époque où la demande est formée.*

---

(1) Comparer M. Bonnier, nᵒˢ 117 et suiv. — MM. Zachariæ, Aubry et Rau, t. V, p. 430 et suiv.

L'art. 1346 s'applique-t-il aux créances non exigibles, en ce sens du moins que le demandeur serait tenu de les indiquer avec les créances exigibles, afin que le juge fasse le total des unes et des autres?
La question est forcément controversée (1).

EXCEPTIONS A LA DOUBLE RÈGLE DE PROHIBITION DE LA PREUVE PAR TÉMOINS EN MATIÈRE CIVILE.

La *double* règle qui vient d'être indiquée reçoit exception dans *deux* cas :
1° *Lorsqu'il existe un commencement de preuve par écrit* (art. 1347);
2° *Lorsqu'il est physiquement ou moralement impossible à celui qui invoque la preuve par témoins de présenter une preuve écrite* (article 1348).

PREMIÈRE EXCEPTION. — COMMENCEMENT DE PREUVE PAR ÉCRIT.

1347. — Les règles ci-dessus reçoivent exception lorsqu'il existe un commencement de preuve par écrit. — On appelle ainsi tout acte par écrit qui est émané de celui contre lequel la demande est formée, ou de celui qu'il représente, et qui rend vraisemblable le fait allégué.

De cet article, il résulte que *pour qu'un écrit puisse servir de commencement de preuve par écrit,* il faut :
1° *Qu'il émane de celui contre qui la demande est formée, ou de celui qu'il représente.*
Toutefois, il existe certains cas où un écrit peut servir de commencement de preuve, bien qu'il n'émane ni du défendeur, ni de celui qu'il représente. (V. notamment art. 324, 1320, 1335, 2° et 3°, et 1336.)
2° *Qu'il rende vraisemblable le fait allégué.*
L'article n'exige pas, comme on le voit, que l'écrit soit *signé.*
Nous avons indiqué plus haut (art. 1325 et 1326 p. 938 et 939) *deux* exemples, l'un, peu contesté, l'autre, fort contesté, de commencement de preuve par écrit (2).

---

(1) Comparer M. Duranton, t. XIII, n° 327. — M. Bonnier, n° 105. — MM. Aubry et Rau, t. VI, p. 439, texte et note 41. — M. Colmet de Santerre, t. V, n° 319 *bis*, III.
Quel beau champ pour la casuistique que tout cet arbitraire législatif, et comme les auteurs savent bien l'exploiter !
(2) Pour les développements *théoriques* sur cette demi-preuve, nous renvoyons à Pothier, n°s 804-808.
V. aussi M. Bonnier, n°s 125 et suiv. — MM. Zachariæ, Aubry et Rau, t. VI, p. 450 et suiv.

SECONDE EXCEPTION. — IMPOSSIBILITÉ PHYSIQUE OU MORALE DE PRÉSENTER
UNE PREUVE ÉCRITE.

1348. — Elles reçoivent encore exception toutes les fois qu'il n'a pas été possible au créancier de se procurer une preuve littérale de l'obligation qui a été contractée envers lui. Cette seconde exception s'applique : — 1° Aux obligations qui naissent des quasi-contrats et des délits ou des quasi-délits ; — 2° Aux dépôts nécessaires faits en cas d'incendie, ruine, tumulte ou naufrage, et à ceux faits par les voyageurs en logeant dans une hôtellerie, le tout suivant la qualité des personnes et les circonstances du fait. — 3° Aux obligations contractées en cas d'accidents imprévus, où l'on ne pourrait pas avoir fait des actes par écrit ; — 4° Au cas où le créancier a perdu le titre qui lui servait de preuve littérale, par suite d'un cas fortuit, imprévu et résultant d'une force majeure.

Ce mauvais article, auquel ses auteurs n'ont pas même su donner une forme générale, n'est qu'un ressassement de plusieurs numéros (809-815) de Pothier. Tel qu'il est conçu, il doit, pour cesser d'être obscur, être distribué en deux parties.

Il indique :

1° *Certains cas où le demandeur a pu être, dès l'origine, dans l'impossibilité de se procurer une preuve écrite* (n°s 1, 2 et 3);

2° *D'une manière générale, tous les cas fortuits, imprévus et résultant d'une force majeure qui ont pu être cause que le créancier ait perdu le titre qui lui servait de preuve littérale.*

On est d'accord pour admettre que les différentes applications, mentionnées dans les numéros 1, 2 et 3 de l'article, ne constituent que des exemples qui ont pour but d'expliquer le sens de l'exception, mais qui, d'ailleurs, n'en restreignent ni n'en étendent la portée (1).

Cette observation se vérifie tout particulièrement pour les *quasi-contrats;* dans la gestion d'affaires, par exemple, le gérant est, d'ordinaire, en situation d'établir par écrit les dépenses qu'il a faites.

APPENDICE

Il existe certains contrats dont l'existence ne peut être prouvée par témoins ; ce sont :

Le *louage des choses* (art. 1715);

La *transaction* (art. 2044);

L'*antichrèse* (art. 2085).

Il existe aussi certains faits qui ne peuvent, en général, être prouvés par témoins; ce sont :

Les *faits relatifs à l'état civil et à la filiation* (art. 46, 319, 320, 323, 340 et 341).

---

(1) Comparer M. Bonnier, n°s 129 et suiv. — MM. Zachariæ, Aubry et Rau, t. VI, p. 461. — M. Colmet de Santerre, t. V, n° 321 *bis*, II.

SECTION III.

DES PRÉSOMPTIONS.

Nous nous sommes expliqué plus haut sur les conditions de légitimité et sur la valeur des présomptions; nous n'avons qu'à nous en référer aux développements que nous avons fournis. (V. *suprà*, p. 927.)

1349. — Les présomptions sont des conséquences que la loi ou le magistrat tire d'un fait connu à un fait inconnu.

Cette définition a été à peu près copiée dans Pothier (n° 839); elle ne caractérise pas du tout l'espèce particulière de preuve à laquelle Pothier l'appliquait.

Nous avons déjà dit que *la présomption est une induction fondée sur l'observation de certains faits et appliquée ensuite à un fait de même ordre.*

§ I. — DES PRÉSOMPTIONS ÉTABLIES PAR LA LOI.

Ce paragraphe contient une série de dispositions tout particulièrement arbitraires; en classant *l'autorité de la chose jugée* parmi les présomptions légales, il a reproduit, comme nous allons le voir, la plus inintelligente tradition (V. art. 1350, *infra*).

1350. — La présomption légale est celle qui est attachée par une loi spéciale à certains actes ou à certains faits : tels sont : — 1° Les actes que la loi déclare nuls, comme présumés faits en fraude de ses dispositions, d'après leur seule qualité; — 2° Les cas dans lesquels la loi déclare la propriété ou la libération résulter de certaines circonstances déterminées : — 3° L'autorité que la loi attribue à la chose jugée; — 4° La force que la loi attache à l'aveu de la partie ou à son serment.

Cet article indique *quatre* sortes de présomptions légales.

La liste qu'il dresse a besoin d'être *doublement* amendée; elle comporte à la fois plusieurs suppressions et un grand nombre d'additions.

Tous les auteurs en retranchent *l'aveu* et le *serment*, en déclarant que l'aveu est une preuve et le serment un fait *sui generis*.

Tous y maintiennent *l'autorité de la chose jugée.*

Est-il exact que l'autorité de la chose jugée soit une présomption ?

Malgré l'adage « *res judicata pro veritate habetur* », l'autorité de la chose jugée ne doit point être classée parmi les présomptions; elle n'en a point les caractères, car la présomption est une *induction* fondée sur l'observation de certains faits et appliquée ensuite à un fait de même ordre; or, l'adage « *res judicata pro veritate habetur* » consacre non une *induction*, mais une fiction; il est né, non de l'observation de certains faits; mais, comme l'expriment tous les légistes, d'une pensée d'intérêt social (1); et c'est l'équivoque contenue dans la formule de cet adage qui a seule conduit à ranger l'autorité de la chose jugée au nombre des présomptions.

L'autorité de la chose jugée n'a d'autre base admissible que l'adhésion donnée d'avance par chacun à la sentence que le juge a mandat de rendre; elle dépend entièrement du système général d'organisation de la cité; pourvue d'une haute valeur rationnelle si l'organisation politique a pour clef de voûte le droit de chacun, elle est le mensonge le moins niable et elle peut devenir le plus dangereux instrument d'oppression si l'organisation politique n'a d'autre principe que la force (2).

Donc, dans une doctrine exacte, l'autorité de la chose jugée est, comme l'on voit, en dehors de la théorie des présomptions (3).

---

(1) Il est, en vérité, inouï que les légistes aient si souvent reproduit les idées romaines sans les comprendre, et sans apercevoir ce qu'elles avaient de spécial au droit romain. Nous répétons que, si les Paul, les Ulpien et les Papinien pouvaient revivre, ils seraient les premiers à réclamer contre des admirations qui ressemblent à des trahisons; ils seraient les premiers à montrer que la plupart des théories qu'on loue chez eux ne comportent aucune application dans un état juridique et social, éminemment différent de celui où ils ont vécu.

Voici, par exemple, le cas de la *res judicata;* les Romains s'en sont surtout occupés à l'occasion de l'exception *rei judicatæ* (D., liv. XLIV, tit. II); or, examinons un peu sur quoi ils avaient principalement fondé l'exception *rei judicatæ*.

A Rome, il existait des instances qui consommaient le droit du demandeur, et d'autres qui ne le consommaient pas; en termes techniques, il y avait à Rome des *judicia* où la *litiscontestatio* et la *sententia* produisaient un effet extinctif, et des *judicia* où cet effet n'avait pas lieu (Comparer Gaius, C. IV, §§ 106 et 107); si bien que, dans ces derniers, le demandeur, en droit et en logique stricte, eût pu renouveler indéfiniment le même procès.

Cette conséquence d'un faux principe était absurde, et c'est surtout pour y remédier que les Romains créèrent l'exception *rei judicatæ*.

Pour la *pratique* romaine donc (la *doctrine* n'existe le plus souvent que dans le cerveau des commentateurs), pour la pratique romaine, l'autorité de la chose jugée, s'imposait comme une nécessité sociale.

Or, nous le demandons de bon compte : qu'avons-nous à démêler aujourd'hui avec cette nécessité toute romaine, et est-il raisonnable de recourir à la fiction lorsque la réalité est sous notre main, lorsque, pour asseoir une institution sur un fondement vrai, il suffit de relier nos idées?

(2) L'État monarchique est *nécessairement* la négation plus ou moins complète du droit de chacun, et en faussant dans son principe la délégation exécutive, l'État monarchique est *nécessairement* condamné, pour se maintenir, à fausser la délégation législative et la délégation judiciaire.

L'État républicain est le seul État où l'individu puisse ne relever que de lui-même, il est le seul État conforme à l'idée du droit, et c'est aussi pour cette cause qu'il est le seul État dont les institutions puissent être raisonnées.

Question de fond, non de forme, comme l'a dit si illogiquement Montesquieu. Voulons-nous réaliser dans l'État la raison et la justice? Peuples et individus, commençons par rompre les liens qui, de tous côtés, nous enserrent; commençons par nous appartenir à nous-mêmes.

(3) Donc aussi, le principe de l'autorité de la chose jugée une fois passé dans les faits, l'appel n'aurait aucune raison d'être; l'idée de l'appel n'a été inspirée

Restent, d'après l'article 1350, les présomptions légales relatives :

1° *A la nullité de certains actes réputés faits en fraude des dispositions de la loi.*

Tel est, par exemple, le cas des donations faites aux père, mère, descendants ou époux d'une personne incapable de recevoir (art. 911 ; V. *supra*, p. 404, et aussi art. 1100 C. N., art. 446 C. Co.);

2° *A l'établissement de la propriété ou de la libération.*

Tels sont, par exemple, pour l'établissement de la propriété, le cas des présomptions de mitoyenneté ; pour l'établissement de la libération, le cas de la remise du titre (art. 553, 653, 666, 670, 1282 et 1283 : V. aussi art. 1402, 1908, 2219 et 2279).

Les présomptions comprises dans ces *deux* classes ont déjà été appréciées ou le seront plus loin.

La compilation napoléonienne a établi encore une foule d'autres présomptions légales (V. art. 1, 312, 314 et 315, 472, 720-722, 847 et 849, 918, 2230, 2231, 2234 et 2268).

Remarquons que la présomption légale résulte d'une loi spéciale, et que, par conséquent, elle n'est pas susceptible d'être étendue d'un cas à un autre (1).

1351. — L'autorité de la chose jugée n'a lieu qu'à l'égard de ce qui fait l'objet du jugement. Il faut que la chose demandée soit la même ; que la demande soit fondée sur la même cause ; que la demande soit entre les mêmes parties, et formée par elles et contre elles en la même qualité.

L'autorité de la chose jugée est, comme nous l'avons dit, une conséquence de l'organisation rationnelle de l'État. Là, en effet, où tous concourent, avec le même droit à déclarer la loi, et où tous exercent, par eux-mêmes ou par leurs délégués, le pouvoir judiciaire, l'autorité de la chose jugée n'est plus un mythe ou un fétiche ; elle est la condition même du maintien de l'ordre dans l'État, c'est-à-dire de l'harmonie des droits individuels.

Que faut-il entendre par la chose jugée ?

Les légistes du temps présent sont en dissidence sur cette question.

Les *uns* disent qu'en cette matière, la chose jugée signifie *la décision contenue dans un jugement qui est susceptible d'être frappé d'un*

---

que par une fausse science de l'organisation sociale ; à Rome, il eut surtout une origine monarchique. (V. Zimmern, *Traité des actions*, p. 492.)

Mais nous ne pourrons fournir ici les développements dont ce point serait susceptible, et nous renvoyons à l'excellent écrit, trop peu connu, de Charles Comte (*Considérations sur le pouvoir judiciaire*, en tête de la traduction du traité de sir Richard Phillips sur les *Pouvoirs et les obligations des jurys*).

(1) Comparer M. Bonnier, n°s 735 et suiv. — MM. Zachariæ, Aubry et Rau, t. VI, p. 330. — M. Colmet de Santerre, t. V, n° 327 *bis*, I-II.

recours ordinaire (opposition ou appel), *mais qui n'en est pas encore frappé* (1).

D'autres, la décision contenue dans un jugement qui est à l'abri des voies ordinaires de recours (2).

D'autres, enfin, la décision contenue dans un jugement contre lequel il n'existe plus aucun mode de recours ni ordinaire ni extraordinaire (3).

Que faut-il maintenant pour qu'un jugement ait l'autorité de la chose jugée, relativement à une nouvelle demande ?

L'art. 1351 exige *trois* conditions :

1° *L'identité de l'objet ;*

2° *L'identité de la cause ;*

3° *L'identité juridique des parties.*

Examinons chacune de ces conditions.

1° IDENTITÉ DE L'OBJET.

Les auteurs enseignent que cette identité n'est pas nécessairement une identité *physique.*

1er *Exemple :* La première demande portait sur un troupeau ; la seconde demande a pour objet le même troupeau ; il y a identité d'objet malgré les changements qui, dans l'intervalle des deux demandes, ont pu s'opérer dans le troupeau.

2e *Exemple :* La première demande portait sur la propriété d'un fonds, la seconde a pour objet l'usufruit *causal* du même fonds, c'est-à-dire la jouissance de ce fonds considérée comme partie intégrante de la propriété (4).

2° IDENTITÉ DE LA CAUSE.

Les auteurs disent qu'en cette matière, il faut entendre par la *cause*, le *fait juridique qui est le fondement immédiat du droit que la partie demande à exercer.*

La *cause* doit être soigneusement distinguée des *moyens*, c'est-à-dire des faits qui servent à l'établir.

---

(1) M. Marcadé, t. V, art. 1351.

(2) M. Duranton, t. XIII, nos 454 et 455.

(3) M. Bonnier, n° 758.

(4) Comparer M. Bonnier, nos 762-767. — MM. Zachariæ, Aubry et Rau, t. VI, p. 493 et suiv. — M. Colmet de Santerre, t. V, n° 328 *bis*, v.

Théoriquement, cette question est tout ce qu'il y a de plus simple, mais, grâce aux textes romains et à l'ingénieux esprit légiste, certains auteurs l'ont consciencieusement embrouillée.

Doit-on admettre que *pars est in toto*, que *totum in parte non est?* Nous n'aborderons pas ces sérieux sujets ; nous renvoyons aux gros livres.

Premier exemple : Une personne attaque un acte notarié, en invoquant un vice de forme tiré de la minorité d'un des témoins, et elle perd son procès. Cette personne ne peut attaquer le même acte dans une nouvelle instance, en invoquant un autre vice de forme tiré de la circonstance que l'un des témoins n'aurait pas été français.

Second exemple : Une personne demande à une autre le remboursement d'une somme qu'elle prétend avoir prêtée à cette autre ; elle produit des témoins pour justifier son allégation, et elle perd son procès. Cette personne ne peut renouveler l'instance en offrant, cette fois, une preuve littérale (1).

3° IDENTITÉ JURIDIQUE DES PARTIES.

Comme les contrats, la chose jugée n'a d'effet qu'entre les parties ; elle ne doit ni profiter ni nuire aux tiers. « *Res inter alios judicata, aliis prodesse aut nocere non solet* » (L. D., liv. XX, tit. IV).

L'identité juridique des parties suppose des personnes :

1° *Ayant figuré dans la première instance, soit par elles-mêmes, soit par leurs représentants ;*

2° *Procédant en la même qualité que dans la première instance.*

Ainsi, sont parties :

Les mandants légaux, judiciaires ou conventionnels ;

Les héritiers et successeurs universels ;

Les créanciers chirographaires ;

Les successeurs à titre particulier (acheteurs, donataires, etc.), *lorsque leurs titres d'acquisition sont postérieurs à l'époque à laquelle peut remonter l'effet du jugement* (2).

Les créanciers hypothécaires sont évidemment assimilables aux successeurs à titre particulier ; en d'autres termes, pour que les jugements rendus contre la personne du chef de laquelle sont nés les droits d'hypothèque soient opposables aux créanciers hypothécaires, il faut que ces jugements aient produit leurs effets antérieurement à l'époque où l'hypothèque est devenue efficace à l'égard des tiers (3).

En ce qui concerne spécialement les créanciers chirographaires, il

---

(1) Comparer M. Bonnier, nos 768-771. — MM. Zachariæ, Aubry et Rau, t. VI, p. 197 et suiv. — M. Colmet de Santerre, t. V, n° 228 *bis*, IX.

Le double point de l'identité de l'objet et de l'identité de la cause relève avant tout de la jurisprudence ; les explications des auteurs n'ont servi qu'à le rendre confus.

(2) Rappelons que pour les actes entre-vifs translatifs de droits réels immobiliers, ce qu'il faut considérer, ce n'est pas, à dire vrai, l'antériorité du titre, mais bien l'antériorité de la *transcription.*

(3) Comparer M. Valette, *Revue de droit français et étranger*, t. I, 1844, p. 27.

importe de remarquer que, dans le cas où leur débiteur aurait, par suite d'une collusion frauduleuse, laissé rendre un jugement à son préjudice, ces créanciers ont le même droit que dans le cas de contrats frauduleux; ils peuvent se pourvoir contre le jugement par la voie de la tierce opposition (art. 474 et suiv. C. Pr.), *qui est ici la forme de l'action Paulienne* (V. *supra,* p. 811).

Certaines personnes ont une position *double ;* elles sont considérées comme parties dans les jugements qui leur sont profitables, comme tiers dans ceux qui peuvent leur nuire.

On range assez généralement parmi ces personnes :

Le nu-propriétaire, quant au jugement rendu avec l'usufruitier ;

La caution, quant au jugement rendu avec le débiteur principal ;

Les créanciers ou les débiteurs solidaires, quant au jugement rendu avec l'un des cocréanciers ou codébiteurs ;

Les cointéressés dans une obligation indivisible, quant au jugement rendu avec l'un des cointéressés (1).

Il est, d'ailleurs, manifeste que, pour qu'un jugement ait, à l'égard d'une certaine personne, l'autorité de la chose jugée, il faut que cette personne *agisse ou soit poursuivie dans la nouvelle instance, en la même qualité que dans la première.*

Ainsi, le jugement rendu avec un mandataire n'a pas l'autorité de la chose jugée pour ou contre lui *personnellement* (2).

1352. — La présomption légale dispense de toute preuve celui au profit duquel elle existe. — Nulle preuve n'est admise contre la présomption de la loi, lorsque, sur le fondement de cette présomption, elle annule certains actes ou dénie l'action en justice, à moins qu'elle n'ait réservé la preuve contraire, et sauf ce qui sera dit sur le serment et l'aveu judiciaires.

Le *premier* alinéa de cet article consacre l'évidence (3).

Quant au *second* alinéa, il est aussi confus que le plus confus article de la codification napoléonienne.

---

(1) Comparer M. Bonnier, n⁰ˢ 782 et suiv. — MM. Zachariæ, Aubry et Rau, t. VI, p. 487 et suiv. — M. Colmet de Santerre, t. V, n⁰ 328 *bis,* xx-xxx.

Au surplus, cette *matière* est hérissée de controverses ; et qui donc, en effet, dans une prétendue science, faite de débris amoncelés et où toute théorie est flottante quand elle n'est pas fausse, qui donc peut dire, à coup sûr, ce qu'est une *partie* et ce qu'est un *tiers* ?

Vous n'agencerez que des mots, légistes, tant que vous ne sortirez pas de vos déplorables errements.

(2) V., sur l'ensemble de la théorie de l'autorité de la chose jugée, Pothier, n⁰ˢ 850-909.

(3) La vérité est qu'on ne s'en douterait guère, à voir les thèses que soulevaient, à ce sujet, Alciat, Menochius et Barthole (se reporter au t. X de Toullier, n⁰ˢ 57-59).

Forcés de s'incliner devant la raison, la plupart des auteurs posent, en principe, que *les présomptions légales peuvent être combattues par la preuve contraire ;* ils font résulter cette règle, par argument à contrario, du *second* alinéa de l'art. 1352; en effet, disent-ils, puisque ce *second* alinéa repousse explicitement la preuve contraire pour deux catégories de présomptions légales, c'est donc qu'il l'admet implicitement pour les catégories qu'il ne mentionne pas.

Les présomptions légales, qui comportent la preuve contraire, sont dites présomptions *juris* ou *juris tantum,* et aussi présomptions *simples.*

Les présomptions légales, qui excluent la preuve contraire, sont appelées présomptions *juris et de jure,* et aussi présomptions *absolues* (1).

Remarquons que, dans le cas des présomptions *juris tantum,* la preuve contraire peut, en principe, avoir lieu par tous les moyens que la loi napoléonienne autorise.

Aux termes du second alinéa de l'article, les présomptions *juris et de jure* comprennent :

1° *Les cas où la loi annule certains actes.*

Ainsi, lorsqu'une disposition à titre gratuit est faite au père ou à la mère, à un descendant ou au conjoint d'une personne incapable de recevoir du disposant (art. 911; V. aussi art. 1100 C. N. et art. 446 C. Co.).

2° *Les cas où la loi dénie l'action en justice,* c'est-à-dire *accorde au défendeur le droit de repousser la prétention du demandeur au moyen d'une fin de non-recevoir.*

Ainsi, lorsque le défendeur oppose l'autorité de la chose jugée (2).

Notons enfin :

1° *Que certaines présomptions* juris et de jure *peuvent être combattues par la preuve contraire, dans des cas que la loi détermine.*

Ainsi, la présomption *pater is est quem nuptiæ demonstrant,* dans les cas dits de *désaveu* (art. 312 et 313; V. aussi art. 653, 666, 670 et 2279).

2° *Que toutes les présomptions* juris et de jure *peuvent être com-*

---

(1) *Menochius (Tractatus de Præsumptionibus,* lib. I, quæst. 3) explique ainsi ce dernier nom : *Præsumptio juris sic vocatur quia a lege introducta est; et de jure, quia super tali præsumptione lex inducit firmum jus, et habet eam pro veritate.*

Ce n'est pas d'hier, comme on le voit, que les légistes professent le dogme de l'*omnipotence du législateur.*

(2) Nous nous plaçons, dans cet exemple, au point de vue de la fausse théorie qui range l'autorité de la chose jugée parmi les présomptions.

battues par le serment décisoire et par l'aveu..... à moins que l'ordre public ne s'y oppose (1).

§ II. — DES PRÉSOMPTIONS QUI NE SONT POINT ÉTABLIES PAR LA LOI.

Les présomptions jouent nécessairement un rôle considérable dans les décisions judiciaires comme dans les appréciations quotidiennes auxquelles se livrent les individus; nous n'avons ici qu'à répéter que : *tant vaut le juge, tant vaut l'induction du juge* (2).

1353. — Les présomptions qui ne sont point établies par la loi, sont abandonnées aux lumières et à la prudence du magistrat, qui ne doit admettre que des présomptions graves, précises et concordantes, et dans les cas seulement où la loi admet les preuves testimoniales, à moins que l'acte ne soit attaqué pour cause de fraude ou de dol.

Il y a à remarquer :

1° *Que la loi napoléonienne conseille au magistrat de n'admettre que des présomptions graves, précises et concordantes;*

2° *Que les présomptions judiciaires sont admissibles dans tous les cas où la preuve testimoniale l'est elle-même, mais qu'elles ne le sont que dans ces cas;*

3° *Que, de l'avis de tous les auteurs, la restriction finale : « à moins que l'acte ne soit attaqué pour cause de fraude ou de dol » est due à une inadvertance des copistes napoléoniens.*

Comme la présomption judiciaire, la preuve testimoniale est admissible, *en cas de fraude ou de dol* (3).

SECTION IV.

DE L'AVEU DE LA PARTIE.

L'aveu est la reconnaissance d'un fait qui nous est personnel.

Au point de vue du droit, ce fait doit être de nature à produire des conséquences juridiques contre celui de qui l'aveu émane.

---

(1) Les auteurs s'entendent fort peu sur l'interprétation du *second* alinéa de l'art. 1352; nous avons essayé de choisir l'explication la moins improbable, Comparer M. Bonnier, n°s 739 et suiv. — MM. Zachariæ, Aubry et Rau, t. VI. p. 332, texte et note 11. — M. Colmet de Santerre, t. V, n° 329 *bis*.

(2) Il y a vingt et un ans que nous enseignons le droit, et que nous voyons se succéder les générations qui peuplent les parquets, les tribunaux et les barreaux; or, la question de conscience mise à part, combien de fois n'avons-nous pas vérifié que nos magistrats-juges se recrutent, en général, parmi les jeunes hommes les moins pourvus de capacité et de savoir! Cependant l'organisation judiciaire est un des fondements de l'État.

(3) Fenet, t. XIII, p. 303 et 403.

L'aveu de la partie a, en général, une force probante considérable ; cependant, il n'est pas impossible que, même au civil, il n'exprime point la vérité.

1354. — L'aveu qui est opposé à une partie est ou extrajudiciaire ou judiciaire.

1355. — L'allégation d'un aveu extrajudiciaire purement verbal est inutile toutes les fois qu'il s'agit d'une demande dont la preuve testimoniale ne serait point admissible.

1356. — L'aveu judiciaire est la déclaration que fait en justice la partie ou son fondé de pouvoir spécial. — Il fait pleine foi contre celui qui l'a fait. — Il ne peut être divisé contre lui. — Il ne peut être révoqué, à moins qu'on ne prouve qu'il a été la suite d'une erreur de fait. Il ne pourrait être révoqué sous prétexte d'une erreur de droit.

D'après l'art. 1354, l'aveu est *extrajudiciaire* ou *judiciaire*.

En ce qui concerne l'aveu extrajudiciaire, l'art. 1355 se borne à déclarer que, si cet aveu est fait verbalement, il ne peut être prouvé par témoins qu'autant que le fait juridique qui en est l'objet est lui-même susceptible d'être établi de cette manière.

C'est, d'ailleurs, au juge d'apprécier la valeur qu'il doit attribuer à cette sorte de preuve.

En ce qui concerne l'aveu judiciaire, la théorie se résume dans les points suivants :

1° *Lorsque l'aveu entraîne une obligation ou une aliénation, il ne peut être fait par un incapable ;*

Ainsi, par un mineur, par une femme mariée non autorisée (1).

2° *Lorsque l'aveu ne procède pas de la partie elle-même, il doit être fait par un mandataire, spécialement autorisé à cet effet.*

Cependant, l'aveu fait par un mandataire *ad lites,* avoué ou huissier, lie la partie au nom de laquelle il est fait, à moins que celle-ci ne le fasse tomber par la procédure particulière du *désaveu* (art. 352 et suiv. C. Pr.).

3° *L'aveu fait pleine foi contre celui qui l'a fait,* c'est-à-dire *que l'adversaire est dispensé de rapporter aucune preuve du fait avoué.*

Cependant, il y a des matières dans lesquelles la loi napoléonienne *n'admet pas* l'aveu.

Ainsi est inefficace :

L'aveu de nature à entraîner la perte d'un droit auquel celui qui avoue ne peut renoncer ou sur lequel il lui est défendu de transiger ;

_____

(1) La femme mariée ne pouvant se lier, même par son aveu? Quelle législation, et comme il y a bien de quoi pour un peuple de s'enorgueillir !

L'aveu qui a pour objet un fait dont la reconnaissance est interdite (art. 335).

4° *L'aveu ne peut être divisé contre celui qui l'a fait.*

L'indivisibilité de l'aveu est la qualité qu'a l'aveu de ne pouvoir être scindé par l'adversaire, de façon que celui-ci accepte ce qui lui est favorable et rejette ce qui lui est défavorable.

Néanmoins, les auteurs professent, en général, que *l'aveu n'est indivisible qu'autant que la déclaration accessoire qu'il renferme se rattache nécessairement au fait principal qui forme l'objet du procès* (1).

Premier exemple. — Le débiteur avoue la dette, mais il déclare l'avoir acquittée.

Dans ce cas, dit-on, l'aveu est *indivisible.*

Second exemple. — Le débiteur avoue la dette, mais il prétend qu'elle est compensée.

Dans ce cas, dit-on, l'aveu est *divisible* (2).

5° *L'aveu ne peut être rétracté si ce n'est dans le cas où la personne qui a avoué a reconnu, par erreur, l'existence d'un fait qui, en réalité, n'existait pas.*

Quant à l'erreur de *droit,* c'est-à-dire quant à l'erreur qui porte sur les conséquences juridiques du fait avoué, l'art. 1356 déclare qu'elle n'autorise jamais à révoquer un aveu (3).

SECTION V.

DU SERMENT.

Les auteurs définissent le serment :

Un acte tout à la fois civil et religieux par lequel une personne prend Dieu à témoin de la vérité d'un fait ou de la sincérité d'une promesse et l'invoque comme vengeur du parjure (4).

---

(1) Ici, ce n'est plus la liberté de la preuve que l'on veut limiter ; c'est la liberté de l'appréciation du juge, et, bien entendu, on réussit de la même manière dans les deux cas.

Ayez une bonne organisation judiciaire, et laissez le juge apprécier selon son intelligence et selon sa conscience.

V. sur l'indivisibilité de l'aveu *qualifié* et de l'aveu *complexe* M. Bonnier, n° 293 et suiv. — MM. Zachariæ, Aubry et Rau, t. IV, p. 340 et suiv.

(2) Comparer M. Bonnier, n° 293. — MM. Zachariæ, Aubry et Rau, t. VI, p. 341 et 342. — M. Colmet de Santerre, t. V, n° 324 *bis,* III et IV.

Et cependant si la compensation est *un payement abrégé* (V. *suprà,* p. 906).

(3) On discute sur le point de savoir si *l'aveu peut être rétracté par celui qui l'a fait, tant que l'adversaire n'a pas déclaré vouloir en profiter.*

V. Pothier, *De la confession,* n° 830. — M. Bonnier, n°s 291 et 292. — MM. Zachariæ, Aubry et Rau, t. VI, p. 338, texte et note 17. — M. Colmet de Santerre, n° 335 *bis,* I.

(4) MM. Zachariæ, Aubry et Rau, t. VI, p. 345.

Cette définition est fort bonne ; elle confirme ce que nous avons dit plus haut, à savoir, que le jour où disparaîtra le faux mécanisme de la preuve judiciaire, devra disparaître en même temps le serment judiciaire.

1357. — Le serment judiciaire est de deux espèces : — 1° Celui qu'un partie défère à l'autre pour en faire dépendre le jugement de la cause : il est appelé *décisoire ;* — 2° Celui qui est déféré d'office par le juge à l'une ou à l'autre des parties.

Le Code Napoléon reconnaît *deux* espèces de serment judiciaire.

L'un est déféré par l'une des parties à l'autre pour en faire dépendre le jugement de la cause.

C'est le serment *litis-décisoire* ou simplement *décisoire.*

L'autre est déféré d'office par le juge à l'une ou à l'autre des parties pour compléter une preuve insuffisante.

C'est le serment *supplétif* ou *supplétoire.*

Au serment judiciaire on oppose le serment *extrajudiciaire,* c'est-à-dire le serment prêté hors de justice.

Lorsque les parties sont convenues de faire dépendre la solution d'une contestation, d'un serment *extrajudiciaire, la prestation de ce serment emporte transaction.*

Examinons séparément les dispositions qui concernent :

1° *Le serment décisoire ;*

2° *Le serment supplétoire.*

§ I. — DU SERMENT DÉCISOIRE.

Ce serment donne lieu tantôt à une sorte de transaction imposée par l'une des parties à l'autre, tantôt à une sorte d'aveu.

Il donne lieu à une transaction imposée lorsque la partie à laquelle il est déféré le *prête,* ou qu'elle le *réfère* à l'autre, et que celle-ci le *prête.*

Il donne lieu à un *aveu* lorsque la partie à laquelle il est déféré ou référé *refuse de le prêter.*

1358. — Le serment décisoire peut être déféré sur quelque espèce de contestation que ce soit.

1359. — Il ne peut être déféré que sur un fait personnel à la partie à laquelle on le défère.

1360. — Il peut être déféré en tout état de cause, et encore qu'il n'existe aucun commencement de preuve de la demande ou de l'exception sur laquelle il est provoqué.

Le *premier* de ces textes (art. 1358) exige un correctif :

Le serment décisoire n'est applicable qu'aux contestations dont l'objet est susceptible de transaction et d'aveu.

Le *second* de ces textes (art. 1359) réclame un complément ;

Il est permis de déférer aux veuve et héritiers ou successeurs univer-sels d'une personne décédée, un serment dit de crédibilité *ou de* crédu-lité *sur un fait personnel à leur auteur,* c'est-à-dire *de les interpeller sous serment sur le point de savoir s'ils ont ou non connaissance de ce fait* (Comparer art. 2275 C. N., et 189 C. Co.).

Le *troisième* de ces textes (art. 1360) implique *deux* conséquences :

1° *Le serment décisoire peut être déféré même en appel ;*

2° *Lorsque le serment décisoire est déféré par l'une des parties à l'autre, le juge ne peut refuser de mettre la partie à laquelle il est déféré en demeure de le prêter* (1).

1361. — Celui auquel le serment est déféré, qui le refuse ou ne consent pas à le référer à son adversaire, ou l'adversaire à qui il a été référé et qui le refuse, doit succomber dans sa demande ou dans son exception.

1362. — Le serment ne peut être référé quand le fait qui en est l'objet n'est point celui des deux parties, mais est purement personnel à celui auquel le ser-ment avait été déféré.

1363. — Lorsque le serment déféré ou référé a été fait, l'adversaire n'est point recevable à en prouver la fausseté.

1364. — La partie qui a déféré ou référé le serment, ne peut plus se rétrac-ter lorsque l'adversaire a déclaré qu'il est prêt à faire ce serment.

Sur ces textes, il y a à remarquer :

1° *Que tant que la délation ou la relation du serment n'a pas été acceptée, la partie qui l'a faite peut la retirer* (arg. à contrario de l'art. 1364) ;

2° *Que, lorsque le serment décisoire a été effectivement prêté, la partie qui l'a déféré ou référé, n'est point recevable à en prouver la fausseté, sauf la condamnation correctionnelle que peut encourir le faussaire si le ministère public juge à propos de le poursuivre* (V. art. 1 C. I. C., et art. 366 C. P.) (2).

1365. — Le serment fait ne forme preuve qu'au profit de celui qui l'a déféré ou contre lui, et au profit de ses héritiers et ayants cause ou contre eux. — Néanmoins le serment déféré par l'un des créanciers solidaires au débiteur ne

---

(1) En ce sens, MM. Zachariæ, Aubry et Rau, t. VI, p. 354, texte et note 23. — M. Colmet de Santerre, t. V, n° 337 *bis*, v.

En sens contraire, de nombreux arrêts, notamment Limoges, 10 mai 1845, Dev. 46, II, 73.

(2) Les auteurs démontrent fort bien que cela est légal et juridique ; tous hormis un seul (M. Duranton, t. III, n° 600), oublient de démontrer que cela est rationnel et juste.

Il est vrai que Bigot pensait comme eux (*Exposé des motifs*) ; mais, en fait de serment, les complices de l'Homme de brumaire étaient de mauvais juges.

Rappelons, pour nos temps, que le Code pénal du premier Empire punit le faux serment de la dégradation civique (art. 366), et que la dégradation civique entraîne la destitution et l'exclusion des emplois ou offices publics (art. 34).

libère celui-ci que pour la part de ce créancier. — Le serment déféré au débiteur principal libère également les cautions. — Celui déféré à l'un des débiteurs solidaires profite aux codébiteurs. — Et celui déféré à la caution ne profite aux autres codébiteurs ou au débiteur principal que lorsqu'il a été déféré sur la dette, et non sur le fait de la solidarité ou du cautionnement.

Le *premier* et le *second* alinéa de cet article sont mal rédigés.

Le *premier* alinéa doit être lu, comme s'il portait :

Le serment prêté ne forme preuve que contre celui qui l'a déféré ou référé, et contre ses héritiers et ayants cause ; le refus de serment ne forme preuve qu'au profit de celui qui a déféré le serment ou qui l'a référé, et au profit de ses héritiers et ayants cause.

Le mot « *néanmoins* » par lequel commence le *second* alinéa doit être rayé, car ce *second* alinéa est en rapport avec la pensée de l'article, qui est celle-ci :

La prestation ou le refus du serment judiciaire n'a d'effet qu'entre les parties et entre les personnes que les parties représentent.

Or, comme on sait, les créanciers solidaires ne sont mandataires les uns des autres que pour la conservation ou pour l'amélioration de la créance commune.

Remarquons que *tandis que la remise de la dette faite à la caution ne profite pas au débiteur principal* (art. 1287, n° 2), *au contraire le serment prêté par la caution profite à ce débiteur.*

Cela tient, dit-on, à ce que « le Code a admis, dans ce cas, une certaine analogie entre le serment prêté et le payement (1). »

§ II. — DU SERMENT DÉFÉRÉ D'OFFICE.

Ce *serment*, comme l'indique M. Demante, *est une épreuve à laquelle le juge, dans les cas autorisés par la loi, a le droit de soumettre l'une des parties.*

Cette très-exacte appréciation suffirait à elle seule pour condamner le serment supplétoire.

1366. — Le juge peut déférer à l'une des parties le serment, ou pour en faire dépendre la décision de la cause, ou seulement pour déterminer le montant de la condamnation.

1367. — Le juge ne peut déférer d'office le serment, soit sur la demande, soit sur l'exception qui y est opposée, que sous les deux conditions suivantes, il faut : — 1° Que la demande ou l'exception ne soit pas pleinement justifiée ; — 2° Qu'elle ne soit pas totalement dénuée de preuves. — Hors ces deux cas, le juge doit ou adjuger ou rejeter purement et simplement la demande.

1368. — Le serment déféré d'office par le juge à l'une des parties, ne peut être par elle référé à l'autre.

---

(1) M. Colmet de Santerre, t. V, n° 341 *bis*, III.

1369. — Le serment sur la valeur de la chose demandée ne peut être déféré par le juge au demandeur que lorsqu'il est d'ailleurs impossible de constater autrement cette valeur. — Le juge doit même, en ce cas, déterminer la somme jusqu'à concurrence de laquelle le demandeur en sera cru sur son serment.

En dégageant ces textes, voici la théorie qu'on en peut faire résulter :

Il y a *deux* espèces de serment *supplétoire ;*

L'un a pour objet l'existence même du droit réclamé ;

L'autre, seulement le montant de la condamnation à prononcer (art. 1366 et 1369) (1).

Le *premier* peut, en principe, être déféré à l'une ou à l'autre des parties ;

De plus, il ne peut être déféré qu'aux deux conditions suivantes ; il faut :

1° *Que la demande ou l'exception ne soit pas pleinement justifiée ;*

2° *Qu'elle ne soit pas totalement dénuée de preuves* (2);

Enfin, ce serment ne peut être *référé.*

Le *second* est toujours déféré au demandeur.

De plus, le juge doit déterminer la somme jusqu'à concurrence de laquelle le demandeur en sera cru sur son serment (3).

Remarquons que le serment supplétoire n'a point le caractère *transactionnel ;*

_____

(1) Celui-ci reçoit des auteurs le nom spécial de serment *in litem* ou en *plaids* (plaidoiries).

(2) Dans le cas où la loi napoléonienne considère la preuve par témoins comme insuffisante, la délation du serment supplétoire ne paraît possible que s'il existe un commencement de preuve par écrit. (Comparer MM. Zachariæ, Aubry et Rau, t. VI, p. 473).

Remarquons, en outre, qu'aucun texte ne défend au juge de déférer le serment supplétoire sur un fait non personnel à la partie qui doit le prêter.

(3) V. Pothier, nᵒˢ 921-931.

Les auteurs font, à propos du serment supplétoire, ce que les compilateurs napoléoniens ont fait à peu près en toute occasion : ils suivent Pothier, mais ils ne lisent pas, et l'on s'en aperçoit à la manière dont certains confondent le serment supplétoire avec le *juramentum in litem*. Eh bien, dans ce cas précisément, Pothier, l'honnête Pothier, est bon à lire : sa conscience suffit à le mettre en progrès sur la doctrine contemporaine ; nous transcrivons littéralement son appréciation du serment supplétoire.

« Je ne conseillerais pas néanmoins aux juges d'user souvent de cette précaution, qui ne sert qu'à donner occasion à une infinité de parjures.

» Quand un homme est honnête homme, il n'a pas besoin d'être retenu par la religion du serment... Quand il n'est pas honnête homme, il n'a aucune crainte de se parjurer.

» Depuis plus de quarante ans que je fais ma profession, j'ai vu une infinité de fois déférer le serment, et je n'ai pas vu arriver plus de deux fois qu'une partie ait été retenue par la religion du serment, de persister dans ce qu'elle avait soutenu. »

Pauvre Pothier, qu'eût-il donc dit s'il eût vu toutes les turpitudes de notre époque ?

D'où, *deux* conséquences :

1° *Le juge peut rétracter le jugement par lequel il a déféré un serment supplétoire ;*

2° *La partie perdante est recevable à prouver la fausseté du serment supplétoire, soit en appel, soit au moyen d'une demande en dommages-intérêts formée devant le tribunal civil ou devant le tribunal correctionnel* (1).

TITRE IV

DES ENGAGEMENTS QUI SE FORMENT SANS CONVENTIONS

1370. — Certains engagements se forment sans qu'il intervienne aucune convention, ni de la part de celui qui s'oblige, ni de la part de celui envers lequel il est obligé. — Les uns résultent de l'autorité seule de la loi ; les autres naissent d'un fait personnel à celui qui se trouve obligé. — Les premiers sont les engagements formés involontairement, tels que ceux entre propriétaires voisins, ou ceux des tuteurs et des autres administrateurs qui ne peuvent refuser la fonction qui leur est déférée. — Les engagements qui naissent d'un fait personnel à celui qui se trouve obligé, résultent ou des quasi-contrats, ou des délits ou quasi-délits ; ils font la matière du présent titre.

Ce vicieux article exigerait presque autant de rectifications qu'il contient de mots ; il suffit de constater qu'en dehors du contrat il reconnaît *quatre* autres sources d'obligations.

Ces sources sont :

1° *La loi ;*

2° *Le quasi-contrat ;*

3° *Le délit ;*

4° *Le quasi-délit.*

A l'égard de la loi considérée comme créatrice du droit, nous n'avons qu'à reproduire ce mot de Montesquieu : « On ne fait pas les lois, on les trouve » (2).

---

(1) En ce sens, M. Marcadé, t. V, art. 1369. — M. Colmet de Santerre, t. V, n° 345 *bis.*

En sens contraire, MM. Zachariæ, Aubry et Rau, t. II, p. 476, texte et note 21.

(2) Il n'est que trop vrai que Rousseau a commis une lamentable erreur, en répétant sur tous les tons que *la loi est l'expression de la volonté générale ;* cela est faux, absolument faux.

Ou la loi est la constatation du juste, ou bien la loi n'est rien, et la volonté générale est tout aussi impuissante à créer le juste qu'à décréter, par exemple, qu'un malfaiteur est un honnête homme.

CHAPITRE PREMIER

DES QUASI-CONTRATS.

La théorie du quasi-contrat est, comme nous l'avons déjà dit, un des *desiderata*, malheureusement beaucoup trop nombreux, de la science juridique du temps présent.

Le quasi-contrat peut être défini :

Un fait licite et volontaire de la part d'une partie seulement, en tant que ce fait est de nature à produire des obligations (1).

L'obligation dérivant du quasi-contrat a d'ailleurs pour base philosophique *l'assistance volontaire intéressée ou non intéressée prêtée à la liberté d'autrui.*

On voit par là que la liste des quasi-contrats est indéfinie.

Les compilateurs napoléoniens ont traité spécialement :

De la gestion d'affaires;

2° *Du payement de l'indû* (2).

Beaucoup d'autres exemples de quasi-contrats pourraient être cités; ainsi :

La procréation des enfants;

L'acceptation d'une tutelle par un tuteur qui aurait pu la refuser ;

L'acceptation d'une succession par un héritier renonçant ;

Le maintien de l'état d'indivision entre copropriétaires.

1371. — Les quasi-contrats sont les faits purement volontaires de l'homme, dont il résulte un engagement quelconque envers un tiers, et quelquefois un engagement réciproque des deux parties.

Cet article contient un vice capital : le législateur napoléonien a omis

---

(1) Dans le mémoire que Me Marie a consacré à la défense des porteurs des obligations mexicaines, et qui a été sanctionné de l'adhésion de MMes Allou, Plocque, Ad. Crémieux et le Blond, on lit :

« Oui, en se mêlant, comme il l'a fait aux opérations financières du Mexique, le gouvernement de la France a donné à ces opérations un relief, un crédit, qu'elles n'auraient pas eu par elles-mêmes ;

» Oui, en allant au delà de ses pouvoirs, il a excité ainsi la confiance des capitalistes et préparé les périls sous lesquels ils succombent aujourd'hui;

» Oui, il y a là une faute, une faute préjudiciable ; donc un quasi-contrat, sinon un contrat dont l'effet est la réparation du préjudice causé;

» Oui, cette responsabilité du gouvernement doit s'appliquer à la France. »

Nous ne relèverons pas toutes les erreurs accumulées dans ces lignes, mais n'est-ce pas chose piteuse, de voir d'anciens bâtonniers ou d'anciens membres du Conseil de l'ordre, ignorer la première idée du quasi-contrat et le confondre avec le délit.

(2) Nous avons déjà dit que le payement de l'indû n'appartient pas en réalité à la classe des quasi-contrats, et qu'il se rapporte tantôt à celle des quasi-délits, tantôt à celle des délits.

d'y signaler un des caractères constitutifs du quasi-contrat, à savoir que le fait dans lequel le quasi-contrat consiste est *licite*.

Du reste, l'article met assez nettement en relief cette idée que le quasi-contrat peut produire des obligations:

Soit à la charge de la partie qui agit ;

Soit à la charge de la partie qui souffre l'action ;

Soit à la charge des deux parties.

On voit par là que, contrairement à la proposition contenue dans le *quatrième* alinéa de l'art. 1379, *le quasi-contrat ne suppose pas nécessairement un fait personnel à l'obligé.*

1° DE LA GESTION D'AFFAIRES.

1372. — Lorsque volontairement on gère l'affaire d'autrui, soit que le propriétaire connaisse la gestion, soit qu'il l'ignore, celui qui gère contracte l'engagement tacite de continuer la gestion qu'il a commencée, et de l'achever jusqu'à ce que le propriétaire soit en état d'y pourvoir lui-même ; il doit se charger également de toutes les dépendances de cette même affaire. — Il se soumet à toutes les obligations qui résulteraient d'un mandat exprès que lui aurait donné le propriétaire.

1373. — Il est obligé de continuer sa gestion, encore que le maître vienne à mourir avant que l'affaire soit consommée, jusqu'à ce que l'héritier ait pu en prendre la direction.

1374. — Il est tenu d'apporter à la gestion de l'affaire tous les soins d'un bon père de famille. — Néanmoins les circonstances qui l'ont conduit à se charger de l'affaire peuvent autoriser le juge à modérer les dommages et intérêts qui résulteraient des fautes ou de la négligence du gérant.

1375. — Le maître dont l'affaire a été bien administrée, doit remplir les engagements que le gérant a contractés en son nom, l'indemniser de tous les engagements personnels qu'il a pris, et lui rembourser toutes les dépenses utiles ou nécessaires qu'il a faites.

La gestion d'affaires est le fait d'une personne qui a l'intention de procurer à une autre personne une utilité en faisant sans mandat l'affaire de cette autre personne.

L'art. 1372 énonce que la gestion d'affaires existe, soit que le propriétaire connaisse la gestion, soit qu'il l'ignore.

Évidemment, le premier membre de cette phrase est inexact, car *lorsque le propriétaire connaît la gestion, et que, pouvant s'y opposer, il ne s'y oppose pas, il y a là un fait juridique qui sort des limites du quasi-contrat de gestion d'affaires.*

Donc, la formule de l'art. 1372 doit être corrigée, et il faut la lire comme si elle était ainsi conçue :

Il y a gestion d'affaires, soit lorsque le propriétaire connaisse la gestion et qu'il se trouve dans l'impossibilité de s'y opposer, soit qu'il ignore la gestion.

Lorsque le propriétaire, ou, pour mieux dire, le maître de l'affaire connaît la gestion, et que, pouvant s'y opposer, il ne s'y oppose pas, il y a alors un contrat de mandat tacite (1).

Importe-t-il de distinguer le mandat de la gestion d'affaires?

Cela importe, à un triple point de vue :

1° *Le mandataire a le droit de réclamer au mandant le montant de toutes les dépenses qu'il a faites pour l'exécution du mandat, lors même que l'affaire n'aurait pas réussi* (art. 1985);

Le gérant d'affaires a le droit de réclamer au maître de l'affaire, seulement le montant des dépenses utiles qu'il a faites (art. 1375).

2° *Lorsque le mandant meurt, le mandataire n'est tenu d'achever la chose commencée que s'il y a péril en la demeure* (art. 1991);

Lorsque le maître de l'affaire meurt, le gérant est tenu de continuer la gestion de l'affaire, jusqu'à ce que l'héritier ait pu en prendre la direction (art. 1373).

En outre, le mandataire et le gérant répondent bien tous les deux de la culpa levis in abstracto, *mais l'appréciation de la faute du gérant doit être faite, en général, avec plus de rigueur que l'appréciation de la faute du mandataire.*

A part ces différences, le quasi-contrat de gestion d'affaires fait naître entre le *gérant* et le *maître de l'affaire* des rapports semblables à ceux qui existent entre le *mandataire* et le *mandant.*

Ainsi, d'une part, le *gérant* est tenu :

1° *De continuer la gestion jusqu'à ce que le maître de l'affaire ou ses héritiers soient en état d'y pourvoir eux-mêmes* (art. 1372, 1er alin. et art. 1373);

2° *D'apporter à la gestion tous les soins d'un bon père de famille* (art. 1374, 1er alin.);

3° *De rendre compte de sa gestion* (art. 1993, 1994);

L'action du maître de l'affaire contre le gérant est l'action directe de gestion d'affaires, *actio negotiorum gestorum directa.*

D'autre part, le *maître de l'affaire* est tenu :

1° *De remplir les engagements que le gérant a contractés en son nom* (art. 1375);

2° *D'indemniser le gérant de tous les engagements personnels qu'il a pris* (art. 1375);

3° *De rembourser au gérant l'intégralité des dépenses, occasionnées par la gestion, avec intérêts à partir du jour des avances faites par le gérant* (art. 1375 et 2001).

L'action du gérant contre le maître de l'affaire est l'action contraire de gestion d'affaires, *actio negotiorum gestorum contraria.*

---

(1) En sens opposé, MM. Zachariæ, Aubry et Rau, t. III, p, 527. — M. Colmet de Santerre, n° 349 *bis,* III.

Remarquons :

1° *Que toute personne, même incapable de contracter dont l'affaire a été utilement gérée par un tiers, est soumise aux obligations du maître de l'affaire envers le gérant ;*

2° *Que, pour savoir si la gestion a été utile, il faut uniquement rechercher,* comme l'indique l'art. 1375, *si l'affaire a été bien administrée* (1).

Remarquons enfin *que celui qui s'immisce dans les affaires d'autrui par un motif personnel, n'est pas un gérant d'affaires ; cependant, si sa gestion a tourné au profit du maître, il a contre le maître une action jusqu'à la concurrence de la somme dont ce dernier se trouve enrichi au moment de la demande* (action de in rem verso).

2° DU PAYEMENT DE L'INDU (2).

1376. — Celui qui reçoit par erreur ou sciemment ce qui ne lui est pas dû, s'oblige à le restituer à celui de qui il l'a indûment reçu.

1377. · Lorsqu'une personne qui, par erreur, se croyait débitrice, a acquitté une dette, elle a le droit de répétition contre le créancier. — Néanmoins ce droit cesse dans le cas où le créancier a supprimé son titre par suite du payement, sauf le recours de celui qui a payé contre le véritable débiteur.

Le payement de l'indû est le payement effectué par une personne qui n'est pas débitrice.

En droit romain, l'action en répétition de l'indû recevait le nom de *condictio indebiti ;* celui qui payait indûment était le *solvens* ou le *dans,* celui qui recevait indûment, l'*accipiens.*

D'après une doctrine assez généralement enseignée, on distingue, en matière de payement de l'indû, les *trois* cas suivants :

1° *Celui du payement effectué pour une dette qui n'existe pas* (art. 1235 et 1376) ;

2° *Celui du payement effectué pour une dette qui existe, mais où celui qui a reçu n'était pas le créancier* (art. 1376) ;

3° *Celui du payement effectué pour une dette qui existe, mais où celui qui a payé n'était pas le débiteur* (art. 1377).

Dans les *deux* premiers cas, l'art. 1376 ne distingue pas, *si celui qui a payé l'a fait ou non sciemment.*

Donc, dans les *deux* cas, celui qui a payé a le droit de répéter la

---

(1) Comparer sur la gestion d'affaires, MM. Zachariæ, Aubry et Rau, t. III, p. 526 et suiv.

(2) La doctrine actuelle attache à cette matière une grande importance ; cela tient sans doute à ce que pratiquement elle n'en a aucune ; de nos jours, on ne paye pas toujours le dû ; qu'est-ce donc de l'indû ?

chose comme indue, sans qu'en principe il y ait lieu de distinguer.

Dans le *troisième* cas, l'art. 1377 n'accorde positivement l'action en répétition à celui qui a payé que *s'il l'a fait non sciemment* (par erreur).

Dans ce même *troisième* cas, si celui qui a payé l'a fait sciemment, il a le droit de recourir contre le débiteur par l'action de gestion d'affaires.

Du reste, lorsque la répétition est fondée sur ce que le payement a été fait par erreur, il n'y a pas à distinguer entre l'erreur de *droit* et l'erreur de *fait*, car les termes de l'art. 1377 sont généraux.

Reste à régler la question de la *preuve*.
Le demandeur en répétition de l'indû doit établir :
1° *Le fait du payement ;*
2° *L'inexistence de la dette ;*
3° *Son erreur* (art. 1377).

Cependant, lorsque le défendeur a commencé par nier la réalité du payement et qu'il a succombé sur ce point, on décide que si la dénégation du défendeur a eu lieu *de mauvaise foi*, le juge doit dispenser le demandeur de toute autre preuve, et condamner le défendeur, à moins que ce dernier n'établisse que le payement lui a été fait pour une juste cause (1).

Remarquons que :
Dans le cas prévu par l'art. 1371, *si le créancier a supprimé son titre, l'action en répétition n'a pas lieu* (rapprocher les dispositions contenues dans les articles suivants).

Bien entendu, cette décision n'est applicable qu'au créancier *de bonne foi.*

1378. — S'il y a eu mauvaise foi de la part de celui qui a reçu, il est tenu de restituer, tant le capital que les intérêts ou les fruits, du jour du payement.

1379. — Si la chose indûment reçue est un immeuble ou un meuble corporel, celui qui l'a reçue s'oblige à la restituer en nature, si elle existe, ou sa valeur, si elle est périe ou détériorée par sa faute ; il est même garant de sa perte par cas fortuit, s'il l'a reçue de mauvaise foi.

1380. — Si celui qui a reçu de bonne foi a vendu la chose, il ne doit restituer que le prix de la vente.

D'après ces articles, voici les différences à faire, **quant à l'étendue de** l'obligation de restituer entre celui qui a reçu *de mauvaise foi* et celui qui a reçu *de bonne foi :*
1° *Celui qui a reçu de mauvaise foi a l'obligation de restituer tant*

---

(1) Comparer L. 25, D., liv. XXII, tit. V.

le capital que les intérêts ou les fruits du jour du payement (article 1378).

Cette sanction est inapplicable à celui qui a reçu de bonne foi (art. 1378; *arg. à contrario*).

2° *Celui qui a reçu de mauvaise foi est tenu des cas fortuits* (article 1379).

Cette sanction est inapplicable à celui qui a reçu de bonne foi (art. 1379; *arg. à contrario*).

3° *Celui qui a reçu de mauvaise foi, dans le cas où il a vendu la chose qui lui a été indûment payée, est obligé de restituer le prix qu'il a obtenu, si ce prix est supérieur à la valeur de la chose, et, dans le cas contraire, la valeur de la chose* (art. 1380; *arg. a contrario*).

Celui qui a reçu de bonne foi, dans le cas où il a vendu la chose qui lui a été indûment payée, n'est tenu de restituer que le prix de la vente.

Certains auteurs examinent la question de savoir *si l'action de celui qui a payé par erreur est une action réelle.*

On adopte, en général, l'*affirmative*, en disant que *celui qui a reçu indûment n'a pu transférer des droits qu'il n'avait pas lui-même* (1).

On ajoute, d'ailleurs, afin de respecter l'art. 1380, que le demandeur devra indemniser l'aliénateur de bonne foi de tous les dommages-intérêts que ce dernier sera obligé de payer à l'acheteur évincé.

1381. — Celui auquel la chose est restituée, doit tenir compte, même au possesseur de mauvaise foi, de toutes les dépenses nécessaires et utiles qui ont été faites pour la conservation de la chose.

Le mot *utiles*, dans cet article, est de trop; les compilateurs n'ont bien évidemment entendu parler que des dépenses *nécessaires*.

Il faut appliquer aux dépenses *utiles* la règle posée par l'art. 555 (2).

NOTA. — Les auteurs distinguent encore:
L'action en répétition du payement effectué sans cause, *condictio sine causa*.

_____

(1) Comparer MM. Zachariæ, Aubry et Rau, t. III, p. 535, texte et note 19. — M. Colmet de Santerre, t. V, nᵒˢ 264 *bis*, III et IV.
Le droit romain n'admettait pas que l'action en répétition de l'indû pût être dirigé contre les tiers détenteurs. (V. aussi Pothier, nᵒˢ 178 et 179.)
Comme disent les auteurs, les *principes* du Code Napoléon commandent une solution contraire; fort heureusement, l'espèce est chimérique, et ces *principes* ne recevront jamais aucune application.
(2) Comparer, sur le payement de l'indû, MM. Zachariæ, Aubry et Rau, t. III, p. 530 et suiv.

L'action en répétition du payement effectué pour une cause contraire aux bonnes mœurs, *condictio ob turpem causam.*

L'action en répétition de la chose dont une personne a été injustement dépouillée, *condictio ob injustam causam.*

Il y a seulement à remarquer, quant à la seconde, qu'elle ne s'applique pas, si la turpitude est commune aux deux parties (comparer L. 1, § 2, D., liv. XII, tit. V, C., — et L. 4, C., liv. IV) (1).

CHAPITRE II

DES DÉLITS ET DES QUASI-DÉLITS.

En droit civil, le mot *délit* n'a pas le même sens qu'en droit criminel.

En droit civil, le délit est tout fait illicite, intentionnel et dommageable à autrui.

En droit criminel (nous parlons d'après le Code pénal napoléonien), le *délit peut ne pas être intentionnel,* mais *il n'existe que s'il est prévu et puni par la loi pénale* (2).

De là, il résulte qu'un délit *civil* n'est pas nécessairement un délit *criminel,* et *vice versâ.*

Ainsi, certains faits de dol sont des délits civils et ne sont pas des délits criminels.

A l'inverse, la plupart des faits qui entraînent des peines de simple police ne sont pas des délits civils.

Il importe de distinguer le délit civil en ce que :

1° *Le délit purement civil est de la compétence des tribunaux civils;*

Le délit criminel est de la compétence des tribunaux criminels (V. cep. art. 308 C. N.).

2° *La prescription de l'action civile, née du délit purement civil, s'accomplit par trente ans* (art. 2262) ;

La prescription de l'action civile, née d'un délit à la fois criminel et civil, a lieu par le même laps de temps que celle de l'action publique, c'est-à-dire par dix ans, trois ans ou un an, suivant que l'action est née

---

(1) V. aussi Maynz, *Éléments de droit romain,* t. II, p. 415.

(2) En droit criminel vrai, le délit est toute entreprise sur la liberté d'autrui qui atteste de la part de son auteur une volonté pervertie.

D'où il suit que la prison doit devenir, selon les cas, une école ou un hôpital. (V. notre *Manuel de droit pénal et d'instruction criminelle.*)

d'un crime, d'un délit ou d'une simple contravention (art. 637, 638, 640 C. I. C.) (1).

Le quasi-délit est tout fait illicite, non intentionnel et dommageable à autrui.

On voit qu'entre le *délit civil* et le *quasi-délit*, la différence consiste uniquement en ce que le *premier* est *intentionnel*, tandis que le *second* n'est pas *intentionnel*.

Quant au fondement philosophique de l'obligation dérivant du délit ou du quasi-délit, il consiste, comme il a été indiqué plus haut, dans *le préjudice causé à la liberté d'autrui.*

Il n'est pas plus possible de dresser une liste des délits et des quasi-délits qu'il n'est possible de dresser une liste des quasi-contrats, et le parti le plus sage qu'eussent pu prendre, en cette matière, les compilateurs napoléoniens, eût été de s'en tenir à poser le principe inscrit dans l'art. 1382.

1382. — Tout fait quelconque de l'homme, qui cause à autrui un dommage, oblige celui par la faute duquel il est arrivé à le réparer.

Cette disposition est une des meilleures que renferme le Code Napoéon, et si les compilateurs napoléoniens en eussent compris le sens profond, non-seulement elle les eût dispensés de faire figurer dans leur œuvre une foule de détails inutiles, mais encore elle les eût préservés de consacrer une multitude de dispositions oppressives.

Chaque homme est une liberté; chaque homme a droit au libre développement de ses facultés, de sa sensibilité, de sa raison, de sa volonté ; chaque homme a le droit d'être maître de lui-même, autant qu'il le peut, et c'est pour cela que, dans l'état social, tout homme qui empiète sur la liberté d'autrui est obligé de réparer le dommage qu'il a causé à autrui.

Voilà un point lumineux !

Il est clair, du reste, que, lorsqu'un individu cause un dommage à un autre, pour qu'il y ait lieu à réparation, il faut :

1° *Que celui qui a causé le dommage ait excédé son droit, en le causant;*

2° *Qu'il ait, en outre, agi avec une volonté libre, car, sans liberté, il n'y a point de responsabilité* (2).

---

(1) L'anomalie que constate ce 2° est injustifiable, et c'est vainement que les auteurs entreprennent de l'expliquer. (Comparer M. Ortolan, *Eléments de Droit pénal*).

(2) Il serait difficile de trouver dans aucune législation une théorie moins rationnelle que celle de la législation romaine, en matière de délit.

Pour nous en tenir à un seul exemple, nous nous contenterons de rappeler le curieux passage où Ulpien enseigne que lorsqu'un homme libre est blessé par la faute d'un tiers, il n'a pas l'action de la loi Aquilia, car, dit le jurisconsulte,

1383. — Chacun est responsable du dommage qu'il a causé, non-seulement par son fait, mais encore par sa négligence ou par son imprudence.

《Cet article ne fait que *doubler* le précédent.

1384. — On est responsable, non-seulement du dommage que l'on cause par son propre fait, mais encore de celui qui est causé par le fait des personnes dont on doit répondre, ou des choses que l'on a sous sa garde. — Le père, et la mère après le décès du mari, sont responsables du dommage causé par leurs enfants mineurs habitant avec eux. — Les maîtres et les commettants, du dommage causé par leurs domestiques et préposés dans les fonctions auxquelles ils les ont employés. — Les instituteurs et les artisans, du dommage causé par leurs élèves et apprentis pendant le temps qu'ils sont sous leur surveillance. — La responsabilité ci-dessus a lieu, à moins que les père et mère, instituteurs et artisans, ne prouvent qu'ils n'ont pu empêcher le fait qui donne lieu à cette responsabilité.

Les compilateurs napoléoniens ont établi dans cet article une série de *présomptions de quasi-délits*.

Au sujet de ces présomptions légales, il y a à remarquer :

1° *En ce qui concerne la présomption applicable aux père et mère relativement au dommage causé par leurs enfants mineurs habitant avec eux*;

Que, d'après l'avis général des auteurs, cette présomption subsiste, même lorsque les père et mère laissent leurs enfants se livrer *à une vie vagabonde*, et même lorsque l'enfant est *émancipé*, à moins cependant qu'il n'ait été émancipé par le mariage (1).

2° *En ce qui concerne la présomption applicable aux maîtres et aux commettants, relativement au dommage causé par leurs domestiques et préposés dans les fonctions auxquelles ils les ont employés*,

Que cette *dernière* partie de la formule est *trop étroite*, à un certain point de vue, et *trop large*, à un autre; les maîtres et les commettants sont responsables de tout dommage causé par leurs domestiques et préposés, *même en dehors des fonctions auxquelles ils les ont employés*, pourvu que le dommage se rattache à ces fonctions; et à l'inverse, les

---

personne, ce semble, n'a la propriété de ses membres, *dominus membrorum suorum nemo videtur*. (L. 13, D., liv. IX, tit. II.)

Et là-dessus un commentateur d'ajouter qu'il serait, en effet, *bizarre* de feindre au profit du demandeur, le *dominium membrorum suorum*. (V. M. Ch. Demangeat, *Cours élémentaire de Droit romain*, t. II, p. 405.)

Ah ! çà, mais à qui donc appartiennent-ils, les membres du demandeur? Adorable commentateur, enseignez-nous !

(1) Comparer Toullier, t. X, n° 277. — M. Duranton, t. XIII, n° 715. — MM. Zachariæ, Aubry et Rau, t. III, p. 549, texte et notes-2-4. — M. Colmet de Santerre, t. V, n° 565 *bis*, II.

Faut-il étendre cette présomption au tuteur?

Les partisans de l'affirmative ont pour eux la logique, mais les défenseurs de la négative peuvent répliquer que les présomptions sont de droit étroit, et que le Code Napoléon n'a pas parlé du tuteur.

maîtres et les commettants ne sont pas responsables du dommage causé par leurs domestiques et préposés, *même dans les fonctions auxquelles ils les ont employés*, lorsque le dommage ne se rattache pas à ces fonctions (1).

3° *En ce qui concerne la présomption applicable aux instituteurs et aux artisans, relativement au dommage causé par leurs élèves et apprentis pendant le temps qu'ils sont sous leur surveillance,*

Que l'*instituteur*, d'après le sens probable que l'article a attribué à ce mot, est une personne qui, à un titre quelconque, est chargée d'une manière permanente de l'éducation ou de la surveillance d'enfants ou de jeunes gens (2).

D'ailleurs, aux termes du *dernier* alinéa de l'article, les père et mère, instituteurs et artisans, peuvent repousser par la preuve *contraire* la présomption de faute qui pèse sur eux; mais, comme ce même alinéa ne mentionne pas les maîtres et les commettants, *il en faut conclure qu'à l'égard de ces derniers, la présomption de faute est invincible* (3).

Sont encore responsables du fait d'autrui :

Les aubergistes et les hôteliers dans le cas prévu par l'art, 73, C. P.

Les Communes, dans les cas indiqués par la loi du 10 *vendémiaire an IV,*

Notons que le mari n'est pas, en général, déclaré responsable du dommage causé par sa femme (4).

---

(1) Nous sommes assurément fort loin d'approuver les différentes présomptions décrétées par l'art. 1384; mais ces présomptions existent, et le sens que nous donnons à celle qui concerne les maîtres et les commettants nous semble le seul qui soit rationnel.

Comparer MM. Zachariæ, Aubry et Rau, t. III, p. 551-552. — M. Colmet de Santerre, t. V, n° 365, *bis*, vii.

V. aussi Fenet, t. XIII, p. 476.

(2) MM. Zachariæ, Aubry et Rau, t. III, p. 552.

(3) Les auteurs croient expliquer cette décision, en disant que les maîtres et les commettants sont *réputés* en faute pour avoir mal choisi leurs serviteurs et employés. (M. Colmet de Santerre, t. V, n° 365 *bis*, vii.)

Cela démontre-t-il qu'ils sont *réellement* en faute?

Remarquons :

1° *Que, lorsque l'auteur du fait dommageable est capable de discernement, l'individu lésé a le droit de recourir à son choix ou contre l'auteur même du fait, ou contre l'individu que la loi présume responsable;*

2° *Que, lorsque l'individu lésé exerce son recours contre l'individu que la loi présume responsable, celui-ci a un recours contre l'auteur du fait;*

3° *Qu'enfin, selon les circonstances, il peut exister des recours, soit de la part des instituteurs et des artisans contre les père et mère, soit de la part des père et mère contre les instituteurs et les artisans.*

(4) Quelle lacune et quelle inconséquence! Dans le système napoléonien, la femme n'est-elle pas une *mineure?*

1385. — Le propriétaire d'un animal, ou celui qui s'en sert, pendant qu'il est à son usage, est responsable du dommage que l'animal a causé, soit que l'animal fût sous sa garde, soit qu'il fût égaré ou échappé.

Pour l'application de cet article, il n'y a pas à distinguer :

1° *Entre les animaux domestiques et les animaux sauvages;*

2° *Entre l'animal qui a causé le dommage en suivant sa nature et l'animal qui l'a causé en s'écartant de sa nature* (1).

La personne, présumée en faute, a, d'ailleurs, le droit de fournir la preuve *contraire*, car l'article ne le lui dénie pas.

1386. — Le propriétaire d'un bâtiment est responsable du dommage causé par sa ruine, lorsqu'elle est arrivée par une suite du défaut d'entretien ou par le vice de sa construction.

Remarquons :

1° *Que lorsque la ruine d'un bâtiment est arrivée par suite d'un vice de construction, le propriétaire peut être en droit d'exercer un recours contre l'architecte ou l'entrepreneur* (art. 1792);

2° *Qu'il n'y a jamais lieu chez nous à la* cautio damni infecti, *car le droit napoléonien nous a fait grâce de l'abandon noxal des Romains.*

---

(1) Les Romains professaient sur ce point une *doctrine* différente; ils n'accordaient à la victime l'action en réparation du dommage (*actio de pauperie*), que lorsque l'animal avait agi contre sa nature. (*Instit.*, liv. IV, tit. IX, Pr.)

Et, en effet, comme l'exprime un ingénieux professeur (M. Demangeat), l'idée romaine paraît bien qu'il y a *un écart de conduite* dans le fait du cheval qui lance une ruade ou du bœuf qui donne un coup de corne; de là, la plaisante décision que donne encore Ulpien : « *Cum arietes vel boves commisissent, et alter alterum occidit, Quintus Mucius distinxit, ut, si quidem is periisset qui adgressus erat, cessaret actio; si is qui non provocaverat competeret actio. Quamobrem, eum sibi aut noxam sarcire aut in noxam dedere oportere.* (L. 1, § II, D., liv. IX, tit. I.)

FIN DU DEUXIÈME VOLUME.

LIBRAIRIE GERMER BAILLIÈRE

17, RUE DE L'ÉCOLE-DE-MÉDECINE, PARIS

COURS

ÉLÉMENTAIRE

DE DROIT

PAR

ÉMILE ACOLLAS

PREMIÈRE PARTIE

MANUEL DE DROIT CIVIL

3 VOLUMES IN-8

Deux volumes sont en vente

PRIX DE CHAQUE VOLUME : 10 FR.

Le tome Ier de cette importante publication, où le point de vue philosophique, économique et critique, s'allie constamment à l'exégèse des textes, a été accueilli à l'étranger, et notamment en Belgique, en Allemagne, en Suisse et en Italie, avec la même faveur qu'en France; nous ne croyons pouvoir mieux caractériser la manière de l'auteur et le but qu'il poursuit dans son œuvre qu'en en empruntant l'appréciation à la presse française et étrangère.

« Ce livre est bien en effet un Manuel, suivant pas à pas, article par article, le Code Napoléon, dont il contient l'exégèse, exposant méthodiquement, d'une façon claire et concise, les divers systèmes juridiques sur chacune des questions qui se présentent, puis résumant les opinions divergentes et faisant connaître celle à laquelle se rallie l'auteur.

» En cela, il ressemble plus ou moins, sauf l'excellence de la méthode et du style, à la plupart des commentaires publiés sur le Code.

» Mais il y a ici autre chose qu'un Manuel et un professeur de droit; car, aussitôt qu'on ouvre le livre, on s'aperçoit bien vite que l'auteur plane dans des régions où d'ordinaire ne s'élèvent pas les simples légistes.

» Dans une introduction magistrale, et qui est à elle seule, toute restreinte qu'elle soit par l'étendue, une œuvre considérable, l'auteur expose, en un langage vigoureusement accentué, les notions philosophiques et historiques qui doivent servir à créer la philosophie du Droit.

» En prenant l'ouvrage de M. Acollas, il faut bien se garder de s'arrêter à l'introduction, car il est en relation familière avec les philosophes anciens et modernes, les publicistes nationaux et étrangers, et le Manuel est enrichi de notes nombreuses, où il cite tour à tour, parmi beaucoup d'autres, Kant, Locke, Rousseau, Bentham, John Stuart Mill, de Tocqueville, etc.

» Ce n'est point de sa part étalage d'érudition, mais bien conviction profonde qu'il ne suffit pas de savoir les textes et qu'on doit toujours remonter aux principes.

« Sans la philosophie, sans l'histoire, sans l'économie politique, le droit n'est, » disons-nous avec lui, que la plus stérile, la plus aride et la plus rebutante des » études, lorsqu'il n'en est pas la plus pernicieuse. »

Il donne l'exemple avec le précepte, et c'est dans les considérations de l'ordre le plus élevé qu'il va chercher les grands principes du mariage.

. . . .

» On le voit donc aisément, avec le livre de M. Acollas, il n'est pas à craindre que les jeunes gens s'endorment sur l'oreiller de la routine, ou qu'ils n'usent et n'émiettent leur intelligence à tous les buissons d'une science superficielle...

» Ce livre les oblige à penser. Il faut qu'ils soient pour ou contre ce professeur à convictions ardentes, à principes arrêtés, qui leur ouvre son cœur, montre à nu ses sympathies comme ses antipathies, et laisse déborder devant eux toutes ses généreuses colères.

» N'est-ce pas la meilleure méthode d'enseignement, la seule avec laquelle on arrive à faire des hommes ? »

(A. VAVASSEUR, avocat à la Cour impériale, journal *Le Palais*, 16 avril 1869).

« Nous n'avons pas besoin de recommander la partie juridique de cet ouvrage ; la compétence de M. Acollas en ces matières est assez reconnue par tous ceux qui approchent de l'École de droit pour que nous nous dispensions d'éloges qui, venant de nous, auraient peu de valeur et d'autorité. Nous préférons signaler ce qui donne à ce volume un caractère original et nouveau, d'une part l'introduction qui tranche d'une manière éclatante sur tous les livres écrits jusqu'à ce jour pour l'enseignement du droit en France, de l'autre la discussion critique des articles du Code Napoléon . . . .

. . . .

» Il résulte des observations de M. Acollas que le Code Napoléon est une compilation hâtive, bâclée sans aucune vue d'ensemble par quelques jurisconsultes sceptiques, désireux de faire vite et de plaire plutôt que de faire bien ; — qu'il a été rédigé sans aucun plan rationnel ; — que sa rédaction est confuse, prolixe, de telle sorte que les contradictions et les impossibilités y sont fréquentes. . . . .

» Ces propositions, qui sans aucun doute scandaliseront la routine, sont prouvées jusqu'à l'évidence par M. Acollas.

. . . .

» M. Acollas réclame ce que la Révolution avait voulu, une législation rationnelle ; il est clair que si l'on se place dans cet ordre d'idée si simple, on s'aperçoit bientôt qu'il n'y a plus à songer au droit romain, comme raison écrite, comme idéal ; l'idéal est ailleurs, et l'on ne peut le trouver que dans la science sociale.

. . . .

En résumé, ce premier volume du Manuel de Droit civil est un livre excellent qui rendra, nous l'espérons, de grands services, en réveillant les jeunes étudiants et peut-être aussi leurs professeurs du sommeil intellectuel dans lequel ils semblent plongés depuis quelques années. »

(COURCELLE-SENEUIL, *Journal des économistes*, 5 décembre 1868).

« Le *Manuel de droit civil* peut en dernière analyse être considéré à deux points de vue.

» Il y a un premier point de vue essentiellement critique que nous avons dû signaler, mais dont nous n'entend ons pas nous constituer directement le juge....

» Il y a un second point de vue purement doctrinal et exégétique, dont l'appréciation rentre bien mieux dans notre modeste compétence. Envisagé sous cet aspect, le livre de M. Acollas nous paraît atteindre parfaitement son but ; c'est un ouvrage précieux qui deviendra un complément fort utile de l'enseignement oral. Tout en adoptant la forme du commentaire, l'auteur a su distribuer ses matières avec ordre et netteté ; les principes sont soigneusement mis en relief. La précision de l'*idée* se joint au charme du style ; il n'y a point de développements inutiles, ni de longueurs ; partout les principes sont condensés avec intelligence dans une formule complète et claire, qui accoutumera les étudiants à ne point s'abandonner à une phraséologie vide de sens. Le *Manuel de droit civil* est à la fois un livre substantiel quant au fond, et élégant quant à la forme. Aussi nous attendons avec impatience la suite de cette publication, qui nous paraît appelée à obtenir un légitime succès. »

(DANIEL DE FOLLEVILLE, professeur agrégé à la Faculté de droit de Douai, *Revue bibliographique de droit*.)

« Nous avons déjà signalé l'originalité de cette œuvre que distingue un esprit critique trop rare chez les jurisconsultes, où chaque matière est examinée d'abord au point de vue rationnel, c'est-à-dire d'après les principes de la philosophie et de l'économie politique, puis au point de vue de l'histoire générale, et en particulier de la tradition de la Révolution française. On comprend combien cette méthode doit animer, vivifier le commentaire des textes et l'exposition des systèmes juridiques.

» Mais ce qui donne à l'ouvrage de M. Emile Acollas une valeur exceptionnelle, c'est un ensemble rigoureusement logique de vues générales, dérivant toutes de la conception de l'autonomie de l'individu, « l'idée morale la plus considérable qu'aura » dégagée la seconde moitié du dix-neuvième siècle ». L'auteur se propose pour but de faire pénétrer cette idée dans la science juridique, et il l'a spécialement appliquée, dans ce deuxième volume, à la matière des successions et des testaments. La liberté de tester a fait de sa part l'objet d'une étude approfondie, quoique succincte. M. Emile Acollas a posé nettement, hardiment les principes de la science et de la justice, en restant étranger aux considérations de parti et d'opportunité politiques qui, jusqu'à présent, avaient dominé cette discussion parmi les publicistes français. » (*Indépendance belge*, 18 avril 1869.)

« Si cet ouvrage était exclusivement ce que son titre indique, un Manuel destiné à faciliter aux étudiants en droit des facultés françaises la préparation de leurs examens, nous ne croirions pas devoir en parler dans cette revue. Mais il suffit d'ouvrir le livre pour se convaincre que le but de l'auteur est autre, son ambition plus haute. S'affranchissant hardiment de la méthode ordinaire qui consiste, suivant une expression de Condorcet rappelée en épigraphe, à *substituer l'autorité des hommes à celle de la raison*, l'auteur se place au-dessus des textes, des arrêts, des opinions reçues ; il aspire à tout décider à la seule lumière des principes.

. . . .

» M. Acollas termine son introduction par les très-intéressants procès-verbaux d'un *Comité d'étude* qui, en 1866, s'est réuni chez M. Jules Favre, en vue de rechercher les bases d'une législation civile rationnelle. Malheureusement l'analyse de ces procès-verbaux et la mention même sommaire des opinions exposées dans le corps de ce premier volume, nous entraînerait beaucoup au delà des bornes d'un simple compte rendu. Nous ne pouvons cependant nous empêcher, malgré ou plutôt à cause de nos dissentiments avec l'auteur, de signaler le tour vif et original, la netteté de pensée et la rapidité de style qui le caractérisent presque constamment. Puis, alors même qu'on n'est pas de son avis, il a le don d'intéresser et de faire réfléchir. Il excelle, dans sa phrase nerveuse et brève, à résumer les éléments d'une question. »

(G. ROLIN-JAEQUEMYNS, *Revue de droit international*, 1869, N° 22, Bruxelles).

« Il y a longtemps qu'on se dit qu'il se passe quelque chose en France et chez les Français, qu'il se produit en eux une métamorphose, qu'ils se mettent à penser sous la fumée du cigare napoléonien.

» Jusqu'ici les Français n'étaient connus que comme le peuple centralisateur par excellence, que comme les communistes de la politique ; les théoriciens les plus radicaux n'avaient à proprement parler d'autre idéal que le fameux, « l'État c'est moi » et que les ukases napoléoniens. Eh bien, dans l'ouvrage d'Émile Acollas, voilà que le monde est renversé ; tandis qu'en Allemagne, depuis quelques années le césarisme menace d'engloutir toute idée du droit, et que, reniant le vieil esprit germanique, la meute des juristes s'attelle au char de Théodose et de Justinien pour promener le fétiche de la monarchie et du droit divin, un jurisconsulte français part de ce principe : la famille, la société, l'État reposent exclusivement sur l'autonomie de l'individu, rien n'est absolu, rien ne fait autorité, hormis le droit de la personne humaine sur elle-même.

» L'ensemble de l'organisation sociale procède donc organiquement de l'individu à la commune, de la commune à la province ou département, de la province ou département à l'État. La province ou département ainsi que la commune ne sont que des collectivités, sans responsabilité, ni existence propre ; ils n'ont donc point de droits à part.

» C'est là le selfgovernment des Anglais ; c'est celui que Locke a décrit, celui que Rousseau a malheureusement confondu avec l'antique idée du droit social, celui que Turgot a défini, celui dont Condorcet a tant désiré l'avènement, celui dont G. de Humboldt a dit : « Le but principal de l'organisation sociale est le développement le plus large et le plus complet des facultés de l'individu. »

(KARL GRÜN, *Nouvelle Presse libre de Vienne*, 7 et 17 novembre 1869.)

« M. Émile Acollas, après avoir dans une brillante introduction, jeté la lumière sur l'histoire de la législation, examine pied à pied les dispositions du Code Napoléon.

« Il rappelle les principes sanctionnés par la Convention ; il met en lumière une législation peu connue jusqu'à ce jour et insuffisamment appréciée. C'est là un caractère particulièrement notable dans son œuvre. »

(*Gazette de Turin*, Nos 7 février et 30 mars 1869).

Le COURS ÉLÉMENTAIRE DE DROIT sera divisé en sept parties, savoir :

1° Le *Manuel de droit civil*, 3 volumes.
2° Le *Manuel de Droit romain*, 2 volumes.
3° Le *Manuel de Droit pénal et d'instruction criminelle*, 1 volume.
4° Le *Manuel de Procédure civile*, 1 volume.
5° Le *Manuel de Droit commercial*, 1 volume.
6° Le *Manuel de Droit politique* (comprenant le Droit administratif), 2 volumes.
7° Le *Manuel de Droit international*, 2 volumes.

Cette publication sera achevée dans le cours de six années.

Paris. — Imprimerie de E. MARTINET, rue Mignon, 2.

www.ingramcontent.com/pod-product-compliance
Lightning Source LLC
Chambersburg PA
CBHW060905220326
41599CB00020B/2844